Education & Study

"教与学的革命"珞珈论坛

教师教学能力提升

武汉大学2022年"教与学的革命"珞珈论坛优秀论文集

周叶中 主编

武汉大学出版社

图书在版编目(CIP)数据

教师教学能力提升:武汉大学 2022 年"教与学的革命"珞珈论坛优秀论文集/周叶中主编.—武汉:武汉大学出版社,2023.10
"教与学的革命"珞珈论坛
ISBN 978-7-307-23870-1

Ⅰ.教…　Ⅱ.周…　Ⅲ.高等学校—课堂教学—教学改革—文集　Ⅳ.G642.421-53

中国国家版本馆 CIP 数据核字(2023)第 141752 号

责任编辑:林　莉　　　责任校对:汪欣怡　　　版式设计:马　佳

出版发行:**武汉大学出版社**　　(430072　武昌　珞珈山)
（电子邮箱:cbs22@ whu.edu.cn 网址:www.wdp.com.cn）
印刷:武汉中远印务有限公司
开本:787×1092　1/16　　印张:32.5　　字数:763 千字　　插页:2
版次:2023 年 10 月第 1 版　　2023 年 10 月第 1 次印刷
ISBN 978-7-307-23870-1　　　定价:88.00 元

版权所有,不得翻印;凡购买我社的图书,如有质量问题,请与当地图书销售部门联系调换。

教师教学能力提升

武汉大学2022年"教与学的革命"珞珈论坛优秀论文集

编 委 会

主　编　周叶中

副主编　吴　丹　赵菊珊

编　委（以姓氏拼音为序）

　　　　白　玉　方祥玉　黄佳慧　姜　昕

　　　　林　颖　吴　丹　吴　奕　胥青山

　　　　余　艳　赵菊珊　周叶中

序

周叶中

教育大计，教师为本；教师大计，能力为本。教师是立教之本、兴教之源。建设高素质专业化创新型教师队伍是立足新时代建设双一流大学的重要环节和基础性工作，是实施科教兴国战略和人才强国战略的必然要求。党的十八大以来，习近平总书记深入多所高校考察调研，主持召开一系列重要会议并发表重要讲话，针对教师工作特别是高校教师队伍建设提出一系列新理念、新论断、新要求，揭示和阐明了新时代加强高校教师队伍建设的重要意义、目标任务及实施路径，为新时代高校教师队伍建设提供了根本遵循和行动指南。

教学能力是高校教师的核心能力和基础能力，是衡量高校教师队伍质量的重要指标。武汉大学教师教学发展中心成立以来，以提升中青年教师和基础课教师业务水平和教学能力为重点，持续推进教师培训、教学咨询、教学竞赛、教学改革研究、教学质量评价等工作，不断完善教师教学发展机制，取得了阶段性成果。在中国高等教育学会发布的"全国普通高校教师教学竞赛（2012—2020）"排名中，武汉大学连续四年蝉联第一；在《全国普通高校教师教学发展指数（2022版）》中，武汉大学无论是在全国普通本科院校教师教学发展指数、"双一流"建设高校教师教学发展指数，还是在全国普通本科院校教师教学发展十年指数中均排名第四。

近年来，随着时代发展和教学改革的不断推进，在"以学生为中心"的教学改革背景下，教师角色发生深刻变化，正逐渐从知识传播者向学生学习成长引导者转变。特别是在在线教学规模化、现代信息技术应用普及化背景下，高校教师需积极探索新时代教育教学方法，不断提升教书育人本领。为了大力推进教育教学观念革命、课堂革命、技术革命、方法革命，激发教与学的活力，2022年武汉大学举办了第三届"教与学的革命"珞珈论坛。围绕"聚焦教师教学发展，提升教师教学能力"这一主题，通过举办教学工作坊、专题教学研讨会、教学经验分享会、示范课、教学竞赛、社会实践等系列主题活动，深入研讨了教师教学能力提升对教师教学专业发展、课程建设、教学质量和人才培养的重要作用与影响，总结了不同教学理念、技能、方法的特色优势与经验做法。通过论坛研讨，广大教师认识到新时代对大学教学的职能和大学教师教学职业内涵都赋予了新的要求和新的标准，广大教师应从时代要求出发，重新认知大学教学，转变教学理念，自觉承担教学责任，切实履行教书育人使命；深入研究教学问题，将教学与科研有机融合，将教学纳入学术职业追求，不断改进教学设计，创新教学模式；充分利用现代信息技术，创新教学形态，激发教与学的活力；通过总结反思，形成自己的教学风格和教学范式，不断提升教书育人本领，成为受学生尊敬和喜爱的好老师，做学生为人、为学、为事的"大先生"。论坛对推动我校教师教学队伍建设、促进教师教学能力提升、全面提高人才培养质量产生了积极影响。

在论坛开展过程中，广大教师和学生积极撰写相关教学研究论文。为了促进与兄弟高校的经验交流与分享，本书特收录了本届论坛获奖的优秀师生论文，内容涉及教师教学方法提升、课堂设计、教学质量评估模型设计、师生共创课堂等方面。衷心希望本书的出版能进一步加强教师教学队伍建设，推动本科教育教学改革创新，推进本科教育高质量内涵发展，为国家培养大批本科拔尖创新人才。

目　录

一、教师编

本科课程的教学反馈如何帮助学生成为"好之者"与"乐之者"？
　　——结合成长型思维理论与教学实践的探索 ………… 谢　天　汤美慧　3
以学定教：论学情分析在教学设计中的作用
　　——以《20世纪中外文学名著鉴赏》通识课程为例 ………… 张　晶　10
游戏化思维和积极课堂构建：概念理解、现状分析和发展思路……… 王朝阳　杨　力　19
教师主导与学生自主学习相结合：对高校以学生为中心教学改革的思考……… 刘早荣　45
"大思政课"视域下高校思政课理论教学与实践教学协同发展探析 … 余永跃　徐海辰　63
基于有效教学理论的高等院校课程思政建设……… 林　毅　王　允　魏尚娥　周金平　73
一流专业建设背景下基层教学团队建设与实践
　　——以电气学科平台课程教学团队为例
　　　　……………… 崔　雪　樊亚东　专祥涛　林　涛　唐　飞　乔　卉　80
论如何提升审美教育类通识课程的核心地位 ………………………………… 万　臻　87
本科课堂教育教学质量提升路径探讨……………………………… 贺赛先　隋竹翠　93
新时代高校临床新教师教学能力提升途径及思考
　　……………………… 王时雨　杨　琨　杨　旭　谢亚典　雷　红　99
基于"小课题"的《流行病学现场实践》翻转课堂式教学模式
　　……………………… 燕　虹　王得志　刘　晴　俞　斌　左　丹　106
模拟培训与传统培训对新毕业护士规培效果的比较……… 王　红　谢亚典　李　婷
　　……… 李欣怡　刘　茜　陈　杰　王晓琴　王金娜　方雅璇　罗　丹　杨冰香　111
教学和科研融通发展：高校青年教师教学发展的思考 ……………… 赵菊珊　郭均英　124
如何进行批判性思维训练 ………………………………………………………… 晓　非　133
"中国古典文献学"混合式教学实践与成效 …………………………………… 李寒光　143
道致复兴：习近平的"足迹"及对思想政治教育的启示 ……………………… 王怀民　152
新文科建设背景下法学实验室建设的若干思考 ……………………… 陈海嵩　郑玉芝　160
教学与研究协调发展：历史脉络、理论探索与实践进展 …………… 黄　颖　张娅宸　170
提升学生创新创业能力的"课堂—设计—实践"一体化模式探索 ……………… 邓红兵　187
基于"攻防对抗"本质的信息安全专业培养方案改革
　　……… 王　鹃　张立强　赵　波　严　飞　彭国军　杜瑞颖　傅建明　程　媛　190

《遥感物理基础》课程创新教学实践 ………………………… 石文轩　龚　龑　195
探索卓越工程师教育培养　推动人才培养的质量革命
　………………………………………………… 卢　冰　秦　昆　龚　龑　孟小亮　205
从教学比赛探索遥感课程教学模式的创新改革 …………………………… 李　杰　209
基于医学人文思政教育为导向的《医学史》教学实践初探
　………………………………………… 张德玲　李　柯　魏　蕾　刘永明　217
新医科背景下青年师资队伍建设及素质提升对策
　………………………………………………… 韩　莉　刘万红　张　洁　乐　江　223
元宇宙教育的冷思考 ……………………………………………………… 邢　冰　227
融媒体语境下文学教育、批评实践与文学生活融合发展的教学实践探索
　——以"中国现代文学史"课程教学为例 ……………… 叶　李　黄吴悠　王之远　238
依托虚拟仿真技术，培养制度推进型法治人才 ……………………… 陈金林　250
打造《生物化学实验》"金课"的探索研究
　……… 张　蕾　赵晓璐　史熊杰　张兴华　樊玉杰　杨明园　谢会平　芦小艺　259
学习现代教学手段并应用于腐蚀与防护课程群教学 ………………… 谢学军　廖冬梅　263
《水资源利用与保护》教学创新及成效
　……………………………… 黄理志　陈轶群　邵　青　刘子正　方　正　268
建筑学中外合作办学项目的教学模式探索
　………………………………… 李　鹍　廖子翔　刘　炜　程世丹　李　婧　275
浅谈第三届"教与学的革命"活动的具体实践
　——以武汉大学国家网络安全学院为例 ………………………… 丰存霞　程　媛　281
《计算机视觉与模式识别》课程教学创新成果 ………………… 高　智　刘欣怡　285
《大地测量学基础》培养新型测绘人才教学创新设计
　……………………………………… 郭际明　史俊波　温扬茂　章　迪　293
基于"腾讯课堂+腾讯会议"在临床药理学线上教学中的初探
　………………………………… 陈光辉　吕　丰　王宗春　李　丹　侯家保　298
新医科背景下一流本科专业建设的探索与实践 …………………………… 王得志　303
心理情景剧在《儿童少年卫生学》实习教学中的应用
　………………………… 燕　虹　俞　斌　邹宇量　刘　晴　左　丹　王得志　309
对外汉语在线课堂中的中国古代文学教学探析
　——以武汉大学国际教育学院为例 ………………………………… 洪豆豆　316

二、学　生　编

"三全育人"视角下提升公共管理教学实践向度的改革图样
　——基于体系、工具与内容维度的探析 ………………… 张捷乐　常　荔　325
"教学—研究"双循环视角下教师教学发展路径探究
　——基于科学知识图谱领域顶尖学者 Katy Börner 教授的案例分析 ……… 张娅宸　335

新时代高校教师教学能力多维结构发展研究 ………………………………… 胡嘉宇 351

WPBL 在临床医学教学中优于 PBL：一项系统性综述和荟萃分析

……………………………………… 孙楚凡　陈元乐　郑琳琳 373

小班课堂的认知环境、认知目标与认知规范初探 ……………………………… 朱昭彰 391

新闻传播学本科人才培养方案优化问题与对策

——以武汉大学新闻与传播学院 2018 版培养方案为例

…………………………… 谢雨村　常笑雨霏　崔　畅　陈嘉淇 403

从"内卷"向"自卷"的转变

——用有效努力赋能自我提升 …… 陈　馨　张逸茗　刘芷欣　龙昱敏　张舒艳 426

武汉大学第一临床学院第三学期学习情况及满意度调查 ………… 孙辰雨　尹　彤 435

我国高校劳动与社会保障专业本科培养方案比较与优化分析

………………………………………… 薛惠元　周一帆　刘彦云 443

基于 ADDIE 模型的混合式教学方案设计

——以《信息描述》为例 ………………… 肖宇凡　罗楚南　杜俊明　段佳涵 453

教学与学的革命

——以数学与统计学院教育工作为例 ……………………………… 杨浩伦 467

论新时代背景下高等学校培养优质师资的现状

——关于对珞珈论坛的深度思考 ………………………………… 文　峥 474

基于哈贝马斯交往行为理论分析大学生思政课堂教学改革 …………………… 杨钧雅 481

"清华钱班"模式下的武大特色力学培养模式 ………………………………… 刘建鑫 485

新时代背景下教师教学能力提升的路径研究

——基于城乡规划专业 …………………………………………… 高　北 488

遥感学子在创新创业路上前进

——以第七届互联网+国赛金奖项目"雷视通"为例 …… 谢烁红　周俊杰 494

创新之光逐梦星辰 ……………………………………………………………… 林炜华 498

问诊课程线上线下混合式教学应用初探

……………………… 文建雯　樊永威　阚　云　徐　敏　杨　杪 503

一、教师编

本科课程的教学反馈如何帮助学生成为"好之者"与"乐之者"?
——结合成长型思维理论与教学实践的探索

谢 天　汤美慧

(武汉大学 哲学学院,湖北 武汉 430072)

【摘 要】 成长型思维理论是人本主义心理学的最新发展,该理论将学习者的思维方式分为固定型思维和成长型思维。其中,成长型思维能促进学习者积极学习,正确看待挫折等。成长型思维理论指出,教学反馈在培养成长型思维中起着重要的作用。现有本科生课程的课程反馈通常只提供一个结课成绩,然而,以学习过程为中心的教学反馈不应仅限于评价学习结果(比如分数),而是应提供具体信息,以便于学习者增进对自己的认识——哪些知识、技能已经掌握,哪些还没有掌握。结合成长型思维理论与《SPSS与高级统计》《决策与谈判心理学》这两门本科专业课程的教学实践,本文提出了在社科类本科教学过程中的教学反馈应提供哪些内容,以何种方式提供,以及有哪些可能的技术可以利用。

【关键词】 成长型思维;固定型思维;以学习过程为导向的反馈;以绩效结果为导向的反馈

【作者简介】 谢天(1981—),男,山东济南人,博士,武汉大学哲学学院副教授,从事社会、文化心理研究,聚焦社会变迁视角下的文化心理研究;汤美慧(2000—),女,湖北武汉人,武汉大学哲学学院硕士研究生。

【基金项目】 武汉大学教学研究项目(教师教学发展专题):以学生为中心的课程设计——以《决策与谈判心理学》为切入点

一、引言

> 知之者不如好之者,好之者不如乐之者。
> ——孔子

以学生为中心的人本主义教学理念,将课程教学视为提升和培养学生未来学习和终身学习习惯的必要一环。课程教学不仅要让学生成为"知之者",更要让学生成为"好之者"

与"乐之者"。分数,是传统课程教学中学生获得的最重要,甚至是唯一的结果。分数无疑是对学习成绩检验的结果,是鉴别"知之者"的重要尺度。然而,分数却不能辨别出"好之者"与"乐之者"。仅依靠分数,也不能更好地帮助学生成为"好之者"与"乐之者"。

作为人本主义心理学的最新进展,成长型思维理论将学习者的思维方式划分为成长型与固定型。拥有成长型思维方式的学习者更看重学习过程,将学习视为提高自己能力的手段;与之相对,持固定型思维方式的学习者则更看重学习结果,将学习结果视为判断自己能力大小的尺度。因此,在面对挫折时,成长型思维的学习者能通过挫折发现自己的问题,继续努力,持续提高;而固定型思维的学习者则会因为挫折而否定自己成长的潜能,放弃努力,一蹶不振。

既然成长思维如此重要,那么要如何培养呢?培养成长型思维方式有很多途径,本文提出,对于大学课程教学而言,提供合适和恰当的练习反馈是一种重要的方式。这种合适和恰当的练习反馈以学习过程为中心,提供比分数更加丰富的反馈信息。它细致且相对客观地揭示出学习者的薄弱环节和优势特长,并提供其能力范围之内的针对性努力方向,从而让学习者更容易看到努力与成功之间的联系,因此比分数能更好地促进学习者培养成长型思维方式。学习者也正是在这种努力—获得反馈—知道哪里不足—继续努力—提高—发现不足—再继续努力的过程中,逐渐喜欢上学习过程,体验到学习乐趣,成为"好之者"与"乐之者"。

接下来,本文将首先介绍成长型思维的理论;然后介绍在该理论视角下,以学习过程为中心的反馈如何促进成长型思维方式;最后,结合第一作者一门专业必修课《SPSS与高级统计》及一门专业选修课《决策与谈判心理学》的课程实践,介绍在本科课程教学中练习反馈的内容、实施方式,以及有哪些可用技术。

二、成长型思维理论

成长型思维理论是人本主义心理学在当代的最新发展。人本主义心理学的基本假设是,每个人都有成长、提高和自我实现的潜力,只要给予人良好的环境,人就能将自己的这种潜力发挥出来。人本主义心理学代表人卡尔·罗杰斯提出的有机评价过程理论(organismic valuing process,OVP)是一个整体的成长理论,解释了成长的情感和认知过程如何作为一个具体"运动时刻"展开,描述了该过程如何受到社会环境条件以及个人与外界联系方式变化的影响。该理论认为自我实现倾向(the actualizing tendency)是一种心理成长的动机,它能够帮助个体更好地挖掘潜力、改进自身,从而获得成长。罗杰斯认为,个体在有机评价过程中经历的最基本的心理转变之一是能够接受生活和自己都处于不断变化的过程之中。因此,个体必须采取积极的态度来对待随着生活环境的变化而发生的成长与发展。这与僵化状态形成对比,处在僵化状态中的个体坚持既定的结构,拒绝改变和开放。[1][2]这种愿意接受变化与成长的观点也在心理学实证研究中受到了广泛关注,其中心理学家Carl Dweck关于思维模式(mindset)的研究继承并发展了人本主义心理学的这一理论观点。[3][4]

Dweck将人们的思维分为两种模式(mindset),一种是固定型思维模式(fixed

mindset），另一种是成长型思维模式（growth mindset）。固定型思维模式如同罗杰斯提到的僵化状态，持有这种思维模式的学习者认为自己的才能是一成不变的，由此任何学习结果都成为其能力的证明。他们非常关注学习结果，急于一遍又一遍地证明自己的能力，以让自己看起来聪明为学习目标。因此，他们尽可能地回避挑战，因为他们相信付出努力或犯错是自己低能的明证。持有成长型思维模式的学习者则与之相反。他们认为自己的基本能力可以通过努力来培养。即使在先天的才能、资质和兴趣等方面有着各种各样的不同，每个人也都可以通过努力和个人经历来改变与成长。他们更加重视的是学习过程，对失败的结果也不会太敏感。因为他们认为失败的存在并不会否定自己的价值。相反，他们把失败视为提高自己能力的机会。

关于固定型与成长型思维方式的理论，得到了研究的支持。在一项经典研究中，香港大学的研究者检验了两种思维方式对大学生英语学习的影响。在香港大学，英语的使用非常普遍。所有课程都是英语授课，所有的学习材料与考试也都使用英语，但并非所有学生都精通这门语言。当学生到校进行新生注册时，研究者对他们的英语水平进行了初步测试，并询问那些英语水平不太好的学生，如果学校开设高质量的英语课程，他们会有多大兴趣。结果发现，具有固定型思维模式的学生，即使英语水平较低，也对选修此类课程不感兴趣，而具有成长型思维模式的学生则给出了肯定的回答。成长型思维模式的学生抓住了重要的学习机会，从而能够获得提升，而固定型思维模式的学生不愿意暴露出自己的不足之处，希望能够回避那些使他们看起来不聪明的课程，却错失了可能提升的机会。[5]除此之外，成长型思维也能够很好地预测学业成绩。一项研究发现，在中学的两年过渡期里，表现出固定型思维的学生的数学成绩没有提高，而表现出成长型思维的学生会使用更积极和努力的学习策略，数学成绩也有所提高——尽管在过渡期之前，两组学生的成绩并没有差异。[6]一些政府或非政府组织进行的大型研究也发现了成长型思维与学业成就的相关，比如经济合作与发展组织（OECD）开展的国际学生评估项目（PISA）对来自74个国家的学生进行随机抽样调查，结果表明成长型思维与考试成绩显著正相关。[7]这些研究都表明了成长型思维在教育中的重要性。成长型思维模式建立在相信变化的基础之上，这也说明，如果要追求成长型的思维模式，人们本就需要相信思维模式可以变化与发展的，成长型思维是可以培养的。那么，在大学课程教学过程中，如何培养成长型思维呢？

三、以学习过程为导向的反馈促进成长型思维

培养成长型思维方式有很多途径，提供反馈是其中一种重要方式。一项脑波实验表明，固定型思维模式者只会对反映其能力高低的反馈展现出兴趣。他们在被告知自己的答案是对还是错的时候注意力非常集中，但对那些可以帮助自己学习的信息未展现出丝毫兴趣。即使他们的答案错了，也不会关心正确的答案是什么。成长型思维者则高度关注学习过程中可以提高他们知识水平的信息，他们从这些反馈中获得的收益比固定型思维模式者更多。[8]这说明不同思维模式与不同的反馈内容有关。绩效结果导向的反馈与固定型思维模式的关系更密切，学习过程导向的反馈则与成长型思维模式的关系更密切。教师在培养学生成长型思维模式的时候，需要提供合适且恰当的反馈。

在传统教学中，教师在课程考核结束后仅仅给学生判定一个分数。这种简略反馈提供的信息非常有限，它既不能有效地激发学生的学习动机，也不能为他们指导学习方向。学生或许别无选择，而只能将这种以绩效结果为导向的反馈解读为评估自己能力高低的证据。在以后的学习中，他们可能接受这种非高即低的能力评估系统，不再进一步思考自己的问题，并导致失真的自我评估——对自我的夸大、贬低或者模糊，由此逐步地陷入固定型的思维模式。这是因为分数很容易让学习者视为对自己能力的评价。

相反，如果要培养学生的成长型思维模式，教师需要给学生提供能让学习者评估自己学习过程的反馈。本文暂且将这种反馈称作以学习过程为导向的反馈。这种反馈应该做到准确而详尽，既需要对学生在学习过程中的具体行为做出评估，也需要提供具体与可操作的努力标准。[9]学习者不能轻易地将这些线索用来评估自己的能力。一项研究显示，如果数学教师提供帮助进一步努力的信息作为反馈，使学生获得对于概念更加深入的理解，并在之后让学生对自己的作业进行评估和修改，他们在数学方面会逐渐走向成长型思维。学生们会认为，他们的基础数学能力是可以发展的。[10]

这种以学习过程为导向的反馈如何在大学课程中展开呢？本文认为，教师需要提供针对学生在学习过程中具体行为的评估，并在评估后，提供师生问答与互动，讨论出可操作的努力标准。在客观评估部分，学习过程或学习任务可以被拆分成具有可评估性和操作性的几个维度，从而形成一个客观的评估标准。学生首先按照这个评估标准进行自评，然后再对照教师的评估与班级同学的评估。通过多方评估并依托技术手段，学生可以及时准确地知道在此次学习过程中，哪些方面做得还不错，哪些方面还需要努力提高。相比于教师仅提供最后的分数，学生能够通过这种准确、细致、及时的反馈获得相对更加客观的评估结果，而非仅仅是对自己能力的评估。在获得评估反馈后，教师还可以开展小型研讨会。教师向每个学生讲解学习过程中各维度出现的问题，并针对学生提出的问题进行答疑与讨论。在此过程中，教师需要根据学生的学习状况提出更具有操作性的实践建议，以鼓励学生继续实践，进一步提升自己的能力。比如，如果学生想知道如何在自己选定的问题上继续做进一步研究，教师可以给予相应的指导。

接下来的部分，本文将结合第一作者的一门专业必修课"SPSS与高级统计"及一门专业选修课"决策与谈判心理学"的课程实践，介绍在本科课程教学中如何实践以学习过程为导向的反馈。

四、以学习过程为导向的反馈的教学实践

"SPSS与高级统计"是面向心理学系本科生开设的一门专业必修课，旨在帮助学生掌握利用SPSS统计分析软件进行数据分析的基本实操技能。该课程具有较强的实践性，因此需要考虑如何鼓励学生尽可能多地实操和练习，并在课堂所授知识之外积极自主地进行更加深入的探索，从而为学生在未来开展研究，完成毕业论文提供充足的知识和技能储备。"决策与谈判心理学"是面向心理学系本科生开设的一门专业选修课，旨在让学生了解有关决策与谈判（群体决策）的基础理论和方法，并帮助学生利用课堂所学知识在日常生活和学习中做出更好的决策，在谈判中获得更好的客观与主观结果。该课程兼具理论性

与实践性,不仅需要学生掌握主要研究发现和经典理论,也需要进行模拟决策与谈判,并考虑如何将决策知识运用到实际生活中。该课程综合性很强,因此需要考虑如何鼓励学生在理论和实践方面进一步提升自己的能力。

根据两门课程的特点,本文第一作者在教学实践中逐渐总结并实施了以学习过程为导向的教学反馈,并发现在实施过程中,学习过程导向的教学反馈需要贯穿整个教学过程,而非仅仅在教学结束之后。这既能即时反映学生当下的学习成果,使其知道自己是否掌握了所学知识,也能尽量避免学生对自己做一次性的评价。固定型思维者常常认为一次测验或者一次评估就成为其适用终生的评判。因此在实践中,需要提供多次且针对性强的任务、测验或评估,帮助学生明白,这一次只是对当下知识掌握情况的描述,而非对于自己能力一锤定音的评价。

在"SPSS与高级统计"课程中,每一次课都会有"测一测"环节。该环节通常在教师的知识讲解之后,需要学生举一反三,即通过掌握教师讲授的知识,完成同类型的小任务。学生需要在课上所给的时间范围内完成"测一测",并由课程助教对每一位学生的完成情况进行评估。该评估并非给出分数,或者对结果进行简单的错与对评价,而是了解学生实践中的各项操作。通过积极的反馈帮助学生知道自己在哪里掌握了知识,通过问题的解答帮助他们知道自己在哪里存在疏忽或不足。除此之外,教师也提供了"如果你很牛"的进阶努力标准,鼓励学生在课堂学习之外自主积极地提升自己的能力。

"决策与谈判心理学"课程的综合性更强,教师也针对性地应用了学习过程导向的教学反馈,使得学习任务与反馈环环相扣。首先,在教师讲授理论后,学生需要进行知识点小视频与小组展示。学生4人为一组,每组选择一个近5~10年出现的决策与谈判心理学领域的热点主题,以及该主题中4篇相关文献。每一位学生都需要精读其中1篇文献,泛读其他3篇。小组需要共同制作一个1分钟的小视频呈现该主题(要求是普通人能看懂),再做一个20分钟的小组展示(要求掌握该主题的理论、方法,面向对象为班级中其他同学)。完成展示之后,学生会获得来自同学和教师的评估。在评估之后,他们将继续投入实践,参考这些意见撰写一篇课程论文,对自己精读的论文进行总结。学生在完成课程论文之后也会获得非常细致的反馈。教师将课程论文评估系统进行细化,使其涵盖论文的选题角度、写作技巧、摘要与引言、客观呈现、主观评价五个方面(维度)的10项指标(题目)。教师会根据评价指标对每篇课程论文评分,他们也会在小程序页面以问卷的形式对10项题目做自评打分。学生自评后,随即得到各维度评估的雷达图以及针对性的反馈信息。在教学结束之后,每一位学生都会与同组的另外三名同学一起与教师在小型研讨会上进行自由讨论。教师鼓励小组成员反思自己在各学习任务中的完成情况,剖析小组整体以及单篇论文的优点与不足,并且根据这些不足进行个性化的指导。对于有研究前景的选题,教师将鼓励学生进一步探索,针对后续文献、理论和方法进行更深层次的指导,为学生指明下一步研究的方向。

以上关于这两门课程教学反馈的内容介绍,同样展现了多样化教学反馈方式的可能。两门课程应用了多种反馈方式,包括自我评估、教师反馈、助教反馈与同伴反馈。人本主义教育观强调以学生为中心的教学理念,学生成为教学的主体,从被动学习转换到自主学习的模式。自我评估体现出学生的主体参与性,他们能够在这个环节中回顾自己的学习过程，并对自己进行深入反思。在传统教学中，教师是知识与权威的拥有者，学生只能接受来自教师的单一反馈。然而，反馈的重点不是在学生的能力证书上盖下权威的印章，而是帮助学生对自己的学习过程形成更加准确客观的评估，并通过评估的具体内容获得努力的方向。在教学反馈的过程中，可以结合更加多样化的反馈形式，比如通过助教、同伴的反馈方式，帮助学生形成更加准确、客观的评估，激发学生的自主学习动机，促使学生通过反馈查缺补漏，提升自己在学习中的能力。

最后，教学反馈也可依托许多创新技术获得进一步优化。"决策与谈判心理学"课程在论文反馈评价中依托微信小程序的技术。具体而言，教师评分之后，每位同学的得分将被整理到 Excel 表格中，生成整个班级的平均分。小程序后台使用代码调取上述表格作为数据库，从而使教师评分和班级平均分的数据存储在程序中。当学生在小程序中完成自评之后，后台随之将得到的自评分数与教师评分，以及教师评价的班级平均分对比分析，并以雷达图和简要说明的形式在程序页面上向每位学生给出针对性的反馈信息。这种形式的反馈可视化强、准确且及时，充分发挥了信息技术的高效优势。然而，小程序仅仅是一个起点。由于评分维度不能及时、便利地修改，因此很难扩大适用范围，将其应用在其他课程。云服务网站可以很好地解决这个问题，其依托 Web 应用架构，采用互联网技术，实现手机、平板、PC 端使用网址登陆，从而让教师能够根据课程要求方便地修改后台评价指标，有助于个性化反馈在不同课程领域的进一步推广。除此之外，博客或者微信公众号的方式也能够帮助教师丰富教学内容，帮助学生提升自己的能力，比如展示学生的学习成果、介绍国内外顶尖期刊及其研究、数据分析软件的知识以及写作技巧等。

总体而言，成长型思维理论是人本主义心理学在当代的最新发展，对教育产生了深刻的影响。固定型思维模式的学习者认为自己的才能是一成不变的，他们关注学习结果，并尽可能地回避那些使他们看起来能力低的挑战。成长型思维模式的学习者则更接近于"好之者"与"乐之者"的境界，他们关注学习过程与自主能力提升。因此，促进学习者的成长型思维，帮助学生从"知之者"成长为"好之者"与"乐之者"成为问题的关键。本文提出，在本科课程中，提供以学习过程为导向的反馈能够促进成长型思维。应用这种反馈能够帮助学生重拾学习过程中的主体地位，从而积极自主地提高自己的能力。"SPSS 与高级统计"与"决策与谈判心理学"两门课程展现了如何在实际教学过程中应用学习过程导向的反馈。在教学实践中，这种反馈既提供了对于学生在学习过程中具体行为的评估，也提供了具体与可操作的努力标准。同时，学习过程导向的反馈实践也可以更加丰富与创新：在反馈形式的方面，不仅可以采取教师反馈，也可结合更加多元的形式，如自我评估、助教反馈、同伴反馈等；在反馈技术的方面，可以依托更多创新技术，如通过微信小程序、云服务网站提升反馈的准确性与及时性，通过微信公众号与博客增加反馈的丰富性。

◎ 参考文献

[1] Rogers, C. R. On becoming a person: A therapist's view of psychotherapy[M]. London: Constable, 1961.

[2] Rogers, C. R. Toward a modern approach to values: The valuing process in the mature

person[J]. The Journal of Abnormal and Social Psychology, 1964, 68(2): 160.

[3] Dweck, C. S. Mindset: The New Psychology of Success[M]. New York, NY: Ballantine Books, 2006.

[4] Maurer, M. M., & Daukantaitė, D.. Revisiting the organismic valuing process theory of personal growth: A theoretical review of rogers and its connection to positive psychology[J]. Frontiers in Psychology, 2020, 11: 1706.

[5] Hong, Y. Y., Chiu, C. Y., Dweck, C. S., Lin, D. M. S., & Wan, W. Implicit theories, attributions, and coping: a meaning system approach[J]. Journal of Personality and Social psychology, 1999, 77(3): 588.

[6] Blackwell, L. S., Trzesniewski, K. H., & Dweck, C. S. Implicit theories of intelligence predict achievement across an adolescent transition: A longitudinal study and an intervention [J]. Child development, 2007, 78(1): 246-263.

[7] OECD. PISA 2018 results (Volume III): What school life means for students' lives[M]. PISA, OECD Publishing, 2019.

[8] [美]卡罗尔·德韦克.《终身成长》[M]. 楚祎楠, 译. 北京: 后浪出版社, 2017: 22.

[9] 赖丹凤, 伍新春. 基于自我决定理论的教师激励风格研究述评[J]. 心理科学进展, 2011, 19(04): 580-588.

[10] [美]卡罗尔·德韦克.《终身成长》[M]. 楚祎楠, 译. 北京: 后浪出版社, 2017: 259.

以学定教：论学情分析在教学设计中的作用
——以《20世纪中外文学名著鉴赏》通识课程为例

张 晶

(武汉大学 文学院，湖北 武汉 430072)

【摘 要】 学情分析是教学设计的起点，做好学情分析也是教师必备的基本功。近年来"以学生为中心"的教学理念日益深入人心，促使学情分析成为中国教育教学实践和教学研究中不容回避的重要问题。然而，对于高等教育教学而言，学情分析不仅缺乏系统有效的理论指导，也极少有一线教师提供针对具体课程的研究案例。本文以笔者在建设武汉大学一般通识课程《20世纪中外文学名著鉴赏》中通过问卷调查法开展的学情分析为例，呈现学情分析对于本课程在建设之初明确课程教学目标、建构课堂教学模式、评估课程教学效果等有效教学设计方面发挥的重要作用，探讨基于学情分析的教学设计对名著鉴赏、经典导读等高校通识课程建设与课程思政建设的必要性与可行性。

【关键词】 学情分析；问卷调查；教学设计

【作者简介】 张晶(1982—)，湖北黄石人，文学博士，主要研究方向为比较文学与世界文学、海外华文文学与华裔文学、中国文学的跨文化传播等。武汉大学文学院副教授，硕士生导师，武汉大学"351人才计划"教学岗位"珞珈青年学者"，武汉大学课程思政教学研究示范中心副主任，武汉大学教学咨询师。

【基金项目】 本文得到"351人才计划"教学岗位(413200176)、《20世纪中外文学名著鉴赏》一般通识课程、"文明互鉴视域下中外文学经典课程多重互动的育人模式研究"课程思政项目等武汉大学"教育教学改革"建设引导专项的支持。

教学设计只是教师的事？教学设计只发生在课程和课堂教学活动之前吗？教学设计是否可以一劳永逸、一教到底呢？20世纪80年代以来，国内外教育界都在从以教师的"教"为中心的教学论朝着以学生的"学"为中心的理论脉络演进。这种从"教授学"向"教与学"转向的教学论变革，反映了教育对学生的重新发现，即学生不是教学中被物化、他者化的对象，而是与教师共同构成教学活动的另一主体，课堂教学不是知识的灌输，而是对学生生活世界的激活与再现。对于教学设计而言，这些认识不仅启发教师将学生视作一种教学资源，还提醒教师要主动地研究和应用好这种教学资源，使学生与教师一同成为课程教学设计的主体。正如美国学者赖格卢特(Charles M. Reigeluth)在《教学设计是什么及为什么如是说》一文中指出："教学设计是一门涉及理解与改进教学过程的学科。任何设计活动的宗旨都是提出达到预期目的最优途径(means)。"①换言之，教学设计的本质是要提出使学生发生预期变化的最优教学策略。然而，学生的存在先于课程的存在，而课程又承载着知识传授、能力培养与价值引导的多重意义，再加之，教学本身也是一个动态生成的过程。因而，教学设计对所谓"最优"教学策略永不停止的寻找、尝试与调整必须建立在对学情持续不断的观察、分析与研究的基础之上。

"学情"是对学生情况或学生学习情况的简称。我国教育学界的学情研究始于20世纪80年代初，最初是针对中学生学习能力不强、学习质量不高、学习负担过重、厌学等问题而展开的中学生学习方法的研究。此后，学情研究逐步成为基础教育教学研究的一个重要生长点，也在"学情"的内容、"分析"的方法，以及"学情分析"的意义等方面积累了必要的理论成果。相较于基础教育对学情分析的重视，高等教育研究中既缺乏对高校学生成长和课程教学相关的学情分析的实例，也尚未系统地开展对学情分析在高校课程体系建设与课堂教学改革作用的理论思考。有鉴于此，本文以笔者在建设武汉大学一般通识课程《20世纪中外文学名著鉴赏》(以下简称《名著鉴赏》)中通过问卷调查法开展的学情分析为例，呈现学情分析对于本课程在建设之初明确课程教学目标、建构课堂教学模式、评估课程教学效果等有效教学设计方面发挥的重要作用，探讨基于学情分析的教学设计对名著鉴赏、经典导读等高校通识课程建设与课程思政建设的必要行与可行性。

一、问卷调查：学情分析的重要方法

无论是整门课程的教学设计还是单次课堂的教学设计，教学设计有其自成体系的逻辑系统，主要由明确教学目标、选择教学内容、采用教学方法、形成教学模式、实施教学评价等环节组成。其中教学目标是教学设计的导向，而用什么样的教学方法和教学策略组织教学内容是实现教学目标的具体途径，是教学设计的主体部分，教学评价则是对教学目标达成效果的评估。近年来，随着以学生为中心的教学理念日益深入人心，教学论中出现了主张教学设计的有效性和建构性的观点，即认为教学设计中的教学目标、教学目标的实施以及教学目标的达成都应以学生为主体，教学设计应有效地帮助学生实现自主建构学习的意义。相较于过去以教师的"教"为核心的教学设计，强调学生"学"的建构性和有效性的教学设计无疑前进了一大步，但却仍然存在着一个被忽略的悖论性事实：即使教学设计定位的学习主体是学生，但教学设计的主体却依然只是教师。换言之，虽然在教学理念上我们将教师和学生视为教学活动的"双主体"，但实际的课程教学设计还是教师在教学之前根据人才培养方案、课程大纲以及个人的教学经验"替"或"为"学生设定他们的学习计划。在学生缺席的状态设计课程的教学目标、教学内容、教学策略，其弊端显而易见。如在实际的教学中，有些课程的教学目标只是以文字的形式出现在教学大纲中，学生不知晓，教师不重视，久而久之沦为一纸空文。

为了避免上述教学设计的弊端，探索对学生有效的建构主义教学设计，《名著鉴赏》

---

① Charles M. Reigeluth. Instructional-design Theories and Models: An overview of their current status. United Kingdom, Lawrence Erlbaum Associates, 1983: 4.

课程尝试以问卷调查的方法让"真实的学生"代替"想象的学生",请学生直接为课程的教学设计提供第一手的学情资源。为了了解选课学生在群体构成、学习动机、知识储备、学习习惯等四个维度的情况,教学团队在课程开课前设计《名著鉴赏》课程的课前问卷。

维度一:摸查学生的基本情况,掌握选课群体的结构特征。问卷中有一道关于学生所在学院的填空题和一道所在年级的选择题,学生只需如实作答即可。

维度二:了解学生选修本课程的学习动机和自我期待。为了更全面地了解学生对课程的学习需求,避免选项的干扰和局限,问卷没有采用选择题而是设置了"是什么样的原因,让你选择这门课"和"你期待在《20世纪中外文学名著鉴赏》这门课上收获什么?"两道主观陈述题。

维度三:考察学生的阅读经验和审美趣味,预知学生的知识储备与学习能力。有一道多选题了解学生在选修课程前通过哪些渠道阅读20世纪中外文学名著,提供了"中小学语文课程、中小学课外阅读、欣赏名著改编的电影以及其他"四个多选项供学生选择。问卷还设置了请学生"推荐六本值得一读的20世纪中外文学名著"的开放题,希望以此了解选课学生们在课程前已储备的阅读经验。问卷中还有多选题是关于学生是否学习过20世纪中外文学史,是否阅读过20世纪中外文学名著相关的研究文献的调查,并以请学生列出文献名和获取文献渠道的方式来检验学生是否接受过文学鉴赏的专业训练。

维度四:了解学生的学习方式和学习习惯。问卷中有两道题是关于学生在课程学习中对与同伴展开合作式学习和与教学者开展互动式教学的倾向性调查。前者为单选题更倾向于个人探索还是团队合作来完成学习任务,并要求作答者为其选择说明原因;后者为多选题:"在课堂上,你希望老师和学生的关系是?"并提供了"A. 互动性强;B. 老师授课、学生听讲,适当互动;C. 老师授课、学生听讲,有互动但尽量减少互动;D. 完全不互动,老师授课,学生听讲;E. 其他建议"的多选项。还有多道多选题如"学生在团队合作学习中选择哪些任务分工""是否习惯在课程学习时使用智慧教学工具""期望课程学习任务以哪种方式呈现"等,以了解学生在具体教学活动中的学习习惯。

二、学情分析:教学设计的必要起点

自2021年春季以来,《名著鉴赏》已经进行了四轮课程教学,发放并回收有效的课前问卷228份[①]。我们依据问卷设计时的四个学情维度对问卷结果进行定量和定性的学情分析。

1. 选修《名著鉴赏》通识课程的学生构成

《名著鉴赏》是面向全校本科生开放的一门一般通识课程,在未开展学情分析之前,我们无法清晰地获得对学生群体的结构性认知,甚至会想当然地以为选修文学类通识课程的主要是非文学专业的学生。但是通过问卷信息的收集和量化统计,我们对选课学生的专业、学院和年级构成有了更清晰的认识:选修《名著鉴赏》课程的学生来自武汉大学文、

---

① 2020—2021第二学期为38份、2020—2021第三学期为71份、2021—2022第一学期为82份、2021—2022第三学期为37份。

理、工、医四大学部的 32 个学院(见图 1),其中选课人数最多的为文学院(38 人),之后依次是经济管理学院(32 人)、弘毅(15 人)、电气(14 人)、法院(11 人)等(见图 2)。选课学生以大学一年级和二年级的低年级学段学生为主(见图 3)。

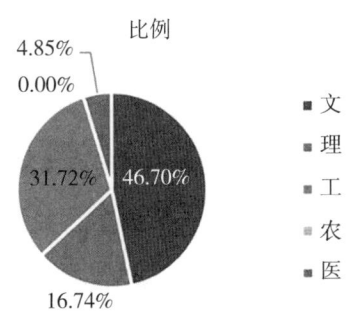

图 1　选课学生所属专业

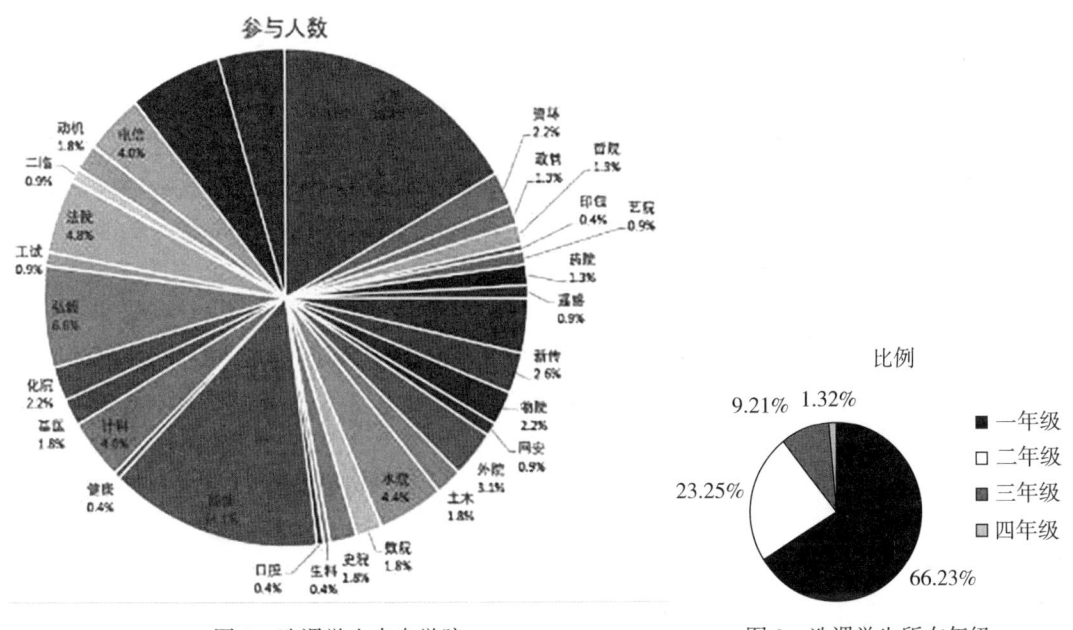

图 2　选课学生来自学院　　　　　　图 3　选课学生所在年级

2. 学生选修《名著鉴赏》通识课程的学习动机

根据主观作答的词频分析,我们发现学生的选课动机主要表现为学生个人对文学的兴趣爱好、提升自我素质这两大主观原因,但也有因为课程设置的时间与学分符合学习计划而选择课程的情况存在。值得注意的是,因为时间与学分选择课程的动机在两次暑期调查中的比例(21.1%和 24.3%)明显高于春季与秋季的比例(5.3%和 6.1%)。问卷调查结果反映出学生对《名著鉴赏》课程充满了丰富多样的期待。尽管学生们大多出于对文学的兴趣选择这门课程,同时还希望通过课程的学习,提升审美和鉴赏能力,陶冶情操、修养心

一、教师编

性、增长见识，结交朋友，以此对世界、社会、人性和自我有更深刻的认识。①

3. 学生在选修《名著鉴赏》通识课程前的知识储备

学生在问卷题目"推荐值得一读的六部20世纪中外文学名著"中一共推荐了248部作品，推荐人数超过10次的名著依次为：《边城》《百年孤独》《围城》《活着》《平凡的世界》《呐喊》《老人与海》《飘》《朝花夕拾》《狂人日记》《雪国》《骆驼祥子》《白鹿原》《鼠疫》《局外人》《追忆逝水年华》。② 这些作品都是已经进入世界文学名著之列的重要作品，说明学生在课程学习前已经积累了广泛而丰富的文学阅读经验，但从书目中我们发现：中国文学作品多于外国文学作品，20世纪前半叶的外国文学作品多于20世纪后半叶的作品。这说明学生对当代外国文学作品不太熟悉。此外，在推荐名著的书目中竟然多次出现不属于"20世纪"的书目，如《红楼梦》(8次)、《西游记》(2次)、《论语》(2次)、《水浒传》(2次)、《傲慢与偏见》(5次)、《悲惨世界》(4次)、《堂吉诃德》(4次)、《基督山伯爵》(4次)、《呼啸山庄》(3次)、《巴黎圣母院》(3次)。这说明，学生对"文学史"缺乏时间概念，对外国文学的认知主要局限于近现代的浪漫主义和批判现实主义。

问卷了解到学生们在课程学习前主要是通过中小学语文课堂、课外阅读和影视改编等渠道阅读文学名著，且三项的比例较为接近，分别为62.16%、72.97%和64.86%，最多的竟然是课外阅读。但问卷显示只有15.35%的学生在课程学习前有过阅读过文学史或研究文献的经历，其中2020—2021学年第二学期和第三学期有94.74%和78.95%的学生表示"几乎没有阅读过与中外文学名著相关的研究性文献"。这说明学生们普遍缺乏对文学名著的自主学习和独立探索能力，需要文学鉴赏方法的引导和审美鉴赏能力的迁移。

4. 学生在选修《名著研读》通识课程前的学习习惯

问卷中有一道题涉及考察师生互动学习方式的倾向："在课堂上，你希望老师和学生的关系是？"如果我们将选项按照"A. 互动性强"为"4"，"B. 老师授课、学生听讲，适当互动"为"3"，"C. 老师授课、学生听讲，有互动但尽量减少互动"为"2"，"其他"为"1"，"D. 完全不互动，老师授课，学生听讲"为"0"，并分别用求平均值的方式计算四次问卷，我们发现四次平均值均在"3"上下浮动，这说明学生们对师生课堂交流的意愿维持在"适当互动"的水平上。

问卷中还有一道题涉及考察学生合作式学习的倾向，结果是有59.5%的学生选择独立完成，有48.6%的学生选择合作完成。从数据上看，习惯个人探索的学生和热衷团队合作的学生在数量上基本持平。但倾向于个人探索的学生认为个人学习自主性更强、效率

---

① 对于课程的期待，从问卷中择部分学生留言："在功利化内卷化的大学生活中过于繁忙而难以抽出时间读书。所以希望这门课能带我阅读。""希望一周一遇的文学课堂能够调整一下学习工科的我的心情。""期待自己变成一个更专业的读者，让日常阅读成为砍向内心冰封大海的斧头。""在中外文学名著中深入理解现代人面临的精神困境，能够与一群志同道合的人相识交流。"

② 学生推荐的《狂人日记》是鲁迅的短篇小说，《呐喊》是鲁迅的短篇小说集，《狂人日记》也是收入在《呐喊》集中，文中暂时按学生推荐的名目罗列。

更高，也有学生明确表示："不太会和别人交流想法"或"喜欢在一个人安安静静的环境下进行思考与诘问，一个人的时候内心更加平静"。主张团队学习的学生认为集体学习有利于交流思想，碰撞思维，拓宽视野，集思广益。问卷中对学生承担团队分工意愿的调查也显示超过3/4的同学倾向于做收集资料等基础性工作。[①]

9. 在小组研讨中，你更愿意自己做什么工作？

选项	小计	比例
成果展示	26	36.62%
收集资料	55	77.46%
时间统计	16	22.54%
研讨记录	25	35.21%
其他：	7	9.86%
本题有效填写人次	71	

图 4 学生对小组研讨的分工意愿

关于是否习惯在课程中使用学习通等智慧教学工具，有27.03%的学生表示不习惯，有54.05的学生表示习惯，但还有43.25%的学生在表示习惯的同时还对智慧教学工具的用途作出了明确的要求，其中倾向于学习通在课前发布文献和课后提交作业的占35.14%，只有8.11%的学生倾向于供课堂交流使用。问卷中还有一题涉及课堂学习任务的发布方式，只有16.2%的学生倾向于在线下课堂上现场发布学习任务，其他学生则都支持在课前线上发布。这说明大部分学生已经习惯使用智慧教学工具进行线上线下的混合式教学，但主要用于课前与课后，并不支持其在课堂上混合。

三、教学设计：学情分析的有效运用

课前问卷使学生提前出现在了课程的教学活动中，并让学生由被想象的、失声的教学对象成为了可以表达真实意愿的教学资源，更为我们从学生构成、学习动机、知识储备、学习习惯、课程期待等多个维度充分研究学情提供了大量客观的数据。但是，以问卷为方法的学情分析不能止于问卷分析得出的结论，而是要继续寻找与教学设计的关联，为以学生为中心的教学设计提供充分的行动依据。

1. 学情分析是明确教学目标的基础

课程的教学目标一般是由教师根据所教授的课程类型，结合学校和专业的人才培养

---

① 2020—2021学年第二学期中有81.58%、2020—2021学年第三学期有77.46%的学生愿意在小组分工中做资料收集的基础性工作。

计划制定，但是以学生为中心的教学设计却是以符合学生需要、解决学生问题为目的。作为武汉大学通识教育课程体系"中华文化与世界文明"的一门通识课程，《名著鉴赏》承载着四通六识、博雅弘毅、成人成才的通识教育目标。这与学生在问卷中表达的提升人文素养、开阔阅读视野、陶冶心情品性、增强鉴赏能力等课程期待是一致的。于此同时，针对选课学生来自全校不同专业、文学阅读基础和阅读能力参差不齐的学情，我们既需要将这门文学鉴赏的通识课程与专业研读课程区分开来，又要为具备不同阅读能力的学生提出具有差异性的学习目标。因此，我们为《名著鉴赏》通识课程设计了如下的课程教学目标：

学生将在个人阅读、师生研讨、团队合作等多种学习情境和跨媒介、线上线下混合等智慧教学环境中开展对多部20世纪中外文学名著的阅读、鉴赏、研讨、写作与实践活动，逐一了解课程所选名著创作问世的时代背景、文化语境和作家经历，逐渐掌握文本细读（close reading）和比较文学（comparative literature）的鉴赏方法，仔细领会20世纪中外文学名著在思想内涵上的深刻性、艺术风格上的创新性和国际影响上的典范性，由此加深对世界历史、人类社会、人文精神的理解，以文明互鉴的眼光欣赏中外文学的共通和差异，以文化自信的姿态热爱中国文学与中国文化，品味中外文学名著所反映的自然美、人性美和艺术美。

在设计本门课程的教学目标时，我们始终坚持学生是教学目标达成的主体，在提升学生文学审美鉴赏能力和中外文学融通比较能力的同时，逐步达成以文化人、以美育人、以史为鉴、文明互鉴的价值目标。换言之，以上在人文素养、审美能力、人格养成和价值塑造等多方面的目标本质上是助力学生有效地、主动地、积极地实现成人成才的意义建构。

2. 学情分析是优化教学内容的依据

以学生为中心的教学设计要处理好课程教学内容与学生生活之间的关系。《名著鉴赏》依托的是文学作品，而文学作品先天就闪耀着人性的光芒，折射出时代的波纹。因此，设计《名著鉴赏》的教学内容实质上就是要从不胜枚数的20世纪世界文学名著中选择出几部对学生而言有意义的作品。毫无疑问，"青年"是寻找意义的密码。由此，我们为课程设计了以"青年"为意义框架的爱情之美、亲情之枷、奋斗之梦、存在之谜和未来之幻五大专题，以此激发他们阅读文学、体会人生的学习动力，并将解答人生困惑、回应时代之问作为课程学习的问题情境。

在为五个专题选择文学名著时，鉴于问卷调查显示学生群体的多专业构成、文学阅读能力的参差不齐，我们避开了一些在文学史上拥有较高地位的长篇巨制，代之以篇幅适中、雅俗共赏的名家名作。如在"爱情之美"的专题中，我们选择了汪曾祺的短篇小说《受戒》和川端康成的《伊豆的舞女》；在"亲情之枷"的专题中，我们选择的是张爱玲的中篇小说《金锁记》和卡夫卡的短篇小说《变形记》；在"奋斗之梦"的专题，我们比较毛泽东诗词的中国梦和《了不起的盖茨比》的美国梦；在"存在之谜"的单元中，我们阅读博尔赫斯的短篇小说《小径分叉的花园》与中国当代作家格非的《迷舟》；在"未来之幻"专题中，我们学习英国科幻长篇小说《2001太空漫游》与刘慈欣的长篇小说《三体》。

3. 学情分析是创新教学方式的动力

当问卷反映学生的学习需求与通识课成人成才的教学目标一致时，我们将知识、能力、价值三位一体的课程教学目标阶梯化呈现，当问卷反映学生的专业背景多样、学习能力参差不齐时，我们选择青年学生关注的主题和对读的方式组合中外文学名著以激发学生的阅读兴趣和学习动力，但是当学生的学习习惯不利于有效学习和自我成长时，我们依然会在课程中设计合作式、互动式、混合式的教学活动来培养他们的团队合作能力、互动交流能力和自主学习能力。

我们认为相较于知识的获取，通识课程应该给予学生们更多提升能力和超越自我的机会，让刚刚走进大学校园的一年级学生从被动接受的灌输式教学模式中走出来，感受作为学习主体的存在，通过问题激发求知的好奇，通过研讨碰撞思维的火花，通过合作体会人际的交往，营造一个开放平等、文彩飞扬、丰富多样、激情四射的文学课堂。于是，我们在教学过程中设计了以小组为学习团队，以问题引导开展课堂讨论和专题研讨。

学习小组是由教学团队在第一次课前根据学生的年级、专业和性别进行的差异组合，每个小组由5~6人组成。之后每一次上课，无论是名著鉴赏课还是专题研讨课，学生都按小组集中就坐，便于课堂讨论和小组展示。课堂讨论由教师根据鉴赏的名著文本提出2~3个看似无奇、实则重要的问题，在课堂讲授中穿插问题讨论。每个问题先给5分钟的时间由学生在小组内部当堂讨论，再由各小组向全班分享，教师点评回应。小组分享和教师回应既可以在课堂现场进行，也可以在课后利用"学习通"平台进行线上交流。采用线上线下相结合的方式开展课堂研讨也是从第二学期引入"学习通"平台后新增的教学设计。设计课堂讨论的目的在于引导学生从泛读进入精读，揣摩分析文学名著蕴含的深刻思想，体味鉴赏文学大师精妙绝伦的笔法，同时通过小组讨论和观点分享，培养学生提炼观点、倾听表达的能力。

在每个主题单元的两次中外文学名著鉴赏课后，我们还设计了专题研讨课。不同于名著鉴赏课上为学生设定具体的讨论题目，教师只为专题研讨课划定选题范围，每个小组都可以在选题范围内根据小组讨论的意向设计个性化的选题。需要说明的是，到第三轮教学时，专题研讨课的教学设计也根据前两轮教学中学生们的选题意向作出了调整，由以单元主题的中外文学名著比较这一个选题扩展到对该单元鉴赏名著的创意解读、相关主题的名著推荐等多个选题。鉴赏文学名著的新视角和由所讲名著联想到新作品都是学生创造性思维的体现，而创造性思维也正是我们设计专题研讨这类高阶性学习活动所要着重培养学生面向未来的一种重要能力。

基于此，本文认为学情分析的目的是以学定教，是以对学生整体构成、学习基础、学习习惯、学习方法、学习效果的动态了解来帮助教师不断建构课程的教学设计，使教师的"教"真正促进学生有效的"学"。课前问卷调查是教师主动邀请学生为学情分析提供教学资源，并使学情分析成为教学设计的起点，在课程的教学设计中发挥着重要的作用。具体而言：学情分析是明确教学目标的基础、是优化教学内容的依据，也是创新教学方式的动力。

◎ 参考文献

[1] Charles M. Reigeluth. Instructional-design Theories and Models: An overview of their current status[M]. United Kingdom, Lawrence Erlbaum Associates, 1983.
[2] Gagné, Robert Mills, and Briggs, Leslie J.. Principles of Instructional Design [M]. Switzerland, Holt, Rinehart, and Winston, 1992.
[3] [美] W. 迪克. 系统化教学设计(第六版)[M]庞维国译. 上海:华东师范大学出版社,2007.
[4] [美] R. M. 加涅、W. W. 韦杰、K. C. 凯勒斯、J. M. 凯勒. 教学设计原理(第五版)[M]. 皮连生等译. 上海:华东师范大学出版社,2018.
[5] 徐英俊. 教学设计:原理与技术[M]. 北京:教育科学出版社,2011.
[6] 邵燕祥、黄燕宁. 学情分析:教学研究的重要生长点[A]. 中国教学学刊,2013.2.
[7] 钱军先. 有效教学的核心和关键[A]. 教育研究与评论,2009.8.

游戏化思维和积极课堂构建：
概念理解、现状分析和发展思路

王朝阳　杨　力

（武汉大学　新闻与传播学院，湖北　武汉　430072）

【摘　要】新文科建设强调学科之间的交融，旨在强调技术的融入。本研究以传播学专业的交互设计课堂为个案，通过线上问卷和QQ群内访谈交流等方法收集数据，并分析存在的问题和发展路径。首先，通过文献梳理对游戏化思维和积极课堂等核心概念进行辨析；其次，在综合分析问卷数据和访谈资料的基础上，对积极课堂构建过程中存在的问题进行分析，主要包括教学中的问题、学生主动学习的影响因素及师生关系现状；最后，根据前述问题提出未来发展思路，包括营造教学氛围激发学生主动学习、开放课堂提升教师的教学能力、强化学生主体地位多维参与课堂教学。

【关键词】游戏化思维；积极课堂；新文科

【作者简介】王朝阳(1975—)，男，浙江江山人，新闻学博士，武汉大学新闻与传播学院网络传播系副主任，副教授，研究方向有网络传播理论与实务、数字媒介技术与应用、交互设计等，chinamai@126.com；杨力(1988—)，女，湖北武汉人，文学硕士，武汉大学新闻与传播学院本科教学管理办公室副主任，研究方向为本科教学方法和管理等，yanglihzau06@163.com。

【基金项目】武汉大学教学改革建设项目"基于游戏化思维的媒介技术类课程混合式教学设计研究"(2018JG002)。

新文科的"新"是相对传统文科而言的，是以全球新科技革命、新经济发展、中国特色社会主义进入新时代为背景，突破传统文科的思维模式，以继承与创新、交叉与融合、协同与共享为主要途径，促进多学科交叉与深度融合，推动传统文科的更新升级，从学科导向转向以需求为导向，从专业分割转向交叉融合，从适应服务转向支撑引领。[1]新文科的"新"，首先在于其不再专一，而在其融合，强调学科之间的交流、交叉和交融，不仅要有跨"大学科"的交叉，要与理、工、农、医等学科交叉，更需要"小学科"内的学科融合，在人文科学、社会科学等实现借鉴和发展，甚至产生新的学科；其次强调把新技术融入人文社会科学之中，通过学科调整和机构改革来重构学术共同体和研究平台，从而为学生提供跨学科的学习。

传播学作为新闻传播学下的二级学科，是研究人类一切传播行为和传播过程发生、发展的规律以及传播与人和社会的关系的学问，是研究社会信息系统及其运行规律的科学，具有交叉性、边缘性、综合性等特点。目前，传播学已经形成与政治学、经济学、人类学、社会学、心理学、哲学、语言学、语义学等众多学科交叉融合的局势，且已经将对传播新技术的认识、理解和应用作为其走向数字新媒体、文化创意产业部门等各类机构的前提条件。传播学已经逐渐成长为新型的"新文科"学科。

在这样的大背景下，高校文科教育却并没有完全解决好"教+学"的问题。"教"的问题在于高校"重科研，轻教学"的管理模式，导致教师的教学积极性不足，教学成果难以被肯定；而"学"的问题，则是"隐形逃课"现象严重，学生的学习主体性缺位。那么，为何会出现这种问题，"教"的问题正在积极改善，"学"的问题是不是也应该积极做出变化呢？游戏化思维在教育领域早有应用，但在新文科的发展背景下其又具有新的内涵，其概念、应用中存在的问题都具有时代特征。本研究认为，游戏化思维和积极教育结合的理念，是一种教学改革中"内化游戏化思维的健康重塑模式"[2]，并从整个"教+学"环节中的"教"的设计，"学"的参与视角去探寻"新文科"整个教学的革新。

一、概念理解

游戏化思维和积极课堂都是一种理念或方法论，应用到高等教育的"新文科"建设中则需要对其内涵做进一步的理解。

（一）游戏、游戏化和游戏化思维

游戏其实是个非常古老的概念。游义为交游、来往；戏，本义为古时在祭祀或进餐时，有人头戴虎头面具、持戈舞蹈，后引申为与娱乐相关的行为。亚里士多德认为"游戏是劳作后的休息和消遣，本身不带有任何目的性的一种行为活动。"约翰·赫伊津哈（John Huizinga）认为，游戏是一种自愿的活动或消遣，这种活动或消遣是在某以固定的空间范围内，其规则是游戏者自愿接受的，但是又有绝对的约束力，游戏以自身为目的而又伴有一种紧张、愉悦的情感以及对它"不同于日常生活"的意识。游戏对游戏者的主宰是游戏者主动赋予游戏的。[3]游戏是人类基于物质基础，在一定时空中，遵循特定的规则所进行的一种满足精神需求的社会行为方式。游戏是人的天性，同时游戏行为是一种后天习得的社会行为，[4]具有规则，也有交往，也有自由性，是游戏者自主的。

游戏化则衍生自游戏，但其本质并不是游戏。游戏的目的是娱乐、互动、休息和消遣，而游戏化则是将游戏作为一种形式，不注重娱乐和消遣，而是为达成其他目的，如激励。gamified、gamification、game-based 和 gamifying 等都具有游戏化含义，但有所不同。其中，gamified、gamification 和 gamifying 的意义接近，理解为游戏作为外在形式服务于其他目的。gamified 强调为达成目标而借用游戏的形式。gamification 最早提出于 2003 年一个视频游戏用于严肃用途可能性的场合，强调激励机制。1980 年，gamifying 由理查德·巴特尔（Richard Bartle）提出，其原义是"把不是游戏的东西（或工作）变成游戏"。[5]在游戏化概念的理解上，拉贾特·帕哈里亚（Rajat Paharia）认为，游戏化是指"将某个已经存在的、具有一定核心和内在价值的事物与游戏机制相整合，以激发用户的参与度、投入感和忠诚度"。[6]在这些概念中，游戏化将游戏形式和机制应用于非游戏场合，达成激励的目的；

游戏化场景中，游戏难度本身很低，游戏设计的目标不是考察项目参与者的游戏水平，只是希望游戏者在一种轻松、愉悦的情绪状态下完成更为宏大的事情。现实应用中，移动应用支付宝的"蚂蚁森林"、微信的"微信运动"都属于此类，将游戏加入社区互动，最终达成公益性目的。game-based 则有较大差异。该概念中，游戏不再是形式，而是核心，或者至少处于比较重要的地位。基于 game-based 设计的项目具有一定的游戏强度，参与者需要有足够的游戏能力，才能"过关斩将"，最终达成游戏背后其他的目标。以上游戏化的理解虽然存在异同，但基本内涵是一致的，"非游戏环境""游戏机制""交互""激励"等都是共识。

在对游戏化的认知和理解中，可以发现游戏化本质不是娱乐，而是一种思维方式亦或是一种工作方法，是对人性的理解与设计过程巧妙融合后的产物。[7]因此，首先可以将游戏化理解为基于对人的思想、情感和行为等的理解而形成的"类娱乐化"的工作形式，是一种理念、方法或思维。game thinking，game based thinking 和 gamification thinking 等都对应于游戏化思维。卡尔 M. 卡普（Karl M. Kapp）认为，游戏化思维通过采用激励机制、美学吸引用户、鼓励用户，进而达到促进用户学习和解决问题的目的[8]。游戏化思维强调不拘泥于游戏的外在形式，并非直接去思考用哪些游戏元素去达到目标，是探究游戏为何如此让人着迷的深层原因。[9]游戏化思维取自于游戏的趣味性、启发性及引导性等却并非游戏本身，它能使对象本身在类似游戏的行为中实现问题的解决。[10]可见，游戏化思维的原生目的不是设计游戏，而是通过工作游戏化最终达成工作的目的。其次，游戏化思维强调其内在激励的提升、注重乐趣体验。体验是游戏化思维讨论中特别需要强调的，而体验的重要因素包括了乐趣和积极自我控制。凯文·韦巴赫（Kevin Werbach）提到的游戏化核心要素中就包含了乐趣或者趣味，是一种积极的体验。相对于传统思维，游戏化思维采用的是一种更加轻松愉悦的方式，在实现目的的同时也会更加注重人的主观感受。[11]韦巴赫列举了"乐趣"的来源，如胜利、解决某个问题、休息和放松、团队协作、外界的认可、经验和物质的不断积累、惊喜、白日做梦、分享、扮演陌生的角色、客制化等。妮科尔·拉扎罗（Nicole Lazzaro）在讨论 PX（Player Experience）中的情感设计时也谈到了"乐趣"可以从濒临挫败而最终胜利、放松自我、实验和社会交往中获得。[12]乐趣的获得体现了人作为主体的主动性和自我控制。因此，内化的游戏化思维就涵盖了主动挑战障碍，不惧失败；享受艰苦工作的乐趣；保持全情投入等。更广泛意义上，游戏化思维突出了游戏化流程中游戏的作用，人在其中的能动性，以及人在积极参与游戏化工作中的自我控制、成就感和乐趣。

游戏、游戏化和游戏化思维与教育紧密相关。在古希腊语中，游戏（paidia）与教育（paideia）仅有一字之差，两者在语义上具有一定的联系。马歇尔·麦克卢汉指出，任何认为教育和娱乐是完全不相关的东西的人，其实并不了解其中的任何一个[13]。杰罗姆·布鲁纳（Jerome S. Bruner）认为游戏对于问题解决能力有促进作用，认知发现学习理论强调学生学习的主动性和内在动机的重要性[14]。此外，很多游戏案例研究也揭示了游戏和教育的关系。如萨沙·巴拉（Sasha Barab）[15]、托马斯·康纳利（Thomas M. Connolly）等人[16]、西里尔·布鲁姆（Cyril Brom）[17]、陈加里（Gary Cheng）[18]、陈湘萍（Hsiang-Ping Chen）等[19]的研究都证明了游戏能激发学习动机，有助于解决现实问题，有助于知识整合，提升学生创造力及对文化认同的影响，显示了游戏在培养学生形成情感态度价值观上的潜在价值。

游戏化和教育的交集促进了它的发展。如托马斯·马龙(Thomas M. Malone)提出内在动力(Intrinsically Motivating)的概念，引领了教育游戏化的发展；詹姆斯·保罗·吉(James Paul Gee)强调的游戏作为一种认知活动的作用，进一步加深了教育和游戏化的关联。

游戏化思维之前广泛应用于学前教育、中小学教育和特殊教育等。在教育领域，尚俊杰等认为，游戏思维的核心是发挥其深层内在动机，在教学、管理的各个环节的活动中有机地融入游戏元素、设计或理念。[20] 而在高等教育中，相关研究还较少且存在误区。有时会混淆游戏和游戏化思维概念，甚至主观、蛮横地认定游戏化思维的不适用性，或停留在"疾病修复模式"的讨论。其实，当前高等教育"教+学"主体心智成熟，自我意识强烈，主动追求高效教学已经成为常态，应用"内化游戏化思维的健康重塑模式"重构教学场景成为可能。

(二) 积极、积极课堂和积极教育

游戏化思维注重人的自主性、积极性和能动性，强调游戏化体验中的乐趣。游戏化思维应用中突出了参与者主体性，具有"积极"意味。

"积极(positive)"一词衍生自拉丁文 positism，指"实际而具有建设性的"，也具有"正向的""主动的"意思，既包括内心冲突，也包括潜在的内在能力。"积极"并不是天生就是显性的，有些是隐藏的，需要挖掘才能发现。也正是由于其建设性、正向性等特征，去发现和挖掘也是需要的，且更有价值。

马斯洛(Maslow, A. H.)提出的积极心理学(Positive Psychology)概念相对于消极心理学而言，更关注人性中的积极层面，[21] 更强调研究人性中的优点和价值，其内涵是增强被治疗者的力量而不仅仅是修复其缺陷。[22] 目前，我国高等教育把绝大部分的注意力放在应对各种外显或潜在的问题上，以病理学(Pathological Psychology)的范式来对待这些问题。[23] 这是典型的"疾病修复模式"，而并不是积极心理学所崇尚的"健康重塑模式"。重塑的意义在于"推倒重来"，而不是"修修补补"，是一场改革，而改革来自作为主体的人，需要发自内心的"积极"。

目前，积极心理学广泛应用于社会各个领域，在教育领域的应用研究集中于心理健康教育、道德教育、幸福感、创新创业教育、思想政治教育及个案课堂研究等。其中，"积极课堂"是积极心理学在教育领域的应用，也是一个教学"场景(context)"。彭兰认为，"场景"一词应同时涵盖基于空间和基于行为与心理的环境氛围，包括情境；构成场景的四个要素即空间与环境、用户实时状态、用户生活习惯以及社交氛围。[24] 因此，"积极课堂"可以理解为，基于现实的空间，由教师和学生共同积极参与构建的"教+学"场景。"积极课堂"中，教学成为一种"产品"，教师和学生的内心力量被挖掘，共同参与教学，享受其中的乐趣。

"教"的乐趣。"教"始终被认为是教学中最为重要的部分，特别注重教师教学能力的挖掘和提升。一个"积极"的教学能力培养环境对于教师教学自主性的发挥具有促进作用。

当前，高等学校教师教学能力培养模式区分为"横向式"和"立体式"。我国更偏向于"横向式"模式，强调把教师教学能力"客观化""指标化"，突出的是教师能力结构中的各种"子能力"的增强和拼凑组装。"客观化"强调的学历文凭、科研成果以及多媒体运用能力，"指标化"强调的课程数、课时数、批改作业数等都严重束缚了教师的教学积极性，疲于应对各种"数据"，无暇顾及创新，当然缺乏乐趣。国外更多采用的是一种"纵向性+体验性"立体模式，"纵向性"强调时间上的连续性，"体验性"则强调教学实践性。这种立体模式，使教师在参与过程中不断反思总结而促进自身发展，在能力提升的同时享受成功，享受快乐。

"学"的自主性。所谓"教学相长"，提升教师教学能力和改善学生学习自主性成为努力的两个方面。积极的学生观认为，学生在教学活动中是发展的人、独特的人和独立意义的人。[25]发展中的学生具有巨大潜能，具有自身的独特性，是学习的主体，是责权主体。信息技术在课堂中的应用有效促进了学生主体地位的获得。何克抗提出的"信息技术与课程深层次整合理论"认为，信息技术有效地融合于各学科的教学过程，营造一种信息化教学环境，实现一种既能充分发挥教师主导作用又能突出体现学生主体地位的以"自主、探究、合作"为特征的新型教与学方式，从而把学生的主动性、积极性、创造性较充分地发挥出来，使传统的课堂教学结构发生根本性变革——由"以教师为中心"的教学结构转变为"主导—主体相结合"的教学结构。[26]"学"的自主性要从强化学生在教学中的主体地位开始。

因此，"积极课堂"可以描述为，以学生为中心，学习者在教师创设的情境、协作与会话等学习环境中充分发挥自身的主动性和积极性，对当前所学的知识进行意义建构并用所学解决实际问题，而整个过程需要借助于现代信息技术及其构建起来的教学环境，强调情境、协作等因素。"积极课堂"的教学过程由教师为主体的讲解说明进程转变为通过情景创设、问题探究、协商学习、意义建构等以学生为主体的过程。学生由外部刺激的被动接受者和知识的灌输对象转变为信息加工的主体、知识意义的主动建构者。信息所携带的知识不再是教师传授的内容，而是学生主动建构意义的对象(客体)。"积极课堂"所倡导的"主动挑战""享受工作乐趣""保持全情投入"与积极心理学高度契合，也为游戏化思维的融入创造了良好的"情境"。

"积极课堂"是"积极教育"的缩影或典型案例。积极教育是指教育者以学校和师生现实状态为出发点，以积极的理念与行动为手段去激发和引导学生积极求知并获得积极的情感体验，培养学生积极的人格品质与人生态度的教育。积极教育强调教育过程中原本处于客体地位的学生的积极性、主动性。积极教育强调教育并不仅仅只是纠正学生的错误和不足，更主要的应是寻找并研究学生的各种积极品质，并在实践中对这些积极品质进行扩大和培育。马丁·塞里格曼(Martin E. P. Seligman)等认为，积极教育是一种既教授学生传统技能又教授幸福(well-being)的教育。[27]"幸福"是积极心理学的核心内容，塞里格曼将其分为五部分，分别是积极情绪、沉浸体验、意义、成就和积极关系[28]。积极教育中，该五部分均有所体现，如积极的心流体验，参与时的积极情绪和成功喜悦以及学习过程中所形成的积极人际关系等。

二、研究设计

(一) 研究问题

游戏化思维和积极心理学中的自我决定理论(Self-Decide Theory, SDT)高度契合。自我决定理论由爱德华·德西(Edward Deci)、理查德·瑞恩(Richard Ryan)和他们的合作者共同提出。该理论认为,人类本质上是积极的,并且具有强大的、来自内心的发展欲望,同时也受限于外部环境。SDT强调用户来自内心的力量,积极、全情的投入甚至引起"心流"体验。SDT认为,人们在一生中必须持续满足三个基本的心理需求:自主需求(autonomy)、胜任需求(competence)和关系需求(relatedness),以达到最佳的机能水平,不断体验个人的成长和幸福感。[29]与SDT一致,游戏化思维突出了游戏化流程中游戏的作用、人在其中的能动性,以及人在积极参与游戏化工作中的自我控制、成就感和乐趣。

本研究在前期调研基础上,设计了6个学生课堂"积极"行为问题,围绕发现问题(教学中存在的整体问题)、分析问题(影响学生学习主动性的因素)、解决问题(学生角色、参与教学、参与考核评估)和反思(师生关系)等方面面向传播学专业学生,通过线上访谈和作业的方式展开调查。研究问题从SDT的自主需求(发现问题、分析问题)、胜任需求(解决问题)和关系需求(反思)分析教学现状,从而寻求解决思路。

(二) 研究对象

武汉大学新闻与传播学院按照新闻传播学类进行招生。旨在培养"有思想的传播人、负责任的传媒人",培养适应信息传播变革和社会发展需求的高端、专业、融合、创新型新闻传播人才。在"厚基础、宽口径、重融合"的整体培养理念中,传播学专业的培养目标是建立在媒体融合和传播新技术更替的发展趋势之上,旨在培养能够在数字新媒体、文化创意产业部门等各类相关机构,从事数字媒介内容表达与管理、数字产品策划与运营的复合型专门人才,具有比较典型的"新文科"特征,注重学科的交叉融合。

本研究具体选取了传播学专业交互设计课的教学过程作为研究对象,并以该课程选课学生为调查对象,针对以上6个问题进行调查。在调查过程中,并不限制表达的观点只针对本课,后期从调查数据来看也反映出这点。交互设计课属于传播学专业必修课程,比较系统地介绍交互设计的一些基本概念与理论,学生能够基于前期分析,运用基本方法,制作交互界面原型并进行测试和评估。该课程兼顾理论教学和实践教学,考核方式和成绩比例均在第一次课向学生公布。

(三) 研究方法

本研究主要以交互设计课的教学过程为研究对象,选取近3学年的学生,即传播学专业2016级、2017级和2018级学生作为调查对象,采用线上问卷并结合该课程最后一次作业的方式收集数据。线上问卷均在课程教学持续过程中开展,分别在2016级、2017级和2018级传播学专业学生名册中根据顺序等距抽样的方式选择学生并发放问卷,并将以上同学拉入教改 QQ 群，针对问卷问题进行答疑。问卷简单且是开放的，使学生可以畅所欲言。同时，将交互设计课的最后一次作业设计为对课程整体设计的建议和意见，收集数据。

三、现状分析

(一) 课程教学中的主要问题

研究发现，学生们反映的课程教学的主要问题主要有以下几个方面。

1. 课程教学目标不明确

课程教学目标不明确是学生普遍反映的问题，也存在几种情况。(1)教学目标难以理解，或教师在执行过程中不严谨。"包括我在内的大多数同学对于课程的了解不够，不明白为什么要学这门课以及学会这门课以后能做什么。""所学、所考和所得往往不相符合。"(2)缺乏必要的前置教学文档，造成理解教学目标存在困难。"希望老师讲课有清晰的逻辑框架，上传教学大纲。"(3)教师对课程教学目标未进行较为清晰地解释，也未做这方面的强调。"同学们无法认识到课程对自己的未来学习或是发展的重要性。老师也没有强调。"

2. 课程设计存在问题

课程设计是学生可以直接接触的，具有较深刻的体验，提出的问题也较多。主要有：(1)过于偏重理论教学，对案例的介绍偏少，实用性不强，且缺少乐趣。"理论多，希望能够加大案例分析，将理论融入生活中的实例。""理论性强就可能导致有时比较无聊。"(2)教师对教学计划执行不到位，硬拉课程进度，忽略主次内容的时间分配。"部分内容讲得过快，一味赶进度。"(3)有些课程设计了采用不同教学方式，但比例控制不合理。"课程干货多，时间不够。如果还要增加课堂互动和同学展示，就会非常紧凑。"(4)小组作业形式目前已经成为课程作业的主流，但未能明晰小组成员间的成绩配置。"人数过多的团队作业实际上分工更为不便，(而且)会出现(不积极的)部分同学和积极参与的同学获得同样的分数，这是不合理的。也没有任何的惩罚机制，助长了这种风气。""存在小组合作的作业组员之间合作效率比较低的情况。"(5)缺少考试后必要的学习情况反馈。"作业及考试交了就结束了，感觉没有进行有针对性的点评及进步训练。"(6)期末成绩和平时成绩占比配置不合理，且缺乏开放性。"期末考试占比太高，且考察的概念有些许死板，不如加入开放性的试题。""课后作业选题的单一与局限。"

3. 缺少必要的师生互动

缺少师生互动主要表现在 3 个方面。(1)有些较为积极的学生希望和老师有更多的课外交流，从而促进师生之间的关系。"希望能够加大师生之间的互动，多培养师生情。"(2)更多的学生还是聚焦于课内，觉得短缺的师生交流影响了学生对课程内容的理解和掌握。"问题的核心是老师和学生之间的信息不对称,老师不了解学生的真实处境。""老师按照自身的想法进行教学,学生不能及时与老师沟通,导致一些教学上的问题出现。"(3)从课程具体设计上讲的,缺少互动使课堂沉闷。"很多课程一上就是三个小时,只有老师讲,没有学生互动,很难保持注意力,效率不高。"(4)有些课程提供了大量的课后阅读材料,没有分主次,缺少沟通而造成阅读压力大。"有些课程容量大,每节课都会推荐好几本专业书籍。希望老师能明确哪些书目是必读,哪些是选读,或者某几章需要重点阅读。"

4. 教学内容不合理

教学内容和教学设计很多相互关联。调查显示存在以下 6 个方面的问题。(1)教学内容迟滞,缺乏必要的更新,特别是案例的更迭。"实践类课程的创意度,更新度不够。有些课件举的例子已经是十年前甚至更早的。"(2)教学内容中理论和实践配比不合理,过于理论化。"缺乏实践,使理论和实践分离,有种有劲使不出的感觉。"(3)教学内容呆板,缺乏趣味元素。"新闻传播学的学习不同于理工科的逻辑演算,内容的新鲜度与趣味性在很大程度上也影响着我们学习的主动性。"(4)有些同学认为课程中缺少研究型内容。"大多数课程中研究型的内容缺乏,限制了学习的主动性。"(5)教师授课内容主题不明确,没有约束。"一些老师会引申讲和课程无关且学生根本不关注的东西,学生参与感极差。"(6)专业性不强,难度偏低,不利于未来进入社会竞争力的提升。"希望在课堂上能够学到更多更专业的知识,为日后的工作提供专业技能与创造思维的基础。"

5. 教学方法有待提升

教学方法合理性、教师教学能力等问题也是学生们关注的问题。最主要的是上课照本宣科,不讲究方法。"好多老师在念 PPT,几乎没有输出观点,没有完整的逻辑论证,没有理论应用实践的举例说明。""既然是学生能认字就能看得懂的内容为什么要由老师来读着听呢?"学生们也分析了问题产生的原因。"老师们具有十二分学术和专业能力。但讲的很多概念太过抽象,不太擅长将概念解释得通俗易懂,或是难以将授课内容与当下年轻人的兴趣点作一些交叉,让很多同学在太多的困惑中丧失听课的兴趣。"

6. 课程教学中学生自身的问题

除了教师在课程内容、教学设计上的问题外,学生们也反馈了自身学习问题。(1)学习动力不足。"有些同学把大量时间浪费在游戏手机上,对待课堂以及作业比较懒散应付"。"很多东西感兴趣,但是作业太多,时间很赶,没时间学,最后以考试为目的又过去了。"(2)缺乏对学习目标的清晰认识,从而缺乏学习的热情。"没有确切的学习目标,对于学习的热情不高。""学习迷惑。如果潜意识中对某门课程有了'没有用'的感觉,学习主动性就会下降。"(3)自我管理、学习规划能力较弱。"课程多,作业多。时间分配困难,在取舍和合理安排时间方面有所欠缺。"(4)自控力不足,缺乏积极性。"学生积极性不高,惰性强,自制力较弱。"

此外,还存在大班教学效率低下;教师教学管理过于懒散,缺乏监督和惩罚机制等问题。

研究发现，目前课程教学中的问题既有"教"的问题，也有"学"的问题，但集中于"教"。这种现象说明了学生在看到教学问题时，依然置于"客体"视角，善于去发现自身之外的问题，而容易忽略可能是自身的问题，既体现出一定自主性，又体现出自主性不足的特点。

(二) 学生主动学习的影响因素

主动学习是"积极教育"最为核心的内容，也是游戏化思维在高等教育中的"积极"体现。调查表明，学生是具有学习的主动性的。"我感觉周围其他同学包括我自己是不缺乏学习主动性的，而是在于对每门课程的学习主动性分配有所不同。"学生认为影响主动学习的因素有教学内容(学习资源、课业、成绩)、教学方式、课程安排、课程属性、互动、教师个人魅力、个人因素和学习环境等。这些影响因素与课程教学中的主要问题存在很多关联。

1. 教学内容

教学内容是影响学生主动学习最重要的因素，包含的内容也较多，本研究具体将其分为课程内容、课业、成绩和学习资源等。

课程内容在教学内容中是分量最重，一般都会经历数个月的时长。研究发现，课程内容对学生主动学习的影响主要来自以下几个方面：理论性太强、内容无聊；缺少前置课程(基础)；实用性差；解释性不够(对概念的解释)等。

很多课程理论性强、比较生涩，不容易理解接受，且形式上缺乏吸引力就会影响学生学习的主动性。"如果一门课程所讲授的仅仅是书本上的理论，感觉学习这门课程不知道有什么作用，就不太会积极主动的学习这门课的相关知识。"在每个专业培养方案的制订中都会考虑前后课程知识的衔接性，但有时会出现前置课程不能开设的情况，就会造成后续课程难以理解。"关于 Excel 的数据分析这一块，本来就没有统计学的基础，所以非常担心下学期关于 python 的课。"教学大纲、教学日历和教案等都是日常教学必备的资料。理想状态下，教学大纲和教学日历学生在课前就能够掌握并进行置前学习。但由于教师教学安排不合理，学生对这些材料的获取和理解都存在困难，对课程认识比较迷茫，也会影响学生学习的主动性。"没有系统掌握知识框架，不知道老师为什么要讲这部分内容，为什么这么安排课程进度，这部分内容的学习对于整体知识框架有什么影响或作用。"对于传播学专业而言，从培养方向上既注重理论，又锻炼实操能力，但势必会有课程更趋向理论，缺乏实操影响教学效果。"课程内容实践性较低，理论能运用到实际操作中的情况比较少，所以会觉得课程可听可不听。"

课程作业是检验学习效果重要的一环。课业多少、难易等因素也会影响到学生主动学习的情绪。"如果这门课作业很多，学生还有别的课程任务，就可能影响对这门课的积极性。""一是课程很多，比如我上学期就有 17 门课，基本上每门课都会有平时作业，分配到每一门课的时间就少了。""有的学期(如大三上)平时课程及作业安排非常密集，导致大多数同学都在忙于完成接连不断的作业，而没有更加充裕的时间来进行更加主动地学习。"当然，这一因素带有主观性成分，与学生是否合理规划学习计划存在很大的关联，如一个学期安排17门课，每门课都疲于应付，自然就谈不上积极主动了。此外，课业对学生学习的影响也是因人而异，最重要的是与教师保持充分的沟通。"老师的课业布置也影响主动性，过多会难以承受，过少会对这门课不上心，我觉得这点需要老师和同学们进行商量沟通。"

成绩是最能反映出学习效果的。成绩这一因素主要受到学生未来人生规划、自身学习要求等主观因素影响，也受到课程考试是否容易通过等客观因素影响。主要包括前期绩点、课程成绩组成结构、作业好坏对成绩的影响以及考核难度等。绩点对于学生出国留学、推免等都具有较大影响，因此成绩是决定学生学习主动性最重要的影响因素。"最重要的就是绩点吧。"比较消极的观点认为，学习主动与否和课程成绩不成正比也影响了学生们的主动付出。"不学习的后果不严重，作业做得精致与不精致成绩上不会有太多差别，复习不复习都不会挂科。"另外，考核的方式和难易程度也会影响学生的学习主动性。"文科类课程只要在期末考试前几天集中复习就可以通过考试，平时不想下功夫，周围的同学也是这样的。""课程考核难度较低，且专业性不强，有些课程通过背诵等方法便能完成最终考核。"

最后，学习资源过多或过少、图书馆藏书数量、学习资料易接受程度以及学习资源的形式等也会或多或少影响到学生学习的主动性。"学习的资源比较少，推荐的阅读书目比较难找，会降低主动性。"

2. 教学方式

教学方式和教学内容共同构成了课堂教学的主体，教师教学方式的差异也对学生主动学习产生较大影响。当前高校教师主要来源于国内外刚毕业并走上工作岗位的博士"老生"，本身刚从学生的身份转变过来，并没有经过系统的教学方法的训练，自然在教学方式上存在不足。研究发现，是否照本宣科、是否具有趣味性、理论和实践的结合程度、是否采用导引式教学以及课后反馈等都会对学习主动性产生影响。

不过，该影响因素其实包含了主观性成分，"萝卜青菜各有所爱"，学生对教学方式存在喜好差异。"老师的授课方式也影响着学习的主动性，但在这一点上每个同学有自己偏爱的老师授课方式。""有一些课可能由于老师讲课方式不习惯等原因，导致没有真正学进去。"类似于前述的课程作业，鉴于专业特点，过于理论化的教学方式会使学生学习失去动力。"老师纯讲授基础知识，没有实践和讨论环节，我学习的主动性就不强。""理论枯燥，难以与生活实际联系；缺乏实践，自学动力不足。"另外一个普遍存在的现象是每门课基本都是以期末考试或期末大作业结课，学生最终能看到的是成绩，而对自己考试或作业情况并不真正了解，如果缺乏必要的反馈，学生很难检验自己的学习效果，积极性自然会大打折扣。"学习中缺乏反馈，除了期末考试的分数外，平时并不清楚自己学进去了多少，学得怎么样，到底有没有提高。"此外，课程的教学方式是否具有趣味性、节奏把握是否合适也会产生影响。"课堂是否枯燥。如果课堂讲述的比较生动有趣，同学们学习的主动性会更高一点。"

3. 课程安排和属性

传播学专业在制订培养方案时会充分遵循学生学习规律，将基础课置前，专业课排后，并且会考虑每个学年每个学期课程学分的平衡。但按照目前"厚基础、宽口径、重融合"的整体培养理念指导下，学生跨校区、跨学部、跨学院、跨专业的学习成为常态，课程协调和安排越来越困难，却也成为学生学习主动性的影响因素。这种影响涉及学年学期课程安排和单学习每日的课程安排。如第一种，"课程安排过于集中，比如大一时课很少，自由时间多，而大二大三课程安排十分紧张，大家每天奔波在上课的途中，很少留有课下思考的时间"。更多的是第二种情况，学生认为生活空间和学习空间的位置关系、每日课程安排时间太早、课程安排无序碎片化等都会影响了他们参与课程教学的主动性。"上课时间(早八)。""杂乱的课程安排(学校课程时间紧凑且零散，没有整块的时间自主学习和巩固)。"

另外，课程属性或课程的重要性也会影响学生学习的主动性，如课程属于专业必修课，则相对来讲主动性更高。

4. 互动

互动是游戏化思维中非常重要的组成部分，互动是一种"社会乐趣"，包括了学生间互动和师生互动。互动很多情况下是积极的，有时却是消极的，同学间对课程的负面评价会影响到自身。"如果同学们都在抱怨这门课很难或者内容很无聊的话，也会逐渐产生厌烦情绪，进而产生抵触心理。""还有就是同学们的想法，当有朋友觉得这门课"水水就能过啦"的时候会不自觉受影响。"更多调查结果显示，课堂内外的学生间互动、师生互动对学生而言充满期待，具有正相关性。"同学之间探讨交往比较少，难以形成较好的互动学习氛围。""和周围的同学还不够熟，不太容易形成讨论的气氛。""遇到困难的时候缺乏帮助，与同学的沟通和交流不畅，不太敢问老师。"这些回答虽然没有回应互动的积极性作用，但依然可以看出其对学生主动学习的影响。

这种互动性影响还表现在课程作业上，也是一些学生不希望课程作业以小组形式来完成的原因。"小组成员的选择十分重要，如果同伴主动性不高，个人压力和成就不如单干时，就会出现不积极、沟通困难、缺乏动力、对合作感到失望。"但总体来说，课程小组作业对于培养团队合作精神还是具有正向作用的，关键在于如何管理。

5. 教师个人魅力

教师的个人魅力也会对学生的学习主动性产生影响，喜欢的老师就正向影响学习的积极性，而态度敷衍的老师则会影响其个人形象，也会影响学生对其课程的主动性。"对于自己本身就非常感兴趣的课程、喜欢的老师、重要的专业课程会更加用心、主动性也会更强。"其实，教师个人魅力也能够体现出教师在教学上的态度。积极向上、认真负责的教师自然受学生尊敬、喜欢，自然会"吸粉""引流"，提升学生学习的主动性。

6. 个人因素

个人因素可以说是诸多因素中最为复杂的因素。积极的学生观认为大学生已经具备了较好的自我认知能力，可以说每个学生都是唯一的、独特的，对人生有自己的规划，有自己的兴趣爱好，具有较为成熟的三观，从而影响到对课程的判断，影响学习过程。个人因素很多，调查反映的主要有：自制力（自律）、个人目标、个人发展方向、个人精力（选课的数量、社会活动的多少、比赛的多少）等。

如个人发展方向，"其他课程的课业任务、社团活动和个人的兴趣爱好都可能影响学习主动性。""没有明确自己的目标，对未来充满迷茫。"

如个人兴趣，"老师上课的讲授过程没有引起好奇心去主动探索。""学习的课题与我的兴趣完全不相关，我学习的动力就不强。""限制学习主动性的大概是兴趣和对某些知识或技能有用性的评估吧。""兴趣。很多情况下只是单纯的因为不喜欢，或者对某类课程不感兴趣，就不会去主动学习这类课程。"

如自制力（自律），"首先肯定是自身原因，自律能力较低，对于学习计划安排把控不足，过于松懈，在一些智能终端上花费大量时间。""手机实时推送的碎片化信息容易分散注意力，常常不知不觉就浪费了很多时间。""身边的诱惑太多，自控力差。""诱惑太多（比如游戏、睡觉）导致想主动学习的念头被诱惑打消。"

如个人精力，"我认为对我个人而言限制学习主动性的最主要原因是个人的精力有限。""纷繁复杂的社会活动会占据一定的学习的精力"。

7. 学习环境

高校的学习环境由多个部分组成，包括了教室学习、实验室学习、图书馆学习、寝室学习等。生活中的环境因素也影响这种主动性，如宿舍嘈杂、网络不好以及整个学校的软环境。如"学习环境影响。解决这个问题最简单的方法就是走出舒适圈，少待宿舍多待图书馆。""宿舍有室友的时候不适合学习，图书馆自习室又太远。""宿舍校园网不好。"

（三）师生关系现状

前述研究发现，师生之间的关系是学生所关注的问题之一，也是影响学生对课程是否有兴趣的因素之一。在对"当前的师生关系如何？希望的师生关系怎样？"进行调查后发现，传播学专业学生认为当前师生关系呈现出3种状态。其一，较为消极，如存在距离感、淡、不信任、不太亲近、远、上下级权力结构、害怕等，这种观点属于主流。其二，较为积极，认为师生关系是融洽、平等、比较满意等关系，但依然是一种比较浅层面的交流。如关系融洽，"关系虽然很温暖，但还缺乏更多的了解，无法达到一种亦师亦友的状态"。"老师扮演传授者，而学生仅仅是倾听或者搬运课件笔记的工具。"如关系平等，"和大部分老师在平时的相处中都是平等的关系，老师对我们也很好，平时也在关心我们"。有些学生则从自己的学业情况出发，将师生关系评估为比较满意，"毕竟非常互动式的师生关系对学生的水平要求也很高，我们对学习的内容又的确知之甚少"。其三，较为谨慎的关系，甚至偏向于不满意状态。如和平而僵硬关系，"除了上课或者讨论学术问题，一般都不会有联系。仅仅是'讲课和改成绩的老师'和'听课且参加考试的学生'"。还有认为师生关系是单纯并依靠知识/绩点联系的关系。同样因为学业的原因,有些学生在评价这种关系时认为,师生关系亲近与否与学生是否优秀有关。教师往往对学习成绩优秀的学生比较熟悉,关系亲近,而其他学生则会被忽视,特别是当课堂人数较多时。

调查同时发现,从师生之间的互动时空来看,主要集中于课堂教学时间,甚少有课堂之外的时间,学生平时较少会去教师办公室,除非需要教师帮忙签署文件等。

在解释如何得出以上师生关系的原因时,学生们认为:怕打搅老师、自认所提问题简单而尴尬、师生差距大、接触机会少、讨论参与度不高等都会造成对师生关系的客观评价。如接触机会少,"目前大学中每门课程的老师基本上一周才会见到一次,师生之间的了解不如初高中那么深入"。现实教学活动中,如在课堂讨论时,教师的参与度不高,自然产生距离感和消极评价,"就算积极组织讨论,老师参与讨论的表现只是草草点评同学们的讨论内容,而不是直接加入同学们的讨论"。甚至认为师生地位天生不平等,教师掌握着"分数"这把达摩克利斯之剑,师生关系不可能达到理想状态,"老师就是高高在上的,唯恐自己说错观点回答错问题会被老师扣分。老师掌握着学生的分数,也就造成了学生处于一个弱势地位的局面"。

总体来讲,学生对当前的师生关系不是很满意,很重要的原因在于师生之间的关系几乎依靠周期性的课堂时间维持,没有机会进入对方的世界,彼此不了解、不理解,才造成了当前"熟悉陌生人"的局面。

四、发展思路

综合以上研究发现,目前教学中存在的问题既有来自传统教学主体教师的,也有传统教学客体学生的,还有环境的问题。用游戏化思维和积极课堂理念重塑"健康模式",不仅要激发师生的积极性,提升教师教学的开放性,还要鼓励学生参与教学的主动性,共同构建"双主体"结构,彼此对话,互为促进,完善教学环节,提高教学质量并改善师生关系。

(一)分析学生主动学习的影响因素,营造教学氛围

研究发现,学生在学习中缺乏积极性、主动性受到众多因素的影响,大致可以分为3类。第一类因素来自传统教学主体教师,有教学内容、教学方式及教师个人魅力等。第二类因素来自学生,主要是个人自我约束能力、个人精力等。第三类因素是环境因素,包括了课程安排和属性、互动环境以及学习环境等。

第一类,教师因素。长期以来,我国高等教育的本质是"以教师为中心"的教育,学生在学习过程中处于被动接受知识的地位。不仅教学的体系和课程的内容是由教师指定的,即使教与学的活动,也是在教师设定的框架中进行的。不但学生的自主和能动意识受到极大的限制,其创造意识也受到抑制。[30]因此,教师是学生学习主动性最核心的影响因素。根据传播学专业的特征,教师在教学过程中可以从以下几个方面进行调整。

首先,调整教学内容,增加实践性、实用性内容,对教学进行更为科学的设计都有助

一、教师编

于学生对教学内容的认知，也更能引起学生的学习兴趣。海德格尔(Martin Heidegger)认为，"教所要求的是'让学'。"[31]教师通过内容的调整，激发学生学习的兴趣，从而调动学生的能动性。

其次，调整课程成绩结构，增加平时考核的比例，扩大开放性、思考性作业的比重对于学生学习积极性的提升都有益处。教育部在创新人才培养模式中指出，创新教学教育方法，倡导启发式、探究式、讨论式、参与式教学。[32]"教师主导，学生自主"的内容组织和方法探讨是符合大学生生理、心智特点的。在与学生的交流中，学生们普遍反映课程成绩结构不合理，过分倚重期末考试，而且考试以识记性的理论考试为主，并不能真正检验他们的学习效果。因此，要有效规避这一问题，可以考虑在学生中征集选题、学生自主选择考核类型、学生自主选择总评成绩的结构类型，从而增强学生的主体性，提高教学的参与度。当然，这些措施的有效性还有待进一步研究检测。

第三，用好用对学习资源。教师在教学过程中，往往会提高不同类型、不同数量、不同难度的学习资源。这些资源对于补充课堂教学、巩固学生所学、拓展知识面都具有积极意义。但研究发现，学习资源存在多少不均、难以获取、较难不易接受等问题。为解决这一问题，教师最好能够将学习资源进行主次分类，哪些是必读的，哪些是选读的，如果有可能尽量提供不同类型的资源形式供不同的学生用户使用。学习资源可以建库保存，学生也可以参与学习资源的更新，还可以请高年级学生带读难度较高的资源。

第四，选择适合学生的教学方式。不妨在学期开始、中期做个小问卷，发现学生最喜欢的教学方式，有针对性地进行调整。不同时代的学生具有不同的特点，教师在教学方式上要适时调整，使其具有时代性。研究发现，目前的学生具有较强的自主性，而且很在意付出获得的回报或回应，如教师对作业、考试情况的反馈。因此，及时对作业进行评价、对考试进行点评，以各种形式反馈学生的学习情况都会有助于激励学生。

第五，不断完善自我。教师的个人形象不是指其外貌、衣着等，而是其内心修养。教师除专业业务能力的补足和提升外，还应该正确认识教师这份职业。具体到细节上，教师要正确对待教学活动，不是完成任务，而是教学相长的过程，一个难得与学生接触交流的机会，对于改进教学、拓展研究领域都是有益无害的。

第二类，学生因素。学生在面对这一问题时还是比较理性的，不仅发现了教学中教师方面的不足，也认识到自身因素也是重要的影响主动性的影响因素。学生因素较为复杂，个体性特征明显。进入"象牙塔"的学生对未来都有美好的憧憬，也有自己的人生规划。自律性是一个需要解决的一直困扰着大学生的问题。各种娱乐综艺节目、各种亚文化、各种游戏或多或少分散了他们的注意力，支配了过多学习时间，有些甚至让他们无法自拔。自律的形成，不仅需要学生有明确的目标，也需要外界的督促，如来自辅导员、班主任和教师的提醒。大学阶段，社会活动很丰富，各种小组、各种协会，丰富了学生们的业余生活，也分离了学生的学习精力。此外，选课的数量、各种竞赛也占据了学生有限的精力。对于这些问题，一方面需要学生自己去体悟，去学会安排自己的时间；另一方面作为学生的服务部门，如本科生管理办公室可以通过邀请优秀学长学姐介绍经验，帮助学生正确处理时间安排的问题。

第三类，环境因素。环境因素不仅包括学习环境、生活环境等硬环境，也包括软环境，如良好的师生互动等。学生生活在大学校园里，受到各种外界因素的干扰，产生对学习的影响，这是很正常的现象。首先，硬环境方面。研究发现，学生对寝室等生活环境并不满意，觉得过于嘈杂，不适合学习。而适合学习的图书馆、阅览室等又离生活区较远，往返不便利，种种因素阻碍了学生学习的动力。其实，不妨在生活区附近单独开辟部分空间提供给学生进行学习，统一的场所也会更有秩序，也便于管理。当然，学生自己也应该克服交通不便等因素，选择适合学习的场地。其次，软环境方面，包括师生互动和课程安排等。研究发现，学生认为课程时间安排的合理性及课程属性都会影响到对课程的重视和积极性。有学生认为1~2节的排课使早晨的时间变得格外紧张，会增加迟到的概率，在教师中形成不好的印象，最终影响成绩。针对这一点，学生应该正视课程的安排，合理调整自己的作息时间，做好上早课的准备。另外一种时间安排是指整个培养计划中各个学年、学期的课程安排。其实，培养计划是经过基层教学单位充分讨论所形成的，具有一定的科学性和合理性，时间的安排也经过认真考虑。此时，就需要和学生进行充分解释，让学生理解培养计划的形成过程及课程安排的原因，营造良好的软环境。

(二) 提升传统教学主体的教学能力，寻求课堂开放

研究发现，学生在评价当前存在的教学问题时，主要归因于"教+学"中"教"的环节，认为课程教学目标不明确、课程设计和教学方法不科学、教学内容不合理。当然，缺少必要的师生互动和学生缺乏自制力等也是当前教学中的问题。因此，要解决这一问题，核心是提升作为传统教学主体的教师的教学能力，就包括明晰课程教学目标，重新设计课程结构、革新教学方法和合理建设课程内容。

首先，明晰课程教学目标可以分为课程教学目标和单元教学目标。如开课之初即为学生提供课程教学大纲、教学日历等教学文件，并提供详实的参考资料。"希望老师讲课有清晰的逻辑框架，上传教学大纲，并且还附带了每个专题需要提前看的资料等。"针对单元教学目标，则可以在上一单元结束时，向学生介绍下一单元的学习内容和注意事项。这样做的好处是，学生可以有效规划自己的学习，如提前预习、查找案例、准备问题等。最终的目标就是实现有限课堂时间内的高效思考。

其次，重新设计课程结构。(1)针对课程理论性强、实践性弱的问题，教师应结合理论积极搜寻相关案例，也可以请业界专家、校友通过线下或线上的方式进入课堂，为学生带来"接地气"的鲜活案例，以此加深理论理解，同时通过教学形式的改变提升课堂趣味性。卡尔·西奥多·雅斯贝尔斯(Karl Theodor Jaspers)提出，大学的生命全在于教师传授给学生主体的新颖的、合符学生自身境遇的思想，唤起学生主体的自我意识。[33]当教师移情教授的内容符合学生认知特点时，学生的主体性才能被唤醒。(2)教师在撰写教学日历时应该充分考虑每个单元在整个课程中的重要性，从而安排合理的教学时长，规避硬拉课程进度的问题。(3)目前，教师安排的平时作业一般包括个人和小组两种形式。在选择小组作业形式时要充分考虑小组成员配置、小组成员贡献等因素，用合理的机制约束小组作业中各成员的公平性。同时，小组作业也应该允许个人完成，具有选择空间，"我认为部分老师不强制要求分组，可以单人完成作业的宽松政策非常人性化"。(4)作为最主要的检测教学效果的手段，考试一直备受关注。一直以来，考试往往是学期末课程结束的一个

标志,考试结束意味着课程结课。于是缺少考试的情况反馈就成了现实。"作业及考试交了就结束了,感觉没有进行有针对性的点评及进步训练,错了就还是错了。"为解决这一问题,可以尝试在课程的QQ群将每位学生的考试情况进行点评分享,或私信给每位学生,都将有助于学生提高自己。或者说,不能将考试作为"终点",而应该是"中点",保持"后考试时期"的教与学的延续性。(5)对于学生而言,考试和成绩是同等重要的,特别是成绩。可能会影响到出国留学、推免等。对于成绩,学生们反映最多的就是期末成绩和平时成绩占比配置不合理问题,认为期末成绩占比太大,希望扩大平时成绩的比重。笔者认同这一意见,本身学生学习就是一个过程,不是一个点,学习效果完全可以通过多个点来进行评估。学校教学管理部门应该可以正视并评估教师的合理化申请,开放成绩结构比例设置的权限,让教师根据课程的特点合理设计成绩比例。(6)关于课后作业和考试内容缺乏开放性的问题,问题不仅来自教师,也来自教学管理。有时,不是教师不愿意开放考核内容,但碍于教学管理流程的复杂性,教学评估中对教学材料的规范性要求,不得不设置"标准答案",阻碍了教师开放命题的动力。因此,要完善教学设计不仅仅只依赖于教师,相应的教学管理也应具有更好的包容性和开放性。

第三,合理建设教学内容。目前,教学内容的问题集中反映在教学内容更新迟滞、理论实践比例不均等问题。面对第一个问题,教师应该了解当前时代的特征,信息更新迅速,信息获取便捷,很多理论内容通过材料阅读,信息搜索都可以获得。教师应该转变教学内容的重心,更偏重于相关问题的理论问题现实解读、经验分享等,将教学内容置于时代场景。第二个问题还是依照课程的性质来看。如果课程本身属于理论性课程,则教学开展时可以通过外出参观,结合现实案例从研究的视角切入或者加入学生们感兴趣的内容,"将授课内容与当下年轻人的兴趣点作一些交叉",使课程内容更为生动,也便于学生理解和掌握。如果课程要求实践性较强,则可以在教学内容中专门设置学生实践的教学方式,让学生通过实践加深对理论的理解。

第四,革新教学方法是提升教学质量的利器。学生们提及的教学方法问题更多集中于两个方面。其一是因教师教学态度不认真、不负责带来的方法的问题,如上课照着PPT念,没有理论拓展和案例呈现,呆板而不生动。其实要解决这个问题,既需要教师端正态度,也需要教学管理部门给出相应的措施扼制这种现象的出现。其二是因教师重科研轻教学带来的真正的教学方法不足的问题。这类问题则需要继续在课程组、教研组等召开教学方法研讨,或者为新晋教师提供必要的教学方法的岗前培训,经过课程试讲通过后方能走上讲台。

此外,学生认为缺少必要的师生互动其实和教师也存在必然关联。作为教师,为改善教学品质,也应该积极参与和学生的各个层面的对话,包括课堂内外,学生生活,争取能够成为他们的"知心朋友"。这样做,不仅可以缓解学生的紧张情绪,变得更为自信,教师通过和学生的不断接触,也会具有更好的心态。此外,教师还应该及时发现学生学习中的问题,经常鼓励他们,帮助他们确立学习目标,提高他们的学习规划能力,正视学习和课外活动,学习和娱乐的关系,争取成为他们的"人生导师"。当然,最为重要的是,教师要改变认识,从传统教学主体变成未来"双主体"结构中的一员,开放课堂教学权限,欢迎学生加入整个教学过程,从而提升教学品质。

(三) 重新评估学生主体的角色定位，多维参与教学

1. 正视学生多重角色，深挖学生"批判性"潜力

简·麦格尼格尔(Jane McGonigal)的游戏化理论认为所有的游戏化活动都应具备目标、规则、反馈系统和自愿参与等核心特征。麦氏理论强调了游戏化应用中对游戏机制的高度还原。韦巴赫认为，游戏化就是将游戏思维和游戏机制运用在非游戏类的环境中，以吸引用户参与解决问题并提高他们的自我控制力，增加积极的行为和贡献，是一种非常有效的激励机制，[34]是帮助我们从必须做的事情中发现乐趣。[35]韦巴赫的观点强调了游戏化过程中，参与者的作用，表现为对其控制力的提升和积极行为的促进。也再次强化了自主性、积极性在游戏化中的关键性。

学生是传播学专业整个教学活动中至关重要的部分，传统的教学过程，学生处于相对被动的位置，主要以学为主，较少参与教学活动。而在游戏化思维和积极课堂理念中，学生可以参与、设计教学，和教师一起形成"双主体"结构。研究发现，学生对自我在教学活动中的角色定位较为集中，且表现出非常积极的一面，并对所扮演的角色有更为深入的思考。目前，学生认定的角色定位有主动参与者、反馈者和建设者、倾听者、学习者、实践者、好伙伴好助手、批判者、探索者等。根据学生参与的程度，可以将角色分为4类，分别是共同角色、协同角色、参与角色和批评角色等。

共同角色是将教学活动中的自身定位同等于教师，与教师共同支持、完成整个教学活动，主要是主动参与者。有些学生对这一角色定位非常坚定。"学生在教学活动中应该扮演与老师同等重要的角色，甚至是更重要的角色。"有些学生主要从学习收获的角度肯定这一定位，特别强调这一角色的主动性，需要打破以往"你传我受"传统教育模式，注重教学活动的主动参与特征。"学生在教学活动中应扮演主动的角色，主动探究未知领域，主动搞清楚内心的困惑，主动接受拥抱新事物、新知识的角色，是教学活动的主体角色。""学生应该是主动参与者而非被动接收者。""不能是被动的，更得是主动的。很多机会都是自己争取来的，很多能力也是自己努力学习得来的。""我认为学生应该是掌握着主动性的一方。学生不仅仅是一个倾听者的角色，而应该是教学课程的推动者。"

协同角色是指在教学活动中主动参与到教师的教学活动中，并能够协助教师完成课程教学，主要是反馈者建议者、好伙伴好助手等。首先，学生在教学中可以成为反馈者、建议者。反馈和建议的过程是主动完成的，不需要教师通过布置作业或其他形式加以约定，充分体现学生主动参与的特征。"还应该是反馈者，将自身学习情况和对课程的建议和思考及时进行反馈。""学生应该还发挥自己的主观能动性，理性、友善地敢于表达自己对于每门课每位老师在课程教学上的一些意见。"主动的反馈和建议对于教师教学方式的改进、教学内容的调整、成绩结构的完善等都有促进作用。其次，学生可以扮演教师的好伙伴、好助手角色。这一角色主要是配合、辅助教师完成教学活动。"配合老师进行知识的学习，课程进度的推动，教学质量的提高，帮助老师完成教学。"这一角色可以帮助教师进行案例收集整理、案例展示等。

参与角色和传统教学模式中的学生角色最为接近，学生在整个教学活动中相对被动，

处于教学环节的末端，是课堂中的倾听者、学习者、实践者、被引导者，同时也是教学效果的检测者。如"个人认为学生的角色主要是倾听者。""学生首先应该是学习者。""在教学活动中应该是虔诚的学习者。"也有学生认为，即使是处于被动状态下的学习也应该是主动的过程。"不应当仅仅是一个学习者，而应是一个积极主动的学习者。"此外，考虑到传播学专业培养目标是理论和实践兼顾，因此学生不仅扮演听众，还是实践者。"应该是教学参与者，不是'听者'而是'实践者'。"对于主动性较弱的学生，他们自评为被引导者。"我自身并不是个特别强的自学者，如果没有恰当的引导很容易费很多精力走很多弯路。"最后，学生还是整个教学效果的评价主体。"还应是教学质量的检测者，学生对课程的反应，对老师的评价，是对一门课程的真实反馈。"严格意义上，学生参与角色中或多或少都带有主动的成分，或者说是一种积极的参与。

批判角色是具有思考性的角色，包括批判者、探索者、知识输出者等。这类角色的认定带有鲜明的主观色彩，学生在确定这一角色时，对教学具有自己独到的思考，对教学有一定的启发性和思想性。如具有主动学习性的角色，"专业课程好比一个丰富的宝藏，老师好比指路人，只有自己充分利用好身边的各种学习资源，才能在学习中掌握主动权，激发自己的学习兴趣"。知识的接受者、求知者，又是新思想、新思路的提出者、探索者。"而提出有价值的思路的前提是有一定的知识积累，需要鼓励学生积极表达出自己的想法和思路。在不断的讨论中，加深对知识的理解，从而提出真正有意义的创新思想。""我认为学生在教学活动中还应当扮演着一位乐于分享的求知者的角色。"同时，还可以是自己想法的批判者。也是教学思考的分享者，思想的输出者。"将所学知识输出到实践中，让自己的作品更具有创造性，让自己在生活中与课程相关的活动里也能够更加专业；积极输出自己的所思所想，与老师同学交流，灵感与想法相互碰撞会是一个双赢的局面，积极活跃的课程学习氛围会让其中的每个成员受其感染和熏陶。"

在调查过程中，学生对于角色的认定不是唯一的，即认为学生既是学习者又是检测者，既是求知者也是探索者。这也充分说明，教学活动是个师生互为学习者、检测者的一个过程，需要师生做好换位思考，才能完善整个交互过程。

2. 邀约学生参与教学，同组教学"双主体"结构

游戏化思维在工作中借用了游戏的形式，调动人的主观能动性，达成人在积极参与游戏化过程中的自我控制、成就感和乐趣。以往的教学改革主要针对传统教学模式进行"疾病修复式"的调整，并没有触及到核心问题。马克思说过，"主体是人"[36]，作为主体的人必定是"能动"地具有"对象性的存在物"[37]。传统教学中，教师是主体，而且是"单主体"，学生始终处于"教+学"过程中相对被动的"学"的角色，是客体。谢维和认为，高校内部管理体制和教育教学机制的改革创新是高校可持续发展的一个现实的中心问题，高校要解决好这一问题，最核心的就是充分维护和彰显学生的主体性，凸显学生的主体地位和主人翁精神。[38]教学过程中，学生其实是群体主体或类群主体，是社会实践活动中的组织或团体。类群是指人所建构的所有具备内在的自我整合性组织结构及独立实践的主体特性的"生存共同体"[39]。游戏化思维倡导"健康重塑模式"，不再是一种"修修补补式"的，而是"大刀阔斧式"的，需要正视整个教学中学生的主体地位，构筑"双主体"结构，教学不断向学生倾斜，充分发挥教学中学生的积极性，邀请学生参与教学计划、教学内容、教学方式的设计，以达到学生和教学真正的融合，最终实现自我价值，享有成就感和幸福感，包括乐趣。以"乐"论"福"是我国文化中的一个重要特色，"乐"包括快乐体验和人生价值的实现。[40]

"双主体"结构的构建可以分以下几步走。

第一步，"单主体"变为"双主体"。调整教学方式，让学生主动加入进来，属于主体自觉，是人的主体性的觉醒和主体自我意识的确立。[41]"双主体"是在保留教师主体的前提下，增加学生主体，体现的是学生"个体（类群、人类）要有自我意识的自觉和实践自觉。"[42]可以理解为，学生既要认识到作为主体的重要性，还要在教学中践行主体地位。"双主体"结构中，教师主体依然处于主导位置，类似于小组长、支持人，组织学生以不同的方式加入教学，更新教学方式，丰富课堂内外，学生在教学过程中则保持主动性。相对于教师，学生在年龄、生活阅历、专业素养等各方面和学生都存在差异，学生年轻，充满活力，选择的教学方式往往迎合他们年龄层次人群的需求。研究过程中，学生在面对"希望以什么样的方式参与课程的教学活动（不仅仅指课堂教学）"这样一个问题时有些局促，思路较为狭窄、保守，认为教学活动应该由教师独自设计、单独完成，甚至比较认可当前的状态，如"有些没看懂……大概答一下……""暂时没什么想法。"以上现状表明，部分学生在认知主体性上是有所欠缺的。但大多数学生还是主体自觉的，并积极提出参与教学活动的思路和方法，如课外实践（参观学习）、自主学习及展示、课后学习情况反馈、虚拟社群讨论（匿名讨论）、参加与课程教学内容相关的比赛（模拟竞标）、学习经验分享等。

美国大学人事协会（ACPA）提出，课堂内外以及校园内外的各种融入性体验都有助于学生主体的自觉学习和主体发展，这体现在学生主体以及他周围的人文及自然环境（包括与同辈人、全体教职工共在共生的人际交往空间，文化环境以及自然空间等）的相互作用中[43]。理论和实践相结合对于传播学专业学生而言非常重要，在"课程教学中的主要问题"和"主动学习的影响因素"中，学生都提到了这个问题。至于实践环节如何开展，学生也有不同的观点。"比如说选择一个产品去实际体验、分析，但是希望老师能够在实践的环节上适时给我们引导。"有学生提出参观学习是一种有效而有趣的课外实践方式。"可以把大家带到展馆、植物园这些比较能开发想象力和创造思维的地方，人多分批去。""如在保障人员安全的前提下，组织班级去一些电视台、新媒体公司等进行实地考察、调研等，从实践观察中学习。"

互动是学生积极参与课堂教学的方式之一。"课下完成作业，做好对课堂的反馈，及时与老师沟通在学习过程中遇到的问题。"教师在长期的教学中已经形成了以我为主的教学模式，往往不容易发现自己的问题，此时如果有学生择机对教学过程中的问题提出建议或意见，不仅可以改进教师的教学方法，提升教学效果，对于学生而言，在主动参与的同时提高了学习积极性。这种学习情况反馈，可以在期中、期末或任何时间。如交互设计课，最后一次作业就布置了给课程提建议和意见的内容，学生的问题很尖锐且切中要害。如在平时作业要求方面，"要求为文字叙述，需要反复研读，可能会导致大家的理解不一。"学生建议"是否可以提供一些作业示例从而使得作业要求更加明晰？"这是一个很有效的学习反馈，对有效改进作业布置方式有帮助。

此外，传统教学中，教师为加强课堂互动，会提出一些问题，并点名学生回答，虽然可以增强学生上课的注意力，但学生始终处于紧张的心理状态。但"双主体"结构下的提问回答过程，学生则处于主动地位，自觉举手参与，而不需要教师点名，学生在参与过程中更为自信，如果增加些积分奖励，则可以使这一过程具有适当的趣味性。

第二步，学生主体主动参与教学。一旦确立学生为教学主体后，学生就应该承担必要的教学任务。当然，在整个教学过程中，即使在"双主体"结构中，教师主体依然是主要角色，学生主体扮演辅助教学角色。如，学生可以作为课程助教，协助教师开关多媒体设备、协助教师收集整理大家对课程的建议和意见、完成教学周报撰写（教学计划执行情况、课程情况、学生课程反馈、学生上课发言情况）等。此外，学生可以参与教学效果评估环节，比如给学生小组作业打分。该方法其实已经在一些教师的课堂上应用了，即学生的作业成绩不完全由教师决定，还受同组其他同学评定成绩影响。该方法也可作为小组间课程作业、展示等的评分方式。作为"双主体"结构中的学生主体，在教学中应加强和教师主体的互动沟通，补充教学内容、创新教学方式、监督教学计划，维护自身权益。

自主学习不仅具有较大的自主性，在确定的主题范围内，可以根据自己的兴趣爱好、适合自己的方式有选择地开展学习，符合大学生的特点。在兴趣驱使下，完成的学习成果更能反映出学生的真实想法、真实水平，也更愿意将自己的见解进行展示和分享，还包括学习经验等。该过程的重点是学生的主动加入。研究发现，部分学生希望教学中能够加入自主学习的部分，有助于前期课程内容的消化和吸收，同时也有比较强烈的意愿分享自主学习的成果，如作业、作品等。

自主学习不仅具有较大的自主性，还可以根据自己的兴趣爱好有选择地开展学习，符合大学生的特点。"大学生一般都具有较好的自主学习能力，合理利用网上教学资源，参与案例收集和分享也是他们喜欢的方式。"

课堂展示是学生比较喜欢的课程参与方式。"留实践时间围绕某个主题自主学习，在后续课程进行展示讲解。""希望能有一些实践活动，或者是课堂展示活动。"课堂展示不仅可以展示作业内容，也可以开展案例展示，形成与教师分工合作的态势。"老师可以负责专业知识讲解，而实际运用、案例分析等可以交给学生来完成并彼此分享。""例如交互设计这门课，可以让同学们不定期在班级群里分享一些交互体验非常好的手机 App，或是一些非常出彩的产品设计方案等。"

学习经验分享也是学生愿意参与的一种形式。"在时间允许下，可以邀请一部分同学就本课程的学习情况和经验做一个简单的交流分享，如学习了哪些知识，哪些案例，自己的学习方法和心得。"大学生具有较为一致的认知特征，学习方法和学习心得的分享，对于快速找到某课程的学习方法可以达到事半功倍的效果。这种方法不仅可以运用到同级同专业学生中，也可以跨专业、跨年级，甚至由教师邀请毕业工作的学长姐参与学习经验的分享，更具有说服力。

第三步，拓展学生主体的教学参与途径。在前两步的基础上，可以充分发挥学生主体的创造力、想象力，不断丰富教学过程，追求教学效果最优化。除了参与常规的教学外，学生主体还可以开展教学相关的讨论，为教师主体出谋划策，甚至可以合理利用虚拟社群匿名性特点，展开激烈的观点论争。

作为传播学专业，学生本身对网络媒介、社交应用等都较为熟悉。研究发现，学生希望借助现有的社交应用开展学习相关的讨论，可能的情况下匿名，增大学生的参与程度。如"每周固定时间由老师或者课代表，在群聊中引出热点话题或问题的讨论，进行头脑风暴，可以在一定程度上缩短课堂互动中的思考时间。""既可以利用线下的课堂时间，也可以利用线上的时间，可以让同学们在课程群中进行讨论，很多现实中沉默寡言的同学很可能在线上扮演者非常积极的角色。"这个提议正好契合"头脑写作(brain writing)"的创意方法，适合参与者多、内向性格的人多、时间有限的情况。有学生也提出"匿名"讨论的方式，也契合了学生在教师面前比较胆怯的现状，让更多的学生可以参与进来，而且更为有趣，符合当下大学生的特征。

此外，教学过程不仅仅在课堂，还在课外。学生主体可以根据专业特点、课程特点，有针对性地参加专业比赛，如"互联网+"、大学生创新创业大赛等，也可组织课堂外的模拟竞标等，尽量将课堂所学和现实社会紧密连接，将理论和实践的教学理念坚决落实。

研究发现，参加与专业、课程相关的比赛是学生主动参与课程教学的一种比较典型的方式，如参加"互联网+"、大学生创新创业大赛、"挑战杯"等。"可以鼓励大家以比赛的要求去把某些东西做出来，在竞赛中学习，增强积极性。"也可以借鉴其他专业的经验，举办真实案例的模拟竞标等。"广告班的模拟竞标就很有意思。我们也可以接商家的案子，然后设计ui、海报等，或者针对同一个产品进行功能构思、界面设计。"

"双主体"结构不是一蹴而就的，需要两个主体之间不断磨合，既要教师主体积极支持，也要学生主体主动参与，还要按照循序渐进的原则，根据实际的教学效果磨合该结构，最终发挥学生主体的能动性特征。

3. 发挥学生主观能动，构建"个性化"考核体系

韦巴赫认为，游戏化的核心要素包括非游戏情境(non-game contexts)、游戏要素(game elements)以及乐趣(fun)三项。非游戏情境强调游戏化所应用的场所或背景，游戏要素包括游戏元素和游戏设计技术，而乐趣是游戏化所要追求的目的。游戏化通过创造乐趣来实现更多的现实目标，游戏化过程本身也充满乐趣。

课程考核作为对学生学习效果的评价在整个教学过程中占据重要地位。传统课程教学中，课程考核的设计完全由任课老师决定，学生基本只能接受，应该是缺乏乐趣的。交互设计课对作业提交方式作出了更为灵活的尝试，学生也乐于参与，取得了不错的效果。同时也说明，学生如果有机会参与考核体系的讨论，他们则会有特殊的积极性。

研究表明，学生认为可以从考核形式和内容、成绩比例两个方面对当前的考核进行调整。

（1）课程考核的形式和内容。"用有趣的作业代替占大比重的枯燥的理论考试，一定程度上能够激发学生的积极性。""感觉只要不是单纯比拼记忆力的考试怎么样都行(笑)。"研究发现，传播学专业学生普遍不喜欢理论性强、需要较多识记内容的期末考试，而偏重于具有挑战性、创造性的个人平时作业。学生认为比较合理的考核形式包括：个人平时作业(课程论文、读后报告等)、小组平时作业、期末考试或大作业(个人、小组)、出勤率、期末展示、业界实践和答辩等。

学生在课程考核方式上还是偏于理性，认为不同的课程类型应该对应不同的考核方式。"如果是理论性课程，希望是以闭卷或者开卷考试。""如果是理论课，考试+论文是OK的。""如果是实践类课程，我觉得小组案例分析、策划相关主题、设计相关内容是很好的结课方式。""对于理论性课程，我比较倾向于笔试。对于实践性课程，我更倾向于论文结课或是期末大作业结课。"针对考核的问题，学生不仅表现出理性，还具有前瞻性和思想性。"除理论课外，更应该是提供看待世界的方法或实践能力，应以思想和作品说话。"

当然，学生也愿意参与教师考核方式上的改革，希望以更为灵活的方式让学生自主选择课程考核方式。"老师设定几个期末考核方式，进行投票选择，以得票最高的选项作为期末考核的方式。""不同的同学擅长不同的领域（方式），开课之初，可以给同学们不同的考核选项。"也有学生认为，课程考核形式应该更为开放，学生可以自主确定适合自己的考核方式。"可以由学生来出开放性试题，原创性、脑洞大开、新奇性。""理论考核为开放性试题，学生结合自身经验和课程内容进行自由地观点表达；实践考核采取上机或手工的方式。学生根据兴趣点选择其中部分题目作答。"在讨论这个问题时，学生也表现出过分自主可能带来的负面性。"自主选择适合自己的考核方式，可能会有失公平性。"

在具体的课程作业和考试的内容上，传播学专业学生普遍认可实践性优于理论性。"可以更加注重实际操作部分的'硬'作业来取代多背多得分的闭卷考核。""作业中动手实践的内容多一些，论文式的内容少一些。""希望废除理论性期末考试！！！"这不仅体现了传播学培养目标的实践性特征，也能显现传播学专业学生的创造性。在实践性问题上，有学生提出与业界联系更为密切的考核方式。如"产品发布会"，"用展示本学期学习成果的方式进行改革！比如'产品发布会'"。甚至直接邀请业界导师参与课程考核。"课程由理论教学+作业练习实践+业界实践体验三部分组成。考核也由这三部分组成……业界实践由业界导师来打分。业界实践表现特别优秀的，可以抵平时练习的分数。"

答辩形式也是学生给出的课程考核形式之一，主要从整个专业学习的角度出发提出的。"以类似于论文答辩的方式。某种程度上可以说是本科毕业论文的预演。"

（2）成绩结构比例。按照教学管理的规定，课程成绩由几个部分组成，如多次的平时成绩和期末考试成绩，最终按照一定比例计算出该课程的总评成绩。在这个问题上，传播学专业的学生意见也高度一致，即削减期末考试（作业）或类似成果在总评成绩中的比例，扩大平时作业成绩的份额。这样做，一方面可以减少学生在期末集中准备期末考试的压力，"50%的平时分和50%的期末考试，这样能减轻一些复习压力。"另一方面可以摆脱"一考定胜负"的状况，使考核更为科学。在前期确定了具体考核方式的基础上，该专业学生提出了具体的成绩结构比例方案，其中"期末"包含了期末考试、期末大作业等多种形式。

方案1：平时作业：期末=1：1

"希望能够加大平时成绩的比重，稍微降低期末的分数。（50%）"说明很多课程的期末考试成绩占比还是超过50%的。

在此方案中，还有不同的观点，如"平时作业：平时表现：期末=3：2：5"。"期末的闭卷考试占50%，平时作业占30%，平时表现成绩占20%，包括学习积极性等方面。"该方案考虑到主观因素，加入理论平时表现，将学生的"积极性"因素纳入到考核中，非常符合游戏化思维的思路。还有一种意见是"考勤：平时作业：期末＝1：4：5"。这种方案是目前教师普遍采用的，也是教学主管部门推荐的方案。但其实学生对该方案中限定期末成绩不少于50%的规定还是持有异议的。相对应的就是提高平时成绩的比例达到50%以上。"期末成绩占至少50%，在我印象中是学校对于专业课的规定；如果不是的话，希望可以调低期末的占比。""在一些课程情况中，我认为平时分的比重可以达到60%。"在平时作业的设置中，学生也提出具体的比例方案，如"考勤10%＋平时作业10%＋平时作业10%＋平时作业20%＋期末50%"，甚至提出根据课程的逐步推进，不断增加作业难度。"平时成绩可以由每次课程后的小作业组成，逐渐增加作业难度。"以上方案的具体细节设置都能充分体现出学生的自主性。

方案2：作业：考勤＝9：1

这种方案将作业作为课程考核的绝对主体，而且限定作业为3次，每次30%。该方案舍弃了期末成绩，将成绩比例分摊到平时，使学生的学习压力贯穿于整个学期。"我更希望作业的比重大一些，期末考试的比重少一点；相应的，作业的要求就要更高级、更严格一些，让大家真正能做出有意义的成品。"

方案3：期中＋期末：平时作业：业界实践＝5：2：3

这种方案强调课程的实践性，特别是与业界的结合，需要业界专家参与到整个课程教学的设计和管理中来，具有创新性，但实际操作中可能会出现评分尺度不一致的问题。和考核方式的选择一样，成绩比例方案的选择上学生也提出高度自由的方式。"比如平时练习40%＋期中作品20%＋签到10%＋期末作品30%或者签到30%＋作业练习20%＋期末50%这样的不同套餐，以适应更多同学。"这是个有意思的想法，但实际操作中可能会遇到"不公平"的可能。

以上研究表明，学生对当前课业考核形式存在较多不满意，提出了很多"个性化"的评考核方案。这些方案可能并不成熟，但却充分体现出学生对这一问题的重视。教师可以综合学生的建议，建立更为科学的、合理的、符合学生特点的考核体系，不仅可以提升学生教学积极性，更有助于提升教学效果。

（四）灵动课堂教学内外，"亦师亦友"是追求目标

游戏化思维中有"社会乐趣"的概念，指注重社会交往带来的体验。前期研究表明，缺乏必要的互动是当前课程教学中的主要问题之一，也是一项重要的影响学生自主学习的因素。

针对当前不是特别理想的师生关系，传播学专业学生在所期望的师生关系中，提到了亦师亦友、和谐、亲近、对等友好、相互尊重、相互理解、相互打趣、互相补充，还有活跃等关键词，并希望教师能够成为学业导师和成长导师。

"亦""相互""互相""对等"等词汇的选择说明学生在看待师生关系问题上非常"积极"，认为师生关系的改变需要教师和学生共同做出努力。如在处理作业问题上相互理解，换位思考，共情维护，"相互理解，布置作业时知己知彼，完成作业时尽心尽力。"在

教学过程中真正做到"教学相长",能够做到互相补充,"师生之间应互为补充,老师拥有智慧和经验,学生拥有新鲜的思维和学习的冲劲。学生虚心学习知识,积累经验,老师引导兴趣和激发灵感,双方互相配合"。

"引路人""学业导师""成长导师"也是学生提及最多的师生关系。这种关系继承了传统意义上"师者,传道受业解惑也"的师生关系,但也表现出学生在校园生涯中积极追求,健康成长的目标。"老师更像是扮演着一位引路人的角色,而学生就像是一个不断前行攀登的旅者。""希望能从老师处获得更多关于未来发展方向(读书、工作)等的经验。""老师不仅仅传授知识,更能教给我们终身受益的做人智慧,启发创造力,让我们学会面对真正的社会,做一个道德和技能全面发展的人。"可见,学生在面对这样一个问题时,思维缜密,考虑周到,能够合理判断良好师生关系如何维系。

在此基础上,学生们也提出改变师生关系的一些具体举措。如老师主动一点,学生勇敢一点,"老师可以主动表现出一些能够亲近的行为,降低学生的畏惧感,学生也可以更加主动和勇敢一点,两者之间在学术上可以更多交流"。还需要经常换位思考,"且不说要当朋友,但至少能站在学生的角度思考一些问题"。甚至更为理性地提出学生主动是问题的关键,"学生则应当积极主动地与老师沟通交流,不要有很大的心理负担或顾虑,和老师建立起一个良好和谐的师生关系"。

当然,面对师生关系问题时,有些学生显得并不乐观,趋于谨慎。"老师和学生的关系友好,应当是建立在学生真的钦佩或喜爱这位老师的基础上,是一种互相体谅与理解。"也有些学生考虑到年龄差距这一客观因素,认为"亦师亦友"的师生关系具有天生的隔膜,很难逾越。"(很难)不在于老师或者学生的身份,而是年龄差可能带来的代沟。""希望的师生关系就是目前这个吧,因为确实和老师之间有代沟,目前这样平等互助就好啦。"

五、小结

融入游戏化思维的积极课堂构建不是简单地在高校课堂教学中加入游戏元素,而是在教学中内化游戏化思维,激发教学活动中师生的内在奖励系统,使教学活动实现从物化到人化的回归,开创高等教育2.0时代。当也需要注意的是,游戏化思维并不否定教师在课堂教学中的主导地位,弱化教师的作用,反而是强调"教师主导,学生主体"的协同作用,凸显以学生为本的高等教育内核。

传播学专业交互设计课程具有"新文科"多学科融合的特性,也能很好地理解技术在人—物、人—人的交互过程中的赋能地位。"新文科"虽然强调学科之间的融合和借鉴,也并不否则学科的独特性,因此,游戏化思维的融入和积极课堂的建设还应综合学科、课程、教师和学生等各个因素的特征,营造包容性更强的教学场景,服务好本科教学。

◎ 参考文献

[1]全国哲学社会科学工作办公室.高校"新文科"建设:概念与行动[EB/OL]. http://

news.cssn.cn/zx/bwyc/201903/t20190321_4850785_1.shtml.

[2][9][23]王朝阳,曾晓晨.从修复到重塑：高校教学中游戏化思维融入路径探析[J].武汉大学教育研究,2019,9(1)：74-84.

[3]董志强.析伽达默尔的游戏观——兼论游戏的本质[J].学术月刊,2002(12)：79-85,28.

[4]郭建斌,姚健明."消费者"·"玩家"·"玩工"·"生产者"——基于模组游戏《我的世界》的研究[J].新闻记者,2020(7)：3-15.

[5]凯文·韦巴赫.游戏化思维[M].周逵,王晓丹.译.杭州：浙江人民出版社,2013：13.

[6]到底何为游戏化？要学不能只学张皮[EB/OL].http://www.36kr.com/p/200152.html.

[7]赵珂珂.HR管理"游戏化"[J].企业管理,2015(11)：93-95.

[8]Karl M. Kapp.游戏,让学习成瘾[M].陈阵,译.北京：机械工业出版社,2015.

[9]钱皖新.媒介融合视域下游戏化思维对影视剧本创作的影响研究[D].湘潭：湘潭大学,2019.

[10]潘晶.游戏化思维方式促进展示主题的深入与延展研究[J].工业设计,2018(4)：104-105.

[11]Nicole Lazzaro. Why We Play Games：Four Keys to More Emotion Without Story[C]. Game Developers Conference, 2004.

[12]陈园园,时伟.国外大学实践教学的模式与借鉴[J].煤炭高等教育,2012,30(4)：38-41.

[13]Bruner, J. Play, Thought, and Language[J]. Peabody Journal of Education, 1983(3)：60-69.

[14]Barab, S., et al., Game-Based Curriculum and Transformational Play：Designing to Meaningfully Positioning Person, Content, and Context[J]. Computers & Education, 2011, 58(1)：518.

[15]Connolly, T. M., M. Stansfield and T. Hainey, An Alternate Reality Game for Language Learning：ARGuing for Multilingual Motivation[J]. Computers & Education, 2011, 57(1)：1389-1415.

[16]Brom, C., M. Preuss and D. Klement. Are Educational Computer Micro-Games Engaging and Effective for Knowledge Acquisition at High-schools? A Quasi-experimental Study[J]. Computers & Education, 2011, 57(3)：1971-1988.

[17]Cheng, G.. Using Game Making Pedagogy to Facilitate Student Learning of Interactive Multimedia[J]. Australasian Journal of Educational Technology, 2009, 25(2)：204-220.

[18]Chen, H., et al., The Influence of An Educational Computer Game on Children's Cultural Identities[J]. Educational Technology & Society, 2010, 13(1)：94-105.

[19]尚俊杰,裴蕾丝.重塑学习方式：游戏的核心教育价值及应用前景[J].中国电化教育,2015(5)：41-49.

[20] 苗元江,余嘉元. 积极心理学:理念与行动[J]. 南京师范大学学报(社会科学版),2003(2):81-87.
[21] 崔丽娟,张高产. 积极心理学研究综述——心理学研究的一个新思潮[J]. 心理科学,2005(2):402-405.
[22] 彭兰. 场景:移动时代媒体的新要素[J]. 新闻记者,2015(3):20-27.
[23] 陈振华. 积极教育论纲[J]. 华东师范大学学报(教育科学版),2009:27-39,68.
[24] 何克抗. 信息技术与课程深层次整合理论[M]. 北京:北京师范大学出版社,2008.
[25] Seligman MEP, Ernst RM, Gillham J, Reivich, K, Linkins M. Positive education: Positive psychology and classroom interventions[J]. Oxford Review of Education,2009,35(3):293-311.
[26] Seligman M E P. Flourish: A Visionary New Understanding of Happiness and Well-Being[M]. Free Press,2011.
[27] 孔茗,吕园园,钱小军,等. 游戏化管理——让"触屏一代"爱上工作[J]. 清华管理评论,2019(Z1):46-52.
[28] 李培根. 以学生为中心的教育:一个重要的战略转变[J]. 中国高等教育,2011(Z2):8-9.
[29] 马丁·海德格尔. 人,诗意地安居[M]. 郜元宝,译. 桂林:广西师范大学出版社,2002.
[30] 教育部关于全面提高高等教育质量的若干意见[EB/OL]. http://www.moe.gov.cn/srcsite/A08/s7056/201203/t20120316_146673.html.
[31] 雅斯贝尔斯著. 邹进译. 什么是教育[M]. 北京:三联书店,1991:139.
[32][35] 凯文·韦巴赫. 游戏化思维[M]. 周逵,王晓丹译. 杭州:浙江人民出版社,2013:14.
[33] 马克思恩格斯选集(第二卷)[M]. 北京:人民出版社,1995:3.
[34] 马克思恩格斯全集(第三卷)[M]. 北京:人民出版社,2002:325.
[35] 谢维和. 如何看待学生的主体地位[N]. 中国教育报,2003-1-14.
[36] 陈秉公. 主体人类学原理:"主体人类学"概念提出及知识体系建构[M]. 北京:中国社会科学出版社,2012:22.
[37] 苗元江. 心理学视野中的幸福[D]. 南京:南京师范大学,2003:9.
[38] 高清海. 哲学与主体自我意识[M]. 北京:中国人民大学出版社,2010:4(序).
[39] 李宏刚. 论大学生的主体自觉[D]. 西安:西北工业大学,2018:25-26.
[40] ACPA. Student Learning Imperative: Implication for Student Affairs[EB/OL]. http://www.housing.berkeley.edu/student/ACPA_student_learning_imperative.pdf.

教师主导与学生自主学习相结合：
对高校以学生为中心教学改革的思考

刘早荣

（武汉大学 政治与公共管理学院，湖北 武汉 430072）

【摘　要】 高校倡导以学生为中心的教学已近10年，但仍未成为主流教学模式。关于以学生为中心的教学，现实中存在两种倾向：多数教师对以学生为中心的教学知之甚少，坚持传统的"教师中心"的教学；而教学管理者则倡导西式的以学生为中心的教学。本文认为，这两种极端倾向都应当避免。根据我国国情，我国高校传统教学中的教师主导地位不能动摇，在此前提下，融中西之所长，构建教师主导与学生自主学习相结合的混合教学模式，才是我国以学生为中心的教学模式改革应有之路。要真正实现中国式以学生中心的教学改革，需要学校、社会各方共同努力。

【关键词】 以学生为中心教学；教师主导；学生自主学习；教学改革
【作者简介】 刘早荣，女，武汉大学政治与公共管理学院副教授，硕士生导师。

　　2000年，教育部启动了新世纪高等教育教学改革工程。受西方教学改革的启示，2013年在全国本科教学评估的过程中，教育部进一步提出了以学生为中心的教学改革方向，以学生为中心的教学改革成为关注的话题。然而，现实是，以学生为中心的教学远远没有真正得到高校教师普遍认同和推崇，原因极为复杂。应该看到以学生为中心的教学改革不仅仅只是教师中心和学生中心两种教学理念和教学模式的辩论，更涉及高校办学定位、办学理念及组织管理等深层次问题以及以学生为中心教学理念转化为教学实践面临的实际问题。除了学校自身的因素外，社会对高校的评价因素也是重要的外部因素。本文基于这些现实问题，从教学实践角度对时下倡导的"以学生为中心"教学改革做出理性分析。笔者认为，不应陷入西方式学生中心，还是教师中心的二元对立争论。中国的教学改革应该有中国特色，以学生为中心的教学应该有中国版本。"尊师重教""因材施教""有教无类"等中国古训仍然具有极高的时代价值。传统教学中的教师主导地位不能动摇，在此前提下，融中西之所长，构建教师主导与学生自主学习相结合的混合教学模式应当是当前以学生为中心教学改革的真义所在。还应看到这项改革是一个系统工程，需要高校管理者、教师、学生及社会共同努力，方可取得实效。

一、问题的提出

以学生为中心的教学理念源起于西方，是典型的舶来品。原本并无教师中心之说，以学生为中心的教学理念提出后，其倡导者便将之前的教学冠之以"教师中心"的称呼，并对教师中心的教学持批评和否定态度。20世纪50年代，西方教育心理学家受心理治疗中"以患者为中心"的启发，提出"以人为中心的教学"或者说"以个人为中心的教学"理念，有时也称"以学生为中心的教学"。从此，西方特别是美国教育界便开启了以学生为中心和以教师为中心的辩论。20世纪60年代中期，美国开启了一轮以学生为中心的教学改革尝试，但改革并不顺利，一开始就受到质疑。为推进改革，1969年美国人本主义教育心理学家罗杰斯（Carl R. Rogers）出版了《自由学习》（第一版），全面论述其"以人为中心"的教学理念。20世纪70年代中期，以学生为中心的教学改革规模有所扩大。20世纪80年代，美国以学生为中心的教学改革再次遇阻，绝大多数教育者又回到"抓基础"的教育中。[1]罗杰斯1980年出版了《一种存在的方式》，1983年出版了《80年代的自由学习》（第2版）。这些著作对推动美国以学生为中心的教学改革发挥了巨大作用。20世纪90年代，美国以学生为中心的教学改革达到高峰。1994年，罗杰斯的朋友福雷伯格（H. J. Freiberg）再度修订出版了《自由学习》（第3版）。但此时的美国教学改革仍步履维艰，成果很不理想。1995年巴尔和塔格基于美国教学改革的教训，在美国教学期刊《变革》上撰写了《从教到学：本科教育新范示》的文章，把以学生为中心的教学改革提高到了范式革命的高度。[2]赵炬明教授对该文提出的范式革命作了详细介绍。所谓范式革命意指现有的学校制度和结构要实现根本变命。巴尔和塔格把美国十多年教学改革不成功的原因归结为改革者没有范式革命的意识，把以学生为中心的转型局限于教学领域。截至目前为止，美国顶尖的研究型大学以学生为中心教学改革呼喊了多年，但进展不大，前景令人担忧。[3]美国以学生为中心的教改给我国提供了重大启示：要想取得以学生为中心的教学改革成功，就必须做好学校全面系统改革的准备，这对大学是个巨大挑战。

在美国于20世纪90年代开启大范围的学生中心教改的时候，国内教育界很快关注到了美国教育界的改革浪潮，并开始将美国高校为代表的以学生为中心的理念介绍和引进到国内。在2013年教育部确立以学生为中心的教学改革方向后，以学生为中心的教学理念的研究随之成为教育界研究的重要主题。国内对以学生为中心议题的研究分为两大类人群。一类是高校的教学管理人士和教育学研究者。另一类是在教学工作一线的教师。这两类人群研究的侧重点有明显的差异，他们从不同的角度对推进大学本科教学改革作出了贡献。但同时，他们的研究又存在共同的局限性。

教学管理者和教育学研究者侧重于以学生为中心的学理研究。满晶等（1993）介绍了美国著名的人本主义心理学家罗杰斯提出的"以学生为中心"的教育理论，并对该理论的积极意义和缺陷作出了客观评价，特别是文章理性地看到了"以学生为中心"的教学理论存在的明显不足：忽视了教师的知识传授；将学生接受教师知识的过程简单等同为被学习；过分强调情感因素在学习中的作用；在实际教学中难以实施等等。[4]但该文提到的不足并未引起后续研究者和实践者的重视。赵炬明教授从2016年到2021年先后发表了系列关于美国以学生为中心的本科教学改革文章，全面介绍了美国以学生为中心的本科教学改革历史进程、基本措施、学校管理与制度等相关问题、经验教训，并从认知科学角度论证了实施以学生为中心教学改革的可能性和必要性。陈凡（2017）历数了当前大学本科教学中八个方面的问题，并将这些问题归因于以教师为中心的教学。陈凡认为，以教师中心和以学生中心是两种完全不同的价值理念，二者有本质区别，呼吁大学按照以学生为中心的教学理念实施全面教学改革。[5]赵祥辉（2020）同样强调了确立以学生为中心教学理念的重要性，并阐述了以学生为中心教学改革面临的困境，提出了相应的改进建议。

教学管理者和教育学研究者们从学理上对以学生为中心的教学理念做出解读，能正视当前大学教学中存在的问题，并按照他们对以学生为中心教学理念的理解提出解决当前教学问题的设想，对推动大学教学改革，完善大学本科教学有重要意义。研究的学理性也使这类研究群体在以学生为中心的话语语境中占有明显的优势。他们的研究更有学术性和条理性，更容易受到关注。

教学一线的教师研究的侧重点往往集中于以学生为中心的教学方法及个别教学案例的探讨上，大多以分享经验的形式出现，学术性不强。还有一个现象就是从事公共基础课的教师分享经验比较多，从事专业课程教学的教师分享经验相对较少，这也使得教师的研究成果代表性不强。由于多数教师没有教育学理论知识背景，他们对以学生为中心的教学理念的研究明显存在视野相对狭窄的局限。他们对以学生为中心的了解和理解都是零碎的，多数教师将以学生为中心理解为学生对教学的参与。对学生参与式教学方法的研究也就成为教师对这一课题研究的主要方向。当然，我们应该肯定，教师的这类研究对于推进以学生为中心的教学改革也是很重要的，毕竟强化学生对课堂的参与是推动以学生为中心教学改革的重要环节。

综观国内两类人群现有的研究成果可以看出，上述两类研究群体共同的不足之处有二：其一，没有从源头上厘清以学生为中心的内涵和基本原则要求。其二，对以学生为中心教学理念的认知片面化、简单化和一刀切，具有较明显地简单照搬西方以学生为中心教学理念的倾向，不能全面、辩证地看待以学生为中心教学理念。在倡导以学生为中心的教学理念的时候，把以学生为中心的教学理念看作是应然的事实判断，完全否定传统的以教师为中心的教学，将以学生为中心和以教师为中心二者绝然对立。将目前教学中存在的问题完全归结为以教师为中心的教学模式，认为需要对教师中心的教学进行一场彻底革命，全面实施以学生为中心的教学模式。[6]来自教学管理层研究者甚至直言，传统的教师中心模式已经过时，应当用学生中心模式予以取代。[7]

基于上述现状，有必要从中国视角进一步明辨以学生为中心教学理念的基本要义，并以此为基础探究中国以学生为中心教学改革的出路。不可否认，被冠以"教师中心"的传统教学方式存在不少问题。笔者也是因为教学中的一些问题，接受了以学生为中心的教学理念，并努力地去了解以学生为中心教学理念和教学方法的要义，并按照这些要义进行了将近3年的尝试和探索。经过若干尝试和探索，笔者发现并非我们照搬西方以学生为中心的教学理念，就一定能收到理想的教学效果。传统教师中心教学和西式以学生为中心的教学在实践中均存在各种问题。两种教学理念实际上各有利弊，我们真正要思考和探究的是怎样将这两种教学理念很好地融合在一起，吸取两者之所长，构建一种新型的有中国特色的以学生为中心教学模式。

二、以学生为中心的教学理念：哲学基础、核心原则和基本要义

以学生为中心教学理念源自西方人本主义教育心理学，通常也被称为"以人为中心"的教育方法。它强调充分尊重和重视学生，尊重学生兴趣和需要，充分发挥学生在学习中的积极性和主动性，这些观点对我们目前倡导的教学改革无疑有很大的促进作用。但同时，我们也要看到，以学生为中心的教学理念基于西方特定的哲学观念，本质上体现西方民主自由的价值观和人生观，在实践中，也未必能达到理想效果，应当采取辩证的态度对待这一理念。

（一）以学生为中心教学理念的哲学基础

以学生为中心教学理念的创立者是美国著名人本主义教育心理学家罗杰斯。作为人本主义教育心理学的派生物，以学生为中心教学理念的哲学基础是人道主义、人性论以及存在主义哲学。西方人道主义主张将人性作为衡量历史与现实的基本准则，强调重视个人价值，维护个人权利和尊严，释放人性，促进个人充分自由发展，实现个人幸福。人道主义衍生出西方自由、民主、平等、博爱等个人主义核心价值观。人本主义教育心理学继承了人道主义哲学观念，反对禁欲主义，主张人性解放，强调对人的价值与尊严的关爱，促进人的自由发展和自我实现。与人道主义相关联的人性论是罗杰斯教育心理学的又一重要基础。罗杰斯主张人性本善的人性观，认为人天生就具有潜能和价值，具有成长和实现两种倾向，它们决定着人具有积极向上、前进发展的内在驱动力，驱使个体朝更具独立性、创造性和社会责任感方向发展。

西方存在主义哲学也是人本主义教育心理学的重要基础。存在主义突出"以人为中心"的研究主题，强调人的主体性和主观性，重视直接经验的描述和意向性，即重视个体的内心活动、直接体验，尊重个体的意愿和需要等，强调自由、价值、选择、责任、自我和情感诸要素在人学研究中的重要性。这些观念成为人本主义教育心理学的主要哲学基础，为人本主义教育心理学提供了理论基础。[8]

（二）对以教师为中心的传统模式的批判

以学生为中心的教学理念是在反对以教师为中心的传统教学模式，倡导教育改革的基础上发展出的新理念。罗杰斯认为，以教师为中心的传统教学采用单纯灌输知识、机械强化和条件作用等方式，是纯粹的外在学习，难以真正激发学生的学习动力，使学生产生厌学情绪，造成学生精神贫乏，是对人性的背离。罗杰斯从教学中体现的权力关系角度列举了传统模式的8个特征：

（1）教师是知识的拥有者，学生则是知识的被动接受者，教师与学生地位不对等。

（2）课堂讲授、教科书和其他一些言语智力的教学是教学的主要手段，考试则是评估学习效果的主要手段。

(3) 教学管理建构在权威基础上。学生服从教师的权威，教师和学生则服从行政管理者的权威。

(4) 在课堂上，教师是核心，认为教师在课堂上的权威是理所当然的。

(5) 师生间的信任度极低。教师不相信学生能在没有教师督促的情况下令人满意地完成学业任务。学生对教师的动机、诚实度、公平性及胜任能力持怀疑态度。

(6) 控制学生的方式是将学生放置在间歇性或持续性的恐惧状态中。学生成长的各阶段都处于不同的恐惧和担忧中。例如，公开的批评和嘲笑、毕业和就业的担忧，等等。

(7) 民主及其价值被忽略和轻视。学生不参与个人目标、课程安排及学习方式的选择，也无法选择授课教师，在教育政策方面更无话语权。相类似的，教师对学校管理人员和教育政策也没有选择权和话语权。罗杰斯认为，这些做法背离了西方民主自由的价值观教育导向。

(8) 教育系统中没有实施全人教育，重知识和智力培养，忽视情感需求。[9]

对于已经经历了20世纪80年代改革的美国教育，罗杰斯形容为"糟糕透顶"。虽然已经进入了高科技时代，但社会似乎陷入暴力、犯罪、未成年人道德不健全、偏见、孤独、冷漠、离异家庭等问题的泥潭中。[10]罗杰斯呼吁对传统的教育进行一次彻底的革命，而不是小修小补，要建立真正符合人性的、"以人为中心"教育模式。

(三) 以学生为中心教学的核心原则

罗杰斯将他所主张的教育模式直接称之为"个人中心"学习模式。这种称呼体现了对传统教育模式的根本变革：由"教师中心"向个体的"学生中心"的转变。教学中，教师主体地位让位于学生主体地位。教师的教并不重要，学生的学才是最重要的。在罗杰斯看来，这种转变体现了教学中权力关系的根本改变。罗杰斯在实践的基础上总结了以学生为中心教学的核心原则：

(1) 前提条件。在教学中拥有权威的领导者或者权威人士个体必须发自内心地相信人人都有为自己思考和学习的能力。在此前提下，随后的原则都是能够被实现的。

(2) 促进者(教师)与学生，可能还包括家长和社区对学习过程共同分担责任。课程计划、管理或运行模式、资金和政策制定由上述团体共同担责。班级为班级课程安排负责。

(3) 促进者负责提供学习资源。这些资源可以来自他们的思考和经验，也可以是书本或者其他资料，或者是社区经验。教师也鼓励学生将自己的知识和经验作为学习资源。教师对自己经验之外的资源持开放态度。

(4) 学习计划由学生个体或者团队合作制订。在教师提供的学习资源中，学生依据个人兴趣进行选择，并对自己的选择承担责任。

(5) 为学习者提供促进学习的环境。学校领导者、教师及学生共同努力在整个学校和班级创造一种真诚、关爱、相互理解的氛围，使相互学习变得与其他学习形式一样重要。

(6) 学习过程比学习内容更重要。对教师而言，核心关注是对学习过程的持续关注，学习内容尽管也重要，但与学习过程相比，是第二位的。课程的成功不在于学生学到了该学习的内容，而在于通过学习过程使学生在获取知识的方法上取得显著进步。

(7) 学习目标的达到依靠学生自律，而不是外在纪律的约束。学生把自律看作自己的责任。

(8) 学生的学习效果和学习态度主要由学生自身来评价，尽管学习小组其他成员和教师对学生的自我评价也可能产生影响。

(9) 与传统课堂相比，在促进成长的环境中，学习更深入，学习效率更高，这在学生的生活和行为方面反映更普遍。学生的学习方向是自我选择的，学习动机是自发的。因此，学生能全身心投入其中。[11]

(四) 以学生为中心教学的基本要义

根据罗杰斯总结的核心原则，我们可以从教学要素维度进一步明确罗杰斯以学生为中心教学的基本要义。

1. 教学目的

教学目的在于创造"自由学习"的环境，帮助学生全身心地、自发地投入到学习中，并根据自己的兴趣和需要，学会如何学习，自主构建知识体系，从而促进学生个性、潜能和创造力的释放。与传统教学相比，以学生为中心教学目标注重学生的学习过程和学习体验，而不是学习结果。

2. 教学过程

以学生为中心的教学过程相较与教师中心的教学最大的改变是教师与学生角色的换位。在以学生为中心的教学过程中，教师不是中心，学生才是中心。教师是学生学习的促进者、鼓励者、帮助者、辅导者、合作者和朋友，而不是选择者、组织者、计划者、指导者、决定者、评定者。学生作为教学的中心，在教师的辅助下，自己确定学习内容、学习方式并自主做出学习评价。

教师首先应该充分相信学生天生具有内在的学习动力，都能确定自己的学习需要。在这一前提下，担当好学习促进者的角色。作为促进者，教师关注的不是备课和讲课，而是以下3个职责：(1) 鼓励、诱导学生独立思考，协助他们搞清楚感兴趣或感到困惑的问题、想要了解的知识和想要解决的问题。要想让学生自由学习，并对自己负责，就要让学生面对与生活休戚相关的、现实的、有意义的问题。老师有必要帮助学生找出既与学习内容相关，又可能在现实生活中遇到的问题，创设问题的情境，使学生在情境中学习如何面对和解决问题。(2) 尽可能向学生提供并协助学生使用一切可供利用的学习资源，包括物质资源和心理资源。例如：人力资源、经验、教学设备、书籍、以及教师本人的知识、方法乃至情感等。需要指出的是，教师在提供资源的时候要充分考虑学生的兴趣和需要。(3) 创造一种真诚、信任和理解的心理氛围，使学生能从老师、同学、环境和自己的亲身体验中感受到学习的自由，从而保持对学习的兴趣和热忱，感受到自我的存在和价值，激发学生内在的潜能和创造力。[12]

学生在学习中要充分发挥自己的自主性。学习的目的重在参与和体验学习过程，通过参与和体验，增强思考问题和解决问题的能力，以发挥自身的潜能和创造力。因此，自主参与学习过程是学生应有的责任，学生可以根据自身的能力和学习期望确定个性化的学习目标。学生自主制订课程学习计划和学习内容，选择学习方式。

教和学是教学的两个重要方面，但彼此不是孤立的，而是互动的。因此，罗杰斯强调在以学生为中心的教学中，师生是完全平等的合作伙伴关系，可以就一切学习的问题进行平等协商，包括学习资源的利用、学习内容、学习计划、学习成绩的评定等等。通过互动，教师和学生可以相互学习。[13]

3. 教学方法

在教学方法上，强调应根据学生的兴趣和需求采取多样化的教学方法，主要方法如下：

（1）契约制教学法。在以学生为中心的教学方法中，最能体现学生个性化需要的就是一种建立在契约基础上的契约制个别教学法。利用契约，学生可以自己决定学习任务和学习计划。具体方法是，在课程刚开始时，学生与老师约定想要获得的分数，老师再与学生协商相应的分数要完成的各种不同的学习任务。学生自己根据任务要求制订学习计划，学生完成了约定的任务，就可以获得相应的分数。学生要想获得更好的成绩就要争取完成更多的任务。契约制的好处是可以增加教师和学生各自的信心，增强学生学习的动力，还可以使学生有机会参与学习评估的决策。

（2）项目式学习。项目学习是体现以学生为中心教学所倡导的自由学习的经典教学法，类似于教师们常使用的课堂展示或者讨论。这种教学法鼓励学生通过项目组织课程。围绕项目师生可以各抒己见，任由思想自由碰撞，发现真知灼见。项目的选择可以是学生感兴趣且社会需要解决的议题，也可以是其他符合学生兴趣的各种问题。在项目学习中，教师的作用是指引方向、提供资源以及促进学生从参与体验中吸取智慧。

（3）分组学习

分组学习指学生可以按不同兴趣组成不同的学习小组，学习小组的学习方式也可以不同。学习内容和学习方式由学生自主选择。

以上教学方法旨在尊重学生的兴趣和个性选择，激发学生学习的主动性。教学方法多种多样，教师应根据学生和教学实际情况做出选择。

4. 课堂的组织管理

在以学生为中心教学理念中，课堂管理也体现学生中心，主张课堂管理主要依靠学生的自律，强调只要让学生真正参与到学习过程中，只要把教学要求与学生的需求联系起来，学生就可以做到自律。

三、并非完美的教学革命：以学生为中心的教学实践

任何理论都非放之四海而皆准，都必须接受具体实践的验证，择其善者而从之，其不善者而改之。以学生为中心的教学理念相较于传统的以教师灌输为主的教学无疑是具有时代感的新教学理念。但现实的教学环境千差万别，各国教育体制、教育政策不同，从初级教育到高等教育，学校教学含盖层次不同，甚至学校定位、班级规模、课程的不同都有可

能使以学生为中心的教学在教学形式和教学效果上呈现出多样性。因此，以学生为中心的教学不可能有统一的模式，在实践中必须根据实际情况探索出符合教师及学生实际的模式，出现某些问题也在所难免。笔者依据以学生为中心的教学理念，结合教学实际，进行了若干尝试，并试图总结其中的经验和教训。

(一) 教师讲授与学生自主学习相结合的尝试

笔者近3年在全校通识课及专业课中分别进行了以学生为中心教学的若干尝试，先是在通识课中进行尝试，然后，将通识课中积累的经验运用到专业课中。在通识课中我们采取循序渐进增加学生学习自主性的方法。因此，上课形式总体上是教师的讲授与学生自主学习相结合，并非像罗杰斯所说的完全以学生为中心，教师只当一个促进者。虽然保留了教师讲授的传统，但在教师讲授与学生自主学习的关系上作了一定调整，明确了以学生为主的主导思想，先保障学生学习小组课堂展示的时间，剩余的时间留给教师讲授。由于学生学习小组自主研讨学习的进度不同，在实际上课过程中，就形成了教师的讲授与学生课堂展示穿插进行的局面。上课开始的前几周基本上以教师的讲授为主，因为学生自主学习尚处在课下小组研讨阶段。进入到学期中后，则是学生小组展示相对集中的时期，到学期末1~2周教师讲授，对上课内容作最后总结，并收集学生课堂反馈意见。

(二) 教师的讲授

为了增加学生自主学习的学时，教师讲授学时就要控制。由于讲授学时大大减少，因此，教师讲授的内容就要求做到精，教材所涉及的内容不能面面俱到。讲授内容的选择遵从两个原则：一是学科最基础的理论知识；二是具有现实意义的重大问题。讲授方法上，以专题性的讲授为主。至于具体的讲授学时，则可长可短，根据学生自主学习展示时间的长短进行调整，学生占用的时间长，则少讲，占用的时间短，则多讲。有些知识点的讲授则穿插在对学生展示进行的点评中。

(三) 学生自主学习

学生自主学习的推动是个渐进的过程。起初，我们规定了学生自主学习的形式，采取分组项目学习的方式，学生在自主学习内容和学习方式的选择上相对有限和单一。在学习内容上，鉴于通识课上的学生课前对课程内容了解较少，我们在第一节课向学生简要介绍课程的体系结构和主要内容，并列出教材每章节具有重大现实意义的焦点问题，供学生小组学习参考和选择，当然也允许学生选择与课程相关的其他感兴趣的问题。我们也向学生提供了一些课程所涉学科的经典参考书和学者新近发表的学科前沿论文等学习资料。在学习方式上，采用分组项目学习方法。学生自愿组成5~6人的学习小组，从教师推荐的重大焦点问题中选择一个学习项目，或小组自行确定一个本小组感兴趣的议题。在自荐基础上推选一个小组长，负责小组的课下学习和研讨。我们要求每个小组派代表在课堂上展示本小组自主研讨学习的成果。多数小组选择在课堂上做PPT展示汇报。我们也对小组展示的时间提出了大致要求，每组展示不超过15分钟，也增加了小组展示点评和答辩环节，即教师和其他同学对展示小组的表现进行点评和质询，展示小组对质询进行答辩。

经过简单尝试后，我们进一步扩大了学生自主选择的范围，并把通识课中的尝试经验扩大到了专业课中。在学习内容上，不完全局限于教材规定的内容，允许学生根据自己的专业特长和专业兴趣，再结合所学课程，自主确定项目学习内容。在学习方式上，给予了学生更大的选择自由。学生可以选择参与小组学习，也可以单独进行项目学习。学习成果的展示可以是PPT演示，也可以是读书报告、小论文、角色扮演、自制的关于小组研讨的音像视频等，一切学生能想出来的形式都可以。

(四) 课堂管理和成绩评定

在课堂管理上，我们将教师管理与学生自我管理相结合。教师管理更多的是借助教学辅助工具进行。我们采用了"雨课堂"教学软件。通过该软件，我们对学生进行考勤、课上随机提问、小测验，实现课件的实时传送、课后的学习交流和反馈等。教学辅助工具一定程度上给教师提供了与学生进行课上和课下互动的便捷和效率。学生自我管理主要用于学生自主学习环节。通识课上，我们在第一节课就征招2名学习委员，负责管理学生分组，了解小组项目学习内容，督促学习进度，向老师汇报学生课后学习研讨情况，协助安排和主持学生课堂展示，收集学生作业等工作。在专业课上，则由班级学习委员负责这些工作。

成绩评定则采取两个评定相结合，即平时学习评定和期末考试结合、教师评定与学生自我评定相结合。每个学生个体的成绩由平时成绩和期末考试成绩按一定比例组成。学生对学习成绩评定的参与主要体现在对学生自主学习的评定，即平时成绩的评定。对于小组学习研讨的成绩评定，我们采取教师评定与学生学习小组互评相结合的方式。当一个小组展示自己小组的学习成果时，其他各小组的同学给展示小组评分，各组组长计算出本小组成员给分的平均分数作为该小组对展示小组的评分。展示小组获得的学生评分为各小组给分的平均分。与此同时，教师也会在小组展示时给出相应的得分。展示小组最后得分往往取学生给分和教师给分的相近值。

对比罗杰斯的以学生为中心的教学理念，可以发现，以上以学生为中心的教学实践，并非罗杰斯所阐明的完全意义上的以学生为中心，而是根据教育部及学校相关规定的实际进行的尝试。教育部及学校重视课程的教材建设和教学大纲，甚至根据教学大纲有严格的教学进度要求，每门课都有严格规范的教学日历。基于这些现实，在我们的以学生为中心的教学实践中，教师的讲授依然占有相当的比例，以学生为中心的教学实际上是有限的以学生为中心。尽管如此，这些尝试依然有明显的积极意义，改变了过去单纯教师灌输，学生低头无语的沉闷的教学气氛。部分学生也比较享受在课堂上展示自己的能力与才华的过程。近3年的以学生为中心的教学实践，一方面坚定了笔者改革教学方式的信念；但另一方面，在教学改革实践中出现的一些问题依然令笔者深感困惑，促使笔者不得不对一些问题作出思考。

(五) 教学实践中出现的问题

罗杰斯的以学生为中心的教学理念带有明显的理想主义色彩，现实的教学环境千差万别，导致以学生为中心的教学理念在教学实际操作中，难免出现各种问题和偏差。笔者在教学实践中遇到的问题有以下几方面。

1. 学生自主学习与教师讲授关系难把握

完全意义上的"以学生为中心"很难做到，在实际教学中，学生自主学习与教师讲授关系的把握难度大。按照罗杰斯以学生为中心教学的要求，教师是一个促进者，教师的讲授可有可无，教学要以学生自主学习为中心。我们在以学生为中心的教学尝试中，一度也确立了教师的讲授随时为学生的自主学习和课堂展示让路的理念。基于让学生尽情展示的想法，虽然我们在课程第一次课时就大致规定学生小组展示不超过 15 分钟，但在实际执行中，并未严格控制学生的展示时间，而且展示期间，针对学生未探明的问题，展开教师和学生间的讨论。加之，通识课课堂规模一般比较大，学生自主研讨小组相对较多。这些因素导致学生小组展示的时间被拉长了，教师讲授的时间被大大压缩。这种做法应该正是罗杰斯以学生为中心教学理念的要求。然而，在学生的课堂反馈中，它并未得到真正的认可。不少学生反馈，学生展示占用的时间太长，教师讲授时间太少，导致真正学到的知识不多。

这里真正暴露出的问题是，以学生为中心教学的目的到底是以学生获取知识和培养智力为主？还是以培养学生的思维能力和学习能力为主？罗杰斯的以学生为中心教学理念重视的恰恰是后者，而大部分学生看重的是前者。学生的不认可，让我们的尝试有挫败感。最终，我们不得不调整教师讲授与学生自主学习展示的学时分配比例，保证教师的讲授至少占到课程一半的学时。

2. 学生获取基础性、系统性和全面性的知识及学习质量与学习效果难以保证

当前，国家对创新性人才的需求极为迫切。创新不能建立在空中楼阁上，一些关键的创新需要有深厚的基础理论和基础知识作支撑，同时要求具备相关领域系统而全面的知识为基础。以学生为中心的教学理念恰恰重视学生自我学习能力，而对教师讲授这种间接获取知识的方式不以为然。事实上，教师讲授是公认的获取知识最便捷、最有效的方式，能在短时间内快速获取知识。学生自主学习在知识的内容获取和路径依赖上都容易出现短视和碎片化，不利于学生获得基础性的、系统性和全面的知识。还有更主要的原因是，以学生为中心的学习本身不以获取和掌握知识为目的，以培养学习能力为目的，系统的知识学习容易被学生的学习探究活动所取代，单纯的学生自主探究不利于学生基础性、系统性、全面性知识的掌握。不具备基础性的、系统的、全面的知识，学生也很难有很强的学习能力、创新能力，这种局限性在我们课堂上进行的学生小组展示质询答辩环节已经显露出来，每到质询答辩环节，经常出现的状况是教师提问居多，学生提问很少，导致学生之间在课堂上的交流和互动不够，没能达到促使学生相互学习的预期效果。学生提问少主要原因是学生所掌握的相关内容的知识不够，不具备提问的能力。

3. 学生学习评价公平性问题

学生自主学习以小组为单位，主要在课下进行，依靠学生自我管理，教师很难做到有效监督学生的具体学习情况。每个学生在小组学习的积极性和投入精力有很大的差别，但在评定小组学习成绩时，通常是以小组为单位，最多只能做到小组长成绩评定略高于小组成员，其他普通小组成员成绩相同。这种评定方式出现的一个明显弊端是总有一些"搭便车"的同学。他们没有付出太多努力，却和其他同学获得相同的成绩。对于这种"搭便车"现象，目前，学生和教师都未能找到合适的解决办法。教师只能将小组成员学习情况的把控权交给学习小组的学生组长，但小组长出于各种原因很难向教师如实反映每个同学的学习努力情况。这也反映了以学生为中心教学中学生自我管理的局限性。

4. 学生学习中的功利性

高校中学生学习的功利性对以学生为中心的教学构成严重冲击。高校学生学习的功利性，最首要的表现是看重成绩和分数。他们大部分人学习主要是为了获得好看的成绩和分数。对成绩和分数的态度很大程度上左右着他们的学习行为，他们中的多数希望获得的分数高，同时不用投入太多的学习精力。在选课环节，学生首先看哪个课程的老师给分高；其次，要看哪个课程容易得高分。在上课环节，学生不太愿意投入过多精力。对于多数学生而言，只要能得到相对满意的分数，上课环节越简单越好，这样不需要投入太多的精力。比如，在学生自主学习形式的选择上，多数学生会避繁就简。在小组讨论、小组展示、角色扮演、读书报告、小论文等选项中，学生选择最多的还是单个完成的小论文和读书报告这类形式。小论文和读书报告这类自主学习成果，虽然不乏个别质量高的作品，但多数学生提交的成果质量不高，从数据库和互联网上拼凑的痕迹比较重。在学生评教环节，也部分存在着功利性，通常老师给分高，相应地学生对这门课程的评价就不会太差。学生学习的功利性对那些致力于以学生为中心教学改革的教师而言，有很大的失落感。毫无疑问，在以学生为中心的教学中，教师投入的精力比传统的教师中心的教学要大得多，学生的表现却让教师感到得不偿失。教师推进改革的热情得不到学生的正向回应，极大地削弱了教师推进以学生为中心教学改革的积极性。

5. 大课堂或使一些教学方法效果不好，或使一些教学方法无法实施

以学生为中心的教学注重个性化教学，强调关注学生的兴趣和需要，尽量让所有学生都有自我表现的机会。这些都要求实行小班教学，高校因为各方面的原因，多数都是大班教学。大班教学不利于学生开展个性化学习。按照以学生为中心的教学理论，小组项目学习最好是3~4人一组，才能有较好的效果。我们的课堂由于是大班，很多情况下为了在有限的学时内完成既定的教学任务，不得不5~6人一组。小组人数多的结果是出现前文所说的学生"搭便车"和自我展示机会有限问题，影响教学效果。还有大班制教学使讨论这种非常重要的自我学习形式基本无法在课堂上进行，只能让学生在课下进行。如前所述，课下进行往往质量和效果难以保证。

6. 多数教师仍坚持传统教学

愿意实施以学生为中心教学的教师是极少数，多数教师仍坚持传统教学。从目前高校教学实际来看，真正实施以学生为中心教学的教师仍然很少，多数教师教学形式单一，以课堂讲授为主，不太注意学生的课堂反应和课堂参与，投入教学的时间和精力都很有限，满足于教学基本任务的完成和不出教学事故。

以上这些问题要么暴露出以学生为中心教学理念本身的局限,要么暴露出我们现实中高校教育制度设计和社会对教育的评价方面的问题。以下将从这些方面进一步探讨制约以学生为中心教学改革的深层因素。

四、以学生为中心教学改革的制约性因素

当前,尽管教育部及高校教务管理部门不断强调以学生为中心教学改革的重要性,但以学生为中心的教学改革远远没有深入师生心中,许多教师和学生仍然不明白以学生为中心教学究竟为何物,以学生为中心的教学也就无法真正成为高校教学的主流形态。造成这种现象的原因很复杂。以学生为中心的教学改革是一项系统工程,不仅牵涉到教育活动的方方面面,而且与社会对教育的认知密切相关。

(一) 以学生为中心教学理念自身的局限

以学生为中心的教学理念自身的局限性是不可否认的,即便在西方,它也未被西方高校完全接受就是一个例证。这一理念运用于我国,局限性就更为明显。

第一,以学生为中心教学理念源于西方,本质上体现西方自我中心的价值观,彰显西方自由民主的核心价值。这一本质决定了极端的纯粹意义上的以学生为中心,对我国而言不仅在实践中难以实行,而且从根本上讲,与我国的基本国情不完全相符。我国奉行社会主义集体价值观,强调党对高校的领导和马克思主义的指导地位,坚持社会主义办学方向。不能否认教师在引导学生树立符合我国国情的正确价值观上发挥着关键作用。机械照搬西方以学生为中心的教学,倡导学生"自主与选择",很可能带来学校教育空洞化的恶果,甚至可能无意识地传播了西方价值观。

第二,过度强调情感在学习中的作用,容易陷入非理性主义,不利于创新型人才的培养。创新需要较高的理性思维。科学来不得半点虚假,需要有严密的逻辑推理和判断能力,这种能力只有理性思维才能达到。以学生为中心的教学过度强调情感的作用,不利于培养学生的理性思维。过度强调情感的作用导致的另一个结果就是忽视系统的知识和专业技能的学习。前文对此已有分析,此处不再赘述。

第三,过度强调学生的主体地位,削弱了教师在教学中的主导地位。极端的以学生为中心割裂了师生间的引导关系,将师生关系用权力关系来界定,是对师生关系的异化,其结果是教学中以学代教,知识认知化,教学活动化,教师被严重弱化。过度强调尊重学生的个性和课堂管理中对学生自律的过度依赖,否定教师的一切权威和学校纪律的作用,势必使学校的功能、教师的权威被消解,教育和教学的目标也将难以实现。

(二) 高校办学理念、制度和组织管理上的缺位

以学生为中心的教学改革面临的一大窘境是,一方面强调推进以学生为中心的教学改革,另一方面高校的办学理念、制度设计和组织管理却没有跟进。

第一,办学理念不利于以学生为中心教学改革。在办学理念上,绝大多数高校,尤其

是985和211高校都把自己定位为研究型的大学。这一定位意味着，在学校和教师科研和教学两大工作任务中，科研占主导地位，教学被置于次要地位。学校的制度和组织管理无不服从于这一定位，最典型的就是高校人事和聘用管理。在对教师的聘用和考核中，科研的重要性大于教学的重要性。主要表现在两方面：一是在岗位目标设置上，科研的权重大于教学的权重，科研任务的难度要大大超过教学任务的难度。通常设置的教学目标任务普通教师都能达到，而科研目标任务则会有相当部分教师难以达到。二是在岗位目标的考核上，科研被置于首位，几乎是拥有"一票否决"地位，即其他目标任务完成再好，科研目标达不到，意味着教师无法通过聘用和考核。除了人事和聘用制度外，学校设置的教师工作奖励制度同样偏向科研，对科研的奖励明显要比对教学的奖励大得多。

第二，教学组织管理存在与以学生为中心教学相冲突的现象。学校科研与教学地位的失衡带来的另外一个问题就是教学组织管理简单化和一刀切，一些管理制度与以学生为中心的教学相冲突。由于教学得不到应有的重视，学校教学管理目标实际上定得较低，以简单、易操作、不出教学事故为主要目标。以此为目标，制定的制度也体现出简单、量化和一刀切，一些规定与以学生为中心教学的要求背道而驰。以学生为中心要求在教学的各环节充分尊重学生的自主选择，但现实是在教学中教师尚且没有太多的自主选择权，更何况学生。姑且不说除去意识形态因素外教学内容和教学大纲的严格要求，每门课程在教学开始前要制订详细的教学日历的规定就严格限制了教师给予学生充分时间进行自主学习的空间。规定必修课程的考试要采取闭卷考试形式；不管是闭卷考试，还是开卷考试教师必须提供标准答案等，这些规定使考试偏重于记忆性知识的考查，与以学生为中心教学所提倡的重视学生学习过程和能力的培养严重不符。

第三，教学评价停留于以教师为中心。现有的教学评价中，硬性的、物化的指标过多，即针对教师教学的评价指标多，而对学生学习兴趣、学习态度和学习效果评价的指标严重不够，这种评价方法实际上在强化"以教师为中心"。

(三) 教师科研与教学并重的困扰

学校"重科研轻教学"的制度设计对教师实行以学生为中心的教学改革是极大的困扰。虽然学校在对教师的岗位目标管理中将教师分为三个类型：教学为主型、教学科研并重型和科研为主型，但是绝大多数教师被定岗为教学与科研并重型。从表面上看，教学与科研并重要求教师在教学和科研上必须均衡用力，但教师的时间和精力是有限的，几乎没有教师能将教学与科研两项工作都做得非常好。基于学校的办学定位以及人事聘用考核制的导向，教师本能地会选择重科研轻教学，将主要精力用于科研，在教学上满足于完成基本工作量和不出教学事故。在这种情形下，要求付出大量的时间和精力才能见效的以学生为中心的教学很难得到教师的普遍认同和接受，更不用说去实行了。

(四) 学生自我选择的困境和传统学习方式的惯性

在学生方面，面对突然增多的选择机会的无所适从以及自接受学校教育以来就习惯教师讲授的学习方式的惯性是推行以学生为中心教学改革的巨大阻力。

以学生为中心教学强调给予学生根据自己的兴趣和需要选择学习内容和学习方式的自

由。然而,在高度竞争的社会文化氛围下,我们的学生从来都没有被赋予真正选择的自由,以致失去了选择的能力。社会竞争的丛林法则也不可能给予他们更多的自主,他们做出的选择很少能遵循他们内心的兴趣和需要,更多的是遵循激烈的社会竞争中生存法则的需要。在进入高等教育阶段前,学生基本没有选择的自由。面对强大的竞争压力,他们只能按部就班地接受早已安排好的传统灌输式教育。进入大学阶段,学生才真正开始有了一定的自我选择机会,比如选专业、选课程等等。面对突如其来的选择,他们往往有些无所适从,要么从众,要么仍然习惯于从生存竞争的需要做出功利性选择。

在学生身上表现出的传统学习方式的惯性是实施以学生为中心教学的又一重大阻力。多数学生仍然习惯于教师讲授这种学习方式,这并非指学生喜欢单纯的教师讲授,而是指学生长期接受以教师讲授为特征的应试教育,以至于他们自主学习的能力十分有限,对教师的讲授存在严重的依赖性。这种状况从笔者收集的课堂反馈中反映出来。课堂反馈显示,由于学生自主学习能力有限,学生在课堂上自主学习活动的质量和效果欠佳,学生对他们开展的自主学习活动没有信心和耐心,反过来希望教师减少学生展示的时间,增加教师讲授的时间。

(五) 社会对高校及学生倾向于传统的评价标准

社会对高校和学生固守传统评价标准使高校教学难以实现由教师中心向学生中心转变。高校并非独立于社会的象牙塔,社会对高校的评价影响高校发展的方向。长期以来社会对高校的评价存在着以学术水平论高低的偏好,最典型的例子是大学排名。在大学排名中与学术有关的指标占到60%以上。[14]学术指标在大学排名中的核心地位使瞄准世界一流大学目标的中国高校无不将科研放在首位,这必然加剧中国大学重科研轻教学的倾向。

社会对毕业生的评价则存在重学历和成绩的偏好,这也无意中强化了学生对传统的教师中心教学的偏好,因为以教师为中心的传统教学对于学生的评价恰恰契合了社会看重成绩和分数的偏好。

五、以学生为中心教学改革的行动路径

以学生为中心的教学改革是一项系统而复杂的工程,推进这项工程既要从基本国情出发,寻求一条符合本国国情的教学改革之路,又需要高校管理者、教师、学生和社会多重主体协同推进,综合施策,方可使以学生为中心的教学改革真正获得突破性进展。

(一) 从国情出发探索以学生为中心的教学改革之路

以学生为中心的教学理念是西方新自由主义在教育中的体现,必须予以批判性借鉴,不能全盘照搬。对于其完全否定权威与纪律等不合理的主张,我们必须抛弃,对于其注重学生学习自主性的合理要素我们要予以重视和借鉴。在借鉴西方以学生为中心的教学理念的过程中,从中国国情出发,探索适合中国国情的以学生为中心教学模式是唯一正确的道路。2022年4月25日,习近平在中国人民大学考察时指出:中国有独特的历史、独特的文化、独特的国情,建设中国特色、世界一流大学不能跟在别人后面依样画葫芦,简单以

国外大国作为标准和模式，而是要扎根中国大地，走出一条建设中国特色、世界一流大学的新路。

当前，我们在强调以学生为中心的教学改革的同时，不应简单否定教师的主导地位。教师在教学中的主导地位，是中国国情和教学的现实需要决定的。在探索中国以学生为中心的教育模式的过程中，应避免过度强调"以教师为中心"或过度强度"以学生为中心"这两种极端，正确的方法应是集两者之所长。

第一，中国自古以来有尊师重教的传统，教师在传道授业解惑中的特殊地位早已公认。在中国几千年的传统教育中，也并不缺少尊重学生个性的因材施教和有教无类等与以学生为中心理念相符合的教学理念和方法。这些理念和方法在新的时代仍将焕发出新的活力。从这个角度讲，我国传统教育中的教师主导与以学生为中心教学二者不存在内在矛盾和对立。

第二，时代赋予教师在立德树人、培养社会主义建设者和接班人根本任务中不可替代的主导地位和使命。习近平多次强调，高校必须把立德树人、培养社会主义建设者和接班人作为根本任务，要明确为党育人，为国育才。习近平对教育根本任务的阐释表明：我国高等教育要培养的是奉行为党为中国特色社会主义事业奋斗终身这样的集体主义价值观的人才，而要完成这样的崇高使命，教师的引领和示范不可或缺。立德树人、为党育人、为国育才的根本任务要体现到学科体系、教学体系、教材体系、管理体系建设的各方面，才能得以实现。教师无疑是学科体系、教学体系、教材体系甚至管理体系建设的主导者和核心。

第三，我国推进以学生为中心教学改革本意是强调高校要将培养学生放在中心地位，要重视教学；教师也要在讲授的基础上进一步丰富教学形式，充分调动学生学习的积极性，并非要否定教师主导本身。

第四，教师主导与学生自主学习有机结合是中国以学生为中心教学改革的切实可行路径。教师的讲授通常被归结为以教师为中心，学生自主学习被归结为以学生为中心。不少教师在对待"谁是课堂中心"问题上，常常陷入非此即彼的误区。事实上，在教学过程中，所有课堂参与者都应当是合作伙伴。教和学是连续的整体，是教学不可分割的两个组成部分，所有教学过程都包含教师中心向学生中心的相互转换。教师中心和学生中心只不过是教学中的两种不同方式和不同环节。在教师教这个环节教师是中心，在学生学这个环节学生是中心，需要明确的是即便是在学生自主学习这个环节也离不开教师的引导，也不排除教师的讲授。学生遇到疑惑的问题或者观点出现明显的方向性错误，都需要教师及时指导和指正。联系我国高等教育的实际，单纯的教师讲授式的教学方式已经不适应学生学习的需求，而以教师讲授为主，辅之以教师指导下的多种形式学生自主学习比较受学生欢迎，这从我们的课程反馈中已经得到证实。

（二）高校需要务实地推进以学生为中心的配套改革

近年来高校在教学管理、人事制度以及尊重学生主体地位等方面都做了些改革，不可否认这些改革对推进高等教育发展作出了贡献。但就推进以学生为中心的教学改革而言，高校仍然有很大的改革空间。

一、教师编

第一,教师评价避免一刀切,体现人性化管理。就目前的现实而言,高校不可能完全改变重科研轻教学的评价方法。但在强调科研质量而非数量的今天,高校政策作些微调,体现人性化,避免教师群体过度内卷还是有空间的。在岗位设置上,学校应给予教师根据自己工作的实际情况选择教学为主型、教学和科研并重型、科研为主型等岗位类别的自由。一个学院的教师可以有不同的岗位,而不是一刀切都是一种类型的岗位。在教学和科研两类任务的量化考核上,应打破教学和科研两类任务绝然分开的硬性考核,允许一定比例的互换。在科研的考核上,应由重量化考核转向重质量考核。在教师的总体任务考核中,加大教学考核力度。这些做法能体现高校教师评价目标管理的柔性和人性化,更能发挥教师各自的特长,调动所有教师的积极性。以学生为中心的教学改革要求对学生实施人性化的教学,作为教学实施主体的教师都得不到人性化的对待,又何谈对学生人性化的教学呢?

第二,改变教学管理一刀切的做法,尊重教师的主导地位。教师是教学活动的真正组织者和实施者,是学生完成系统学习的保障者,应该被赋予教学的主导地位。在保持意识形态正确的前提下,应允许教师有在课堂上根据实际需要对教学内容和教学大纲进行裁夺的权利。体现教学计划的教学日历应该反映教师根据学生的学习需求所设置的教学安排,而不是根据教材内容设定的教学进度。教务部门应该改变过度强调教学进度的检查制度。对于检验教学效果的考试,教务部门应该给予教师更多选择考试形式的权利,要求教师提供考试试卷标准答案的规定更应该放弃。教师依据标准答案批阅试卷,实际上限制了学生答题时的创造性思维,不利于培养学生的思维能力和创造性。

第三,教学评价中减少对硬性评价指标的过度依赖,重视学生学习的评价,使教学评价更趋合理和完善。教学评价除了对教室的硬件设备的运行、教学内容的掌握等方面的硬指标考察外,应增加对师生互动的考察。学生评教应遵循学生自愿、自由、公正的原则,不能过度强调评教率。对学生提出的负面评价应认真调查,即时向师生反馈。除了常规的对教师教学的评价外,应增加对学生学习情况的考察,教师对学生学习情况的评价应类似于学生对教师教学的评价一样,让学生可以通过教务系统查看教师对学生学习的评价。加大教师对学生学习情况的评价有利于促进学生积极主动地学习,加强师生间的良性互动。

(三)教师应摆正心态,加强对教学的研讨和学习,提高教学能力

面对教学和科研的双重压力,教师应摆正心态,减少功利性,把重心放到立德树人的根本宗旨上。虽然对教师而言,做到教学和科研平衡不易,但也应尽力做到相对平衡,不能因为利益一味地重科研而忽视教学,毕竟培养学生才是学校工作的中心。为了增强教学对学生的吸引力,教师有必要加强教学研究,参加以学生为中心教学培训。教学培训应能为教师相互交流教学经验提供平台,增加教师相互学习的机会,增强以学生为中心的观念,促进教师以学生为中心教学能力的提高。

(四)学生应端正学习态度,努力改变学习方式,增强自主学习的观念和能力

要有效进行以学生为中心的教学,学生的配合是极其重要的因素。如前所述,学生对

以学生为中心的教学不理解,不愿付出更多的学习精力是以学生为中心教学改革效果不理想的重要原因。要改变这一现状,需要教师、学校和学生三方共同努力。

第一,教师有必要对学生进行启蒙,使学生对以学生为中心的教学有所了解,明确学习的目的不是为了分数,而是为了增强自主学习的能力和其他综合能力。此外,教师还可以通过成绩评定奖励那些愿意投入自主学习的学生,以激励更多学生自愿配合教师开展以学生为中心的教学。

第二,学校改变学生学习成绩评定方式。教务部门为促使学生改变功利性的学习态度,可以改变学习成绩评定方式,由过去的百分制改为世界通行的等级制评定方法。等级制评定法可以促使学生淡化对分数的关注,在教师的引导下转向对提高自身学习能力的关注。

第三,学生要在教师引导下,改变过去习惯性的听课学习方式,了解和学习更多自主学习的学习方式,增强学习的自主意识和自主能力。

(五)社会应把人才培养和学生能力作为对高校和人才评价的重要标准

社会对高校及人才的评价标准一定程度上发挥了高校办学指挥棒的作用,要营造以学生为中心的教学,社会也要更新对高校及人才的评价标准。

第一,把人才培养质量放到社会对高校评价的重要位置。社会以学术水平衡量高校办学水平,在一定程度上能反映高校的师资水平和能力,但显然有失偏颇。这种方式看到的仅仅是高校教师的科研、论文等量化指标,并不能直接反映高校的教学质量和学生对学校的主观感受。社会对高校的需求中,人才培养的需求占比更大。因此,社会对高校的评价不能只看学校的学术声誉,更要看高校的人才培养,要看与人才培养相关的教学质量和学生对学校的主观感受。只有确立这样的评价标准,才能促进高校由单纯重科研转向重科研又重视教学,提高综合办学水平。

第二,社会对人才的评价不能只看学历和文凭,应当把实际能力作为衡量标准。只有建立以实际能力为导向的人才评价机制,才能激励人才在高校接受教育期间重视自身能力的培养和锻炼,使其在高校的学习与以学生为中心的教学相匹配。

◎ 参考文献

[1] [美]罗杰斯. 自由学习[M]. 伍新春,管琳,贾容芳译. 北京:北京师范大学出版社,2006:1.

[2] BARR R B., TAGG J. From Teaching to Learing: a New Paradigm for Undergraduate Education[J]. Change,1995,27(6):12-26.

[3] [7] 赵炬明. 论新三中心:概念与历史——美国 SC 本科教学改革研究之一[J]. 高等工程教育研究,2016(3):35-55.

[4] 满晶,马川. 罗杰斯"以学生为中心"的教学思想述评[J]. 外国教育研究,1993(3):1-5.

[5] [6] 陈凡. 以学生为中心的教学何以可能[J]. 高等教育研究,2017,38(10):75-82.

[8]车文博.人本主义心理学[M].杭州：浙江教育出版社，2003：22，379，25-26.

[9][11][美]罗杰斯.论人的成长[M].石孟磊等译.北京：世界图书出版公司，2015：225-227，228-229.

[10][12][13][美]罗杰斯.自由学习[M].伍新春，管琳，贾容芳译.北京：北京师范大学出版社，2006：32，169-170，157，173.

[14]2023QS世界大学排名榜.https：//www.163.com/dy/article/H9EE9RE00516K97I.html.

"大思政课"视域下高校思政课理论教学与实践教学协同发展探析

余永跃　徐海辰

（武汉大学　马克思主义学院，湖北　武汉　430072）

【摘　要】理论教学与实践教学是高校思政课教学中不可分割的必要环节，二者既相对独立又互相融合补充。当前，面对立德树人的根本任务、全面推进"大思政课"的重要任务和高校思政课教学的一系列困境，必须通过加强顶层设计、打造课程体系、融汇多方资源、扩大师资队伍等路径，有效推进高校思政课理论教学与实践教学的协同发展，推动高校思政课建设深入开展。

【关键词】高校思政课；理论教学；实践教学；协同发展

【作者简介】余永跃（1967—），女，湖南平江人，武汉大学马克思主义学院教授，博士生导师，马克思主义理论与中国实践湖北省协同创新中心研究员，主要从事中国特色社会主义研究；徐海辰（1997—），男，安徽安庆人，武汉大学马克思主义学院博士研究生。

2021年3月6日，习近平总书记在看望参加全国政协会议的医药卫生界教育界委员时指出："'大思政课'我们要善用之，一定要跟现实结合起来。"[①]提出了"大思政课"这一命题，并且强调了"大思政课"建设必须坚持将理论性与实践性相统一。2022年7月，教育部等十部门制定并印发《全面推进"大思政课"建设的工作方案》，提出了改革创新主渠道教学、善用社会大课堂等一系列具体内容。理论教学与实践教学作为高校思政课教学不可或缺的两大重要组成部分，在全面推进"大思政课"建设的背景下厘清二者关系、明晰二者协同发展的必要性、探索二者协同发展的路径具有重要意义。

一、高校思政课理论教学与实践教学协同发展何以可能

高校思政课是"大思政课"建设的主阵地和主渠道，而理论教学与实践教学是高校思政课教学不可分割的两个重要方面，二者虽然相对独立，但同时表现出相互融合、互为补充的强关联性，能够在二者的紧密结合中实现提升高校思政课教学的整体效果的本质目

---

① "'大思政课'我们要善用之"（微镜头·习近平总书记两会"下团组"·两会现场观察）[N]. 人民日报，2021-03-07（1）.

标，从而最大化发挥高校思政课的各种功能。

1. 理论教学是实践教学的前提与引领

高校思政课理论教学是以马克思主义基本原理、毛泽东思想、中国特色社会主义理论体系、习近平新时代中国特色社会主义思想、中国近代史纲要等理论知识为主要内容，依靠教师通过解读、阐释等进行课堂讲授为主要形式的教学活动。习近平总书记指出："讲好思政课不容易，因为这个课要求高。"①

思政课的高要求，一方面体现在思政课涉及的理论知识广泛深入，不仅涉及马克思主义哲学、政治经济学、科学社会主义，还涉及经济、政治、文化、社会、生态文明和党的建设，改革发展稳定、内政外交国防、治党治国治军，党史、国史、改革开放史、社会主义发展史，世界史、国际共运史，世情、国情、党情、民情等方方面面，并且这些理论会随着时代变幻和国家发展而不断有新的补充和变化。

另一方面体现在思政课不同于一般课程的特殊属性，即丰富的政治性与思想性。思政课理论教学并非通过简单的理论堆砌进行政治宣传，而是要通过教师的理论讲解与学理分析，使学生掌握理论的基本内容、生成逻辑、发展规律等，为学生的价值观教育提供科学的理论支撑，以科学的理论视野、厚重的历史视野和广袤的国际视野消除学生思想认识和价值观念等方面的误解与偏差，引导学生培养正确的思维方式、提升明辨是非的能力、树立崇高的理想信念，从而实现"以透彻的学理分析回应学生，以彻底的思想理论说服学生，用真理的强大力量引导学生"②，充分发挥出政治引导、价值塑造、主流意识形态传播等功能，使学生能用善用马克思主义的立场、观点和方法指导实践，将理论知识运用到脚踏实地的实践中。

因此，只有以有效的理论教学为前提，实践教学才能有理论指导而得以开展，理论教学必须在高校思政课教学中占据主导和先导地位，为实践教学的开展提供理论支撑和方向引领。

2. 实践教学是理论教学的延伸与补充

习近平总书记强调："要高度重视思政课的实践性，把思政小课堂同社会大课堂结合起来。"③作为高校思政课教学中不可缺少的重要环节，一方面，实践教学是在理论教学基础上的一种延伸和深化，其目的在于对理论教学所教授的内容进行更高层面的把握与运用。高校思政课实践教学通过课堂情景展示、课题研讨、课堂辩论等课堂实践，社会调研、志愿活动、基层体验等社会实践，以及借助互联网平台开展在线课堂、情景模拟等虚拟实践，将教学场景由思政小课堂延伸至社会大课堂，使学生从书本理论深入实际生活，在实践中进一步体悟、掌握、吸收和巩固理论教学所习得的理论知识，引导学生运用理论知识来观察、分析和解决当前社会中存在的问题，使理论知识内化为学生的自身素养，从

---

① 习近平. 思政课是落实立德树人根本任务的关键课程[J]. 求是，2020(17)：8.
② 习近平. 思政课是落实立德树人根本任务的关键课程[J]. 求是，2020(17)：12.
③ 习近平. 思政课是落实立德树人根本任务的关键课程[J]. 求是，2020(17)：13.

而深刻掌握马克思主义的世界观与方法论，提升其认识世界、改造世界的能力。

另一方面，实践教学是高校思政课理论教学的完善与补充。马克思主义认识论指出，实践是认识的来源与基础，也是检验认识真理性的唯一标准。高校思政课实践教学不仅为学生提供一个场域，使学生运用和巩固所学的理论知识，在亲身体悟中真正明白、接受和信服马克思主义，进而形成坚定崇高的理想信念；也能够使学生在具体实践中感受到理论教学无法涉及的领域，在现实情境中激发起学生的情感共鸣，发挥学生的主观能动性，并且在实践过程中根据客观情境的变化和实际效果的表征反向总结出理论知识的缺漏和理论教学中存在的问题，从而对理论教学的课程内容设置等方面进行补充完善。

3. 理论教学与实践教学既相对独立又相互融合

习近平总书记强调："在理论和实践的结合中，教育引导学生把人生抱负落实到脚踏实地的实际行动中来，把学习奋斗的具体目标同民族复兴的伟大目标结合起来。"①从二者的关系来看，高校思政课的理论教学是基础和前提，侧重于为学生搭建起系统的理论架构，为实践教学提供必要准备和根本依据；实践教学是延伸与补充，侧重于在具体实践中加深对理论知识的把握运用，将抽象化的理论转变为具体化、形象化的工具用于分析和解决现实问题。二者虽然各有侧重、相对独立，但作为高校思政课教学不可或缺的两个必要环节，二者在充分发挥自身优势和功能的基础上相辅相成、相互融合，有效弥合单一教学方式所带来的的缺陷与不足，共同着力于提升高校思政课教学的整体效果，促进大学生理想信念的培养和综合能力的提升，实现"培养担当民族复兴大任的时代新人、培养德智体美劳全面发展的社会主义建设者和接班人"的长远目标。

二、高校思政课理论教学与实际教学协同发展何以必然

高校思政课理论教学与实践教学的内在关系为二者协同发展提供了可能性，而当前时代背景下对落实立德树人根本任务提出的新要求、全面推进"大思政课"建设的重要任务以及解决当前高校思政课教学困境的现实需要回答了二者协同发展的何以必然的问题。

1. 新时代落实立德树人根本任务的必然要求

教育是国之大计、党之大计，立德树人是我国教育的根本任务。习近平总书记强调："要把立德树人融入思想道德教育、文化知识教育、社会实践教育各环节。"②思政课作为立德树人的关键课程，具有不可替代的作用，思政课建设是我国教育事业中的重要内容，也是党中央高度重视和多次强调的重要工作。党的十八大以来，党中央全面加强对教育工作的领导，坚持立德树人根本任务，加强学校思想政治工作，以一系列改革措施加快补齐我国教育短板，办好人民满意的教育，有效促进了教育领域现代化进程。

---

① 习近平．思政课是落实立德树人根本任务的关键课程[J]．求是，2020(17)：13.
② 习近平在全国教育大会上强调：坚持中国特色社会主义教育发展道路　培养德智体美劳全面发展的社会主义建设者和接班人[N]．人民日报，2018-09-11(1).

当前，我国进入新发展阶段，开启了全面建设社会主义现代化强国的新征程。新时代新征程上的新任务对教育和学习提出了新的更高要求，也对高校思想政治理论课发挥育人主渠道作用提出了新的更高要求。具体而言，就是要立足鲜明的政治站位和广阔的教学视野，让学生充分认识世界百年未有之大变局与世纪疫情叠加下党和国家事业发展面临的复杂环境，通过理论学习掌握原理、把握规律、淬炼思想，在亲身实践中增长见识、锻炼本领、锤炼品格；在理论与实践的结合中了解国情、感受时代，正确理解个人命运与国家发展、民族复兴的联系，增强中国特色社会主义道路自信、理论自信、制度自信、文化自信，厚植爱国主义情怀，加强品德修养，弘扬奋斗精神，立志肩负民族复兴的时代重任，成为德智体美劳全面发展的时代新人。因此，高校思政课教学不能仅仅坐论其道、空谈其德，唯有以理论教学夯实大学生的理论武装，以实践教学增强大学生的"四个认同"，在理论教学与实践教学的协同发展中不断发现和解答高校学生对于重大时代问题的疑难困惑，全面系统地满足其不断增长的理论需求和实践需要，才能全面贯彻新时代党的教育方针，真正做到"立"社会主义需要的"德"，"树"出为中国特色社会主义现代化建设奋斗终身的"人"，推进落实新时代立德树人的根本任务。

2. 全面推进"大思政课"建设的重要途径

"大思政课"是新时代思政课建设的重要理念创新，这一命题的提出为当前阶段开展高校思政课教学、深化思政课改革创新提供了根本遵循和科学路径。具体而言，"大"体现了"大思政课"的鲜明特点，体现在建设"大课堂"、搭建"大平台"、培养"大先生"、拓展"大格局"等多个方面。

"大课堂"，是相对于传统的"思政小课堂"而言的"社会大课堂"，将思政课课堂的空间场域由学校延伸至社会全域，改变单一的将"社会"融入课本、请进课堂的教学方式，强调增加将作为学习主体的学生带到"社会"中的这一向度。早在2020年，习近平总书记就曾强调："要把课堂教学和实践教学有机结合起来。"①强调教育与生产劳动相结合，是马克思主义教育观的基本原理之一，也是党和国家在教育领域始终贯彻的基本方针。建设"大课堂"，就是要通过实践让思政课与社会现实紧密结合，让学生在具体的实践中感悟时代、对比历史、看到现实，做到理论联系实际，从而将理论学习成果转化为思想行动自觉。

"大平台"，是充分利用大数据时代信息化、网络化的先进技术搭建思政课教学资源大平台，打破时空壁垒，将社会大课堂与网络云课堂有效连接，充分挖掘古今中外各类思政课教学资源，打造数字化、一体化、精细化优质资源供给平台体系，满足思政课理论教学与实践教学、大学生理论学习与实践演练的需要。

"大先生"，是相对于传统的思政课专职教师而言，将党政领导、科学家、老同志、先进模范、其他专业课骨干教师、红色基地讲解员乃至全党全社会一切有利于立德树人的积极力量都纳入其中，从而形成的一支思政课教师的"大队伍"。这支队伍从具体实践中

---

① 习近平在湖南考察时强调：在推动高质量发展上闯出新路子 谱写新时代中国特色社会主义湖南新篇章[N].人民日报，2020-09-19(1).

而来，具备宽广的知识视野、国际视野、历史视野，能够用各行各业、社会百态的生动现实增强理论的说服力，让思政课吸引人、打动人、感染人，更能够成为学生与社会连接的桥梁，指导学生深入开展实践。

"大格局"，强调以整体观念、系统思维全面推进思政课建设，既包括"大中小学思政课一体化建设"的纵向衔接，也包括"全党全社会努力办好思政课"的横向协同，既包括课程教材体系、师资队伍建设、教学方法探索等思政课教学诸领域的统筹推进，也包括全员育人、全程育人、全方位育人的综合改革。

"大思政课"虽然以"大"为鲜明特征，但并非大无边际、虚浮于空，而是最终要回归其"课"的本质。高校思政课只有通过理论教学与实践教学的协同发展，才能将有限的"小课堂"与广袤天地间的"大课堂"相连接；才能将纷繁复杂的社会生活素材在"大平台"中分层分类，转化为针对性强、效果突出的思政课教学资源；才能最大程度地发扬"大先生"的力量，让他们在言传中为学生讲好道理，在身教中指导学生实践，以"大情怀"感染和带动学生；才能不断发现问题、解决问题，完善和拓展思政课建设的"大格局"，从而全面推进"大思政课"建设。

3. 应对当前高校思政课教学困境的现实需要

近年来，随着思政课在党中央治国理政战略全局中的地位日益凸显，高校思政课发展环境发生根本性转变，教师队伍建设实现历史性突破，教学效果大幅度提升。在成就不断累积、要求不断深化的同时，高校思政课教学也面临着一系列亟需破解的重点问题，如部分地方和高校重视程度还不够，调动各种社会资源的意识和能力还不够强，师资队伍建设依然存在数量与质量上的缺陷，实践教学短板尤为明显，大中小学思政课一体化建设亟需深化，课程思政存在"硬融入""表面化"等现象。而在这些问题当中，最为突出和关键的是当前高校思政课教学中理论教学与实践教学不能有效整合、发挥最大合力的困境。

具体而言，一方面重理论轻实践的沉疴旧疾依然存在，实践教学无法有效推进。高校充分认识到理论学习在思政课中的首要和主导地位，并且经过多年发展经形成了内容明确、计划完备、过程清晰的思政课理论教学体系，能够按照相关要求顺利开展教学工作，同时在长期的教学过程中形成了更加注重理论灌输的教学观念和习惯。虽然随着时代发展，各高校对思政课实践教学的重视程度日益提升，但对于其重要性的认识还不到位，且由于实践教学的具体要求、考核方式、效果评估等机制体制尚未完全建立，开展起来具有一定难度，因而造成理论教学侵占大部分教学时间，实践教学受到忽视、流于形式。

另一方面，对于理论教学与实践教学相互关系的认识不足，将理论教学与实践教学割裂看待，从而影响了思政课教学整体效果的发挥。课堂教学作为高校思政课教学的主要形式，是对大学生进行马克思主义教育和主流意识形态传播的主渠道，具有固定的理论体系和话语体系，但仅以这种固定话语进行教学缺乏生动性和吸引力，最终落入抽象化、空泛化。同时，长期以来人们对思政课的实践教学也存在认识上的误区，认为组织学生参观红色场馆、进行社会调研就是实践教学，不论什么专业、什么课程皆开展相同形式、相同内容的实践活动，将重点和精力放在"实践"的形式上，而忽略了"育人"的根本目的，在实践教学中缺乏理论的核心引领，甚至出现活动组织很成功但学生毫无思想体悟的无效实践，陷入理论教学与实践教学"两张皮"的现象。

正是这种对理论教学与实践教学的割裂分离，使二者无法形成一个紧密结合、运行有效的系统，继而导致无法充分调动各种社会资源参与其中、无法探寻大中小学思政课一体化建设的连接环节、无法找到课程思政与思政课程相互搭配的契合点、无法针对性地提升高校教师队伍的专业能力，从而引发一系列的连锁问题，形成思政课教学的恶性循环。因此，打造合理机制，充分发挥理论教学与实践教学的协同效能，是解决当前高校思政课教学困境的现实需要。

三、高校思政课理论教学与实际教学协同发展何以可为

必须牢牢立足全面推进"大思政课"建设的宏观视域，从顶层设计、课程设置、资源整合、队伍建设等方面探索高校思政课理论教学与实际教学协同发展的具体路径，推动高校思政课教学不断取得新成效、开创新境界。

1. 统筹规划，加强协同发展的顶层设计

"大思政课"视域下，高校思政课成为集课内课外、校内校外、线上线下全时空领域合力的思政课，推进高校思政课理论教学与实践教学的协同发展涉及到多方面的因素，必须加强顶层设计，坚持系统推进。

一方面，要坚持党的领导，把握协同发展的正确方向。坚持党的领导，是开展高校思政课教学的政治保证和根本方向。2021年4月29日全国人大常委会通过的《中华人民共和国教育法》中明确规定新时代党的教育方针是："教育必须为社会主义现代化建设服务、为人民服务，必须与生产劳动和社会实践相结合，培养德智体美劳全面发展的社会主义建设者和接班人。"这一方针对"培养什么人、怎样培养人、为谁培养人"的根本问题作出了充分回答，也明确揭示了高校思政课的根本目标和具体方向，贯穿于其中的就是理论与实践相统一的内在要求。这一要求不仅体现在高校思政课要使大学生成为理论与实际结合、学用一致、全面发展的新人的教学目标上面，更体现在高校思政课要通过课堂教学与实践教学相结合的途径方法，使学生在获得理论的同时掌握应用理论的能力。在此基础上，党和国家先后印发《关于新时代加强和改进思想政治工作的意见》《关于深化新时代学校思想政治理论课改革创新的若干意见》《关于加强新时代马克思主义学院建设的意见》《关于加快构建高校思想政治工作体系的意见》《全面推进"大思政课"建设的工作方案》等文件，并在其中对于高校思政课理论教学与实践教学的发展方向、具体措施进行了明确论述。必须牢牢坚持党中央对于高校思政课建设的领导，贯彻落实相关文件的精神与内容，在教学过程中深入推进理论教学与实践教学的有机统一和协同发展。

另一方面，要坚持系统思维，打造协同发展的制度保障体系。要根据"大思政课"的鲜明特征，在党中央统一领导下，以教育部为主导做好总体谋划，加强各领导部门的统筹协调，积极出台支持高校思政课理论教学与实践教学协同发展的具体政策，将理论与实践相结合的要求贯彻到高校思政课课程改革、教材设置、师资建设、效果评估等全部过程中，明确教学内容、教学要求、主体责任，推进二者协同发展的制度化、规范化和程序

化；建立明确的高校思政课资金投入制度、队伍建设机制、资源配置体制，对高校思政课理论教学与实践教学的经费投入、人员配置、条件保障作出明确要求，为二者的有效衔接和协同发展提供充足的人力、物力、财力保障；建立完善包含多维度分析的教学效果评价制度、公正严格的督导督查制度和客观合理的奖惩制度，充分激发各类主体协同推进高校思政课理论教学与实践教学的积极性、主动性、创造性，从而建立二者协同发展的长效机制。

2. 立足现实，打造协同发展的课程体系

课程体系直接关系着高校思政课教学的具体内容。"大思政课"视域下，需要紧扣社会现实，把握学生需求，以"掌握理论、运用理论"为主线，将生动鲜活的实践引入理论课堂，同时将学生带入到波澜壮阔的实践课堂中，科学打造理论教学与实践教学协同发展的课程体系。

一方面，要将生动鲜活的实践引入理论课堂，建强思政课理论课程体系。必须立足现实，加强建构党的创新理论研究阐释和教育教学的自主知识体系，以习近平新时代中国特色社会主义思想为统领，加强对其进行学理化分析和专题专项研究，同时加强对马克思主义基本原理、毛泽东思想和中国特色社会主义理论体系的当代研究，将党的创新理论最新成果融入到思政课教学工作中。在此基础上，加强以习近平新时代中国特色社会主义思想为核心内容的课程群建设，形成"必修课+选修课"的课程体系，重点围绕习近平经济思想、习近平法治思想、习近平生态文明思想、习近平强军思想、习近平外交思想以及"四史"、宪法法律、中华优秀传统文化等内容设定课程模块、开设选择性必修课程。同时根据课程内容和具体实际，通过具体课程、专题模块等形式，充分讲述社会主义革命、建设、改革、发展的历史事实，深刻解读新时代党和国家的伟大实践，充分引入伟大建党精神和抗疫精神、科学家精神、载人航天精神等伟大精神，生动鲜活的实践成就以及英雄模范的先进事迹，让实践成为学生提炼规律、感悟理论的重要素材，成为高校思政课理论课程中不可缺失的重要元素。除此之外，要充分发挥多学科优势，统筹课程思政与思政课程建设，通过充分引入其他学科的具体实践，加深大学生对于理论的理解，强化铸魂育人效果。如：通过历史学专业课程与思政课结合帮助学生从历史与现实的维度深刻理解习近平新时代中国特色社会主义思想；通过理学、工学类专业课程与思政课结合培养学生探索未知、追求真理、勇攀科学高峰的责任感和使命感，培养学生精益求精的大国工匠精神；通过农学类专业课程与思政课结合带领学生感受"三农"情怀，引导学生"懂农业、爱农村、爱农民"等，从而构建出覆盖广、形式多、层次齐全、协调度高的高校思政课理论课程体系。

另一方面，要将学生带入到波澜壮阔的实践中，完善思政课实践课程设置。高校思政课理论课程中所教授的理论知识只有与广阔的现实社会结合，才能产生波澜壮阔的实践，才能让学生在实践中深化理论认知、陶冶道德情操、夯实理想信念。2018年教育部印发《新时代高校思想政治理论课教学工作基本要求》，明确规定：要制定实践教学大纲，整合实践教学资源，拓展实践教学形式，注重实践教学效果。在此基础上，要着力构建高校思政课实践教学体系，按照"同对象、同目标、同重点、同问题、同考核"的原则完善高校思政课实践课程的设置，强调全员参与、全过程考核，并且根据不同理论课程、不同高校的具体实际量身定制具有指向性的实践教学方案，完善对专门性实践课程、理论课程实践环节、课内外实践活动的一体化架构，着重加强学生对理论学习中重、难、热、疑四类问题的认识与吸收，充分发挥实践教学对理论教学的补充和延伸作用，实现高校思政课理论教学与实践教学在课程内容上的有效衔接和课程体系中的高度统一。

3. 优化整合，融汇协同发展的多方资源

"大思政课"视域下，"鲜活的思政课素材，正是亿万中国人已经书写和正在书写的时代篇章"①。必须合理搭建大平台，充分利用多方资源，为促进高校思政课理论教学与实践教学协同发展提供重要支撑。

一方面，要善用社会大课堂，开拓丰富多样的大资源。高校思政课在教学目标、课程设置、教材使用、教学管理等方面有统一要求，需要遵循其规范性和权威性，但同时也不能照本宣科，必须以开放的、多种多样的、与现实贴合的教学资源充实和丰富教学内容，才能在理论教学与实践教学相结合中有效提高思政课的理论性和亲和力，充分发挥育人成效。既要不断充实理论教学资源，在基于教材内容的基础上，不断将党中央的最新理论成果、马克思主义理论学科的最新研究成果融入教学，在从中华民族五千年的历史发展和伟大复兴的百年征程中挖掘教学资源，将蕴藏其中的核心思想理念、传统道德规范、生动实践案例、中华人文精神作为思政课教学内容的重要滋养，同时立足全球视野，从世界发展的历史进程中探寻可用资源，在中西方文明的对比中引发学生思考，激发学生内心的共情共鸣，大大提高学生的理论认同、政治认同、情感认同；也要积极拓宽实践教学资源，有效联合高校、家庭、社会协同开发实践育人的环境资源，利用乡村、社区、企业、纪念场馆等开展实践活动，因地制宜深入挖掘当地的自然风光、乡情民俗、工艺文艺、先进模范等资源，打造富有特色的实践教学内容，避免实践课教学陷入千篇一律、流于形式的困境。

另一方面，要突破时空场域限制，构建融会贯通的大平台。在开拓高校思政课理论教学与实践教学丰富资源的基础上，要进一步打造线上线下相结合的大平台，实现教学资源的优化整合与合理配置，提高资源的利用效率，避免各类资源的滥用浪费。既要着力推动高校思政课教学信息化，以"应用为王、服务至上、示范引领、安全运行"为要求，打造集教师备课、资源开发、审核评估、研修培训等为一体的全国高校思政课教研系统，开发包含教学案例、重难点问题、素材资源、示范课程等多项内容的教学资源库，建设资源共享、在线互动、网络宣传等一体的"云上大思政课"平台，推进线上教学资源的共享与教学合作的开展。同时，也要积极构建线下的实践教学共建平台，多部门联合加强"大思政课"实践教学基地建设，建立教育部门主导、高校与实践基地对接的有效工作机制，完善科教融合、校企联合等协同育人模式，建立健全国家机关、企事业单位等接收大学生实习实训制度，有效利用社会大课堂的实践资源，不断拓展高校思政课实践教学的形式与

---

① "'大思政课'我们要善用之"（微镜头·习近平总书记两会"下团组"·两会现场观察）[N]. 人民日报，2021-03-07(1).

途径。

4. 专兼结合，扩大协同发展的师资队伍

习近平总书记强调："办好思想政治理论课关键在教师，关键在发挥教师的积极性、主动性、创造性。"①必须集全党全社会的一切资源提高高校思政课的师资力量，不断扩大协同发展的师资队伍，提升师资队伍的综合能力，在推进"大思政课"建设中形成专兼结合、质量兼顾的思政课师资架构。

一方面，要以专职教师队伍建设为核心，全面提升高效思政课教师队伍的综合能力。由于高校思政课的特殊性质，教师队伍的专业程度直接影响着理论教学与实践教学的成效，直接关系着大学生群体理想信念的塑造和价值观的形成，因此必须以加强思政课专职教师队伍的建设，打造一支专业强、素质硬、本领高的专职教师队伍。首先，要促进思政课教师的理念更新。思政课教师要树立"大思政"理念，充分认识自身的角色定位和使命担当，形成理论与实践一体化发展的思维，将提升专业理论素养与关注社会现实统一起来，着力解决思政课教学中理论与实践脱离的问题，以正确的思想意识保证在实际教学过程中思政课理论教学与实践教学协同发展的正确方向，带动自身能力的提升。其次，要加强思政课教师的本领锻造。具体而言，要夯实国家、地方、学校三级培训体系，提升思政课教师的理论素养和根据课程内容设计组织实践教学环节的能力；通过"手拉手"集体备课等机制，定期组织开展跨地区、跨学段、跨学校的教学研讨活动等形式，加强思政课教师之间的沟通协作、互学互鉴；高校通过建立完善相关机制，加大对思政课骨干教师前往党政机关、各类基层挂职锻炼、实践调研的支持力度和保障举措，促进思政课教师在深入实际、考察实际的过程中增强理论联系实际、指导实践的教学能力；要通过搭建专业成长平台，开展"高校思政课教师在职攻读马克思主义理论博士学位专项支持计划""高校思政课教师队伍后备人才培养专项支持计划"，在不断增强高校思政课教师能力的同时，丰富高质量的思政教师队伍储备。

另一方面，要扩展师资队伍的建设视野，建强专兼结合、高效衔接的"大师资"。要充分利用社会资源，在发挥思政课专职教师队伍主导作用的同时，打造一支结构多元、能力突出的思政课教师兼职队伍，通过专兼结合推动高校思政课理论教学与实践教学协同发展的实效。高校既要建立健全思政课特聘教授制度，选聘优秀党政领导干部、社科理论界专家、各行业先进模范、名师大家等在思想政治工作方面理论功底深厚、实践经验丰富的资深工作者的加入思政课教师队伍；也要建立健全兼职教师制度，促进英雄人物、劳动模范等先进代表，以及革命博物馆、纪念馆等红色基地讲解员、志愿者等对思政课开展具有重要意义的非专业人群常态化参与到高校思政课的教学过程中来；在此基础上，还要通过合理打造思政课专兼职教师交流平台、创建专兼职教师共同参与的教研团队等途径，针对具体的教学内容，在专职教师的引导带领下，充分发挥出专兼职教师的优势与特点，将扎实的理论积累、多样的学科背景、深厚的实践经验与丰富的表现形式有效结合起来，弥合单一的专职教师队伍所带来的不足，形成多元主体共同参与的协同育人新格局，全面推动

---

① 习近平. 思政课是落实立德树人根本任务的关键课程[J]. 求是，2020(17)：8.

高校思政课理论教学与实践教学的协同发展。

◎ 参考文献

[1]"'大思政课'我们要善用之"(微镜头·习近平总书记两会"下团组"·两会现场观察)[N].人民日报,2021-03-07(1).
[2]习近平.思政课是落实立德树人根本任务的关键课程[J].求是,2020(17):4-16.
[3]习近平在全国教育大会上强调:坚持中国特色社会主义教育发展道路 培养德智体美劳全面发展的社会主义建设者和接班人[N].人民日报,2018-09-11(1).
[4]习近平在湖南考察时强调:在推动高质量发展上闯出新路子 谱写新时代中国特色社会主义湖南新篇章[N].人民日报,2020-09-19(1).

基于有效教学理论的高等院校课程思政建设

林 毅　王 允　魏尚娥　周金平

（武汉大学　化学与分子科学学院，湖北　武汉　430072）

【摘　要】 当前中国高等院校课程思政建设如火如荼，但大多以政策引导及教师经验为主。厘清高等院校课程思政的内涵，在教育科学理论框架下探究课程思政建设的主要内容，找到课程思政建设的有效策略等，对于有效建设即实施课程思政意义重大。论文以课程思政的提出及内涵为起点，探讨了当前高等院校课程思政建设的关键点，并结合有效教学理论探讨了可能的解决策略及方案。

【关键词】 课程思政；有效教学理论；有效策略；高等教育

【作者简介】 林毅(1977—)，女，山东省招远市人，理学博士，副教授。主要研究方向为表面分析化学与纳米生物技术。ylin@whu.edu.cn。

【基金项目】 感谢武汉大学本科教育质量建设综合改革项目、课程思政建设项目及教育部产学合作协同育人项目(No.220602036211413)的支持。

一、引言

立德树人是我国高等院校的根本任务，全面推进课程思政建设是落实立德树人根本任务的战略举措。2016年，习近平总书记在全国高校思想政治工作会议上指出："各门课都要守好一段渠、种好责任田，使各类课程与思想政治理论课同向同行，形成协同效应"。[1]2020年，《高等学校课程思政建设指导纲要》指出，落实立德树人根本任务，必须将价值塑造、知识传授和能力培养三者融为一体、不可割裂。[2]2022年，教育部等十部门印发了《全面推进"大思政课"建设的工作方案》的通知，指出要把"大思政课"建设作为"十四五"时期推动思政课高质量发展的重要抓手，全面推进课程思政高质量建设。[3]

当前，课程思政建设如火如荼，但通常以政策引导及教师经验为主，[4]尚缺乏高等院校教育科学理论指导。因此，厘清高等教育课程思政的内涵，探究当前高等院校课程思政建设的关键，找到基于教育科学的课程思政建设策略和方法等意义重大。本文以课程思政的提出及内涵为起点，概述了有效教学理论的提出、主要内容及当前结论，提出课程思政建设应基于有效教学理论的观点，并探讨了当前应重点突破的方面。

二、课程思政的内涵

1. 课程思政的内涵

在改革、开放过程中,有大量的外国东西涌入,其中有不少腐朽、没落的东西,首当其冲、最易受影响的是青年。[5] 新时代大学生作为青年群体的中坚力量,是否树立以马克思主义为基础的科学价值观直接关系到国家的前途和民族的命运。如何运用马克思主义的立场、观点和方法引导大学生形成科学的价值观,最终完成立德树人的根本任务,是新时代思想政治教育的新使命。[4]

作为对大学生进行教育的主阵地,高等院校理应担当起时代的使命,培养德智体美劳全面发展的时代新人。而要实现立德树人的根本目标,就必须进行课程思政建设,以克服思想政治理论课育人的"孤岛效应",达到三全育人的效果。因此,深入探究课程思政建设的内涵,明晰课程思政建设的现状,提出课程思政建设的策略,澄清课程思政改革的趋势,是我国高等院校落实课程思政理念,形成"大思政"格局的必由之路。[4]

当前对课程思政的理解主要包括:课程思政是一种综合教育理念,是一种教学实践活动,是一种全过程的育人体系等。[6~11] 赵蒙成指出,课程思政是党的政策催生的教育理念,它是指以构建全员、全程、全课程育人格局的形式将各类课程与思想政治理论课同向同行,形成协同效应,把立德树人作为教育的根本任务的一种综合教育理念。[6] 也有学者主张,作为一种新的教育理念和教学实践,课程思政是彰显中国特色社会主义大学特征的重要内容,是培养德智体美劳全面发展的社会主义建设者和接班人的现实需要,是保障三全育人的必然选择。[7~9] 即课程承载思政,思政寓于课程。娄淑华指出,课程思政建设应确立育人与育才相统一的人才培养体系、形塑课程特质与思政元素相融合的课程体系、构建显性教育与隐性教育相支撑的教学体系、形成各类专业课程与思政课程相协同的思政体系等。[10] 此外,邱伟光指出,高等院校的所有课程都要发挥思想政治教育作用。[11]

2. 当前高等院校课程思政建设的关键

已有学者从不同维度讨论了当前课程思政建设的关键。[10,12~14] 高燕从宏观角度指出,课程思政建设的关键为完善教学设计和整体规划、创新教学手段和教学载体、提升专业化队伍和教学能力、构建多学科的教学合作和激励制度等。[12] 娄淑华从微观层面指出了新时代课程思政建设的难点为:课程思政内容供给与专业课程教学的衔接,教师素养能力与思政使命担当的和谐,课程思政广度与立德树人效度的并重等。[10] 汤苗苗指出,当前高等院校课程思政建设的主要问题为:部分任课教师对思政育人认知不足,部分课程对思政元素的挖掘不够充分,课堂教学效果差强人意,考核评价制度缺失等。[13] 罗仲尤提出了高校专业课教师在推进课程思政中存在的主要障碍为:课程思政实施主体的认知障碍,课程思政规律把握的能力障碍,课程思政整体构建的融合障碍以及课程思政效果评价的制度障碍等。[14]

上述问题主要聚焦在课程思政建设的策略及具体内容,多以政策指导为先,课程经验为主。笔者认为,课程思政建设的本质仍是课程建设,因此必然符合教学规律。课程思政的全方位健康发展必然需要借助教育科学理论,并在实践中将理论与实践相结合。

三、有效教学理论

1. 有效教学理论的提出

有效教学理论(effective teaching theory)是"教学是艺术还是科学"之争的产物。在早期,西方主流教育理论认为"教学是艺术",倡导教学是一种教师个性化的行为,主张影响教学过程的因素是复杂的,难以用科学的方法进行研究。20世纪60年代,随着心理学及行为科学的发展,人们明确提出"教学也是科学"。即认为教学不仅有科学的基础,还可以用科学的方法来研究。从此,人们开始关注教学的理论基础,以及如何运用观察、实验等科学的方法研究教学问题。有效教学理论就是在这一背景下提出的。[15~17]

迄今,有效教学早已成为教育领域关注的热点问题,但关于什么是有效教学,目前尚未形成统一认识。普遍认为,有效教学指根据学习的目标、内容以及学习者的特点,对教学方法进行合理搭配,从而取得尽量好的教学效果。[18~20]有效教学融"有效的教学"和"有效地教学"于一体,既注重教学目标的达成,又注重有效教学过程。例如,刘桂秋认为,有效教学的核心问题是教学效益问题,学生有无进步或发展是唯一评判标准。[21]崔允漷提出,有效教学在表层上是一种教学形态,在中层上是一种教学思维,在高层上是一种教学思想。[22]

2. 有效教学理论主要内容及研究进展

Angelo较早强调了学生学习的主动性对于达成有效教学的重要性。[23]Silberman指出,学习需要学生全方位的投入,只有积极的学习才能导致真正的、持久的学习。[15]Borich主要关注教师的行为特征。[24]他较早提出有效教学的五种关键特征,即清晰授课、多样化教学、任务导向、引导学习者投入学习过程、确保学习者的成功率。他还具体指出,课程价值的实现有赖于实际的课堂教学过程,要重点关注班级管理、课堂氛围、任务导向、学生参与、学生成就、教学方法、知识结构这七个要素,但并非缺一不可。Brown等更加强调教师的职责,认为有效教学需要教师具备各种教学技能,并设置明确目标,教学反馈,还特别强调了教师的评价和学习环境的重要性。[25]

为帮助教师增加教学专业性,Price和Nelson提供了可测量的教学目标撰写策略、教学行为的干预及关键教学技巧等,旨在通过设计及实施教学活动促进全体学生有效学习。[16]余文森讨论了有效教学的意义,指出有效教学是对教学的基本要求。[26]张家军等人指出,有效教学是教师树立先进的教学理想,综合运用一系列的教学策略,促进学生在知识与技能、过程与方法、情感态度与价值观三维目标上不断进步与发展,满足社会和个人的教育价值需求的过程。有效教学应兼具教得轻松、学得愉快、教学效率高、教学过程严谨、师生配合默契、教学气氛融洽等特征。[17]

近年来,刘向永讨论了教育信息技术与学科教学深度融合的策略、路径与评价等。[27]

Jensen从脑科学研究成果入手，指出贫困对学生的思维方式有深刻影响，介绍了教学应对的原则，并从实际教学策略上为在教学中促进教育公平提供了建议。[28] Miller讨论了在线学习的有效性、多媒体的有效融入及对学生的有效激励等。[29]

上述论著重点不同，但都主要关注教师的教学行为、技能、策略或方法等，强调应更注重教师的教，旨在通过完善教师的教促进学生学习。近年来，有效教学理论认为学生的学习投入也直接影响着有效教学的效果，更加关注学习时间与教学质量之间的关系，关注学生的知识基础等，开始强调构建师生学习共同体，强调学生参与学习和教师反思实践研究的重要性。例如，余文森认为既促进学生发展又促进教师自我成长的教学才是有效教学，即教学不仅要促进学生学习进步，同样要促进教师的进步。[30] 此外，学者们围绕教学有效性开展了诸多讨论，普遍认同有效教学的本质是促进学生的学习和发展，但有效教学的定义及如何评估等问题仍然悬而未决。

四、基于有效教学理论的高等院校课程思政建设

1. 高等院校课程思政建设必须基于有效教学理论

中国高等院校的指导方针是为人民服务、为中国共产党治国理政服务、为巩固和发展中国特色社会主义制度服务、为改革开放和社会主义现代化建设服务。课程思政的本质在于教书和育人相统一，言传和身教相统一，潜心问道和关注社会相统一，学术自由和学术规范相统一。[1] 课程是人才培养的核心要素。全面推进高等院校课程思政建设，是实现我国高等教育更高目标，即努力构建德智体美劳全面培养的教育体系，形成更高水平的高等教育人才培养体系的必经之路。

对有效教学理论的深入探讨有助于全面、客观地认识和开展教学及相关教学研究。教学工作者需要从多视角综合理解有效教学，更好地进行教学设计及教学活动，向有效教学的理想和目标靠拢。Brown等指出，有效教学不只是达到了预期的教学目标，还涉及师生双方的价值取向。[25] 从这一概念可以看出，有效教学不仅关涉教师的教，同时也会受到学生学习的影响，如何通过教师的教，引导、促进学生的学，是教师的重要责任，也是有效教学的根本要义。Brown等特别强调，有效的教学并不只是当下的、短期的学生成绩提升，更重要的是要确保学生在今后的发展当中不仅可以继承所学，还会保持进一步探究的兴趣和持续的投入，这才是真正的有效教学。即有效教学真正关涉的不是"技术性"问题，而是深层次的"道德性"问题；不只是外在行为，还包括行动背后的思想。[31] 这一概念突破了对行为与技术层面的过度关注，将有效教学的内涵朝向内在的、深层次的价值与伦理层面拓展。

总之，课程思政目标须在实际课程与课堂中落实，其有效性直接决定了课程思政建设效果。因此，有效的课程思政建设及实施必须基于有效教学理论。

2. 基于有效教学理论的高等院校课程思政建设

有效教学可以有效促进学生学习与发展。有效的高等院校课程思政教学能够为国家培

养高素质人才。有效教学活动应符合低成本、高收益的组织运行规则，因此必须加以设计。基于有效教学理论，当前高等院校课程思政建设应重点聚焦于以下方面：

(1)加强课程思政理念建设。有效的课程思政教学应能有效促进学生学习与发展，既指向学习过程，也指向当前的学习结果，更关乎学生未来的学习的兴趣与投入。应全面学习国家相关政策文件，结合学科特点全面深入理解课程所应传递的课程思政理念。

(2)提高教师能力。教学是有目的、有计划的极其复杂的社会性活动，因而有效教学要以教师充分提高能力及具备一定的理论基础和实践技能为前提。教师须加强思想政治修养，铭记投入专业本身就是思政，言传身教本身就是思政。

(3)构建有效课堂环境，强化课程思政的重要性及学习动机。主动学习比被动学习更有效。应营造积极的课堂学习气氛，激发学生学习兴趣，引导学生重视课程及所学内容，主动投入学习活动，集中精力学习。

(4)明确课程思政教学目标。课程思政的根本目标是立德树人。学生学习目标积极合理且与教学目标匹配时学习效果更好。教师应立足根本，从所在院校培养目标出发，根据学情和课程目标设计明确的教学目标，真正实现有效教学。

(5)明晰课程思政教学基础。不同院校、不同学科及不同学生群体，课堂参与状态、反馈、未来规划与发展需求差异显著。教学的有效性与具体情境相关，应依据课程目标、教学对象、评价标准等要素确立有效教学的价值尺度，制定评价标准等。

(6)设计课程思政教学策略与方法。适宜的学习策略与方法更有助于学生学会及运用知识。应在充分尊重课程特征、学科特征、学生学习与发展需求的基础上，设计目标明确、时间分配合理、讲解专业流畅、理论联系实际，注重激励学生兴趣和发展的教学策略与方法，并通过观察学生反应、提问、交流以及灵活的评价方式，保持良好的师生互动。

(7)规划及建设课程思政教学内容与资源。以教学的高阶性、创新性与挑战度为标准，合理规划课程思政教学内容，使课程内容具有前沿性和时代性，教学形式体现先进性和互动性，学习结果具有探究性和个性化。建设课程思政教学资源，将知识、能力、素质有机融合，培养学生解决复杂问题的综合能力和高级思维。

(8)课程思政的教学评价与教学完善。教学评价是教学过程中了解情况、做出判断的过程，应贯穿始终，其中观察和学生访谈是重要的教学评价手段。此外，教学反思是提高教师教学能力和促进专业发展的重要手段，是提高学生学习效率、实现有效学习的重要因素。

五、总结与展望

总之，课程思政的根本目的是实现各类课程与思想政治理论课的同向同行，实现协同育人。因此，课程思政是高等院校实现立德树人目标的重要途径，而有效的课程思政建设及实施必须基于有效教学理论，以达成协同育人的理念。应从发展的眼光看问题，应用有效教育理论的最新成果，全面综合地对课程进行顶层设计，并在具体实施中遵循高等院校教学的基本原则，精心设计、大胆实施，以取得更好的成效。未来的高等院校课程思政建设中，应着重帮助教师切实提高教学能力，增加教学的专业性；尊重学科属性，推动思政与课程的深度融合;有计划、有步骤地开展线上线下相结合的课程思政建设,提高课程思政效率;合理营造教学环境及课堂氛围,搭建师生交流平台,增进师生互动程度,帮助课程思政的传递和自然融入;精心设计及实施课程思政评价体系,以促进课程思政课程的持续改进。

◎ 参考文献

[1] 习近平谈全国高校思想政治工作要点[EB/OL]. 2016.

[2] 教育部关于印发《高等学校课程思政建设指导纲要》的通知[EB/OL]. 2020.

[3] 教育部等十部门关于印发《全面推进"大思政课"建设的工作方案》的通知[EB/OL]. 2022.

[4] 杨金铎. 中国高等院校"课程思政"建设研究[D]. 长春:吉林大学,2021.

[5] 习近平. 积极稳妥地推进共青团的改革[DB/OL]. 1989.

[6] 赵蒙成. 构建课程思政生态圈[N]. 中国教育报,2019-5-7.

[7] 刘鹤,石瑛,金祥雷. 课程思政建设的理性内涵与实施路径[J]. 中国大学教学,2019(3):59-62.

[8] 鄢显俊. 论高校"课程思政"的"思政元素"、实践误区及教育评估[J]. 思想教育研究,2020(2):88-92.

[9] 杨国斌,龙明忠. 课程思政的价值与建设方向[J]. 中国高等教育,2019(23):15-17.

[10] 娄淑华,马超. 新时代课程思政建设的焦点目标、难点问题及着力方向[J]. 新疆师范大学学报(哲学社会科学版),2021,42(5):96-104.

[11] 邱伟光. 课程思政的价值意蕴与生成路径[J]. 思想理论教育,2017(7):10-14.

[12] 高燕. 课程思政建设的关键问题与解决路径[J]. 中国高等教育,2017(15):11-14.

[13] 汤苗苗,董美娟. 高校课程思政建设存在的问题及对策[J]. 学校党建与思想教育,2020(22):54-55.

[14] 罗仲尤,段丽. 高校专业课教师推进课程思政的实践逻辑[J]. 思想理论教育导刊,2019(11):138-143.

[15] (美)M. 希尔伯曼 著. 陆怡如 译. 积极学习:101种有效教学策略[M]. 上海:华东师范大学出版社,2005.

[16] (美)凯·普赖斯,(美)卡娜·纳尔逊 著. 李文演,刘佳琪 译. 有效教学设计:帮助每个学生都获得成功[M]. 北京:中国人民大学出版社,2016.

[17] 张家军,钱晓坚. 有效教学策略论[M]. 北京:人民出版社,2018.

[18] Adams J V. Student Evaluations: The Ratings Game[J]. Inquiry, 1997, 1(2): 10-16.

[19] Patrick J, Smart R M. An Empirical Evaluation of Teacher Effectiveness: the emergence of three critical factors[J]. Assessment & Evaluation in Higher Education[J]. 1998, 23(2): 165-178.

[20] 姜玮,邓艳红. 对国内有效教学的含义及评价标准的反思[J]. 教育探索,2011(6):13-15.

[21] 刘桂秋. 有效教学概念新探——综合有效教学观之下的有效教学[J]. 课程·教材·教法, 2008(9): 11-15.
[22] 崔允漷. 有效教学: 理念与策略(上)[J]. 人民教育, 2001(6): 46-47.
[23] Angelo T. A Teacher's Dozen—Fourteen General Research-Based Principles for Improving Higher Learning[R]. AAHE Bulletin, 1993.
[24] (美)加里·鲍里奇 著. 杨鲁新, 张宁 译. 有效教学方法[M]. 上海: 华东师范大学出版社, 2021.
[25] Brown G, Atkins M. Effective Teaching in Higher Education (1st ed.). London and New York: Taylor & Francis Group, 1988.
[26] 余文森. 从有效教学走向卓越教学[M]. 上海: 华东师范大学出版社, 2015.
[27] 刘向永. 核心素养视域下的信息技术与有效教学深度融合[M]. 长春: 东北师范大学出版社, 2019.
[28] (美)埃里克·詹森 著. 周加仙, 张哲 译. 贫困生的有效教学与有效投入[M]. 上海: 上海教育出版社, 2020.
[29] (美)米歇尔·D. 米勒 著. 汪潇潇, 刘威童 译. 在线心智: 基于技术开展有效教学[M]. 北京: 机械工业出版社, 2020.
[30] 姚利民. 有效教学研究[D]. 上海: 华东师范大学, 2004.
[31] 周晨. 大学教师有效教学及其实践策略[J]. 教育与职业, 2015(2): 104-106.

一流专业建设背景下基层教学团队建设与实践
——以电气学科平台课程教学团队为例

崔 雪 樊亚东 专祥涛 林 涛 唐 飞 乔 卉

(武汉大学 电气与自动化学院,湖北 武汉 430072)

【摘 要】 创建和打造优秀的教学团队,建设和完善一流的教学队伍已成为建设一流本科专业的重要抓手。本文以阐述武汉大学电气学科平台课程教学团队的形成背景、团队课程体系的基础上,从教学团队组织模式、制度建设、队伍建设、课程体系建设、课程思政建设等方面给出了在一流专业建设背景下教学团队建设的重要举措与实践。以国家级一流课程建设为核心,以工程应用能力和双创能力培养为主线,优化教学内容,创新教学手段,服务一流专业建设。

【关键词】 一流本科专业;电气工程;教学团队;建设与实践

【作者简介】 崔雪(1974—),女,河南南阳人,博士,武汉大学电气与自动化学院副教授,主要从事电力系统运行与控制的研究,E-mail:dqcx@whu.edu.cn

【基金项目】 武大2022年教学研究项目"一流本科建设背景下的电气学科平台课程团队教学组织建设研究"(2022ZG110)支持。

一流本科专业简称为一流专业,是指教育部以一流本科教育为基础实施"双万计划"建设的本科专业,分为国家级一流本科专业与省级一流本科专业[1]。武汉大学电气工程及其自动化专业于2019年度为首批国家级一流本科专业建设点,而建设一流本科专业的基础在于课程建设,而相关具体工作都需要教学团队来实施和落地,因此建设一流的教学团队是建设一流专业的必要抓手[1~2]。

一、教学团队基本情况

(一)建设背景

武汉大学电气与自动化学院"电气工程学科平台课程教学团队"源于学院于2010年为了进一步加强学院教学组织建设,打破二级学科之间的师资壁垒,整合课程资源与教师队伍,深化课程体系和教学内容改革,促进本科生课程建设,提高教学质量而组建的7支教学团队之一,是学院根据电气工程专业和学科特点,经过充分酝酿和调研,将"走进电世界""电气工程基础(上)(下)""电气工程新技术导论""企业管理""工程项目管理与监理"

"电力市场与需求侧管理"等专业大平台课程组建起来的一支教学队伍。

截至目前,本教学团队成员共计22人,其中教授10人,占比45.45%,副教授10人,占比45.45%,讲师2人,占比9.1%,全部具有博士学位。从年龄结构上,45岁以下教师占32%,46~55岁占50%,56岁以上的教师占18%,团队职称及年龄结构比例如图1所示。

教学团队从成立到现在,建设发展可以说历经两个阶段,第一阶段,发展壮大阶段(2010—2018);第二阶段,面向一流本科建设的全面提升阶段(2019年至今)。团队在建设过程中关注电气工程学科发展前沿和技术进步、关注行业发展,注重课程建设,积极推进课程体系的建设,教材建设,推行课程教学内容、教学方法和教学手段的改革,打造了一批精品课程。

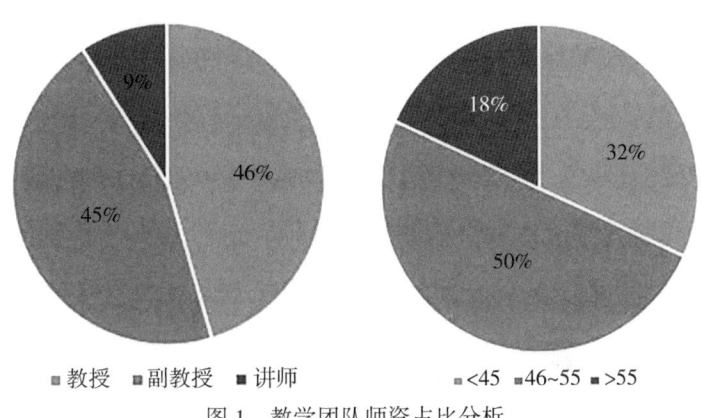

图1 教学团队师资占比分析

(二)课程体系

团队以电气工程及其自动化专业为建设平台,以工程应用能力和双创能力培养为主线,问技术发展改内容,更新工科人才知识体系,构建了三大专业平台必修课程(走进电世界、电气工程基础、电气工程新技术导论)为核心,《企业管理》、《工程项目管理与监理》和《电力市场与需求侧管理》三大公共选修(3选2)课程为辅助,融合《电力实操虚拟仿真实验》、《电气工程基础课程设计》及《智能电网课程实践》等实验实践性课程的课程体系,如图2所示。同时,通过团队内三大平台课程的牵引与转化(如图3所示),将本专业知识体系中通识教育、专业基础、专业方向以及学科前沿等四层次的理论课程体系有机联系起来,实现了新工科人才的个性化培养。[3]

二、一流专业建设背景下的教学团队建设举措

教学团队以建设一流本科课程,培养一流人才的目标,牢固树立"人才培养为本,本科教育是根"的理念,以学生发展为中心,以社会需求为导向,依托武汉大学多学科优势,突出跨界交叉融合,不断提高新工科背景下的本科教育质量为建设目标,推行了切实

可行的建设和改革措施。

（1）教学团队组织模式方面，坚持以团队组织模式开展教学活动，进行课程建设。为了进一步加强基层教学组织建设，学院针对教学团队建设、课程建设、教学团队设置与管理、教学活动任务及考核评价方法等方面设定了基本管理制度。基于这些基本管理制度，"电气学科平台课程教学团队"的制度建设与执行路径如图4所示。

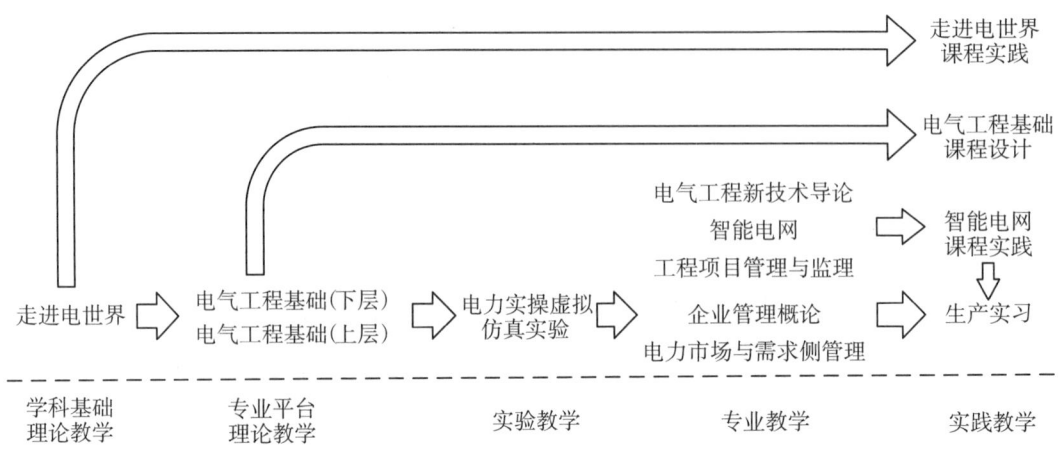

图2　电气工程学科平台课程教学团队承担课程的体系结构

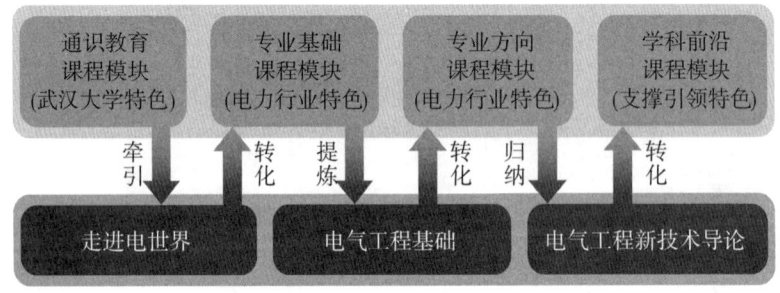

图3　三大平台课程与本专业四层次课程体系的关系

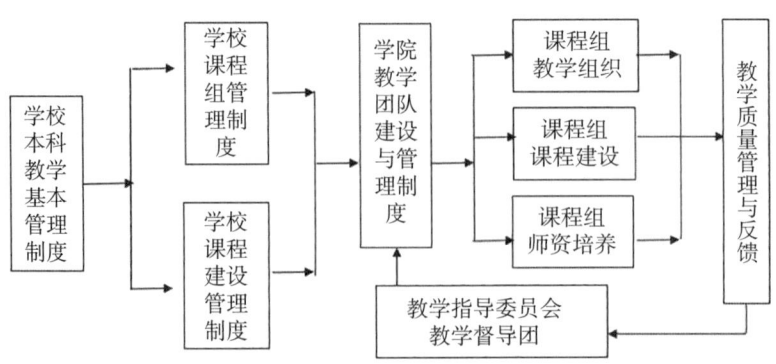

图4　教学团队制度建设与执行路径

教学团队结合国家精品课程建设，国家级一流课程建设等背景下，在教学组织、课程建设及师资培养等方面制定了内部的管理规定，并在教学过程中，建立了教学质量保证系统，不断提高教学质量。

团队内号召以课程组为单位，充分发挥团队组织的聚力作用，从建立之初就以专业内涵发展以人才培养目标为依据，整合课程资源、规划教学活动、统筹课程建设、持续开展教学方法研究，推行课程教学内容、教学方法和教学的改革。课程组采取了每学期初提交教学日历、教师互听课评议表、集体备课记录、教学法研讨、课程结束后考试前要求学生提交读书报告、学生对教师工作评议等一系列措施。课程组开展了严格的教学质量检查考核，课堂中实行提问，组织讨论和沙龙活动，教学内容中融入教师科研和实际工程的实例与经验体会，培养学生的分析与解决问题的能力。针对理论教学环节，实行了考试模式改革，为了提高教学质量，期中、期末考试实行同教学学时、同教材的班级统考和"A、B考卷"制度。

（2）教学团队队伍建设方面，通过课程建设，促进教师提高教学水平和专业发展的责任感。考虑学科二级学科方向，从全院引进人才、优秀青年教师中选拔充实到课程组队伍，让引进学术带头人通过专题进入课堂。通过不同的人员结构定位，针对不同定位的教师在不同阶段采用不同的培养方式，以促进教师教学能力的提升。图5是教学团队师资培养的路线图。

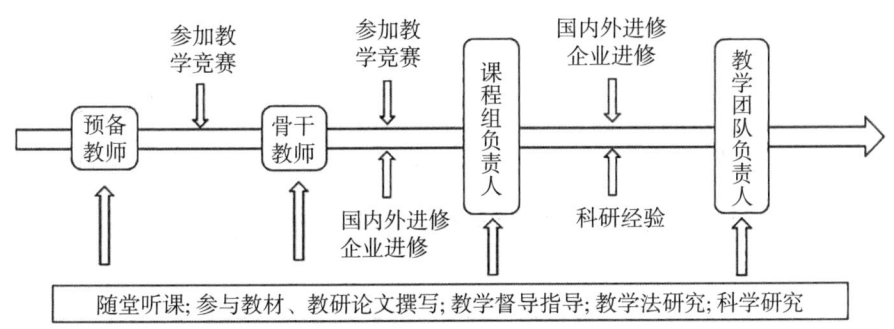

图5　教学团队师资培养路线图

团队重视对青年教师的培养，针对青年教师大多数是从学校到学校，实际动手能力缺乏的弊端，团队内号召课程组利用课程认识实习、课程设计、生产实习等实践性教学环节，有计划地安排青年教师带领学生到发电厂、变电所、调度中心和电力设计院等单位实习，通过教学实践和科研实践，使团队内的青年教师成为一支理论基础扎实、实践动手能力强的教学生力军，为课程建设的可持续性发展提供有力的保证。

（3）团队课程体系建设方面，持续深化教学改革，探索新工科背景下电气类通识课程体系。教学团队继续坚持开展教学研究，大胆创新，与时俱进，探索包含学院自动化专业的教材体系和课程内容。以教材建设为牵引，加快建设优质开放课程，充分挖掘学生潜能，提升学生学习自主性。

团队内各课程组老师坚持因材施教、因课施教的理念，本科教育质量综合改革背景下以建设一流本科精品课程为导向，通过合理的课程时间、课程内容、教学方案、考核方法的安排和设计，保证各课程的高教学质量。

在课程建设上，围绕国家级一流本科专业建设，团队内以国家一流本科建设为抓手，继续进行团队内"一流本科课程"建设、MOOC等课程建设，以及虚拟课程建设，通过课堂为中心的课程建设，完善和丰富教学内容，创新教学手段，提高教师和学生的"教""学"力。

（5）课程思政建设方面，完成团队内课程思政全覆盖。充分发挥教师队伍"主力军"作用，进一步强化教师对价值塑造、知识传授和能力培养关系的正确认识，增强教师德育意识与德育能力。把团队内教师参与课程思政教学改革情况和课程思政建设成效作为教师考核评价、职称评审、评优评先等的重要依据，建立完备的课程思政评价体系；邀请思政课教师与团队教师进行面对面交流，探索建立思政课教师和专业课教师常态交流机制；全面提升教师课程思政建设的意识和能力，培育一批专业课程思政示范名师、示范课程。

（6）教师教学能力提升方面，根据教师的自身发展，制定培养计划，鼓励教师深造学习或推荐教师参加教学创新、课程思政、智慧教学技能等培训，提升教学能力。教学团队组织了多人次、多批次的教师培训活动。同时，为了帮助青年教师尽快站好、站稳讲台，教学团队组织教师之间坚持相互听课，并安排专门时间对所听课程进行评议。这种活动的开展，既帮助了授课教师，使得他们能迅速成长，又为老师之间对课程的理解、教学方法的探讨提供了一个交流的平台。

（7）资源建设和利用方面，促进信息技术与课程教学深度融合，扩大教学资源共享。与行业企业和科研院所紧密联系，建立稳定的实习基地。提高课程教学质量，使学生得到最好的教育，提高教学效果，在更大的范围内使得其他同类专业的学生得到优质教学资源。

三、一流专业建设背景下的教学团队建设实践与成效

团队紧紧围绕一流本科、一流专业、一流人才的建设目的，开展人才培养模式改革创新，在如下几个方面取得了一定的成绩。

（1）围绕建设一流本科，建设一流专业，培养一流人才的目标，积极进行国家级一流本科课程建设。团队内号召课程组以打造精品课程，打造金课为目标，积极组织线上线下混合教学，MOOC课程建设，大类平台课程"走进电世界"和实验实践课程"1000kV特高压变电站继电保护设计虚拟仿真实验"入选首批国家级一流本科课程建设名单。

（2）团队内严把意识形态阵地，打造高水平优秀教材。"走进电世界"课程组和"电气工程技术"课程组编写了与课程配套的优秀教材和教学资料。由中国电力出版社出版的《电气工程基础》（上、下册）教材和《走进电世界》教材不仅被我校选用，而且也被国内很多同类高校选作教材，同时获批"十二五"普通高等教育本科国家级规划教材，获评中国电力教育协会高校电气类专业精品教材；课程组还编写了与教材配套的教学课件、习题集等教学资料；开发了相应教学软件，为课程的网络化教学建设奠定了一定基础。[4]

（3）通过课程思政建设落实立德树人根本培养目标，持续推进课程思政建设。根据武

汉大学电气与自动化学院课程思政建设实施方案，团队内课程已完成融合课程思政的教学大纲修订，并对每门课程初步建立课程思政案例库。《走进电世界》《电气工程基础》(上)课程组老师详细绘制了教学内容与课程思政元素结合点。图6为电气工程基础(上)教学内容与课程思政元素结合点。

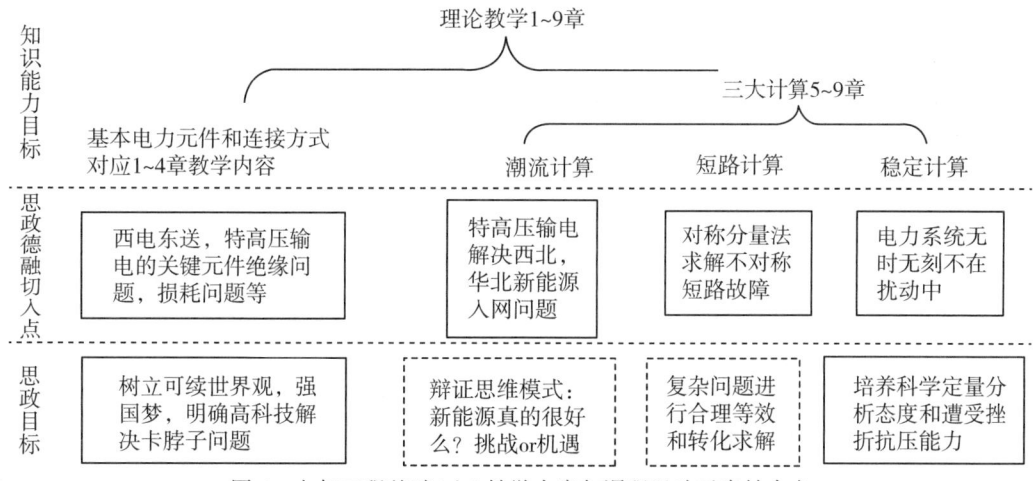

图6 电气工程基础(上)教学内容与课程思政元素结合点

(4)增强了团队内实践课程的建设，依托信息技术发展，引导实践教学向信息化靠拢。电力实操虚拟仿真实验课程采用了虚拟仿真教学模式，很好地解决了传统培训模式中培训内容与学习对象、现场状况脱离导致的培训效果不佳的问题，能够很好地提高学生对现场的感性认识。利用《1000kV特高压变电站继电保护设计虚拟仿真实验》在课堂上把理论知识与国际上最前沿的工程实际相结合，通过开展案例教学，在做虚拟仿真实验时讲解各种保护的原理，并允许学生在虚拟仿真实验中试错，以加深对保护原理的理解，引导课程向探究、互动以及理论与实践相结合的方向发展。

电气工程基础课程设计、走进电世界课程实践、智能电网课程实践等理论课程的配套实习实践课程作为生产实习的前续重要实践教学环节，牢牢秉持深入一线、结合实际的理念，为学生提供接触一线的校内或校外平台，包括黄浦科技园四方公司、中国电力科学研究院、湖北省电力博物馆、昆明电力交易中心等课程实践单位，疫情期间还结合短视频、PPT和微文等课程相关材料，线上线下并进以帮助学生更好地掌握相关实习实践内容，同时完成对应实践总结和课程考核。

(5)一流本科专业建设以来，团队积极承担教学改革项目，注重培养学生的实践和创新能力，探索形成了系列富有特色的教学模式。"面向新工科电气类人才培养的"一体两翼"课程与实践体系构建"获得湖北省教学成果一等奖，《电气工程基础》课程获批首届教学创新比赛一等奖，短视频《走进电世界》(电气工程与自动化(专业)概论)绪论获得2021年高校电气类专业课程教学方法创新奖，《电气工程基础》获得武汉大学思政说课比赛一等奖。团队教师所指导的本专业本科学生在各类学科竞赛中共获得国家级奖项100余项，省部级奖项400余项。

四、结语

本文以武汉大学电气学科平台课程教学团队建设与实践为例,阐述了团队一流本科专业建设背景下的建设举措与实践,通过以国家级一流本科课程建设为抓手,以工程应用能力和双创能力培养为主线,优化教学内容,创新教学手段,服务一流专业建设。然而,教学团队的建设是一个持续过程,电气学科平台课程教学团队也将持续深化教育教学改革,继续以课程目标达成为标准严格规范教学过程管理,促进信息技术与教育教学深度融合,探索面向"互联网+工程"的电气工程专业教学模式。

◎ 参考文献

[1] 李志峰,欧阳丹. 一流本科、一流专业、一流课程:内在关系与建设策略[J]. 大学(研究版),2019(6):17-23,16.

[2] 赵晨阳,张毅,蒋胜利,等. 地方应用型高校一流教学团队建设与管理研究——以电子商务专业为例[J]. 当代教育实践与教学研究,2022(4):206-207.

[3] 查晓明,孙元章,陈厚桂. 基于教学团队运行的人才培养体系构建——武汉大学电气工程及其自动专业的本科教学实践[J]. 中国电力教育,2014(16):26-29. DOI:10.3969/j.issn.1007-0079.2014.16.012.

[4] 刘涤尘,向铁元,丁坚勇,等.《电气工程基础》课程的建设与教学研究及实践[C].//第六届全国高等学校电气工程及其自动化专业教学改革研讨会论文集.2009:531-537.

论如何提升审美教育类通识课程的核心地位

万 臻

(武汉大学 土建学院,湖北 武汉 430072)

【摘 要】中国大学教育历经 40 年的改革,已发生了质的变化,尤其在大学人才培养体系中,应重新审视审美教育的核心地位。审美教育是将各种学科教学与美学联系在一起,将科学和其他学科以一种完整的方式融入课程,是真正有助于学生的完整人格教育。如何提升审美教育,需要从对审美的认识、美学理论、美学与社会之间的牢固关系,以及多维度的教学改革入手,真正实现美育的价值,以适应不同学科学生的创造力和创造人格的培养。

【关键词】审美教育;人格教育;美学理论;教学改革

【作者简介】万臻(1977—),女,河北张家口人,工学博士,武汉大学土建学院副教授。主要研究方向为桥梁结构行为研究、大跨度桥梁结构健康监测与评估、桥梁美学等。Email:wanzhen@whu.edu.cn.

如何培养高素质的创新型人才是高校教育的根本任务之一。创新能力和创新人格是创新型人才的两个关键特征,[1]人格培养则包含责任感、自信心、意志力、理想和信仰等综合内化的全面人格;能力培养可以体现在创造性思维能力、创造性想象能力、敏锐的问题意识和合理的知识结构等方面。而通识教育的培养目标就是造就学生相关的四大能力:有效的思考能力、交流思想的能力、做出恰当判断的能力和辨别价值的能力。[2]

2020 年中共中央办公厅、国务院办公厅《关于全面加强和改进新时代学校美育工作的意见》的主要目标为:"到 2022 年,学校美育取得突破性进展,美育课程全面开齐开足,教育教学改革成效显著,资源配置不断优化,评价体系逐步健全,管理机制更加完善,育人成效显著增强,学生审美和人文素养明显提升。到 2035 年,基本形成全覆盖、多样化、高质量的具有中国特色的现代化学校美育体系。"[3]

大学通识教育中的审美教育将各种学科教学与美学联系在一起,将科学和其他学科将以一种完整的方式融入课程,是真正有助于学生的完整人格教育。然而在高等教育现状中,美育的地位十分薄弱,如何建立起美育类通识课程的核心地位是新时代大学人才培养体系中重要问题。

一、审美教育的价值

托尔斯泰说:"科学和艺术就像心和肺一样紧密地结合在一起。如果一个器官被破坏,另一个器官也无法正确地运作"。[4] Whitehead 在 1928 年《现代科学》[5]一书就指出：当我们想获得与事物本质特性密切相关的高亮度信息时，没有什么可以替代人们对现实具体事物的直觉了。那么艺术和审美教育，就是培养审美感知的习惯，感受事物生动价值的习惯。

美学的概念随着时代的发展而不断变化着。最初的"审美"是用来区分物质世界和想象，18世纪以来，康德运用基本概念来讨论"美和崇高"，随之许多现代主义者和艺术教育者遵循康德的思想路线，认为美学是一种神圣的、精神的体验，只有在有限的文化形式诸如美术的刺激下才能发生。[6]这种思想设置了经验的等级从而被用来区分社会阶层和维持社会秩序。然而现今关于美学的讨论又回到了最初被赋予的概念，并再次聚焦于所有形式的感官刺激，并反对现代主义者认为美学与某些高阶经验相联系的观点。美学不存在于真空中，而是存在于各种关系交织的网中；审美观察也离不开交流，交流绝不是中性的，因此审美风格总是与社会不同意识形态交织在一起。但是任何类型的社会、文化或艺术变化的能量核心都是创造力，[7]它起源于想象力，发展于灵感收集，将人类的思想或各种表达客观化，最终形成的一种新的可能、体系或机制，是社会进步和发展的核心。当创造者向人们展示成品、传达理念并说服人们接受，最重要的媒介就是其美学价值。

审美就是辨别不同事物间的特征，而创造力展现的美学方面通常是最容易观察到的但又包含深刻含义，还可用于评价创造性。所以将美学和创造力一起讨论是审美教育最有效的手段，并适用于各种不同学科。

二、对大学审美教育现状的反思

蔡元培被称为中国的"现代美育之父"。他师承西方启蒙运动，但构建了中国现代美育理论体系。中国现当代美育思想有影响力的还包括朱光潜、陶行知、叶圣陶、宗白华、蒋孔阳、曾繁仁等，他们的艺术观、人生观、美育观对中国美育学科建构和美育思想传播贡献卓越。然而审美教育在上个世纪的整个大学教育中都是欠缺的，直到2015年通识教育在中国大学中的推广开始，审美教育才走进了人们的视野。

首先，政策导向应厘清"德育等于美育"等偏狭概念，实践证明并没有将审美教育的价值真正带到大学教育中。近代学者王国维将教育分为心育与体育两大领域，其中心育包括智育、德育、美育三个方面。他说："教育之事亦分三部，智育、德育、美育是也。"[8]

其次，美育不等于艺术教育。国内美育类通识课众多，但过多偏重于艺术教育，而真正掌握一门艺术是艰深且需要不断练习的，所以美育课程往往沦为艺术修养课、混学分课程等，没有真正实现美育的根本目的是创造力的核心动力，是科学研究的助力，是人格的培养和完善。

再次，美育类教师的理念不清也是重要原因。在赋予审美教育一个重要的核心社会角色时，美育教师本质上是社会化的代理人。他们的任务不仅仅是拓展学生的视野，或者传授各种技艺，更应该向学生展示艺术对社会的批判观，还要强调各种假设，否则这些假设会被认为是理所当然的，或者被无意识地采纳。因此，把席勒、杜威或古德曼的哲学理论作为教学艺术的模式并不是美育的目标，而是通过课程学习，学生能反思他们的生活、学习，并评估与其学科发展相关的艺术的作用。

最后，教育的求新、求快、求强的浮躁现状忽视了人格教育。席勒在《审美教育书简》中指出："想让感性的人成为理性的人，除了首先使他成为审美的人，没有其他的途径。"[9]人格教育是审美教育的终极指向，是审美教育独有的价值内涵，如蔡元培所述："美育之目的，在陶冶活泼敏锐之性灵，养成高尚纯洁之人格。"[10]

综上所述，审美教育与德育、智育、体育应相辅相成、相互促进，是高校落实立德树人根本任务、促进学生全面发展的重要途径，是培育和践行社会主义核心价值观、传承创新中华优秀传统文化的重要载体，如何将审美教育放到核心地位仍然任重道远。

三、高校改进审美教育的理念及方法

1. 审美是可以习得的

鲍姆嘉通被称为西方美学之父，康德也深受他的影响，写出了美学史上的巨作《判断力批判》，其中一个最基本的批判是：康德认为美不是通过认识得到的，必须超越经验的层面，通过反思判断得到。这一观念影响了很多学者和美育者，给了审美教育高不可攀的错误认识，以致忽视了鲍姆嘉通基于感性学的美学定义。他认为美学是："关于感觉认知和呈现的科学就是美学，包括低级认识功能的逻辑，优雅与沉思的哲学，低级认识论，优美地思考的技艺，类理性认识能力的技艺"[11]。其中低级认识能力包括：感觉、想象、洞察、记忆、虚构、预见、判断、预感、表征等九种能力，属于感性认识。而理性知识是高级认识，是真正的知识，感性认识是通向理性知识的一个必须克服的阶段。

正如前所说，科学是人们获得他们所处时代一些重要的理性的事实，而正是艺术将这些事实从感知传递到情感表达，实现这一目的的重要基础就是审美教育。并且这些能力是可以在重复的、不断的审美教育中习得的综合能力，有助于创新能力的培养。

2. 美学理论是基础

在美学理论书籍的经典阅读上有两条路可供我们选择：一是明确挑选具体几部书籍；二是期望他们能更广泛地涉猎，更自由地选择。除了精通美学相关理论外，美育者还应通过美学来反思自己的社会角色、所传授的艺术及其在社会中的功能。美育教学通常有三种方法：历史教学法、研讨式教学法和社会批判法。[12]历史教学法主要进行美学理论的回顾，如始于柏拉图，终于对当代理论的回顾；研讨方式则是将美学视为一种哲学工具，通过提出各种案例供讨论，并引导学生注意他们自己关于艺术的假设和演绎；采用社会批判方法的课程教学主要专题研究艺术与社会的交汇点。

美育教师应该熟悉从柏拉图、康德、尼采到当代主要思想家的艺术核心理论。美学史是艺术的文化研究重要部分，与艺术发展息息相关。了解美学史，从而可以建立自己对艺术的理解和基础。此外，美学的另一个重要作用是作为讨论艺术以及社会问题的哲学工具。美育教学往往需要反思艺术的本质、艺术作品与非艺术对象的关系、伦理困境等。案例研究的形式对研究美学是十分有用的，包括发人深省的艺术作品本身，产生该艺术及被接受的有关的理论等。

3. 自然审美现象和社会审美现象是审美教育素材

艺术是社会活动主义的一种形式，艺术与社会的各种交叉点，拓宽了艺术与教育之间的联系。然而现实社会是功利的，它需要工程师、程序员、物理学家、因此有关数学、英语、生物的课程都相当重要，但不包括艺术。为什么？因为它们在激烈地讨论解决社会问题。另一方面，社会也鼓励能够加强思想的科目，比如文学和历史课，各种社会实践。所以我们的美育教室不能完全脱离社会风气，我们的课程安排应与社会领域的艺术教育有关，教学者也必须保持艺术和社会之间牢固的联系。审美教育目标根本目的在于熟悉艺术、教育、文化和社会之间交汇的各个方面，如果审美教育与我们社会的主要问题脱节，审美教育又怎么能有说服力呢？

审美活动可以出现在我们生活的各个方面，可是审美教育是应当选择直面当代最尖锐对立的社会问题，文化问题、思想问题等。从哲学的角度来看，审美是事物对立与统一的证明。审美活动中通过研讨、批判等方式剖析人和世界的关系，它不同于自然科学研究追求事物属性规律的精确掌握，也不追求客观性，则是更关注人的精神世界，增加对世界、对自身的理解。通过一代代人对周遭世界的评判、反思，不断进化，形成了更为完善的对事物的看法，剔除人性中一些丑陋的东西，才能发扬真、善、美。人们通过审美活动，不只是愉悦自己，最终是为了完善自己。

4. 多维度教学改革是必要的

美育类通识课程的教学改革应实现艺术性和科学性相结合，是综合性和系统性的培养，从而促进高校重视美育类课程核心作用，推进美育核心地位的确立。根据《关于全面加强和改进新时代学校美育工作的意见》要求，大学美育也应逐步完善"艺术基础知识基本技能+艺术审美体验+艺术专项特长"的教学模式。[3]经过常年在《世界桥梁建筑艺术赏析》课程中不断实践，提出了"大班授课、经典阅读、小班讨论、课外实践及创新创意成果等"构成的多维度教学路径，在美育通识课教学中可大力推行。主要过程包括：

（1）大班授课的主旨非常清晰，从传授知识转变为批判性思维和创新性思维的培养，激发好奇心和想象力，敢于质疑并学会提问、分析，还有知情交融——融思政于课程。

（2）经典阅读在审美教学中十分适用，既可以指定具体文本，也可以学生随意选择与美相关经典书籍，用经典深度对话，陶冶心灵。

（3）小班讨论中鼓励学生之间出现意见分歧，尤其是艺术表现更容易出现分歧。展示审美教育的理论困惑的另一种有效方式是以双方之间的争论的形式呈现出来。艺术涉及的是特定情况，第一感官影响和直觉冲击更明显。而传统的教学形态是忽视这些分歧的，所以美育课程更应围绕、突出并有时弥合艺术的哲学理论思考及其教学之间的鸿沟，让艺术以自己的方式处理社会教育问题，这是审美教育的优势之一。

（4）带学生到实践中去，感受艺术和自然环境、社会环境的相融相斥，直面社会审美现状问题，用审美活动激发内在的社会责任感。尤其是一起站在大桥下，直面国家、社会、科技的发展，是最打动人心的思政教育。

（5）创新创意成果的提交是美的创造。学生亲身体验赋予美新的生命力，是具有批判性思维的团队讨论、集体创新性思维碰撞后的有形成果。

四、审美教育的实践与简析

审美教育不仅应具有和自然科学、人文科学、社会科学的一样的重要地位，它更是各种科学融会贯通桥梁和纽带，是通识教育的核心。

以《世界桥梁建筑艺术赏析》课程教学改革为例，除了教师自身增强理论学习外，实施了多维度教学法，将历史教学法、研讨式教学法和社会批判法综合运用，发挥了审美教育的重要价值。从图1、图2调查表中可以看出，大部分学生实现了提高审美能力、跨学科融合、批判性思维、系统性思维的锻炼等教学目的。由于讨论课内容不同，不同届选修学生的学习收获也不同，但是都突破了以往以桥梁美学发展史为中心的认识。将桥梁美学和各种社会现状结合，带来了新的挑战，激发学生社会发展参与意识，辨析合乎发展的美学与实用的对立，树立新时代的美学观等，体现了审美教育的真正内涵。

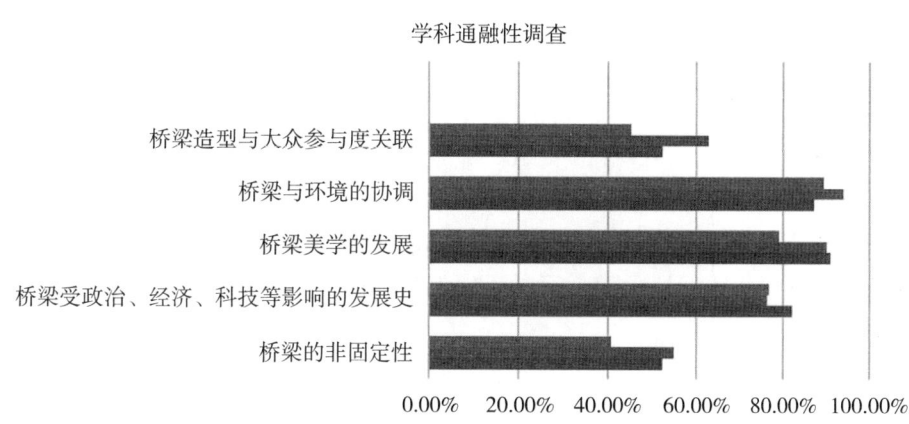

图1 《世界桥梁建筑艺术赏析》课后学科通融性调查

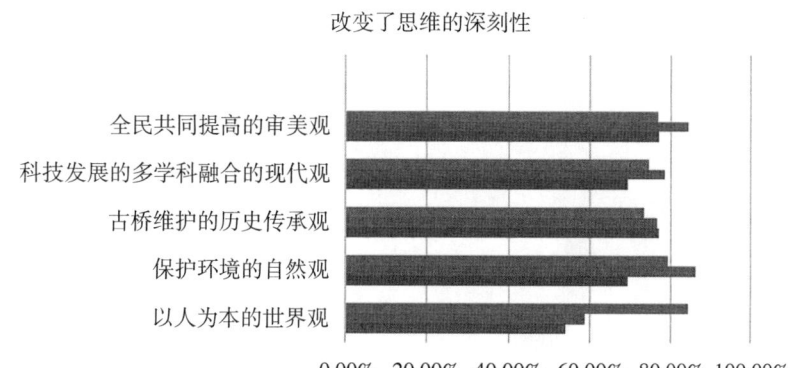

图2 《世界桥梁建筑艺术赏析》课程改变思维的深刻性调查

◎ 参考文献

[1] 杨蒙山. 高校创新型人才培养存在的问题与措施研究[J]. 成才之路, 2016, 6: 18.

[2] 李曼丽译. 哈佛通识教育红皮书 General education in a free society: report of the Harvard committee[M]. 北京大学出版社, 2010.

[3] 关于全面加强和改进新时代学校美育工作的意见[EB/OL]. http://www.gov.cn/zhengce/2020-10/15/content_5551609.htm.

[4] 列夫·托尔斯泰著, 何永祥译. 什么是艺术[M]. 南京: 江苏美术出版社, 1990.

[5] Whitehead, A. N. 著, 傅佩荣译. 科学与现代世界[M]. 上海: 上海人民出版社, 2019.

[6] Duncum, P.. Aesthetics, popular visual culture, and designer capitalism[J]. International Journal of Art & Design Education, 2007, 26 (3): 285-295.

[7] Samuel Leong, Bo Wah Leung. Creative Arts in Education and Culture[M]. Springer Science+Business Media Dordrecht, 2013, 13(4).

[8] 王国维. 论教育之宗旨[J]. 教育, 2009(10): 60.

[9] 弗里德里希·席勒著, 冯至、范大灿译. 审美教育书简[M]. 上海: 上海人民出版社, 2022.

[10] 蔡元培. 蔡元培美学文选[M]. 北京: 北京大学出版社, 1983.

[11] 崔凯华. 鲍姆嘉通论"美学"及其目的[J]. 《美与时代(下)》, 2015(2): 46-48.

[12] Dorit Barchana-Lorand, Efrat Galnoor. Philosophy of Art Education in the Visual Culture: Aesthetics for Art Teachers[J]. Journal of Philosophy of Education, 2009, 43 (1): 133-148.

本科课堂教育教学质量提升路径探讨

贺赛先　隋竹翠

（武汉大学　电子信息学院，湖北　武汉　430072）

【摘　要】 课堂教育教学是高等学校本科人才培养的最主要环节，在拔尖创新人才培养中起着决定性的作用，是本科专业建设质量的关键因素。本文在分析本科课堂教育教学主要问题和相关原因基础上，从学校、学院、教师个人层面探讨提升本科课堂教育教学质量的路径。

【关键词】 课堂教学；教与学；教学质量

【作者简介】 贺赛先，武汉大学电子信息学院教授

一、引言

　　武汉大学一贯重视本科教育教学，2015年"本科教育改革大讨论"之后，周叶中副校长将学校的本科教育总结为构筑了以"五观"为核心内容的新时代本科人才培养思想体系，包括："人才培养为本、本科教育是根"的办学观，"以成人教育统领成才教育"的育人观，"重基础、跨学科、鼓励创新与冒尖"的教学观，"激发教师'教'与学生'学'双重积极性"的动力观，"以学生发展为中心"的目的观。[1]通过教育改革大讨论，学校出台了以"深化本科教育改革若干意见"为主体的"1+8"系列文件，明确了在本科人才培养上的顶层设计和具体实施措施，较好地引领和促进了本科教育教学工作，对学院和教师本科教学工作起到了指导作用。近年来，学校通过举办"教与学革命"论坛，打造了各学院及教师间教学交流平台，营造了良好的教学文化，进而深化教学改革，提高教学质量，将武汉大学的教学文化深入师生的骨髓和血液，将基于思想的自觉转变为行动的自觉，将"立德树人"的根本任务落实到课堂。正如周叶中副校长所说，"教"和"学"是人才培养最根本的两大环节，必须从思想观念、理论基础、顶层设计和工作举措上真正把学生的学习兴趣和学习潜能激发出来，把老师们教书育人的能力提升起来。"教学"也是科学，教师必须深入进行"教与学"的研究，才能够把握和认识好教学规律。本文旨在通过课堂教学视角，总结课堂听课情况、课程组教学研讨、学生评教、学生学习情况交流分析等活动，对进一步提升本科课堂教学质量进行探讨。

二、课堂教学当前存在的主要问题

课堂教学一般是指在教室情境中,一种有目标、有计划、按教学设计进行的教师的教与学生的学相结合,实现课程知识与技能传授、过程与方法启迪、情感态度与价值观交流的双边活动过程,其作用是实现人才培养目标的达成。课堂教学作为本科人才培养的主要环节,是人才培养的第一阵地,是专业质量建设中的关键要素,是实现高等学校立德树人的重要过程和主要载体。课堂教学设计提倡能力为本[2]、以学生的发展为中心的理念[3],涉及课程的教学目标、教学内容、教学的形式与方法、学生学习指导、课程及学生学习成效考核、教学效果分析与反馈改进等内容。

从课堂听课情况看,教师对本科教学的重视程度近年来普遍提高,教学成效得到了明显的改善。但也应注意到,与当前本科教育不适应的理念、陈旧的知识内容、已经落后的教学方法依然在课堂教学中存在,课堂上教师只注重讲、不关注学生学的现象还较严重。目前,课堂教学存在的主要问题有以下几方面。

1. 教师对课堂教学认识不足

教师对课堂教学在人才培养中的地位与意义认识不足,对以学生发展为本的教育理念理解不够。表现在课堂上,课程的教学目标与定位不够明确,对如何通过课堂教学完成和达到课程教学目标的实施路径思考不足;课堂上,知识传授部分执行较好,但对学生能力培养与素质提升的环节设计重视不够。

2. 教学内容更新优化不足

教学内容的整合、更新和优化不足,相对陈旧、甚至过时落后的内容还在继续讲授,先进、前沿、代表当前及未来发展状况的内容体现不够,领域相关的知识体系与框架不完整;有些很重要的基础课,还存在依据学分的多少直接减少授课内容的现象。

3. 教学形式单一,方法简单

部分课堂教学组织形式单一,教学方式方法简单,照本宣科式的教、以传授知识为主导的灌输式的板书或照PPT念等形式依然存在,学生在教学活动中的参与过少,大部分课堂还是沉默式、听讲式课堂;教学过程中教师关注"教"多、关注"学"少。部分课堂,学生学习中兴趣索然,学生上课听讲比例不高,学生上课抬头率较低。

4. 教学效果评价不足

对课堂教学效果的评价、分析与反馈不足,教师本身对课堂教学的有效性缺少总结与分析,部分学生评教流于形式、同行听课与督导查课数量较少,好的有效的课堂教学与较差的课堂教学在学生评教活动中区分度不大、甚至出现相反的评分情况,课堂教学评价情况也没有在关系到教师切身利益的职称晋升或岗位聘评中得到较好的体现和应用。

三、问题的主要原因分析

1. 部分教师对本科教育教学重视不够，教学素养不高、教学能力不足

教师担负着为国家培养合格人才的重要责任，当今社会面临前所未有的变革，教育也不例外。国家和社会的发展以及面临的全球竞争与挑战对高校培养的人才提出了越来越高的要求，这就要求高校教师不断与时俱进，终身学习，根据学生的状况改进课堂教学各环节。但部分教师因对本科教育教学的重要意义认识不足，导致对本科教学重视不够，在本科教学上精力投入不足，加之自我要求不严，未能跟上自身专业不断发展和教学方法持续改进的学习要求，多年的教学内容鲜有改变、方式方法一以贯之，课堂教学呈现教学素养不高、教学能力不足的态势。

2. 教学有效性评价存在困难，政策层面对本科教学组织与开展支持度不够

尽管国家一再强调"把立德树人作为学校的根本任务"，教育主管部门也提出"把立德树人的成效作为检验学校一切工作的根本标准"，大家看到了国家的宏观政策在转变，学校也采取了若干卓有成效的措施在激励广大教师在教学的投入，有不少教师始终在教学岗位上孜孜以求，始终把课堂教学质量，把人才培养的成效放在最重要的位置。但目前，一方面，本科教学质量监控体系尚不能短期内科学、准确地评价"立德树人"的实际成效，本科课程教学评价中尚难以在短期内评价课堂教学对学生知识、能力与素质培养起到的作用。另一方面，学校对教师的评价与考核，在教学环节基本是软指标，教学的考核也多体现量的因素，很少体现教学质的因素；加上青年教师科研的压力、学术发展的压力，很难将精力放在本科教学上，学校科研导向的教师评价体制很少考虑教学工作的质量。

3. 教师教育能力培训偏少，教师教学能力发展与提升未能与时俱进

学校教师教学发展中心在教学业务培训、发展教师职业能力方面做了大量的工作，为广大教师教学经验交流、新进教师教学规范培训、青年教师教学竞赛提供了平台，为促进本科教学质量提升起到很好的作用。但应该看到，学校教师群体量很大，大部分教师从高校到高校，本身没有受到教育教学能力方面的训练，加之教育教学工作本身需要终身学习、不断改进教学方法、完善教育理念。很多教师几乎没有参加过教学方面的培训，不但是新进教师缺乏教学经验，有不少已经教学多年的教师也在十几年如一日地用同样的方式方法在课堂上转述着几乎同样不变的内容。

4. 教师队伍数量相对学生人数不平衡，部分课堂排课存在师资不足问题

师资不足一直是困扰本科教学的重要问题之一，由于本科生招生数量始终较多，且相对集中在部分热门专业，这些专业正式在编教师数量很难保证正常课堂教学的需要。有些课程存在开不出课的现象，部分平台课课程组师资补充缺少后备人员。如果再考虑到近年将退休的教师所承担的教学任务和工作量（他们人均承担的教学工作量远远大于新进教师的人均教学工作量），没人上课的问题会更严重，小班授课作为提升授课质量和教学改革实施的重要方式更是难以落实。课堂教学课程排课尚且存在师资不足问题，课堂教学质量提升更是无从落实。

5. 教研教改项目立项相对较少，参与教研教改教师数量比例较低

教研教改项目是促使教师思考教学问题，改进教学方式方法，提升教育教学能力的重要抓手。通过教研教改项目，可以加强教师之间相互合作、交流，探讨和解决教学中的实际问题，总结和推广先进教学经验，更新教师教育理念，提升教师教学素养、创新教学和教学实践应用能力。尽管许多教师有参加教研教改项目的热情，但历年来，项目立项数量较少，经费支持力度较小，参加教研教改项目的教师人数比例偏低，一定程度上影响了教学改革的推进，制约了课堂教学环节先进有效的教学改革的探索、推广和应用。

四、课堂教学成效提升路径探讨

1. 健全教师考核评聘机制，引导教师将更多精力投入教学

健全教师考核与评价机制，提高教学检查与评价工作的科学性与规范性，承认、尊重、客观地评价教师的教学劳动，满足教师在教学岗位上的精神追求，制定有利于调动教师从事本科教学的政策或文件，既要使教师在教学岗位上守住红线与底线，又要使教师在教学岗位上有盼头、有干劲，引导教师象投身科研一样把更多部分精力投入教学。同时，加强教学投入，适当增加教师数量，全面落实小班化教学工作，为教师开展富有成效的课堂教学工作创造条件；改善教学条件和教学办公条件，真正让老师有地方方便地交流研讨、有地方指导学生实践；适当增加教师在教学岗位上的经济收入，增加教学岗位津贴和课时补贴，保证教师投入教学工作的基本待遇。

2. 健全教师终身学习机制，引导教师与时俱进地更新教育理念、转变教学观念，提升教育教学水平和能力

搞好教育教学工作是教师的天职，培养好学生是教师应尽的责任。社会的进步与发展对教师职业提出了更高的要求，教师职业的特殊性也要求教师必须而且只有终身学习，与时俱进，不断提高自身的教学能力与水平，才能适应立德树人、教书育人的工作。因此有必要制定相关制度或文件，保证将教师终身学习这一要求落到实处。一方面教师要不断加强自身的前沿理论和新技术的学习，与时俱进地更新自己的知识储备，把理论和技术新进展充实到课堂教学中；另一方面，要不断总结教育教学规律，学习教育方式方法新理念和新要求，以学生学习成效作为课程教学的目标与课堂教学设计出发点，在设计教学方案、更新教学内容、改进教学方式方法、拟定教学考核与评价及改进措施中，提高学生在课堂教学各环节的参与度和主动性，侧重通过知识与技能的传授培养学生的学习能力、思维能力、研究能力和创新能力，以自己的人格魅力感染学生、吸引学生、激发学生，做学生成人成才的引导者和领路人。

3. 健全基层教学组织，落实课程组长责任，做好课程建设与教学研讨工作

教研室和课程组是最基本的教学组织，梳理和完善现有基层教学组织，建立基层教学组织建设与管理机制，强化基层教学组织功能，激发基层教学组织活力，建立基层教学组织责任人制度，形成结构合理、功能健全、运行有效的基层教学组织，是推动课堂教学的有力保证。做到基层教学有组织、任务要求可落实、管理考核常态化，为有序推进课堂教学运行、教学研究与教学改革，促进本科教学内涵式发展与提升创新拔尖人才培养质量提供组织和制度保障。

4. 健全教师培训体系，重视教师教学发展中心建设，提升为教师服务的水平

教师发展及教师教育教学能力是学校内涵发展的关键和生命线，教师教学发展中心承载着为教师职业终身、持续教育教学发展的重任和职责。教师教学发展中心有责任在摸清课堂主要教学问题的基础上有计划、分步骤、分阶段开展全员教师教学政策与要求、教育学与教育心理学、教学方式方法改革与研讨、信息化与教学能力提升等方面指导、培训及监督工作，为教师调整和改进教育教学方式提供指导、帮助、支撑与借鉴，为提升学校本科教育教学质量，激发教师积极主动自我发展提供支持。

5. 加强教育教学过程管理和服务，建立健全课堂教育教学及时反馈的闭环质量保障体系

教学过程决定了教学结果，学校对教师教学过程的管理仅仅依靠学生给教师打分、督导听课等方式对教学进行监控是远远不够的。现阶段，不少学生评教是被动的，学生对评教没有积极性，他们的反馈很难反映教师的教学状况，学生评教形式化严重，学生评教数据结果的参考性意义不强。一方面可以加强教师对课程过程性材料的检查和监督，增加教师在教学过程中对学生学习过程形成性记录的要求，对学生评教进一步制定相对规范和可行的方案；另一方面，利用现代化的手段，为教师教学提供信息化支持，对学生学习情况进行积极有效的反馈。建立有效的课堂教学质量实时跟踪、及时反馈保障体系。

五、结束语

课堂教学作为培养学生成人成才的系统工程，学校层面顶层设计、把教学工作融入到教师职称晋升及岗位评聘考核中，加大对教学工作过程考核与评价的权重，扭转重科研轻教学的局面，通过制度引导教师重视教学工作，积极投身教育改革，造就教师潜心"教"、学生专心地"学"的氛围和机制；学院层面，以基层教学组织和教学团队建设为抓手，全面落实课堂教学的主题责任，以教风建设带动和促进学风建设，营造良好的有利于提升创新拔尖人才培养质量的院风。同时，加强课堂教学的监管与督导，建立教师教学质量档案，为教师教学能力提升提供指导与服务；教师层面，要转变教育观念，高度重视本科教学工作，把主要精力投入到本科教学上，全身心投入教学。教学既是一门科学又是一项工作，教师要与时俱进，掌握当今教育教学规律，站在为国育人、为党育才的高度，努力提高业务水平、钻研教学方法，不断提高自己的教学水平，靠高水平的教学和高度的责任感把学生吸引到课堂上，做好自己课堂教育教学的"教"，同时更加关注学生课堂内外的"学"，提高教育教学过程中学生的参与度和主动性，打造以学生学习和培养成效为检验标准的有效课堂。

◎ 参考文献

[1]周叶中.武汉大学本科人才培养思想探析[J].中国高等教育，2019(12)：16-18.
[2]孟艳.《斯坦福大学2025》计划：高等教育人才培养模式的革命式变革[J].现代教育管理，2019(11)：124-128.
[3]赵炬明.论新三中心：概念与历史——美国SC本科教学改革研究之一[J].高等工程教育研究，2016(3)：35-56.

新时代高校临床新教师教学能力提升途径及思考

王时雨 杨 琨 杨 旭 谢亚典 雷 红

（武汉大学第二临床学院/中南医院，430071）

【摘　要】高校新教师是高校教师队伍的后备力量，是教育改革和发展的重要基础。随着中国特色社会主义新时代的发展，国家对高等教育高质量发展和高校师资队伍建设提出了新的要求。面对健康中国战略发展需要和新冠疫情的挑战，对高质量医学教育需求日益加大，医学教育的重要地位日益彰显。高校临床新教师队伍建设面临临床、教学和科研三重压力，新教师教学能力欠缺和针对性教师教学考核及激励机制欠完善等问题。本文探讨了通过明确临床教师岗位职责等方法增强教师职业认同感；开展符合临床教师发展规律的针对性师资培训；规范临床师资遴选机制、严控教师准入上岗，保障师资质量；构建合理的教师教学考评及奖励机制，从而建设符合新时代医学教育发展需要的师资队伍途径。

【关键词】教师专业发展阶段理论，新时代，临床新教师，教学能力

【作者简介】王时雨(1991—)，女，湖北武汉，硕士研究生，武汉大学中南医院/第二临床学院，教学管理，中级，主要从事高等教育学、医学教育研究，E-mail：sy_wang1205@163.com；杨琨(1984—)，男，博士研究生，外科学系执行主任，副主任医师，主要从事微创外科、手术机器人方向研究；杨旭(1985—)，男，博士研究生，副主任医师，主要从事关节与运动骨科方向研究；谢亚典(1990—)，女，中级，医学教育管理；雷红(1965—)，女，广西南宁，硕士研究生，武汉大学中南医院/第二临床学院，校督导，副教授，主要从事心血管内科、糖尿病心肌病的基础与临床、医学教育，E-mail：1023605273@qq.com

【基金项目】2021 年武汉大学综合改革项目"胜任力视角下临床学院新教师教学能力培养体系构建"2021ZG295；2022 年武汉大学研究生"课程思政"示范课程《外科学新进展》；2022 年武汉大学综合改革项目"《显微外科与腔镜技术》线上线下混合式课程建设"2022ZG182。

"百年大计，教育为本。教育大计，教师为本。"我国开启全面建设社会主义现代化新征程后，党和国家事业发展对高等教育高质量发展和优秀人才的需要更为迫切。习总书记多次强调教师在教育发展中的重要意义，强调"教师要成为大先生，做学生为学、为事、为人的示范，促进学生成长为全面发展的人"。为适应国家发展需要，教育部明确提出要

"突出教师思想政治素质和师德师风建设,克服'唯论文'、'唯帽子'、'唯职称'、'唯学历'、'唯奖项'、'唯项目'倾向…提高专任教师队伍水平、影响力及发展潜力的举措和成效"[1]。面对健康中国战略发展要求和新冠疫情的挑战,国务院办公厅指出要"把医学教育摆在关系教育和卫生健康事业优先发展的重要地位"[2]。可见,医学教育在当前国家高等教育发展中的重要地位。《中国本科医学教育标准:临床医学专业》(2016版)明确要求:医学院必须根据学校目标定位、办学规模、改革与发展需求合理聘任、遴选、组建师资队伍,制定教师培训、晋升、支持和评价等有效政策[3]。临床师资队伍建设关系到国家医学人才培养,高等医学教育培养质量,因此加强临床师资队伍建设对医学教育发展意义重大。

一、新时代临床新教师教学能力需求

临床新教师,顾名思义,是指教学医院新入职,还没有取得高校教师资格证书,今后要成为教师人员。"他们通常没有实际教学经验,也没有经历过专门的师范训练,对于教学活动及环境大多仅局限于学生时代或社会感知的模糊认识与记忆,对所面对的各种事务都处于适应过程当中"[4]。面对新时代社会发展需要和国际局势变化,国家对高质量人才需求越来越高,对高校教师教学能力的要求更是不断提升。

2022年是我国高等教育转段阶段,教育部工作要点提出"把教师作为教育发展的第一资源,打造高素质专业化创新型教师队伍""推进人工智能助推教师队伍建设试点工作"[5]等要求。师资队伍面临信息化、高素质、专业化、创新性的多重挑战。因此,新时代临床新教师教学能力内涵包括但不限于以下几个方面:教师医德、师德规范要求;课程思政能力、基本教学能力要求、信息化技术应用教学研究能力等。

(一)新教师医德、师德规范及课程思政能力需求

随着立德树人根本任务观念的强化,高校不断扎实推进课程思政建设,越来越重视"建强教师队伍'主力军'、筑牢课程建设'主战场'、坚守课堂教学'主渠道'"[6]。国家、高校越来越重视教师师德师风建设和教师课程思政能力培养。新教师应适应当前教育发展形势,注重师德医德,注重课程思政能力锻炼。对临床新教师,课程思政能力即是正确的人生观和世界观,坚定的职业观等在日常工作和生活中的体现,是对课程思政的理解和课程思政意识的体现,需要教师具备在专业课程中融入思政元素的能力。

(二)新教师基本教学能力需求

临床教师教学能力包括理论授课、临床技能教学、模拟教学和临床床边带教能力。结合临床医生岗位胜任力模型和临床教师承担教学任务,对临床新教师教学能力的提升主要侧重对他们课堂理论教学和技能教学能力的培养。对于新教师而言,树立基本的教学观念,掌握基本的教学技能是关键。通过基本的课堂教学能力培训,帮助新教师获取高校教师资格证,具备任教的基本资格。除此之外,在常态化疫情防控阶段,传统的线下教学模

式已经不能应对新时代高等教育发展需要,新教师还应具备基本的信息化教学能力。因此,基本的信息化教学能力已成为教师的基本教学能力之一。

(三) 新教师教学研究能力需求

虽然教育部明确提出"破五唯"的发展要求,但并不代表高校不需要教师的教学研究能力。相反,提升教师教学研究能力,适当的教学研究能在一定程度上促进高质量教学成果的推广与转化,能提升教学质量。对于临床新教师,需辨识教学研究能力和临床科研能力的区别,有发现教学问题的能力,有教育学伦理意识,有意识地学习社会科学研究的理论和方法。

二、新时代新教师教学能力提升的挑战

(一) 临床新教师身份的转变

临床医学教育有其专业特殊性:教育者兼具医生和教师双重身份,大部分临床教师入职前未接受过教学培训。对新入职的人员来说,临床医生的身份认同感明显高于教师的身份。对近两年新入职临床教师调研发现,87%的新职工没有高等教育教学经验,而2020年经合组织成员国教师入职前接受过课程教学方法与实践的教师占比达79.3%。可见,教师职业身份认同感是临床新教师身份转变的重要基础。

(二) 临床教师的身份多重性

Berliner曾将教师成长的五阶段分为:新手—优秀新手—胜任—熟练—专家阶段[7]。大量研究表明,教师入职前几年是影响他们职业倾向的关键期[8]。对临床新教师而言,入职前几年不仅是他们教学发展的关键期,也是医疗和科研发展的关键期。相比较而言,教学是一个周期较长的积累的过程,短期内较难产生显著效益。因此,新教师在医疗、教学和科研工作投入差异明显。短期内,新教师很难取得显著教学成果,一定程度上不利于激发新教师发展。

(三) 教学激励政策不足

对临床新教师而言,新教师是新的身份,首先在角色转变存在一定挑战性。尽管中共中央国务院颁布了《深化新时代教育评价改革总体方案》,提出"突出教育教学实绩,强化一线学生教育,改进高校教师科研评价"[9]等要求,但目前还在探索阶段,考核、晋升体系不尽完善,缺乏有效的教学激励政策。对临床新教师的考核,医疗、教学和科研所占比重存在明显差异。考核中,医疗占比相对最高;职称晋升方面,同等条件下,临床新教师的教学职称晋升难于医疗系列的职称晋升。虽然,学院近年来对教学的奖励金额逐年增长,但相对于科研和医疗奖励还有较大差距。

三、新时代新教师教学能力提升途径及思考

(一)加强师德教育和课程思政教育,强化临床新教师职业认同感

充分利用岗前培训,丰富教育教学培训内容,增加教学基本能力培训时间,确保新教职工教育教学理念和概念的形成,掌握基本教学法。巧用教学传帮带制度,入职后,以教研室(系)为单位,建立教学传帮带,让新教师参与到日常教学中去,随堂听课,参加试讲和集体备课,感受教学氛围,强化教师身份的职业认同感,帮助新教师进行合理的职业生涯发展规划。

我们对2021年和2022年新职工岗前培训调查发现,每年新教师对师德教育需求不足50%(见图1),说明新教师对师德的重视程度不足。自2021年起,我院新教师培训加入了师德教育和课程思政建设专项培训,并在其他阶段的师资培训、集体备课和教学试讲中,加强了师德教育和课程思政的内容。发挥教研室(系)的职责,加强督导专家队伍的指导,将师德教育和课程思政理念融入教师成长中的每一个环节,增强教师身份职业认同感。2022年参加申请教师资格证的91名教师调研发现,95.6%的老师认为在医学专业课中加入与课程思政相关内容对培养学生有积极的引导作用。

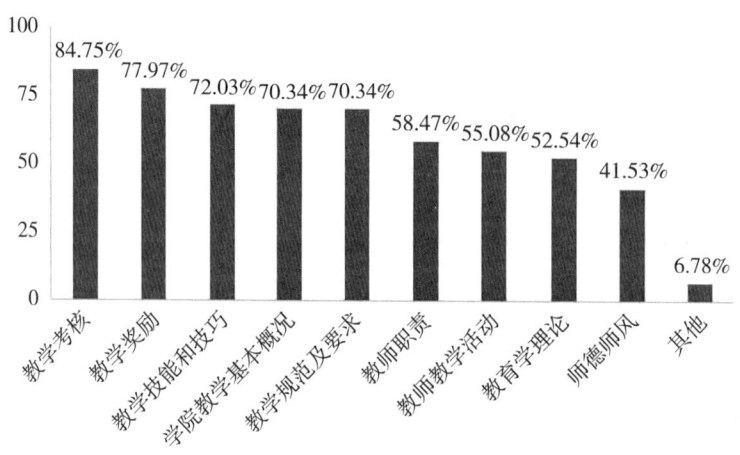

图1 2022年新职工教学培训需求调研

(二)针对性教学能力培训,提升教师教学能力

基于教师发展的五阶段和临床医师岗位胜任力模型,针对临床新教师需具备的教学能力,根据教学需要和教师实际情况,设计针对性的教学能力提升培训计划。充分发挥教师教学发展中心的作用,针对教师发展不同阶段的教学能力(见表1),开展个性化培训和指导。以新教师为例,通过对2021年和2022年新入职的教师的调查发现,85%的教师没有教学经验,因此,学院针对性的进行新教师培训(见表2)安排。培训合格,学院组织试

讲，试讲合格颁发试讲合格证，是新教师申请高校教师资格证的必备条件。

表1　　　　　　　　　　　新教师教学能力培训安排

特点	培训需求	培训安排
1. 缺乏实际教学经验 2. 对教学认识有限	1. 教学基本理念、教学意识建立等知识 2. 实际教学现场学习或观摩	1. 学院教学概况培训 2. 教学基本知识及相关部门政策培训 3. 师德师风、课程思政培训 4. 教学基本能力和信息化技术培训

表2　　　　　　　　　　　新教师教学能力培训课程安排

培训内容	授课形式
新教师教学能力培训概况	讲座
理论授课的课程设计模型	讲座
课程实施的教学结构	视频
教案与说课	讲座
理论授课PPT制作基本原则	讲座
优秀PPT展示	经验分享
教学信息化技术应用	讲座
课程呈现	讲座
教案撰写与课堂授课技巧	经验分享
教案修订研讨	工作坊
总结	总结

同时，通过鼓励教师组建教学共同体，如理论授课教学共同体、技能教学共同体、临床带教教学共同体、医学教育研究教学共同体、医学课程思政教学共同体、教师教学竞赛共同体和产学协同育人共同体等。支持教师加强产学融合建设、跨学科交流及国际间交流等，提升临床新教师教学能力。

(三) 重视教学激励政策落实，引导新教师参与教学工作

"通过恰当的外部激励机制，比如物质的或非物质的奖惩、职称(学衔)的晋升、社会声望的提高等激发教师追求发展的内在热情"[10]。因此，优化教师结构，制订有助于中青年，特别是新教师人才培养计划、青年交叉学科人才培养计划等，积极展开青苗行动，加强对中青年人才的培养，为有教学突出贡献的年轻教师制定教学职称晋升方案，开拓年轻教师成长之路，稳扎稳打做好临床师资梯队建设。完善考评体系，进一步合理优化医疗、科研和教学评价的权重。

借鉴国外高校经验，"设立相应的机构，协调校内外资源，提供经费支持，开展多种促进新教师发展的活动和项目,为新教师的教学和专业发展、潜力开发、事业成功及适应和融入学校环境提供最大限度的帮助和支持"[11]。我院持续完善绩效考核办法及教学奖励办法,保护教师教学积极性,激发教师教学热情。自2013年起采用对教师教学工作进行定量和定性相结合的考核方式,新教师参加教学培训也纳入教学年度考核的指标。考核结果作为教学上岗、评优评先和教学奖励的依据。近10年的时间里,对考核文件进行了三次修订。考核内容涵盖教师师德、各级各类教学工作及培训情况。通过科学、客观有效的教学评价掌握教师教学情况,为教学工作发展提供参考,真正实现"以考促教、以考促改"[12]。同时我院不断完善教学奖励激励制度,教学奖励的投入逐年增长,以奖励在教学方面有突破或重大贡献的教师。

四、总结

临床新教师教学能力成长是一项复杂的系统工程,不是短期一蹴而就的。尤其在新时代背景之下,提出了更多的要求和挑战,结合国家政策要求及自身战略计划,勇于改革和创新,针对临床新教师特点,随时代发展制订针对性的教学能力成长路径,建立良好的新教师成长文化氛围,促进临床医学教育长期健康可持续发展。

◎ 参考文献

[1] 中华人民共和国教育部."双一流"建设成效评价办法(试行)[EB/OL]. 2021-03-23. http://www.moe.gov.cn/srcsite/A22/moe_843/202103/t20210323_521951.html.

[2] 国务院办公厅. 关于加快医学教育创新发展的指导意见[EB/OL]. 2020-09-23. http://www.gov.cn/zhengce/content/2020-09/23/content_5546373.htm.

[3] 教育部临床医学专业认证工作委员会. 中国本科医学教育标准(临床医学专业2016版)[M]. 北京:北京大学医学出版社,2018:32-36.

[4] 李庆丰. 大学新教师教学能力发展研究:核心概念与基本问题[J]. 中国高教研究,2014(03):68-75. DOI:10.16298/j.cnki.1004-3667.2014.03.012.

[5] 中华人民共和国教育部. 教育部2022年工作要点[EB/OL]. 2022-02-08. http://www.moe.gov.cn/jyb_xwfb/gzdt_gzdt/202202/t20220208_597666.html.

[6] 北京师范大学建强主力军 筑牢主战场 坚守主渠道 扎实推进课程思政建设[EB/OL]. 2021-04-02. http://www.moe.gov.cn/jyb_xwfb/s6192/s133/s139/202104/t20210402_524189.html.

[7] D. C. Berliner(1988). The Development of Expertise in Pedagogy, American Association of College for Teacher Education. New Orleans, al., February 17.

[8] 许明,黄雪娜. 从入职培训看美国新教师的专业成长[J]. 教育科学,2002(01):51-55.

[9] 中华人民共和国中央人民政府. 深化新时代教育评价改革总体方案[EB/OL]. 2020-10-13. http://www.gov.cn/zhengce/2020-10/13/content_5551032.htm.

[10] 潘懋元,罗丹. 高校教师发展简论[J]. 中国大学教学,2007(1):5-8.
[11] 郭丽君,吴庆华. 浅析美国高校新教师发展[J]. 高等教育研究,2012,33(7):69-73.
[12] 王时雨,杨琨,王黄磊,刘陈昂,雷红. 教学工作量化评估体系的效果验证[J]. 医学教育管理,2020,6(1):59-63,69.

基于"小课题"的《流行病学现场实践》翻转课堂式教学模式

燕 虹 王得志 刘 晴 俞 斌 左 丹

(武汉大学公共卫生学院,湖北 武汉 430071)

【摘 要】 在新冠肺炎疫情防控新形势下,提高流行病学教学质量并且注重培养学生的流行病学现场实践能力意义重大。本研究基于新冠疫情之前已初步建立的以"小课题"为基础的实践教学模式,以学生为主体,以解决公共卫生问题为载体,充分实现翻转课堂式教学,并采用问卷调查和访谈的方式进行效果评价。学生对该课程给予了充分的肯定,认为是一种不同其他课程的全新体验,大多数学生建议增加课时以便更充分的沉浸其中,获得更多更好的体验。

【关键词】 现场流行病学;小课题教学;实践教学。

【作者简介】 燕虹(1971.4—),女,湖北天门人,研究生学历,武汉大学公共卫生学院,副院长,教授。研究方向:行为流行病学,儿童青少年心理行为与健康。邮箱:yanhmjxr@whu.edu.cn。

【基金项目】 武汉大学公共卫生学院本科教育质量综合改革项目(2021013);武汉大学医学部教学研究项目(2021080)。

流行病学是研究人群中的疾病与健康状况分布及其影响因素,并研究如何防治疾病及促进健康的策略和措施的科学,是公共卫生和预防医学的核心学科。[1]注重现场是流行病学的重要特征之一。新冠疫情的爆发暴露了预防医学人才培养体系与教育教学质量的局限性,暴露了现场流行病学能力的不足,对我国疾病防控体系提出了挑战。[2][3]在预防医学专业开设流行病学现场实践课程,探索"理论与实践相结合"的新教学模式对提高预防医学专业本科生现场实践能力和综合素质具有重要意义。

一、"小课题"教学模式的特点

基于"小课题"的流行病学现场实践课程是参考了中国现场流行病学培训项目(Chinese Fields Epidemiological Training Program,CFETP)的培养方式并且充分考虑了预防医学本科生的理论掌握及日常关注领域而进行的创新教学模式。CFETP项目以学员发现和处理各种公共卫生事件,提高其独立开展流行病学现场组织、实施调查和应急处置的综合能力为其核心宗旨。[4][5]基于"小课题"的流行病学实践教学模式突破传统教学中以教师讲授为主的模式，强调以学生主动学习为主，通过学生发现问题、制定调查方案并且最终实施方案解决问题，将流行病学理论知识与各学科知识和方法相结合，激发学生的学习热情，培养学生发现问题、独立思考和解决问题的能力。[6]

二、"小课题"教学模式的构建

"小课题"教学模式主要包括四个步骤：选题（提出公共卫生问题）、流行病学设计和现场调查、资料处理分析、报告撰写及课题汇报。学生以小组为单位开展课题，每个学生在小组中承担具体的任务，同时协助小组其他成员开展工作。教师起指导和协助作用，并注意向学生强调各阶段涉及的流行病学知识点，以引导学生顺利完成"小课题"从选题到结题的全过程，并从中获益。

1. 选题（提出公共卫生问题）

在课前学生自愿组成包括8~10个成员的学习小组，要求每位学生结合公共卫生热点或日常生活中关注到的公共卫生问题，提出1~2个选题，并在小组内阐述选题的背景和公共卫生学意义、选题的科学性和可行性等，小组成员通过集体评判，确定小组选题2~3个。在课堂上，每个小组对选题进行开题报告和答辩，通过学生讨论及教师点评，对课题不断完善，一般经过2~3轮竞争，最终推选出小课题3~4个，一般每个小组1个课题。

2. 流行病学设计、现场调查及资料处理分析

各小组根据同学及教师建议修改和完善研究主题和具体的研究方案，进行调查前准备，确定调查点和调查对象（必要时提前联系调查场所相关负责人）、制作调查问卷和记录表、培训调查员和预调查，为进一步的正式调查奠定基础。

在现场调查阶段，"小课题"教学促使学生在实践中发现问题和解决问题，重视学生在解决问题过程中的收获和体验，要求学生提前充分考虑现场调查可能面临的各种状况并制定解决方案，充分锻炼学生的协调组织能力、团队协作能力、现场沟通交流和灵活应对能力。通过现场调查的实施，将零散的理论知识横向联系起来，并与公共卫生问题的解决与防治工作相结合。

在数据整理分析过程中，要求学生用所学统计学知识进行数据处理，促进学生熟练应用统计学软件和掌握统计学方法。

3. 报告撰写及课题汇报

撰写报告和论文，以小组为单位通过PPT口头演讲汇报研究结果，教师和学生均对各小课题的实施过程及研究结果进行点评。

三、基于"小课题"的现场实践教学效果评价

采用自制问卷调查103名预防医学本科生对该课程授课方式、课程实用性的满意度，

并通过定性访谈进一步了解学生对该课程在提高学生知识和能力方面的效果的评价。

在 103 名预防医学本科生中，82.5%的学生对该授课方式满意，86.4%的学生对其实用性满意。

1. 理论知识的理解

84.5%的学生认为基于"小课题"的流行病学现场实践能促进自身对流行病学理论知识的进一步了解；80.6%学生认为有助于巩固所学的统计学知识，使自己所学的统计分析方法、问卷的信效度检验等理论知识得以应用。

定性调查结果显示，大部分学生认为该实践课程形式新颖，有利于提高学生的学习兴趣，有助于理论知识的理解，而且希望能够延长课时，增加周次，以便更充分全面的学习。比如：

A 同学："这门课与以往坐在教室上课的课程不同，以我们亲身体验和操作为主，相较其他课程而言，趣味性更高，且要求我们自主性更强"。

B 同学："本门课程的授课方式也很新颖，大学三年内第一次通过如此紧密的小组联系通过半学期的时间来完成一个题目"。

C 同学说："因为以前都是跟着老师做课题，都只是负责一篇文章的一部分，像这样完整的书写一个论文对我来说是第一次。"

E 同学说："流行病学是一门需要花很多时间去理解和实践、在实践中掌握理论的学科。虽然以前上过很多专业必修课，但在我心里，流行病学才是我认为的真正意义上的第一门专业课，它就像是一把钥匙，打开了我对预防医学这个学科的进一步深入了解的大门；也像一个潘多拉魔盒，一经打开便散发出独特的魅力，牢牢将人吸引。"

2. 思维能力、解决问题的能力和团队协作能力等得到提高

70.0%的学生认为"小课题"通过小组各成员之间的分工与合作完成一项课题从而活跃了学习氛围，使学生能够在讨论中进行自主学习，有利于增强学生的团队协作能力；77.7%的学生认为"小课题"有助于提高自身的数据整理与分析能力，通过运用所学的统计学知识结合小组的研究主题而选择合适的数据处理方法，提高了学生运用统计学知识解决实际问题的能力；82.5%的学生认为"小课题"教学模式提高了自己的研究设计能力，培养了学生的选题、问卷设计、现场调查等实践能力，扩展了学生的知识层面与视野，提高了学生的学习兴趣。

在定性调查中，同学们也提到了通过独立完成一个现场实践课题，从选题、开题报告、项目实施、结果整理分析到结题答辩、书写报告每个过程都能有所收获，同时以小组为单位开展活动锻炼了自己的团队协作能力和组织协调能力。其中：

同学 B 说："在选题时学生之间、学生与老师之间的思想碰撞，激发了我很多创新想法，也学到了老师看待课题的选择与执行的思维"；"我从一开始的生疏到最后的侃侃而谈，表达能力和逻辑思维都得到了很大的提升。"

C 同学说"在这门课上我们得以参加近一个完整的课题研究，这对我们的科研思维和科研能力是一次不小的历练，为我们今后的科研打下了基础，实在是收益良多。"

E 同学说："上了大学之后我做过不少课堂展示了，但这次展示给我印象最深刻，也带给我最多成长：要充分准备，自信从容，镇定自若。"

G 同学提到："每周一个展示，我们不断改进自己的展示方式。首先展示逻辑很重要；其次是结果呈现方式，应该规范，还要考虑细节性问题。"

I 同学提到："构建了一个比较完整的研究设计体系，前期准备过程真的非常重要，要思考每一个部分的可行性，确保每一个环节没有纰漏，才能使这个课题顺利进行。但是在不断的讨论修改中，我感受自己的思辨意识和对事情的考虑越来越全面，面对问题时由被动思考转为主动提出疑问，同时对各种研究方法的认识也越来越深刻。"

J 同学提到："课题从设计到完成不是某一个人能完成的，而是大家的共同协作、努力。"

K 同学说："这次经历让我明白了专业知识最重要的是能运用到实践中去，……不仅加深了我对流行病学实践过程的理解，还让我的受挫能力得到了大大的提升。"

四、讨论

1. 开设《流行病学现场实践》课程的重要性

流行病学是公共卫生与预防医学的核心学科，在疾病预防控制中担负着极其重要的角色，是解决实际公共卫生问题的重要工具[1][7]。流行病学教学目的在于培养学生应用流行病学理论和方法，开展病因研究、社区预防保健服务、人群健康和疾病调查，以及预防效果评价工作等。传统流行病学教学很少涉及现场实践内容，学生毕业后处理实际公共卫生问题的能力不足，如何提升公共卫生人才解决现场实践问题的能力是流行病学教学改革的重点[4][8]。

2. 基于"小课题"的流行病学实践课程模式实施的反思

（1）"小课题"教学模式具有的优势。该课程紧密围绕课程目的，设计"小课题"式教学模式，通过引导和协助学生积极发现身边的公共卫生问题，并将理论课所学流行病学基本原理和方法应用于解决实际问题，实现学生从选题到课题设计到现场调查到资料处理分析与总结全方位参与整个实践过程，充分发挥他们的主观能动性和创造力，使学生在掌握流行病学基本知识的前提下，加强对统计学知识和其他相关学科知识的巩固，同时学生的多方面能力包括发现问题、提出问题、阅读文献、课题设计、组织实施、资料分析解释、报告撰写、演讲等能力得到锻炼和提高。

调查发现，学生对该课程的开展满意度较高，普遍认为该教学方法有助于增加学习兴趣，更好地掌握流行病学基本理论和方法，提升各方面的能力。同时，教师在与学生互动共同完成此实践教学的过程中，专业视野、课堂组织和教学能力等也得到提高。

（2）"小课题"教学模式尚需进一步完善。目前，"小课题"教学模式的实施尚未形成严密的设计、实施和评价体系。该教学模式在整个教与学的过程中都充满了挑战性，没有固定的教材和教案，没有固定的教学内容，不同年级的学生，不同组的学生会提出什么样的选题，会拿出什么样的设计方案，会用到什么样的研究方法，会面对什么样的调查现场，学生事先不知道，教师也不知道，整个课程的进展就是这样在学生利用课外时间查阅资料和讨论，课堂上组与组之间的相互点评和讨论，以及教师从专业上及时捕捉同学们的知识漏洞，并及时强调相应的知识点和给予建议的过程中进行的。而且，课堂上展示的内容是需要学生花更多的课外时间带着问题阅读文献和参考相关学科书籍等完成的。因此，课程实施过程的评价很难形成客观定量的评价体系，学生的成绩也主要根据最后提交的结题报告，并适当结合课堂上是否积极主动思考、提出问题和参与到讨论中进行判定。

"小课题"教学模式的目的是在巩固学生对理论知识的掌握基础上培养其解决实际公共卫生问题的能力，在一定程度上打破了流行病学等专业课理论知识学习的完整性和系统性，因此，该课程安排的时间就显得尤为重要。[9]调查和访谈中，学生普遍希望该课程能够安排在流行病学与卫生统计学理论课程学习之后，且不能间隔时间过久，这样可以加强传统教学与"小课题"教学、理论与实践的有效融合，进而提高教学效果。

总之，基于"小课题"的实践教学模式的实施对现场流行病学的教学具有积极的促进作用，但是，在今后的教学实践中还需要不断探索，完善课程设置时间、过程评价和考核评价等，以更好地促进教与学，提升教学质量。

◎ 参考文献

[1] 荆春霞，陈青山，杨光. 以现场流行病学能力为核心的实践教学改革探索[J]. 热带医学杂志，2015，15(5)：714-716.

[2] 陈彦凤，姜丽英，陈林军，韩丹，罗盈怡，孙文文，孙殿军. 基于新型冠状病毒肺炎疫情的现场流行病学调查教学实践[J]. 中华疾病控制杂志，2021，25(4)：478-482.

[3] 张馨月. 新冠肺炎疫情背景下中国公共卫生教育政策探讨[J]. 医学教育研究与实践，2020，28(2)：181-184-191.

[4] 冯琳，吕梅. 中国现场流行病学培训项目在公共卫生应急人才培养中的作用[J]. 中国公共卫生管理，2010，26(3)：245-246.

[5] 宋律，侯赛，杜金，解茹，李珊珊，胡兴强. 基于学员自评的安徽省现场流行病学培训项目效果分析[J]. 预防医学，2020，32(5)：533-535-538.

[6] 朱以敏，杨丽萍. PBL学习模式在流行病学实验教学中的应用效果与探讨[J]. 现代预防医学，2019，46(11)：2108-2112.

[7] 王声湧. 流行病学教学与高素质的疾病控制人才培养[J]. 疾病控制杂志，2004，8(4)：289-290.

[8] 贾改珍，秦国民，吕鹏，杨慧君. 探究式—小班化教学在公共卫生专业硕士现场流行病学课程中的实践[J]. 中国高等医学教育，2020(1)：69-70.

[9] 何佳，周婉婷，刘佳铭，郭恒，马娇龙，张向辉，王馨平，郭淑霞. Seminar结合案例教学法在流行病学教学中的应用效果[J]. 现代预防医学，2021，48(8)：1533-1536.

模拟培训与传统培训对新毕业护士规培效果的比较

王　红[2]　谢亚典[3]　李　婷[4]　李欣怡[1]　刘　茜[1]　陈　杰[6]　王晓琴[1]
王金娜[5]　方雅璇[4]　罗　丹[1]　杨冰香*[1]

(1 武汉大学护理学院, 2 新疆医科大学第一附属医院护理部,
3 武汉大学中南医院, 4 南方医科大学护理学院, 5 湖北医药学院护理学院,
6 Florida State University College of Nursing)

【摘　要】 目的：通过模拟培训和传统培训的交叉研究设计，比较模拟培训与传统培训对新毕业生护士的培训效果。方法：本研究为交叉研究设计。某三甲教学医院的 155 名新毕业护士参与了本研究。所有参与者被随机分为两组。交叉设计包含两个训练阶段，每个阶段包括为期 2 个月的模拟培训或传统培训。第一阶段结束后有一个月的间隔，然后两组交换培训方法。人口学问卷、CIRN、CTDI-CV 和 OSCE 用于评估护士核心能力和评判性思维的变化。SSS、EPSS 和 SDS 用于评估模拟质量和参与者体验。结果：模拟培训和传统培训都能够提高评判性思维和核心能力（$P<0.05$），其中模拟培训的效果更好。模拟培训和传统培训的顺序未对结果造成显著影响。然而，大多数新毕业护士对模拟培训感到满意，并认为其可以帮助提高信心、实践、沟通和评判性思维能力。OSCE 的结果表明，在第一阶段之后，进行模拟培训的 A 组在护理评估、诊断、计划和健康教育方面得分高于 B 组（$P<0.05$）。然而在第二阶段接受传统训练后的 A 组仅在健康教育方面得分高于 B 组（$P<0.05$）。结论：本研究证明模拟培训主要提高了新毕业护士的综合临床实践、沟通、文书和评判性思维能力。模拟培训具有许多教学优势，但也需要花费时间和资源。可以结合不同的培训方法，以获得更好的培训效果。

【关键词】 高仿真模拟培训；传统培训；新毕业护士；交叉设计；岗前培训

【作者简介】 通讯作者：杨冰香，女，博士，副教授，研究方向为护理模拟教育，精神心理护理，武汉大学护理学院，430071；湖北省武汉市武昌区东湖路 115 号；027-68788685（办公）15902731922（手机）；yangbx@whu.edu.cn。

第一作者：王红，女，硕士，研究方向为模拟教育，乌鲁木齐市新市区鲤鱼山南路 137 号，新疆医科大学第一附属医院护理部。

【基金项目】 本研究获得湖北省高校教学研究项目/武汉大学教学研究项目（项目编号：2020043）的资助

医疗卫生服务需要专业熟练的服务提供者来确保安全。模拟培训是提高医护人员和学生能力的质量改进策略之一。[1]对于新毕业护士来说，由学生转变为专业护士的过渡期是

一个重要的时期,在此期间他们经常能感受到自己对护理实践的期望与护理角色的现实之间的冲突。[2]新毕业护士在过渡期所接受的培训对于提供合格的护理人力资源也至关重要。[3]2016年我国国家卫生和计划生育委员会办公厅发布了《新护士培训纲要》,对新护士的培训方式、方法、时间、内容和考核等作了详细规定。[4]然而,由于临床环境日益复杂,住院时间越来越短,对医疗服务的要求越来越高,出于对临床风险和患者安全的考虑,医院为实习生提供的实习机会变少,导致了理论教学与临床实践的脱节。[5]我国目前的标准岗前培训提供的技能培训往往脱离具体的临床情境,难以解决新毕业护士将知识应用于实际的能力较差的问题。

模拟培训也已开始在过渡期使用。模拟培训指在专门的人体模型、计算机软件或标准化患者的帮助下在现实场景中进行实践。[6][7]如今的高仿真模型可以模拟患者的血压、分泌、生理过程等,并且可以通过专门的计算机软件进行人为控制。[8]高仿真模拟训练可以为实践和应用提供安全的环境,新毕业护士在模拟训练中可以有安全感的犯错并能及时反思纠正。[9]因此将模拟培训整合到传统的标准岗前培训中有助于解决缺乏安全实践和应用机会的问题。一项在标准岗前培训中应用模拟培训一年的研究表明,模拟培训可以提高新毕业护士护理核心能力和评判性思维的分数。[10]另一项研究表明,模拟培训可以提高新毕业护士在过渡期的核心能力。[11]此外,已发表的系统评价表明,模拟培训对学生的知识和技能有显著影响,对患者相关结果有中等影响。[12][13]此外,模拟教学可以减轻学习者的焦虑,[14][15]提高自信心[16]和自我效能感,[17]提高学习满意度,[18]增强同理心[19]、沟通能力[20]、评判性思维能力[21][22]、临床决策能力[23][24]和多学科合作能力[25]。尽管最近的一项系统评价已经证明了模拟培训在改善护士技能方面的优势,但由于缺乏强有力的证据,基于模拟的护士技能和知识培训的效果仍然不确定。[1]同时,支持将模拟培训整合到新毕业护士的标准岗前培训中的证据太少。因此本研究比较了模拟培训与传统培训对新毕业护士的影响,为新毕业护士模拟培训提供依据。

一、研究方法

1. 参与者

本研究采用了目的抽样。某三甲医院155名符合条件的新毕业护士参与了本研究。纳入标准:①新毕业护士;②具有本科或大专学历。自愿参与并充分知情同意。

2. 研究设计

155名参与者被随机分为A组和B组。A组在第一阶段接受模拟培训,在第二阶段接受传统培训。B组相反。A组和B组的模拟培训和传统培训形式相同,但内容不同。因此,本研究的交叉设计并不完整。研究开始前A组和B组均完成了人口学资料、核心能力和评判性思维的基线问卷(测试1)。在第一阶段,A组接受了为期一个月的模拟训练,而B组接受了一个月的传统训练。第1阶段结束时所有参与者都进行了核心能力和评判性思维的测试,并随机抽取A组的45名参与者和B组的45名参与者,以客观结构化临床考试(OSCE)的形式进行抽查(测试2)。第一阶段后参与者有一个月的间歇期。进入第二阶段，A组接受为期一个月的传统训练，B组接受为期一个月的模拟训练。第二阶段结束时所有参与者再次进行核心能力和评判性思维的测试，及随机抽取A组的45名参与者和B组的45名参与者，以OSCE的形式进行抽查(测试3)。模拟培训的实施者均接受过模拟教学NLN课程的培训。图1展示了整个研究过程。

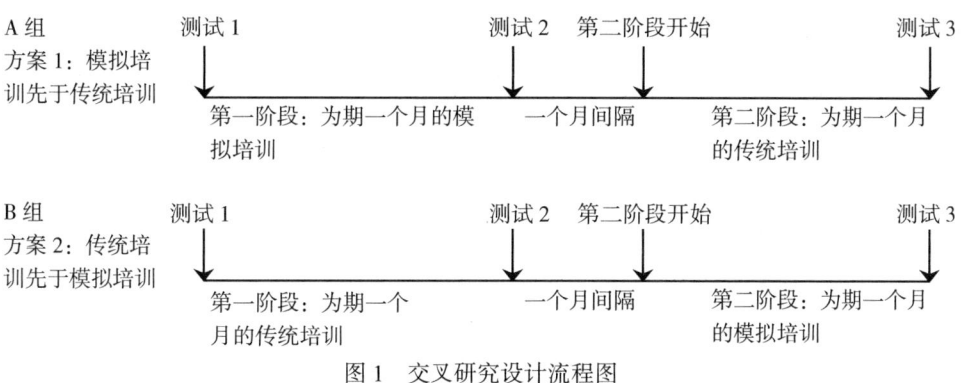

图1　交叉研究设计流程图

3. 培训方法

模拟培训和传统培训都是在标准岗前培训的基础上进行的。模拟培训在新毕业护士标准岗前培训开始六个月后开展，此时新毕业护士正在科室轮转期间。模拟培训的关键要素如表1所示。传统培训与模拟训练同时完成，包括案例教学、操作示范和实践练习。新毕业护士以小组的形式上课，每组约20人。老师为新毕业护士讲解相关知识的案例、演示案例所涉及的技能，以及新毕业护士练习操作。最后老师引导新毕业护士讨论、回答问题，并做总结。培训内容如表2所示。

表1　　　　　　　　　　　　　模拟培训的关键要素

要素	内　　容
持续时间	55~65分钟
参与者数量	A组77名新毕业护士，B组78名。每小组15~20名新毕业护士，共4组。
实施者	研究者本人担任实施者，并已接受过NLN Simleader所开展的模拟课程培训。1~3名其他护士帮助研究者完成模拟培训。
实施模拟的形式	标准化患者或模拟人，视情况而定。
事前介绍	大约15~20分钟。实施者和新毕业护士一起分析模拟任务，并解决新毕业护士遇到的问题。
案例	每个案例约10~15分钟，根据模拟案例和教学目标的要求完成整个模拟教学过程。
引导性反馈	大约30分钟，按照Plus-Delta流程开展。

一、教师编

表2　　　　　　　　　　　　　　　　培训内容

第一阶段	A组		B组	
	第一周	第三周	第一周	第三周
案例	高血压	急性心肌梗死	高血压	急性心肌梗死
目标	进行护理评估，处理异常情况，进行健康教育，完成必要的护理操作。	进行护理评估，处理异常情况，进行健康教育，完成必要的护理操作。	复习知识，讨论案例、护理干预、健康教育的重点内容，并根据操作流程选择模型进行实践练习。	复习知识，讨论案例、护理干预、健康教育的重点内容，并根据操作流程选择模型进行实践练习。
涉及操作	心电监护、微量泵	皮下注射、肌内注射	心电监护、微量泵	皮下注射、肌内注射
教学方法	高仿真模拟	高仿真模拟	案例教学+操作示范+练习	案例教学+操作示范+练习
	一个月间隔			
第二阶段	A组		B组	
	Week 1	Week 3	Week 1	Week 3
案例	肺炎	支气管哮喘急性发作	肺炎	支气管哮喘急性发作
目标	复习病因和临床表现，讨论案例、护理干预、健康教育的重点内容，并根据操作流程选择模型进行实践练习。	复习病因和临床表现，讨论案例、护理干预、健康教育的重点内容，并根据操作流程选择模型进行实践练习。	进行护理评估，处理异常情况，进行健康教育，完成必要的护理操作。	进行护理评估，处理异常情况，进行健康教育，完成必要的护理操作。
涉及操作	氧疗、吸痰	雾化给药、血氧饱和度监测	氧疗、吸痰	雾化给药、血氧饱和度监测
教学方法	案例教学+操作示范+练习	案例教学+操作示范+练习	高仿真模拟	高仿真模拟

4. 评价方法

(1)测量工具。测量工具包括一般人口学问卷、注册护士核心能力量表、评判性思维倾向测试量表和模拟教学效果评价问卷。

①一般人口学问卷：研究小组设计了一般人口学问卷，主要包括性别、年龄、教育背景、婚姻状况等。

②注册护士核心能力量表：刘明等编制的注册护士核心能力量表（competency

inventory for registered nurses，CIRN)有 7 个维度和 55 个条目。[26]七个维度分别是评判性思维能力、临床护理能力、领导能力、人际关系能力、法律及伦理实践能力、专业发展能力、教育与咨询能力。条目采用 5 级李克特量表来衡量。该量表的 Cronbach's α 系数为 0.908，七个维度的 Cronbach's α 系数在 0.718~0.903。量表总分 220 分，分数越高，表示护士的核心竞争力越强。总分在 165~220(项目平均分>3 分)意味着能力很强。得分在 110~164(项目平均分 2~3)表示中等能力，得分低于 110(项目平均分<2)表示能力弱。

③评判性思维倾向测试量表：使用加州评判性思维倾向量表中文版(The Chinese version of the California Critical Thinking Disposition Inventory，CTDI-CV)以测量参与者的评判性思维能力。主要包括七个维度：寻找真相、开放思想、分析能力、系统化能力、评判思维的信心、求知欲和认知成熟度。量表的 Cronbach's α 系数是 0.90。该量表有 70 个条目，采用 6 级李克特量表的形式。总分在 70 到 420 之间。CTDI-CV 的总分≤210 分，表明受访者具有较差的评判性思维能力；211~279 分表示中等评判性思维能力；280~349 分表示较好的评判性思维能力；≥350 分表示强评判性思维能力。每个维度的得分≤30 分表示较差的评判性思维特征；31~39 分表示评判性思维特征不明确；40~59 分表示较好的评判性思维特征；≥50 分表示强评判性思维特征。[27]

④模拟教学效果评价问卷：基于 Jeffries 护理模拟教学理论框架[28][29]，使用三个量表对模拟教学进行评价：学生满意度和学习自信心(Student Satisfaction and Self-confidence in Learning，SSS)，有 2 个维度 13 个条目，Cronbach's α 系数分别为 0.94 和 0.87；模拟教学实践量表(Educational Practices in Simulation Scale，EPSS)，Cronbach's α 系数为 0.86，有 4 个维度 16 个条目；模拟设计量表(Simulation Design Scale，SDS)，Cronbach's α 系数为 0.92，有 5 个维度 20 个项目。[30]参考顾等人的计算方法[31]，三个量表均采用 5 级李克特的评分方法。[32]

(2)OSCE。为了减少错误，保证考试的真实性和有效性，参与教学过程的教师不能参加 OSCE(客观结构化临床考试，Objective Structured Clinical Examination，OSCE)测试。每个站点分配两名来自临床教师团队的评分员，评分员教学经验丰富，并提前进行了培训，测试中保持流程及扣分标准统一。

根据卫计委发布的《新入职护士培训计划(试行)》要求，以标准化病人或案例护理的形式选取临床常见疾病 3 例(外科、内科各 1 例，其他科室 1 例)。目标护理技能包括观察、护理计划、心理护理、人文沟通和健康教育，并由两名评分员使用现场问答清单评估护理措施的有效性。

5. 分析数据

培训期间，两组教师的培训、病历、培训时间保持不变。在评估的两个阶段，评估标准和评估方法保持一致。Epidata3.0 软件录入数据后，由两名研究人员进行交叉核对。

使用 SPSS 21.0 统计软件进行分析。连续资料用平均数和标准差描述，计数资料用百分比描述。通过重复测量方差分析比较了新毕业护士的核心能力和评判性思维的变化情况。采用两级交叉设计方差分析对两组的结果进行比较，$\alpha = 0.05$。

二、研究结果

1. 一般人口学特征

共有 160 名新毕业护士参加了本研究。3 人在研究期间辞职,2 人没有参加测试,最终 155 人完成了研究。两组新毕业护士的基线数据见表 3。两组新毕业护士在年龄、性别、学历等方面均无统计学意义($P>0.05$)。

表 3　　新毕业护士的人口学特征及两组比较($n=155$)

条目		A 组($n=77$)	B 组($n=78$)	t/x^2	P
年龄		24.01±1.22	23.88±1.33	0.63	0.53
性别	男	5	8	0.714	0.398
	女	72	70		
民族	汉族	54	61	2.056	0.358
	维吾尔族	14	8		
	其他	9	9		
教育水平	大专	38	39	0.06	0.937
	本科	39	39		

2. 模拟培训的评价

培训结束后,新护士对整体教学设置感到满意,如表 4 所示。25 人(16.13%)认为培训开始前是开展高仿真模拟教学的最佳时机,122 人(78.71%)认为是培训期间,8 人(5.16%)认为是培训结束后,可以看出新毕业护士认可在规范化岗前培训中开展模拟培训。新毕业护士在教学方法(96.25%)、教学内容(98.13%)、教师质量(98.13%)和模拟安排(90.01%)方面满意度较高。

表 4　　新毕业护士对交叉设计培训的满意度($n=155$)

条目	非常满意(%)	满意(%)	平均值(%)	低于平均值(%)
教学方法	47(30.32)	102(65.81)	5(3.23)	0(0.00)
教学内容	52(33.55)	100(64.51)	2(1.29)	1(0.65)
教师质量	71(45.80)	81(52.25)	2(1.29)	1(0.65)
模拟安排	31(20.00)	109(70.32)	12(7.74)	3(1.93)

以下评价由 SSS，EPSS 和 SDS 组成，以评估 155 名新毕业护士完成的两组模拟的效果。共有 11 个维度。A 组和 B 组各维度的平均得分均超过 4 分。两组各维度得分存在差异，但差异无统计学意义（P>0.05），说明两组接受的模拟训练的质量相似（见表 5）。

表 5　　　　　　　　　　模拟培训效果评估（$n=155$）

量表	维度	均数±标准差		t
		A 组（$n=77$）	B 组（$n=78$）	
SSS	满意度	4.40±0.42	4.37±0.45	0.327
	自信心	4.20±0.38	4.23±0.42	-0.445
EPSS	自主学习	4.36±0.38	4.33±0.43	0.468
	合作	4.47±0.49	4.52±0.49	-0.637
	多种学习风格	4.38±0.53	4.44±0.47	-0.791
	达到预期	4.44±0.48	4.48±0.49	-0.406
SDS	目标/信息	4.33±0.39	4.33±0.46	-0.111
	支持	4.37±0.44	4.37±0.44	-0.009
	问题解决	4.44±0.42	4.41±0.41	0.419
	反馈	4.38±0.43	4.40±0.44	-0.272
	仿真度	4.27±0.55	4.40±0.49	-1.579

* $P<0.05$

3. 三次测试的结果比较

（1）新毕业护士核心能力的提高情况。155 名新毕业护士基线时的总平均分为 132.40±33.77，核心能力位于中等水平。七个维度中从高到低的平均得分为：临床护理能力（23.82±6.39），领导能力（23.00±5.50），法律与伦理实践能力（20.64±5.13），人际关系能力（20.07±5.29），评判性思维能力（17.45±5.49），专业发展能力（14.55±4.02）以及教育与咨询能力（12.86±4.39）。培训前，A 组和 B 组新毕业护士的总平均分分别为 134.73（±31.44）和 130.06（±36.02）。两组核心能力总分及 7 个维度差异均无统计学意义（P>0.05）。表 6 显示，与基线水平相比，传统培训和模拟培训均提高了核心能力的各个方面。

表 6　　　　　　　　　　各阶段核心能力的比较（$n=155$）

条目	基线	第一阶段	第二阶段	P（基线和第一阶段）	P（基线和第二阶段）	P（第一阶段和第二阶段）
专业护理能力	23.82±6.39	24.85±5.31	27.48±5.50	0.002*	0.000*	0.000*

续表

条目	基线	第一阶段	第二阶段	P（基线和第一阶段）	P（基线和第二阶段）	P（第一阶段和第二阶段）
领导能力	23.00±5.50	23.79±4.69	25.79±4.85	0.010*	0.000*	0.000*
人际关系能力	20.07±5.29	20.98±4.19	22.85±4.25	0.017*	0.000*	0.000*
法律与伦理实践能力	20.64±5.13	21.45±4.11	23.29±4.24	0.011*	0.000*	0.000*
专业发展能力	14.55±4.02	15.22±3.28	16.20±3.26	0.024*	0.000*	0.003*
教育与咨询能力	12.86±4.39	14.00±3.18	15.50±3.87	0.000*	0.000*	0.000*
评判性思维能力	17.45±5.49	18.64±4.25	20.88±4.59	0.000*	0.000*	0.000*
核心能力总分	132.40±33.77	138.94±24.71	152.00±28.90	0.000*	0.000*	0.000*

* $P<0.05$

（2）新毕业护士评判性思维的提高情况。155 名新毕业护士基线时的总平均分为 284.11（±36.33），具有较好的评判性思维能力（>280 分）。从高到低各维度的得分依次为：求知欲（42.47±8.28）、开放思想（41.47±6.61）、分析能力（41.21±6.03）、认知成熟度（40.62±8.68）、系统化能力（40.61±6.65）、寻找真相（38.92±7.74）、评判思维的信心（38.83±7.53）。培训前，A 组和 B 组新毕业护士评判性思维能力总分为 285.42（±35.10）和 282.81（±37.72）。两组在评判性思维总分和 7 个维度差异均无统计学意义（$P>0.05$）。表 7 显示，与基线相比，传统培训和模拟培训均改善了大多数评判性思维维度，寻找真相和认知成熟度除外。

表7　　各阶段评判性思维的比较（$n=155$）

条目	基线	第一阶段	第二阶段	P（基线和第一阶段）	P（基线和第二阶段）	P（第一阶段和第二阶段）
寻找真相	38.92±7.74	39.13±6.76	40.74±8.78	1.000	0.139	0.091
开放思想	41.47±6.61	41.38±5.86	43.40±7.28	1.000	0.015*	0.001*
分析能力	41.21±6.03	42.18±5.55	45.09±5.76	0.019*	0.000*	0.000*
系统化能力	40.61±6.65	41.21±5.63	42.90±6.48	0.265	0.003*	0.004*
评判思维的信心	38.83±7.53	40.41±5.74	43.15±6.18	0.002*	0.000*	0.000*
求知欲	42.47±8.28	43.68±6.29	45.89±7.93	0.029*	0.000*	0.002*
认知成熟度	40.62±8.68	40.45±7.66	42.06±9.61	1.000	0.441	0.141
评判性思维总分	284.11±36.33	288.45±31.16	303.23±38.78	0.040*	0.000*	0.000*

* $P<0.05$

4. 交叉设计后培训效果对比

(1)新毕业生护士培训后的核心能力。表8展示了交叉设计的方差分析结果。第一阶段,模拟培训在提高新毕业护士核心能力方面优于传统培训($P<0.05$)。第二阶段,高仿真模拟教学对护士核心能力总分和7个维度的影响与传统模拟教学相比无显著差异($P>0.05$)。

表8　　　　　　　　　两组核心能力比较($n=155$)

条目	第一阶段			第二阶段		
	A组	B组	t	A组	B组	t
专业护理能力	24.67±0.99	25.97±0.89	−8.66*	26.86±5.44	28.01±5.36	−1.33
领导能力	23.64±0.72	24.19±0.71	−4.83*	25.25±5.08	26.21±4.45	−1.24
人际关系能力	20.59±0.75	21.14±0.76	−4.58*	22.33±4.24	23.17±4.15	−1.24
法律与伦理实践能力	21.56±0.77	22.00±0.73	−3.64*	22.85±4.19	23.49±4.10	−0.95
专业发展能力	15.27±0.45	15.58±0.50	−4.16*	15.93±3.46	16.45±2.97	−1.00
教育与咨询能力	13.64±0.72	14.19±0.71	−4.83*	15.12±3.98	15.88±3.59	−1.26
评判性思维能力	18.58±0.77	19.49±0.64	−8.08*	20.52±4.70	21.22±4.36	−0.96
核心能力总分	137.95±4.94	142.58±4.59	−6.05*	148.86±29.59	154.42±27.26	−1.22

*$P<0.05$

(2)新毕业护士培训后的评判性思维。第一阶段,模拟培训在提高新毕业护士的评判性思维方面优于传统培训($P<0.05$)。第二阶段,与传统培训相比,高仿真模拟教学对评判性思维的影响无显著差异($P>0.05$)。

表9　　　　　　　　　两组评判性思维比较($n=155$)

条目	第一阶段			第二阶段		
	A组	B组	t	A组	B组	t
寻找真相	39.22±0.42	39.62±0.49	−5.57*	40.87±8.37	40.94±8.89	−0.06
开放思想	42.24±0.43	42.57±0.50	−4.38*	43.71±6.96	43.06±7.25	0.57
分析能力	42.69±1.04	44.08±0.89	−8.95*	45.35±5.46	44.91±5.77	0.49
系统化能力	41.27±0.45	41.65±0.48	−5.10*	42.52±5.85	43.37±6.84	−0.83
评判思维的信心	40.96±1.05	42.08±0.89	−7.15*	43.39±6.05	43.29±5.74	0.11
求知欲	43.50±0.75	44.19±0.78	−5.65*	46.03±7.05	45.81±8.34	0.18
认知成熟度	41.29±0.46	41.68±0.47	−5.09*	41.91±9.52	42.08±9.50	−0.11
评判性思维总分	291.18±4.37	295.87±4.15	−6.85*	293.77±35.29	293.46±40.35	0.05

*$P<0.05$

（3）新毕业护士 OSCE 分数的比较。第一阶段后，在护理评价、诊断、计划、健康教育 4 个站 A 组评分均高于 B 组，两组评分均有统计学意义（$P>0.05$）。第二阶段后，A 组在护理评价、诊断、规划、健康教育、操作技能等方面的得分均低于 B 组，但仅健康教育得分差异有统计学意义（$P<0.05$）。

表 10 各阶段新毕业护士 OSCE 得分（$n=90$）

条目	第一阶段			第二阶段		
	A 组（$n=45$）	B 组（$n=45$）	t	A 组（$n=45$）	B 组（$n=45$）	t
站点一 评价	58.33±19.02	48.33±14.06	2.674*	59.59±20.00	64.04±18.63	1.019
站点二 诊断	73.50±17.77	60.38±14.56	3.614*	69.63±24.45	74.24±19.53	0.920
站点三 计划	65.50±22.29	53.50±13.31	2.923*	61.17±21.82	69.34±18.20	1.800
站点四 健康教育	86.00±28.72	72.75±24.39	2.224*	53.50±23.20	63.60±19.27	2.096*
站点五 操作技能	88.41±2.50	88.95±3.19	−0.835	88.77±1.72	88.80±2.40	0.037

*$P<0.05$

三、讨论

通过对模拟培训的评价可以看出两个阶段的模拟培训评价结果几乎相同，因此 A 组和 B 组可以认为是接受了相同水平的模拟培训。新毕业护士表示喜欢模拟培训，认为其有效。也认为模拟培训为他们提供了一个安全的、允许犯错和寻找解决方案的、能提升自信的环境。新毕业护士对教学方法、内容、教师质量、模拟安排等表示满意，与杨等人对高仿真模拟教学的总体评价效果一致。[33]这表明本研究对新毕业护士的高仿真模拟教学效果得到肯定。

培训后，A 组和 B 组新毕业护士的核心能力处于中等水平，但总分和各维度得分均高于培训前，与国内其他研究结果一致[34~36]。在日益复杂和不断变化的临床环境中，护士应该能够快速做出决定，为患者实施和提供安全的护理措施，[37]因此提高护士的核心能力迫在眉睫。通过第一阶段后 OSCE 的结果，我们可以看到，模拟培训在提高护理评估、诊断、计划和健康教育能力方面比传统培训更具有优势，但在操作技能方面则没有优势。模拟培训可以提高新毕业护士的沟通能力，这主要体现在护理评估和健康教育上。也有助于改善新毕业护士的文书能力，体现在护理诊断和计划中。

本研究还发现，无论采用哪种培训方法，都能有效提升护士的核心能力。传统培训和模拟培训的顺序不会影响新毕业护士评判性思维的提高。

四、限制

首先，A组和B组的模拟培训和传统培训形式相同，但内容不同。因此，这项研究是一项不完整的交叉设计的研究。其次，抽样仅限于一家医院，OSCE仅有部分参与者完成，因此可能无法充分反映培训的效果。交叉设计表明培训方法的顺序可以产生不同的效果，应该进行进一步分阶段的随机对照来证明这一发现。应收集来自于同伴和老师多方的数据，对培训效果进行更全面的评价。

五、结论

模拟培训主要提高了新毕业护士的综合临床实践、沟通、文书和评判性思维能力。模拟培训具有许多教学优势，但也花费时间和资源。可以结合不同的培训方法对新毕业护士进行培训以获得更好的培训结果。

◎ 参考文献

[1] Hegland AP, Aarlie H, Stromme H, et al. Simulation-based training for nurses: systematic review and meta-analysis[J]. Nurse Education Today, 2017, 54: 6-20.

[2] Graf A C, Jacob E, Twigg D, et al. Contemporary nursing graduates' transition to practice: A critical review of transition models. Journal of Clinical Nursing[J]. 2020, 29: 3097-3107.

[3] Doughty L, Mckillop A, Dixon R, et al. Educating new graduate nurses in their first year of practice: The perspective and experiences of the new graduate nurses and the director of nursing. Nurse Education in Practice[J]. 2018, 30: 101-105.

[4] 陈国姿, 杨毅华, 施兰来, 等. 基于微课的翻转课堂教学模式在新入职护士规范化培训中的应用[J]. 中华现代护理杂志, 2019, 25: 1827-1830.

[5] MT H. Using simulations in nursing education[C]. New York: National League for Nursing, 2007.

[6] Society for Simulation in Healthcare. Simulation in Healthcare[EB/OL]. 2014. Retrieved from. http://www.ssih.org/.

[7] The International Nursing Association for Clinical Simulation & Learning. The Healthcare Simulation Standards of Best Practice™[EB/OL]. 2019. Retrieved from. http://www.inacsl.org/i4a/pages/index.cfm?pageid=1.

[8] Healthy Simulation. Medical Simulation[EB/OL]. 2014. Retrieved from. http://healthysimulation.com/medical-simulation/.

[9] 王红，唐春，戴江红. 高仿真模拟教学对新入职护士规范化培训的质性研究[J]. 教育教学论坛，2020，150-152.

[10] 李青荷，陈立萍，韦秀霞. 情景模拟在新护士分阶段规范化培训中的应用及效果[J]. 解放军护理杂志，2016，33：62-64.

[11] 万婷，谢湘梅，郑盈，等. 情景模拟教学法在规范化培训护士操作技能培训中的应用[J]. 临床医药文献电子杂志，2019，6：182.

[12] Cant, R. P., Cooper, S. J., 2010. Simulation-based learning in nurse education：systematic review[J]. J. Adv. Nurs. 66 (1), 3-15.

[13] Cook, D. A., Hatala, R., Brydges, R., Zendejas, B., Szostek, J. H., Wang, A. T., Hamstra, S. J. Technology-enhanced simulation for health professions education：a systematic review and meta-analysis[J]. JAMA, 2011, 306 (9), 978-988.

[14] Schaar GL, Ostendorf MJ, Kinner TJ. Simulation：linking quality and safety education for nurses competencies to the observer role[J]. Clinical Simulation in Nursing, 2013, 9(9)：e401-e404.

[15] Jose MM, Dufrene C. Educational competencies and technologies for disaster preparedness in undergraduate nursing education：An integrative review[J]. Nurse Education Today, 2014, 34(4)：543-551.

[16] White A, Brannan J, Long J, et al. comparison of instructional methods：Cognitive skills and confidence levels[J]. Clinical Simulation in Nursing, 2013, 9(10)：e417-e423.

[17] Pike T, O'Donnell V. The impact of clinical simulation on learner self-efficacy in pre-registration nursing education[J]. Nurse Education Today, 2010, 30：405-410.

[18] Abdo A, Ravert P. Student satisfaction with simulation experiences[J]. Clinical Simulation in Nursing Education, 2006, 2：e13-e16.

[19] Chaffin AJ, Adams C. Creating empathy through use of a hearing voices simulation[J]. Clinical Simulation in Nursing, 2013, 9(8)：e293-e304.

[20] Liaw SY, ZhouWT, Lau TC, et al. An inter professional communication training using simulation to enhance safe care for a deteriorating patient[J]. Nurse Education Today, 2014, 34：259-264.

[21] Kaddoura MA. New graduate nurses' perceptions of the effects of clinical simulation on their critical thinking, learning, and confidence[J]. The Journal of Continuing Education in Nursing, 2010, 41(11)：506-516.

[22] Sullivan-Mann J, Perron CA, Fellner AN. The effects of simulation on nursing students' critical thinking scores：A quantitative study[J]. Newborn & Infant Nursing Reviews, 2009, 9(2)：111-116.

[23] Lasater K. Clinical judgment：The last frontier for evaluation[J]. Nurse Education in Practice, 2011, 11：86-92.

[24] Distelhors KS, Wyss LL. Simulation in community health nursing：A conceptual approach[J]. Clinical Simulation in Nursing, 2013, 9：e445-e451.

[25] Leonard B, Shuhaibar ELH, Chen R. Nursing student perceptions of intraprofessional team education using high-fidelity-simulation[J]. Journal of Nursing Education, 2010, 49(11): 628-631.

[26] Liu M, Yin L, Ma MY, et al. analysis of the validation factors of the scale of core competence of registered nurses[J]. Chinese Journal of Nursing, 2008, 43(3): 204-206.

[27] Facione P, Facione N, Giancarlo C. The California Critical Thinking Disposition Inventory: Inventory Manual[J]. Millbrace CA: California Academic Press, 2001, (13): 294-295.

[28] Jeffries P R. A framework for designing, implementing, and evaluating simulations used as teaching strategies in nursing[J]. NursEducPerspect, 2005, 26(2): 96-103.

[29] Hallmark, B. F., Thomas, C. M., & Gantt, L. The educational prac- tices construct of the nln/jeffries simulation framework: State of the science. Clinical Simulation in Nursing, 2014, 10, 345-352.

[30] Wang A L, Fitzpatrick J J, Petrini M A. use of Simulation among Chinese nursing students[J]. ClinsimulNurs, 2013, 9(8): e311-e317.

[31] Gu YH. Application and effect of high simulation simulation teaching in undergraduate nursing teaching[J]. Nursing Journal of Chinese People's Liberation Army, 2016, 33(11): 53-56.

[32] Jefferies P R, Rogers K j. Theoretical framework for simulation design[M]//Jeffries P R. simulation in nursing education: from conceptualization to evaluation [M]. New York: National League for Nursing, 2007: 21-33.

[33] Yang BX, Liu Q, Yu SH, et al. Application and effect evaluation of disaster rescue simulation exercise in nursing undergraduate teaching[J]. Journal of Nursing Science, 2015, 30(3): 55-57.

[34] Hu Y, Xi J, Li JX, et al. study on the relationship between nursing organizational culture and core competence of nurses[J]. Chinese Nursing Research, 2014, (35): 4375-4378.

[35] Shi G, Lin FY, Zhang MC. A baseline survey of core competence of mobile nurses and a horizontal comparison between mobile nurses and nurses in top three hospitals in China[J]. Chinese Journal of Practical Nursing, 2014, 30(2): 62-64.

[36] He J, Xu Q, Xu R, et al. investigation on the core competence of nurses in 8 community health service centers in Shanghai and analysis of its influencing factors[J]. Chinese Nursing Management, 2014, 14(11): 1195-1197.

[37] Ali NS, Bantz D, Siktberg L. Validation of critical thinking skills in online responses[J]. J NursEduc, 2005, 44(2): 90-94.

教学和科研融通发展：
高校青年教师教学发展的思考

赵菊珊 郭均英

(武汉大学 教师教学发展中心 经济与管理学院，湖北 武汉 430072)

【摘　要】 青年教师是大学教师队伍的主体和大学教学、科研的骨干力量。教学和科研是大学教师职业生涯中最重要的工作内容。正确处理教学和科研的关系，促进教学和科研协调融通发展，是大学教师职业发展的关键，更是大学教师教学发展的首要问题。大学教师教学发展要帮助青年教师正确认识和理解大学教学和科研关系，确立正确的教学和科研认知，强化教学认知和教学主体责任意识；用多维学术观指导青年教师规划职业发展；通过教学学术赋能助力青年教师教学发展；用鲜活的实践案例激励青年教师追求教学学术事业，走好教学和科研融合发展之路。

【关键词】 大学教学和科研；青年教师；教学学术；教学发展

【作者简介】 赵菊珊(1965—)，男，湖北大悟人，教育学硕士，武汉大学教师教学发展中心常务副主任，副研究员，主要从事高等教育教学管理，E-mail: zhaojs@whu.edu.cn；郭均英(1966—)，女，湖北大悟人，经济学博士，武汉大学经济与管理学院副教授，主要从事会计学教育研究，E-mail: 296946164@qq.com。

随着"科教兴国""人才强国"以及"双一流"大学建设等国家发展战略的推进，越来越多高层次青年教师进入大学教师队伍。高层次青年教师不仅是大学科研的骨干力量，也是大学教学的骨干力量。教学和科研是现代大学的基本特征和主要职能，是大学教师职业生涯中最重要的工作内容，"教学是立足之本，科研是发展之路"。教学和科研本是相互统一、相互依存、相互促进的关系，但在实践中，教学和科研经常处于变异扭曲状态，"重科研、轻教学"的现象普遍存在。如何平衡教学与科研的关系，促进教学与科研协调融通发展，始终是大学教师职业发展的困境，如何让青年教师从上岗培训之始就树立正确的教学和科研认知，坚持"教学和科研并重""教学和科研结合"原则，走好教学发展之路，是大学教师教学发展必须优先化解的首要问题。

一、大学教学与科研关系的演变及启示

教学与科研关系是现代大学的基本问题，正如美国学者伯顿·克拉克(Burton R. Clark)所言："在现代大学教育中，没有任何问题比教学与科研之间的关系更为根本。"

青年教师从入职之始,就要对大学教学与科研的关系及其演变历史有所了解和认识,为确立正确的教学和科研认知奠定思想基础。

大学教学与科研的关系是随着大学职能演化而发展变化。大学最初的职能主要是教学,英国教育思想家纽曼在《大学的理想》中开宗明义的指出,大学是传播知识的场所,大学的主要职能是从事教学,传播知识和进行理想训练。1810年德国威廉·洪堡创立柏林大学,提倡"学术自由"和"教学与科研相结合"等新思想,确立"教学与科研统一性"原则,科学研究开始引入大学职能。当德国大学理念传播到美国,1876年霍普金斯大学成立,首创研究生院,催生了教学科研并重的新型研究型大学,科学研究成为大学的第二职能。19世纪中叶,美国赠地学院诞生,威斯康星大学校长查尔斯·范·海斯提出大学服务社会的目标和理念,现代大学的第三大职能正式确立。有关大学职能的讨论仍在继续。进入20世纪中后期,随着经济社会和科学技术的快速变化,高等教育也经历着剧烈变化,从"精英教育"向大众教育和普及教育发展,现代大学也逐步发展成为具有多重职能的巨型复杂机构。美国前加州大学伯克利分校校长克拉克·科尔称为多元化"巨型大学",教学与科研的相互关系开始变得复杂起来。进入20世纪90年代,高等教育问责制推行和大学国际竞争加剧,世界范围内对于大学知名度的兴趣与追求使得许多国家强化了对大学教授科研及相关活动的重视和奖励,教学与科研开始分离。大学分化为研究型大学、教学科研并重型大学和教学型大学,大学内部也开始出现教学与科研分化,一部分教师主要从事教学工作,一部分教师主要从事科研。对于学生培养而言,本科生主要进行基础知识的学习,而科研与学习的结合则是研究生阶段的事情,教师投入本科教学的精力和热情不足,对本科教学的责任意识淡化。

大学教学与科研间关系失衡,严重影响大学人才培养质量,造成大学教师学术身份的认同分裂,影响教师职业发展,也不利于大学职能的发挥和健康发展,因而引发学界和社会的广泛关注。大量研究表明,大学教学和科研关系的失衡现象,主要是由外部社会环境所引发的大学的功能、教师的学术工作性质、学术劳动力市场以及学术职业环境的调整和变革,反映了高等教育系统及其组织内部存在的一种"学术棘轮"效应,是政府的质量控制和资源配置体制、高校学术评价、晋升制度、政策机制导向等问题共同作用的结果,并最终导致大学内部科研与教学的矛盾尖锐凸显,"重科研、轻教学"的偏向从局部蔓延到全局,成为大学发展中难以抗拒的价值导向,中外大学概莫如此。

基于对教育质量的担忧,美国从20世纪80年代开始出现对大学尤其是研究型大学本科教育的批评。1983年,美国国家优质教育委员会(National Commission on Excellence in Education)发表了《国家处于危机之中:教育改革势在必行》的报告,引发进行教育改革以提高教育质量的呼声高涨。1987年,时任卡内基教学促进基金会主席的博耶(Ernest L. Boyer)出版《学院——美国本科生的就读经验》,对大学特别是一些巨型大学的本科教育问题进行了深入剖析,把关于研究型大学本科教育问题的讨论推向高潮。1990年,博耶发表《学术的反思——教授工作的重点领域》,提出"教学学术"概念,赋予教学以"学术"的地位,开启了颇具声势的"教学学术"运动,拉开改善教学与科研关系的序幕。1998年,卡耐基教学促进基金会发表《重建本科教育:美国研究型大学发展蓝图》,呼吁大学给予本科教育更多的重视,重建本科教育,回归大学之道。这一进程在世纪之交达到了高峰。

在我国，对大学人才培养本职职能的坚守、对本科教育质量的反思和追求、对教师队伍和教学能力建设的重视也一直是全社会关注的重点和国家发展战略的重点。从教育中长期规划纲要的制定、本科教学质量工程的实施，到"双一流"大学建设；从要求教授为本科生上课、推动高校普遍建立教师教学发展中心提升教师教学能力，到《关于全面深化新时代教师队伍建设改革的意见》和《深化新时代教育评价改革总体方案》出台，都指向引导大学回归大学本质职能，把人才培养作为根本任务，坚决克服"重科研轻教学、重教书轻育人"等现象，推进落实立德树人根本任务，引导教师回归本分：热爱教学、倾心教学、研究教学、潜心教书育人，让科学家成为教育家，最优秀的教师要给本科生上课，让本科教育和人才培养真正成为大学的"底色"和"第一使命"；切实将立德树人、教书育人实绩和成效作为教师考核的核心内容，把认真履行教育教学职责作为评价教师的基本要求，引导教师上好每一节课、关爱每一个学生，牢记为党育人、为国育才使命。

大学教学与科研关系的演变反映的是大学职能和思想的演变历程，是一定历史时期政治、经济、社会、科技发展变化的必然，也是大学自身发展逻辑和基本规律的必然。有关大学职能和思想的发展演变必然影响大学及其教师对其职能、使命、任务和作用的认识变化。尽管大学职能不断演化增多，但其核心职能即教学和科研职能一直未变，对于二者关系的处理，也一直是现代大学的核心事务之一。不管大学如何发展，大学依旧是以培养人才、发展科学为其基本职能的学术性组织与机构。社会服务、文化传承与创新、国际交流等职能都是由教学与科研二者衍生、延展或派生、发展而来，亦即大学通过教学与科研来培养人才、发展科学，通过教学与科研来创新、传承与发展知识，进而更好地服务于社会、传承和创新文化。人才培养和科学研究始终是大学的最基本职能和永恒的使命。

二、用正确的教学和科研认知开启青年教师职业生涯

教学和科研是大学的核心职能，也是大学教师应承担的核心工作，是大学教师职业生涯的主要内容。高校青年教师应该首先认同自身大学教师身份，快速融入教师的角色，承担教学和科研职责，正确理解教学和科研的重要性和相互关系，平衡好教学和科研的关系，同步规划教学和科研的发展，保证教学和科研活动的正常开展。从开启大学教师职业生涯之始，青年教师就要对自己的教学和科研职责有正确的认知，认识到教学和科研两者是相辅相成、共同发展的有机结合体，单纯地偏重一项、忽略另一项，对于自身的职业发展和大学职能发挥都是非常不利的。通过教学活动，青年教师可以不断完善自己的知识结构，丰富自己的学识基础；也可以在教学活动中发现科研中的问题，提升自身的科研素养。同样，通过科研活动，青年教师可以不断汲取新知识、产生新知识，不断更新自己的知识储存和知识结构，对教学内容进行补充和完善，使之与时俱进，从而帮助学生及时了解学科发展的最新动态、最新成果与发展趋势。同时，教学内容的创新和发展，也为课程设置的调整和课程体系的完善、开发创造了条件。青年教师认识理解教学和科研相互统一的关系，就能在教学过程中提升科研能力，将科研内容融入教学，达到一个良性的循环，从而促进高校青年教师的职业发展的协调统一。教师的专业发展既包含学科知识及其在学

科内进行科研活动的专业性；也包含教育学知识和教学活动的专业性。

教学和科研高度相关和有机结合是研究型大学最为显著和重要的特征之一，也是研究型大学教学和人才培养的优势所在。研究型大学办学中教学和科研活动的内涵特色及相互关系决定了研究型大学不能片面强调教学或科研，而应坚持教学和科研两者并重的和谐发展战略。因此，在我国高等教育改革过程中，一直反对科教分立，提倡科教融合，提倡科研反哺教学，倡导构建科教融合人才培养模式。作为国家发展战略举措的"双一流"大学建设也将人才培养纳入重点建设内容。人才培养是高等学校最根本、最重要、最具有标识性的职能，是大学教学之本。办好新时代高等教育事业，聚集人才培养，关键在教师，根本在教师教学能力。2018年1月20日，中共中央、国务院发布《关于全面深化新时代教师队伍建设改革的意见》，要求全面开展高等学校教师教学能力提升培训，为高等学校培养人才培育生力军。意见特别提出高等学校高层次人才遴选和培育中要突出教书育人，让科学家同时成为教育家。高层次青年教师要特别强化对教学的认知，教学认知决定教师的教学态度、价值选择、理想信念和主体意识。教师的天职是教书育人，教学是第一工作、第一任务、第一责任，不承担教学就不是合格的大学教师，光有研究能力没有教学能力不是合格的大学教师。青年教师是教学实践、教学发展、教学改革、教学质量的主体，是认识教学、实施教学、创新教学的承担者与责任人。青年教师作为教学主体，必须增强主体意识与主体能力，必须承担起创造卓越教学、教书育人的责任与使命，必须确立起自己作为教学质量主体、教学责任主体、教学改革主体、教学发展主体、教学创新主体、教书育人主体的意识与角色、位置、责任。

三、用多维学术观指导青年教师规划职业发展

大学是致力于从事学术和科研的场所。致力学术是大学教师的职业特性。但由于对大学教师职业的学术属性的错误认知，教师常把教学和科研的天平倾向了科研，认为只有科研是学术，因而将科研与教学对立，形成重视科研、轻视教学的倾向。针对这一错误认知，博耶在《学术的反思：教授工作的重点领域》中认为，大学教师不仅应进行具有独创性的研究，而且应立足于其研究，在知识理论和教学实践之间寻求联系，构建桥梁，并把其知识有效地传授给学生。大学学术包括"探究的学术、整合的学术、应用的学术、教学的学术"。多维学术观的提出旨在跳出当时在美国高等教育界旷日持久的"研究"与"教学"之间的二元对立纷争，扭转"不出版即走人"的教师评价误区，赋予"学术"这一理念"更为宽广、更为丰富的含义。影响最深远的是提出"教学学术"的概念，通过扩展学者对学术内涵的理解，强调教学在教授的学术工作中的重要地位，破除"教学非学术"的刻板印象，使教学工作得到应有的尊重与重视。他认为教学学术具有"动态的""变革的""拓展性的"等特征，要将教学学术与传统的单纯传授知识的教学区别开来，"教学学术"应该"包含课程的设计，新的教学方法的探索，以及对教学过程的反思"。特别强调教学支撑学术，没有教学支撑，学术将无以为继。随后，博耶的"教学学术"概念被其继任者舒尔曼进一步拓展为"教与学学术"。舒尔曼认为，教学过程中学生的学习非常重要，需要系统地研究教师的工作如何能够促使学生更好地学习，要结合"教"与"学"两个方面开展学术研究。

"教与学学术"要求在学术的层次上对"教与学"的客观规律进行研究。其核心内涵是使"教与学"的研究突破经验主义的藩篱,以学术研究的方法去研究教学问题、分析教学案例、发现教学规律,并以符合学术评价标准的方式发表和传播研究成果,构建共同的"教与学"学术知识体系,进而有效地促进"教与学"的实践。

多维学术观对高校教师职业发展和大学教师教学发展提供有益启示:就大学教师发展而言,要以多维学术观作为指导性理念,为教师多元角色正名,促进教师的多维发展,教学发展是教师职业发展的重要组成部分;就大学教师教学发展而言,教学学术意味着教学不应当被看作是传递知识的简单技艺和经验性活动,而是教师通过对教学实践的持续性反思与探究,构建学科教学知识体系,促进自身专业发展的学术性活动;教学学术要求教师要尝试从研究者的角度来看待教育教学实践中的问题和现象,以学术研究的方法去研究教学问题、分析教学案例、发现教学规律和学生学习规律。教学学术的目的是提升教学地位和促进人才培养,学生的学习和成长是教学学术的目标和归宿。教学作为高校教师最基本的工作职责,蕴涵着复杂的智力活动和组织计划能力。教学活动是教师的理解和学生的学习之间的桥梁。教学活动不仅仅是教师对知识进行传递,它需要教师对知识进行加工,成为可被接受的信息,通过教师与学生的交流和沟通达到知识的转移和扩展。好的教学工作需要大量严肃的科研工作加以支撑,在向学生展示研究探索的过程时,要教会学生如何将研究得来的知识及理论应用于实践、解决实践问题,这样才能保证知识的有效性。对知识的发现、应用、整合与教学的整合能力才是大学教师应该加以重视和培养的素质。

教学活动本身就是科研与教学的统一体,是大学学术的统一体,大学发展也需要教学与科研的相互协调、相互促进。德国学者卡尔·雅斯贝尔斯在《大学之理念》中指出:"科研和教学的结合是大学至高无上而不可替代的基本原则。"从这个意义上就不难理解教学和科研是"双一流"大学的两大基石,处理好教学与科研的关系,是"双一流"大学建设的关键。学校没有确立教学学术理念和文化,就不会同等看待教学和科研的关系,导致教师产生教学和科研身份认同危机;教师没有教学学术思想,就不会用学术的态度对待教学问题和人才培养问题;学生没有教学学术意识,就没有对教学的尊重和对知识学习的敬畏。

四、用教学学术赋能助力青年教师教学发展

在教学学术视域下,大学中的教学与科研是统一的,两者统一于"学术"之中。把教学作为一种学术工作看待,蕴含着一种不同的教师发展思想,即大学教师应当以专业态度和学术方式来对待大学教学。基于教学学术理念,大学教师学术活动就包含学科专业学术、教学学术和学习学术三个维度。教学学术能力相应地应含学科专业能力、教学实践能力和引导学生学习能力。高层次青年教师学科专业学术能力强,但没有系统全面接受过教育学、心理学、认知学等教育教学方面培训,教学理论、教学技能、教学方法等知识不够,基础性教学能力不足。青年教师初上讲台时,常感到力不从心,信心不足,原因就在于此,所谓"科研好,学问好,教学不在话下"不过是自欺欺人之言。青年教师需要通过教学发展提升教学学术能力。当教学上升为一种学术,教学就成为一种探究过程。高校教学的重要特征是学术性、探索性、研究性。教学学术的理念可以指导教师更好地发展教学

专业能力，重视教学知识和教学研究，把教学与科研任务相结合，在教学中和学生分享科研经历和成果，让学生接触到最前沿的知识，受到学术训练和指导；教师在教学活动和学术研究过程中，以学术的精神、学术的态度、学术的方法、学术的追求教育引导和感染学生，学生通过教学探究高深学问，养成敬畏知识、尊崇学术、追求真理、明辨是非、敢于创新的学术品格。通过教学与科研融合，培养拔尖创新人才，实现高校教师教书育人、立德树人的崇高使命，是高校教师教学学术能力发展的目的和价值体现。

提升教学学术能力，要求高校教师坚持科研和教学融合的理念，把教学工作作为研究对象，更加重视大学课程的开发、教学设计创新和教学过程改进。大学教师要用学术研究的方法去研究教学问题、分析教学案例、发现教学规律，并以符合公认的学术评价标准的方式发表和传播研究成果，构建共同的"教与学"学术知识体系，进而有效地促进"教与学"的实践。具有学术研究意识和能力的大学卓越教师能紧密结合学科专业发展方向，充分运用实践数据收集和分析的方法探究教学问题，使教学改革和研究上升到教学学术水平，并在同行领域进行广泛传播和推广。卓越教师对教学的敬畏和尊崇，持续供给教学热情和教学探究的内在动力，产生认知超越，不将教学视为一般性任务，而是将教学视为一种"学术事业"，追求更具挑战性、需要更多投入与付出的教学实践改革和教学理论研究，通过实现教学的学术性，不仅传播知识而且改造和拓展知识，从而将教师推向创造性的教学学术的高度。

教学学术能力是大学教师学术研究能力组成部分，也是大学教师教学的一种独特性和优势性的能力。教学学术不仅融合了教学与科研，也联通了"教"与"学"，教学与科研并重、融合发展，"教"与"学"相互促进，这才是高校"双一流"建设应追求的目标。教学学术是一所大学学术竞争的基础，教学学术能力是衡量大学核心竞争力的核心要素，是大学教师教学能力可持续发展的基础。提升教学的学术性和研究性是高校教师教学发展的活力源泉，是大学教学改革创新、持续发展的动力和保障。

五、用鲜活的实践案例激励青年教师追求教学学术事业

武汉大学具有重视本科教育和本科人才培养的优良传统，一大批杰出专家学者和卓越教学名师常年活跃在本科教学一线，教学科研融合发展的实践案例很多，是青年教师学习的榜样和标杆。如六院士同上一门课、家国情怀引导学生成人成才的典型事例闻名全国。这里不妨以国家教学名师、全国优秀教师、武汉大学通识教育中心主任、通识基础课《人文社科经典导引》教学团队首席专家李建中教授为例，他在教学学术、科研学术都取得卓越成就，并且将这两种学术成就完美融合于学校通识教育。青年教师可从他的事例中体悟到该如何处理教学和科研的关系，也可以从他的学术历程中体察到一个将教学和科研融通发展的教师，既是一名杰出学者，也是一名卓越教学名师。

作为学者，李建中教授承担着国家社科基金重大项目《中国文化元典关键词研究》。作为大学教师，李老师同样面临"学术研究"与"课堂教学"冲突的困境。李老师在其学术专著《元典关键词研究的理论范式》中生动讲述了他和他的学术团队在肩负"学术研究"与"课堂教学"的双重职责时，如何处理好教学和科研、书斋与讲坛的关系，避免陷入两难

困境,并在"元典关键词研究"与"武大通识教育"之间成功找到连接点,使得学术研究与课堂教学达成统一融通、相得益彰、良性循环的心路历程和探索历程。

在面对教学与科研的矛盾问题时,他认为作为大学教师,教书育人是第一目的,培养学生是职业本分。科研必须反哺教学,教师的科研成果必须使学生受益。教学与科研的关系并不是一个学术问题,而是一个伦理学问题,一个职业道德的问题。因此,在他三十多年的执教生涯中,始终坚持为本科生授课。主讲《中国文论的诗性魅力》获国家级精品视频公开课称号,主讲《中国文化概论》获国家级精品在线开放课称号;主持编写了教育部人文社会科学重大攻关项目,马克思主义理论建设工程重点教材《中国文学理论批评史》。更为难得的是在书斋与讲坛往返奔波中,他打通了元典关键词研究的书斋理论与课堂实践,成就了元典关键词研究的理论范式构建,探索出中国高等教育改革及通识教育之实践路径。

2016年武汉大学成立通识教育中心,李老师受聘中心主任。在重构武汉大学通识教育体系中,他将"元典关键词研究"的研究思想和成果与"武大通识教育"思想和理念连接融通和演绎拓展,为武汉大学通识教育提供理论导引与学术支撑,并把武汉大学的通识教育思想理念升华到一种新的境界和高度。武汉大学的本科教育理念是"以成人教育统领成才教育"。中华元典第一关键词是"人",大学教育的第一关键词也是"人":何为"人",成为何"人",何以成"人"。他结合对中国文化及教育的元关键词"大学"的中西通识与古今通义:元典精神、博雅精神和汇通精神的阐述,以及大学通识教育旨在道德和君子人格的养成,凝练出武汉大学通识教育的十六字理念:"博雅弘毅,文明以止,成人成才,四通六识"。"弘毅"是学校校训中的人格诉求,"文明以止"是通识教育的思想内涵和文化诉求,"成人成才"是学校教育教学思想和理念,"四通六识"苞举武汉大学通识教育的具体内容和目标:一通古今,二通中外,三通文理,四通知行;渊博的学识,卓越的见识,经典悦读意识,文化批判意识,独立思考意识,团队合作意识。

在设计基础通识课程《人文科学经典导引》和《自然科学经典导引》和撰写教材时,同样引入"元典关键词研究"的思想和方法。以《人文导引》为例,所精选的12部中外伟大著作,从不同的角度切入一个共通的主旨:如何成"人"。6部中国经典,既融通儒道释,又覆盖文史哲,其核心问题是人的仁爱、感悟与超越。6部西方经典,从古希腊、古罗马,到文艺复兴、启蒙运动,其核心问题是人的自由、理性和审美,旨在对大一同学进行启蒙性质的通识教育,打开学生视野,激发学生兴趣,培养学生博雅品位,养成学生君子人格,并为后面三年的核心及一般通识课程的学习打下良好基础。大学新生如何完成身份转换和自我认同,如何养成博雅习性和君子人格,如何理解并把握这个世界(人、社会和自然)的复杂性和意义——这些问题,专业教育是无法回答的。这触及到对学校教育思想、理念、路径、目标等深层次问题的思考。

在教学团队建设方面,李老师带领的两大导引课团队汇聚了来自不同学院的200多位教师,坚持集体备课、定期研讨。拥有不同学术背景和科研专长的教师在长期的经常性的集体备课活动中,相互砥砺,研讨切磋,实现跨学科对话,培养了汇通精神,拓宽了博雅视野,从而为通识教育教学打下坚实基础。这种自然形成的跨学科的环境以及多学科的团队,开拓了教师的教学视野,提升了教师跨学科交流与知识整合创新的"教学学术"能力。

在教学模式方面，两大导引课坚持"大班授课、小班研讨"的讲授模式。在教学方法方面，李老师引语《礼记·学记》，效法君子之教喻，"道而弗牵，强而弗抑，开而弗达。道而弗牵则和，强而弗抑则易，开而弗达则思。和、易以思，可以善喻矣。"要求课程组教师在教学过程，特别是小班研讨中，改变教学方式，加强与学生的沟通交流，做到《学记》所说的"三不"：一是引导而不牵强，自然就态度温和；二是勉励而不压制，自然就作风平易；三是启发而不直接告诉学生答案，自然就会引发学生思考。注重启发诱导的研讨式教学开创了通识教育新局面。

当一名教师将教学视为一种"学术事业"，追求更具挑战性、需要更多投入与付出的教学实践改革和教学理论研究，并通过"教学学术"和"科研学术"的融通、科研反哺教学，就将教师的日常教学推向创造性的教学学术的高度。当一个学者专家对教学和科研的认知进入一种新的高度，形成自己的教学思想，并对学校教学思想、理念、路径、目标、方法、教师教学队伍建设等做出贡献、产生影响，他就成为名符其实的有教育思想的专家、教学名师、"大先生"。

六、结语

近年来，学校一直在努力通过提升教学的地位来平衡教学与科研的关系。如制定教授为本科生授课的规定和加强高层次人才及科研机构教授为本科生授课实施办法，明确教授为本科生授课是学校基本教学制度，明确学校在编在岗的各类高层次人才和科研机构的教授每年都应该为本科生授课；大幅度提升"武汉大学杰出教学校长奖"奖励力度；新增教学业绩奖和公共基础课绩效奖励；实施"351人才计划"教学岗位；教学为主型教师职称评审指标单列等。这些制度较好地激发教师投入教学的热情，营造以教学为荣的育人氛围，激励教师潜心教学。学校教师教学发展中心也积极组织的"教学理念与教学技能提升工作坊"、教学沙龙、教学竞赛、公开教学观摩课、教学讲座和讨论会、教学咨询等活动，培养青年教师以科研为基础的教学能力，帮助青年教师提升教学能力与技能。常态化组织教师教学培训，开展教学研究与指导，更新教育观念、创新教学模式、充实教学内容、改进教学方法、加强教学反思，不断提升教师教学学术能力，推进教学改革与创新。希望通过学校政策激励、教师教学发展中心培训赋能，青年教师能形成正确的教学和科研认知，树立教学学术理念，走好教学和科研平衡融合发展之路，成为新时期高校人才培养的真正教学骨干，成为卓越教师、教育家型的教师。

◎ 参考文献

[1] Clark, B. The modern integration of research activities with teaching and learning[J]. Journal of Higher Education, 1997, 68(3): 241-255.
[2] 吴洪富. 大学教学与科研关系的历史演化[J]. 高教探索, 2012(5): 98-103.
[3] 阎光才. 研究型大学中本科教学与科学研究间关系失衡的迷局[J]. 高等教育研究, 2012, 33(7): 38-45.

[4]吴洪富.美国研究型大学教学与科研关系的演化[J].现代大学教育,2016(6):52-59.

[5]王占军、林燕芳.一流学科教师教学与科研关系审视与教学学术机制建设[J].浙江师范大学学报(社会科学版),2019,44(3):107-112.

[6]李建中.元典关键词研究的理论范式[M].北京:人民教育出版社,2021年6月.

[7]赵菊珊.基于教学学术视角的高校教师教学发展思考[J].中国大学教学,2021(8):92-96.

如何进行批判性思维训练

晓 非①

(武汉大学，哲学学院，湖北 武汉 430072)

【摘 要】 当下流行的批判性思维课程对谬误的介绍强调谬误种类上的辨析，其结果是学生只知其然不知其所以然。本文以英国语言哲学家保罗·格莱斯的语用理论为基础，讨论了一种帮助学生知其所以然的谬误教学框架，并提出了一种在各类场合中开展论辩的一般性范式。最后，文章以许多批判性思维课程经常采用的辩论赛的训练方式为例，讨论了依据这种一般性范式，应该对辩论赛的训练方式进行怎样的改进。

【关键词】 批判性思维；格莱斯；谬误教学；语用理论；辩论赛

逐渐重视思辨方法和逻辑推理训练，是今天的大学教育一个令人欣喜的变化。这一变化最突出的表现是《批判性思维》被越来越多的大学纳入课程体系中。目前的《批判性思维》课程在内容上常常以各种形式的谬误辨析为重点内容，在形式上还常引入通行的辩论比赛作为主要的训练方式。我认为上述两种做法都存在一些问题：（1）内容构成上，批判性思维训练不仅需要知其然，更需要知其所以然的理论框架来帮助学生更深刻地理解谬误辨析的底层逻辑；（2）形式方法上，通常的辩论赛由于其制度设计的原因，不仅不利于达成批判性思维训练的真正目的，反而有害于这一目的的实现。本文将从这两个方面来反思目前的《批判性思维》课程的设计，抛砖引玉，以期引起教育界同仁对如何更好地开展批判性思维训练进行更深入的探索。

一、只知其然的谬误教学

谬误(fallacy)辨析是许多《批判性思维》课程的一个重要内容。目前国内所使用的教材主要是国外引进的英文原版或翻译教材。许多流行的英文教材②中都有专门的章节集中介绍各种类型的谬误。但《批评性思维》课程如果只流于对谬误分门别类的介绍，教学效果往往差强人意。其原因大致有如下几点。

---

① 本名刘晓飞，从美国密苏里大学获得哲学博士学位，现为武汉大学哲学学院伦理学和政治哲学方向教授，主要研究方向为伦理学理论、道德责任、歧视理论和实验哲学。邮箱 liuxiaofei@whu.edu.cn。

② 比如，Brooke N. Moore & Richard Parker, 2012, *Critical Thinking* (10e), (document code: M), New York: McGraw-Hill; Walter Sinnott-Armstrong & Robert Fogelin, 2010, *Understanding Arguments: An Introduction to Informal Logic* (8thedition), (document code: M), Wadsworth.

一、教师编

1. 各类谬误之间缺乏精确的区分

以"歧义谬误(ambiguity fallacy)"和"偷换概念谬误(equivocation fallacy)"为例,后者通常被认为是前者的一种类型,但并非所有歧义谬误都偷换了概念。

歧义谬误的实例

在一起网吧纠纷中,网吧工作人员对顾客 A 进行了拳打脚踢的暴力攻击。调解人员为了淡化事情的严重性,在调解报告中将事件描述为"网吧管理人员将 A 踢出了聊天室"。这一描述构成了歧义谬误,因为"将某人踢出聊天室"很容易被误解为仅仅只是剥夺了进入网络聊天平台的权限,而非实际上的物理攻击。调解人员利用了这个描述的双重含义,意图使读者低估事件的严重程度。

偷换概念谬误的实例

下面这个论证从形式上看是一个逻辑有效的论证,但它前提中的两个"没有人"含义不同。前提 2 中的"没有人"是一个倒装的否定式,意即"任何人都不可能(具有)";而前提 3 中的"没有人"表达的是"不存在人(的情形)"。

(1) 每个人有一个头。
(2) 没有人有两个头。
(3) 一个人比没有人多一个头。
(4) 所以,一个人有三个头。

两个谬误都涉及利用语词的双重或多重含义来混淆视听。看起来两者的区分仅在于,歧义的表述在前者中只出现了一次,而在后者中出现了多于一次(所谓"偷换",必然有前有后)。然而,两者的真正区别并不在此。比如,调解报告中也可能不止一次出现"网吧管理人员将 A 踢出了聊天室"的表述,而且在某些地方它的确被用来表达"剥夺了 A 进入网络聊天平台的权限"的意思。这并没有让该例子变成了"偷换概念谬误"。因此,歧义表述出现的次数,并不是决定该表述是否构成"偷换概念谬误"的关键。

2. "谬误"并不总是谬误的

"人身攻击谬误(ad hominem fallacy)"常常是学习《批判性思维》课程最先遇到的一类谬误。这类谬误主要表现为在论辩中罔顾对方的论辩理由,仅针对对方的人品、动机和资格展开攻击,以达到否定对方论点的目的。

人身攻击谬误的实例

2020 年新冠疫情暴发后,网络上曾出现过关于双黄连口服液是否能够防止新冠的争论。以下是一位网友对一篇质疑该药品有效性的文章的回复:"你为什么把科学研究直接和利益挂钩？是你想买双黄连买不到吗？你这样的，消极，反动。你之前文章还凑合，这篇怎么这么不开窍？你是科学家吗？你为什么质疑人家科学家？"

这则回复没有讨论该文论证的任何具体理由，而是针对文章作者的动机（"是你想买双黄连买不到吗"）和资格（"你是科学家吗"）展开攻击，因此构成了典型的人身攻击。

但这个例子有趣的地方在于：从这则回复的第一句话（"把科学研究和利益挂钩"）来看，它所攻击的文章的作者似乎也采用了某种人身攻击的策略。该文章试图通过揭示该药品生产和销售背后的利益链条，来（部分地）达到质疑这种药品有效性的目的。换言之，对该药品科学上的有效性的质疑，不是通过检验其具体的医学证据、而是通过揭示关联机构的动机而实现的。

如果都是"人身攻击"，凭什么认为这则回复对该策略的使用构成了谬误而它所攻击的文章对该策略的使用则不构成谬误呢？实际上，人身攻击策略在许多场合都被认为是正当的论辩策略。比如，在法庭质证中，律师可以就证人的人品和动机展开攻击，从而颠覆证言本身的效力。与人身攻击类似的，还有"诉诸权威（appealing to authority）"、"诉诸情绪（appealing to emotion）"等论辩策略。虽然，它们常常被归为谬误，但在不少场合中却是正当的论辩手段。比如，学术论文的写作中，诉诸权威经常被当作论证某个论题重要性的正当理由。

在什么情况下人身攻击构成了谬误，在什么情况下又不构成？要回答这个问题，需要对人身攻击之所以构成谬误有理论上的深层理解。这是流于介绍谬误类型的教学模式没有提供的。

3. 杂乱无章的谬误分类

细数起来，常见的谬误多达数十种。除了区分上的困难，这些谬误看起来庞杂无序、缺乏体系性，这给学生理解和掌握它们带来了不小的挑战。以几个常引起混淆的谬误为例。"转移话题谬误（red herring fallacy）"通常指故意将当前讨论的问题转移到另一个无关的问题上，以实现转移讨论焦点的目的。

转移话题谬误的实例

某位长期家暴妻子的丈夫面对舆论的谴责，这样来替自己辩护："我确实不该动手打人，当时是冲动了。但是你们不应该只把注意力放在打人这件事情上，这个家就靠我养着，在外面打拼面对多大的压力你们知道吗？"

这一谬误与之前提到的"人身攻击谬误"有相似之处，后者也涉及转移讨论的焦点：将话题从理由本身是否成立转移到针对对方的人品、动机和资格的讨论上。在这个意义上，"人身攻击谬误"似乎是一类特殊的"转移话题谬误"。

另一类谬误，"攻击稻草人谬误（attacking a straw man fallacy）"，在此意义上与"转移话题谬误"也有异曲同工之处。

攻击稻草人谬误的实例

X：你为什么不回我电话？
Y：工作一直在忙，没来得及回。
X：你就是觉得工作比我重要，就是不爱我了，是吧？

上述案例中的 X 通过曲解 Y 的意思，将讨论从没有回电话的原因跳跃到了两人的感情关系上。这个例子中的 X 和上个例子中的丈夫都试图将话题转移到一个自己想要讨论的方向上。按照通行的谬误分类的解释，两者的区别在于：(1)转移话题不涉及曲解对方的意思，而攻击稻草人曲解了对方的意思；(2)转移话题将讨论转移到另一个话题上，而攻击稻草人虽然实际上转移了话题，但维持了讨论同一个话题的假象。①

此外，"攻击稻草人谬误"又与另一类谬误，"假两难谬误(false dichotomy fallacy)"，常常紧密关联。假两难是指在并不存在或并不只存在两种可能的情况下，将可能性限制在两种对立的选项之间。

假两难谬误的实例

"面对校园霸凌，你要么打回去，要么任人欺负。所以，你要是不想被欺负，你就得打回去。"

上述言论的问题在于，它构造了一个错误的"两难"：在"打回去"和"任人欺负"之间，显然还存在其它的可能性，比如寻求老师的帮助。这是为什么它构成了一个谬误。同样的，前一个例子中的 X 也假设了一个错误的"两难"："Y 的行为要么说明 Y 觉得工作比我重要，要么说明 Y 觉得我比工作重要"，但实际情况很可能是：Y 压根没有意识到回个电话能事关自己对爱情的态度。

从上面的讨论可以看出，不同类型的谬误交叉重叠，有时它们间的区分仅仅取决于应用的场合或方式的微小差异。与其向学生罗列这些术语、强调种种细节上的差异，如果能抽象出背后普遍的哲学理论，更有助于他们理解这些谬误之所以为谬误的理由，更有助于对批判性思维的一般原理的把握。

二、知其所以然的谬误教学

结合多年的非形式逻辑与批判性思维的教学实践，笔者在借鉴英国语言哲学家保罗·格莱斯(Paul Grice)的语用理论的基础上，尝试为谬误这一教学内容搭建一个更为清晰、更具整体性的理论框架。

论辩说理是一种对话行为(conversational act)。任何对话行为都默认了某个或某些对

---

① 参见 Fallacy in Logic 网站，ULR = https：//fallacyinlogic.com/red-herring/#Similar_Fallacies.

话目标,比如传达某些信息、解答一个疑问、证明某个论点、反驳某个论证等等。在格莱斯看来,对话行为的参与者都应该遵守如下这条合作原则(Cooperative Principle):"依照你从事的对话行为的那个被(各方)接受的目标或方向在当前阶段所要求的,做出你的贡献。"①从这条对话原则出发,格莱斯进一步提出了四条具体的对话准则(conversational maxims)。

质量(quality)准则:不说错误的东西;不说缺乏足够证据的东西;②
数量(quantity)准则:提供当前对话目标所需的一切信息,不要遗漏重要信息;不要提供多于当前对话目标所需的信息;
关系(relation)准则:确保你的信息与当前对话目标是相关的(relevant);
方式(manner)准则:避免表达上的含混、歧义、啰嗦、无序。

格莱斯认为:任何违反上述准则的对话行为,都会妨碍当前对话目标的实现,因而也就违背了合作原则。由此,这四条准则构成了衡量一个对话行为是否恰当的规范性框架。笔者认为,格莱斯的四条对话准则为理解各类谬误提供了一个整体性的理论模型,为各类谬误之所构成谬误提供了更清晰简洁的哲学上的解释。

以演绎推理中的各类形式谬误(formal fallacies)为例。演绎推理不同于归纳推理,要求推理的逻辑是有效的(valid),即如果前提为真,那么结论不可能为假。因此,在一个演绎推理的场合,当下的对话目标通常是"提供确保结论为真的理由"。如果说理者给出的前提(理由)不足以保证结论为真,那么这个说理就违反了质量准则("不说缺乏足够证据的东西")。像"肯定后件(affirming the consequent)"这类推理之所以构成谬误,正是由于违反了质量准则。

肯定后件谬误的实例

前提1:如果下了雨,地面就会是湿的。
前提2:现在地面是湿的。
结论:所以下过雨了。

而那些没有违反有效性的谬误,比如"循环论证谬误(circularity fallacy)",也能在此框架下得到很好的解释。循环论证指的是将要证明的结论包含在了论证的前提中(比如,"因为P,所以P")。循环论证之所以构成谬误,不是因为它推理的逻辑无效;相反,它

---

① H. Paul Grice, 1975. "Logic and Conversation," (document code: A), in P. Cole, & J. Morgan (eds.), *Syntax and Semantics* (pp.41-58). New York: Academic Press, p.45.
② Grice 原本的质量准则是一种主观原则,强调的是"不说对话者自认为是错的东西"。我这里将该准则修改为一种客观原则,强调的是"所说的东西不是客观上为假的",从而使建立于该准则之上的规范成为一种客观规范。

的推理逻辑完全符合有效性，因为如果前提和结论是同一的，那么显然如果前提为真，结论就不可能为假。也就是说，循环论证并没有违反质量准则。但不难看出，循环论证并没有为证明结论提供任何有帮助的信息。因此，由于当下的对话目标是为结论提供支持的理由，而循环论证没有提供任何"理由"，也就违反了数量准则（"提供当前对话目标所需的一切信息"）。这就解释了为什么循环论证可以被看成是一种谬误：它没有帮助实现当前的对话目标，违反了合作原则。

需要指出，传统逻辑学常常将谬误理解为前提无法支持结论的那些错误。从语用模型的角度来看，这仅仅涉及质量准则；而语用模型不仅关注推理本身的质量，更试图搭建一个关于日常对话的完整的规范体系。因此，基于四条对话准则的语用模型不仅能解释传统逻辑学所关注的形式谬误，也能为上一节提到的各类日常语言谬误（非形式谬误）（informal fallacies）提供一个清晰的理解框架。

（1）虽然"歧义谬误"和"偷换概念谬误"都利用了语词的多重含义，但是"歧义谬误"（"网吧管理人员将A踢出了聊天室"）只是因其多重含义造成了理解上的混淆，所以违反的是方式准则。而"偷换概念谬误"不仅违反了方式准则，也违反了质量准则：同一个词如果在不同的前提中具有不同的含义，就无法保证论证逻辑的有效性。这是两者的重要区别。

（2）人身攻击的论证策略在哪种场合下构成谬误，取决于当前场合的对话目标具体是什么。法庭上辩论场合下，证人证言的可靠性是合理的对话目标，因此对证人本身的可信度的质疑符合该场景下的对话目标。当这些质疑提出后，后续的对话目标通常应该围绕这些质疑本身的依据是否真实、合理而展开。比如，当辩方律师对控方证人的可信度提出质疑后，倘若控方律师不就质疑所依据的理由展开答辩，而是攻击辩方律师的人品，这种人身攻击没有围绕当前对话目标相关的问题展开讨论，因而违反了关系准则，构成了谬误。同样的，前面所举例的回复，在对话目标已经被确立为双黄连关联机构的利益关系是否有理由让我们怀疑该药品所宣称的防治新冠的效力后，没有针对文章本身的事实是否真实、分析是否合理展开讨论，而是攻击文章作者的动机和资格，因此也违反了关系准则。[①] 而学术论文写作中，诉诸权威被当成是论证某个论题重要性的合理理由，是因为期刊编辑筛选稿件的标准之一就是"该论题是否有足够的吸引力"，而一个论题被该领域的权威人物所重视，是吸引力的有效保障。这是为什么诉诸权威符合该场景下的对话目标，因而不构成谬误。

（3）"转移话题谬误"与"攻击稻草人谬误"都引入了与原本的对话目标不一致的新的话题，因此同属于违反关系准则。"攻击稻草人谬误"同时还曲解了对方的意思，因此也违反了质量准则。在这个意义上，"假两难谬误"与它一样，也违反了质量准则，因为其构造了一个错误的两难。

基于四条对话准则的语用哲学模型，不仅为理解庞杂无序的各类谬误提供了一个清晰简洁的理论框架（如图1所示），同时也揭示出了这些谬误之所以成为谬误的深层原因。理解了这背后的深层原因，学生不必再纠结于各类谬误间的细微差异，在实践中能举一反

---

① 人身攻击谬误也可能违反了"质量准则"：一个人所提出的论证的好坏常常与的这个人的人品和动机无关，因此人身攻击的结论如果是"这个人的论证是错的"，那么其理由就不足以支持其结论。感谢陆鹏杰指出这一点。

三，甚至主动避免各类谬误未涵盖到的不当说理。

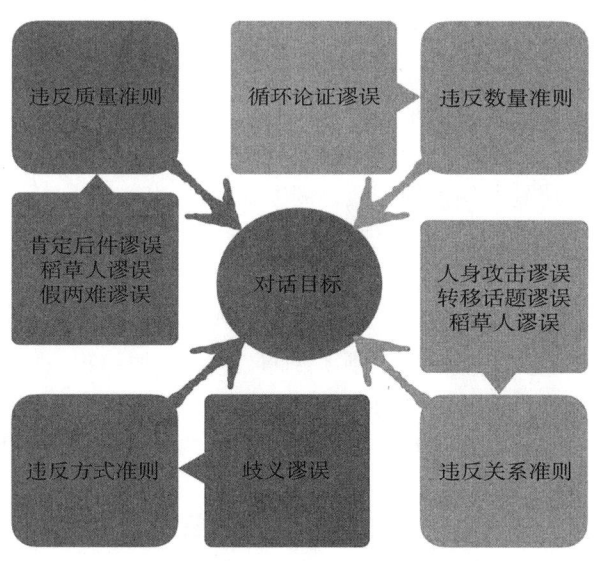

图 1　谬误教学框架

三、整体性的思维训练

《批判性思维》课程的目的不仅仅是帮助学生识别、避免对话和论辩中的各类谬误，它还应该帮助学生建立一个整体性的思维方法，从而使他们在面对各类信息交换的场合，都能有一套行之有效的策略来甄别、吸取和传达信息。前面提到格莱斯的语用哲学模型可以被用来建立这样一个整体性的思维方法。

格莱斯语用模型的核心是"对话目标"这个概念。在进行任何对话行为前，我们首先需要明确的问题是：当前的对话目标具体是什么？很多无效的对话行为源于未能弄清楚这个问题的答案。比如，某个招聘企业看重的是你的执行力和领导力，而你的求职简历却强调的是你的学术成果。有时候，宣称的对话目标和实际的对话目标并不一致，比如辩论赛表面上是逻辑思维能力的竞争，但决定胜负的常常是观众的情绪反应，如果辩手将严谨的推理当成是唯一的目标来准备比赛，就偏离了实际的对话目标。还有些时候，对方发起了一个对话行为并由此设定了一个阶段性的对话目标，但这不一定是那个场合下的最恰当的对话目标。比如，法庭辩论中，甲方对乙方证人的人品提出质疑，但倘若证人的人品并不影响其证言的可靠性，乙方可以拒绝甲方设定的这个阶段性的对话目标。

明确对话目标的过程，也是解决举证责任(burden of proof)的分配的过程。如果在对话过程中，A 提出了某个主张 X，那么按照"谁主张谁举证"的原则，接下来的对话目标应该是 A 为 X 提供理由。在 A 给出相应的理由后，下一阶段的对话目标就相应变成了这个理由是否可以被接受。如果其他人拒绝接受该理由，那么他们应当承担相应的反驳说理的任务，而当他们完成这一任务后，对话目标也随即变为他们反驳的理由是否可以被接受。

明确了对话目标后,接下来是围绕四个对话准则来评估对话行为。首先需要考虑的通常是关系准则和数量准则,它们决定需要提供什么样信息、提供多少信息,以及确定某些关键信息是否被隐藏或隐含。其次需要考虑的是方式准则和质量准则。前者涉及所提供的信息是否存在含混、有歧义、无条理等问题;后者要求所提供的信息为真并有充足的依据。比如,当对方给出了一个论证来支持某个观点后,我们任务一是确定论证所基于的前提是否都为真,是否有理由拒绝其中某个或某些前提。二是确定该论证采用了什么样的推理逻辑:是演绎推理,还是归纳推理,或是溯因推理(abductive reasoning)。如果是演绎推理,推理的逻辑是否是有效的;如果是归纳推理或溯因推理,具体是哪种类型,是否符合相应类型的推理标准。比如,如果这个论证是一个类比论证(argument from analogy),它所依据的类比是否与结论有直接联系,是否存在会破坏这一联系的不同之处等等。

目前大多数《批判性思维》课程是按照演绎推理、归纳推理、概率推理、因果推理等具体的推理场景来介绍推理的规范。与这一思路不同,基于格莱斯语用模型的思维方法提供的是一种在各类场合中开展说理和论辩的一般性范式①。这一范式可以总结为图 2 所示

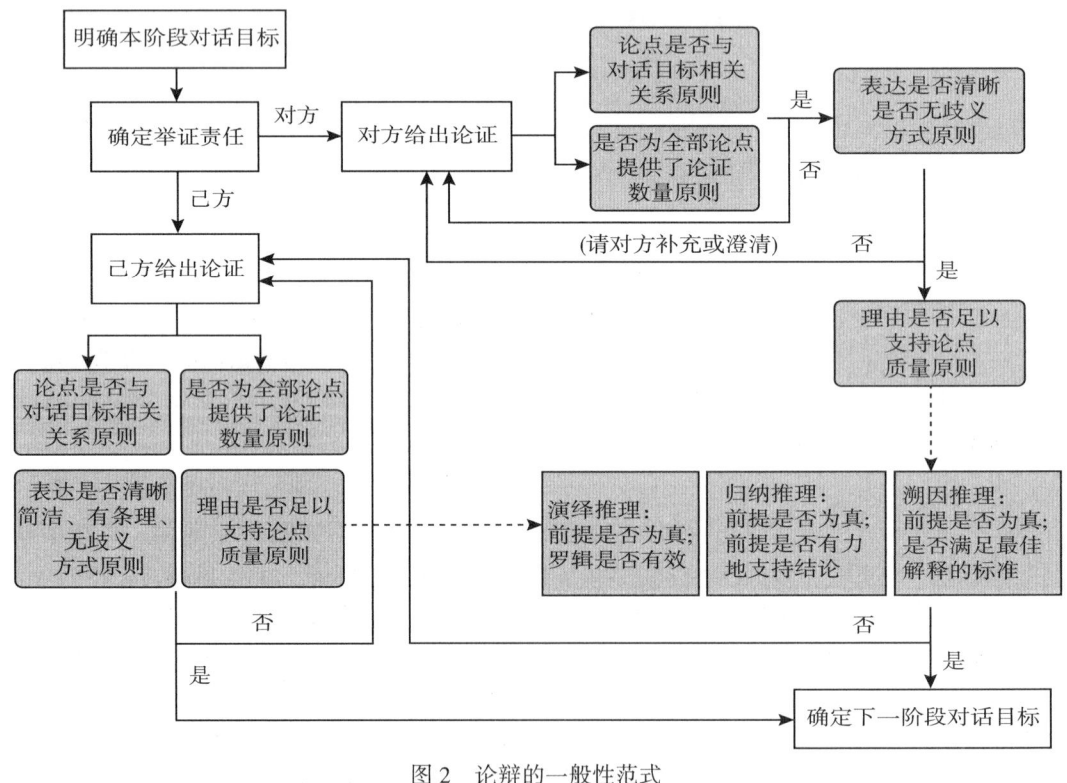

图 2 论辩的一般性范式

---

① 目前流行的教材中强调提供一个整体性的思维范式的批判性思维教材包括 Merrilee Salmon, 2011, *Introduction to Logic and Critical Thinking* (6th ed.), (document code: M), Wadsworth(中文译本《逻辑与批判思维导论》(M),刘剑、李嘉伟译,中国轻工业出版社,2020);Matthew J. Van Cleave, 2016, *Introduction to Logic and Critical Thinking*, (document code: M), Open Textbook Library.

的流程。深入掌握这一范式,能帮助学生更好地建立整体的思维框架,从而在各类对话场合更好地遵循说理论辩的规范。相比于基于传统逻辑学的思维训练,语用模型更加注重从对话这一语用行为的角度来探讨思维规范,因此与《批判性思维》课程的实用目标更加契合。

四、辩论赛为何有害于批判性思维训练

将辩论赛融入《批判性思维》课程教学中是一种流行的做法。看起来,两者的结合再自然不过,但实际上,以辩论赛的方式培训批判性思维的技能,常常适得其反。这种反效果主要根源于目前辩论赛的评判规则。

"批判性思维"教学的目的是帮助学生认识并遵守理性思考和对话的基本规范。这些规范要求学生尽可能准确、善意地理解对方的观点,尽可能清晰、严谨地表达自己的观点,甄别和消除可能的概念上的歧义与含混,紧扣对话目标,提出经得起推敲的论证。而目前辩论赛的规则并没有严格将上述规范作为评判辩手表现的标准。相反,评委或观众常常依赖对"场面"的感受来评判辩手表现的好坏。对场面的感受则往往受那些无关思维规范、甚至于直接违背这些规范的因素的影响。比如,为营造气势而刻意编排的一连串排比句,极大地提升了"场面感",但这样的做法并没有增加理据本身的说服力,其暗示的并列、类比或是递进关系也往往经不起仔细推敲;而那些通过人身攻击、诉诸情感、偷换概念、故意曲解的手段带来的场面上的"精彩",更是对基本思维规范直接的破坏。

辩论赛的规则与"批判性思维"教学的目的背道而驰的另一个原因在于:辩论赛有胜负之分,这就决定了其最终的对话目标是胜过对手。为求胜而设计的辩论赛往往促使辩手为争得场面上的"优势"去尽可能曲解对方观点、尽可能模糊己方观点。但日常对话行为的目的往往不是求胜,而是为了消除误解、达成共识,围绕这一目标而形成的合作原则因而强调尽可能准确、善意地理解对方的观点,尽可能减少自己表达和说理中的歧义和逻辑缺陷。在今天这样一个观点多元的社会,弥合分歧、凝聚社会共识尤显重要。作为思维训练的基础课程,《批判性思维》应当培养以求共识、而非求胜为目的的对话伦理和规范。

当然,这不是说辩论不能作为批判性思维训练的手段。但它需要明确将其评判论辩好坏的标准与批判性思维训练的教学目标统一起来。观众在评价辩手的表现时,需要关注的是辩手在多大程度上准确理解了对方的观点和论据(而不是曲解它们)、避免了自己陈述和论辩中的歧义和含混之处(而不是利用它们躲避对手的攻击)、对讨论过程中出现的误解和分歧进行了澄清(而不是制造更多误解)、对论辩提供新的视角和洞见以帮助听众更好地理解相关问题(而不是增大理解的障碍)等。用格莱斯的话说,我们对辩手的评价应当依据其在促成更深刻、更全面地理解所讨论问题上的"贡献"。辩论赛的观众如果能严格按照这些"贡献"来评判辩手的表现,他们的评判过程也会成为一个积极的思维训练过程,从而让辩论这种训练形式达成更广泛的教学效果。

一、教师编

◎ 参考文献

[1] Grice, H. P. (U. K.) 1975. "Logic and Conversation," (document code: A), in P. Cole, & J. Morgan (eds.), *Syntax and Semantics* (pp. 41-58). New York: Academic Press.

[2] Moore, B. N., & Parker, R. (U. S. A.) 2012. *Critical Thinking* (10th edition), (document code: M), New York: McGraw-Hill.

[3] Salmon, M. (U. S. A.) 2011. *Introduction to Logic and Critical Thinking* (6th edition), (document code: M), Wadsworth(中文译本《逻辑与批判思维导论》[M]. 刘剑、李嘉伟译, 北京: 中国轻工业出版社, 2020).

[4] Sinnott-Armstrong, W. & Fogelin, R. (U. S. A.) 2010. *Understanding Arguments: An Introduction to Informal Logic* (8th edition), (document code: M), Wadsworth.

[5] van Cleave, M. J. (U. S. A.) 2016. *Introduction to Logic and Critical Thinking*, (document code: M), Open Textbook Library.

"中国古典文献学"混合式教学实践与成效

李寒光

(武汉大学　文学院，湖北　武汉　430072)

【摘　要】"中国古典文献学"属于冷门课程，主要面临课程内容枯燥、课程难度大、核心内容较为独立而与其他学科联系不大三个痛点。该课程的混合式教学改革在原有线下32课时的基础上增加线上课时，经过三个阶段的建设，制作了视频23个383.3分钟，线上课程占课时总量的21%。线上课程与线下课程不重复，线上课程为线下课程的导入，或是在课堂中无法展示的内容。混合式教学改革丰富了课程内容、提升了学习效果、塑造了思想价值等。

【关键词】中国古典文献学；混合式教学；高阶性

【作者简介】李寒光(1987—　)，男，山东临淄人，文学博士，硕士生导师，武汉大学文学院副教授，主要从事古文献学的教学与研究工作。E-mail：hanguang_1987@whu.edu.cn。

《中国古典文献学》是武汉大学文学院汉语言文学专业本科生的专业必修课程(课程编码：3150120011086)，开课学期为大二年级第二学期，课时量32，学分2。本课程向来以课堂面对面讲授为主要组织形式。2020年春季学期，受疫情影响，本课程改为线上授课，在此过程中引入或录制了少量教学视频。以此为契机，恢复线下教学以来，本课程仍然要求学生利用课外时间观看指定教学视频。2021年，我们申报并获批了武汉大学混合式教学MOOC建设教改项目"《中国古典文献学》混合式教学探索"，重新录制了慕课，依托"学习通"平台设置任务点，作为课程一部分要求学生必须观看，逐渐构建起了本课程的混合式教学体系。今就课程改革实践和成效，浅谈一下我们的初步认识。

一、《中国古典文献学》开展混合式教学的背景

从二级学科归属来讲，《中国古典文献学》(以下简称《文献学》)课程是中国古典文献学专业的核心课，中国古典文献学专业的主要研究范围包括"文献的形态、文献的整理方法、文献的鉴别、文献的分类和编目、文献的收藏、文献形成发展的历史、各种文献的特点与用途、文献的检索等"①，大部分属于"冷门绝学"的研究领域。"冷门绝学"首先是

---

① 杜泽逊《文献学概要》(修订本)，中华书局2008年版，第4页。

"冷门"。所以，中国古典文献学专业是冷门专业，《文献学》课程也是冷门课程。

作为冷门课程，《文献学》所面临的教学痛点主要表现在三个方面。

1. 课程内容枯燥

需要"埋首故纸堆""甘坐冷板凳"。古典文献学的三大主干科目是目录、版本、校勘学，以目录学为例，其主要内容包括古典目录的起源与含义、古书分类源流演变、目录的主要内容等，需要同学们记忆掌握大量的人名、书名、类目，毫无故事性与文学性可言。学生在听讲时，往往云山雾罩，不知所云。

2. 课程难度大

不仅需要有较为坚实的古代汉语基础，而且要掌握大量繁琐的古代文史知识。顾名思义，"中国古典文献学"是以中国古典文献为研究对象的学问，当然也是以中国古典文献为研究材料的学问。本课程强调原始文献、一手文献在教学、科研中的重要意义，教学过程中需要大量阅读古代文献原文，要求学生能够识读繁体字，掌握并理解古文献的体式、词汇、语法等基本知识，所以以《古代汉语》课程为前导。另外，古典文献是古代知识的载体，天文地理、名物制度，无所不包。清代学者戴震曾说：

> 至若经之难明，尚有若干事：诵《尧典》数行至"乃命羲和"，不知恒星七政所以运行，则掩卷不能卒业；读《周南》《召南》，自《关雎》而往，徒强以协韵，则龃龉失读；诵古《礼经》，先《士冠礼》，不知古者宫室、衣服等制，则迷于其方，莫辨其用；不知古今地名沿革，则《禹贡》职方失其处所；不知少广、旁要，则《考工》之器不能因文而推其制；不知鸟兽虫鱼草木之状类名号，则比兴之意乖。……凡经之难明若干事，儒者不宜忽置不讲。①

在利用古典文献原文讨论古文献学的问题时，学生会频繁接触到古代文史的专业术语。如果学生知识储备不够，需要老师停下来解释，造成的客观后果是学生感觉古文献学缺乏比较宏观、脉胳可感的知识体系，学起来就会很吃力。而专业术语的理解和掌握，本身也是一件很艰难的事情。

3. 核心内容较为独立

文献学与其他学科联系不大，在文学院或中文专业内，课程主要分为两大类，即语言类和文学类。以武汉大学汉语言文学专业必修课为例，语言类课程包括《古代汉语》《现代汉语》《语言学概论》《文字概论》等；文学类课程包括《中国古代文学史》《中国现代文学史》《中国当代文学史》《外国文学史》《中国文学理论批评史》等②。不难发现，两大类课程都是集群存在的，大类内课程彼此内容勾连，学理互通。而《文献学》课程与中国古代史

---

① （清）戴震《戴东原集》卷九《与是仲明论学书》，《四部丛刊》影印清经韵楼刻本，第 7A~7B 页。
② 根据 2018 年版《文学院中国语言文学类培养方案》。

以及图书情报学关系更为密切，文学院的学生在学习时，很难在他们研修的其他课程中找到共鸣。

基于上述几个方面的重要问题，学生面对《文献学》普遍带有畏难情绪，学习兴趣不大，主动性不强。其直接后果是学生没有通过本课程的学习，达成为将来进行文史专业的学术研究奠定坚实基础的目标；从长远来看，国家古籍整理与研究事业后继乏人。因此，《文献学》课程亟需改革拓新，而混合式教学，正是我们课程改革的一种重要途径。

二、混合式教学实践内容

"混合式教学"是一个专有名词，"混合"是狭义的"混合"，特指"线上"+"线下"的混合教学模式。改革以前，《文献学》的教学活动几乎全部发生在线下，"混合式教学"就是要增加一定量的线上课程，这些线上课程不是原有线下课程的辅助、补充材料，而是全部课程的一部分，且为线下课程不可替代的部分。为此，我们调整了课程内容，将一部分线下讲授课程录制成慕课，搬到了线上。经过两年建设，《文献学》的混合式教学课程体系初步建成。

1. 课时的调整

按照《"双万计划"国家级一流本科课程推荐认定方法》的规定，线上线下混合式课程应"安排20%~50%的教学时间实施学生线上自主学习，与线下面授有机结合开展翻转课堂、混合式教学"。① 也就是说，改革后的线上课程时长要达到总课时量的25%~50%之间，才能称之为"混合式教学"。《文献学》传统模式为2学分32课时，按照这个规定，"混合式教学"的课时调整有两种方式：一是将现有的32课时划分为线上、线下两部分，其中线上部分比重在20%~50%之间；二是现有32课时的线下教学保持不变，以此为基础，增加线上课程，线上课程比重在20%~50%之间。需要说明的是，由于课程难度大，出现了课程内容多，讲解不充分的反馈。所以，我们改革的目标之一，就是丰富课程内容，完善知识体系。综上，我们采取了第二种课时调整方式，调整前后的课时对比情况如表1所示：

表1 调整前后的课时对比情况

类型	线下比重	线下时长	线上比重	线上时长	总课时
传统教学	100%	32课时/1440分钟	0%	0课时/0分钟	32课时/1440分钟
混合式教学	50%~80%	32课时/1440分钟	20%~50%	8~32课时/360~1440分钟	40~64课时/1800~2880分钟②

---

① 中华人民共和国教育部《教育部关于一流本科课程建设的实施意见》（教高〔2019〕8号）附件《"双万计划"国家级一流本科课程推荐认定办法》，2019年10月30日，http://www.moe.gov.cn/srcsite/A08/s7056/201910/t20191031_406269.html。

② 线下教学每课时为45分钟，线上课程不一定以45分钟为单元课程长度。

通过计算，线上课程的时长至少要达到360分钟，才算是达到了"混合式教学"的基本要求。

2. 线上课程建设

截至目前，《文献学》的线上课程建设分为三个阶段：

第一阶段为2020年春季学期。受疫情影响，本课程改为线上教学。在上课过程中，我们用ZOOM或腾讯会议录制了课堂实况视频，主要是PPT演示+讲解的形式。每次课后，将录课视频文件发布在"学习通"的课程平台上，供同学们回看复习。除课程实录外，也向同学们分享了来自网络或其他途径的与课程相关的视频。这一阶段的线上教学是被动的，与传统线下教学相比，只是上课空间有所差异，因此，尚且没有"混合式教学"的意识。

第二阶段为2021年春季学期。该学期恢复线下教学，线上课程并未更新。但由于我们在教学组织中仍然使用"学习通"平台发布课程资料、布置与评价平时作业、组织课程讨论，所以也将上一年度的课堂实录视频一并分享给学生，作为课后复习的参考。在线上课程内容方面，几乎没有增删。

第三阶段为2021年秋季学期至2022年春季学期。这一阶段是我们正式建设混合式教学课程的时期。2021年4月，我们申报的武汉大学本科教育质量建设综合改革项目"《中国古典文献学》混合式教学探索"MOOC建设项目获批立项[①]，开始专门投入资金和精力重新录制线上课程。一年以来，录制的课程内容包括课程负责人主讲视频8个176.3分钟、实践教学视频2个65.6分钟、学生展示短视频12个105分钟，专家采访视频1个36.4分钟(如表2、图1所示)。

表2　　　　　《中国古典文献学》线上课程目录(截至2022年9月)

序号	类型	课程名称	所属章节	时长(分钟)
1	教师主讲	什么是"文献"	第一讲第1节	12.4
2	教师主讲	文献的石刻载体	第二讲第1节	23.1
3	教师主讲	旋风装及其他	第二讲第2节	24.4
4	实践教学	中国古代线装书的制作方式	第二讲第2节	32.3
5	教师主讲	"目录"的产生及其含义	第三讲第1节	15.1
6	教师主讲	目录的主要内容及古籍著录	第三讲第5节	22.3
7	教师主讲	古籍线装书的结构与术语	第四讲第3节	25.3
8	专家采访	雕版印刷术及其现代传承	第四讲第4节	36.4
9	实践教学	雕版与印刷技艺演示	第四讲第4节	33.3
10	教师主讲	古书版本鉴定1	第四讲第5节	25.0

---

① http://uc.whu.edu.cn/info/1057/11187.htm。

续表

序号	类型	课程名称	所属章节	时长(分钟)
11-15	学生短视频	古书版本鉴定2	第四讲第5节	41.1
16-22	学生短视频	明清著名藏书家	第五讲第3节	63.9
23	教师主讲	中国古书的散亡	第五讲第4节	28.7

四类视频共计23个383.3分钟,占线上、线下课时总量的21%。以上所有视频均已录制完成,并在2022年春季学期的课程教学中作为任务点应用,要求学生必须观看视频,才能获得相应成绩。①

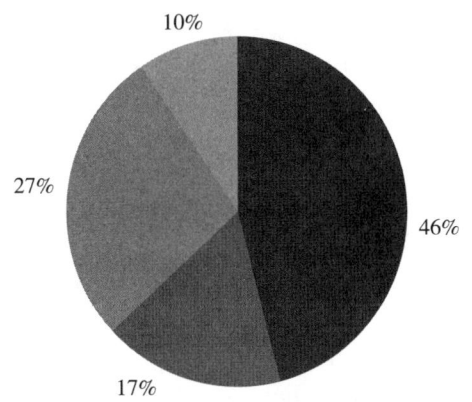

图1 已有线上课程构成

3. 线上课程与线下课程的关系

"混合式教学"的线上+线下模式,一定要实现仅凭线下教学实现不了的目标、或帮助线下课程实现之前不可达成的目标,才有应用的必要和意义。因此,正确认识并处理好线上课程与线下课程的关系十分重要。在这种理念的影响下,我们的线上课程与线下课程构成了以下三个层面的关系。

(1)线上课程与线下课程不重复。"混合式教学"不是单纯为了给学生增加负担,让学生花更多时间学习本门课程,而是要通过线上课程,拓展授课范围,突出教学重点,深入思考课程重点。因此,线上课程不是对新课程的预习,更不是对课上讲解的记录与回顾,而是与线下课程形成互有联系而独立存在的关系。我们录制的线上课程,在线下课程中全部不再重复讲授。

(2)线上课程为线下课程的导入。"不重复"是线上课程与线下课程的最基本的关系,二者之间的逻辑关系更加重要,即线上课程为线下课程的导入。学生需要在课前观看线上

---

① 课程主页:http://mooc1.mooc.whu.edu.cn/course/222585415.html。

一、教师编

课程，每次上课，首先通过"学习通"的"随堂测验"，检验学生的线上学习情况。线上课程一般是学习某一章或某个专题首先需辨析、掌握的概念，如果不按时观看线上课程，那么在之后的线下课堂中，就会遇到许多问题。线上课程是作为线下课程导入的，包括"什么是'文献'""'目录'的产生及其含义""古籍线装书的结构与术语""古书版本鉴定""中国古书的散亡"等几个课段。

(3)线上课程在课堂中无法展示。导入课之外，还有一部分线上课程是线下课程的补充，主要包括两类：一是课程内容比较重要，但线下课时有限，不能充分讲解，甚至覆盖不到，如课程第二讲"文献的载体与物质形态"，涉及甲骨、金属、竹木、缣帛、纸等载体，以及卷子装、经折装、旋风装、蝴蝶装、包背装、线装等书籍形态。本讲线下仅2个课时，课程内容较多，但内容复杂程度不一。像甲骨、竹木的问题就比较复杂，所以在课堂上讲得比较详细，从而将"文献的石刻载体"做成线上课程，供学生课后自学。同理，书籍形态中的"旋风装及其他"，也作为课程补充部分，放在线上教学。另一类是无法在课堂教学中实现讲解的内容。比如实操类的"中国古代线装书的制作方式"，需要老师一边操作，一边讲解，整个操作过程持续2个小时，课堂时间不足，材料搬运也很不方便。所以我们录制下来，剪辑成0.5小时左右的线上课程，供学生课下自学，并且能够通过暂停、回放等方式跟练、实践。还有"雕版印刷术及其现代传承"是我们带领MOOC制作团队到济南采访了非遗传人录制的视频，"雕版与印刷技艺演示"也是请校外专家实操教学。这些都是不能在课堂上实现的。

《文献学》线上课程的录制采用了最简单的设备、最普通的软件及编辑方式。其中，教师主讲的课程只有1位研究生助理协助完成，主要设备是索尼(SONY)Alpha 7 II 标准套机，搭载28~70mm镜头，辅以补光灯、收音麦、提词器。录制完成后，请研究生助理用Adobe Premiere或剪映软件完成后期的剪辑、字幕、转场、背景音等制作，教师审核后上线。专家采访视频的录制过程，与此相似，只不过增加了一部索尼(SONY)Alpha 6000搭载1.5/50mm定焦镜头录制侧身画面，以及邀请了3名学生共同参与采访、录制。学生短视频均由学生用手机简单录制。在以上条件下，我们的线上课程已经达到了"混合式教学"的基本要求，并且带来了《文献学》本科教学的实质变化。

三、混合式教学改革的成效

增加线上课程，将原来课堂教学的单一模式变为"线上+线下"的"混合式教学"，这只是形式上的变化。"混合式教学"改革的目标，是要提升教师教学能力和课堂教学能力，并以此激发学生兴趣，引导学生思考，让学生学有所得、学以致用。《文献学》课程利用"混合式教学"改革创新，已经取得了一定成效。

1. 丰富了课程内容

如前所述，我们对课时的调整，是在原有32个线下课时基础上的绝对增加，随之而来的就是课程内容的增加和课程讲解的深入。

内容方面，2021年春季学期，我们在第二讲"文献的载体与物质形态"增加了金属文献的讲授，在第四讲"古籍版本及其鉴定"中增加了关于雕版印刷术起源的几种重要论说的评介，在第五讲"古书收藏与散亡"中增加了学校藏书、寺观藏书两部分，在第七讲"古籍文本校勘与考证"中增加了校勘的历史、校勘成果的表达等。在以往的教学中，这些内容都因课时不足而削去不讲。

更重要的是，在课程讲解的深入方面，我们有了更大的空间。2018年6月21日，教育部部长陈宝生指出："提升大学生的学业挑战度，合理增加课程难度、拓展课程深度、扩大课程的可选择性，激发学生的学习动力和专业志趣，真正把'水课'变成有深度、有难度、有挑战度的'金课'。"[1]2018年11月24日，教育部高等教育司司长吴岩提出了"金课"的评价标准为"两性一度"，即高阶性、创新性、挑战度。随着信息化高速发展，高校教师通过大学课堂传递给学生的，不应是更多的概念和知识，而是发现、思考、分析问题的思维和能力。所以，我们将一部分课程拿到线上，将课堂时间更多用于具体问题的深入分析。比如在讲到古书经折装形态时，教材上的内容非常简单，告诉同学们"大约在唐代后期，出现了经折装"。[2] 对于这个问题，学术界已经有了更新的结论。我们参考了方广锠先生的论文，他在大英博物馆中发现编号斯5665的敦煌遗书中有24件是经折装。其中第17件是双面书写，在背面的佛经中，出现了武周造字"圣""日""初""人"等。这说明背面的佛经抄写于武周时期。而正面的佛经没有使用武周造字，抄写年代至少要早到公元690年武则天登基前的唐睿宗时期。此时经折装的形制已经相当成熟。由此看来，经折装的起源还应该更早。所以，最早在初唐时期，经折装就已经产生了。[3] 在讲到中国古书的散亡时，我们结合本世纪初以来国家古籍保护工程的具体实践与诸项成果，与学生一起探讨了新时代应如何做好古籍工作的有效举措，等等。

因此，通过"混合式教学"改革，我们既实现了所传授知识量的增加，更注重学生能力的提升。

2. 提升了学习效果

"混合式教学"的最终目的，是有效提升大部分学生学习的深度。改革是否成功，最终要看学生是否有了更大收获，是否有更长久的进步。在线下课堂中，我们利用"学习通"发布了10次随堂测验，重点检验线上课程的学习情况。通过测验，我们发现大部分学生能在规定时间内自学完课程，并获得较好成绩。从课堂效果来看，线上课程也发挥了学前导入或课后补充的作用(如图2所示)。

在学习过程中，学生明显体会到课程的压力，显示出课程具有一定的高阶性、挑战度。在本学期评教中，学生反复提到"觉得上课压力很大"，"内容丰富有深度"，表示"课上收获也很多"，并"希望像老师一样严格的老师在文学院能够多一些"。在本年度的期末考试中，无论与往年相比，还是与同年其他平行班相比，我们都增加了试题难度，但学生

---

[1] 陈宝生《坚持以本为本，推进四个回归 建设中国特色，世界水平的一流本科教育——在新时代全国高等学校本科教育工作会议上的讲话》，2018年6月21日。
[2] 《文献学概要》，第27页。
[3] 方广锠《敦煌遗书斯5665号与经折装》，《文史》2005年第1期，第119~148页。

的期末考试成绩、课程总成绩均较上年相比有明显提升(如表 3 所示)。

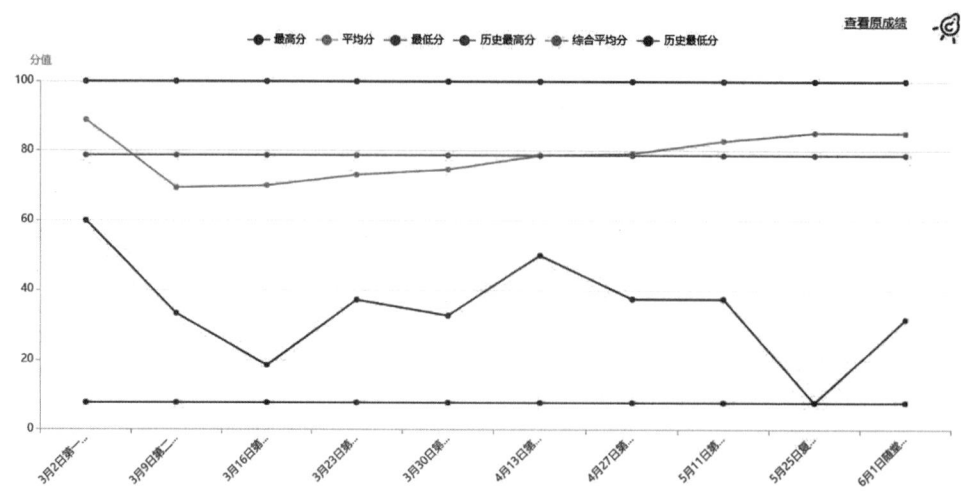

图 2 《中国古典文献学》随堂测验成绩分布情况

表 3　　　　　　　　　2021、2022 年度课程总成绩 80 分以上情况①

年度	考试人数	≥90	80~89	≥80
2021	54	6/11.11%	28/51.85%	34/62.96%
2022	66	18/27.27%	27/40.91%	45/68.18%

当然,考试成绩或课程成绩仅能反映课程教学和学生学习情况的某些侧面,并不完全等同于学习效果的提升。学生学完这门课程,是否真正学有所得,且能否将此课程的内容运用到未来的文史研究中去,以及这种所得、所用是否得益于"混合式教学"模式的建设,还有待于更长时间的检验。

3. 塑造了思想价值

教育的根本任务是立德树人,全面推进课程思政建设,深挖专业课程的思政元素是当今大学教育的重要改革任务。《文献学》课程施行"混合式教学"改革,为课程规划出了更多的时间,也为课程思政的深入开展提供了前所未有的空间。

比如在讲到卷子装书籍形态时,以前只是卷子结构的简单介绍,新的课程加入了敦煌卷子的封存、发现、遗失与缀合,讲到对敦煌卷子的缀合,就是对中华古老文明的拼接,这项工作需要有人一直传承下去。讲到雕版印刷术的起源,通过分析代表性论说的主要证据与问题,引导学生保持怀疑精神,在探求科学真理的道路上永不止息。面对需要甘坐冷板凳的古籍文本校勘工作,鼓励同学们勇于担负起研究冷门绝学,弘扬中华民族优秀传统

---

① 根据武汉大学本科教务管理系统归档成绩统计。

文化，培植文化自信的时代重任，等等。这些思政内容的增加，既得益于总课时的增加，更来源于课程改革后教师对所授内容的深入思考。

当然，"混合式教学"包括"线上""线下"两个部分，就《文献学》目前的建设而言，"线上"重在建设。以上几点，主要是建设线上课程产生的教学效果。线下课程的改革创新，我们也从未间断。比如我们的讨论互动、翻转课堂、实践课程、实践活动、考核方式等，都有所规划，并卓然可观。

综上所述，《文献学》课程的"混合式教学"探索，目标是明确的，途径是可行的，成效是显著的。通过改革实践，我们也意识到本科教学的创新之路依然漫长，课程仍存在一些值得反思和完善之处。比如由于我们一边录制线上课程，一边发布给学生学习，有时发布不及时，没有给学生留出足够的观看时间；再如我们的线上导学课段选择还比较随机，没有形成一个成熟稳定的"线上+线下"配合模式；还有，除线上课程外，其他线上行为的展开，如课堂讨论、作业批改、签到考核等，仍有待优化。这些问题，也是我们在下一阶段的课程建设中，将要改进的地方。

◎ 参考文献

[1] 杜泽逊：《文献学概要》(修订本)，北京：中华书局2008年版。
[2] (清)戴震：《戴东原集》，《四部丛刊》影印清经韵楼刻本。
[3] 2018版《文学院中国语言文学类培养方案》。
[4] 中华人民共和国教育部：《教育部关于一流本科课程建设的实施意见》(教高〔2019〕8号)附件《"双万计划"国家级一流本科课程推荐认定办法》，2019年10月30日，http://www.moe.gov.cn/srcsite/A08/s7056/201910/t20191031_406269.html.
[5] 陈宝生：《坚持以本为本，推进四个回归 建设中国特色，世界水平的一流本科教育——在新时代全国高等学校本科教育工作会议上的讲话》，2018年6月21日。
[6] 方广锠：《敦煌遗书斯5665号与经折装》，《文史》2005年第1期。

道致复兴：习近平的"足迹"及对思想政治教育的启示

王怀民

(武汉大学 新闻与传播学院，湖北 武汉 430072)

【摘 要】习近平总书记的人生经历较为独特，他经历了从高干子弟跌落为"黑帮子弟"的突然，经历了从京城到黄土地的反差，经历了迷惘到务实的洗练，经历了从基层到最高领导人的坚实等一系列锤炼、历练。沿着习近平总书记的"足迹"，可以发现他成长成才、立志立业、统领全局的人生共有五条"足迹"可以研究：个人成长之路、建功立业之路、不忘初心之路、新春走访之路和走进青年之路。习近平总书记的"足迹"有鲜明的个人特征，也有鲜明的时代特征，可以从宏观向微观、从国家到个人、从人生态度到人生行为等视角向大学生解读出坚持党的领导、坚持人民立场、寄望青春、基层建功立业、拒绝躺平等思想政治教育意蕴。

【关键词】成长之路；立业之路；复兴之路；思想政治教育

【作者简介】王怀民男，湖北随州人，研究员，主要研究思想政治教育方法论，546860516@qq.com。

近日，新华社正在播出系列微视频"足迹：一路走来的习近平"，把习近平总书记的重要"足迹"展现给观众，展现青少年的成长、基层干部的勤勉、党和国家领导人矢志中华民族伟大复兴的大战略、大决心等特征。沿着习近平总书记的"足迹"，可以发现他成长成才、立志立业的人生共有五条轨迹值得探究：一是在梁家河的成长之路，二是河北正定、福建宁德的建功立业之路，三是赴西柏坡、上海、浙江嘉兴寻找中国共产党"精神密码"的不忘初心之路，四是每年春节前固定的新春走访之路，五是五四前一贯不变的走进青年之路。

一、成长之路：穷乡僻壤历练人生

深刻影响历史走向的人物往往有着独特的人生轨迹、人生经历和人生体验。毛泽东有过从被排斥到遵义会议确定党和红军领导地位的跌宕，邓小平有过三起三落的起伏。习近平总书记的成长是从京城突然被下放到穷乡僻壤的黄土地开始的，人生的历练也由此开始，深刻的人生感悟也由此开始。

1. 陕西梁家河：人生历练

青少年时期正是人生的"拔节孕穗期"，是世界观、人生观、价值观形成的最重要时期，人生的第一颗扣子在这个时候扣好了、扣正了，以后的路就会走得正，走得稳，造福国家、社会以及个人。人生的第一颗扣子扣歪了，以后有可能会走上歪路、邪路，祸害国家和社会。习近平的"拔节孕穗期"是在接受艰苦生活的磨炼、锤炼中度过的，经历了人生的蜕变，奠定了一生为人民做实事的价值观和坚定信念。

15岁至22岁，青少年正处于高中和大学阶段，正是全神贯注吸收知识、增长见识、形成价值观的重要时期。此时的习近平作为"黑帮子弟"身份在陕西延川县文安驿公社梁家河大队下放，从京城到山沟的突然转向让少年习近平"十分孤独"。习近平在《我是黄土地的儿子》一文记述，在梁家河的七年，他从"迷惘、彷徨"的懵懂少年转变为"有着坚定的人生目标、充满自信"的有为青年，从"很随意，老百姓对我印象不好"的散漫者到"已经不分彼此，他们对我坦诚相待"的自己人，从"不注意团结"的率性到"支部书记有事都找我商量"的顶梁柱，人生发生了脱胎换骨的转变，信念和价值观也发生深刻变化。人靠两种道理给自己指引人生，一是书本及他人传输的道理，帮助自己形成是非判断和价值判断，以指引自己的人生行为。但是，道理和行为之间隔着三条街，一条叫入脑，一条叫入心，一条叫入行。从别人口中、书本获知的道理不是指引自己行为的充分条件，而只是可能性。二是自己亲身体悟、感悟、顿悟出的道理，帮助自己深化认知并自觉指引行为。自己悟出的道理具有难以改变的稳固性和持久性，比纯粹的道理更能指引人生的发展，并会对以后的人生发展起着方向性和指引性的作用。年轻人在摸索中成长，在改正错误中进步，允许犯错误，更欢迎改正错误。年轻的习近平在这里培养了坚定不变的信念"要为人民做实事"。

2. 对思想政治教育的启示之一：趟平不躺平

人一生大致分为四个阶段，7岁前张开好奇的眼睛玩耍，7~22岁聚精会神努力学习，22~60岁全力以赴奋斗美好生活，60岁后自我陶醉回忆美好往事。年轻时跌过的跤、碰过的壁、挨过的骂，都可能成为未来有所作为的铺路石。一个人的人生态度是人生从"可能"到"实现"的强力助推剂。总书记的梁家河"足迹"启示我们，苦难未必是人生的良师，在苦难中奋起而不是躺平，才对得起曾经的苦难"学费"。一个有理想，有抱负，有追求，有格局人，暂时的停滞和偏差不会影响他的终极发展。一个人能不能实现价值和取信于人，看他能不能恒久地在大风大浪面前站得住，在风险面前立得住，在不公面前挺得住。年轻的习近平数九寒天挽起裤脚蹚入冰冷刺骨的泥水里，帮当地人修建水井；坐两天长途车到四川学习沼气池的修建，开创性地帮助当地人建起第一座沼气池用于生活和照明，把全省沼气"第一池"变成全省"沼气第一村"。一件件彻底改变百姓生活的实事摆在眼前，老百姓对这个有知识、点子多的小伙子产生了独特的感情，产生了特别的信任，产生了特别的依赖，由此他入了团，入了党，当上了公社的大队书记，并被推荐上清华大学。后来的一切成绩，看似水到渠成，实则是自己真心实意为百姓干实事积淀出来的结果。

习近平的梁家河"足迹"启示我们，青年应选择趟平而不是躺平，不要指望躺赢。躺平是当前普遍的社会心理,代表了一部分青年人无可奈何的心态。社会流行的躺平观一定程度上是消极、退缩、畏难的表征。躺平的起因是内卷,很多人在一个圈子里拼命竞争,都想冲出重围,跑入快车道。但是,使出浑身解数仍然还是人群中的大多数时,倦怠了,退缩了。从积极心理学视角看,躺平是努力到无能为力、行动到自己感动,仍然达不到一定高度,选择跟自己和解,接受目前的结果,在"平"中思考下一个行进的方向和目标。躺平的走向可能是一蹶不振的摆烂,另一走向是开辟新路的趟平。趟平是不屈艰险攻坚克难,是不钻牛角尖勇闯新路。荀子《劝学》篇云"锲而舍之朽木不折,锲而不舍金石可镂"。趟着趟着,前路可能就平坦了,踏上人生快车道;趟着趟着,新的洞天有可能开辟了,迎来向往的生活。

二、建功立业之路:表态不如表率

年轻时的历练、学习是为了有一天大展拳脚做出一番事业,其共同归宿指向美好生活。作为个人,是为给自己创造美好生活;作为干部,是为了带领百姓共同创造美好生活。

1. 河北正定:走遍全县

习近平大学毕业后,先后在国务院办公厅、中央军委办公厅、河北(正定)、福建(厦门、宁德和福州)、浙江、上海等地不同岗位工作,其中最为艰苦的是河北正定县和福建宁德地区。在这两个艰苦的地方,年轻的习近平越是艰险越向前,找到了自己为人民服务的舞台,展示了年轻干部的眼力、脑力、脚力,展示了年轻干部的干劲、闯劲、韧劲。

县委书记习近平"在正定短短3年内,骑着自行车跑遍了全县所有公社、所有大队",[1]同基层干部和老百姓拉近了距离,增进了感情。他在被称为"高产穷县"的正定值得称道的业绩很多,其中两件事至今被当地人津津乐道。一是求贤若渴,扯开嗓子喊话"三露"发明人武定信。二是瞄准旅游,大手笔建设了荣国府。一个人看表面还是看深层,看眼前还是看长远,看事还是看势是眼光的根本差异,也是一个人格局的重要体现。20世纪80年代,在一个并不开放的县城搞人才战略、发展旅游,是前瞻性的气魄和预见性的眼光。事实证明,习近平的眼光是对的,大手笔是对的。"三露"投产后,当年盈利30万元。20世纪80年代,对一个穷县来说,这个数字接近于天文数字。荣国府建成之后,当年门票收入达221万元,旅游总收入1721万元,[2]不仅当年收回了荣国府的建设成本,还有盈余。直到现在,荣国府也是正定的文化名片和旅游名片,成为当地经济和文化发展的重要组成部分。习近平和文化人贾大山建立了深厚的友谊,在当地传为佳话。正定时期的习近平体现出他的亲民、求才、爱才、胸怀和实事求是的精神和前瞻性的战略眼光。

2. 福建宁德:弱鸟先飞

福建宁德是习近平建功立业的第二个重要地方。习近平刚到宁德时,宁德经济总量全省末位,全区9个县有6个是贫困县,是全国18个集中连片的贫困地区之一。[3]地委书记习近平从改变思想入手,提出"弱鸟"要有"先飞"意识,要有"飞洋过海的艺术",要有

"滴水穿石"的毅力。党员是旗帜，领导是方向，领导干部的表率作用和党员的先锋模范作用是有效指引百姓奋力奔向美好生活前进的灯塔。习近平在宁德有句名言"表态不如表率，言教不如身教"。年轻的地委书记习近平不辞一线劳动，不慕虚功，比平常人还平常，留下了令当地干部难忘的"乘车 5 小时，步行 4 个半小时，开会座谈访贫 2 个小时……回到县城招待所后，许多干部才发现脚底、脚趾都磨出了血泡"故事。[4] 习近平披荆斩棘、跋山涉水"三进下党"的扶贫故事至今还是当地人的美好回忆，津津乐道"当年习书记到过下党乡"。党的事业就是在谷文昌、焦裕禄、孔繁森等一批批不计较个人得失的领导干部的全身心投入中发展起来的，民心就是在一批批党员干部的奉献中聚集起来的。

3. 对思想政治教育的启示之二：基层大有可为

一个人的价值包括个人价值和社会价值。个人价值是小价值，社会价值是大价值。习近平在正定、宁德建功立业之路启示我们，大价值在老百姓的口碑里。思想政治教育的关键是现身说法，言传身教，把党的全心全意为人民服务的宗旨写在工作岗位上，写在中华大地上。基层有施展才华的舞台，基层需要年轻人。基层是小社会，是不容责任下移的最终端，不容回避，不容虚功。到基层去，到最贴近百姓的地方去是党员干部的基本选择。习近平大学毕业后在中央机关工作，如果按部就班的工作，可以预期他一定能做出较大成就的事业。但是他没有甘于现状、没有满足按部就班的工作状态，而是主动选择到基层锻炼。年轻的县委书记还特别选在县城大集的时候，在大街上摆上桌子，拉着来赶集的老百姓做调查。领导干部心中有民才会忧民，才会把时间、精力、脑力花在改善百姓的生活、提高百姓生活质量上，才会在百姓心中留下不可磨灭的口碑。正定时期的习近平，被称为"永不退休的县委书记"，就是对他亲民为民、勤政务实的最大褒奖和赞扬。"领导干部的楷模"孔繁森、"大山的女儿"黄文秀扎根基层，把党的温暖和政策带给百姓，真心实意解民愁、解民忧，树立了领导干部的口碑和丰碑。到基层和人民中去建功立业，让青春之花绽放在祖国最需要的地方，是党和政府对年轻人的呼唤和期盼。基层是年轻人历练的舞台、成长的舞台和施展才能的舞台。

三、不忘初心之路：在原点深思如何"答卷"

中国共产党的历史是一部开天辟地、战天斗地、惊天动地和改天换地的创业史、斗争史，是开辟人类历史新纪元的历史。其从无到有、从小到大、从弱到强、从命悬一线到执掌政权，蕴含着丰富的"精神密码"。

1. 西柏坡："赶考"远未结束

历史是最好的营养剂，从历史中获取前进的力量是习近平总书记一贯提倡和践行的。2013 年 7 月 11 日，党的十八大后的第一个"七一"，习近平总书记赴中国革命圣地之一的西柏坡考察。西柏坡在我党历史上有着独特地位，是党中央解放全中国的"最后一个农村指挥所"。三大战役是在这里运筹帷幄并决胜千里的，"两个务必"的号召是毛主席在这里发出的，著名的"赶考"对话是在这里发生的，警惕资产阶级"糖衣炮弹"袭击是在这里号召的，新中国是从这里走来的。总书记西柏坡之行颇有深意，他重温了"两个务必"，重温了毛泽东和周恩来进京之前关于赶考的对话，意在"怀着崇敬之心来，带着许多思考走"，意在告诫全党"60多年过去了，我们取得了巨大进步，中国人民站起来了，富起来了，但我们面临的挑战和问题依然严峻复杂，应该说，党面临的'赶考'远未结束。"[5]

2. 上海、嘉兴：在原点探寻"精神密码"

2017年10月31日，党的十九大闭幕一周，习近平总书记再次沿着早期共产党人的足迹，赴上海瞻仰中共一大会址、赴浙江嘉兴瞻仰南湖红船，在原点探寻中国共产党的"精神密码"。上海和嘉兴对中国共产党乃至中国具有开天辟地的重大意义，这里孕育了中国共产党，是中国共产党的"产床"。习近平总书记强调："上海党的一大会址、嘉兴南湖红船是我们党梦想起航的地方。我们党从这里诞生，从这里出征，从这里走向全国执政。这里是我们党的根脉。"[6]习近平总书记上海和嘉兴之行多次提到"初心"，再次告诫全党珍惜我们来之不易的创业成果，凝神聚力为实现两个100年的奋斗目标不懈奋斗。习近平强调"全党同志必须坚持全心全意为人民服务的根本宗旨，不断带领人民创造更加幸福美好的生活"。[7]为什么不能忘记初心？因为共产党人的初心，是正在建设的伟大事业、伟大梦想的目标指引，是中国共产党长盛不衰、枝繁叶茂的动力源。不忘初心，是为了牢记使命，矢志不渝继续前进，把人民对美好生活的向往和追求实现好、发展好、维护好。

3. 对思想政治教育的启示之三：党的领导是无往不胜的根本保证

不忘初心之路启示我们，保持初心，坚守信念，矢志为民，才是思想政治教育永葆魅力和成效的根本。加强党的领导是高校思想政治教育的保证。[8]为中国人民谋幸福，为中华民族谋复兴，是我党的初心和使命。实现中华民族伟大复兴是一次接力长跑，是历史之必然，现实之必要，未来之必定，是我党一脉相承的价值追求。完成长跑，只有在中国共产党的集中统一领导下才能排除万难奔向目标。全党上下、全国人民包括青年应清醒地认识到坚持党的领导是中华民族奋勇向前、无往不胜的根本保证，没有任何其他政党和社会组织能够带领中华巨轮走向复兴。坚持党的坚强领导不动摇、坚持百年奋斗目标不动摇、坚持接力长跑不动摇、坚持排除干扰不动摇才能保证目标实现。党的十八大，接棒冲刺的习近平总书记需要带领全党解决两个重大问题：一是第一个百年指日可待，拿什么的"答卷"让人民"阅卷"？二是第二个百年时不我待，拿什么开启新的征程？习近平总书记以"我将无我，不负人民"的信念和决心坚定前行，带领全党和全国人民顺利完成第一个百年目标，阔步迈向第二个百年。一个政党的执政目标是长远目标和当前目标的统一，长远目标是一个个阶段性目标的叠加，一个个当前目标的实现为长远目标的达成积淀坚实基础。历代中央领导集体的接力跑可以凸显党和国家治理的基本逻辑：一是战略谋划，体现在当前就是两个百年；二是阶段实施，这个阶段超过15~20年，体现在当前就是十九大提出的两个阶段；三是五年规划，其前身为国民经济和社会发展五年计划。三个层级是国家总体布局和有序实施的统一，也是时间和空间的统一。一脉相承的目标设定，一脉相承的战略布局，只有在中国共产党的坚强领导下才能做到一以贯之，这是我党治国理政的显著优势。

四、心系百姓之路：固定不变的新春走访

把百姓的冷暖装在心里，把百姓的苦乐惦在心里，把百姓的期盼记在心里，是习近平总书记念兹在兹的事。政策好不好，要看乡亲们是哭还是笑。每年春节前，总书记固定不变的会来到老少边穷地区，看望百姓，体察民情。

1. 新春走访：解百家难

每年春节前，总书记的固定"足迹"是到老少边穷地区，看望慰问百姓，体察民情，开扶贫、脱贫"药方"。从2013年春节到2021年春节，习近平总书记的"足迹"走遍了甘肃定西市渭源县田家河乡元古堆村、内蒙古兴安盟阿尔山市伊尔施镇、陕西延安市杨家岭小学、江西井冈山市茅坪乡神山村、河北张北县二台镇德胜村、云南腾冲市清水乡三家村中寨司莫拉佤族村、贵州毕节市黔西县新仁苗族乡化屋村等地。这些地方，要么贫穷，要么偏远，要么资源少，要么条件苦，都是需要政府关怀和助力才能改变现状的。总书记每年的春节之行，都会把最暖的牵挂、最实的关怀带到老少边穷地区的村村寨寨。

习近平总书记的新春足迹有两个普通人都难以做到的经典瞬间：一是2013年2月，在甘肃定西市渭源县田家河乡元古堆村困难老党员马岗破旧、低矮的土坯房舀起一瓢水尝了尝。二是2014年1月26日上午，习近平冒着零下30多度的严寒，专程来到内蒙古阿尔山市的边疆，慰问在边防线上巡逻执勤的官兵，并动情地对战士们说："今天，我和你们一起执勤站岗。"

2. 对思想政治教育的启示之四：站稳人民立场

习近平总书记心系百姓之路启示我们，思想政治教育不是搞高大上的道德说教，而是把中华民族伟大复兴的实践落到富民强国、和平发展的追求上，落实到人民的幸福感、满足感、获得感上。领导干部只有心系群众、心忧群众，才能在群众中留下口碑，宁德的老干部回忆说习近平"和群众拉近关系不是靠嘴上说说，都是用自己的实际行动去做的，把自己放在和群众平等的位置上，所以群众都很欢迎他"。[9]有什么样的人民观，就有什么样的人民情，就有什么样的人民行。人民立场是中国共产党人的基本立场，习近平强调"党的根基在人民、血脉在人民、力量在人民"，"坚持人民主体地位，充分调动人民积极性，始终是我们党立于不败之地的强大根基。"[10]在他的系列重要讲话中，"人民"一词是出现频率最高的词，仅在十八届中央政治局常委同中外记者见面时一千多字的讲话中，他就19次提到了人民。公开的媒体报道中，习近平第一次当众流泪发生在他即将离开历练七年的梁家河。1975年，习近平被清华大学录取了，10月7日是他离开梁家河的日子。前一天晚上，他和乡亲们拉话一直到深夜，第二天早上起得较晚。当他早晨推开门走出窑洞时，看到院子里、道路旁站满了人——大人、孩子、老人，全村人都来了。大家手里拿着红枣、小米，默默地站着。他的眼泪一下子流了出来，这是他第一次当众流泪。[11]

人民观的现实展现，就是把人民对美好生活的向往和追求实现好，实现幼有所育、学有所教、劳有所得、病有所医、老有所养、住有所居、弱有所扶不断取得新进展，保证全

体人民在共建共享发展中有更多获得感、满足感、幸福感。广大青年正是强国一代，生逢其时、重任在肩，是实现中华民族伟大复兴最可依靠的力量，施展才干的舞台和机会比以往任何时候都要广阔，实现梦想的前景比以往任何时候都要光明。广大青年大有可为、大可有为，在服务祖国、服务人民的伟业中站稳人民立场，用青春的能动力和创造力激荡起民族复兴的澎湃春潮，用青春的智慧和汗水打拼出一个更加美好的中国。[12]

五、走进青年之路：寄望青春

一个国家、一个民族，只有寄望青春，永葆青春，才能兴旺发达。对青年的态度就是对国家和民族未来的态度，对青年的信心就是对国家和民族未来的信心，对青年的关怀就是为国家民族的未来奠基，因为"中华民族伟大复兴的中国梦终将在一代代青年的接力奋斗中变为实现"。[13]

1. 青年节：时间是留给青年朋友的

总书记的青年时期在出行难、吃水难的山坳坳梁家河历练，经历了人生蜕变，有刻骨铭心的体验和感悟，也给当地留下了开创性的贡献和恒久的回忆。总书记青年时期的独特经历和感悟会代入到他对当代青年的情感中。担任总书记后，习近平保持着与青年通信、同青年谈心、参加青年活动的频率和节奏，常把青年记挂心间，为青年在奋斗前行的道路上点亮航标、指引航程。

每年五四前后，习近平总书记总会把时间留给青年人，到年轻人中间和青年学生相处，到学校看看。从2012到2022年，总书记在青年节前夕先后考察过北京大学、清华大学、中国人民大学、北京师范大学、中国政法大学、中国农业大学等，亲切看望师生，并同师生亲切座谈，提出殷切期盼。从提出青年学生要带头践行社会主义核心价值观到"不负韶华，不负时代，不负人民，在青春的赛道上奋力奔跑，争取跑出当代青年的最好成绩。"从"全社会要关心和爱护青年，为他们实现人生出彩搭建舞台"到"做青年友，不做青年官；多为青年计，少为自己谋"，总书记总是对青年怀有拳拳之心、殷殷之情。面对总书记的殷切期盼，广大青年用"青春向党、不负人民""复兴栋梁、强国先锋"作出了响亮的回答。

2. 对思想政治教育的启示之五：强国先锋

列宁曾指出"真正建立共产主义社会的任务正是要由青年来担负"。[14]习近平总书记站在中华民族伟大复兴的伟业高度看待当代青年、寄望青年、包容青年。走进青年之路启示我们，赢得青年，就是赢得未来。思想政治教育必须放下身段，扎扎实实与青年人为友，把脉时代特征，契合青春跃动，创新工作方式，保持工作活力，为青年人生出彩真心助力和搭建舞台。当社会对90后、00后质疑和批评时，总书记鲜明指出"青年人阅历不广，容易从自身角度、从理想状态的角度来认识和理解世界，难免给他们带来局限性。这是青年成长的规律，我们要尊重这个规律"。[15]从历史看，我们党取得的所有成就都凝聚着青年的热情和奉献。从未来看，当代青年是强国一代，肩负着中华民族伟大复兴中国梦的重任。习近平总书记深刻指出,代表广大青年,赢得广大青年,依靠广大青年,是我们党不断从胜利走向胜利的重要保证。面对总书记的殷切期盼,广大青年大有可为、大可有为,坚定不移听党话、跟党走,努力成长为堪当民族复兴重任的时代新人。

总书记的"足迹"具有鲜明的个人特征和时代特征,是中国现代化建设曲折前进的历史印痕,也是中华民族伟大复兴坚实前行的时代印记,带给思想政治工作中重要启示。沿"习"之路是为了延"习"之路,完成新时代的长征路,完成新时代的赶考路。

◎ 参考文献

[1][2]中央党校采访实录编辑室. 习近平在正定[M]. 北京:中共中央党校出版社,2019:30、21.

[3][4]中央党校采访实录编辑室. 习近平在宁德[M]. 北京:中共中央党校出版社,2020:58、311-313.

[5]李斌,李涛. 党面临的"赶考"远未结束——习近平总书记再访西柏坡侧记[N]. 人民日报,2013-07-14.

[6][7]杜尚泽,霍小光. 梦想,从这里启航——记习近平总书记带领中共中央政治局常委赴上海瞻仰中共一大会址、赴浙江嘉兴瞻仰南湖红船[N]. 人民日报,2017-11-01.

[8]顾海良. 高校思想政治教育的新境界[J]. 中国高等教育,2017(18):7.

[9]中央党校采访实录编辑室. 习近平在宁德[M]. 北京:中共中央党校出版社,2020:17-18.

[10]习近平谈治国理政(第一卷)[M]. 北京:外文出版社,2014:27.

[11]景玥. 追溯习近平的延安情[EB/OL](2015-02-15). http://cpc.people.com.cn/xuexi/n/2015/0215/c385474-26571728.html.

[12]庆祝中国共产主义青年团成立100周年大会在京隆重举行[N]. 人民日报,2022-5-11.

[13]习近平谈治国理政(第三卷)[M]. 北京:外文出版社,2020:54-55.

[14]列宁选集(第4卷)[M]. 北京:人民出版社,2012:218.

[15]习近平. 在纪念五四运动100周年大会上的讲话[N]. 光明日报,2012-05-01.

新文科建设背景下法学实验室建设的若干思考

陈海嵩　郑玉芝

（武汉大学　法学院，湖北　武汉　430072）

【摘　要】 在新文科发展背景下，为更好服务于法学实践教学模式的变革创新，新一轮的法学实验室特色化、智能化建设正在蓬勃发展。本文以武汉大学法学实验教学中心为例，从其发展脉络和现状出发，提炼出法学实验室的一般特征，指出我国当前法学实验室建设可能存在的创新误区和片面认识。今后，我国法学实验室建设应进一步找准自身的价值定位，并遵循分步实施、共建共享和系统优化的基本原则，从教学体系、管理体系和评价体系三方面不断寻求完善。

【关键词】 新文科建设；法学教育；实践教学；法学实验室；智能化

【作者简介】 陈海嵩，1982年出生，湖北武汉人，法学博士，武汉大学法学院副院长，教授、博士生导师，研究方向：环境资源法，E-mail：chsongai@126.com；

郑玉芝，1990年出生，湖北枝江人，工学博士，武汉大学法学实验教学中心实验师，研究方向：计算机信息系统，E-mail：yuzhi_zheng@whu.edu.cn

【基金项目】 武汉大学教育教学改革建设引导专项"环境伦理及其法律问题的教学改革问题研究"

当前，我国高等教育创新发展势在必行，"新工科、新医科、新农科、新文科"建设已经全面启动。法学作为文科教育的重要组成部分，需遵循"新文科"的理念宗旨和任务要求，从多个方面实现法学教育的创新发展。2018年由教育部、中央政法委联合印发的《关于坚持德法兼修实施卓越法治人才教育培养计划2.0的意见》明确提出：要深化高等法学教育教学改革，强化法学实践教育，发展"互联网+法学教育"，建立覆盖线上线下、课前课中课后的多维度智慧学习环境。在此基础上，"新法学"建设的关键点和着眼点之一是改革创新法学实践教学新模式，即以培养学生综合素质和职业技能为目标，以深度运用虚拟仿真、人工智能等信息技术为手段，以法学实验室为基本载体，直面和补足传统法学理论和实践教学中的诸多短板。

目前，我国的法学实验室建设及实践总体上看仍处于起步发展阶段，在条件较为优秀的国内部分高校开展"先试先行"工作，业已取得了不少经验积累和阶段性成果，但尚未体系化和全面普及。本文试以武汉大学法学实验室建设及实践教学为例，结合其发展现状和探索实践，以期深化我国法学教育实验室在新时期的进一步发展。

一、我国法学教育实验室建设的现状与内在特征

自我国开展新文科建设以来，法学教育实验室建设坚持秉持新理念，确立新使命，赋予新内容，贯彻运用新方法的整体思路，而新理念、新思想、新战略就必然会产生新法学。[1]新文科建设强调传统文科与理工科的交叉融合发展，需要体现在文科各个相关专业的建设之中。当前我国的法学实验室建设便是对于理工科研究教学方法的一种借鉴与融合，最为贴切的体现新文科建设的要求。一直以来，对于"实验室"的认知基本上都是和理工科专业紧密联系。新文科建设强调，文科发展应当不断丰富社会科学的研究范式，一般而言，实验的目的是或是为了发现某一自然现象，或是为了验证某一规律定理的客观性、正确性，实验的基本特点是可重复性、可再现性和稳定性，而对于自然规律的探索与验证方式在法学研究与教育上具有重要的借鉴意义。以物理实验为例，在相同的实验环境下，无论何人何时何地按特定程序均能得出完全相同、可靠的结论。通过实验研究不仅能极大锻炼和提高学生的科学素养和研究能力，并且一个显著趋势是，不同于过去几个世纪民间科学家和手工艺人研究成果的大量涌现，如今越是前沿、重大的理论发现和技术创新对高水平实验室的倚重依赖程度越高。因此有观点认为，高水平自然科学实验室承担着实验教学和科研创新的双重任务，是评价一所高校质量的关键指标，也是我国迈向现代化教育强国的重要标志。[2]

在法学领域，我国法学教育实验室建设虽早于新文科建设理念的提出，但实际上也和自然科学领域息息相关。例如20世纪80年代我国恢复法学教育招生后，部分综合性高校和政法学院先后成立了一批涉及犯罪刑侦、物证鉴定、法医检验等内容的技术实验室。[3]2006年，中国人民公安大学成立了公安执法实验教学中心，其主要整合了治安、侦查、刑事和法学等学科以及犯罪学系、警体战训教研部的有关技术、实验和实训教学资源。[4]在2008年，经教育部和财政部批准，华东政法大学、辽宁大学、西北政法大学、中国人民公安大学和中南财经政法大学五所高校正式成立了国内首批（法学类）国家级实验教学示范中心。从各示范高校法学实验室的名称不难看出，法学实验室承担的功能主要包括实验和实训两部分，其体现了新文科建设对于教学改革与人才培养的内在要求。课程安排上则增加了案例分析、法律文书写作、主题辩论、模拟法庭和法律诊所等内容。2020年，在"互联网+法学"背景下，七门法学课程入选了首批国家级虚拟仿真实验教学项目认定计划，在内容上涵盖了知识产权、警察学、监狱学、信用风险管理、国际经贸规则和社区矫正等诸多领域，实验环境和方式上都进一步呈现出智能化、多样化。[5]在虚拟环境下，无论是教师或学生都能从自身需求出发最大程度整合学习资源，创新实验项目，其不仅实现了信息技术、人工智能与实践教学的深度融合，也填补了我国法学类虚拟仿真实验教学的一块空白。[6]

武汉大学法学实验教学中心（法学实验室）自2002年成立以来，其发展脉络和建设方向与前述各知名高校法学实验室大体相同，先后成立了模拟法庭、法律援助中心、法律诊所和校外实训基地等传统类型实验室，基本建成了实验教学资源管理、课程管理和评估管理三位一体的线上综合实验教学平台。以智能化程度为标准，本实验室的建设可以划分为

"2003—2017年"和"2017年至今"前后两个阶段，第一阶段的工作落脚点是"从无到有"：进行集中化、规模化的实验室建设；打造一支专业齐备、结构合理的教学团队；建立实验室人员、设备、耗材管理和运行安全规范等基本制度。第二阶段的建设重点是"从有到精品化、特色化"，即一方面推进教学改革，贯彻新文科建设对于科教深度融合的要求，促进法学和信息技术深入融合，创新、丰富法学实验教学手段和方法，率先开展国内法学信息化、智能化教学体系和教学环境建设，构建包括智慧教室、虚拟仿真实验室、混合现实实验室等在内的法学智能实验室，多门法学专业核心课程初步实现了教学条件和手段的多元化、信息化和智能化；另一方面强调"价值重塑"，注重法学教育对于学生思想引导与价值选择的作用，秉持"大实验观"理念，将"实训、实践和实务"有机整合纳入法学本科生培养方案。

基于当前的建设实践，笔者认为，法学实验室与自然科学实验室的根本区别在于：法学实验并非以发现或验证某一社会现象、规律为目标，也不强调对"循因求果"实验程序和标准的严苛遵循，而是以"师生互动""情景模拟"和"实践技能训练"等创新教学方式作为依托，实现新文科建设背景下对法学学科教育的新要求。可以说，新文科建设围下的法学实验室建设围绕"情境模拟"为核心赋予诸多新的特征：(1)提高学生应用跨学科交叉融合知识解决实际问题的能力。通过模拟职业情境和社会场景，如要求学生扮演法官、律师和仲裁员等职业，又如模拟商务谈判、社区调解等环境。(2)着重模拟空间所具有的中国深层文化法律环境，强调运用中国话语体系和理论体系引导法学实践。拓展模拟空间自由度，法学实验既可以在校内，也可以在校外开展。(3)突出法学实验的价值选择与思想引导。通过将实验对象的具象化和人格化，一方面帮助学生贴近生活、走进社会，还原一个丰富多样的真实世界；另一方面通过树立正确的价值观与思想，培养学生的社会实践能力。在现代信息社会中，这些特征成为衡量一所法学实验室建设水平的重要标准，也构成新文科建设背景下法学实验室的内在特征。

二、法学实验室当前建设的主要问题与误区

新文科建设强调信息技术对于法学教育研究的赋能潜力，这使得各类教学技术不断受到学界的关注。一方面，近年来人工智能、虚拟仿真、元宇宙等新兴技术引发了国内外社会各界的广泛关注和热烈讨论；另一方面，随着2018年教育部《关于开展国家虚拟仿真实验教学项目建设工作的通知》(教高函[2018]5号)发布实施，在社会舆论和国家政策的双重加持下，一批智能实验室、智慧教室建设项目在各大院校内纷纷上马。武汉大学自2017年以来，学院逐步建设"法学多维度智慧实验室"，建设水平在国内法科院校中起步较早；以团队成员为核心的武汉大学法学院实验教学团队长期活跃在教学一线，针对传统教学模式的弊端，积极探索信息化、智能化、泛在化法学实验教学手段，努力弥合法学理论、实践、实验、实训教学之间的鸿沟，通过硬件购置、软件自主研发，不断推进"新文科"背景下法学实验教学改革与创新。不可否认，信息技术和人工智能在推进高等教育实验室发展上具有很大价值，但是和法学实验的融合效果如何，笔者以为目前盖棺定论为时尚早，这股"高歌猛进"的建设热潮也需加以理性审视、辩证看待。

结合本中心近年来的授课效果和教学对象评估情况，笔者提出当前我国的法学实验室建设或存在以下两点片面认识和创新误区，以期促进相关讨论：

第一，一定程度上夸大了信息技术和人工智能在法学实践教学中的地位和作用。以目前法学实践教学中常见通用的技术手段看，武汉大学法学实验教学中心增置的虚拟仿真、混合现实实验室，一方面中心教师团队密切配合，不断学习新知新术，改进课堂教学和实务教学，配备完善的虚拟现实硬件和不断完善的软件，拓展法学实验教学手段和方法更新。以虚拟现实软件为例，通过虚拟现实软件能够模拟刑事案件的案发现场训练学生对于刑事案件的事件还原能力，也能够通过虚拟现实软件模拟枪支认定等在现实中难以完成的技能训练。这在一定程度上弥补了校内法学实践教学资源不足的缺口，使更多学生足不出校便可自主训练专业技能，激发了学生的兴趣和创造力。然而另一方面，法学实验所运用的软、硬件智能化水平整体上仍处于初级阶段，难以完整模拟法律职业、案件中全部分支情况，无法支持人机间的互动试错，致使实验条件和结果在操作中都客观远离了社会复杂性，趋于理想化。事实上，从传统的模拟法庭、仲裁到如今的虚拟仿真、混合现实课程，实践教学流于形式主义的问题并未随新兴技术的引入得到根本解决。"情景模拟"的本质是对现实世界的无限贴近与还原，而当下实践教学无论采何技术手段，"模拟""虚拟"都更近似成了一种"表演"[7]：学生选定角色，而后根据自行检索或软件给定的证据、法律文书和卷宗等材料进行各自角色行为、陈述的顺序演练。随机性、偶然性影响因素和学生的灵活应变能力，无论是"人人互动"还是"人机互动"均难以充分体现。

第二，过于偏重学生自主学习、自由发挥导致教学管理和课堂组织松散化，课程焦点在一定程度上偏离法学教学目标和主题。从法学实践教学的授课过程和效果角度考察，虚拟仿真、混合现实实验室给广大师生提供了一个多感官刺激的三维空间，用视频、3D影像等方式来呈现表达教科书上的"枯燥"理论，但是丰富的画面、声音和软件功能也更容易造成学生关注点的偏移和专注力的分散。而站在课堂引导、管理者的身份立场上，教师们也面临着相同困境：在备课前需要花费相当精力熟悉、掌握各类设备、平台和软件的操作，而非对重难点问题的深入讲解；在授课中也会因疲于应对不同学生的操作困难和突发情况而带来教学计划的延误。武汉大学法学院通过多年的师资引进工作，教师结构目前较为合理，但个别专业老龄化趋势凸显。随着近几年招生规模逐渐扩大，总师生比仍然接近1∶20，绝大多院校的法学实践课堂基本上是由四五十名学生（甚至更多）和一名导师共同组成的。提倡学生自行探索，交流互动必然带来教学组织的松散化，教师根本无法在同一时间内统筹兼顾全部学生、小组或行列的不同情况并一一回应。因此当法学智能实验室试图以新功能、新技术来"赋能"参与实践教学的广大师生同时，也客观上提高了使用者的技术准入门槛和教学的组织管理难度。应当看到，"激发学生学习兴趣""鼓励学生自主探索"固然重要，但任何事物都包含着对立统一的两方面，如果不符合现实条件而一味硬上，反而达不到预期的效果，对课堂教学应有的内涵构成冲击，应辩证的分析和适用当前教学改革创新中的问题、思路和工具。

基于法学实验室教学实践中的实际问题可以看出，当前法学实验室建设虽然受新文科建设影响而采用了新的教学设备与教学方法，但一定程度上仍然停留在"本学科+新技术应用"层面。从思想认识角度看，新文科建设中所强调的融合发展，既包含了研究范式的融合，也包含了研究论域的扩展与综合应用，而法学实验室建设仍停留在表层的结合上，难以实现培养具有综合实践能力的优秀学生的目标。除此之外，通过教学方法上的革新，贯彻新文科建设对于"话语主导"与"价值重塑"的要求仍需要在教学内容上和形式上取得平衡。从底层教学资源配置来看，法学实验室教学方式的改变倒逼法学院人力资源配置重塑，不论是信息技术的应用亦或是社会实践的广泛交流，都对于技术资源、人力资源和社会资源提出了新的要求，如何在现有条件下实现教学效果的最大化仍有待进一步实践探索。

三、法学实验室建设的目标定位与基本原则

新文科建设中对于学科融合发展的要求与我国法学学科发展不断专业细分的趋势具有一定的修正作用。自我国学科专业的组织形式体制化以来，学科分化的过程从未停止，并在专业划分和知识管理方面日益深化，表现为不同的法学二级学科。但是，学科教育知识结构同社会实际需要的脱节使得学生进入社会后，无法迅速适应法律实践的要求。围绕传统"学科专业目录"建构的思维方式和知识结构正使越来越多法科学生面临着职业危机，特别是在强调多学科交叉和综合运用的现代社会中，"泾渭分明"的法律知识体系并不利于学生直面纷繁复杂的社会问题以及对知识的综合运用。为了解决这一法律教育中的问题，以社会问题及法律职业技能为中心，重构当前法学教育知识结构成为一种趋势。但是也应当看到，传统的法学知识体系具有其内在理论逻辑，当前的教学知识结构有着便于体系化、普及化的优势，不能简单加以否定。为协调两者关系，通过增加法学实验室建设开展以法律职业技能导向的教学方式，成为了一种较为现实的解决方案。

正是在此社会迫切需求下，法学实验室应将自身建设的目标定位于"帮助学生打通学科边界，以情境化问题的解决为中心提高学生的综合素养和实践能力"。同时还必须清楚认识到，无论是否增添虚拟仿真、人工智能等技术手段，法学实验室的工具性存在都不会得到改变，其发展不得游离于"补充、辅助和服务于法治人才培养和法律思维塑造"这一主题之外。法治人才的培养应当以立德树人为核心，强调育人过程中的能力、知识与人格塑造的统一，在现代人文及科技与法律科学的有机结合中，突出人才培养目标的综合性和社会适应性。[8]

基于此认识，武汉大学法学实验室从三方面开展了建设探索：从教学内容方面来看，武汉大学法学实验室注重推动校内相关教学、学习和技术等资源整合，积极促进人文社科内部、人文社科与理工科之间的交叉融合。从教学资源配置来看，本中心已将模拟法庭、法律诊所、虚拟仿真实验室和混合现实实验室等教学资源模块化分设，并纳入统一管理平台；已建立教学实施、教学管理、教学对象评估、案例素材编辑、校友资源应用等相应数据库，并将各系统端口统一接入本中心门户。[4]从教学实践来看，根据学生法律实务能力培养的一般规律进行多层次、分阶段和有针对性的组合使用，逐步形成从理论教学（文书写作、案例分析）到模拟训练（模拟法庭、虚拟仿真），再到社会实践（法律诊所、调研实习）的递进式实践课程体系，改革和调适原先由"专业目录"主导的课程安排。具体措施包括：(1)鼓励和引导学生走进社会、深入社区，以法律咨询、法律援助和社会调研等形式

将校内教授的知识技能直接应用于社会,在实际生活中检验和发展理论。例如,本中心定期组织教师带队赴湖北、河南、江西、湖南等多省市地方开展社会调研,志愿者服务等活动;(2)积极寻求社会支持,与实务部门建立合作关系,定期邀请法律职业者开展讲座培训,指导实践教学等。目前本中心已建成校外实训基地共计 54 个,类型包括法院、检察院、仲裁机构、公司、律所和银行法务部门等,涵盖法律职业所涉的各行各业;(3)适时考虑与法律实务部门合作办学,联合培养应用型法律人才。

从武汉大学法学实验室建设的具体实践可以看出:首先,法学实验室建设是一个需要多主体、跨部门、长周期协同参与的系统性工程,更是一个螺旋式上升的发展过程,可以概括为:方案规划(思路拟定)—试验探索(建设实施)—评估反馈(思路验证)—发展调整(建设实施)。其次,法学实验室的建设具有开放性和外溢性,社会实践中所利用的公共社会资源并非实验室所独享,随着走入社会社区等地的实践行使,经由校际间合作可以高效地加以利用公共社会资源。而构成法学实验室社会实践的渠道也可以在不同学校法学实验室间交流互动,这证明了法学实验室教学质量的提高离不开高质量的社会主体互动。最后,融合发展通过跨学科交叉研究的方式,完善了法学知识结构的体系性,通过系统化的学习,实现了法学理论与社会实践应用的衔接,有助于克服理论学习与职业技能的差异性。基于以上分析,本文从实际工作中提炼和归纳出了如下原则,为我国今后法学实验室建设提供参考:

一是分步实施原则。法学实验室在规划发展中,建设经费应当分阶段投入,设施设备应当分步骤建设,师资培养应当分批次展开,课程应当从主干到辅修逐步增设,教学制度体系应当从局部完善到整体建立健全。分步实施的内在逻辑在于,法学理论知识的数字更新、教育模式的复合探索与法学人才市场的供需重组发展具有交互性,法学实验室的规划发展需在前一阶段建设的探索反馈中不断修正知识体系、教学方式和人才技能需要。[9]

二是共建共享原则。法学实验室离不开人、财、物的长期投入和基本保障,学生社会技能的培养和反馈有赖于同社会各界的交流与实践。为此学校应主动与地方政府部门、司法机关、检察机关和企事业单位达成合作,"校地结合"实现(校外实训基地)共建。在满足校内教学需求的前提下,可适时开设面向合作主体需求的综合能力培训班、专题技能提高班等,建立长效的资源共享机制。此外,因法学实验室在发展进程中需要有机融合其他学科方向和师资力量,故实验室应面向非法学专业学生、学生社团等开设选修、体验类课程,实现校内学习资源共建共享。

三是系统优化原则。法学理论与实践教学应在课程体系中互相结合,相得益彰,不得偏废。实践教学是以理论为前提的,学生只有在低年级阶段扎实掌握完备的理论知识,才能更好的在中高年级阶段开设实践课程。于此同时,实践教学又是现实需求导向的,实践教学的改革创新应充分尊重和兼顾现有法学学科类型和教学传统,同时不断优化其内部不同层次实践课程的衔接协调。

四、推进我国法学实验室建设的主要路径与建议

在现有基础上,我国法学实验室的进一步深化建设无疑在各方面都站在了更高起点

上。和国内一流自然科学实验室相比，法学实验室的"高标准""高质量"并不是简单指实验条件环境的不断改善，亦或技术设备投入层面的不断突破，而是从"本我"出发尊重法学特色，回应新文科建设的时代要求，探索出真正属于法学学科所蕴含的原创性内容。具体而言：

(一) 建立贯彻新文科理念的交叉融合型法学实践教学体系

虚拟仿真、人工智能等信息技术给法学教育带来了不少新的改观，我国已明确将交叉融合学科作为一项新的学科门类，这既说明学科交叉已成大势所趋，也反映出国家对交叉学科的高度重视。为此，各高校应当有意识的丰富拓展相关理论和实践教学来推动和促进交叉融合型法学教育体系的改革。

一是教学团队建设的深化。在新文科的延伸拓展领域，复合型法治人才的培养相关教师扮演着举足轻重的角色。实验室教学团队的深化发展本质上是专职教师的支持和投入，特别要强化多学科交叉的背景。例如，本中心自2021年起开始招募信息与计算科学、计算机科学方向博士作为实验员，并鼓励新入职实验员走上讲台，为本科生开设法学实验信息化理论和虚拟现实实验技能操作的专业课程，为今后中心实验员从"实验教辅"向"实验教学"职能的转变奠定基础。信息技术在法学教学中的应用普及，不仅要求教师及时增加自身的专业知识储备，还要求其主动关注前沿的科技动态，在课程中熟练运用相关信息技术，更要求教师特别是一线讲师具有引领技术和教育深度变革融合的意识。从根本上说，只有深入一线课堂的广大师生才能有效反馈、客观评价一项技术应用的优劣乃至教育改革方向道路的对错。未来，在线上教学、智慧教室的授课中灵活驾驭相关技术设备已愈来愈成为一名法学教师科学素养的重要体现；一位"技术盲"教师将很难成为一名合格的法学教师，更不可能成为一名高校名师。

二在课程内容建设的深化。有必要重新有机整合传统的法学学科、专业分类体系。近年来，国外知名高校如哈佛大学、斯坦福大学、宾夕法尼亚大学和麻省理工学院等已先后设立"信息法学""计算法学"或"人工智能法学"等学科方向。[10]课程内容包括法律文件检索(legal document management)、法律基础设施(legal infrastructure)、法律信息学(legal information)、人工智能的历史与哲学(the history and philosophy of artificial intelligence)、法科技术与信息科学(legal technology & information class)、编程和法律(code and law)、计算机与法律(computer and law)等。[11]笔者建议，在交叉融合型法学学科的初期阶段，有资质和条件的高校可以适时开设一门1~2学分的《信息技术与人工智能概论》(导论)课程，邀请相关专家(包括多个学科)拟定教学大纲，编写教材并作为必修课程进行讲授。该课程属于初步的介绍性课程，应为法学学生具备的基础知识所能接受，其所涉及和介绍的每一项内容都有自己解决社会问题的思想路线和主干逻辑，作为法学学生只需要从认识论和方法论维度加以了解和把握(而非技术的具体设计和操作细节)便能有效参与到法学的交叉融合发展中来，为今后进一步参与信息化、智能化的法律实践打好基础。

三是教学形式的拓展，除了继续完善传统的模拟法庭、仲裁、法律诊所和法律援助等实践教学形式，不断丰富案例教学、研讨教学和诊所教学等教学方法以外，还需充分运用好开放式网络课程和虚拟仿真实验两种新兴手段。目前，前者可以提供高质量的视频演示步骤，而后者则可以提供贴近真实的模拟场景，但彼此之间尚未得到良好的有机融合。因此，今后或可考虑将二者置于同一平台上形成一个有机的整体，即在开放式虚拟仿真实践课程上学生可以基本脱离线下辅导，直接在开放式网络的视频讲授、文字说明、网友交流、线上答疑和虚拟仿真实践几者间灵活自由切换。[12]建立起全方位的网络理论学习和虚拟仿真实验交互，实体和虚拟实践并行的混合实践教学模式。另外还需注意到，2020年以来，大量远程教育、线上教学系统的实用化普及，如ZOOM、腾讯会议、腾讯课堂、网易云课堂、超星学习通等软件已得到了广泛认可。今后各院校还可进一步开发、开放线上教学资源，鼓励校内外学生主动学习各类感兴趣课程，利用bilibili、网易慕课、微课等主流网络平台整合名师名课资源，辅助和扩大多学科的交叉融合深度。

(二)适当借鉴自然科学实验室规范要求，完善法学实验室管理体系

伴随各学科专业间的相互交叉、渗透，法学越来越注重实证主义研究，如注重采用社会学、经济学等领域的量化分析、绩效分析、动态分析等方法，尝试"用数据和模型说话"等，使法学实验室逐渐增置了不少传统法学实验室所不具备的其他学科实验室的功能设施。另外，新添置的虚拟仿真、混合现实实验室在技术设备的采购、运行和维护等方面也有着诸多不同以往的注意事项和管理要求。因此充分参考自然科学实验室的管理制度，选择性借鉴文理科实验室共同适用的规范要求，无疑是必要的。

目前，我国高校自然科学实验室的管理主要有校级管理、院系管理和教研室管理三种基本的管理组织模式。[13]不同模式各有特点：校级管理模式的管理机构更加完善，建设资金投入更有保证，能有效"打破院际壁垒"，举全校之力发展跨学科、大平台实验室；院系管理模式则适合用以规划、指导专业性强的实验室发展；而教研室管理模式主要用于多公共课、基础课开设的实验室管理。上述三种管理模式各有优劣，就法学实验室建设而言，笔者认为首先在管理体制上应保持相对独立，实行学校、院系(中心)两级管理的模式。学校层面从总体布局出发，根据复合型人才培养的要求整合现有教学资源，强化各二级学院实验室的大平台属性，避免因学院本位"唯我所有、唯我所用"带来的教学资源孤立、分割和浪费。而院系(中心)则主要负责日常的专业教学和实验室管理工作，例如设施设备的维护更新，完善运行、人事、财务和安全等方面的具体管理制度，确保管理要求实施的科学化、规范化和制度化。

其次，应加快完善以实践项目为基本单位的实验室动态运行管理机制。和自然科学实验的操作机理相同，不同的法学实践项目间，同一项目的不同阶段之间通常也存在一定顺序、层次和等级。从课程体系设计，到实验方案制定，再到教材编写、实践教学，直至最后的教学对象评估反馈，针对实践项目中每一环节实施监督管理，能有效保证该步骤的扎实落地和发现问题的及时整改，进而避免法学实验室运行中安全和设备风险的发生。

(三)加快构建内容合理、指标科学的法学实验室建设评价体系

法学实验室建设评价是对实验室是否满足高校教学和社会需求的分析判断过程，是对其目前现状和发展潜力进行综合考察和评估的活动。通过对各高校法学实验室的设施条件、教学质量、规范管理和特色重点等方面进行全面综合评估，挖掘各自优势和创新点，

在反馈结论中给予必要的建议和指导,不断增强建设成效。概言之,建立健全内容合理、指标科学的法学实验室建设评价体系是实现其可持续发展的关键保障。[14]可以从如下三个方面展开:

其一,从系统论的角度看,法学实验室是一个开放的复杂系统,涉及技术设备、师资队伍、教学成果、服务管理和环境氛围等诸多要素。为了全面反映法学实验室的基本情况,必须从整体出发将各项要素指标分层次排列,使评估要素指标结构清晰、层级分明。[15]评价要素要覆盖实验室运行的全周期,评价指标的权重分配要尽量还原其在评价体系中的地位,而采用的评价模型方法如层次分析法、模糊综合评价法、非线性加权综合法等,相应的评价要素指标体系也不尽相同,各有其适用情形,需要结合评价反馈的实践,不断验证、补充和修改,逐步构建起相对科学、合理的法学实验室建设评价体系。

其二,为了强化法学实验室"情景模拟"的特色功能与实现,应通过实地考察、问卷调查、专家访谈等渠道形式,尽可能降低或剔除不适合法学专业实验室的建设考核指标,如要求大规模建设数据库、信息港,增加物化投入、技术设备等。同时丰富完善评价法学实践教学效果的指标要求,如校地共建的实训基地数量、运行效果和资金绩效等。

其三,健全多层次、多类型的法学实验室建设评价规范。我国现已建立了国家级法学实验教学示范中心的指标考核体系,但考虑到不同地区,不同类型和层次院校的法学实验室条件各不相同,采用统一标准进行"一刀切"式的评定并不可取。因此应充分发挥评价类规范的指引、引导功能,对于未纳入国家层面评价体系的部分院校的法学实验室,各地方教育主管部门应充分尊重并结合各地区、各校的工作实际加快制定相应的标准体系和评价方案,通过鼓励竞争、树立模范积极实现以评促建。

◎ 参考文献

[1] 徐显明. 新文科建设与"新法学"教育的挑战和应对[J]. 新文科教育研究,2021(1): 12-16.

[2] 郭洁,路军. 法学实验室建设与实验教学的研究[J]. 实验技术与管理,2008(9): 13-18.

[3] 郭洁,王英明. 理工科实验室对法学实验教学的借鉴作用[J]. 辽宁大学学报(哲学社会科学版),2008(2):152-155.

[4] 吴育生,郑玉芝,方堃. 新文科背景下法学实验教学云平台建设[J]. 实验技术与管理,2021(12):222-225.

[5] 冯瑞琳,王至宇,周子璇. "互联网+"高校法学实践教学平台的建设与应用[J]. 河北工程大学学报(社会科学版),2021(4):117-122.

[6] 朱贺. 法学实验教学新模式的探索与实践——以"基于多角色扮演交互式社区矫正虚拟仿真实验教学"为例[J]. 河南司法警官职业学院学报,2021(2):113-117.

[7] 康雷闪,任天一. 高等院校法学实验室建设研究[J]. 教育教学论坛,2019(11): 276-278.

[8] 冯果. 新理念与法学教育创新[J]. 中国大学教学,2019(10):32-36.

[9] 危红波.数字社会的法学教育因应——基于新文科建设视角的理论考察[J].华东政法大学学报,2022(3):169-176.

[10] 苏宇."信息技术+法学"的教学、研究与平台建设:一个整体性的观察与反思[J].中国法律评论,2021(6):170-185.

[11] 邹卫中,李萍萍.人工智能与法学教育融合发展研究[J].南宁师范大学学报(哲学社会科学版),2020(2):134-140.

[12] 叶飞,廖成竹,章剑波,等.慕课与虚拟仿真深度融合的实验教学[J].北京科技大学学报(社会科学版),2022(1):67-72.

[13] 马建荣.校院两级管理模式下实验室共享机制的探索与实践[J].浙江万里学院学报,2009(5):89-92.

[14] 刘丹平,王萍.高校实验室建设项目管理与后评估的探索[J].实验技术与管理,2005(4):108-111.

[15] 马如停,徐石海,李琰.高校实验室建设项目绩效评价体系构建和实践[J].实验室研究与探索,2020(10):235-238.

教学与研究协调发展：
历史脉络、理论探索与实践进展

黄 颖 张娅宸

（武汉大学 信息管理学院，湖北 武汉 430072）

【摘 要】 如何正确处理教学与科研的关系是高校建设发展和教育教学改革道路上的重要议题。本文从教学和科研的关系出发，在系统梳理了国内外对于教学与科研关系探索的历史脉络的基础上，调研了国内一流研究型高校协调教学和科研问题的政策安排与实践措施，进而提出了推进教学和科研的深度融合和双向双促，最终实现两者协调发展的实现路径。主要包括：促进科研反哺教学，创新人才培养模式；提升教师教学能力，推进教学学术研究；重视本科教学发展，完善教师考评机制；打消教师教改疑虑，激发教学发展动力等。

【关键词】 教与学；洪堡理念；教学能力；教学改革

【作者简介】 黄颖（1990— ），男，福建宁德人，博士，副教授，博士生导师，研究方向为科技情报与科技管理，Email：ying.huang@whu.edu.cn。张娅宸（2002— ），女，汉族，福建周宁人，本科生，武汉大学信息管理学院在读，Email：xiu_ZZD@outlook.com。

【基金项目】 本文系2021年武汉大学本科教育质量建设综合改革项目""教学—研究"双循环视角下教师教学发展路径探究——以图书情报学科为例"研究成果之一。

一、引言

教学与科研是高校建设的两大重要任务，自高校的教学职能与科研职能被确定和普遍认同以来，关于如何认识和处理二者关系的讨论从未中断。[1]伯顿·R. 克拉克（Burton R. Clark）曾提出："在现代高等教育中，没有什么能比研究和教学之间的关系更基本的问题了。"[2]随着科学技术的飞速发展和大学的不断扩张，国内外高校普遍出现的"重科研轻教学"的矛盾日趋激化。对于教学与科研内在关系到底如何，学界尚未探讨出一个定论，但这一问题的发酵，已然使相当多的高校教师在工作中感到左支右绌、力不从心，更使得高校的教学质量出现危机，阻碍了高等教育的进步和发展。如何正确处理教学与科研的关系，已经成为高校建设发展和教育教学改革道路上的重要议题。

为了从制度上根本上解决这一矛盾，近些年国家发布了诸多指导性文件。2019年2

月,中共中央、国务院印发了《中国教育现代化2035》,聚焦教育发展的突出问题和薄弱环节,立足当前,着眼长远,重点部署了面向教育现代化的战略任务[3]。2019年9月,教育部发布关于深化本科教育教学改革全面提高人才培养质量的意见,其中提出要推动科研反哺教学,完善教师培训与激励体系,健全教师考核评价制度,提升教师的教学能力,加强对本科教学的保障。[4]

教学与科研关系探究的历史脉络如何?两者的发展机制如何?国内外高校做了哪些探索?对我们有何启示?本文从教学和科研的关系出发,在系统梳理了国内外对于教学与科研关系探索的历史脉络的基础上,调研了国内一流研究型高校协调教学和科研问题的政策安排与实践措施,进而提出了推进教学和科研的深度融合和双向双促,最终实现两者协调发展的实现路径。

二、教学和科研关系探索的历史脉络

(一)国外教学和科研关系探索的历史脉络

人才培养是大学最原始也是最重要的功能,直到1810年柏林威廉大学(1949年后改名为"洪堡大学")的成立,才标志着科学研究正式确立其在大学中的重要地位。其缔造者威廉·冯·洪堡(Willhelm Von Humboldt)认为教学必须与研究紧密结合,每个人都可以按照自己的意愿和个性发展,从事他喜欢的学术研究。柏林威廉大学以"科研和教学统一"的原则,采用了"教学—科研研讨会"和"教学—科研实验室"的制度形式,使教师能通过科研活动进行教学,学生也能通过参与实验室中的科研活动学习科研方法。"探索的体制化"第一次融入了教学,追求科学和学术研究成为德国大学的核心特点。[5]得益于这一制度,从学者的科研活动中直接为教学提供材料的革命性实践得以活跃开来。[6]19世纪末,"教学与科研相统一"的原则被世界各国大学广泛认同并运用,教学和科研也被普遍认为是能相互联系和相互促进的。

20世纪以来,尤其是"二战"后,科技革命兴起,国际政治经济竞争愈发激烈,高等教育逐渐成为国家核心竞争力的重要因素。由于国家政治力量介入高等教育的领域中,使大学的教学和科研更加紧密地与社会结合,产学结合模式兴起发展,科研的功利性得到加强。同时随着国家对科研的重视程度越来越高,科研成果也越来越成为决定一所学校地位和竞争力的重要指标,学校也更多地鼓励教师承接各种社会发展所需求的科研项目。在这种情况下,科研在学校中的地位逐渐加强,教学工作受到忽视,教学和科研之间的矛盾逐渐凸显。[7]此外,随着威斯康星思想(Wisconsin Idea)的提出,服务社会成为大学的第三职能,大学以其教学和科研服务社会,而社会也加强了对高等学校教学和科研的关注和支持。[8][9]不少大学在对教师的评价中将科研成果作为严格指标,而对教学工作要求相对不高,使得教师顺应制度将科研作为自己的工作重点,从事大量与教学无关的科研,忽视或淡化对教学工作的改善。随着问题的加剧,20世纪末,世界各国的大学都开始试图用各种方法加强教学与科研的关系,如教学学术运动、本科生科研运动、大学制度改革等。但直到目前,仍没有一个成功的案例真正解决这一复杂的矛盾问题,实现当代教学与科研的和谐发展(如表1所示)。

表1 教学和科研关系的历史演化

时间	事件	重要影响
1810年	柏林威廉大学建立,强调教研合一,采用研讨班和实验室的制度形式	德国大学"教学与科研相统一"的模式风靡世界,科研和教学之间相互联系和促进的关系得到普遍认同
20世纪初	威斯康星思想(Wisconsin Idea)的提出,使服务社会成为大学的第三职能	大学以其教学和科研服务社会;社会也加强了对高等学校教学和科研的关注和支持
20世纪中后期	科技革命兴起,大学国际竞争加剧,科研在大学中的地位持续上升	"教学和科研统一"的观念受到巨大挑战;过分看重教师科研生产力和影响力,大学普遍呈现"重科研轻教学"的局面
	教育大众化、市场化,大学向多元化、多功能化、规模化发展	教学与科研的关系更加复杂
1990年以来	卡内基教学促进会发起大学教学学术运动;大学进行教师评价激励制度改革	世界范围内大学试图用各种方法加强教学与科研的关系,提高教学的地位和质量

(二)我国教学和科研关系探索的历史脉络

中华人民共和国建立之初,我国高等学校以教学为主,教师几乎没有科研任务,教学与科研的联系非常微弱。1977年,邓小平提出要抓一批重点大学,并提出"重点大学既是教学的中心,也是科研的中心"。1978年3月中国召开全国科学大会,国家将科研作为高校重点工作之一,中国大学正式确立科研中心的地位,大学科研迅速发展。然而伴随着理论和实践经验不足的问题,大学本科教育的迅速发展和扩张,[10]使得20世纪80、90年代大学中普遍出现"重科研轻教学"的现象。新世纪伊始,尽管教学和科研的关系问题已经受到学者和政府的关注和研究,但"重科研轻教学"的程度仍在不断加深:国家和政策导向大幅度倾向科研,高等教育教学尤其是本科生教育不受重视;教师的选聘、评价和薪资制度标准皆以科研成绩为重……这些问题导致教师只重视科研工作,对教学任务懈怠敷衍,学生对大学教育充满不满。

面对教学与科研的问题,我国相关政策初期大多还是以科研为主,引导高校探索科研和教学的融合育人方式,并没有真正触碰到、认识到教学和科研活动中的矛盾;教育教学改革并没有真正关注到高校教学和科研发展的不平衡,也理所当然的将两者分别进行组织和规划。当然在这期间,在教学改革方面的一些政策也一定程度上有利于协调教学和科研的关系:如2007年国家教育事业发展"十一五"规划纲要提出实施高等学校本科教学质量与教学改革工程,要求高校要把教学作为中心工作,加大教学投入。《国家中长期教育改革和发展规划纲要(2010—2020年)》提出,应"促进科研与教学互动、与创新人才培养相结合"。2011年7月,教育部、财政部关于"十二五"期间实施"高等学校本科教学质量与教学改革工程"的意见中,首次提出要重点建设一批高等学校教师教学发展示范中心,开展教学改革热点与难点问题研究和全国高等学校基础课程教师教学能力培训。2015年10月,国务院关于印发统筹推进世界一流大学和一流学科建设总体方案的通知中,提出加快推进人才培养模式改革,推进科教协同育人。

国家政府重视起高校教学和科研的不平衡问题,开始较多提起这一问题并将其作为本科教育改革中重要的一环逐步加强引导和改革,是从2016年左右开始。2016年8月,国务院关于高等教育改革与发展工作情况的报告中指出,"目前人才培养中心地位不够牢固,高校重科研轻教学的问题比较突出,领导精力投入不足,政策引导和资源配置向教学聚焦不够,教学理念、内容、方法改革力度不够"的问题。同一时期在教育部关于深化高校教师考核评价制度改革的指导意见中也提出,考核评价对教师从事教育教学工作和教学质量重视不够、重数量轻质量的情况还比较严重;评价缺乏系统性、急功近利以及其科学运用不完善等问题。而这些问题的解决,势必要通过国家在政策上进行自上而下系统全面的改革,营造重视本科教育的社会环境,使政府、高校、教师在高校发展中摆正追求教学育人成效的态度,加强对本科人才培养的经费和资源投入。[11]

2018年,教育部办公厅以"坚持'以本为本',推进'四个回归',加快建设高水平本科教育,全面提高人才培养能力"为主题,召开新时代全国高等学校本科教育工作会议,并提出颁发《教育部关于加快建设高水平本科教育,全面提高人才培养能力的意见》,意在全面推进本科教育振兴。同年,财政部、教育部关于下达的"支持地方高校改革发展资金"预算的通知中,明确了预算安排要注重巩固本科教学基础地位,向建设高水平人才培养体系倾斜。在高校双一流建设指导意见中也率先确立建成一流本科教育的目标和将一流本科教育作为重要内容的综合评价体系。2019年教育部提出22条具体意见,进一步推进深化本科教育教学改革,全面提高人才培养质量。

为贯彻2018、2019年文件精神,近年来一系列相关改革的意见办法逐步出台,深入实施全面振兴本科教育的行动,推动全局性改革。国家从政策体制上营造氛围以摆正教学和科研长期倾斜的天平,并引导高校强化科教融合和协同育人。各地政府和各高校也积极响应,增加对本科教育的投入,修改完善各种制度办法,促进科教融合和教学研究。

三、教学和科研关系的理论研究

由于教学领域问题的复杂性,长期以来,对于教学和科研的关系,学界一直难以达成理论层面的共识。1996年,约翰·哈蒂(John Hattie)和赫伯特·W.马什(Herbert W. Marsh)针对教学和科研的冲突、促进和无关性这三种截然对立的竞争性论点,从理论层面提供了全面系统的阐释。[12]本文以这一理论为基础,结合后继学者的相关研究,对教学和科研的关系作出简要梳理。

(一)教学和科研之间对立冲突

科研是对知识进行创造的活动,教学是对知识进行传播的活动,由"知识"的生产链条所联系的这两种活动天生就存在着紧密的关系。但同时由于教师个人的时间精力有限，不同的教师的能力与个性又各有不同，再加上外界激励机制的明显分化，想要成功地兼顾这两种活动并都取得良好成果是有一定难度的。[13]再加上当前从上至下到教师的"重科研、轻教学"倾向，[14]教学和科研之间的矛盾便被不断激化，两者之间由联系走向分裂。

这种矛盾集中出现在负责本科教学，尤其是通识和基础课教学的教师中。一方面，由于高校重科研轻教学的倾向，教师面临科研任务多、负担过重的问题，在很多大学实行"非升即走"原则——就算一个青年教师的教学能力再优秀，如果没有在考核期间完成一定科研任务，达不到相应的标准，也将只能接受自动淘汰或是转岗。[15]在学校改革、教师课时量不断增加的现状下，教师只能不断缩减备课、课程创新和与学生的交流反馈时间以补充科研时间。而科研论文呈现出的"五唯"问题，也使很多科研活动失去了"教育性"，与教学活动相互背离。这些问题斩断了教学和科研之间互构的重要纽带，使两者工作不断分离，同时也压制了对更加擅长教学工作、对教学方式有更多尝试想法的教师的热情。

另一方面，在教学活动中，低年级的基础课程、高年级的专业课和研究生的课程，这三者与科研活动之间的关系有显著差异。后两者与教师们的研究活动直接或较为相关，便于进行教学和科研融合的尝试；[16]而基础课程工作量较大，教学任务重，又与科研关联度较低，教师往往难以实现两者的互相促进。[13]

(二) 教学和科研之间互相促进

当前，认为教学和研究之间存在相互促进关系的理论主要有两类：一个是传统认知模型，即认为教学和科研之间的互相促进的关系是显而易见并受到普遍认同的；[17]另一个是"G"模型[12]，即认为虽然教学和科研是两种不同的工作，但其所需的能力和品质是一致的，例如坚毅、奉献、努力、创造力、想象力、批判性思维能力等。[18]

教学和科研双向促进一般体现在传播知识、发展治学精神与营造学习氛围两个方面。在传播知识方面，科研活动是创造、整理知识的活动，教学则是传播知识的活动。兼顾二者的教师，能以一定的教学方式或者技巧在课本基础知识之上引入学科动态和前沿知识，使教学不拘于课本、不落后于时代，讲出新意和深度；[19]也能从教学过程中，尤其是与学生的沟通、观点的碰撞中，获得思考和启发，触发新的科研灵感，以改进已有研究，并探索新的学术问题。[20]教师的备课过程，也是一个对原有、新知识进行梳理，建立起自己教材逻辑的过程，其有助于教师将自己的知识全面化、系统化、加深对本学科的理解，使之在教学过程中能抓住知识间的内在联系，[21]更有深入浅出地进行讲解，同时也为科研活动整理了思路。

在发展治学精神、营造学习氛围方面，教师在教学中的责任感提升了其科研的严谨性，而在科研中形成的科学严谨的思考方式和严密的逻辑性又可以反过来提高教师授课时语言的准确性和感染力，提高教学效果；[22]而教师从事科研工作的过程中形成的创新意识、实践精神、好奇心、进取心等品质和气质，也会潜移默化地对学生的人格、素质培养产生深远影响。[21]一些创新课程、科研实践课程的设置，能在一定程度上锻炼学生自主学习的能力、科研能力和思维,提高学生的科研兴趣。[20]

(三) 教学和科研之间不存在关系

这部分讨论指出教学和科研之间不存在或仅存在微弱关系,举出了三类零相关关系:不同事业模型认为,创造知识和传播知识是两类非常不同的事业行为;不相关的个性模型认为,教学和科研二者所需要的个性之间也有很难有共通之处——研究者需要独立、开拓、坚强的毅力、创造性和成就导向的个性,而教师需要平易近人、宽容、善长沟通并富有同情心;不同院校资助模式:现实中许多院校在教学和科研的资助方式不同,两者独立更有利于大学获得资金[23]。

后来的学者进行研究时,也基本借鉴了这种模式进行实证研究。而越深入研究他们越是发现,教学和科研之间存在促进关系的证据,似乎只存在教师们的普遍经验和信念中,而冲突与无关系的证据却在实证研究中比比皆是。我们在处理教学和科研的关系时,应该承认这一点:教学和科研之间的促进关系并非那么浑然天成,教学和科研作为两个独立、各有特色的活动,是存在明显确实的矛盾的。不正确认识两者的矛盾关系,就无法真正解决其中的问题和顽疾。

四、我国促进教学和科研协调发展的具体举措

教学与科研之间的不平衡关系,是以科学研究为实际重心的社会教育文化和研究型大学建设,引导着各学院将保持发展科研竞争力作为工作中心,在教师激励和评价政策上偏向科研,从而导致教师在有限的时间和精力中放弃或减少提升教学质量的实践,选择以科研工作为重的结果。想要摆正不平衡的天平,就要给予本科教学至少与科研平等,甚至更多的关注和支持。近年来,从国家教育部等部委到C7等国内顶尖高校陆续推进本科教育教学改革与教师队伍建设的推进,出台了一系列的政策措施来应对教学与科研的失衡问题。

(一) 国家政策视角

在国家政策视角,主要将国家协调引领教学与科研关系的相关政策划分为科教融合的人才培养政策和高校教师管理制度改革两个方面。

1. 科教融合的人才培养政策

科教融合以往在研究生领域的教育中比较突出和成功,而本科生教育并不能很好地享受到高校和学系的科研优势和成果。近年来,科教融合理念越来越受到重视,相关研究也较为丰富。国家为了促进科教融合,提出了一些直接相关的措施。其主要有两个方面:推进科研反哺教学和推动教学研究成果转化,即从政策层面引导高校借助重点项目和最新优秀科研成果,激活科研活动的教学功能;同时加强教学研究的成果转化,使其能真正投入实际教学中去并产生效果(如表2所示)。

表 2　　我国有关于科教融合的相关政策

政　策	主　要　内　容
中共中央、国务院关于深化教育体制机制改革的意见(2017)	深入推进协同育人,促进协同培养人才制度化。要深化科研体制改革,坚持以高水平的科研支撑高质量的人才培养。
教育部关于加快建设高水平本科教育全面提高人才培养能力的意见(2018)	结合重大、重点科技计划任务,建立科教融合、相互促进的协同培养机制;将最新科研成果及时转化为教育教学内容,以高水平科学研究支撑高质量本科人才培养。
教育部发布关于深化本科教育教学改革全面提高人才培养质量的意见(2019)	加强对学生科研活动的指导,加大科研实践平台建设力度,推动国家级、省部级科研基地更大范围开放共享。
教育部关于加强新时代教育科学研究工作的意见(2019)	推动教育科研成果转化为教案、决策、制度和舆论。建立健全优秀教育科研成果发布制度和转化机制,拓宽成果转化渠道,创新转化形式,推动教育科研成果及时有效转化。
教育部、财政部、国家发展改革委关于深入推进世界一流大学和一流学科建设的若干意见(2022)	强化科教融合,完善人才培育引进与团队、平台、项目耦合机制,把科研优势转化为育人优势;强化学术训练和科研实践,强化大团队、大平台、大项目的科研优势转化为育人资源和育人优势,为高水平科研创新培养高水平复合型人才。

2. 高校教师管理制度改革

促进教学和科研协调发展的另一种措施就是改革高校教师聘任、评价、激励制度,大力加强对教师教学业绩、育人工作的重视,使高校历来以科研为导向的制度归于教学和科研的平衡。

在高校教师中,高层次人才和教授最有可能实现教学和科研的优质融合,因为他们能接触到最新科研成果和知识,拥有更旷阔的视野与创造力,能更频繁的与同行进行交流,也从事过更长时间的教学活动,拥有更加丰富的经验;但由于传统经验和以科研为导向的考评激励机制,又让他们倾向将更多的时间和精力分配在科研创造而非教学发展上,从而忽视课堂实际教学效果和对学生学习效果与成长发展的关注。教授尚且如此,青年教师则在考核评定与科研工作的压力下,更难以进行对教学的思考和教学质量的提高。

而教师管理制度改革抓住了目前教师工作发展中的障碍和困境,通过突出教学业绩、重视教师教学能力、完善教学质量评价保障体系和科研评价体系,引导教师更加重视、有积极性开展更高质量的教学工作,使高校科研优势能通过教学活动转化为教学育人优势,促进本科教育发展,同时激励教师投入到教学工作中,思考并实现教学和科研工作的融合和互促(如表 3 所示)。

表 3　　　　　　　　　　　高校教师管理制度改革及其演变

	内　　容	政　　策
教学	• 落实教授给本科生上课基本制度 • 教授为本科生讲授基础课和专业基础课，连续三年不承担本科课程的教授、副教授，转出教师系列 • "双一流"建设高校、部省合建高校要明确要求高层次人才建设名课、讲授基础课和专业基础课	教育部关于中央部门所属高校深化教育教学改革的指导意见（2016） 教育部发布关于深化本科教育教学改革全面提高人才培养质量的意见（2019） 教育部关于一流本科课程建设的实施意见（2019）
聘任遴选	• 突出教师教学业绩 • 重视新入职岗前培训和教育实习 • 实现青年教师上岗培训全覆盖，新入职教师必须获得教师教学发展中心等学校培训部门颁发的证书，方可主讲课程 • 把承担一定量的本（专）科教学工作作为教师职称晋升的必要条件	中共中央、国务院关于全面深化新时代教师队伍建设改革的意见（2018） 教育部关于一流本科课程建设的实施意见（2019） 教育部等六部门关于加强新时代高校教师队伍建设改革的指导意见（2020）
考核评价	• 以"师德为先、教学为要、科研为基、发展为本"为基本要求； • 开展多维度、多样化的教学质量评价 • 完善全链条多维度高校教学质量评价与保障体系 • 将教师日常指导学生学习、创新创业、社会实践、各类竞赛展演以及开展"传帮带"等工作，计入教育教学工作量 • 突出质量导向，坚决扭转轻教学、轻育人等倾向，克服五唯倾向。 • 完善立德树人体制机制，扭转不科学的教育评价导向。 • 把参与教研活动，编写教材案例，承担命题监考任务，指导学生毕业设计、就业等情况计入工作量。 • 提高教学业绩和教学研究在评审中的比重； • 建立科学合理的分类分层评价标准； • 健全基于贡献的科研团队评价机制	教育部关于深化高校教师考核评价制度改革的指导意见（2016） 教育部发布关于深化本科教育教学改革全面提高人才培养质量的意见（2019） 教育部等六部门关于加强新时代高校教师队伍建设改革的指导意见（2020） 《深化新时代教育评价改革总体方案》（2020） 人力资源社会保障部、教育部关于深化高等学校教师职称制度改革的指导意见（2020） 教育部、财政部、国家发展改革委关于深入推进世界一流大学和一流学科建设的若干意见（2022）

续表

	内 容	政 策
工资与激励	• 保障专职教学人员绩效工资 • 加大对教学型名师的岗位激励力度 • 加大教学业绩突出教师奖励力度	中共中央、国务院关于全面深化新时代教师队伍建设改革的意见（2018） 教育部关于加快建设高水平本科教育全面提高人才培养能力的意见（2018）
	• 鼓励高校为长期从事教学工作的教师设立荣誉证书制度。鼓励社会组织对教师出资奖励 • 健全内部收入分配机制，向扎根教学一线、业绩突出的教师倾斜。不将科研量化指标与绩效工资分配、奖励直接挂钩	教育部发布关于深化本科教育教学改革全面提高人才培养质量的意见（2019） 教育部等六部门关于加强新时代高校教师队伍建设改革的指导意见（2020）

（二）高校制度视角

在国家政策的引领下，高校重视起目前教学和科研的不平衡问题，在顶层理念上加强对本科教学的重视。通过对这些一流研究型高校战略规划和本科教学质量报告等文件的调研，可以看出其均明确以"以学生为中心"的教育教学改革的必要性和重要性，摈弃老旧的"三中心"传统教学理念，追求"卓越教育"。其中，清华大学于 2020 年起建立实体书院，注重以学生为中心的育人理念，探索书院制本科教学组织新模式，发展出"知识结构通专融合、能力培养科教结合"的模式理念。

高校首先将发展以学生为中心的高质量本科教学为使命并为之努力，这才能逐渐将教学和科研工作摆在平等的地位，形成重视教学发展的校园文化和氛围，相应的措施和制度才能被有力推行，才能进一步谈教育和科研的互构互促。本节将高校的具体政策分为科教融合的育人模式、教师教学发展中心建设、教师评价与激励制度三个方面来讨论。

1. 科教融合的育人模式

如果说评价与激励制度是教学与科研平衡关系的支撑，那么科学发展科教融合的育人模式就是两者良性互促的推进器。将"科教融合"理念制度从"科"与"教"两个维度分别描述，实际上是发展融合了育人目标和教学思考的科学研究，以及发展融合了科研精神、思维、方法的教学实践。

从科研角度来看，科教融合需要以院系为单位或教师团队联合，主动促进学术资源向教学资源的转化。如南京大学自 2020 年开始启动的"科学之光"育人项目。该项目由 1 位理工科资深教授领衔，N 位高水平教师组成教学团队，基于这些教师近期的重大科研项目、具有重要影响力的科研工作或发表在顶级期刊上的科研成果，开设相应系列通识课程，并设置 LAB 参访环节，向学生展示前沿科研知识和技术发展情况，提高学生的科研思维和能力，激发学生对科研工作的兴趣。

从教学角度来看，科教融合主要措施为创新课程体系和教学模式，打通教学与科研之间的屏障，促进个性化、研究型人才培养。如北京大学中文系在 2017 年形成了"科研平台—专业建设—人才培养"三位一体的拔尖创新学生培养模式"。该模式通过整合优化学术资源，整合教研室为三个交叉学科平台以支撑和探索新文科建设。依托科研平台和专业建设，以科研促进教学，改进教学方式，完善并打造一流本科课程体系，促进本科教学建设；同时实行拔尖人才小班教学，配备顶尖教学团队，开展特色项目，鼓励本科生参与自主和集体科研，引发引导学生的学习研究兴趣，促进创新性个性化人才培养。复旦大学深化推进"2+X"本科培养体系改革，以其化学系为例，该系本科生培养多维度个性化，拔尖学术培养本研贯通，由学生单向学习机制转向探索性教学的实践。全员导师制使导师能引领激发学生的科研兴趣，培养科研思维。同时院系开展课程教学改革，随学科发展更新教学内容，进行研究型教学；开展实践教学改革，依托国家级化学实践教学中心和校级实践教学资源，激励引导学生开展科研实践。西安交通大学探索"教研一体、产教融合、学科交叉、协同育人"的培养模式，加强建设基础课程，运用包括"大班授课、小班辅导"、自助式、探究式、研讨室等多样教学方法。校内科研基地全部向本科生开放以用于其科研项目实践、毕业设计以及创新创业。

2. 教师教学发展中心建设

推动教师教学发展的相关制度建设，是促进教师教学能力发展、教学研究发展，改善教学与科研关系的一个有力措施，[24]其中比较典型的做法就是建立高校教师教学发展中心。高校教师教学发展中心的成立始于国外，很大程度上受 20 世纪 70 年代美国各高校提升教学质量的内在需求影响，[25]并伴随着"教师发展观"逐渐形成而大量涌现。在其发展中逐渐建立起了全国性的组织，促进大学教师发展走向联合和专业化。[26]教师教学发展中心是以提高教师教学能力、为优质教学提供服务和支持、推动教学研究为主要任务，促进教师发展、提高人才培养质量非常重要的专门机构。[27]

表 4　　　　　　　　　　　　　高校教师教学中心发展建设

特点	内容	政策
初步建设	引导高等学校建立适合本校特色的教师教学发展中心；重点建设一批高等学校教师教学发展示范中心。	教育部、财政部关于"十二五"期间实施"高等学校本科教学质量与教学改革工程"的意见（2011）
普遍建立	普遍建立教师教学发展中心；发挥国家级教师教学发展示范中心的示范、辐射、引领作用。	教育部关于中央部门所属高校深化教育教学改革的指导意见（2016）
加强建设助力青年教师	加强高校教师发展中心建设，重点面向新入职教师和青年教师，以提升教学能力为目的，开展岗前和在岗专业科目培训。	教育部发布关于深化本科教育教学改革全面提高人才培养质量的意见（2019）
体系化建设	推进进高等学校建设教师发展机构，打造集教师研修、教学研究、个体咨询、教育技术创新于一体的综合平台。	国务院关于教师队伍建设和教师法实施情况的报告（2021）

在教学支持方面，中心普遍针对新入职和青年教师打造系列课程，邀请教学名师讲述分享教学方法和经验，以增进教师对育人工作的重视和理解，提高教学能力。同时开展主题教学沙龙，为各个领域教师搭建交流共享平台，讨论教师们在教学中共同关注的话题。为更加有效发现和切实解决教师们的教学问题，提高教学质量，中心还对有需要的教师提供教学咨询、期中反馈等服务。如北京大学教师教学发展中心还为教师提供微格教学服务，这是一种由教师通过短时间的模拟授课同专家一起对教授内容和方式进行分析、反思与改进的方法。上海交通大学设计开发了教学有效性的多元评估模型，通过多种评价取向系统考察教学有效性，并利用此模型帮助院系制定一定范围课程的专门评估方案，通过分析形成的反馈报告提供课程发展建议。

在教学研究方面，中心支持教师学习国内外先进的教学理念和方法，将教学和课程策略设计当作学术来开展研究，探索教学内容方法、技术工具、考试模式、评价方法等方面的创新，推动教学改革研究，促使相关研究成果投入实际教学实践，推动课程模式转型与教学发展。西安交通大学教学发展中心针对教师在教学过程中普遍存在的问题建立校级教学改革项目，开展改革试点，并设立基础课程质量建设改革专项，推动基础课程的质量的提高。

3. 教师评价与激励制度

高校教学与科研的关系的和谐发展，离不开科学合理的制度机制对二者工作的规范和监督。发展注重教学业绩质量与育人工作成效的评价机制，可以一定程度上摆正目前重科研轻教学的天平，缓解教师对科研指标和任务的压力，使教师从教学中得到实质激励，促使教师更加积极地投入高质量的教学与科研创新互动，同时从评价反馈中探索如何进一步改进和完善工作方法，促进教学与科研协同发展。[28]

在评价体系总体建设上，各高校强调优化完善目前的评价体系机制，根据不同学科发展、不同岗位特点以及人才发展规律，落实配套评价和奖励激励制度，设置合理评价周期，将过程与结果、长短期评价结合；同时将师风师德、教书育人成效作为评价的首要标准，突出重视工作质量与贡献，激发教师工作的积极性。

科研方面，以深化评价方法改革为主线，各高校普遍建立以质量、绩效贡献为导向综合评价体系，健全评价多维度指标和标准，注重高质量成果、代表性成果的评价评审，克服五唯倾向。这为教师科研工作减轻了负担。

教学方面，不同高校形成各具特色的教师教学工作质量评价标准，但基本都突出教学实绩和一线学生工作。如北京大学把参与教研活动，编写教材、案例，指导学生毕业设计、就业、创新创业、社会实践、社团活动、竞赛展演等都计入教师工作量来进行评价。

课堂教学评价指标很大程度上影响着教师对教学的设计与教学质量提升的效果。科学评价课堂教学能切实有效反映教学情况和质量，而通过对其结果的分析反馈也能促进教师调整教学内容和方式，针对性地提升教学效果。在教师实际课堂教学评价方面，高校普遍注重过程性、发展性评价，以学生发展为中心，改善优化了学生学习中的过程评价，并在关键指标上进行完善以更好体现学生的成长性和学习收获；同时努力建设系统化、多维度的评价体系。较为典型的如清华大学形成了学生评教、毕业生调查、专家督导听课、干部听课、教师互相听课、教师自评、同行评价等环节组成的多维课堂教学评价体系，建立校、院、教师三级教学效果评估指标，实施效果评价、诊断评价、过程评价、毕业生调查、教师自评、专家评价等六维评教系统。

在激励制度上，各高校普遍加强在教学方面做出突出贡献和成果的教师的奖励，以形成良好的示范作用。如哈尔滨工业大学完善教师荣誉体系、优秀导师激励示范机制，扩大和加强对教学业绩突出教师的奖励，发挥教学名师和品牌的引导作。北京大学设立了教学卓越奖、教学优秀奖、教学团队奖、教学成就奖、教学管理奖等多项教学奖以奖励在教学中认真投入、成果优异、质量高效果好的教师或教师团队。浙江大学除了建立立体化的教学奖励体系，还对各学院(系)的年度本科教学工作绩效进行定性量考评，对本科教学工作绩效优秀的院系给予奖励。

五、总结和建议

尽管在近年的政策推动下，高校和教师对教学的重视程度有所提升，但教学和科研的促进不会自发进行，且需要精心的设计和打磨。即使教师们认同科研和教学的促进作用，由于相关研究和探索的缺失和个人能力的有限，他们也不知道具体应该如何实现这样的效果——如何在教学中联系科研工作，在研究中运用自己的教学经验。[11][29][30]微观层面教师在教学和科研两者中的选择和偏移，是整个宏观机制体制的失衡的结果。这也反映出，想要处理好教学和科研之间的关系，就要自上而下在各个层面进行科学布局，先将教学和科研失衡的天平调整正常，再进一步寻求相互促进的道路。

(一) 教学与科研关系发展的主要困境

宏观来看，国家政策能为协调发展教学和科研关系指明方向，引导国家整体进行高校教育改革。政策引领和导向将促使政府在资源资金上协调高校教学与科研的投入与支持，促使高校调整现有政策，从而实现科教融合。而目前这样的机制运作并不理想，各个环节都充满阻碍，重科研轻教学的问题仍然十分严重。从社会认知情况来看，社会上普遍对"一流"高校的认知仍是科研能力强，取得成果和奖项丰富，各大高校排行榜也把科研成果作为最重要的指标，而教学指标在评估中权重较低[31]。这使得高校为了追求声誉大力发展科研实力，忽视了对教学质量的保证。同时由于这种错误倾向，很多高考生慕名进入了较高排名的研究型大学或一些大学排名较高的学科，却在本科阶段无法享受到与其优秀科研实力相等的优质教学。

此外，这些困境集中体现在选聘培养、教学评价、激励机制、主体意识四个方面。

在选聘培养上，教师选聘和培养重科研能力而轻教学。越来越多的高校在人才引进中唯科研成果至上，在选聘过程中，对教师的教学能力的考察要远弱于科研水平的考察。同时，高校教师们在研究生、博士生期间所培养的更多的是科研能力，没有对教学活动做充分的思考和准备；在进入了高校任职之后，高校和院系层面对于青年教师的教学培训和帮助又普遍不足。[29]教学是一项需要技巧和时间的工作，青年教师在教育能力上的缺乏，使他们难以实现有效、良好的教学活动，更不用谈进行教学和科研的互动。[32]

在教学评价上，教学评价指标比较模糊，教师评价制度不够完善。在教师评价体系的设置中，由于教学效果的滞后性和行为的隐藏性使其难以量化，教学评价的指标往往含糊不清，且大多是起点性或结果性的，脱离了教师教育教学的过程。[11]有些院校将教师的科研和教学评价拆开加权，使得教学和科研评价制度进一步割裂。[30][33]另一方面，教学评价制度的不科学、不完善影响了教师的教学质量和方式。目前在教学评价上，大部分高校都实行了学生评价制度，并将学生评价的结果作为主要参考。但往往严格要求学生、课程复杂、评分严苛的"硬课"教师，分数较低；而一些"水课"教师评价较高。为了获得更高的评价，教师进一步放松教学，照本宣科的讲书，减少互动和反馈，更迎合学生的"惰性"，造成了教学质量下降和对教学的忽视。

在激励机制上，教师激励制度向科研偏重倾向明显。长期以来教师激励制度更多奖励资源投入在科研领域，教学领域的激励的物质奖励远低于科研，且更多以荣誉和奖章为主。这一部分也归因于政府的资金分配政策中也存在明显的科研倾向。相比于起教学成果，科研成果更好进行量化和评比，且直观上对于实际社会发展的需要也更大。一流高校为了赢得更多的经费，就需要做出更加卓越的科研成绩，[15]于是又将大部分得到的资源投入科研方面，并在制度层面迎合这种倾向，注重教师的科研产出。[34]这种政策导向大大提高了科研在高校中的地位，而教学经费却普遍缺失，资源投入明显不足。这让本就以科研为重心的研究型高校依据"重科研轻教学"的政策导向制定出的相关制度与机制设置让教学和科研的矛盾更加难以调和。

在主体意识上，当前高校中教学研究与教学能力相对不足。斯坦福大学教授、卡内基教学促进会前主席舒尔曼提出，目前的高校教学仍比较落后，并未形成大学教师的专业培养体系，知识和经验的积累都只靠教师自身积累或同行传授；[33]而我国高校教学方式和手段也仍处在探索阶段，有很多教师仍只是照本宣科地将基础知识点灌输给学生，而不在乎培养学生思维方式和建立学科体系的逻辑思考能力，抱着这样的教学理念，他们也就没意识到展开教学研究和创新课程模式必要性。[14]这种教学状态不仅失去了高等教育的本意，使学生和教师之间缺失必要的联系，也使得教师的工作简单枯燥，失去了改进和提高的动力，严重限制了大学教学质量的提高。另一方，科研活动是教师更拿手、更熟悉、能受益更多的领域，在教学领域受挫的教师，便将更多的时间和精力投入科研工作中。[35]这又进一步内在分离了教学与科研活动，成为两个完全独立的工作，形成更大的冲突和对立。

（二）教学与科研关系协调的主要建议

科教融合是促进教学与科研协调发展的必然道路，其作为大学发展的核心理念，能有效协调高校中普遍存在的科学研究的迅速发展与教学发展的顿步不前之间的矛盾；也顺应了"科教兴国"战略和国家科学技术高速发展的现状，符合国家对复合性和高质量人才需要。结合前文对目前国家和研究型高校政策的调研，我们从育人模式、教师发展、管理制度、引导支持四个方面提出以下建议。

1. 促进科研反哺教学，创新人才培养模式

科教协同育人理念和实践不仅是国家的重要方针，也是高校普遍认同的重要人才培养理念。[36]推进科教融合的育人模式，不仅使学生能在学习中获得创新思维和科研能力的锻炼，为步入研究生阶段的学习和进入社会工作打下基础；同时也使院系与教师团队将教学与科研工作视为整体，促进教学与科研的一体化融合发展，走出具有高校特色的育人道路。

坚持科教融合的理念，意味着我们要探索科研育人的作用、科教融合的规律和特点，发掘科研对教学的反哺和促进作用，切实将探索真理和科学的思维、方法和技巧贯彻到高等教育教学的实践中去，激发学生的自主学习、思考、探索、创新的能力。这需要高校进行以学生学习发展为中心，将课程与科研紧密联系的课程教学体系创新。[37]其中重要措施包括以院系和优秀教师团队为单位，依托特色专业建设和重大科研平台和项目，将大量优质研究资源和成果转化为丰富的优质教学资源；融合通识和专业教育，并在低年级就逐渐引入对学生科研和知识探索能力的培养，并通过研究型教学等模式进一步锻炼相应思维和能力；加强师生在知识探索和研讨方面的互动，真正发挥小班教学、实验教学等教学方法对学生能力培养的作用；在课堂教学之外，拓宽本科生参与科研的途径，推进相应资源平台建设，通过科研活动本身所具有的育人效果，针对拔尖的本科生和对科研有强烈兴趣的学生开展特色项目，并给予相应指导和帮助。

2. 提升教师教学能力，推进教学学术研究

处理好高校中教学与科研的关系，需要促进教师教学和科研能力的协调发展。在这部分我们重点讨论院校对教师教学发展和教学学术研究的支持。

推进教师教学发展，高校应学习国内外优秀教师教学发展中心建设经验，引导教师主动反思教学效果和方法，根据不同岗位、学科特点和不同教师个人特色，给予较为系统和全面的帮助。如美国大学将教学支持工作分为"培训、咨询、交流、支持"四类，以满足教师对教学能力学习、课程效果提升、教学经验分享、资源技术支持不同方面的需求；同时中心提供网络服务，通过网络渠道整合各种信息资源和问题方案，提高服务教师的效率和能力。[38]

教师教学发展中心的种种工作又依托于教学学术研究的发展。中心应该支持教师主动用学术态度研究本学科和课程的具体教学实践问题，在发展学术的同时将研究成果积极转化和经验分享，通过提高校内影响力和建设全国性交流网带动更多更广泛热爱教学工作的教师参与其中，形成一个良好运作的学术共同体。[39]

3. 重视本科教学发展，完善教师考评机制

教师考评制度的倾向，很大程度上影响了高校教师，尤其是青年教师的行为和选择，科学合理的教师管理制度可以有效促进教师发展，激励教师提升教学和科研能力。但现行制度中还存在许多不完善的地方，"胡萝卜加大棒"的政策特点会削弱教师工作的自主性和学术精神、造成教学和科研工作的失衡[40]、产出成果重数量轻质量[41]等问题。有的高校虽然重视对教师教学能力的培训和教学质量的审查，却在考评机制上呈现出明显的重科研、重论文倾向。这会使得教师实际敷衍应对培训，只做到完成教学任务而不关心实际质量和效果，先将工作重心放在科研方面以完成考评期任务。[42]

为消解教师发展中的制度矛盾和障碍，高校考评激励制度应贯彻大学理念和文化，遵循不同阶段、学科教师发展规律，坚持质量导向，重视过程评价，克服"五唯"弊病，避免评价标准的片面化，[43]减轻青年教师负担，激发其工作积极性和自主性。改革绩效评价，针对不同学科特色进行分类科研评价，成果注重原创性、代表性和贡献；发展多元多维教学质量评价机制，加强教学工作保障和激励体制，尤其是对在教学方面做出突出贡献的教师进行不逊于科研奖励的物质激励，引导教师重视育人、重视本科教学。[44]

4. 打消教师教改疑虑，激发教学发展动力

制度建设是平衡教学与科研关系的重要前提与保障，但真正实现教学与科研的共同发展，还需要教师个体层面的主动参与与积极实践。当前很多教师在行动中仍有疑虑，甚至有很多教师对教学改革与研究没什么兴趣，也不重视本科生教育的质量的提升与发展。高校在政策制定与实施时，一方面要打消教师开展教学改革与研究的疑虑，自上而下提高对教学的重视程度，平衡好教学与科研关系，在全校范围内打造尊重教师、重视教学、以优质教学为荣的气氛与文化，并进一步将其转化成所有教师的共识。另一方面要发挥教师的主观能动性，打破教师对传统教学方法的依赖，大力加强对教学学术方面的投入与激励措施，引导教师主动开展教学研究；针对当前青年教师缺乏教学经验与教师普遍缺乏系统教学能力培养的情况，除了完善相关培训制度的同时，建立起能让广大教师接触到丰富教学资源，并广泛与同行交流，充分讨论学习国内外优秀教学理念模式和方法技术的平台与共同体，使广大教师能在良好的互相学习、不断反思的环境中，探索适应学科特点与教学规律，具有高校与教师特色的教学与科研互动的途径。

◎ 参考文献

[1] 吴洪富. 国内教学与科研关系研究的历史脉络[J]. 江苏高教, 2011(1): 62-65.

[2] Clark B R. The Modern Integration of Research Activities with Teaching and Learning[J]. The Journal of Higher Education, 1997, 68(3): 241-255.

[3] 中共中央, 国务院. 中国教育现代化2035[R]. 北京, 2019.

[4] 教育部. 关于深化本科教育教学改革全面提高人才培养质量的意见[R]. 北京, 2019.

[5] 方在庆. 持续不间断地推进科研体制创新——德国成为世界科技强国之路[J]. 中国科学院院刊, 2018, 33(5): 502-508.

[6] 吴洪富. 大学教学与科研关系的历史演化[J]. 高教探索, 2012(5): 98-103.

[7] 龙献忠. 教学和科研关系的历史考察及现实启迪——探讨高等教育思想转变的又一视角[J]. 科技导报, 2003(7): 48-52.

[8] 叶逢福. 大学职能历史发展与现实超越的辩证思考[J]. 教育导刊, 2015(11): 15-18.

[9] 龙献忠. 教学和科研关系的历史考察及现实启迪[J]. 江苏高教, 2003(4): 78-81.

[10] 胡焕焕. 高校教学与科研关系研究综述[J]. 大学(学术版), 2011(8): 68-69.

[11] 郭卉, 姚源. 研究型大学教师教学和科研工作关系十年变迁——基于CAP和APIKS调查[J]. 中国高教研究, 2020(2): 77-84.

[12] Hattie J, Marsh H W. The relationship between research and teaching: A meta-analysis [J]. Review of Educational Research, 1996, 66(4): 507-542.

[13] 王晶. 高校青年教师教学与科研协同发展面临的困境及消解[J]. 河南工程学院学报(社会科学版), 2018, 33(3): 88-92.

[14] 吴洪富. 大学场域变迁中的教学与科研关系[D]. 武汉: 华中科技大学, 2011.

[15] 王欢芳. 双向视角下高校青年教师教学与科研冲突隐忧探究[J]. 当代教育论坛, 2016(2): 92-99.

[16] 赵炬明. 领导改革: SC改革的组织与管理——美国"以学生为中心"本科教学改革研究之九[J]. 高等工程教育研究, 2021(4): 8-22.

[17] Neumann R. Perceptions of the Teaching-research Nexus — A Framework for Analysis[J]. Higher Education, 1992, 23(2): 159-171.

[18] Woodburne L S. The Qualifications of Superior Faculty Members[J]. Journal of Higher Education, 1952, 23(7): 377-382.

[19] 刘绍丽, 马座山, 李兆恒. 普通高等本科院校青年教师教学和科研的互动管理[J]. 产业与科技论坛, 2018, 17(22): 266-268.

[20] 郭栋, 郑春燕, 孙宇航, et al. 高校教学与科研关系理性认识与良性互动分析[J]. 实验技术与管理, 2016, 33(5): 178-180+184.

[21] 李亚珍. 正确认识和协调高校教学与科研的关系[J]. 教育观察, 2019, 8(23): 40-42.

[22] 方黑虎, 丁毅信, 戴小莉, 等. 论高校教师教学科研相结合的利与弊[J]. 教育与现代化, 2005(2): 25-30, 70.

[23] Westergaard J. Scholarship, Research and Teaching — A View from the Social-sciences [J]. Studies in Higher Education, 1991, 16(1): 23-28.

[24] 吴洪富. 透视美国研究型大学本科教学与科研关系的迷局[J]. 高等教育研究, 2016, 37(12): 94-102.

[25] 康世宁. 中美高校教师发展中心建设的比较研究——以美国密歇根大学学习与教学研究中心为例[J]. 现代教育技术, 2019, 29(11): 60-66.

[26] 王立. 美国大学教师发展研究: 历史的视角[D]. 上海: 华东师范大学, 2012.

[27] 刘永虎, 郭健. 美国密歇根大学教师教学发展中心高效运行的三重逻辑[J]. 中国高教研究, 2021(12): 70-76.

[28] 李小燕, 查道林. 制度与机制: 一流教学和科研团队建设的抓手[J]. 中国高等教育, 2018(Z2): 58-59.

[29] 刘霄. "谁"左右了高校教师的教学、科研选择——基于"能力"的认知而非"功利"的取向[J]. 中国高教研究, 2020(3): 57-64.

[30] 王占军, 林燕芳. 一流学科教师教学科研关系审视与教学学术机制建设[J]. 浙江师范大学学报(社会科学版), 2019, 44(3): 107-112.

[31] 张红霞, 施悦琪. 聚焦"科教融合": "双一流"大学本科教育评估的应有之策[J]. 江苏高教, 2021(6): 15-24.

一、教师编

[32] 孙琼，李桂村，隋丽娜，等．高校教师"教"与"研"的博弈与共赢[J]．高教学刊，2021(1)：145-148．

[33] 曹如军．高校教师教学与科研关系：问题与对策[J]．教育发展研究，2011，31(1)：52-55．

[34] 唐静．从教育资源配置的维度探析高校的教学与科研[J]．湖北大学学报(哲学社会科学版)，2015，42(1)：141-145．

[35] 闵磊．基于高校青年教师平衡教学和科研关系的思考[J]．产业与科技论坛，2020，19(16)：262-263．

[36] 张大良．提高人才培养质量　做实"三个融合"[J]．中国高教研究，2020(3)：1-3．

[37] 周光礼，马海泉．科教融合：高等教育理念的变革与创新[J]．中国高教研究，2012(8)：15-23．

[38] 赵炬明，高筱卉．赋能教师：大学教学学术与教师发展——美国以学生为中心本科教学改革研究之七[J]．高等工程教育研究，2020(3)：17-36，42．

[39] 高筱卉，赵炬明．舒尔曼大学教学学术思想初探[J]．高等工程教育研究，2022(2)：143-149．

[40] 周玉容，沈红．现行教师评价对大学教师发展的效应分析——驱动力的视角[J]．清华大学教育研究，2016，37(5)：54-61．

[41] 王嘉毅，陈建海．从研究型大学到创新性大学——我国高水平大学的发展方向[J]．高等教育研究，2016，37(12)：28-34．

[42] 陈小满，樊小冬．"非升即走"制度下高校青年教师学术社会化的困境研究[J]．现代大学教育，2022，38(2)：104-111．

[43] 潘宛莹．克服"五唯"，让大学科研回归本质[J]．人民论坛，2019(11)：131-133．

[44] 何云峰，宋丹．破"五唯"背景下高校重研轻教现象的委托代理关系纾困[J]．教育理论与实践，2022，42(12)：13-17．

提升学生创新创业能力的"课堂—设计—实践"一体化模式探索

邓红兵

(武汉大学 资源与环境科学学院,湖北 武汉 430079)

【摘 要】 培养大学生创新创业能力是高等教育过程中极其重要的一环,对建设科技强国、实现高水平科技自立自强具有重要意义。本文以武汉大学创新创业实践课程《医疗保健产业创业》建设过程中的若干做法为基础,提出"课堂—设计—实践"一体化创新创业项目孵化课堂的课程模式,培养学生的创新思维和创业意识,并促使学生在思考中吸收,在设计中理解,在实践中成长。

【关键词】 创新创业教育;教学改革;人才培养

【作者简介】 邓红兵(1981—),湖北枝江人,博士,武汉大学教授,博士生导师,国家级高层次青年人才,资源与环境科学学院副院长、教育部"全国万名优秀创新创业导师",湖北省五一劳动奖章获得者。主要研究领域为:生物质资源化学、生物质纤维。Email:hbdeng@whu.edu.cn。

随着我国经济社会发展的需要,创新创业教育成为高等学校培养创新型、科技型、复合型人才的重要任务,也是新时代服务国家创新驱动发展战略、实现高水平科技自立自强的重要途经和手段。[1]近年来,创新创业教育已成为高等教育改革研究的热点。高等教育过程中的创新创业教育,是促进学生全面发展,推动社会进步和经济发展的重要举措。[2]本文以武汉大学创新创业实践课程《医疗保健产业创业》为例进行思考和复盘,提取出"课堂—设计—实践"一体化创新创业项目孵化课堂的思考总结。

一、创新,从课堂改变开始

现有的教学方式和教学模式大多是以概念教学和理论教学为主,知识点多且复杂,或是听起来容易,实践的时候却又不知所措。创新创业教育又是一门需要学生自己动手,在实践中领悟和成长的科学。所以当我们在培养学生创新思维和创业方法时,首先要做的是从课堂改变开始,通过灵活运用课程讲授、工作坊讨论、行业专家和企业专家分享、课堂路演等多元化的授课方式,充分调动学生的热情和积极性,进而将所需要讲授的内容通过多种形式的教学方式潜移默化地传达给学生。

在《医疗保健产业创业》课程中,课堂上介绍了用于医疗和保健行业的医用高分子材料来源、用途、医疗器械和保健品的制备现状与趋势、生物相容性和安全性评价、保健功能食品、人工器官用高分子材料、医疗诊断用高分子材料、药物缓控释用高分子材料、软硬组织替代和组织工程用高分子材料、医用高分子保健食品和医用材料的设计。另外，通过邀请行业专家和企业家授课的方式重点介绍当前国际国内高分子医疗器械和保健品的现状与趋势、面临的主要问题及创新创业突破点、医疗器械和保健品创业型公司的成长规律与途径、医疗器械和保健品行业创业期风险及对策、医疗器械和保健品行业规范等该领域创业所必须了解和掌握的重点、难点。上述知识点较为生涩，特别针对不具备化学背景的文科生来讲，非常难以理解。我们通过课堂上不断的讨论、头脑风暴式的提问回答以及三分钟火箭式游说等方式，让学生组织团队进行项目设计和模拟训练，最后通过工作坊讨论，撰写商业计划书和分组路演，模拟投资人打分的形式，灵活课程考核方式，充分发挥学生自主性，调动学生课堂内外的参与感和体验感。

二、创业，从课外设计起步

创业，是具有多重风险的，很多时候是九死一生。因此，引导学生从课外设计起步，真实模拟和考虑商业环境中的多重因素，但又不需要实际投入资金运行和承担风险，是一种有效可行的教学方式。

《医疗保健产业创业》课程的教学过程中，前期通过相关理论知识的讲述，让学生学习和了解基本的创新创业方法和行业背景知识后，课程中期通过引导学生跨专业自由组队，并引导学生通过创业工作坊的形式进行讨论。在创业工作坊的设计环节，会让学生逐步自主设计出一个完成的创业计划书雏形，完成自己所设计的创业项目的客户细分、价值定位、用户获取渠道、客户关系、收益流、核心资源、催生价值的核心活动、重要合伙人、成本结构等九大板块的商业模式画布。通过课外设计工作坊的形式，真实模拟商业环境过程中的各种要素，让学生们能够低试错成本地去思考和设计一个企业的运作模式和核心竞争力，将课程前期学习到的创业理论知识快速应用于课程设计之中。"careforu 可福"大健康公益平台项目便是在《医疗保健产业创业》课程中，由不同专业背景的同学们一起讨论激发出的灵感，旨在打造国内首个集科学性、趣味性和公益性于一体的功能食品知识传播的垂直化信息平台。在创业工作坊的设计环节，小组成员们通过分工合作和头脑风暴，一起完善创业计划书的各个部分内容，并设计出能够自我造血的商业模式，迈出创新创业的第一小步。

三、孵化，从竞赛实践延展

大学生创新创业比赛是推进高等院校创新创业教育改革发展的重要举措。[3]近些年来，随着"互联网+""挑战杯""创青春"等系列国家一级赛事以及相关衍生而来各地方政府和院校举办的创新创业大赛的完善和发展，在比赛中涌现出一大批创新创业项目并带动地方产业发展。鼓励创新创业教育课堂上学生的创业项目，在竞赛实践中延展孵化，是一种双赢的方式。一方面，学生创业项目可以在竞赛中得到评委的点评和投资人的关注，被不断打磨和优化，过程中学生可以完善项目，吸取教训，获得成长。另一方面，课堂上所挖掘出来的优质创新创业项目可以通过创业比赛被政府和投资人看到，加速产学研转化速度、提升投资人和创业者的对接效率。

在《医疗保健产业创业》课程中挖掘培养孵化出的创业项目参与全球重大挑战论坛学生竞赛、"互联网+""挑战杯""创青春"等国际赛事和国家级一类赛事获得省部级以上金奖、银奖10余项。上文提到的"careforu可福"大健康公益平台项目也正是由于其前期完整的商业计划书和出色的商业模式设计，并在竞赛中打磨和完善，通过注册公司、入驻创业孵化器、开发网站和APP服务用户，最终取得了2018年湖北省"创青春"大学生创业大赛金奖的成绩，被评为武汉大学2018年度品牌志愿服务项目，在武汉大学第六届"三创"成果展会上展出。

四、结语

通过"课堂—设计—实践"一体化的教学方式，是将创新创业教育作为一种整体的教育理念贯穿于学生成长成才全过程的新尝试和新探索。这样的教学形式和教学理念，给予学生更多的机会去思考、设计、实践，并在思考中吸收，在设计中理解，在实践中成长。

◎ 参考文献

[1]国务院办公厅关于深化高等学校创新创业教育改革的实施意见[Z].中华人民共和国国务院公报，2015(15)：51-54.
[2]吴郁芬.高校进阶式创新创业教育探析[J].教育文化论坛，2019，11(4)：61-64.
[3]李晓芬，普婧，熊华斌，高云涛.高校创新创业实践活动的开展策略——以云南民族大学化学与环境学院为例[J].西部素质教育，2020，6(12)：63-64.

基于"攻防对抗"本质的信息安全专业培养方案改革

王 鹃　张立强　赵 波　严 飞　彭国军　杜瑞颖　傅建明　程 媛

(武汉大学国家网络安全学院，武汉，430072)

【摘　要】 针对国家网络空间安全战略需求，基于信息安全专业"攻防对抗"的安全本质，探讨并介绍了武汉大学信息安全专业培养方案改革方案，从信息安全专业培养目标和特色、课程体系及逻辑关系、实践教学、创新创业教育等方面给出调整思路和措施，指导和确保一流信息安全专业人才培养方案及其顺利实施。

1　引言

以数字化转型为目标的第四次工业革命浪潮正在消除物理世界与虚拟世界的界限，并带来了生产制造、组织管理、信息获取和决策、商业模式和社会生活全方位的颠覆性变化。但与此同时，日益增加的新型网络信息威胁也使得全球对网络安全人才的需求持续增长[1,8]。2016年4月19日，习近平总书记在网络安全和信息化工作座谈会上指出"网络空间的竞争，归根结底是人才的竞争"[2]。因此，如何培养高素质一流网络安全人才是我国目前重大的国家策略和战略目标。

武汉大学信息安全专业从建立之初就引领全国信安专业建设，积累了丰富的实践经验，对全国信安专业人才培养做出了重要贡献[3,4,5,6]。2001年武汉大学创建了国内第一个信息安全专业，2007年获国家特色专业建设点，2008年获湖北省品牌专业，并出版了国内第一套信安本科教材；2010年开始牵头多所院校制定了我国第一个信息安全专业指导性规范和专业教学质量国家标准；2014年获国家级教学成果一等奖；2015年获网络安全国家级虚拟仿真实验教学中心；2017年入选一流网络安全学院建设示范项目，得到国家、地方和学校的大力支持。2019年，信息安全专业入选国家级一流本科专业建设点。

然而随着网络空间安全一级学科的建立和国家和社会对信息安全专业人才培养素质需求的进一步提高，武汉大学现有信息安全专业培养方案在执行过程中也面临着信息安全与网络空间安全专业区分不明显、部分课程衔接不到位、大型综合设计课程较少等问题，因此针对上述问题，武汉大学国家网络安全学院根据《关于深入推进世界一流大学和一流学科建设的若干意见》和《武汉大学教育事业发展"十四五"规划》等要求，对原有培养方案进行了改革和完善，包括进一步明晰专业培养目标和培养特色、梳理和完善课程体系和逻辑、建立具有攻防特色的实践教学培养体系和创新教育模式等主要内容和措施。后续章节将介绍其改革思想和具体内容。

2 信息安全专业培养目标和特色

2.1 信息安全专业培养目标

武汉大学信息安全专业旨在培养具有健全的人格、良好的人文素养，坚实的数理基础，良好的计算和安全思维和良好的科学研究能力，遵守信息安全政策法规，系统地掌握本专业的基础理论、专业知识和基本技能，具有创新意识和解决复杂工程问题的能力，并能够终身学习，具备国际视野和团队合作精神及组织管理能力的一流信息安全高素质专业人才。

信息安全专业要求学生掌握自然科学、人文科学和信息科学基础知识，掌握信息系统安全领域包括硬件安全、系统安全、软件安全、网络安全和数据安全等的基本理论、基本技术和基本应用，具备信息系统安全设计与分析、信息安全技术咨询与评估、信息安全规划与管理、信息安全产品研发、信息安全科学研究和攻防对抗等方面工作能力。培养的毕业生能够从事计算机、通信、电子信息、电子商务、电子金融、电子政务、军事、公安等领域的信息安全研究、开发、应用、技术咨询和管理等方面的工作，并可继续攻读信息安全、网络空间安全、计算机科学与技术、相关学科与交叉学科的硕士学位。

通过本科阶段坚实的专业知识学习和人文素养以及创新创业教育，毕业五年后，学生将具有较强的技术开发、科研探索、项目管理和创新创业能力。能够在互联网企业或者信息安全企业从事相关技术研发、项目管理工作，并成为其所处部门的项目负责人、高级信息安全工程师、安全创业者；在国内外知名高校或科研机构进一步深造成为优秀科研工作者，具备优良的科学探索和研究能力；在国家重要政府决策部门成为核心骨干，具备承担和参与信息安全技术研发和管理的能力。以其所具备的国际视野和洞察力，通过终身学习，未来成为引领信息安全领域的科技创新、产业引导的领军型人才。

2.2 信息安全专业培养特色

武汉大学信息安全专业面向国家网络空间安全战略需求，依托全国唯一的国家网络安全人才与创新基地，贯彻计算思维是基础、逆向分析是技能、创新人才为目标的培养理念，以重基础、强能力、提素质、宽口径为培养目标，在注重信息系统安全基本理论、基本技术和基本应用培养的同时，强调培养学生信息系统安全分析与设计能力。同时遵循信息安全专业"攻防对抗"[7]的安全本质，注重学生实践动手能力的培养，建立了分层次、多模块、相互衔接的递进式实践教学体系，通过网络对抗演练、安全创客实践等实训课程，提高学生知识综合运用能力和创新意识及解决复杂工程问题的能力，使得学生既能掌握计算机科学与技术的基本理论与技能，又具有从事硬件设计及安全、系统开发及安全、软件开发及安全测试、网络安全、数据安全等领域工作的素质和能力。

3 信息安全专业课程体系及逻辑关系

3.1 信息安全专业知识结构要求

(1)工具性知识：外语、文献检索、科技写作等；
(2)人文社科自然类知识：文学、哲学、政治学、社会学、法学、思想道德、职业道德、艺术等；

（3）数学基础知识：高等数学、线性代数、概率论与数理统计、信息安全数学基础；

（4）程序设计知识：程序设计（C/JAVA）、数据结构、算法设计与分析；

（5）计算机大类知识：数字逻辑与EDA、计算机组成原理、数据库系统与安全、操作系统原理及安全、计算机网络；

（6）信息安全专业知识：网络空间安全导论、编译原理、汇编语言、密码学、软件安全、系统安全与可信计算、网络安全、嵌入式系统及安全；

（7）专业拓展类：软件逆向分析、云计算安全、移动操作系统安全及应用、Linux内核分析与实践、数字取证、人工智能、信息隐藏、信息内容安全、通信原理、数据安全与隐私保护、区块链技术及应用、系统与软件安全前沿技术等；

（8）交叉复合知识：逻辑思维训练、信号与系统、项目管理、管理学等；

（9）应用实践：安全创客实训、编程实践能力训练、系统安全基础能力实践、硬件安全综合设计、网络对抗演练、创新创业教育、企业实训等。

3.2 信息安全专业核心课程及课程逻辑关系

信息安全专业核心课程包括大类平台课和专业核心课程。其中大类平台课包括网络空间安全导论、网络安全政策与法律法规、数字逻辑与EDA、数据结构、计算机组成原理、数据库系统及安全、操作系统原理及安全、计算机网络、网络安全；专业核心课程包括离散数学、汇编语言与接口设计、算法设计与分析、编译原理、密码学、软件安全、系统安全与可信计算、嵌入式系统及安全。

培养方案从公共基础课程、硬件安全、系统与软件安全、网络安全和数据安全介个方面梳理了信息安全专业核心课程间前驱后继支撑逻辑关系，如图1所示。

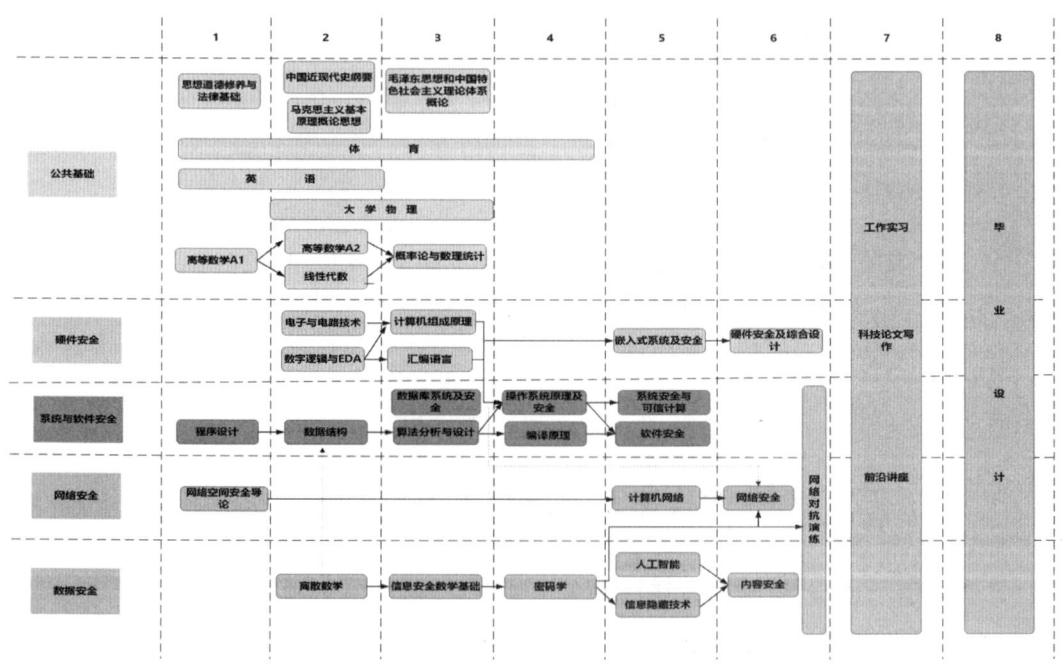

图1　信息安全专业核心课程逻辑关系

4 面向攻防对抗的递进式实践教学培养体系

信息安全专业建立了分层次、多模块、相互衔接的递进式实践教学体系，包括课程实验、综合设计、集中实训以及毕业设计等环节，实践学分要求达总学分的27%。实践教学总体安排如下：

(1)第一学年：着重夯实学生的计算机基础、硬件设计基础和编程基础实践能力。大一通过程序设计课程实践、硬件设计基础实践，掌握程序设计及硬件设计的基本能力。大一第三学期进行基础编程能力综合实训，提高学生编程兴趣，并进一步提升编程能力。

(2)第二学年：着重大类通识课程和专业核心课程的知识学习和实践能力提升，通过课程实验对理论知识融会贯通；大二第三学期进行系统安全基础能力综合实训，通过与企业联合开展实训课程，让学生掌握系统安全分析和攻防对抗中所需要的基本知识，以及渗透测试和攻防竞赛 CTF(Capture The Flag，夺旗赛)基本技能，为后续专业课程的学习夯实基础。

(3)第三学年：着重于专业领域知识的提升和能力实践，通过课程实验和课程综合项目提升学生对实际应用问题的解决能力和攻防对抗能力；与企业合作共建硬件安全综合设计、网络对抗演练等综合实训课程，通过网络安全靶场实战演练和实际项目设计提高学生专业实践能力提升；增强以赛促教、以赛促学，指导学生参加国际国内领域赛事，提高学生创新意识和创业能力。

(4)第四学年：通过工程实践、科研实训创新创业实训，企业实习和毕业设计，提高学生解决实际应用问题，探索学术前沿问题的综合能力。

5 创新协同育人模式及实践

武汉大学信息安全专业探索并实践"网络安全学院+创新产业谷"校企协同育人模式，采用"独立+共享"新校区运行模式，注重学生德智体美劳全面发展，培养学生掌握1~2项终身受用的体育运动技能。同时充分利用网安基地新校区教育技术先进、教学资源充足的特点，将网安基地的资源利用最大化，为国家急需的网安人才培养呈献武大方案，做出武大贡献。

学院探索多层面、多渠道、多类型的协同育人新机制，积极创新培养路径，深入推进本科生导师制建设，优化教育教学资源分配。进一步健全科教融合、产教融合协同育人机制，着力推进与政府部门、科研院所和企事业单位合作，建立协同育人基地，培养学生创新精神和实践能力。

积极推进国际合作育人，整合优质教育资源，推动国内外联合培养，建设示范性中外合作办学试点，聘请国际知名教授和业界专家授课，不断优化人才培养模式，进一步深化协同育人领域改革创新。依托新校区远程教育基础设施，鼓励教师引入优质高水平科研学术人才走进课堂，开展前沿知识讲授；在《软件安全》《系统安全与可信计算》《云计算安全》《软件逆向分析》等课程中积极引入优质行业资源与技术人才，面向国产化自主可控发展需求，夯实专业教学能力，提升课程质量，并依托智慧课堂基础设施，融合灵活多样的课程内容建设，出一批一流的教材，建设一批优质课程。

为进一步提高学生创新创业能力，培养方案中开设了 2 学分的创新创业实践课程和 2 学分的创新创业教育课程，引导学生积极参与创新创业实践。创业创业实践和教育课程采取了灵活的授课和实践形式，学生可以通过参加各类国家级或校级学科竞赛、发表学术论文、申请或授权专利等形式完成创新创业实践课程要求。同时，学院建立了学生创新创业中心，为学生创新创业团队提供场地和资金支持，支持学生研发创新系统和产品，扶持学生的创新创业活动，努力培养国家信息安全专业创新创业人才。

6 结语

攻防对抗是网络空间安全学科的本质。信安专业基于该本质特征，对专业的培养目标和特色、课程体系、实践教学和创新创业教育等方面开展了一系列改革和调整，进一步完善了信息安全专业培养方案，建立了"网络安全学院+创新产业谷"校企协同育人模式，大力提升学生的创业创业能力，为国家培养具有创新意识和解决复杂工程问题能力的一流信息安全专业人才。

◎ 参考文献

[1] 习近平.《在网络安全和信息化工作座谈会上的讲话》，人民出版社，2016.4.19.

[2]《网络安全产业人才发展报告》，https：//mp. pdnews. cn/Pc/Artinfoapi/Article？id = 31110294，2022.09.07.

[3] 杜瑞颖，张焕国，彭国军，黄传河，傅杰. 武汉大学信息安全专业实践教学体系的探索与研究[J]. 计算机教育，2007（19）：22-27. DOI：10.16512/j. cnki. jsjjy. 2007. 19.022.

[4] 杜瑞颖，张焕国，王丽娜，彭国军，傅建明. 创建信息安全专业培养体系引领信息安全专业建设[J]. 中国信息安全，2015(11)：79.

[5] 杜瑞颖，张焕国，王丽娜，陈晶.《信息安全专业指导性专业规范》实施方案研究[J]. 计算机教育，2012(17)：19-20，29. DOI：10.16512/j. cnki. jsjjy. 2012. 17.027.

[6] 武汉大学计算机学院信息安全专业教学、科研情况. 吴亚非主编，中国信息安全年鉴，2001，204-205，年鉴.

[7]《网络安全人才实战能力白皮书》[J]. 工业信息安全，2022(7)：92-101.

[8]《把维护国家安全的战略主动权牢牢掌握在自己手中》，http：//theory.people.com.cn/n1/2018/0103/c416126-29743651.html，2017.2.17.

《遥感物理基础》课程创新教学实践

石文轩　龚龑

（武汉大学　遥感信息工程学院，湖北　武汉　430079）

【摘　要】 遥感对地观测新技术的发展日新月异，这些变化给《遥感物理基础》课程提出了创新型人才培养的新要求。这些新要求促使该课程着眼于遥感学科前沿变革，协调教学中理论与实践、传统与创新、教学与科研之间的关系，并以此促进创新型学生的培养和创新型教师的成长。本文针对当前课程发展和教学关系中的痛点问题，从完善实践性教学体系出发，强化基础概念与实际应用的结合，实现学生从学会到学精的转变；从引入最新的研究成果出发，建立教学案例库，推动学生对课程内容的探究式学习；从国家创新驱动发展战略出发，搭建遥感应用实践创新平台，鼓励教师带领学生参与小卫星和遥感仪器制造研究，并将爱国情怀、大国工匠精神、人文精神等思政内容浸润到教学全过程。

【关键词】 遥感物理基础；原创型理论人才培养；理论实践相结合

【作者简介】 石文轩(1983—　)，男，湖北武汉人，博士，副教授，武汉大学遥感信息工程学院实验中心副主任，主要研究方向为遥感图像处理与计算机视觉、人工智能、嵌入式系统优化移植等，Email：shiwx@whu.edu.cn；龚龑(1979—　)，男，湖北十堰人，博士，教授，武汉大学遥感信息工程学院副院长，主要研究方向为高光谱遥感、农业遥感、遥感影像空间关系分析等，Email：gongyan@whu.edu.cn。

【基金项目】 2023年武汉大学本科教育质量建设综合改革项目"基于交叉融合驱动的遥感科学与技术本科专业改革探索"子项目"《遥感物理基础》课程教学创新"。

《遥感物理基础》课程是武汉大学遥感信息工程学院面向遥感类专业本科二年级学生的大类平台课，同时，它也是后续课程的专业基础课。学生在完成课程学习后，在理论上应掌握遥感探测物理原理知识，在实践上应拥有遥感观测应用能力，在创新上应具备分析解决工程问题的创造性思维能力，在思想上应建立投身祖国遥感工程建设的意愿。在强调专业知识、专业实践、专业思维、专业情怀的同时，还要尽可能培养学生对知识的概括和迁移能力，不断用工程实践新任务来挑战学生，发挥出他们把已有知识和经验用于解决新问题的能力。[1]

一、课程痛点

在中美贸易摩擦的背景下，西方技术先发国家加大了对中国高科技发展的遏制力度，高端产品制造和技术研发面临的突出"卡脖子"困境,成为产业高质量发展和迈向世界科技强国的重大阻碍。[2] "现在中国没有完全发展起来,一个重要原因是没有一所大学能够按照培养科学技术发明创造人才的模式去办学,没有自己独特的创新的东西,老是'冒'不出杰出人才。这是很大的问题。"这段话后来成为"钱学森之问"的直接来源。[3] "卡脖子技术之痛"和"钱学森之问"的关键点应从人才培养角度进行理论、战略和政策反思。[4] 无独有偶,本课程组在前几年教学活动过程中发现学生的学习习惯依然是以拼绩点、会做题为中心,没有在学习过程中重组自己的认知结构,所学知识无法为科技创新做出实质贡献。在过往几轮的教学过程中,课程存在以下"痛点"问题。

1. 亟须培养原创型理论人才

尽管我校在遥感科学领域的发展势头良好,在高等教育评价专业机构软科发布的"软科世界一流学科排名"中连续六年排名世界第一,但是,其背后仍然存在一些亟须解决的问题,主要体现在原创型理论人才和原创性成果的匮乏。国内卫星观测体系的壮大、新传感器技术的发展对遥感物理原创型理论人才的培养提出了更高的要求。通过本课程的学习,夯实学生遥感理论基础、启迪原创理论思维、推动原创遥感创新,对于学科的整体发展有非常重要的意义。

2. 亟待创建宽口径研究型教学方法

国内外遥感学科发展迅速,近年来,我校遥感专业扮演着"并跑"角色,甚至在几何遥感领域还占据一定优势。但除了几何遥感外,学科前沿方向还应包括光谱遥感、重力卫星遥感、高精度遥感模型与定量遥感等,这些研究方向对遥感物理机理的探究提出了更高的要求,增加了本课程对遥感物理机理教学的紧迫性。如何创建宽口径研究型教学方法,拓宽遥感物理原理的应用领域,是我校遥感学科从"并跑"走向"领跑"的重要环节。

3. 亟盼学科优势转化为教学优势

过去的教学内容仅要求学生掌握基础理论知识,缺乏对知识点的深度反思。如何帮助学生将所学知识变成自身知识体系的合理组成部分,从而运用这一知识体系来解决专业上的各种实际问题是教学工作的重要使命。一个有效的途径是将教师的科研过程引入教学。比如,我校遥感学科优势突出,课题包括空天科技、深地深海等多个前沿领域,具有前瞻性和战略性。如果将这些科研内容分解归类、引入教学,将学科优势转化为教学优势,不仅能激发学生的学习兴趣,更能培养学生的家国情怀,能为解决"卡脖子"问题提供渊源不断的人才支撑。

二、课程创新理念和思路

为此,本课程中研究了遥感科学—遥感技术—遥感行业演化的教学立体网络结构,课程的创新理念是分级分阶帮助学生在头脑中构建特定的专业认知模型,以"夯实专业基础、培育应用技能、提升研发能力、拓展科学视野"为目标,通过将价值塑造、能力培养和知识传授融为一体，培养创新能力强、能够引领新一轮科技革命和产业变革的多样化、拔尖创新遥感人才，为建设数字中国、智慧社会和提高遥感学科的国际竞争力提供智力和人才支撑。

创新思路体现在课程、师生、评价三个层面。在课程层面，构建理论实践相结合、课内课外线上线下相协同的进阶式课程体系；在师生层面，建立教师启发科学问题，学生探索学科前沿，师生共同创新的良性循环机制；在评价层面，注重创新对学生态度、意愿和行为的影响，评估创新的有效性，并据此改进创新课程与教学。

三、课程创新举措

(一) 理论结合实践，实现多层次教学目标设计

1. 理论方法基础实验，实现"学能会用"知识目标

教学目标中，首先要完成的是知识目标。知识目标的达成需要帮助学生了解理论的概念和含义。但在知识目标的达成过程中，课程组老师发现尽管在课堂上讲的内容都一样，却会得到五花八门的结果，教育心理学上这是"偏好倾向性偏见"造成的，它使人倾向于围绕已有认知模型来组织经验和知识。[5]为了帮助学生克服这类问题，课程组采用课堂讨论和合作实验的方法。"理论方法基础实验"采用"同伴互教法"，培养学生合作和讨论的能力，掌握科学基础、具备基本理论素养和基础操作技能。我们在课堂理论教学的同时，将9项的"理论方法基础实验"搬入课堂(见图1)，购置和改进了遥感物理基础实验设备，让学生们通过教师引导、小组讨论和自主实验设计的方式参与进来，让抽象的概念具象化、形象化。并且在教学环节中，体现物理机理到遥感应用的转变。

2. 科研探索设计实验，实现"学能善用"能力目标

在掌握知识基础之上，引导学生去应用知识，指导科研探索，达到能力目标的提升。"科研探索设计实验"注重培养学生能够解决遥感应用相关的问题的初步能力。实验项目由教师科研成果转化而来，使科研、教学双向支持力度得到加强。例如，移动遥感观测实验室研发了室内遥感观测装置，可搭载可见光、近红外和点云遥感观测设备(见图2左)，遥感室外综合实验场包含了完整遥感数据规划、观测、获取、传输和分析能力，通过地面景观和多种地物构成观测目标、控制轨道和吊舱实现模拟观测、联合多种传感器，对被测目标进行实时、周期性的数据采集，获取几何、辐射观测数据。通过监控和控制平台，能够远程进行数据采集和传输，方便教学和科研的使用(见图2右)。学生掌握了不同波长电磁波与地物的作用机理后，可以在老师的带领下在室内外探索各种遥感传感器的使用方法，研究不同频率电磁波与地物作用的联系与区别，并通过采集数据进行分析和验证，在新情境中发现新知识。

一、教师编

实验名称	典型遥感应用	对应教学内容
01 赤道漩涡与科里奥利力	海态遥感	旋度
02 布拉格衍射实验	多光谱遥感	分子光谱与分子结构
03 双缝干涉实验	卫星雷达干涉测量	双缝干涉与雷达干涉
04 迈克尔逊干涉实验	高光谱遥感	光谱分解
05 极化实验	合成孔径雷达	线极化
06 极化波合成实验	卫星通信	圆极化
07 增透镜片与普通镜片	高空间分辨率遥感	电磁波的增透
08 反射实验	二向反射模型	均匀平面波的斜入射
09 水流引导激光传播	激光遥感	全反射

图 1　理论方法基础实验

图 2　自主研发建设室内外遥感观测装置

3. 自主创新应用实验，实现"学能精用"素质目标

素质目标的达成需要帮助学生具备举一反三的能力。学生见多才能识广，自然而然地具备举一反三的素质。为此，课程开发了具有挑战性的"自主创新应用实验"。这些实验主要是从科研成果和企业工程中提炼出来的实验项目，基于校企合作建立多元化创新实践平台，目的是给学生提供接触学科前沿的机会，学习行业规范，培养研究探索和创新能力，最终达到学能会用、学能善用、学能精用的效果。表 1 展示了课程组联合本行业知名企业开展的学生自主创新应用实验内容。

4. 挖掘专业思政元素，实现"课程思政"目标

在课程的讲述中，课程也不断地融入本专业的红色基因，引导课程思政。比如，在课程中加入 FAST 天眼、高分系列卫星、天问一号、嫦娥五号、北斗三号以及我校自主研发的启明星一号卫星等遥感科学的前沿应用，穿插南仁东、黄大年，还有我校王之卓和六院士团队等遥感领域专家的感人事迹，以遥感学科发展过程中的历史事件为主线，以著名遥感专家和历史人物的故事为节点，结合马克思主义方法论，将遥感领域的大国工程、科研工作者的大国工匠精神浸润教学全过程，提升学生的专业情怀和家国情怀。

表1　　企业工程中提炼的自主创新应用实验

实施企业	实践内容	师资配备
北京四维图新科技股份有限公司 东方道迩信息技术有限公司 中航四维航空遥感技术有限公司 西安煤航信息产业科技有限公司 中国测绘科学研究院 北京超图公司 中国地图出版集团公司 国家基础地理信息中心	提供遥感数据采集、加工、信息提取及应用项目需求分析，参与项目方案设计，提供实施保障条件，综合设计软硬件环境，设计过程指导	企业技术人员8~12人 校内教师4人
武大吉奥信息技术有限公司 西安煤航信息产业科技有限公司 北京超图公司 中国地图出版集团公司 国家基础地理信息中心	提供不同类型航空遥感数据、星载遥感数据加工及遥感应用、地理信息可视化及分发服务工程项目，相关软硬件环境，项目实施指导	企业技术人员1~16人 校内教师4人
北京四维图新科技股份有限公司 东方道迩信息技术有限公司 武大吉奥信息技术有限公司 西安煤航信息产业科技有限公司 中国测绘科学研究院 北京超图公司	提供遥感数据采集、加工、信息提取及可视化的行业应用软件需求分析、方案设计、模块划分、软件开发配置管理、开发模式、开发流程等，参与实际项目开发，开发过程指导	企业技术人员8~12人 校内教师4人

(二)教学内容更新，紧贴遥感学科发展需求

1. 从几何遥感到物理遥感

传统的遥感教学以几何遥感为主，这是一项传统成熟的技术，有国家测绘局等产业作为支撑，也是本专业在国内外的优势方向。但是，学生仅具备几何遥感知识是不全面的，当前遥感学科的前沿态势表明，对遥感物理机理的探究也是遥感人才培养的必要环节。国家战略需求也要求发展光谱遥感、遥感传感器等物理遥感技术。本课程根据认知规律，重视对学生知识结构的分析、对遥感物理机理学习内容的分析，确保教学结构与学生认知结构的协调性。将学科发展最新要求与专业实际相结合，形成概念—机理—应用全流程遥感物理基础教学内容改革。

2. 从物理机理到遥感应用

物理机理是基础，遥感应用是目的。在教学环节中，课程体现了物理机理到遥感应用

的转变，使教学内容与专业特点更加匹配。比如，在教学中，课程将物理中经典的双缝干涉应用到卫星雷达干涉测量应用中，从而引导学生进行地面沉降检测（见图3）；将电磁波极化的物理机理应用到全极化合成孔径雷达影像地物分类方法研究中，从而作为光学影像地物分类方法的补充。

图3　学生参与高架桥地面沉降测量测量实践

3. 从教学引导科研到科研反哺教学

钱伟长院士曾经说过："大学必须拆除教学与科研之间的高墙，教学没有科研做底蕴，就是一种没有观点的教育、没有灵魂的教育。"因此必须将教学与学生科研能力的培养结合起来。

课程组教师从课程内容出发，结合自己的研究兴趣，引导学生学习科研的方法与手段，鼓励学生积极参加学术活动（见图4）。坚持高水平科研多角度反哺实验教学，注重教学内容的高阶性。我们将学术报告中，与课程内容相关的内容和科研进展搬进课堂。引起学生的好奇心，引发他们的深度思考，培养批判性思维，训练学以致用的能力。在进行卫星收发天线章节的教学过程中，课程组教师带领学生在诗琳通地球空间信息科学国际研究中心卫星地面站进行了现场教学，学习目前国内最大的13米口径遥感卫星接收天线，将国际先进、国内领先的遥感卫星接收天线直接服务于课程教学（见图5）。

具备过硬的理论基础、丰富的科研经历，学生在校期间就能参与我国首颗夜光遥感卫星的设计，加入制造小卫星和遥感仪器的科研团队（见图6）。不久前，我校自研的卫星"启明星"发射升空，引起广泛关注。除了发射本身创纪录的"一箭多星"外，还有它身上的特殊标签——它是一颗以50名博士、硕士、本科生"混编"团队为主体，学院老师作为指导研制出来的卫星（见图7）[6]。团队中大部分学生从本课程开始就参与了课程组教师的科研活动，形成了"学生们站上前台，放手去做，老师们退后一步，放心帮扶"的"以学生发展为中心"的教学理念，"以其所知，喻其不知，使其知之"，逐步把学生从生手、熟手培养为能手、专家。这颗截至目前国内独一无二的"学生卫星"，既圆了学生的航天梦、科研梦，也圆了教师的育人梦、教学梦！

图 4 学生参与大气遥感物理科研活动

图 5 国内最大的 13 米口径遥感卫星接收天线服务课程教学

图 6 学生参加智能遥感卫星和激光雷达仪器设计

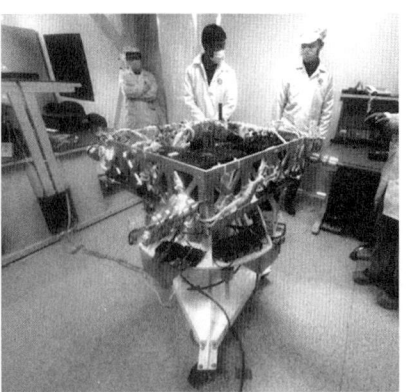

图 7　学生参与"启明星"卫星研发

(三) 教学方法探索, 开发线上教学资源

1. 建立案例库, 搭建理论到实践的桥梁

案例教学不仅可以激发学生的学习兴趣和创造力, 而且可以起到连接物理理论和遥感应用的纽带作用。通过对课程难点问题的思考、分析与讨论, 课程组通过研究成果论文库、学科论坛、博客、微信公众号和 MOOC 资源开展案例库的建设。建立的教学案例库具有"四性"特点:

典型性: 案例材料选取本学科具有代表性的现象。

真实性: 案例材料贴合学生生活实际, 是当前研究前沿问题的缩影。

问题性: 案例之间的比较会呈现冲突与矛盾, 通过矛盾剖析使学生对本知识点深入理解。

理论性: 案例并不是背离理论知识独立存在的, 而是服务于理论知识的传授。

例如, 在讲授"旋度"一节时, 展示"美国德克萨斯州湖水漩涡"和"南北半球台风形态", 这是与本学科高度相关的典型案例, 同时也给出了案例发生的真实时间和地点, 得

出北半球漩涡逆时针旋转，南半球顺时针旋转的结论。接着，展示"赤道附近南北半球漩涡实验"，得出北半球顺时针南半球逆时针的结论，与前两个案例结论完全相反，体现案例的问题性，从而引导学生去思考发生两种不同现象的深层原因，引导探究式学习。最后通过"旋转圆盘上的抛球实验"分析科里奥利力的各种因素，给出以上矛盾背后的合理性解释，体现案例的理论性。

2. 搭建网络信息平台，开展自主创新学习

课程组重视教学管理的信息化建设，积极推动信息技术在教学过程中的广泛应用。课程组既有来自遥感系的教师，也有来自实验中心的教师，共同打造了适应遥感专业特点的网络教学实验平台。

（1）课程信息网络交互平台。课程采用"微助教"课堂帮手，学生从该平台下载课程资料，使用零散时间进行课前预习，带着问题进行课堂，对作业和讨论展开自评与互评，进行自主实验分组。教师进入平台收集学生提出的问题，有针对性地挑选知识点和章节进行课堂翻转，开展在线答疑，成果评判。另外，课程组教师依托学院国家级实验教学示范中心打造的"实习管理系统"，开发了与课程各章节对应的网络化及信息化实验教学资源，实现了实验教学资源的开放共享和网络化管理。

（2）开放实验室预约平台。配套进阶式课程实验要求，课程组使用实验中心开发的开放实验室预约平台安排学生开展各项自主实验，突出"知能并重"，鼓励学生"大胆假设，小心求证"。该平台支持实验室使用情况的在线查询、预借申请以及仪器共享管理等功能。教师和学生可以直接通过网络了解目前可以提供的实验资源，并根据需求对这些资源提出使用申请，进行课程学习和实验设计。学生可通过网站对仪器的使用状态进行浏览、查询、并对仪器的使用进行预约，实现课程仪器的信息化管理。

四、课程创新效果及评价

《遥感物理基础》理论教学与实践教学协同创新，将学生的学习出发点从注重考试结果转变为注重学习过程，培养了学生的创新精神、人文关怀和社会思考意识，使学生掌握了遥感产学研完整体系，教师通过准备教学资源和吸收学生创新想法实现教学思维的转变，提升了教学素养。

各项教学创新举措让课程既有基础理论的渗透，又有动手能力的培养，在此基础上启发学生学以致用。在课程结束后，引导学生参与本课程的课堂教学质量评价，促进本课程教学持续改进（见图8）。

课程组教师在教学比赛和教改项目研究中也取得了成绩：主持和参与省级以上教研项目3项，校级教研项目2项，获得1次校级青年教师教学竞赛一等奖，1次校级教师教学创新大赛一等奖，2次校级本科优秀教学业绩奖，4次学院教书育人奖，2课头获评遥感金课，6篇教学论文获得校级优秀教学论文。这是对课程组教师教学创新成果的肯定，也是鞭策我们持续创新的动力。

图 8　遥感物理基础课堂教学质量学生评价表

◎ 参考文献

[1] 赵炬明. 打开黑箱：学习与发展的科学基础（上）——美国"以学生为中心"的本科教学改革研究之二[J]. 高等工程教育研究，2017(3)：31-52.

[2] 宋立丰，区钰贤，王静，刘箭章. 基于重大科技工程的"卡脖子"技术突破机制研究[J/OL]. 科学学研究：1-17. DOI：10.16192/j.cnki.1003-2053.20220714.001.

[3] 涂元季，顾吉环，李明. 钱学森的最后一次系统谈话——谈科技创新人才的培养[J]. 前沿科学，2009，3(4)：4-6.

[4] 李周密，付玲，骆清铭，徐书华，李培根. 新工科工程科学创新人才培养特色及其启示——基于华中科技大学工程科学学院的实践[J]. 高等工程教育研究，2021(5)：16-22.

[5] 童大振，胡扬洋. 皮亚杰理论引入我国物理教学的思想历程与启示[J]. 首都师范大学学报（自然科学版），2020，41(1)：87-91.

[6] 周劼. 我为什么放手让学生做卫星——专访武汉大学"启明星"卫星研发负责人金光教授[N]. 武汉晚报，2022年3月3日.

探索卓越工程师教育培养
推动人才培养的质量革命

卢 冰 秦 昆 龚 龑 孟小亮

（武汉大学 遥感信息工程学院，湖北 武汉 430079）

【摘 要】本文研究"卓工计划"过程中卓越工程师人才培养质量机制、卓工培育体系、师资队伍建设、校企合作等方面的问题，并提出了具有一定针对性和可行性的对策。

【关键词】卓越工程师；人才培养；培养机制；师资队伍

【作者简介】卢冰(1977—)，女，汉族、湖北武汉人，硕士，武汉大学遥感信息工程学院教学办副主任，Email：lbing@whu.edu.cn；秦昆(1972—)，男，湖北随州人，博士，武汉大学遥感信息工程学院教授，主要研究方向为时空大数据分析，Email：qink@whu.edu.cn；龚龑(1979—)，男，汉族，湖北竹山人，博士，武汉大学遥感信息工程学院教授，博士生导师，主要从事定量遥感、农业遥感和本科教学及管理研究，Email：gongyan@whu.edu.cn；孟小亮(1981—)，男，汉族，辽宁营口人，博士，武汉大学遥感信息工程学院教授，博士生导师，主要从事智能空间感知网、地理信息系统和大学生创新实践教学与管理研究，Email：17091906@qq.com。

【教改项目】(1)"教与学革命"背景下教师教学能力提升优化及方法研究(项目号：2023ZG204)；(2)空间信息与数字技术专业新工科人才培养模式改革(项目号：2023ZG203)

当前，国内一些高校本科教育中普遍存有"重知识，轻水平，重理论，轻实践"的问题。为了提升学生们的工程实践水平培养，提升工程人才培养质量，教育部自2010年起，先后启动了"卓越工程师教育培养计划"(简称"卓越计划")。武汉大学遥感信息工程学院的"遥感科学与技术"专业于2011年入选教育部卓越工程师教育培养计划，采取参与导师的实践性课题、到联合培养企业实习等方式进行实践能力培养，根据企业及企业导师的安排，了解工程实际需要，培养必要的工程实际技能，并结合实际工程项目完成毕业论文或工程研究报告。同时以《遥感科学与技术专业(卓越工程师计划)本科生培养方案》为基础，结合遥感信息工程学院大类招生和培养的策略，推进卓越工程师教育培养计划。本研究结合"卓工计划"过程中各类人才培养质量机制、卓工培育体系、校企合作实践等，探索卓越工程师教育培养中的各类问题，并提出了下一步持续改进的对策，为同类专业实施"卓越工程师计划"提供参考。

一、提高卓越工程师人才培养质量机制

（1）在遥感类大类培养方案中融入卓越工程师培养计划的培养方案。遥感学院的遥感类大类培养方案将卓越工程师的培养计划融入大类培养方案中，为卓工班学生设置了"生产实践与服务学习"的指定选修实践课程，卓工班学生必须通过参加相关的实习实践获得该学分，才能顺利毕业。

（2）加强对遥感院卓越工程师班学生的管理与指导，安排卓工班学生们利用寒暑假到企事业单位实践、实习。

（3）结合卓越计划的实施情况，以学生为中心、以产出为导向、持续改进为原则，将精细化的培养与特殊化的培养相结合，不断优化遥感科学与技术专业培养方案和卓越工程师计划实施方案中的课程设置和教学大纲，并建设高素质的遥感科学与技术专业人才的培养与培训基地、校企联合培养的实训实践基地、教学经验与科研成果的交流基地等各类配套机制。

（4）加强与企业联合改善校内实验室教学条件，支持大学生开展创新科研活动，通过"卓越工程师计划"的实施使更多的学生受益。

（5）改革人才培养机制、引入学生动态调整机制。学院进一步完善《武汉大学遥感信息工程学院卓越工程师教育培养计划执行方案》，优化新版培养方案中卓越工程师教育培养计划。加强对卓越工程师培养班学生的管理与指导，对选拔流程、培养模式都进行了优化，通过实习考核答辩，选拔优秀学生加入，淘汰落后学生。进一步加强和落实学院卓越工程师班的建设。继续推进与其他研究所、企业的合作，对卓越工程师培养班学生进行订单式培养。

（6）学院鼓励"卓越工程师班"学生在学习期间通过参加创新创业和各类学科竞赛活动提升实践能力，指导老师可结合《关于征集2023年大学生创新创业训练计划项目选题的通知》进行大创选题申报，"遥感信息工程大学生创新创业中心"是"卓越工程师班"学生创新创业教育指导机构。

二、人才培养机制改革抓好课程主战场，构建卓越工程师培育体系

为培养高质量的卓越工程师专业人才，学院依托学科优势和行业发展趋势，不断整合专业课程体系、改革了教学方法和手段，将工程能力培养落实到培养方案修订、课程体系的设置和教学方法的改革中。

（1）改变了以知识点覆盖为主线的课程体系，建立了面向"卓越能力建设+理论及实践知识探究+工程型人格养成"三位一体、"3+1"校内培养和企业培养的人才培养模式。

（2）对人才培养质量、师资队伍、教学条件、科学研究与改革创新、质量管理体系等进行了规范。

（3）改变传统工科专业教育课程教学大纲中主要强调知识点的掌握的理念，制定了专业所有课程的专业认证教学大纲，并强调了对学生能力和工程素质的培养内容，探索新的综合知识、能力和素质的考核方法。同时督促任课教师严格执行教学计划，使教学内容与

教学大纲保持一致。同时强调要充分发挥遥感信息工程学院的科研优势，积极鼓励教师把新的科研成果引入到本科生的课堂和毕业设计中，及时更新和补充教材的相关内容。

(4)开展"学科基础—专业基础—实习实训—工程设计"贯通教学，推进创新创业教育全程化、立体化、实战化，探索创新创业教育与工程人才培养深度融合。提升卓工课程建设育人效能，推动实现卓工教育培养目标与产业需求无缝对接、课程具体内容与行业标准有效对接、教学过程与企业生产过程对接。加强教研室建设，构建起多学科交叉的特色课程群，推进跨院系、跨学科、跨专业培养工程人才。

(5)基于专业认证的成果，学院按照工程教育专业认证理念，进一步优化和落实卓越人才培养方案。在专业认证的基础上，进一步优化教学模式，按专业认证标准对卓越工程师班学生的理论和实践学习进行反复论证。

三、师资队伍建设推进产学研融合，创新卓越工程师导师建设

(1)学院为卓越工程师班配备班主任，并为卓工班的每一位学生配备指导教师，院内导师与生产单位的导师共同指导"卓越工程师班"的学生结合生产实践完成本科毕业设计。

(2)为了发挥企业在本科人才培养中的积极作用，学院还聘请了一批企业、科研单位和外院校师资兼职教师，承担卓越人才培养监督、指导教学与科研、生产与毕业实习教学等任务。学院开设了"知卓本科论坛"，邀请了兼职教师进校，积极介绍行业最新学科前沿技术、理论和实验教学方法，让学生接触到学科的最新技术、及时了解学科前沿动态、树立创新意识，提高学生从事专业学习、研究的积极性和兴趣；同时安排在寒暑假和毕业设计期间到兼职教师所在的单位实习实践和进行毕业设计。

(3)加强校外兼职教师的建设，充分利用遥感业界的影响力和广大校友资源，着力聘请本专业相关的企事业单位及国外和境外的专家任兼职教师，不定期地为本专业的学生进行技术讲座及实践技能的指导，并安排部分本科生到兼职教师所在的单位实习实践。充分发掘、引入、利用好多方资源，形成学校与企业、培养人才与向行业、企业输送人才、校园教育与社会化教育的良性融合，促进学生们成长成才。

(4)积极组织并支持教师参加相关的教学培训、教学交流和工程技能培训，进一步提升教师的教学水平和教学技能、进一步提升教师的工程实践能力。

(5)按照卓越计划的培养方案开展课堂教学和专业实践活动，在教学过程中开展个性化专业实践指导，并成立了由院士、资深教授、博导组成的教学指导委员会，负责指导学生的教学与实践管理过程。

(6)以培养具有国际竞争能力的卓越高级工程技术人才为目标，以学科为基础，以科研为支撑，设立院级教学研究项目，对遥感科学与技术专业人才的培养理念、教学模式、教学方法等进行研究和探讨。

四、校企合作为培养专业型、复合型人才奠定基础

以校企合作为契机，学院卓越工程师教育培养计划，采取"3+1"培养模式，即：3年

时间在校内学习，累积1年时间从事实习实践，利用寒暑假时间、第8学期毕业设计时间等累积约1年时间，在校内导师与企事业单位导师的"双导师"指导下从事实习实践，采取参与导师的实践性课题、到联合培养企业顶岗实习等方式进行实践能力培养，根据企业及企业导师的安排，了解工程实际需要，培养必要的工程实际技能，并结合实际工程项目完成毕业论文或工程研究报告。

学院注重与社会行业企业的良性互动，目前已有多家事业单位、公司企业与学院建立了良好往来关系，或为学院实验室捐赠先进的仪器设备和软件，或帮助改扩建校内实习基地。其中由学校和学院共同投资建设教学场地和教学设施，由十多家国内外知名企业捐赠了许多专业软件和设备，共同建设国际一流的"遥感信息工程开放实验室"。该实验室不仅为卓工班的学生实习实践和大学生开展创新科研活动提供优越的环境，也为其他的学生提供开放实习。通过"卓越计划"的实施开展使更多的学生受益，同时也扩大了专业的影响力。

学院还与企业联合建立了多个校外实习基地，校内外实习基地在培养专业型、复合型人才中起着重要作用，同时也扩大了专业的影响力。

五、总结与展望

总体来说，对于卓越工程师能力的专业培养，学院将继续按照人才培养标准要求和中国行业标准来制定本科培养计划，通过加强校内优秀工程项目、实践教学项目和校外实践环节相结合，培养广大学生们的工程能力和技术创新能力，并取得了一定的效果。面对新形势我们将探索卓越工程师的教育培养，将加强新工科建设，丰富卓越工程师培育内涵，深入宣传贯彻并落实了教育部的系列文件精神，把加强卓越工程师人才培养作为当前教育根本任务中的一项重要战略内容，努力培养拥有"初心、匠心、笃心"的创新型卓越工程师。

◎ 参考文献

[1] 教育部关于实施卓越工程师教育培养计划的若干意见[EB/OL]. [2011-01-08]. http：//www.moe.gov.cn/srcsite/A08/moe_742/s3860/201101/t20110108_115066.html.

[2] 林健. 校企全程合作培养卓越工程师[J]. 高等工程教育研究，2012，30(3)：7-23.

[3] 陈启元. 对实施"卓越工程师教育培养计划"工作中几个问题的理解[J]. 中国大学教学，2012(1)：4-6.

[4] 王宝玺. 关于实施"卓越工程师教育培养计划"的思考[J]. 高校教育管理，2012，6(1)：15-19.

[5] 起华荣，曹建春. 卓越工程师培养实习环节存在的问题与其对策[J]. 2018(3)：144-146.

从教学比赛探索遥感课程教学模式的创新改革

李 杰

(武汉大学 测绘学院,湖北 武汉 430079)

【摘 要】遥感是一门应用性极强的学科,与经济、民生和国防等息息相关,遥感大数据和技术已经成为各国重要的战略资源,面向国家战略需求和国际技术封锁的严峻情况,结合课程思政理论、信息技术手段进行遥感教学改革,对于提升我国遥感科技竞争力,培养新时期高层次遥感专业人才是至关重要的。教学比赛作为教学改革当中的实践演练,能够揭示教学模式存在的问题,通过探讨教学比赛和课堂教学的差异性和统一性,从教学方式和教学内容提出遥感教学的核心理念。深挖遥感课程的思政元素,融合信息技术,以提高学生的自主能动性为目的,提出遥感教学的创新实践机制,以达到专业课程的正确价值导向。

【关键词】遥感;教学比赛;课程思政;信息技术;创新改革

【作者简介】李杰(1989—),男,湖北武汉人,博士,武汉大学测绘学院副教授,硕士生导师,主要从事多模态数据智能融合研究,E-mail: jli89@sgg.whu.edu.cn。

遥感学科作为与地学、大气科学、信息科学、环境科学等学科相互渗透融合的一门新兴学科,通过对多平台多传感器数据的采集、融合、处理和传输,在航空航天、国防安全等国家战略,交通导航、抢险救灾等社会民生,环境监测、资源保护等生态文明建设都发挥着重要作用。截至2021年底,全球共有在轨遥感卫星1031颗,美国占比45%,中国32%,欧洲9.5%,日本3.1%。其中,光学成像卫星为476颗,占比50%以上;雷达成像卫星81颗;红外成像卫星12颗;高光谱成像卫星20颗。可见,遥感对地观测已经成为各国战略的必争之地,我国中长期规划高分重大专项,以应对自然资源、应急、国防等各部门与行业对高分数据的迫切应用需求。2020年1月,美国也将"自动分析地理空间图像"等遥感图像处理软件"限制出口"。因此,立足国家发展需求,在高校"双一流"建设与"思政"改革的共同目标导向下,通过遥感类课程培养德才兼备的创新型专业人才,发展我国遥感的软硬件实力是突破外国技术封锁的必要手段。

高校教学比赛尤其是当前的青年教师教学比赛,如《全国高校青年教师教学竞赛》、《全国高校教师教学创新大赛》、《全国高校测绘类专业青年教师讲课竞赛》等,以《教育部等六部门关于加强新时代高校教师队伍建设改革的指导意见》和《关于深化新时代学校思想政治理论课改革创新的若干意见》[1]为指导,建设高素质、专业化、创新型青年教师队伍为目标,根据专业特点,从教学策略、方法和技术上检验教师水平,利用比赛的经验与收获反哺课堂,推动教师教学质量走向更高水平,挖掘课程中思政元素,实现思想政治与专业教育的有机融合。在我国战略需求以及国际技术封锁的双重驱动下，探索创新教学模式，通过遥感课程培养具有主动能动和科学思维方式的高层次人才，实现价值塑造、知识传授与能力培养相统一的教学效应是目前遥感类课程教学面临的重要挑战。本文中作者将结合本科教学经验与教学比赛体验，探索更好发挥优秀导向作用的创新教学方式，实际的推动学生对遥感学科的认知和认同，服务国家建设需求。

一、遥感课程的基本任务

航空航天遥感技术是探测地球表层信息的重要手段，在农业、地质、海洋、气象、水文、军事等诸多领域具有广泛的应用。《遥感原理与应用》是一门关于遥感物理基础、遥感卫星成像、遥感图像处理和应用的测绘科学与技术专业基础课程。课程教学的基本内容包含电磁波的发射、反射和辐射、辐射传输原理等数理知识；遥感成像模型、几何变形与纠正等几何原理；大气校正、地形校正、图像增强、图像分类等辐射处理原理，以及目标检测与跟踪、变化检测、土地利用分类等应用。该课程涉及的知识是大气遥感、定量遥感、微波遥感等课程的核心基础，与智慧农业、智慧城市、美丽中国等国家战略需求息息相关。此外，遥感技术涉及空、天、地军事与伪装目标识别与跟踪，是国家安全的重要组成部分；自然灾害、公共安全等突发事件的应急监测也是遥感技术顺应社会时政的展现。

2019 年，教育部在《关于深化本科教育教学改革　全面提高人才培养质量的意见》中强调，要把思想政治教育贯穿人才培养全过程，把课程思政建设作为落实立德树人根本任务的关键环节。[2]当前，美国强化对霸权的护持，加之新冠肺炎疫情复杂严峻，在国际形势充满不稳定性、不确定性的背景下，我们认为遥感课程的基本任务是以国家需求为导向设计遥感课程内容，在完成原理以及应用实践等基本内容讲授的同时，通过教学方法改革融合课程与思想政治教育，培养学生形成正确的世界观与价值观，要会用、用对、用好遥感专业知识建设和维护国家。

二、从教学比赛实践反思课堂教学模式

高校教学比赛可以说是教学改革当中的一次实践演练，既有收获，也有不足和反思，系统地总结比赛过程中的经验，能够推动教学质量不断走向更高水平。教学比赛是一种赛事，需要在有限时间内讲授规定的教学内容，那么内容上具有局限性，结果上必然具有功利性，形式上具有表演性。因此，从教学方式和教学内容角度，教学比赛与课堂教学内容上具有矛盾性，但是都是为了促进教学发展，提高教学质量，在目的上具有统一性。本文从三个方面分析，教学比赛与课堂教学的辨证统一关系。

1. 教学比赛"表演性"与课堂教学方式的"自然感"

现代教育认为教学应该具有形象性、情感性和表演性，比赛通常要求教师在讲授课程时应该精神饱满、站姿端庄、着装严整、声情并茂、活跃气氛、富有感染力，即具有良好的精神状态。专业类型的教学比赛，要求在比赛规定时间的短时间内完成规定内容的讲

授，规定的内容具有重复性，因此在比赛过程中洪亮的声音、兴奋的讲解和漂亮的演示文档等表现手法，能够给枯燥重复的教学内容增添感染力，吸引评委的注意力。但是在实际课题教学中，持续兴奋的教学方式，一方面对教师精神状态具有较强的要求，另一方面，如果只强调表达的生动性和语言的感染力，忽视了教学内容的流畅性，教学过程会显得非常刻意，缺乏自然感。

因此，这种"表演性"的分寸感是需要控制的，高校课堂教学的节奏不能太快，语言表达不能过于紧凑，[3] 也不能太慢，语言拖拉缺乏力量感。课堂教学方式应该是"自然的"，句与句之间需要根据内容产生必要的、合适的停顿，适当增加互动环节，使学生能够在轻松愉悦的语言氛围中学习。这种课堂教学中的"自然感"，能够拉近教师和学生之间的距离，让学生在轻松的氛围中勇于提问、敢于交流。

2. 比赛内容的"局限性"与课堂教学内容的"拓展性"

教学比赛在有限的时间内，只能考察部分学科内容的教学效果，对于教学内容和教学评价上具有局限性。但是，在实际课题中，教学内容不能停留在"课程即教材"这一层面上，它是一个有创造性的、不断优化的过程。[4] 课程内容应该根据学科发展和社会需求，是一个动态的、更新的，不断完善内容的过程，实现与前沿技术和国际形势的紧密结合，而不是由专家编制、教师执行的、静止的、僵化的文本形态。

以《遥感原理与应用》课程为例，课本中的系列卫星还停留在 10 年前，而国内外卫星的发展日新月异，依照传统课本介绍已经退役、失效的卫星，显然不符合科学发展观。教师应该根据工程应用案例，引入高分系列，哨兵系列等国内外新卫星，具体介绍卫星的指标参数和下载渠道，做到会识会用好海量卫星资源。针对遥感学科中的经典图像配准、图像融合和图像解译应用，课本所介绍的模型算法虽然经典，但是知识过于老旧，应该结合当前多模态卫星现状，在讲授经典模型之余，科普多模态数据间的配准、融合和分类方法，使得学生能够真正了解遥感技术在民生、经济和国防等应用中的不可替代性。实际上，教学比赛通常要求教师能紧密结合实际，巧妙设题，启发学生思维，也是希望教师能够引入社会热点问题，讲授新型遥感技术。但是，受教学比赛不完全逐利的心理机制，以及教师准备时间有限的毛躁心态，多数教师都选取熟悉的内容，而规避尝试新的内容和知识。紧跟时事，培养服务国家战略的创新型人才是教学的目的，因此，课题教学内容应该具有"拓展性"，超越课本，但是又不脱离课本，做到真正为学生着想，为国家教育发展服务。

3. 教学比赛的"故事性"与课堂教学内容的"连贯性"

教学比赛以讲授内容完整、衔接自然、概念准确、逻辑缜密、论证充分，能否紧密结合实际，作为教学质量的评价标准之一。从课堂的角度，要求在授课过程中，能够巧妙设计故事，通过故事串联知识，同时，避免故事的刻意性，真正做到润物细无声地实现故事与教学内容的结合。课堂教学语言生动，教师口才好，课堂气氛活跃，一直都是一门课程深受学生欢迎的重要原因。[3] 但是，教师应该区分教学比赛和课堂教学的差异性，教学比赛内容较少，可以用一个故事串联整个原理脉络。在实际教学过程中，课程内容繁杂，讲课时不能盲目"凑故事"。如一味堆叠故事，案例要素过多，故事之间缺乏有效的衔接，存在与课程主体内容脱节的可能性。课堂教学故事性应该是通过故事帮助学生深入浅出理解重难点，有些内容如公式推导等较难插入情节和完整故事，例如在"微波遥感"中，极化特征表达以及相干斑形成机理等，涉及复杂的数据和物理推导过程，难以找到合适的故事贯彻整个推导过程，但是针对相干斑抑制和目标分解等应用，可以结合洪涝、农业智能监测的案例，针对重点知识点进行详细讲解。

因此，在实际课堂教学中应该注重公式推导的正确性、思路的连续性和语言的精炼性，保证内容的"连贯性"。此外，除了案例引入法，教师在课前将每节课的知识点梳理归纳，根据教学重点，拟出若干训练题或组织游戏活动，实现翻转课堂、MOOC自学、PPT演示以及实践操作相结合，不仅能够保证课程内容的连贯和生动性，也能够帮助学生真正融入课堂，成为课程的主体，实现教学内容的多元化发展。最后，由于遥感服务于国家空间信息的基础设施建设，教学内容的故事性理应包含思政元素，从理论到应用，实现遥感教学与课程思政的全链条紧密结合。

三、遥感课程教学模式的创新探索

教学比赛为我们提供了发现问题的渠道，大数据时代的信息技术为我们提供了更多元化的教学手段，国家战略需求与严峻国际形势要求我们必须厘清机遇和挑战，探索思政与专业课程的深度融合方法，因此本文从三个方面提出了教学模式的创新改革策略。

1. 思政教育与遥感教学的深度协同

我国初步形成了高分、资源、气象、海洋、环境、遥感系列卫星，通过多源多模态的遥感观测模式，形成了从几百公里到静止轨道，覆盖地球的"卫星圈"，遥感应用向深度化、综合化方向发展，产业发展初具规模，已成为国家重要的战略资源和基础设施。遥感技术也同其他感知技术协同，形成智能、自主的感知体系，获取天空地一体化的精准信息，是社会经济和国家安全的重要保障。因此，课程讲授过程中融入思政要素，不仅可以避免理论学习的枯燥性，加强了学生对课本知识的理解和综合应用能力，也培养了学生强烈的国家荣誉感和使命感。遥感原理与应用作为测绘遥感类的基础课程，本文从课程基本内涵出发，挖掘所蕴含的思政元素，建立专业知识与思政要素的协同教育体系，如表1所示，实现遥感教学与课程思政的紧密结合。

表1　　　　　　　　　　遥感课程思政元素的挖掘与融合

教学内容	重点知识	思政元素	融入方式
遥感物理基础	电磁辐射基本原理；黑体辐射；物体的发射和反射；辐射传输	粒子性与波动性的辩证统一；物理模型发展过程中实践与认识的辩证关系；辐射传输等物理模型理论在环境、生态监测与保护方面的实践应用	根据遥感物理基础，揭示其蕴含的哲学元素，如马克思主义的认知论和实践观，培养学生的科学思维方法；通过具体案例，将理论与实践相互结合，建立辐射原理与实际应用的响应关系，培养学生的综合应用能力

续表

教学内容	重点知识	思政元素	融入方式
遥感卫星平台	卫星轨道及运行特点；卫星传感器指标；卫星成像模式；遥感卫星类型	中国遥感卫星发展的创新与实干精神；"两弹一星"精神、"北斗"精神、"高分辨率遥感卫星"工匠精神；多模态卫星组网在军用和民用方面的重要性	以军民应用实例引出卫星的重要性，结合国际形势，将专业知识与思政教育结合，通过课题讨论，揭示遥感发展中的创新精神、工匠精神；结合具体案例，详细讲解卫星运行特点、基本成像原理以及不同卫星的观测特点，引导学生思考卫星、传感器核心技术发展与大国崛起的重要性
图像几何处理	遥感图像的成像模型；几何变形；几何纠正；图像配准；图像镶嵌	局部坐标与全局坐标相互联系与相互转换辩证统一关系；目标精确坐标和几何属性等信息的战略特性；图像配准和镶嵌在遥感监测"一张图"中的作用	介绍其蕴含的哲学原理，结合典型区域，讲解遥感图像几何处理在民生和国防领域的应用
图像辐射处理	辐射校正；图像增强；图像融合	空间、光谱和时间指标的矛盾与统一关系；高质量、高分辨率数据的重要经济、社会和军事价值	介绍多模态数据间蕴含的哲学原理，结合应用案例，讲解多模态数据的特点，以及图像增强和图像融合技术在实践中的重要作用
图像解译分类	特征选择；特征变换；自动分类	特征维度蕴含的辩证性思维；分类模型与区域应用蕴含的理论与实践的辩证统一关系；人工智能与遥感大数据相结合的发展趋势	以数据维度的泛滥，引出遥感大数据特征维度利用的哲学思想，结合图像识别案例，详细介绍图像分类技术原理，通过模型的多样性和局限性，探讨未来遥感技术的发展趋势

总体上，遥感课程可以从我国"遥感成就、成果管理、社会热点和新型技术发展"四个方面挖掘"爱国、法制、社会、安全和科技"相关的思政元素。例如，通过介绍遥感成就激发学生爱国热情，在遥感卫星平台章节中，以《国家中长期科学和技术发展规划纲要（2006—2020）》，引出从2013年到2020年中国发射的十三颗"高分"系列卫星，覆盖了从全色、多光谱到高光谱，从光学、雷达到激光、热红外，从太阳同步轨道到地球同步轨道等多种类型，大幅提升了中国的对地观测水平，逐渐缩小了与西方国家在对地观测方面的差距。通过社会热点案例，树立学生的责任意识，在讲授"黑体辐射"章节中，通过澳大利亚维多利亚省马瑞马力火场遥感影像，介绍遥感数据在火情监测方面的能力。在"大气传输"章节中，将大气气溶胶对人类生产生活和生命健康造成的威胁渗入其中，根据《"十三五"生态环境保护规划》的相关内容，使学生理解大气污染和大气防治的重要性，明白"绿水青山才是金山银山"。

2. 创新信息技术与课堂教学的深度融合

在"互联网+"战略的推动之下，融合信息技术和课程教学，采取线上线下学习相互结合的方式是大学专业教学的必然发展趋势。[5]受到课程信息化建设和大数据的影响，各高校纷纷在课程教学中引入信息技术，在信息技术的支撑下出现一系列慕课、微课、翻转课堂等新型教学方式，推动学生自主学习能力，培养学生思考问题和解决问题的学习和工作习惯。目前，600所高校已在公共在线平台上开设各类课程，但是遥感相关课程较少，因此开设遥感相关在线课程，结合线下教学方式，利用文字、插图、表格、动画、视频多媒体手段，激发学生兴趣，引导学生理解遥感基本知识，探索新理论新方法，掌握实际应用能力，是至关重要的。

基于此，本文将教学过程分为"基础学习—课程巩固—疑难解答—创新思维"四个阶段，实现信息技术与遥感教学的深度融合。基础学习阶段，高校教师可利用慕课、微课等平台开展课前基础教学，每个章节用大约10分钟的微课形式拆分不同专题，形成若干子专题，保证学生在短时间了解课程脉络，掌握课程重点。在疫情影响下，更需要熟练运用腾讯会议、钉钉等线上会议平台，结合线下智慧教室，针对校内和校外学生同时开展遥感科学教学。课程巩固阶段，是在线下教学之后，综合利用QQ、微信和学习通等软件，发放课后学习任务，通过在线交流，观察学生的学习状况，加深对学生的了解和认识。对于"疑难解答"阶段，结合大数据分析的手段，统计学生反映的难懂、易错和盲点等课程问题，在线下教学中结合具体案例以及互动方式重点讲解，提升遥感课程教学的有效性。同时，利用平台搭载的区块链、云平台等手段，让学生根据教师上传到公共区的重难点知识详解，解决传统教学中教师与学生沟通的时空距离问题，进行知识的查漏补缺。最后，教师可以结合社交平台，为学生们推送相关文章，并传授学生根据关键字检索国内外前沿的能力，整合碎片化的网络数据，开展"创新思维"阶段的个性化教育，一方面帮助学生理解知识点，一方面通过检查学生的阅读情况，深入了解学生对遥感类学科的研究兴趣，根据学生兴趣制定个性化、专业化的教学方案，引导他们从事遥感科研的积极性，同时树立核心价值。例如，遥感图像解译中涉及的机器学习算法公式抽象、推导复杂，可以选择知乎专栏、bilibili视频或直播，对遥感知识进行梳理和重建；摘取《武汉大学学报》《遥感学报》"Remote Sensing of Environment" "ISPRS Journal of Photogrammetry and Remote Sensing"和"IEEE Transactions on Geoscience and Remote Sensing"等国内外著名期刊中的高被引文章，引导学生对探索宇宙空间和攀登科技高峰精神的向往，通过学习中国学者提出的著名算法，培养学生对中国遥感技术领先的巨大成就感，激发学生的爱国情怀和科学情操。

3. 以自主能动性为中心的创新课程体系

大学课程不仅要关注知识的传授，更应该加强学法的指导。[6]对于学生来说更为重要的是学会如何学习，学生有了该能力，才能正确对待价值观教育，才能真正把社会主义核心价值观扎根头脑，才能做到从认知到认理最后到认同[6]。遥感学科是一门交叉学科，也是一门应用学科，涉及不同学科的知识，因此，如何结合遥感专业的特点，运用好专业中的多种场景，是开展高校课堂教学，落实立德树人根本任务的关键。本文将围绕学生的自主能动性，结合课程设计、课堂教学、课程实践和教学考核四个方面，建立如表2的遥感教学的创新体系。

表2　　　　　　　　　　　　　　创新遥感课程体系

教学环节	教学手段	教学理念
课程设计	国家需求引导	以需求为核心 以就业为导向 以学生为中心 以问题为基础 以能力为本位
课堂教学	PBL问题导向教学法 线上与线下结合教学	
课程实践	TBL小组合作学习法 CBE教学法 第二课堂	
课程考核	多层次、多元考核体系	

在课程设计方面，根据遥感基本原理，基于国家在民生、经济、国防的实际应用需求，开展教学大纲总体设计，建立课程内容与国家战略需求、国际科学前沿的响应关系，实现立德树人的总体教学目标。在课堂教学方面，采用PBL问题导向教学方法，"以学生为中心，以问题为基础"，通过采用小组讨论的形式，学生围绕问题独立收集资料，发现问题、解决问题，创造和谐、自由的教学环境，鼓励学生保持质疑的精神，不吝啬表扬学生的探索精神，调动学生主动学习的积极性，开展培养学生自主学习能力和创新能力的教学模式。在课程实践方面，采用TBL小组合作学习法与CBE教学法结合，培养学生的实际应用能力为目标，以科研项目为依托，以合作学习小组为基本形式，系统利用教学中动态因素之间的互动，促进学生的学习，引导学生树立正确的价值观，以团体的成绩为评价标准，共同达成教学目标。例如，以长江经济带的生态环境监测为课题，建立学习小组，利用课堂所讲授的特征提取和变化检测等遥感图像处理技术，对长江经济带的水体和植被变化进行长时序分析。通过开展具体项目，提升综合应用遥感知识的能力，在实践过程中，了解数据的重要性以及中国国情，明确社会责任，形成正确价值取向。此外，建立第二课堂[6]，如社会实践、公司实习以及技能比赛等实践教学途径，围绕培养应用型人才为目标，以思政工作为指导，提前让学生接触社会，掌握行业动态，了解遥感技术在国家民生工程中的重要性，培养学生的爱国精神和挑战精神，明确未来理想和职业规划。在课程考核方面，逐渐从随堂测试、闭卷考试的浅层思考向项目方案分析、科研论文互动以及课程专利/论文撰写的高层思考转换。采用成果汇报方式，结合自我评价、他人评价、教师评价，促进学生发展多维度、多角度的科研思路，熟练掌握遥感技术，通过科研互动和撰写，激发学生发现、解决和总结科学问题的能力，培养建设我国的高层次人才。

这种创新体系，相比传统的"填鸭式""灌输式"教学，以培养学生的自主能动性和自主创新性为目标，摒弃了以简单记忆和技能反复训练为主的低级学习方法，加强了学生自身的思考和理解，强调质疑和创新锻炼，将课堂知识与社会生活相联系，枯燥公式与现实事物相关联，让教师从讲授者到协调者，让学生从接收者向参与者转换，将理论运用到现实生活中去。

四、结语

深挖遥感课程的思政元素，融合信息技术，以提高学生的自主能动性为目的，提出遥感教学的思政教育和创新实践机制建设是新时代国家遥感专业人才培养的重大需求。本文从遥感课程的基本任务出发，通过分析教学比赛和课堂教学在教学方式与教学内容上的辩证统一关系，提出遥感教学模式的三个创新改革方向。首先，从遥感课程的主要内容出发，结合哲学观点、科学发展、国家战略、时代榜样等思政元素，实现课程内容与思政元素的深度融合。其次，梳理信息技术为教学带来的机遇，加强线上线下融合方法的运用，提升教学效率。最后，提出以自主能动性为中心的创新课程体系，探索课程设计、课堂教学、课程实践和课程考核的全链路改革机制，实现面向学生兴趣的个性化教育，培养学生的自主学习、探索和解决问题的能力，切实落实立德树人的根本教育任务。

◎ 参考文献

[1] 高德毅，宗爱东. 从思政课程到课程思政：从战略高度构建高校思想政治教育课程体系[J]. 中国高等教育，2017(1)：43-46.

[2] 教育部关于深化职业教育教学改革全面提高人才培养质量的若干意见[J]. 中华人民共和国教育部公报，2015(9)：39-43.

[3] 郝雨. 高校课堂教学比赛的价值守正与方法创新[J]. 中国高等教育，2022(1)：39-40，46.

[4] 胡蕊. 探究《演讲与口才》课程教学改革与实践——以教学比赛为例[J]. 考试周刊，2015(50)：12.

[5] 周芸帆. 大数据时代信息技术与思政课教学深度融合的方法[J]. 高教学刊，2021，7(32)：4.

[6] 夏志业，仙巍，刘志红. "大气遥感"课程思政教学内涵建设与创新实践[J]. 教育教学论坛，2022(14)：113-116.

基于医学人文思政教育为导向的《医学史》教学实践初探

张德玲　李　柯　魏　蕾　刘永明

（武汉大学　基础医学院，湖北　武汉　430071）

【摘　要】《医学史》是医学人文教育中的重要内容，也是医学生学习的第一门医学人文课程。开展以医学人文思政教育为导向的《医学史》教学，不仅能有效提高医学生对医学专业课程的学习兴趣，引导医学生对医学发展历史进行思辨和反思，更重要的是培养医学生的医学人文素养，坚定其对医学事业的热爱信念。通过对近年来武汉大学本科教务系统的学生评教结果分析显示，在采用以医学人文思政教育为导向的《医学史》教学实践后，该课程的教学效果得到全面改善和提高。

【关键词】医学人文；医学史；医学教育

【作者简介】刘永明，54岁，博士，副教授，武汉大学基础医学院；研究方向：医学史教学改革；电子邮箱：liuym@whu.edu.cn。

【基金项目】武汉大学通识3.0课程建设基金、武汉大学医学部教学研究项目（2019004）

　　近年来普遍认为医学教育除了基础医学、临床医学等专业课程以外，医学人文教育也日益受到重视。[1][2][3]医学生除了需要掌握应具备的专业知识和技能外，也必须具备作为医生应有的医德、仁爱与人文素养[4]，而这正是医学人文教育的目的之所在。课程思政是指将课程与思想政治理论课相结合，与构建全课程育人格局形成协同作用，把"立德树人"作为教育的根本任务的一种综合教育理念。如何能将医学人文教育与课程思政有机地结合起来，也是目前国内医学教育改革的重要思路。

　　作为一门融合医学和人文的交叉学科，《医学史》是通过研究社会政治、经济、哲学、科学、文化和医学的相互关系来揭示医学发展过程和规律的科学，是现代医学人文教育的核心课程之一。《医学史》教学并不是简单地让学生记住某些历史事件和人物，更重要的是从医学人文和思政教育的角度出发，促使他们去思考这些事件和人物的医学意义及其对医学发展的影响，评价其对人类社会的价值，以此培养医学生独立思考的批判精神。

　　对于临床医学本科生来说，以医学人文思政教育为导向的《医学史》教学实践将是在其进入医学院后第一门开展医学人文思政教育的课程，对其以后几年的医学学习、临床及科研生涯将会起到启蒙作用。[5]但以往"大而全"的通史式教学方式已难以适应当前日益提高的教学要求,作者近十年来一直承担本校各专业各层次的《医学史》教学工作,在此基础上采取以医学人文思政教育为导向的教学实践,经过不断完善并且取得了一定成效,学生评价良好,现总结经验如下,以期为《医学史》教学提供参考。

一、研究方法

武汉大学医学部的临床医学专业(包括五年制、八年制、临床5+3)在入校的第一学期即开设《医学史》课程,共16学时(计1.0学分),均为理论教学,采用张大庆主编的《医学史(第2版)》为参考教材。[6]

2018学年及以前都采用以历史发展顺序为主线的传统教学方法,从2019学年开始采用以医学人文思政教育为导向进行教学改革,把以往的传统教学内容进行精简和重组,设计了以"古代医学史""人类疫病史""医学学科发展史""医疗技术发展史"为主题的四个版块,并结合中医发展史中的一些著名人物和事件,让学生能更有针对性地进行学习。在课程结束之后,学生通过武汉大学本科教务管理系统中的"学生评教"模块对课程教学及任课教师进行匿名评价。

二、评价结果分析

本研究主要对2018—2021学年参加《医学史》课程学习的四届学生的评教评学数据进行统计和分析(采用Wilconxon秩和检验,检验水平 $\alpha=0.05$),所有数据均来自于武汉大学本科教务管理系统,结果真实可靠(如表1所示)。

表1　　　　　2018—2021学年《医学史》课程教学评价情况

学年	评教分数	参评率(%)
2018	82.78±2.21	71.69
2019	92.91±3.29*	88.60
2020	98.04±0.76*	77.32
2021	96.19±1.03*	86.13

注:* $p<0.05$(均与"2018"组相比)

由表1可以看出,在2019—2021学年实施了以医学人文思政教育为导向的《医学史》教学实践后,与2018学年组的数据相比,学生的评教分数均有明显提高,且差异有统计学意义($p<0.05$)。但2019年、2020年和2021年各组间相互比较,差异无统计学意义($p>0.05$)。表明学生还是很认可这种以医学人文思政教育为导向的《医学史》教学内容和方法的实践改进。

表2　　　　　2018—2021学年《医学史》课程教学整体满意度评价情况

学年	5星(%)	4星(%)	3星(%)	2星(%)	1星(%)
2018	83.66	13.46	2.88	0	0
2019	92.19*	6.28*	1.56	0	0
2020	94.74*	4.8*	0.46	0	0
2021	95.5*	4.5*	0	0	0

注：*$p<0.05$(均与"2018"组相比)

在武汉大学本科教务系统的"学生评教"模块中，总计有22个评价指标，涉及教学要求、课堂纪律、沟通交流、教学资源、考核方式等多个方面，评价维度分为5个层次，分别是5星(非常满意)、4星(比较满意)、3星(一般)、2星(比较不满意)、1星(非常不满意)。表2中显示的是2018—2021学年学生对《医学史》课程教学"整体满意度评价"的汇总数据，其中与2018组相比，2019—2021各组学生评教中的"5星(非常满意)"占比均有明显提高，并且"4星(比较满意)"和"3星(一般)"的占比持续降低，差异有统计学意义($p<0.05$)，表明学生对实施以医学人文思政教育为导向的教学整体满意度在逐年提高，《医学史》课程的教学效果得到全面改善和提升。

除了"对该课程教学整体满意度(单选题)"之外，在学生评教结果中还显示，学生在"激发了我的学习热情和深度学习兴趣(单选题)"、"帮助我树立了正确的人生观、价值观和世界观(单选题)"、"提高了我的自主学习能力(单选题)"等细分指标选项中的评价数据，较2018学年也有显著提高。

三、讨论

1. 消除医学生对历史学习的陌生

按照医学专业培养计划，《医学史》课程目前是开设在第一学期，是医学生进入医学院校后最早学习的与医学相关课程之一。大多数学生在高中是理科生，对于历史学习存在陌生感和距离感，甚至对学习《医学史》表示不理解与抗拒。也有些学生虽然学习热情有余，但是对这种与高中截然不同的大学生活与学习方式尚未适应，因此在教学过程中通过现实生活中的实例来展示课本相关内容，增加学生对医学历史内容的亲近感，提高学生对本课程的学习兴趣，将会有利于课程教学的顺利开展。

如通过网页链接和视频资料展示哈佛大学医学院、约翰斯·霍普金斯医学院、爱丁堡大学医学院、北京协和医学院、湘雅医学院等医学名校的历史概况，让学生亲身感受到医学教育的起源与发展。此外，还增加了在2020年武汉疫情中，全国各地医疗团队驰援武汉、共同抗疫的感人场景，提升学生对医护人员的认同感及崇敬之情。

2. 培养医学生对医学人文的兴趣

《医学史》是医学人文教育的重要核心课程之一，与《医学伦理学》《医学社会学》《医学卫生学》等一起构建成为医学人文学科。《医学史》作为学生的第一门医学人文课程，在教学过程中以医学人文思政教育为导向，培养学生持续的医学人文学习兴趣，探索医学人文课程的教学模式。如在讲解干细胞、人类胚胎研究的伦理学问题之后，介绍贺建奎事件的前因后果，以此引起学生对医学伦理学的关注。提醒学生在今后的医学学习和工作中都要时刻警惕，医学的科学研究和应用应当遵循"敬畏生命"的高度负责任精神，严格按照国家制定的法律法规和伦理准则进行。

3. 坚定医学生对医学事业的信念

《医学史》课程秉持"读史以明智，学史以立志"的启蒙理念，在教学过程中把医学史课本中的知识点进行有效延伸，与医学院学生的入学教育和课程思政有机融为一体，使学生从宏观的历史中认识医学的形成和发展，明确未来学习的内容与方向，坚定对医学事业的信念与热爱。如关于古希腊医神阿斯克雷庇俄斯的知识点，介绍其蛇杖的故事及其代表的精神，通过展示世界卫生组织、国家卫健委、中华医学会等官方组织的徽章，介绍其中包含的蛇杖标志及其寓意。此外在介绍西方医学史上最著名的代表人物希波克拉底，除了讲解希波克拉底的从医之路及其"四体液学说"等医学理念等，还重点讲述从《希波克拉底誓言》《日内瓦宣言》到孙思邈《大医精诚》的内容，使学生认识到中国版《医学生誓言》的历史演变，对于"健康所系，性命相托"有了更深刻的体会，同时也能更深入地理解医学的神圣与责任。

医学的各个学科之间有着其内在的规律性，在讲解现代医学的发展过程中，诸如解剖学、生理学、病理学等基础学科先后建立，并逐步推动临床外科学的兴起、内科学的改革等，由此而引发其他各学科蓬勃发展。通过对现代医学发展历程的梳理，向学生介绍医学专业课程设置，使其大致了解今后学习的内容，解释学习相关课程的先后顺序有其合理性，注意循序渐进，打好学习基础。

4. 引导医学生对医学发展的思辨

引导学生通过观察古往今来医学事件之间的联系，在新旧观念的撞击中，用历史的眼光观察世界，进一步深刻地理解历史，认识现实。如何引导学生辩证地对待宗教与医学的关系，是教学中必须解决的问题。如关于中世纪欧洲古希腊古罗马医学文化的衰落，学生比较容易将宗教与医学对立，我们在教学中既要让学生看到宗教势力对于医学发展的阻滞，同时也要看到在宗教对医学知识的普及与保留所起的传承作用。为此，通过链接诺贝尔奖官方网页，查看特蕾莎修女的相关信息，介绍其生前获诺贝尔和平奖的主要功绩，在她逝世后更获得教廷封圣，在世俗与宗教上都取得巨大成功。在此基础上进而介绍广州、香港、上海、北京、成都、长沙等地具有基督教背景且延续至今的协和、湘雅等著名医院，还有台湾具有佛教背景的慈济医院等情况，进一步引导学生思考宗教与医学的关系，使学生认识到宗教与医学可以共存，相辅相成，并深入理解宗教对医学人文中的有益影响，认识到医学的发展更需要坚持科学精神。

5. 促进医学生对医学历史的反思

医学史是连接过去到未来的桥梁。学习《医学史》不仅仅能使学生去治疗具体的临床疾病和解决相关的医学问题，更重要的是通过回溯分析医学与科学发展的历史，帮助学生能"以史为鉴"，能从历史中寻找教训与启迪，更有深度地理解当今医学所面临的重大疾病治疗、全民医疗保健以及与社会文化之间的关系等一系列问题。如13世纪至14世纪鼠疫大流行时，民众迷信、恐慌，社会混乱，在当时落后的条件下，也出现了鸟嘴医生等现代防护服的雏形，同时也促进了瘟疫隔离与检疫制度的形成。进而介绍2003年非典时民众、政府、医疗界的反应，由此进一步引导学生思考，在医学技术发达昌明的现代，当面临新的瘟疫时，医护人员与民众、社会如何才能做到有条不紊地应对？以此告诫学生，要学会敬畏历史，更要学会如何从历史反思中汲取教训，着眼当下，面向未来。

四、结语

人文教育是大学教育中的重要组成部分，对于医学教育而言其意义尤为重要。医学，不仅要求医生具备专业的学科知识和精湛的诊疗技术，同时还要求医生对病人切身的人文关怀和情感体验。这正是医学独特的地方所在，因为医学服务的对象是人，这就使得医学不同于其他的自然科学，而具有人文色彩。医学是一门有温度的科学，科学精神是医学的躯干，而人文精神则是医学的灵魂。如果说缺乏科学的医学是愚昧的，那么缺乏人文的医学则是冰冷的。

本研究通过将《医学史》课程中的若干重大医学事件、重要医学人物等内容与当今医学现状、医学发展趋势等进行有机整合，以相关专题为纲，从不同的角度展示医学人文思政的教育理念，突出医学人文思政教育在医学生培养过程中的重要作用。

由于长期以来以自然科学为导向的医学教育中缺失了对于人文培养的重视，通过对《医学史》教学中人文教育以及人文关怀的重塑，可以使医学生在学习《医学史》的过程中理解当今医学体系的发展与进步，同时结合后续《医学伦理学》等医学人文课程的学习，逐步加深医学生对医学人文的理解，进一步提高学习医学专业课程的兴趣，坚定其对于医学职业的热爱信念，同时培养学生的医学人文素养和科学精神，使其成为医术精湛且兼具有人文情怀的临床医生。

◎ 参考文献

[1] Yun Qian, Qixin Han, Weien Yuan, and Cunyi Fan. Insights into medical humanities education in China and the West[J]. J Int Med Res. 2018, 46(9): 3507-3517.

[2] Pfeiffer S, Chen Y, Tsai D. Progress integrating medical humanities into medical education: a global overview[J]. Curr Opin Psychiatry. 2016, 29(5): 298-301.

[3] Peipei Song, Wei Tang. Emphasizing humanities in medical education: Promoting the

integration of medical scientific spirit and medical humanistic spirit[J]. Biosci Trends. 2017,23;11(2):128-133.

[4]张大庆主编.医学人文(住院医师规范化培训公共课程)[M].北京：人民卫生出版社,2016.

[5]张大萍.提高医学生学习医学史兴趣的实践与探索[J].继续医学教育,2014,28(5):82-83.

[6]张大庆.医学史(第2版)[M].北京：北京大学医学出版社,2013.

新医科背景下青年师资队伍建设及素质提升对策

韩 莉 刘万红 张 洁 乐 江(通讯作者)

(武汉大学泰康医学院(基础医学院),湖北 武汉 430071)

【摘 要】 基础医学是现代医学原始创新的"支撑地"和解决临床科学问题的"集散地",面对新时代新形势新要求,面对长期存在的师资困境,学院正视现实,迎接挑战,坚持"引育并举",实施了一系列引才育才和提升师资素质的举措,建设高水平师资队伍,持续提升青年教师的教学能力,把基础医学院建设成为人才培养的"新高地"。

【关键词】 新医科;青年师资;素质提升

【作者简介】 韩莉(1974—),女,湖北武汉人,武汉大学泰康医学院(基础医学院)本科生教学管理办公室主任。E-mail:hanli120@163.com。

【基金项目】 2022年武汉大学本科教育质量建设综合改革项目:67(2)号

一流的教师才能建设一流的学科、培养出一流的人才,教师素质的高低直接关系教学质量的好坏和大学生的成长成才。基础医学是现代医学原始创新的"支撑地"和解决临床科学问题的"集散地"。迈向新的历史时期,随着教育目标的调整和教学模式的变化,建设一支坚守为党育人、为国育才初心,勇担医学发展、科技创新使命的青年师资队伍,持续提升青年教师的教学能力对把基础医学院建设成为人才培养的"新高地"尤其重要。

一、基础医学师资力量面临的困境

高等学校人才培养工作已进入提高质量的升级期、变轨超车的机遇期、改革创新的攻坚期。面对新时代新形势新要求,调查资料显示,我国医学院校目前普遍存在基础医学师资不足的问题。我院在师资储备方面也存在明显缺口。

困境一,表现为基础医学师资的绝对数量不足,教师梯队建设亟待解决。大学的进人门槛高又恰逢退休高峰期,近五年学院即将退休44人,其中高级职称25人。2021年学院教师的年学时数平均已达到约150学时,部分教学型教师甚至高达500学时。老师们奔波在各校区疲于上课,难有学习和科研时间。

困境二,表现为非医学背景教师比例加大,目前已超过30%。虽然来自生命科学、植物学、化学和其他自然科学等非医学科科研人员的加入,强化了医学与非医学学科间的交叉,有助于实现医学研究的高水平、高产出,但非医学背景教师在培养医学生方面,特别是在强调基础与临床整合需求的背景下,显示出较明显的知识短板,对基础医学课程教学的开展产生了较严重影响。

困境三，表现为引进青年人才刚出校门就上讲台，几乎没有接受系统的高等教育学和专门的教师职业训练，教学技能掌握不够，繁重的科研压力下他们也不可能专注于课堂教学，教学能力提升慢。

二、基础医学青年师资的引育

迈入新时代，国家深入推进科技强国、教育强国、健康中国战略，积极推动医学教育改革创新发展。国务院在《统筹推进世界一流大学和一流学科建设总体方案》中明确提出：深入实施人才强校战略，强化高层次人才的支撑引领作用，加快培养和引进一批活跃在国际学术前沿、满足国家重大战略需求的一流科学家、学科领军人物和创新团队，聚集世界优秀人才。遵循教师成长发展规律，以中青年教师和创新团队为重点，优化中青年教师成长发展、脱颖而出的制度环境，培育跨学科、跨领域的创新团队，增强人才队伍可持续发展能力。加强师德师风建设，培养和造就一支有理想信念、有道德情操、有扎实学识、有仁爱之心的优秀教师队伍。

面对长期存在的师资困境，学院正视现实，迎接挑战，坚持"引育并举"，实施了一系列引才育才和提升师资素质的举措，建设高水平师资队伍。

1. 内培外引，师资队伍形成新方阵

在人才引进方面，持续推进"杰出人才引领计划""创新团队培育计划""优秀青年人才支持计划""精准引才计划""青年英才储备计划"，引进和培育了一批国家级高层次人才。设立"基础医学教学师资人才特区"，选留具有医学背景的高水平大学博士毕业生进入博士后流动站，构建人才多元化分类评价体系，加强优秀医学青年教师储备，优先补充人体解剖学与组织胚胎学、病理学、法医学等一批专业急需的教师和专业技术人员，优先保障实验教学中心、医学结构生物学研究中心两大公共平台的实验技术人员数量和质量。近五年学院共引进各类人才24人，其中取得海外博士学位13人，占引进总数的54.17%；取得非本校博士学位18人，占引进总数的75%。引进的青年人才显著改善了学院师资队伍结构，一批有发展潜力的青年教师申请加入学科实力相对比较薄弱的传统学科，有力带动了人体解剖学、病理学等传统学科整体水平的提升；以国家级高层次青年人才为主体的团队，人才集聚效应初见成效，学科研究方向更加凝练，形成了以病原生物学、免疫学、发育生物学、病理生理学等为主的优势学科方向。

通过"专家引人、学科用人、感情留人、事业成人"，在"十四五"期间，学院力图培育和支持一批骨干教师和优秀青年教师，建设一支数量充足、德才兼备、结构合理的专任教师与专业技术支撑队伍。

2. 增强一流意识，培育一批骨干教师

在新医科建设背景下，对照"双一流"建设要求，学院积极推进教育教学改革，推进"一流课堂、一流课程、一流专业"建设。依托"武汉大学基础医学院教师教学发展分中心"，围绕建强人才队伍、提升教学质量、推动学院高质量发展，学院实施"本科教学提质升级工程""新时期研究生教育教学综合改革一揽子工程"，不断探索多形式、多渠道培养青年教师的方法，经常性开展教师职业生涯规划与促进教师教学能力发展的各种调研、活动、培训等，利用好"青椒"论坛、教学工作坊、教学竞赛、教学年会等平台，成为缩短青年教师培养周期、全面提升青年教师教学能力的主阵地。

如：全体实验技术人员共赴中南大学湘雅医学院考察实验室建设，开展示范讲课、教改核心教师培训；发挥好教学督导、资深教师、优秀教师的教学经验"传帮带"作用，为新进教师配备"一对一"教学导师（指定老教授传帮带，跟班听课一轮，试讲合格再上岗）；规范非医学背景教师课堂教学准入流程并实施"医学基础知识培训工程"（与人民医院、中南医院合作，到相关学科临床科室见习）；举办青年教师教学竞赛经验交流会，邀请多名校内外知名专家来院交流讲座，资助教师外出学习培训，定期选派教师参加教育部来华留学生骨干教师培训班（分学科派出骨干教师轮训一个月，部分再赴美国培训三个月）、教改课程骨干教师赴芝加哥大学医学院培训（2~3周/人，2批次/年）等活动。

学院40岁以下青年教师共21人，参加校"教学理念与教学技能提升工作坊"14人，占66.7%；报名参加院青年教师讲课比赛16人，占76.2%，其中获奖9人，占参赛人数的56.3%。在赛后举办的"青年教师教学能力提升研讨会"上，校督导专家高度评价了青年人才的表现。

充分发挥非医背景教师的学科背景，适应"大健康""大医学"的发展趋势，积极促进实施"基础医学+X发展计划"。通过组织联合申报项目以及与科发院的学科交叉项目对接等方式，分层分类推进基础医学与临床医学、生命科学、化学、物理学、数学与统计学、材料学、机械制造、计算机科学、遥感测绘以及人文社会科学等多学科交叉，培育学科新的增长点，整体提升学科竞争力。

3. 重视师德师风，助力全员育人

师德师风建设贯穿了教师职业生涯全过程，学院通过一系列举措加强青年教师师德师风建设，完善管理和培训，提升青年教师职业素养，着力解决好"为谁培养人才"的问题，以制度建设促教风，对学术不端零容忍、实行师德一票否决制，将师德考核作为教师考核的重要内容，构建引导教师提高自身品德和修养、潜心治学的长效机制，促进全员全方位全过程师德师风养成。促进青年教师以课堂为主阵地，持续推进"教与学的革命"，以学生为中心，创新教学方式方法，挖掘思政元素，并融入专业课教学，深入推进课程思政，建设专业课程思政示范岗、课程思政示范课堂等典型。

学院还通过营造积极向上、大气和谐的学院文化，充分发挥教代会和工会的作用，畅通民主管理渠道，以先进典型为引领，积极开展爱院爱岗教育，创新文化活动平台，丰富校园文化内涵，营造良好的学术氛围，激发教师的创新潜能。把优秀的青年人才选派为班级导师，从思想、学习、生活、发展等方面关心关爱、引导指导学生，帮助学生解决成长中的困惑或困难，助力协同育人，指导学生全面发展。

三、进一步提升师资队伍素质的思考

虽然通过多方努力引进了一些人才，补充了部分紧缺的岗位，但各学科人才断档、师资力量不足的问题还是困扰我院发展面临的重要难点之一。继续加大人才引进，做好新进教师的教学能力培训和素质提升仍将是一项长期努力、持续推进的工作。

1. 回归教育本分

高等教育要回归本分就是教师要潜心教书育人。进入新时代，要按照总书记对教师提出的政治素质过硬、业务能力精湛、育人水平高超、方法技术娴熟的要求，让教师潜心教书育人，更好担当起学生健康成长的指导者和引路人。面对国家发展、民族复兴的迫切需求，面对时代变革、未来发展带来的巨大挑战，面对知识获取和传授方式的革命性变化，从学习跟随到开拓创新，我们必须准确把握医学教育的基本规律和发展实际，"用知识体系教、用价值体系育、用创新体系做"，全面落实医学人才培养的根本任务和根本标准，全面提升优秀医学人才培养能力，造就堪当民族复兴大任的时代新人。

2. 加强医学教育创新发展

人民健康是民族昌盛和国家富强的重要标志。随着医学科学和医学教育的发展，医学教育要树立大健康理念，加快培养具有仁心仁术的卓越医学人才，实现从治疗为主到生命全周期、健康全过程的全覆盖。要大力推进医学与理、工、文等学科交叉融合，为精准医学、转化医学、智能医学等新兴医学发展提供人才支撑，深入推进医教协同。经过除了要继续做好基础医学专业学生的培养外，还要加强基础医学与临床医学的课程整合和人员互聘，以临床问题为导向，推进基础医学教学改革，从根本上解决基础医学教学师资不足的问题。笔者认为，要对人事制度进行重大调整，将基础医学领域的教师和研究人员融入临床医院，同时鼓励临床医生承担基础教学任务，使基础医学和临床医学的师资融为一体，真正实现基础医学与临床医学的互补与整合。

◎ 参考文献

[1] 王维民. 基础医学师资力量不足问题该何解[N]. 健康报，2021-11-08.

[2] 陈明学. 高校青年教师教学能力提升策略探讨[J]. 江苏高教，2016(2)：110-112.

[3] 邹瑾."双一流"背景下医学院校青年教师教学能力提升对策[J]. 山西青年，2022(17)：137-139.

[4] 齐炜炜等. 提升高等医学院校青年教师教学能力的探索与实践[J]. 高校医学教学研究（电子版），2022(6)，12(3)：3-7.

[5] 韩莉、蒋明."五途径五课堂"人文素质培育体系的探索与思考[J]. 中国医学伦理学，2021(11)：1475-1479.

元宇宙教育的冷思考

邢 冰

(武汉大学 哲学学院,湖北 武汉 430072)①

【摘 要】 近年学界对元宇宙与元宇宙教育的讨论有较高的热度,但其背后存在着一定的问题。首先,元宇宙的定义较为模糊与混乱,元宇宙这个概念缺乏区别于 VR、MMO、区块链、NFT 等既有事物的独立本质。更重要的是,这种缺乏内容的元宇宙话语与资本密切关联,在经济中心主义的预设之下,具有货币化、金融化的特征,通过诉诸预期、诉诸陌生化的手段形成空无的能指之流,融入资本的秩序当中。因此,在教育领域,我们必须坚决杜绝资本逻辑的渗透,以学生为本回归冷思考。我们可以在特定的领域展开虚拟现实教学,以提升教学效果,但同时需要注意成本与教育公平问题。

【关键词】 元宇宙;教育;资本;虚拟现实

虽然很多讨论"元宇宙(metaverse)"的文本,都将"元宇宙"概念的创立归于尼尔·史兹芬 1992 年的科幻小说《雪崩》,但是,我们今天(2022 年)所讨论的作为一种互联网产品的"元宇宙"概念,在 2020 年及之前可能只有极其零星的使用,而从 2021 年才开始在坊间流传。根据百度指数与 Google 趋势的分析,无论国内还是国外,"元宇宙"概念从 2021 年下半年开始迅速井喷,但从大约 2022 年 3—4 月开始,元宇宙的热度开始下降(如图 1、图 2 所示)。

上述趋势,与笔者个人的经验也是一致的。笔者在 2021 年 7 月接触到"元宇宙"概念,当时对元宇宙的讨论已初具热度。这些最初的讨论,主要集中在电子游戏与区块链这两个原本毫无关联的领域。但大约到了 2021 年 9—10 月,已经呈现出"言必称元宇宙""万物皆可元宇宙"之势。关于元宇宙的讨论也不限于电子游戏领域,而扩展到教育、艺术、营销、传媒等人们生活的方方面面。2021 年 10 月 28 日,正值"元宇宙"概念烈火烹油、鲜花着锦之时,大名鼎鼎的 Facebook 公司改名为 Meta,正式宣布将商业重心放在元宇宙领域。2022 年 1 月 18 日,微软公司宣布斥资 687 亿美元收购动视暴雪。微软首席执行官 Satya Nadella 表示,在元宇宙领域的布局,正是主导本次收购的重要因素之一[1]。

---

① 基金项目:国家社会科学基金重大项目"当代西方马克思主义的资本主义批判理论范式转换研究"(22&ZD018)。

作者简介:邢冰(1989—),武汉大学哲学学院讲师,哲学博士,主要研究方向为马克思主义基础理论、当代法国马克思主义、当代法国哲学等。

一、教师编

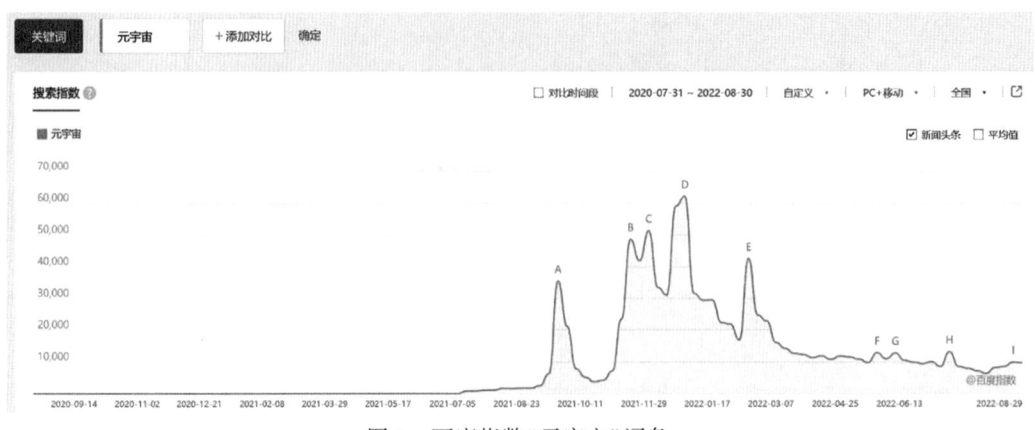

图 1　百度指数"元宇宙"词条

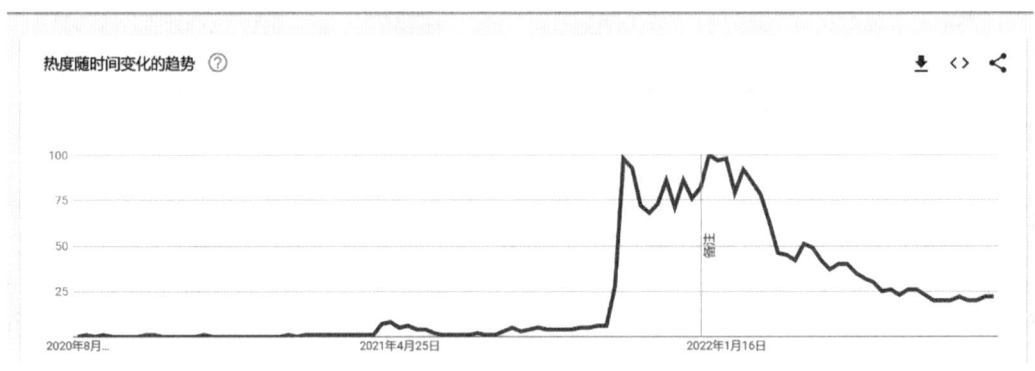

图 2　Google 趋势"metaverse"词条

对于元宇宙这一热点，学术界的跟进不可谓不迅速。根据笔者在中国知网的检索，直至 2022 年 8 月 31 日，标题中含有"元宇宙"一词的条目已高达 1828 篇（笔者尽量去掉了与当下讨论的"元宇宙"无关的文章，如一些有民科色彩的宇宙论文章，以及关于"二元宇宙""多元宇宙"的文章），包括学术期刊(含特色期刊、辑刊)1202 篇、报纸 604 篇、会议 18 篇、学位论文 4 篇。豆瓣网上可检索到的简体中文书名中含有"元宇宙"的书籍有 90 部。据笔者统计，学界对元宇宙关注的趋势，与社会上的趋势基本保持一致。略微不同的是，学界对元宇宙的关注并没有随着社会上对元宇宙关注的下滑而下滑（2022 年 8 月除外），而始终维持在一个较高的热度（如图 3 所示）。

不仅仅是数量，关于元宇宙的讨论，也有着较高的质量。比如 CSSCI 来源期刊《探索与争鸣》杂志，近两年将元宇宙作为选题的重点之一，目前已刊登 16 篇元宇宙相关论文。中国社会科学院学部委员、哲学研究所赵汀阳研究员，于 2022 年 1 月发表于《江海学刊》的《假如元宇宙成为一个存在论事件》，将元宇宙概念上升到了形而上学的高度。[2] 此外，哲学领域的吴冠军、蓝江、姜宇辉，新闻学领域的喻国明、胡泳、陈昌凤等知名学者，都加入了对元宇宙的讨论当中。

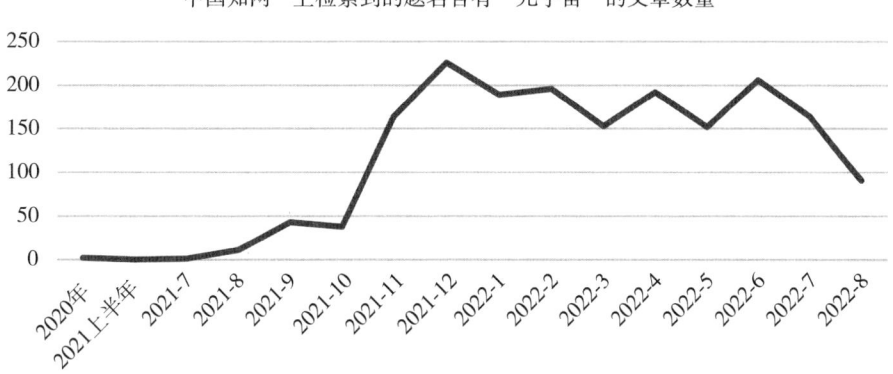

图 3　中国知网元宇宙话题发文趋势

在教育领域，元宇宙教育自然也成为学界的热点。笔者在中国知网检索，标题中含有"元宇宙"，并且含有"教育"或"教学"的文献达 90 篇。《基础教育》杂志 2022 年第 4 期还组织了"元宇宙与未来教育"笔谈。不少论者认为，元宇宙教育代表了在线教育，乃至教育本身未来的新方向。[3][4]

但是，目前学界对元宇宙的诸多探索，仍存在一定程度的概念不清、指代不明、高谈阔论而缺乏具体内容等问题。本文拟基于唯物主义的基本立场，从对元宇宙的一般讨论出发，尝试探讨其背后的话语秩序，并由此展开对元宇宙教育的具体分析，希望能对目前也许有些过热的关于元宇宙教育的讨论进行一番冷思考。

一、元宇宙定义的模糊性

大多数讨论元宇宙的文本承认，目前对于元宇宙，并没有一个公认的明确定义。但我们必须承认，正是因为"元宇宙"定义的模糊性，不同人口中的"元宇宙"完全是不同的事物，在这个意义上说，相当多的与元宇宙相关的讨论可能都是在自说自话、鸡同鸭讲。澄清概念是哲学工作的重要组成部分之一。笔者对元宇宙的讨论，也将从此开始。

当然，笔者并不拟在目前已经不计其数的关于元宇宙的定义、内涵、特征的文献综述上增加一份徒劳的副本，而打算诉诸我们日常的直观，从人们一般理解的元宇宙的典型案例中，尝试对元宇宙加以定义。

我们一般都会承认，2018 年上映，由斯皮尔伯格执导的电影《头号玩家》（Ready Player One）中，名为"绿洲"的电子游戏世界，是元宇宙的一种典型的样态。当然，有类似设定的文艺作品还有很多，比如由川原砾原作，由 A-1 Pictures 改编的电视动画《刀剑神域》系列中的诸多完全潜行电子游戏等。

这些典型的元宇宙样态的共同特征是，用户基于特定设备，沉浸式地进入并体验一个全新、仿真度极高的虚拟世界。这也符合"元宇宙"（metaverse）这个词字面上的含义，即在我们当前的宇宙之上或之外的一个全新的宇宙。而且，这个宇宙是可达的，这就排除了仅仅存在于科幻作品当中的多重宇宙、平行宇宙等设定，而仅仅只能通过虚拟现实的方式进入。

在这些典型场景之中，我们很容易注意到元宇宙最基本的两个层次。第一，在内容层面，要有一个全新的"宇宙"，即一个不同于现实世界的世界，这个世界往往有其自身特定的规则（世界观）。用户在该世界之中，可以有一个新的身份与形象，即化身（avatar）。第二，在形式层面，即进入这个全新世界的方式，需要专用的沉浸式设备，如虚拟现实（Virtual Reality，VR）眼镜，或者是目前虽有一定进展，但仍属科幻领域的脑机接口等。

但是，在现实的诸多场合中，"元宇宙"一词的用法，往往存在不同程度的放宽。比如著名的"元宇宙第一股"Roblox公司开发的同名产品，实际上并不严格符合上述定义。从形式上看，Roblox并不一定需要基于专用的沉浸式设备进行使用。从内容上看，Roblox也并不像是一个真正的"宇宙"，而只不过是用户创造的游戏与虚拟电子产品等内容的分发平台。

但问题在于，如果进行这种泛化的定义，那么很多先前已经存在的东西，大约都可以被算作是"元宇宙"了。比如在形式上放宽的话，大型多人在线角色扮演游戏（MMORPG）如魔兽世界、最终幻想14、剑侠情缘网络版3，甚至一些文字作品，比如时下流行的无限流、穿越流网络小说，乃至古代神魔小说，甚至《桃花源记》都有成为元宇宙之嫌。而在内容上放宽的话，恐怕传统的游戏发行平台，如steam、epic、wegame等，也都可以算作是元宇宙。如果在形式和内容上都放宽，那就真是"万物皆可元宇宙"，同时"元宇宙"这个词也将成为彻头彻尾的噪音。

事实上，即使是最狭义的"元宇宙"如《头号玩家》中的"绿洲"游戏，也有一个稍早的词汇可以准确地界定它，这就是"虚拟现实"（Virtual Reality，VR）。元宇宙的鼓吹者们在声称2021年为"元宇宙元年"的时候，似乎忘记了2016年也被称之为"VR元年"，但是VR给人带来的兴奋感与讨论度似乎仅仅局限在电子游戏领域，最多再加上少数几个领域的教学与研究，而远未达到今日元宇宙概念传播的规模。

另一方面，元宇宙的鼓吹者在元宇宙当中，加入了一个与"元宇宙"字面上的含义完全不同的要素，即区块链，尤其是基于区块链的货币，包括比特币等同质化代币，以及非同质化代币（NFT）。同样地，这部分人关注的重心，并非是元宇宙作为"宇宙"的部分，而是其金融要素。但区块链同样不是什么新鲜事物，如比特币的诞生已有10年以上。而且，如果基于这一界定，并未运用区块链技术的《头号玩家》反而会被排除出元宇宙之列，导致元宇宙的定义更为混乱。我们在下一节会讲到，其实区块链才是元宇宙的真正核心，《头号玩家》的沉浸式设备，只是一个可有可无的壳而已。

事实上，上述论断并非笔者一人的意见，也未必高明。著名游戏制作人Gabe Newell在一次采访中表示：元宇宙就是垃圾，那些声称元宇宙有什么新东西的人，显然没有玩过大型多人在线角色扮演游戏（MMO）[5]。其实不仅仅是Gabe，任何一个对电子游戏行业稍有了解的普通玩家，都会得出类似的结论。

但问题在于，如果我们在宽泛的意义上基于某种奥卡姆的原则的话，我们就必须承认，"元宇宙"与既存的VR、MMO、区块链、NFT等事物并无实质的不同，而且没有一个作为其核心的本质，最多只是上述要素随机组合之后，在不同语境下家族相似的呈现。因此，元宇宙似乎只是一个没什么新意而且多余的概念。但这样的话，我们就很难理解，为什么这样一个概念会在2021年下半年以来受到如此反常的追捧？

二、元宇宙与资本主义话语秩序

在这里，我们可能需要跳出日常的"能指—所指"结构，即每一个符号都有一个与之相的对应的明确的指称的观念。事实上，"元宇宙"是一个非常典型的没有内容的空能指，而空能指所指向的，不是明确的内容，而是另外一些更复杂的东西。从一种福柯式的视角来看，话语本身就意味着一种秩序，或者更明确地说，一种语词与知识的秩序，与一种权力的秩序是密切相关的。

我们不妨以"VR元年"与"元宇宙元年"的对比入手。在被称为VR元年的2016年，硬件方面，三大家用VR头显PSVR、HTC Vive、Oculus rift均已发售，软件方面，《蝙蝠侠：阿卡姆VR》《直到黎明：血腥突袭》《夏日课程：宫本光》《偶像大师灰姑娘女孩 鉴赏革命》《PlayStationVR Worlds》等VR专用游戏、以及《初音未来VR演唱会》《日本惊叹百景 白亚的要塞 ~姬路城~》等其他VR专用产品均已发售。此外，一些大型VR体验场馆（如VR ZONE东京台场店）已经开业。虽然"VR元年"之称后来被认为是个笑话，VR后续的发展也明显低于2016年的普遍预期，但仍然有一些颇具特色的产品，如由Valve公司开发，获得TGA2020的最佳VR/AR游戏与年度最佳游戏提名的《半衰期：爱莉克斯》。等。

另一方面，今日以"元宇宙"自居的代表性产品，如Roblox，Decentraland等，更多地是一个平台而非具体的内容供应商。其画面质量极其粗糙，大致相当于2000年左右《最终幻想7》的水平，远逊于今日绝大多数游戏，更遑论与以画面为卖点的3A大作比肩，对标《头号玩家》就更是天方夜谭。而且，这些"元宇宙"产品，并非必须用专用沉浸式设备游玩。元宇宙的支持者也承认：这些产品"目前还在发展的初级状态，如概念游戏的沉浸感还比较有限，大多玩家在PC屏幕前操作。"[6]

当然，这些证据，只不过进一步证实了上文对元宇宙的判断。而问题的关键在于，这种缺乏内容的元宇宙话语，实际上是与资本密切相联的。正如夏莹教授所言："元宇宙实际上是资本之流构筑的虚假黑洞，资本正在借助于元宇宙进一步让人们的生活服从于他们给出的基础逻辑和生活方式。"[7]

在笔者看来，具体来说，元宇宙作为资本之流构筑的概念黑洞，其核心的特征就在于"经济中心主义"。

元宇宙（而非VR）的支持者，无一例外会强调元宇宙平台与产品中的经济系统，并且将元宇宙视为互联网的未来乃至完成形态。如果他们还打算半真半假地使用"元宇宙"这个词的话，那么，他们所理解的"宇宙"，不是我们在宇宙中的体验、生活与成长，不是我们在宇宙中与他人的遭遇与爱恨情仇。他们所理解的"宇宙"不是别的，而是交易、投资、金融这些东西。宇宙就是资本主义经济秩序。无论是剑与魔法的西方奇幻世界，还是御剑江湖的国风仙侠世界，还是近未来的废土末日世界，最重要的，永远是其中的经济系统。

事实上，经济活动并非从古以来永远居于人类活动的中心。在前资本主义的封建时代，权力、等级、荣耀、伦理这些东西，可能都比经济更加重要。经济生活成为人类生活的核心，实际上是资本主义社会的特有的特征。按照马克思的设想，到了未来的共产主义社会，人们各尽所能，按需分配，同样不需要这种资本主义的经济秩序。

换言之，如果我们认为虚拟世界对我们而言存在某种值得追求的东西的话，那么元宇宙所做的事情，就是用资本逻辑对这些世界进行殖民。这样，虚拟世界不再是不同于现实的桃花源或者可能世界，而是成为资本主义社会的一个赛博复制品。至于元宇宙作为"宇宙"的部分及其世界观设定，对于资本逻辑来说，不过是一个可有可无的背景。有一个西幻、仙侠、废土之类的背景设定固然可以，但是，现有的元宇宙产品并不屑于把资金和技术投入这一部分，只是搞出了一个拙劣的线上集市而已。这实际上也是"平台资本主义"的体现，尼克·斯尔尼塞克在《平台资本主义》中指出，今天"平台已经成为一种新的商业模式，能够提取和控制大量数据。随着这一转变发生，我们看到了大型垄断企业的兴起。"[8]而这些元宇宙平台遵循的也是相同的逻辑，并寻求成为大型垄断企业的可能。

事实上，这种线上集市，以及元宇宙鼓吹者声称的"用户创造内容"（User-generated content，UGC）也不是什么新鲜东西。在玩家社群当中，有不少人热衷于为游戏制作一些额外的游戏模组（MOD），包括但不限于人物形象、道具、关卡等，而且大部分 MOD 都免费在网络上共享。收费的电子集市，甚至像"微信表情商城"都有这种性质，用户可以向表情开发者支付一定的费用获取表情的使用权。在游戏领域，如著名的 steam，以及国内的橙光游戏平台，都支持小团队乃至个人创作者将其创造成果进行贩卖与分发。进一步说，元宇宙的线上集市，与淘宝网之类的电商也没有太大的差别，只不过元宇宙集市贩卖的是特定类型的商品罢了。

至于元宇宙的其他特征，如"化身"，同样是早已有之，比如，21世纪初腾讯的"QQ秀"，任天堂的 Mii，以及各类网游中的用户形象都可以视为"化身"。腾讯于2022年上半年推出"超级QQ秀"，其实和原来的"QQ秀"除了画质没有什么本质区别，但被一些人视为腾讯布局元宇宙的入口，[9]虽然腾讯官方似乎并未将超级 QQ 秀与元宇宙相联系。

更重要的是，虽然元宇宙支持者声称元宇宙是互联网未来的形态，但互联网行业并非向来如此。大约在 2005—2010 年，所谓的"Web2.0"时代，人们普遍认为互联网精神是免费和交流与分享，并以此打破权力与资本对各种事物，尤其是对知识的垄断。一个典型的例子就是维基百科，创作者们并未基于名利，而是基于对知识的热爱与分享精神，创造了一个又一个词条，部分词条的质量甚至可以与专业的研究相媲美。

互联网的大规模资本化乃至金融化，实际上是相对晚近的事情，尤其是近5~7年来，所谓的进入"互联网下半场"之后，互联网逐渐成为几大寡头的舞台，在应用程序的封闭化与资本主义知识产权等要素的共同作用之下，早期互联网的分享精神大规模萎缩，取而代之的是流量经济、知识变现、收费模式的革新等要素。元宇宙不过是互联网资本的土壤中最近长出的又一个恶之果实罢了。

在这种经济中心主义的趋势之下，元宇宙应用也具有了货币化与金融化的特征。

事实上，元宇宙的支持者显然不会认为上文所举的"微信表情商城"是元宇宙。但是，不妨进行这样的两步操作：第一，把表情图像（即特定的像素点组合）铸造为非同质化代币(NFT)。第二，使用区块链加密货币对第一步中得到的NFT进行交易。

在这个过程中，"用户支付费用获得一个图像的使用权/所有权"这件事本身没有变化，但仅仅由于支付手段的变化，就成为元宇宙生态的组成部分乃至核心环节。这实际上就是元宇宙中的虚拟艺术品交易所做的事情。上文提及的元宇宙平台Decentraland，在其注册界面，不是像通常的产品一样注册一个账号，而仅支持使用加密货币钱包进行注册（支持MetaMask, Fortmatic, WalletConnet, Coinbase Wallet四个平台）。国内互联网公司推出的"数字藏品"本质上与上述模式类似，只是相较国外，受到更严格的监管，并且有部分数字藏品加入了盲盒的玩法。

我们知道，货币本来是一种承担支付功能的一般等价物，但在资本主义社会中，货币本身被神化，因而产生商品拜物教与货币拜物教。货币政策可以成为调节经济的手段，也可能成为货币发行者谋利的工具，如民国政府滥发法币的同时，四大家族赚得盆满钵满。元宇宙中对基于区块链的支付手段的强调，代表的是新贵互联网资产阶级与原有的老牌资产阶级之间的斗争。老牌资产阶级与国家机器相结合，垄断了货币的发行权与货币政策的制定权，而区块链只不过是新贵互联网资产阶级企图绕开原有的货币支付体系与主权国家的监管，创立的一种全新的货币体系，方便其对世界经济与无产阶级的劳动进行压榨的手段。Facebook的天秤币(Libra)与美联储之间的博弈就是一个非常典型的例子。而且，传统货币有主权国家的信用背书，除去一些特殊的国家和特殊的时期，币值的稳定与公众对货币的信心一般相对较高，而区块链货币发行的门槛更低，而且发行者的身份甚至都难以确定（比如公众至今都不知道，比特币创立者中本聪是一个自然人还是一个团体的代称），并且严重缺乏监管。区块链技术除了有极小一部分被具有无政府倾向的个人和组织用于反对威权政府的事业上之外，还存在着数量级高得多的被用于诈骗、卷钱跑路、违法犯罪交易的情形。

那么，元宇宙作为这样的一种经济中心主义的、金融化的资本主义话语，之所以获得如此多的拥趸，一方面是由于元宇宙的倡导者本身的阶级属性，另一方面也使用了一些资本主义的常用手段，比如诉诸预期与诉诸陌生化。

资本最大的特征是寻求自身的增殖。对于资本来说，如果人们对其有增殖的预期，那么人们的投资行为，就会在现实中带来资本真正的增殖。因此，设法成功地说服公众，令其相信资本未来可以增殖，就成为资本运作当中相当重要的环节。在上文中，我们已经看到两个丝毫不相关的元宇宙形象，一个是作为美好的虚拟现实世界的元宇宙，另一个是作为资本主义社会的赛博复制品的元宇宙。我们知道，真正的元宇宙是后一个元宇宙，它也是资产阶级盈利的手段。而前一个元宇宙承担的功能，就在于定义公众的预期。

事实上，足以对标《头号玩家》的虚拟现实世界，短期内完全不可能实现。事实上，近年来图像显示的运算能力与表现技术已陷入一定瓶颈，其进步已经明显放缓。加之虚拟现实头显本质上是左右眼两块屏幕，而VR内容在单眼中的视角又高于在传统的场景下，电视/电脑在我们眼中的视角。因此，对于观看者来说，在VR设备中想要达到同等的清晰度，需要的算力是先前的数倍，同一款游戏（如生化危机7），在VR模式中的画质有明显缩水。因此，只是在VR设备中追平当今3A游戏的画质，可能就需要花5~10年的时间。而达到《头号玩家》的画质，更是有无数的技术难题需要解决。此外，VR设备目前只是处理了视觉与听觉,在虚拟世界中模拟现实中的位移、动作、触觉、味觉,要么完全没有合适的解决方案,要么过于昂贵(如模拟位移的万向跑步机,最便宜的家用款也要 1 万元左右,企业级的要 10 万元左右)。

因此,元宇宙设想中类似《头号玩家》的产品,目前可以说是完全不存在,而且以元宇宙为噱头的公司,目前在相关领域也完全没有、并且也不打算进行技术积累(有技术积累的是传统电子游戏公司)。元宇宙的支持者们,不知道或者有意隐瞒了相关技术发展的具体现状,可以说是一种典型的唯心主义的做法。而将 Roblox 这样的拙劣之作强行与《头号玩家》联系起来,其荒谬程度就好比,在 AlphaGo 战胜李世石之后,人们便对机器人统治乃至灭绝人类的未来忧心忡忡一样。但是,资本的逻辑与日常的逻辑完全不同,恰恰是这种诉诸预期的唯心主义话语,在其中居于重要地位。但是,在资本运营的模式当中,其实并不需要真正做出产品,只要让他人有这种预期就好。元宇宙给大众贩卖的预期,是一个拟真的电子世界;而元宇宙向投资者贩卖的预期,是其存在未来升值的可能,而这种可能性,同样建立在大众与投资者的预期之上。这实际上成为了一个虚空的预期之链。虽然这种虚假的预期之链终会崩塌,但是对于单个投资者来说,只要在崩塌之前及时套现即可。"我死之后,哪怕洪水滔天。"

在元宇宙话语当中,资本的另一个策略是诉诸陌生化。陌生化是俄国形式主义文学理论中的一个概念,是指在文学创作中,使语言形式变得模糊和陌生,而增加表达的文学性。元宇宙意识形态针对大众的叙事策略中,同样诉诸陌生化的策略。与"虚拟现实""增强现实"这种看到名称就可以大致了解其内容的概念不同,"元宇宙"是一个令人陌生的概念。尤其是"元-"(meta-)这个词根,具有哲学乃至形而上学的色彩。再加上一连串地"区块链""NFT""化身""沉浸感""虚实结合"等公众相对陌生的名词,就构造出一个概念场域,而塑造出一种具有"高级感"与"未来感"的效果。

因此,"元宇宙"只不过是一个漂浮的能指系统。这一能指系统一方面是一个无限后退的预期之链,另一方面是陌生化构筑的场域空间。但是,这种没有内容的能指系统,正是资本主义话语秩序建立的重要手段。

三、虚拟现实教育的可能性与可行性

我国是人民当家作主的社会主义国家,而教育又是关乎下一代与国计民生的大事。因此,对于元宇宙中的属于纯粹的资本逻辑的部分(如区块链、NFT 等),我们必须坚决杜绝。近来的"毒教材"等事件表明,资本对教育领域已经有一定程度的渗透,我们也必须遏制这种倾向以"元宇宙"之名愈演愈烈。

另外,既然"元宇宙"是一个模糊而混乱的概念,因此,所谓的"元宇宙教育"当中,也存在与虚拟现实、增强现实技术无关的远程教学方式。而这实际上就是我们所说的网课,这又是另外一个庞大的话题。

因此,本文对所谓"元宇宙教育"的讨论,将仅仅限定在"虚拟现实教育"这样一个相对具体的领域。既然"元宇宙"是一个无所指的能指,那么"元宇宙教育"也不是一个好的词汇。目前关于教育形式的前沿领域,如虚拟现实教育、增强现实教育、游戏化教育、人工智能教育等，多多少少与元宇宙沿边。而如果非要说存在所谓的有讨论价值的"元宇宙教育"的话，与之最接近的，应当就是虚拟现实教育。

目前学界对虚拟现实教育（或曰元宇宙教育）的讨论有些良莠不齐，部分文献只是低水平地陈陈相因"虚实结合"之类的空话，而缺乏具体的案例与扎实的分析。与之相反，也有不少学者针对虚拟现实在机械制造、医疗、建筑等领域的教学，给出了丰富的案例与具体的分析。

虚拟现实在教育上的应用，有着较为明显的学科差异，大体来说，在以下两种类型的学科中，虚拟现实教育有其独特的优势。

第一，涉及自然与人文景观的学科，如建筑、历史、天文、地理、旅游等学科的教学活动当中，虚拟现实设备给学生带来的沉浸感、临场感是传统的视频教学所无法企及的，采用虚拟现实的教学方式，能更好地激发学生的学习兴趣，能让学生更直观、真切地体验到教学内容，培养其对自然的热爱与人文情怀。而且，在虚拟现实当中，还可以做出一些现实中不存在的东西。比如在建筑、历史领域，可以根据一些历史文献，复原出目前已遭到损毁的古建筑。

事实上，不仅仅是传统意义上的教学机构，一些媒体与文旅单位也在积极地应用虚拟现实教育。比如故宫在 2017 年推出了 VR 体验馆，很多国内外博物馆也有类似的服务。日本共同电视台与 PSVR 合作，从 2016 年开始，推出了 VR 影片"日本惊叹百景"系列（但该系列不知何故仅推出 6 个影片：姬路城、富士山、京都红叶、高千穗、西表岛、美瑛，且后来从 PS 商城下架）。

第二，涉及形状、结构复杂的教学对象的学科，如机械、医疗等行业。二维的图片往往很难呈现出机械部件或人体的复杂结构，而如果有 3D 建模，就能更方便学生理解，也可以让学生在软件系统中，对相关的实验操作进行模拟。

但是，需要指出的是，很多文献其实混淆了"虚拟现实"与"3D 建模"这两个概念。虚拟现实的原理是，使用特定的头戴式显示器，在左右眼两块屏幕上显示不同的内容，而使人产生身临其境的立体感。在普通的电脑屏幕上显示 3D 模型，并不能算是虚拟现实，正如我们并不认为，看一场电影或者玩一款电子游戏就是虚拟现实一样。因此，仅仅运用 3D 模型的教学，我们可以称之为"3D 建模教学"，但不能称之为"虚拟现实教学"。

由于电子产品复制的边际成本几乎为零，因此，虚拟现实教育的优势在于，在教学的软硬件资源业已齐备的前提下，可以提供一个廉价的替代性方案。对于自然与人文景观而言，出行进行实地考察与观摩往往成本高昂，而且由于疫情的原因，很多时候出行也并不方便。而在一些学科的教学尤其是实验环节当中，对于教学用品、实验用品会有一定的损耗。在这些情况下，虚拟现实的成本就会低很多。

当然，在现阶段，虚拟现实教学也面临着相当多的挑战。

首先是成本问题。虚拟内容复制的成本虽然很低，但是其生产的成本和用户购置硬件的成本相对较高。一方面，虚拟现实内容的建模与全景视频的拍摄与制作，都需要花费大量的金钱与人力，另一方面，虚拟现实客户端硬件也是一笔不菲的费用。目前（2022 年）主流的家用级虚拟现实头显的价格大约在 2000~10000 元，而且通常要与配置不低的电脑搭配使用。

对于虚拟内容生产成本较高的问题，尚可通过召集相关领域的专家，统一制作并批量分发的方式加以解决，但虚拟现实客户端硬件的成本是一个难以回避的话题。这实际上导致了虚拟现实教学难以实现规模化，只能在较小的范围之内，或者以体验课的形式存在，无法成为教学的主要形式，而只能是锦上添花的辅助性内容。

而且，这部分费用的存在，实际上又进一步涉及资源分配与教育公平的问题。我国是一个发展中国家，教育经费也比较有限，同时又存在着一定的区域与城乡分配不平衡的问题。这实际上是多媒体教学共同面临的问题。而需要每个学生单独配备一个设备的教学手段，则进一步地放大了这种教育公平的问题。极端的例子比如云南某中学以是否购买平板为依据，将学生分为普通班与智慧班，在社会上引起了较大的争议。[10]虚拟现实设备的功能，实际上比平板电脑更为单一。在教育政策的制定中，如何避免虚拟现实教育进一步放大教育不平等的现象，是一个至关重要的难题。

我国教育经费的不足，也意味着这有限的教育经费，必须"好钢用到刀刃上"。一方面，我国教育行业面临着一系列复杂的问题，如师资的不足、学生生活条件有待改善等。因此，虚拟现实教学与其他关键领域的经费，也需要进行合理的分配。而在虚拟现实教学上，也需要考察加入虚拟现实手段带来的教学效果的提升，一些明显可以通过沉浸感提升学习效果、激发学习兴趣的项目，比如类似故宫 VR 导览的项目，当然应当加以鼓励，并设法至少以体验课的形式在全国推广，使得不同地区、不同家庭出身学生都有机会体验这项成果。但是，由于学科性质的不同，比如说虚拟现实教学的效果比 3D 建模教学提升有限的，甚至由于虚拟现实设备遮蔽现实的视觉造成反效果的，就应当使用 3D 建模教学，而不必大批量购置虚拟现实设备。

另外，由于目前虚拟现实领域本身存在着大量的技术问题需要解决。因此，虚拟现实教育也同样会存在画质粗糙、沉浸感不足而影响教学效果的问题。比如"日本惊叹百景"系列，就遭遇到了"画质微妙"的批评。[11]因此，虚拟现实教育也需要在控制好成本的前提下，及时跟进业界最新的技术积累，制作出更优秀的教学资源。

四、结语：形式与内容

刘永谋指出，在近来的"元宇宙热"当中，学术界表现得有些失态，"失去了判断力和独立性，甘心接受媒体和资本的'研究指导'"。[12]学术本应与人民站在同一阵营，但学术与资本的联姻，实际上意味着学术话语成为资本话语的一部分，而加入到资本对广大人民群众的剥削与压榨之中，这是非常不应该的。

教育也是一样。在教育行业中，一切都应以学生为本。教学的最终的评判标准，是看学生是否对相关的知识与能力有扎实而系统的掌握。因此，在教学当中，内容是更加根本的。教师的教学能力提升，最重要的，也是扎实地做好教学内容。而包括虚拟现实教学等多媒体教学手段，都应当为了教学内容而服务，应当更好地呈现出教学的内容，而不应为了迎合潮流而喧宾夺主。在当今的各种技术与资本热潮中，教师应当学会冷思考，回归教学的本心。

◎ 参考文献

[1] Microsoft CEO argues that buying Activision Blizzard will help him build the metaverse[EB/OL].（2022-02-04）[2022-08-31]. https：//www.polygon.com/22917625/microsoft-activision-blizzard-metaverse-satya-nadella.

[2] 赵汀阳. 假如元宇宙成为一个存在论事件[J]. 江海学刊，2022(1)：27-37.

[3] 刘革平，等. 从虚拟现实到元宇宙：在线教育的新方向[J]. 现代远程教育研究，2021(6)：12-22.

[4] 翟雪松，等. 教育元宇宙：新一代互联网教育形态的创新与挑战[J]. 开放教育研究，2022(1)：34-42.

[5] Gabe Newell："Most of the people talking about metaverse have absolutely no idea what they're talking about"[EB/OL].（2022-02-26）[2022-08-31]. https：//www.pcgamer.com/gabe-newell-metaverse/.

[6] 我试玩了5款最热的元宇宙游戏，发现了三个秘密[EB/OL].（2021-10-13）[2022-08-31]. https：//www.woshipm.com/it/5172963.html.

[7] 哲学家谈元宇宙｜夏莹：后疫情时代的概念黑洞[EB/OL].（2021-12-13）[2022-08-31]. https：//www.thepaper.cn/newsDetail_forward_15816956.

[8] [加]尼克·斯尔尼塞克. 平台资本主义[M]程水英译. 广州：广东人民出版社，2018.

[9] 超级QQ秀新版上线，这是腾讯的元宇宙入口？[EB/OL].（2022-03-22）[2022-08-31]. https：//view.inews.qq.com/a/20220322A076KU00.

[10] 普洱市群众反映思茅区某中学要求学生购买平板电脑 云南省认真组织核查 普洱市责令停止违规行为清退全部收费[EB/OL].（2022-07-05）[2022-08-31]. https：//guancha.gmw.cn/2022-07-05/content_35861958.htm(2022-07-05).

[11]「日本驚嘆百景 京都 神々の住まう国~高千穂・神秘の風景~」感想[EB/OL].（2018-06-17）[2022-08-31]. https：//ameblo.jp/psvr-kannrininn0/entry-12384357957.html.

[12] 刘永谋，李瞳. 元宇宙陷阱[M]. 北京：电子工业出版社，2022.

融媒体语境下文学教育、批评实践与文学生活融合发展的教学实践探索
——以"中国现代文学史"课程教学为例

叶 李 黄吴悠 王之远

(武汉大学 文学院,湖北 武汉 430072)

【摘 要】 新媒体的崛起、融媒体的"大行其道"带来文化格局以及信息传导方式的深刻改变,传统文学教育因此面临教学内容、教学方式上的双重危机,固化的课堂教学模式难以适应新媒体文化无远弗届的社会发展现实。在新形势下,以"中国现代文学史"为代表的文学类课程可以面向"新文科"建设与"大思政课"建设,通过"课程思政"的有机融入,追求知识传达与价值传递的"双赢",同时采取文学教育、批评实践、文学生活"三融合"的教学策略实现文学知识向综合文化输出能力、价值认同、精神信仰的深层转化。具体实践中,"中国现代文学史"的课程教学着眼于文学教育与现实生活的深度互动,以批评实践为方法和"中介",推动教育者与学习者共建文学生活。课程以有特色的任务驱动型作业改革考核方式,引导学生适应融媒体语境下的文化新变,进行多样化的"知识产出"。"三融合"策略使文学教育向社会生活、时代现实敞开,打造与时俱进、立德育人的创新课堂。

【关键词】 "中国现代文学史"课程;文学教育;批评实践;文学生活;教学改革

【作者简介】 叶李(1977.10—),女,湖北麻城人,文学博士,武汉大学文学院副教授,主要从事中国现当代文学研究,邮箱 plumnight@ whu. edu. cn.

黄吴悠(1997.9—),女,湖北荆州人,文学硕士,邮箱 115004035@ qq. com.

王之远(2000.6—),女,湖南怀化人,武汉大学文学院硕士研究生,邮箱 2018301020109@ whu. edu. cn.

2020年11月3日,教育部新文科教育工作组在新文科建设工作会议上指出:"文科教育是培养自信心、自豪感、自主性,产生影响力、感召力、塑造力,形成国家民族文化自觉的主战场主阵地主渠道。"[1]《新文科建设宣言》明确提出,新时代新使命要求文科教育必须加快创新发展,要坚持走中国特色的文科教育发展之路,构建世界水平、中国特色的文科人才培养体系[1]。日前,教育部等十部门印发了《全面推进"大思政课"建设的工作方案》,强调推动思政小课堂与社会大课堂相结合,推动各类课程与思政课同向同行。[2]作为新文科建设与"大思政课"建设之有机系统当中的重要部分,高校文学教育、文学类课程不仅关涉文学知识、文学素养的"普及与提高",更关乎立德树人的教育使命,其变

革与创新是理应受到重视的时代教育命题。

随着信息技术与网络的迅猛发展，电子媒介迅速"入侵"现代生活，这使文化格局、文学生态都发生了深刻的震荡，市场经济的繁荣推动审美文化向消费文化转型，广播、电视、网络一体化的融媒体促使语言文化向视觉文化转型，随之而来的还有精英文化向大众文化的转型。新时代的来临、媒介技术的发展、多元文化的共生既为文学教育提供了扩充"教学内容"、转换视角的契机，但也制造了危机——当前的文学活动陷入泛娱乐化、碎片化、边缘化的困境，而文学教育也因此面对巨大冲击。1997年《北京文学》第11期一组关于"忧思中国语文教育"的文章引发反响，此后，相关讨论未曾断绝，21世纪以来，文学教育的危机随文学生态、文化格局的巨变而备受关注。曾有学者在文学边缘化引起学术界广泛焦虑之时追溯了中国文学自"五四"以来的多舛命途，并指出"我们的文学生态大约是从来没有特别的好过，但我们的文学教育也从来没有断过，两者都不是新问题"[3]。这样的追溯固然说明了文学教育与文学生态相协而行的历史过程中的一个面向，自有其道理。然而老问题遇到新挑战，仍然需要我们积极应对，若无对新挑战的回应以及通过恰当应对而谋求的发展，就难以想象文学教育的"与时俱进"和其在语言文化传承与新时代精神生活建设上的贡献于"群"。古人云，文章乃经国之大业，不朽之盛事。文学之不朽，在于文学书写的是人类关于世界的经验、关于生活的境遇，有人必有文学。我们不应该期待文学的未来依赖一个温室般的文学生态，而应从新文学的历史中汲取勇气，积极地随时势"进化"，谋求"适者生存"之道。本文以文学教育、批评实践与文学生活融合发展为切入点，结合笔者自身教育教学实践经验，面向新文科建设，探求当下文学教育的破局之道。

一、融媒体语境下传统文学教育的双重危机

新媒介的"崛起"和融媒体的"流行"带来文化格局、文学生态的深刻改变，而这样的"大变动"也决定了文学教育、文学类课程从内容到方法必须随"时"就"势"而"演进"，毕竟"适者生存"，"适者"才具有生机、活力以及现实结果上的有效性。媒介环境、文化模式、文学样态的变化向当前的文学教育提出了挑战，或者说暴露了其面对的困境与危机。具体而言，新媒体时代文学教育的危机主要发生在教学内容和课堂教学方式两个层面。

（一）从教学内容角度看，以文本为重要载体的文学教育受到冲击

随着电子文化、视觉文化的勃兴，图像与影像日益成为人们把握世界的重要方式，"目前居'统治'地位的是视觉观念。声音和景象，尤其是后者，组织了美学，统帅了观众。"[4]"图像"传播不断攻城略地，挤压以"语言"为中心的文本及其传播方式的生存空间，这使将"语言文字"所构筑的以文本为主要教学载体、以纸媒经典作为重要教育内容的文学教育不得不承受压力，处于尴尬之境，进而引发了文学教育的第一重危机。在新一代学习者身上，消费文化和视觉文化之浪潮留下的烙印愈发鲜明。景观社会无微不至的"服务"与驯化，使得学习者愈发依赖直观、浅显、感性的图像获取信息，而不再眷恋于需要调动更多理性思考的语言文本。同时，以商业消费为主要发展助推力的视觉文化日益

以"五光十色"的文化商品的形式呈现在大众眼前,在市场刺激下产生的包括文本形式在内的文化商品的生产、传播又往往以逐利为导向,寻求对消费者享乐体验和快感获得的最大满足。当商业性、消费性、娱乐性压倒了文艺作品对艺术性、精神性的追求,文化产品在生产机制和文化形态上就表现出"短""平""快"等特征,而对文化"快销品"的日常消费实际上会形塑学习者的思维方式、阅读习惯和文化接受心理。在传统文学教育要求学习者阅读经典文本时,学习者受新的媒介环境和文化消费惯性影响而形成的这种内在接受机制便显露出诸多与传统文学教育所要求的阅读方式、鉴赏方式、品读方法的不兼容之处。例如,学习者难以在阅读长篇文学作品时保持较长时间的专注;又如,在大量能够及时提供直白浅露、"简单粗暴"情感刺激的流行文学文本或视觉文本的驯化下,学习者对文字的敏锐度下降,也不再愿意挖掘、体会经典文本字句间的深意,很难以"神游心悟"、文化想象力的发挥来"填补"叙述中的"留白",通过个人心灵与辞章的深层对话丰富作品的审美信息,体认写作者的"性灵"。对此,当下以讲授语言文本为基础的传统文学课堂如何应对来自以上层面的压力,又如何化压力为动力,都是亟待教育者思考、探索的重要问题。

(二)传统文学课堂在教学方式上的固化构成了文学教育的第二重困境

大部分高校文学教育仍固守以教师的单向输出为主的传统教学模式,依赖并延续旧有文学史叙述模式下的知识谱系在课堂上点对多的内循环式传导,以呆板的说教塑造建构学生的知识体系,将文学教育等同于文学知识教学。同时,新时代的数据化和学院体制化使教师队伍卷入科研指标量化考核、项目考评、排名竞争等管理体系中,在求生存的沉重焦虑之下,教师的注意力和精力很难集中于课堂教育的创新,这加剧了文学教育在方式与内容上的"念旧""守旧"及对"常法"的执着,也使其从教育理念到实践的更新在教育主体层面缺乏内生性的驱动力。对此,北大学者吴晓东发出悲叹,"我一直认为大学里的文学教育是消灭理想的读者的教育","文学中固有的智慧、感性、经验、个性、想象力、道德感、原创力、审美意识、生命理想、生存世界……却都可能在我们所建构的知识体系和学院化的制度中日渐丧失"[5]。身为文学课堂的启发者和引导者,教师自身的创新力、活力、想象力的匮乏正是文学教育危机的源头之一。这样的"以不变应万变"不仅未能取得理想的教学效果,反而使得文学教育与时代脱轨,在学院化、体制化、知识化的路上陷入迷途。本应与历史人生同呼吸的鲜活而感性的文学课堂却充斥着枯燥、无趣、贫乏、单一的理性说教,甚至与当下文化新潮涌动的时代和丰饶多姿的人生图景脱节。一个教师自顾自讲授一成不变的内容的课堂,一个学生为了学分麻木枯坐的课堂,在一定程度上就沦为了大学中的"围城",这其实也是当下传统文学课堂的一个黯淡的侧写,流露现代派式的荒诞的讽刺与戏谑。从接入教育现实的主动性来讲,除了发出一声叹息,教育者更需要以改革的勇气、大胆的尝试从沉寂与僵局中努力突围,打破自我封闭的墙。

综上所述,双重危机要求今天的文学教育正视并回应时代环境的变迁、认知模式与传播方式的更新、人们情感结构的变化和时代人才培养要求的"升级",找到合适的方式有力地面向学习者作出回答——以文字信息为要核的文学文本,与当下业已习惯于"智能化"生活的学习者还能发生怎样深刻的联系?文学教育能否为我们的生活选择、文化实践提供启发性的思路?"文学史""过去的作品""过往之人的生命情感与文化经验"还能否跟新时代的"我们"、当下的青年进行有效对话,并且通过"对话"转化为"今日之我"的思想能量和行动力量?

二、"大思政"引领下文学教育、批评实践、文学生活的"三融合"

知识和价值是文学教育的两个基本面向。知识传递的重要性无需多言,传统的文学课堂便以传授知识为要务。但是,文学教育绝不是在两代人之间单纯、刻板地复制知识,简单地说,文学教育与单纯知识传递的根本区别——也是文学教育的核心便在于让学习者形成一种"教养",得到精神的滋养,实现精神的发育。同时,在"文学教育"的"限定"下,这种滋养和发育是以文学为重要载体和转换装置的。"不学诗,无以言",我国自古有"诗教"的传统,如北京大学的学者姜涛在《今夜,我们又该如何关心人类——海子〈日记〉重读》一文中指出,面对时代裂变、意义崩解、价值失序的现代社会,当代人可能需要构想一种现代"诗教",以补救自身思想系统内的价值紊乱,"让'困难而脆弱'的心智有所依托,让我们的知识生活、我们的写作具有一种'生命的厚度'"。[6]因此,让学习者在探究自我生命根底的艰难道路上,秉持一种热烈的理性、一种温厚的感情,就是文学教育一个重要追求。

这样的核心与追求体现出文学教育与"大思政课"建设的高度适配性。课程思政是具有中国特色的教育理念和教育方略,也是新文科建设的题中应有之义:让专业课程充分彰显德育性质,发挥其德育功能,让教学过程伴随着德育的学科思维展开,从专业课程尤其是人文类专业课程中提炼文化基因与价值范式,并将之作为社会主义核心价值观具体、生动、有效的教学载体,让知识学习在理想信念层面"润物细无声"地给予学生精神指引。[7]课程思政反对将思政元素机械地"硬融入",而是要坚持理论与实际相结合、历史与现实相结合、显性教育与隐性教育相结合、共性与个性相结合。文学教育与课程思政的融通,弥补了传统的知识"讲—听"型课堂教学的短板,强调了对实践能力、文化现实、学生个性的把握,以"思政"拓开文学教育的思想空间和实践道路。"大思政课"建设是为了更好地培育"大写的人",生命舒展的人:"五四"新文学的启蒙是民族的启蒙,也是人的启蒙,鲁迅主张"立人"在先,"立群"随之,"立人"基于对个体生命尊严的深刻体识,是生命意识诉求的觉醒[8]。鲁迅先生的主张对于当下而言同样具有启发意义,当代大学生人格空心化的现状,需要教育者在教授知识之外关注学习者精神人格的培育、生命意识的觉醒。文学教育在引导学生品鉴文本、增强对于作品的审美感受力、观察生活、体悟生活的同时,也应使学生认识到自我人生选择与当今国家民族发展进程之间的关联,鼓励其积极介入社会现实,主动承担"时代新人"的身份与责任,即便直面动荡时世,也要"在停留中有坚持,在陨落中有克服"[9],为构建某种个体与集体共同的更好的未来"工作而等待"[9]。

遵循"大思政"建设之航线,面对融媒体语境中传统文学教育之礁石,教育者应以宏阔的视野，制造奇异的"火花"爆破学生自我封闭的壁垒，帮助他们建立自身的主体性、完善人格，以实现文学审美与育人立人的有机结合。所谓的"火花"并非指教师哗众取宠的表演，而是通过多元化的路径激活文本内核、创新教学方式、提升教育质量。对此，我们提出文学教育、批评实践、文学生活"三融合"的策略。值得注意的是，这三要素并非简单并列，而是有着内在的有机关联。

(一) 文学教育与文学生活的融合

与文学教育融合的"文学生活"有两种指向。第一种指向是作为讨论对象、关注对象、研究对象的"文学生活"。一方面，在文学经典文本之外，教育者可以将当下的文学生活、文学现象也纳入文学教育的内容之中。艾布拉姆斯在《镜与灯》中提出，包括文学在内的一切艺术活动都由作品、世界、作家、读者四要素所组成，四要素之间并非孤立，而是紧密相连。以往的文学教育对于作家、作品都进行了精密、细致的研读，而当下的教育者可以从"读者""世界"的角度寻找课堂创新的火花。文学如何介入社会生活、现实文化实践如何进入文学作品的视野、当前文学现象与文化热点、大众的文学生活，以上内容都是文学研究、文化诠释应该涉足的广阔领域，当下文学现场和文学生活具有不可忽视的研究价值，也为文学教育提供了更广阔的空间。学者温儒敏一直提倡把文学生活纳入文学研究的视野，他曾明确提出要重视研究"文学生活"，主张走向田野调查，并身体力行，完成了"当前社会文学生活调查研究课题"国家社科项目。温儒敏教授深谙当下学术界对研究、分析、引导文学生活所欠缺的"自觉"。他指出，目前很多文学研究还在作家作品、批评家、文学史家的圈子里内循环，而对文学生活的研究，能为沉闷的现当代文学研究打开一个新窗口。[10]不仅学术研究需要突破沉闷的内循环，文学教育也要应时而动，不仅与经典文本对话，也与文学生活对话。另一方面，我们的现代文学史课程还可以通过对过去"文学生活"的探究，重返文学史的"历史现场"，从中寻找当今"文学生活"之脉络。例如在讲述文学史时，关注当时文学的生产机制、传播机制、评价机制等，并从"软件"（思想演进、艺术形式等）和"硬件"（学校、社团、出版传媒、大众文化生活方式等）两个路向探究现代文学的生成与发展。

简而言之，将"文学生活"纳入研究对象，意在通过打破研究惯性、拓展研究视野来扩充教学内容、转换教学思路，使课堂教育与兼具社会性、文学性的文学生活有效互动，使学生跨越以往的专业藩篱，融通社会学与人文学的知识领域，获得"综合"的眼光，加深对文学的理解。

"文学生活"的第二层指向在于师生共同构建、体认一种"文学生活"。在课堂上，与以传统教学方式研读文学经典相比，对学生自身"文学生活"的内容、方式、趣味、流行话题的关注使课堂可以切近并联结学生的现实生活。例如，引导学生从文学生活中提炼新潮性、有价值的文学研究主题，以培养学生多观察、勤思考、深入辨析的习惯；以自主性、兴趣型学习所产生的强驱动力与主动性取代功利性、应试型学习的被动应对，真正激起学生对于学习研究的热情。由此，学生从课堂上习得的并非一种思维惯性，而是能够从课堂获得能量，得到激发——激发出一种能灌注于自身精神生活中的思想活性，而保持思想活性恰是构建学习者自身文学生活的基本要素。在课堂外，使文学教育、文学阅读、文学交往活动成为一种生活方式。在教师引导下，学生从文学教育的终端——文学鉴赏、文化分析等环节开始，进一步向持续构建高质量精神生活的远景推进。此外，围绕文学教育的核心内容，利用自媒体开展线上线下结合、课堂内外联动的文学活动，师生共同参与、共同建设。例如举办文学沙龙、创办读书会，同时跨校联动，跨专业、跨学院合作，师生共话文学。由此，课堂之围墙瓦解，文学教育在参与者的现实生活中落地生根，甚至助推学习者重塑自身的学习模式、研究模式，"不下课的课堂"由此成为文学生活的重要部分。

如上所述，文学教育与文学生活的深度融合，有助于打开学生的心灵空间，破除其狭隘的自我中心的个人幻觉和理性偏执，拓宽学生的文化视野，引导他们主动地以研究的眼光观察文学与生活，增强对于生命的敏感，在对于生活的审美化理解和把审美引入日常生活实践的努力中，活跃思维、独抒性灵，丰富自身的文化体验，培植"神思"，进而构建自身的文学生活，并由此从整体上争取一种有高度的精神生活和人格境界。深入文学生活的过程，是拆掉教室围墙的过程，也是拆掉学生"心墙"的过程，教室向生活的敞开与学生自我向世界的敞开、个体人格的"合理的重塑"同向而行。

（二）文学教育与批评实践的融合

相较"文学生活"，"批评实践"的内涵则更加明确，它包括文学批评活动，也以此为基础通向更多样的"文化实践"。如"三融合"图阵所示（见图1），"批评实践"更多地以"方法与过程"的形式内在于"文学教育"与"文学生活"互动链条中。面对文学教育，批评实践也有两种指向：批评实践既是文学教育的具体措施，也是文学教育产出成果的体现。课内，教师根据自己在批评实践上的经验，在讲授现代文学作品时注重示范批评方法，并将前沿性的文学话题与历史上的文学论争关联起来，帮助学生理解重要文学议题在不同历史阶段的发展变化。课外，教师积极带领学生展开文学批评写作，引导优秀学生提前介入高阶研讨环节，鼓励学生从研讨出发写作评论文章，以主题探究、评论写作推动大学生科研项目进展，将优秀评论结集发表，或鼓励学生在此基础上制作面向大众的图文并茂的推文、音视频作品。同时，从"文学经典化"问题出发，引导学生意识到：当代的文学评论就是对当代文学经典生成进程的参与，自己制作在公共平台发布有学理深度、知识广度、情感温度的图文推送、音视频作品是在进行一种文化实践，而这恰是他们介入当前文化场域的方式之一。批评实践由此具备了文学教育内在的价值与重要意义。在"文学生活——批评实践"的维度上，批评实践作为学生通往文学生活的重要路径存在，批评实践让师生学研共同体在变现文学生活之构想的过程中，获得与学生的专业学习相接近的"方法"——学习者通过撰写文学批评、制作依托新媒体发布的富有文化内涵的音视频，参与文化实践，让文学赏鉴、评论、推广以及多样态的文化输出、文化参与行为成为自身学习生活的重要组成部分。而富有思想活性的文学生活形成后，学习者批评实践的"再生产"便有了源头活水与更强大的、可持续的动力，与文学生活融合的批评实践不是"为批评而批评"，而是源于学习者自身在现实生活、文化场中的洞察、体验与知识炼化。

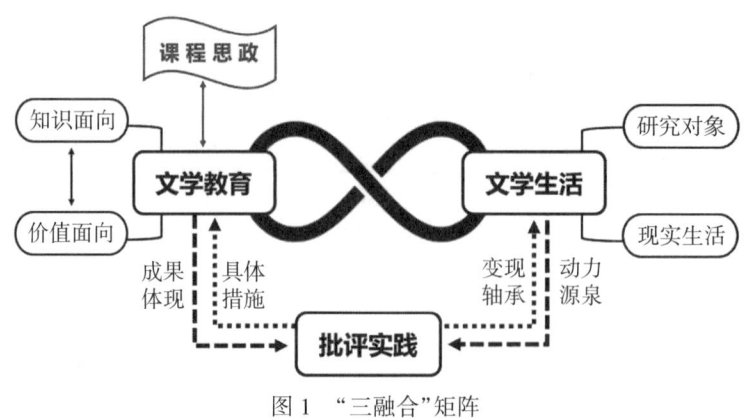

图 1 "三融合"矩阵

三、"三融合"思路的具体教学实践探索

文学作为社会意识形态的一种，以语言文字的方式辅之以艺术手段来表达思想情感、反映时代生活，具有超越历史时空、人种、阶级、性别产生共鸣的流动性。正如卡尔维诺所说，文学经典帮助我们在与它的关系甚至反对它的过程中确立自我。停滞、闭塞、僵化的课堂无疑阻碍了文学的流动性，无法发挥文学教育核心中的审美精神、艺术感性，更难以有效实现育人立人的教学目的。对此，我们的现代文学史课程可以破壁突围，将"思政"与专业有机融合，采取文学教育、批评实践与文学生活"三融合"的策略，并在教学实践中运用综合性、创新性的方式方法予以落实。

需要注意的是，从具体教学实施角度看，"三融合"形成了内在贯通，打通了课堂内外，沟通了讲台上下，实现了师生学研共同体的学习时间从一学期的阶段性学习向长期的精神生活、文学生活建构"延展"及文化教养"养成"的"可持续发展"。课堂上的文学教育既把文学史上的批评实践活动、文学批评理论话语建构、文学批评实践的时代特征作为讲授内容，又通过教师的文本分析对如何展开批评进行示范。同时，"三融合"促使课堂教学迁移到学生课后的实践训练和文学生活建构中，使得文学品鉴、赏析、评介成为学生科研锻炼的必要组成及其文化生活中的自觉选择和文化兴趣。与此相似，现代中国社会发展不同阶段的文学生活在课堂上"登堂入室"，被纳入教学范畴，作为知识传递、观念传统、文化分析的重要内容。与课堂的"革新"相呼应，教师也在课后组织多形式的阅读交流活动、批评实践操练和利用自媒体平台进行文化互动，鼓励、引导学生建构自身的文学生活，并且以文学史上的"文学生活"之风貌，启发学生思考如何以"批评""赏读""与经典对话"为方法来建立个人丰富的文学生活，以多样的文化输出活动释放个人文化生活中的动能，以此丰盈他人的文化生命，甚至思考如何以有效的文化实践来塑造我们时代饱满鲜活的文学生活，充实我们时代的文化精神，使国民精神能够更为健全地发育。这样的教学探索实际上也为学生从个人批评实践、个体文学生活向对群体精神生活的构建进行介入提供了初期的尝试，也能使学生从知识学习、实践训练当中真正理解文学、艺术、审美与个人生活、时代精神结构之间的深层关联，并由此产生文化使命感。"三融合"的有机贯通，一方面表现在文学教育、文学生活和批评实践是深度交合的,"你中有我,我中有你",它们既是形式,也是内容,形成了完整的教学体系。另一方面,这种"贯通性"又表现在,这个教学体系不是封闭的内循环,它具有把历史中的文本和文学事件向当下的文学生态、精神氛围打开,把经典的文化内涵向个人的精神生活打开,把"过去"向"现在"打开,把知识习得向作为实践的文化参与打开,并由此生成个人与历史、经典、时代精神之间深层联通感的效能。通过内在贯通的教学体系,文学史课程朝向广阔的精神生活和博雅的知识系统、人文素养开放,形成大贯通。

文学教育与文学生活互动中的教学强调课堂文学性与社会性的交融,"世界—作者—作品—读者"的文学教育共同体需要在教育者的精心设计下发展为有机的、动态的、具有生长力的状态,如此才能使融媒体语境下的文学课堂具有与时俱进、立德育人的活力。赵欣欣指出,"文学教育中,教育者要采取有效策略保持各方主体的独立性状态,在自我的独立意识中,在平等对话环境下'挑拨'对话,促成大型对话的发生。"那么所谓"挑拨大型对话的展开"[11],意味着教育者应具备更加开阔的教学思路,引导学生不仅与文学经典对话,还要与文学生活对话,学会在生活中寻找、精炼、延展文学,要让文学的脉搏真实地在自己的生命里、心灵里跳动,而不是只学会理性精密地阐述、分析被封存在教室之内和故纸堆里的文学史。

四、"三融合"教学实践的具体探索

首先,课堂内容上,对文学史、文学作品的讲授除了就作品本身的艺术价值进行赏鉴,还应注重与当今时代精神联结,赋予经典文本与当下人们生命经验共鸣的生命力。正所谓"文学是人学",阅读文学经典的意义不在于将其束之高阁或是虚无缥缈的神化,而在于让文学介入生活,介入自我的生命,通过文学回归人本身。文学教育应是促使学习者在文学经典的体悟中感受其经久不衰的精魂,并在感悟的过程中寻求一种灵魂的自觉、自省。文学教育与时代精神、生命体验相通,既能让学生更为深刻地体悟文学作品的艺术价值,也有利于树立学生正确的世界观、人生观、价值观。例如,在课堂上教师注意分析文本、事件与现代文化语境之间的关联,尤其注意阐释今天的"新问题"、新争论与现代中国文学发展中"老问题"内在的历史关联,说明"历史问题"如何在新的文化语境下重新浮出水面,并解释其中的文化动因;比如现实主义创作的问题;比如追求社会发展史诗书写、宏大叙事中的"理论先行"问题;比如文学作品如何"干预生活"的问题等。再如,教师挖掘思政元素,通过对现代以来形成的新的文化传统的阐发讲好具有现代性的"中国故事"。课程有意识地引导学生面对文学与文化发展中的复杂问题,摒弃冲动的情绪宣泄,以学理分析代替人云亦云的俗套说辞,建立历史的与审美的评判尺度。具体如教师结合五四新文化运动 100 周年、《狂人日记》问世 100 周年、《在延安文艺座谈会上的讲话》发表 80 周年等历史节点,结合当前主流文艺界对延安文艺座谈会精神、五四文化精神、鲁迅文艺精神的阐发,引导学生思考如何发挥中国现代文化这一新传统、如何通过思想性与艺术性兼具的文化表达、文学叙述使中国特色的艺术作品具备广泛的世界性,成为人类值得珍视的共有的文化财富。

其次，课堂形式上，需要避免过于枯燥、干瘪、单一的灌输式模式，变教师"一言堂"为师生"同创"课堂，课堂由教师主场变为教师学生共建的双主场。改变教师"独角戏"的授课模式，师生共建，把课堂转变为对话式教学交流场域。例如，利用学习通、微助教等网络学习平台，为师生之间、学生之间提供实时互动讨论的场域，形成对话；将课前主题分享5分钟与"历史上的今天"、现代文学期刊阅读简报汇报等学生主导的翻转小课堂嵌入传统课堂，激发学生在课堂中的"主场意识"；采取视、听、说、练融合的多元教学模式，在教学设计上视听片段赏析、文本细读与批评实践并举，使课堂文、艺相通，讲习结合、"绘声绘影"。由此，在教师对课堂的主导下，学生亦能通过研讨、开展前沿问题对话等形式与教师一起"同创"课堂，充分发挥学习的主动性、自主学习、创造性地学习。

围绕文学教育的近期目标和远期目标，我们的现代文学史课程将课堂进行扩展，课堂内外联通，师生构筑交互空间，共创新型课堂。本课程尝试让融媒体时代的媒介文化与媒介技术成为扩展课堂的工具，通过微信群、QQ群、课程微信公号拓展学习空间，师生之间、学生之间、科研兴趣小组之间以文字和语音形式就具体话题展开讨论，课堂讲授延伸到课外。新型课堂重在改变传统师生关系中"讲授—接受""宣讲—听从"的关系模式，发展师生互相学习的机会，建立彼此学习的"共同体"关系，教师与学生平等互动，共同学习最新的研究动态。教师从学生那里获得教学反馈，再凭借知识优势与学术积累，引导学生理性辨析现代文学史中富有争议的问题。在具体形式上，中国现代文学史课程利用课前课中的分析互动，打造"课中课"，在讨论中模仿学术会议，引入点评、答辩以及点评嘉宾投票环节，形成多重交互。通过多样化、新颖的教学设计提高学生的学习参与度，制造课堂上思维碰撞的机会，激发学生的积极性和创造力。同时，课堂核心内容也在课外文学活动中得到拓展。依托现代文学史课程，主讲教师和教学团队多次邀请知名作家进校园就非虚构写作、战争文学跟学生交流、邀请海外知名汉学家与校内专家做了"中国文化的内在超越""新文学史料研究"等讲座，拓宽学生视野；创办文学沙龙和"珞珈友声读书会"，武汉大学、华中科技大学、湖北警官学院三校联动，外语学院、比较文学与世界文学、写作学、现当代文学跨专业、跨学院合作，收获了丰富的成果，研讨会评论专辑多次见刊于学术杂志。

融入课程思政的文学教育以"熏""浸""刺""提"的教学立德树人，培根铸魂；"三融合"的新型课堂变成浸润式的文化体验空间，经典之精神、作家之人格触发学生的"存在"之思。授课变成了精神对话的方式——经典文本、杰出作家、教师和学生在课堂上形成思想对话、引发心灵回响，形成对于时代精神的正向回应。而课堂的扩展部分也有助于文学生活在个人的生活世界落地生根，文学教育的知识与价值也由此被学习者整合于心智、内化于思想、外化于言行。

除了以课堂为中心的教学建设，作业形式与考核形式也是高校文学教育改革的重要环节。传统高校文学课堂的作业与考核主要采取"大作业+考试"或"小组作业+结课论文"的形式，考试主要强调对于文学史的梳理记背和文学作品的评析，侧重考查学生对知识要点的记忆和掌握；结课论文则以规定的主题考查学生对于具体文学作品的赏析能力，这种方式有一定的评测效度，但也存在明显问题，即学生常常只拿到评定而缺少教师详细反馈，也难以根据反馈意见，跟教师充分互动，在反复修改中获得"渐进式提升"的机会。而在

"三融合"的策略下,课堂考核的改革取传统考核模式之利,查缺补漏,弥补评测功能上的不足,不以评测为终点,而以评测为手段,以评促学,以评促教,以科学合理多样灵活的考核、评测帮助学生优化学习行为,推助教师优化教学实践。一方面,诸如小论文、读后感等专注培养学生作品赏析能力、逻辑思维和表达能力的传统作业可以适当保留,不管课堂如何改革,文本细读和语言表达能力都是汉语言文学类专业的学生最重要的基本功;另一方面,加入创新性的、关注文学生活的任务驱动型作业,推动课堂教学向课后的批评实践、自主学习、科研训练延伸。

"三融合"策略下的任务驱动型作业与传统作业的区别首先在于调研环节的融入。教师可发布社会性、学术性或二者兼具的综合性的多个调研主题供学生选择,学生可选择自己感兴趣的主题进行调研。比如,让学生选取一部现当代文学经典,调查不同社会阶层、教育背景、不同年龄阶段的读者的阅读感受,将其记录为"口述",并进行整理,对阅读体验的差异进行分析,通过不同代际、阶层人群的阅读史,初步感受经典作品在社会的流动痕迹和影响力;或调查不同身份、教育背景和年龄的读者对于文学期刊的阅读记忆、阅读印象,来研究文学期刊命运的潮起潮落,反映不同时代文学的流变;或调查不同代际、教育背景、职业身份的读者对于网络小说、茅盾文学奖获奖作品和当代"口语诗"诗歌作品等不同类型的文学作品的解读赏鉴,来把握当前读者群审美的多样性和文学趣味的变迁等。除了偏向社会性、专业性兼顾的调研,偏向学术性的调研也具有同样的价值,比如让学生选取一部现当代经典,整理该作品的"批评史",在此过程中通过批评模式的转换、批评话语的变化、批评焦点的转移来理解当代文化语境的变迁。值得一提的是,课程尝试把地方与地域作为理解中国现代文学发展的一种具体路径,按照"武汉与中国现代文学"的思路,引导学生以实地考察调研、绘制文学地图、搜集文献资料、查阅评介现代文学期刊、勾勒现代作家的武汉行迹、文学印记来解析现代作家心象,从"地方"窥见现代文学发展内部的不同流向,启发学生由"在地感"出发去触碰现代文学的发展脉搏,增强经验性的体认和深化对于"史识"的认知。

"三融合"策略下任务驱动型作业的第二个特征在于推动教学活动从知识输入向内容制作、观点输出、成果产出发展。例如,调研初步完成后,学生以调研结果为基础,在个人阅读史、批评小史的主题之下确立更明确的研究主题,撰写报告,部分同学会在报告基础上进一步探究,从中生发出后续研究和论文写作的主题,或在此基础上申报科研立项。比如有的同学通过这样"层层递进"的学习步骤,有了自主研究的兴趣、意识和一定的探究能力,在教师的指导下开展了关于革命历史题材创作、地域文化书写、儿童文学创作、20 世纪 40 年代沦陷区女性作家创作研究等省校大学生科研项目研究,取得了较好的成果。其次,"三融合"新型课堂的教学既指向研究也指向创作,课程引导学生阅读经典、体悟经典、内化艺术精神、学习艺术技巧,也鼓励学生"故事新编",在创作上重写"经典",为经典注入时代活力,部分同学在课程公众号发表了原创作品。

"三融合"策略下任务驱动型作业的第三个特征在于成果产出与融媒体手段的紧密结合。如前所述,在新媒体崛起的时代特色和文化语境下,文学教育的课堂应该与时俱进,敞开课堂与融媒体元素的对接口,在作业设计与考核方式上也应恰当利用融媒体资源。课程致力于探索打造"融媒体矩阵",使之与课堂教学互促,意在培养学生面对融媒体传播环境搜求资料、辨识信息、整合知识，利用新的媒介展开研究、阐发观点、引导受众提高其正确认知文化现象、文学事件的能力。例如在完成调研报告文本后，学生需以加入图片或音像的形式对自身文本成果进行二度加工，结合简明扼要的文字，设计赏心悦目的排版在相应的微信公众号上推出最终成果，或者制成音视频在平台推出。目前，本课程已在喜马拉雅、小宇宙推出了中国现当文学播客、微信专题视频栏目。这一过程引导学生化合知识、提炼观点，进行输出，鼓励学生从现代文学的发展中理解中国社会与文化的现代转型及取得的成就，运用学理与情感温度兼具的叙事策略讲好关于中国现代文学演进的中国故事，也能提高学生运用融媒体相关技术的能力。

这样的任务驱动型作业虽看似步骤较多，但每一个小步骤都注重考察、培养和提升学生不同的能力与素养，并且各个任务环环相扣，形成一个有机的任务群。一方面，调研文学生活的任务驱动型作业能够引导学生通过身边人、当代人的阅读体验和审美经验来感受当下的文学生态和文化语境，把文学作为勾连学生与社会现实的方法，在与社会文本的"对话"中增强学生的现实责任感和对生活的参与感，避免培养象牙塔里不问世事的"书呆子"；另一方面，这样的尝试和教学改革还能培养学生的综合素养，学生的理性思辨力、抽象归纳力、审美感受力都能得到强化，学生也能通过微信推文的文案设计、编排等技术流程提升对新媒体技术的应用、编辑能力。最重要的是，通过任务驱动型作业、通过内在关联的学习任务组群可以全方位地锻炼学生的能力，达到复合型教学目标的评测要求，同时，增强学生的文化自觉和内省意识，培养学生参与文学生活、文化生活的习惯，让学生意识到与他人的"对读"也是与自我的对话，以他者来丰富、扩充、深化自己的精神生活。

《新文科研究与改革实践项目指南》倡导教育者"以学生为中心，立足促进学生有效学习，推进新兴技术在文科教育教学中的深度应用"[12]，运用"三融合"的教学策略，打造三位一体的教学模式，"中国现代文学史"课程在课堂教学模式、作业方式上多方面积极应用多媒体手段进行输出，让学生在融媒体构建的话语场中进行文化参与，并让这种文化参与成为学生文学生活的有机组成部分，可谓是文学教育在融媒体语境下化"危机"为"转机"有益尝试。同时，课程将专业特色与"大思政"的建设思路对接，知识、应用与经验综合融贯，使专业课程成为促成知识与美德、学问与人生具备内在一致性的综合统一体。"高等文科教育作为培养青年人自信心、自豪感、自主性的主战场、主阵地、主渠道，坚持以文化人、以文培元，大力培养具有国际视野和国际竞争力的时代新人"[1]，由此可见，目前我国高校文学教育建设仍是任重道远。因此，"三融合"策略下的教学实践是寻路的探索，是"在路上"的"守本开新"的行动，还需要教育者更多的关注、试验与后续的跟进、反馈。如何打破教室的"围墙"、打造不下课的高质量创新课堂，如何让文学教育面对融媒体新世代的困境谋求突破，"三融合"教学实践是一个突围的尝试，也是一个开始。文学教育的本质始终在于育人、立人，在于激发个人把"人生"从一种重复性的生活现象向创造意义的自觉实践推进的主动性，在于重新恢复个人进入历史、群体、社会总体性发展图景之中的精神通道。放眼历史长河，今天所谓的融媒体时代只是社会发展进程中新媒介特征得到高张的一个阶段，迅速变换的时代浪潮必将不断带来新的且错综复杂的精神困境。面对诸多需要由社会群体共同承担的"精神的艰难"和"发展的代价"，文学教育更应强化使命担当，把文学作为"方法"，激发青年学子内在的生命觉知。教育者以现代文学当中奔涌的精神力量与新时代的青年同呼吸，引导学生获得更为深刻的自我认知、人的尊严与人的自觉，文学课应当既授人以"知"，又教人立"德"，接续百余年来现代中国文学"新民""立人"、塑造思想纯正的社会主义建设者的传统，以文化人，以德育人。

◎ 参考文献

[1] 教育部. 新文科建设工作会在山东大学召开[EB/OL]. (2021-01-05). http：//www. Moe. gov. cnliyb_xwfblgzdt_gzdts5987/202011. t20201103_498067. html.

[2] 人民日报.《全面推进"大思政课"建设的工作方案》印发——建设大课堂 搭建大平台[EB/OL]. (2022-08-26) http：//paper. people. com. cn/rmrb/html/2022-08-26/nw. D110000renmrb_20220826_1-06. htm.

[3] 陈思和. 文学教育窥探两题[J]. 天津师范大学学报(社会科学版)，2007(02)：38-42+80.

[4] [美]丹尼尔·贝尔. 资本主义文化矛盾[M]. 赵一凡，译. 北京：三联书店，1989.

[5] 吴晓东. 我们需要怎样的文学教育[J]. 北京大学学报(哲学社会科学版)，2003(05)：26-28.

[6] 姜涛. 今夜，我们又该如何关心人类——海子《日记》重读[J]. 读书，2019(09)：15-23.

[7] 何红娟."思政课程"到"课程思政"发展的内在逻辑及建构策略[J]. 思想政治教育研究，2017，33(05)：60-64.

[8] 杨继利. 从鲁迅"立群"到"立人"的教育观说起[J]. 语文学习，2013(05)：4-6.

[9] 冯至. 伍子胥[M]. 上海：文化生活出版社，1946.

[10] 温儒敏. 当前社会"文学生活"调查研究[M]. 南京：凤凰教育出版社，2017.

[11] 赵欣欣，宋祥. 双声与复调：对话理论视角下文学教育探析[J]. 延边大学学报(社会科学版)，2020，53(05)：108-114+143.

[12] 教育部. 教育部办公厅关于推荐新文科研究与改革实践项目的通知[EB/OL]. (2021-03-05) http：//www. moe. gov. cn/srcsite/A08/moe_741/202103/t20210317_520232. html.

依托虚拟仿真技术，培养制度推进型法治人才

陈金林

(武汉大学　法学院，湖北　武汉　430072)

【摘　要】当前，法学教育存在制度上游和制度下游的不平衡问题，在立法活动日趋频繁的现实背景之下，这种不平衡不利于立法质量的提升。问题的根源在于，专业意见在立法过程中的作用有限，导致人才市场对法治推进型人才需求不足，这一状况进一步影响了学生的学习偏好和教师的重心设置。改变这一局面的第一步，是提升学生影响立法的信心，让他们感受到专业意见提升立法质量的现实可能性。为此，有必要锻炼学生三方面的能力：(1)寻找科学立法答案的能力；(2)揭示民众直觉主义等立法意见的认知机制的能力；(3)在互动中影响、说服他人的能力。在此基础上，通过虚拟仿真实验在教学中运用前述能力，能提升学生影响立法的信心，走出前述困境。

【关键词】司法中心主义；立法中心主义；虚拟仿真实验；民众直觉主义；立法；无知之幕

【作者简介】武汉大学法学院副教授，法学博士。

【基金项目】本文系作者主持的"武汉大学实验技术项目"的阶段性成果，受"武汉大学实验技术项目"资助。

一、问题的提出

教育部、中央政法委2018年发布《关于坚持德法兼修实施卓越法治人才教育培养计划2.0的意见》(以下简称《意见》)，要求法学教育主动适应法治国家、法治政府、法治社会建设新任务新要求，培育一流法治人才，为全面推进新时代法治中国建设提供有力的人才智力保障。早在2000多年以前，古希腊哲学家亚里士多德就曾指出："法治应包含两重意义：已成立的法律获得普遍的服从，而大家所服从的法律又应该本身是制订得良好的法律。"[1]可见，法治以及法律职业共同体的活动分为两个部分，有学者形象地将这两部分称为法律活动的"制度上游"侧面和"制度下游"侧面：前者是司法和执法活动，其核心内容是执行制度；后者是"政策形成"活动。[2]与此相应，以法治建设的人才智力保障为目标的法学教育也需要兼顾"制度上游"和"制度下游"，既培养法律运用的能力和人才，也培养制定良好法律的能力和人才。只有这样，才能满足《意见》的要求，通过法学教育造就宪法法律的信仰者、公平正义的捍卫者、法治建设的实践者、法治进程的推动者、法治文

明的传承者,构建全谱人才体系。

传统的法学教育多以法律制度的运用为目的,重心是通过传授实体法、程序法的知识以及解释、适用这些法律的能力,培养法律职业所需的律师、法官和检察官,法学教育的主要内容是法教义学和法解释学。最近,王启超、刘诚等学者意识到法学教育的不平衡问题,提倡在传统的法学教育之外,强化面向"制度上游"的法学教育,重塑更趋平衡的法学教育理念、方法和目标。[3]在理论研究层面,不少学者也主张法理学应当实现从司法中心主义向立法中心主义的转向。[4]这些提倡,有助于改善有关制度形成的知识供给,对于法学教育的结构的改善具有重要的意义和价值。但知识供给只是"制度上游"人才培养面临的问题之一。换言之,即便在当前法学教育的基础上重新分配教学的重点,重塑教学的方法,改变教学的理念,也未必能直接改变面向制度上游型人才培养不足的问题。目前,法学教育在面向制度上游时出现的不足,是一个结构性的问题。因此,必须对当前学科、社会、教学的结构进行深层次的反思,充分考虑各方面的动力机制,并采用适当的激励措施,将其引入教学设计,才能真正改变当前法学教育面临的问题。接下来,本文将先分析当前法学教育的学情,试图找到制度推进型人才缺乏的原因,最后提出在教学中运用现代信息技术解决问题的方案。

二、三维结构中的立法推进型人才培养问题

只有在学科、社会、师生的三维结构中观察法学教育的问题,才能认识其全貌,形成立体的观念,制度推进型人才培养的问题也是如此。

(一)学科实践重心的转移

我国已经进入了一个高频度立法的时代。在大规模的立法推进上,《民法典》的制定引发了部门法法典化潮流。目前,诸多部门法都在讨论法典化,如环境法[5]、行政法[6]、民事诉讼法[7]、监察法[8]、经济法[9]等。单行法、行政法规、地方规范等立法活动的密度更是与日俱增。

刑事立法活动的活跃,是立法时代到来的典型标志。过去十年,刑法已经历四次修订,涉及150余个条文,接近刑法总条文数的三分之一,有关动用刑法的正式或非正式提议更是不计其数。对于如此频繁的立法修订,曾有不少批评意见。不过,立法应当与社会现实保持一致,因此,决定性的不是刑法修改的绝对速度,而是以社会发展为参照物的相对速度。而当下的"时间密度"比此前更高,同一时段之内发生的社会变化远超此前任何时期。刑法与罪犯以及潜在的罪犯之间存在着互动,犯罪本身作为一种社会现象在不断发展,而且其发展变化的速率远超此前,刑事立法必须对此作出回应。我们不能在一个万事万物都以光速前进的时代,强行要求刑法只能以蜗牛般的速度向前发展,甚至要求它保持金字塔般的沉默。其实,刑事立法密度的提升,也是一个全球的趋势。在德国,自1969年到2019年间,德国立法机关通过各种形式对《德国刑法典》进行了202次修订,所涉及的条文更是难以计数,对众多附属刑法的修订就更是不胜枚举。[10]同时期,英国的刑事立法也异常活跃。[11]日本的情形也与此类似,从20世纪90年代开始,日本立法机关频繁修

改刑法典,甚至出现了一年之内修改多次的情形。[12]

频繁的立法活动,确实让法学关注的重心从此前的法条本身向上游转移,法学教育必须开始关注法条的产生问题。但这并不意味着,一定产生了上游法学人才的需求和作为空间。我们必须了解,当前制度产生的过程,有多少是由法律人推动的。

(二)法学面临的社会与市场结构

立法密度的急剧提升,并没有同比例地提高立法型法律人才的需求。其根本原因在于,立法的主要推动力并不是专业人士,相反,专家在立法过程中的作用越发式微。

在自媒体时代,民众能便捷地获取与立法相关的基础性资讯,同时又能通过自媒体便捷地发表自己有关立法的观点,并获得传播、造成影响。这就会导致民众的道义直觉强势介入立法领域,形成立法的民众直觉主义倾向。这在刑法领域尤其明显,这种倾向将有关刑法的态度建立在感受与直觉而非可量化的指标之上,带有明显的反智、反专业精英的倾向,偏爱简单、直接的认知甚于数据,卷入了更多的情绪而非理性。[13]我国的立法,也在一定程度上受到了这种倾向的影响,如嫖宿幼女罪的废除、[14]收买被拐卖的妇女、儿童罪以及行贿罪的特殊从宽事由的删除等。

除民众直觉主义倾向的影响之外,团体利益也是影响立法的重要因素之一。所谓团体利益是指,部分利益的代表者利用其影响立法的能力,在立法过程中不适当地强调自身的权力和利益,力图通过立法来维护、巩固和扩大本部门的各种职权,同时尽可能地减轻和弱化自己应当承担的责任与义务。[15]

在这两重因素的影响之下,立法更多表现为一个充满利益博弈、说服与妥协的过程,以舆论为载体的民众意见、有密切利益关联的机构或部门的博弈等因素的作用显然比专业意见更占上风,最终起一锤定音的作用也是政治决策而非专业判断。[16]一个显著的例子是,对未获得批号生产、销售对生命、健康并无危险的药品,早在2013年就有了这类行为出罪的学理探讨,[17]但推动立法改变的决定性的力量却是陆勇案引发的舆论漩涡和电影《我不是药神》引发的民众关注。

这样一来,尽管立法的密度在提高,对立法的需求在增加,但这一需求并非指向法学专业教育。这一变动可能会增加各级人民代表大会工作和办事机构的岗位数,这些岗位也会向法学毕业生开放,但这些机构及其工作人员对立法结论的影响依然是有限的,因而这些岗位对法学毕业生的意义,与一般意义上的机关公务员并无本质区别。

(三)教师与学生的激励

学生的学习决策,受需方也即人才市场的影响。作为提供教学、研究产品的教师,其行动也受自己需方市场的影响,包括学生和知识产品市场。

如前所述,尽管立法密度在增加,但由于专业知识在立法决策过程中所起的作用有限,因而并没有大幅度地增加对立法型人才和知识的需求。即便法科毕业生进入立法机关的工作或办事机构,他们也更多是纯粹的服务者,很难用专业知识对立法起决定性作用。在这一现实没有得到改变的前提下,对立法过程越了解,法律信念越容易受到"摧毁"。[18]既然如此,大多数有志于从事法学专业的毕业生,并不会因为立法时代的到来对立法类的课程和技能锻炼有更高的兴趣。相反，他们依然愿意学习"制度下游"的技能，奔赴包括企业、律师事务所、法院、检察院在内的广阔的市场，用自己的知识在具体的事务和案件中作能切实感知到的现实推动。通过教学管理的方式更改立法学的课程性质、增加其学分，也不能在本质上改变这一格局，因为学生会用相应的策略，以成本最小化的方式应付强行设置但并不实用的课程，将更多精力节省给符合市场需要的课程。

学生的这一倾向，必然会影响教师教学的选择，因此，教师也更愿意选择以制度适用为核心内容的课程。这一选择，也会间接地影响科研，因为教学与科研的撕裂会增加教师的成本，教师通常会让自己的研究尽可能地与教学有较高的重合度。当然，如果面向制度上游的研究能给教师带来额外的收益，教师自然也会更多地投入立法的研究。不过，由于专业意见在立法过程中的作用日渐式微，这种收益也很有限。因此，尽管学科重心在向立法论偏移，目前法学学术界的主要研究重心依然是以解释为核心内容的教义学。即便是偏向制度上游的社科法学，通常也是以"立法应当如何"为研究对象，而很少研究如何推进并实现"制定得良好的法律"。

由此可见，当前法学教育确实存在"制度上游"和"制度下游"的不平衡问题，不过问题的关键不在于课程性质或课时量，而是因为在当前的立法过程中，专业知识很难扮演重要的角色，因而法科学生看不到进入制度上游运用自身专业知识的希望，自然也就失去了进入该领域的兴趣和信心。而如果立法没有专业知识的介入，立法的质量自然就难以保证。为了改变这一局面，必须在法学教育的构架内，发展出一种能够强化学生兴趣和信心的机制，以此为第一推动力，让学生获得推进制度的意愿、能力、激励并采取行动，让教师有兴趣强化这方面能力的培养，让进入法治人才市场的学生运用这种能力带来立法质量的改善，提升专业知识在立法活动中的影响力，并进一步拓展市场，激发学生直面制度上游的兴趣，由此形成良性循环。

接下来，本文将先提出这一机制必须具备的几个要素，并将这些要素转化为具体的教学方案。

三、制度推进型法治人才培养的几个要素

形成前述第一推动力的最基本条件，是形成认知层面的优势，即引导学生掌握科学立法结论的基本方法，并在具体问题上得出经得起论证的科学结论。同时，也有必要引导学生解构当前立法过程中挤压专业意见的竞争性观点的形成机制，发现其存在的问题。最后，需要培养学生在互动的过程中影响、说服他人的能力，并以看得见的方式，让学生感受专业行动带来的效果。这样，就能充分激发学生在立法领域发力的信心和兴趣，推倒多米诺骨牌的第一张。

（一）掌握得出科学立法结论的基本方法

具体领域的立法设计，是部门法的研究对象。但需要注意的是，这并不意味着它一定是传统刑法教义学推导出来的结论。立法虽然并不绝对排斥教义学的研究方法和结论，但绝不能只用教义学的方法。相反，它必须以更宏观的视野，充分了解如下因素：（1）与立

法议题相关的多方面的事实;(2)既有的法律规定和体系及其在教义学的辅助下运行的效果;(3)各种提案可能造成的短期与长期、显性与隐性的正面与负面效果。因此,在立法讨论的过程中,必须超越既有的法条、个案的事实,充分利用多学科的知识分析立法的必要性、立法可能带来的后果。在这一过程中,有必要防止教义学中心主义,而是必须综合所有相关的事实和知识,以妥善解决问题为最终目的,不设定任何学科的门槛。例如,对于火灾预防而言,目前市面上是否有可靠、廉价且易安装的烟感报警装置这种不起眼的知识,就比死刑有没有威慑力更重要。

另一方面,科学的立法方案,必须站在公允的立场作出决策,也即要挣脱自身角色偏见的影响。在这里,要实现罗尔斯所述的"无知之幕"的效果,也即,在提出相应的立法提案时,必须假定提案的提出者不知道自己以何种身份与该提案产生关联。[19]

(二)清晰了解民众直觉主义、团体利益型立法意见的认知方式

民众直觉主义、利益团体型的立法意见主导立法不是一种理想的局面,但我们不能简单地因为它与专业意见不一致就排斥它们。真正具有说服力的方式,是充分了解其认知机制,揭示其结论得出过程的不合理之处。对这一问题,认知心理学和行为主义有非常深入的分析。

科学立法意见的前提是意见的支持者对所涉问题的现状有所了解,也应当有足够的耐心去倾听他人的不同意见。但民众直觉主义的立法意见不能确保这一点,因为他们很难深入、全面地了解背景信息,他们更多是基于媒体尤其是自媒体上流传的未必经过核实的信息,甚至包括电影、电视等娱乐节目中的虚构信息,根据直觉形成相应的立法意见。另一方面,即便给他们提供这种信息,一般民众也缺乏了解信息的愿望,因为既然我的观点只是几千、几万、几百万甚至更多人中微不足道的一个,为什么我要花时间去了解政治和政策呢?社会科学家将这一现象解释为"理性的无知"(rational ignorance)。[20]

民众直觉主义的立法提案也可能受无意识的角色偏见的影响。其实,在立法讨论中,即便是完全利益无涉的一般人,在讨论时也会在潜意识里代入与提案相关的角色,而这种代入往往会因为道德直觉或情绪而产生偏差。例如,在刑法领域,绝大多数人都会自我代入现实或潜在被害人的角色,由此导致重刑主义。

团体利益型立法意见既存在认知方面的问题,也会因为利益干扰作非公允的决策。在认知层面,团体利益型立法意见通常会刻意或不自觉地选择有利于自身利益的信息,这就是选择性认知的问题。另一方面,他们也可能在明知科学答案的前提下,为了自身利益而选择支持不科学的立法提案。

只有结合具体的立法提案清晰地揭示对立观点可能存在的问题,才能获得直面它们的信心,并掌握改变它们的关键技巧。

(三)掌握在互动过程中影响、说服他人的能力

立法过程中有意见分歧是常态,法治社会建设需要的法律人才,应该能在意见纷争中影响、说服他人或过去的自己,走向共识。哈贝马斯指出,在现代社会,获取共识的唯一途径是理想沟通情境下的协商,而理想沟通情境的核心内容是——所有潜在的参与者必须

有相同的机会去使用沟通性的言语行动,以使他能随时开启论辩、通过言谈及反驳将问题及答复持续进行下去。[21]而理想情形下的沟通,至少需要满足两个重要条件:(1)所有参与商谈的主体具有平等地位,而且每一个人都有发言的机会,这一点保证了平等的参与权。(2)商谈过程只服从理性,这一点旨在确保沟通处在理性而非情绪的引导之下。这就要求参与沟通的人必须有充分的信息储备,而且整个商讨过程必须由具有经验的人引导,以防止情绪冲动的干扰。而且,这种沟通只能在既严肃正式、又没有外界压力的环境下进行,只有这样才能开启每个人头脑中的理性之门。法科学生应具备主动创造理想的沟通情境并主导该情境下的协商的能力。

与制度下游的专业能力相比,这一能力的要求显然更高。法律适用环节,尽管也存在代表不同利益各方之间的对话,但无论是平台的搭建还是对话的规则,都已经有了成型的框架。而在立法讨论的环节,则必须由学生自己在一个开放的空间之内选定话题,吸引他人注意并以相应的激励措施引导他人在合理的规则之下参与对话,并尽可能地引导对话参与者朝科学、公正的立法结论靠近。

前述三方面的能力,前两方面的能力更多是知识层面的,但这两个层面的知识也只有与第三个层面要求结合并实践出来,才能产生效果。而实践能力的锻炼,即便是在传统的以司法为中心的法学教育中,也是薄弱环节。目前,在以司法为中心的法学教育中,案例教学、模拟法庭、实习实践是解决实践能力不足的有效方案,而在以立法为中心的法学教育中,如何创造实践的机会?

四、立法推进能力的实践教学方案——虚拟仿真实验

立法推进的能力是一种实践性知识,唯有"下水"才能真正地习得。但问题在于,立法的对象是人,基于道德伦理的限制,我们不可能在真实的世界里将立法作为一种实验,观测不同方案的效果。好在,虚拟仿真技术提供了在虚拟世界以高度仿真的形式践行立法推进能力的可能性。

(一)虚拟仿真实验的潜能

《意见》要求法学教育适应教育信息化与法治建设信息化的新形势,推动法学专业教育与现代信息技术的深度融合。在这一提倡下,目前法学学科已经有7个虚拟仿真项目获得了国家级虚拟仿真实验教学项目的认证,包括涉及模拟诉讼场景(如国际法庭)或过程(如质证、鉴定与交通事故处理)的4项,实务争议问题(正当防卫)判断的1项,("一带一路"周边国家)法律规则认定与识别的1项,法律实务技巧(谈判)锻炼的1项。这些项目,都处于制度下游。

实际上,虚拟仿真技术在制度上游更具价值,不仅能够将部分现实场景高逼真地复制到课堂,还能"超越"现实,进行在现实世界中都无法展开的立法推进能力锻炼。利用目前的虚拟仿真技术,至少能实现以下对于立法推进能力锻炼具有关键意义的条件:

第一,低成本地搭建立法讨论的平台,模拟理想的协商情境。在现实中,基于成本的考虑,很难就某一提案进行充分、彻底且有深度互动的对话。而在虚拟空间,则可以围绕

特定的立法议题搭建平台,汇集相关信息和各种不同的意见,并将所有的论点、论据和论证保留在公共平台里,并随着讨论的推进让信息越发全面、讨论越来越深入。

第二,通过虚拟游戏,便捷地进行角色换位,实现罗尔斯的"无知之幕"。在现实世界,换位思考尽管并非绝对不可能,但更依赖于偶然因素,也需要很长的时间才能实现。而在虚拟空间,通过游戏规则的设计(如"角色穿越"),就能快速地切换与立法相关的不同角色,实现换位思考。这样,就能把罗尔斯提出的纯粹的思想实验,变成可践行的实验。

第三,以可视化的形式呈现立法观点变化、迭代的过程,强化学生推进科学立法的信心和能力。通过虚拟仿真技术,让学生看见自己影响其他角色的立法意见的过程,让他感受自己的努力带来的改变或自己的观点被改变的过程,形成"民众直觉式立法意见和团体利益型立法意见是可以被改变"的观念,更重要的是能通过虚拟仿真实验中嵌入的信息认知、角色选择等机制,发现立法改变的关键因素,锻炼推进科学立法的能力。

(二)立法推进虚拟仿真实验的基本框架

考虑到虚拟仿真技术的前述潜力和立法推进能力的关键要素,可以设计如图1所示的虚拟仿真实验流程:

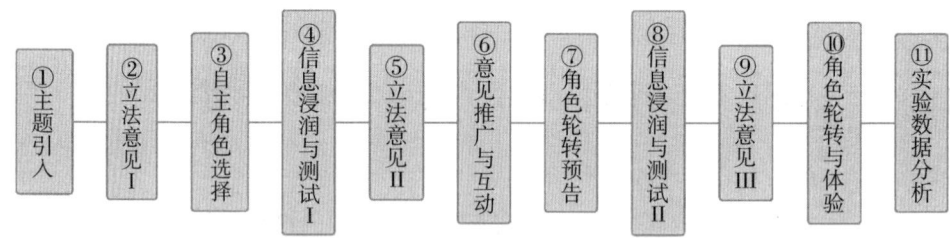

图1 刑事立法虚拟仿真实验流程图

其具体内容如下:

①主题引入:在涉及对应的教学内容时,教师引入在立法层面有争议的主题,让学生对此作初步了解。

②立法意见Ⅰ:让实验参与者根据自己的直觉,在系统提供的不同方案中选择自己支持的方案或增加自己认为合理的方案。该步骤是为了模拟真实状况之下普通民众基于直觉得出的"原始民意"。

③自主角色选择:根据步骤①设定的情境,让实验参与者自主选择角色,告知其将代表该角色的利益、为改善其法律环境而努力,努力的效果将以积分的形式进行计算。在该部分,实验借鉴了虚拟游戏角色中的积分驱动法,以提高实验参与者的代入感,增加仿真效果。

④信息浸润与测试Ⅰ:在步骤③的基础上,将对应角色能观察到的典型事实、感知到的利益等信息提供给实验参与人员,让其阅读、学习、完成之后进行测试,测试结果将计入角色积分。

⑤立法意见Ⅱ：让实验参与者在步骤③和步骤④的基础上，从系统提供的不同方案中选择自己支持的方案或增加自己认为合理的方案。该步骤对应的现实场景是利益相关者基于角色前见收集信息得到的"有角色偏见的民意"。

⑥意见推广与互动：让实验参与者用简短的方式，在实验所提供的公共平台上为自己支持的法律议案争取支持，同时给每位实验参与者提供与实验角色数量对应的权限，去支持（"赞"）或反对（"踩"）其他实验参与者的议案，由此形成"意见市场"。该步骤模拟真实立法过程中通过舆论媒体为自己支持的立法方案造势的场景。

⑦角色轮转预演：告知实验参与者可能遭遇角色的轮转，即在接下来的游戏环节不再代表自己选择的角色，而是被随机分配任何与该实验相关的角色，并要求学生逐一了解每个角色利益和诉求。该步骤是为了模拟罗尔斯的"无知之幕"，即让每个人尽可能地遮蔽自己的现实身份，公正地对相关问题作出决策。

⑧信息浸润与测试Ⅱ：要求实验参与者学习所有对待决问题具有重要意义的信息，与步骤④不同的地方在于，本步骤的信息不再受角色的限制，而是与待决话题相关的所有客观信息。学习完成之后，系统发布测试，检验实验参与者学习的效果，测试结果计入角色积分。该步骤对应的真实场景是，立法讨论过程中摒弃角色偏见、全面收集信息的理想情境。

⑨立法意见Ⅲ：让实验参与人再一次就相关话题进行立法表决，由此形成的立法意见对应着摒弃了角色前见并获得充分信息浸润的立法决定。

⑩角色轮转与体验：按照真实世界各种角色之间的比例，重新随机分配角色，让实验参与者将其在此前形成的三种立法意见分别适用到自己新分配的角色身上，对自己"定罪量刑"，由此充分模拟立法的"回旋镖"效果。

⑪实验数据分析：本实验将统计分析模块嵌入系统之内，以实现以下自动统计功能：实验参与者个人所有实验数据的纵向对照，旨在呈现个人观点迭代的进程；多个实验参与者的信息浸润得分数、角色选择与其支持的立法方案之间的关联性；多个实验者在三个阶段立法意见的变化状况及其与相关变量的关系。这样，就能得出相关议题的理性立法结论，并呈现立法从民众直觉、经由带个人偏见的立法意见向超越角色前见且经审慎思考的结论发展变化的过程，同时将推动前述变化的影响因素呈现出来。

在此过程中，本实验运用了真实立法场景模拟、立法角色扮演、角色轮转、游戏积分驱动、对照分析等方法，引导实验参与者从外行人的直觉判断出发，逐步克服立法讨论中常见的典型障碍，主动探索科学的立法结论，并对全过程进行总结分析。

这个实验并不复杂、高明，但它推倒了第一张多米诺骨牌，立法推进型人才的教学培养会因此在良性循环中逐渐强化，最终为法治中国的建设源源不断地输入人才和专业智慧。

◎ 参考文献

[1] 亚里士多德. 政治学[M]. 北京：商务印书馆，1965：199.
[2] 刘诚. 面向"制度上游"的法学教育[J]. 法学教育研究，2021，34(3)：5-6.

一、教师编

[3] 刘诚. 面向"制度上游"的法学教育[J]. 法学教育研究, 2021, 34(3): 3.
[4] 叶竹盛. 面向立法的法理学缘起、理论空间和研究问题[J]. 杭州师范大学学报(社会科学版), 2012, 34(5): 113-114.
[5] 何江. 为什么环境法需要法典化——基于法律复杂化理论的证成[J]. 法制与社会发展, 2019, 25(5): 54; 吕忠梅. 中国环境立法法典化模式选择及其展开[J]. 东方法学, 2021(6): 70.
[6] 杨海坤. 中国行政程序法典化构想[J]. 法学评论, 2003(1): 101; 章志远. 中国特色行政法法典化的模式选择[J]. 法学, 2018(9): 86.
[7] 张卫平. 法典化：实现民事诉讼制度体系化的有效路径[J]. 河北法学, 2020, 40(8): 2.
[8] 秦前红、张演锋. 论监察法的法典化[J]. 江苏行政学院学报, 2022(4): 121.
[9] 薛克鹏. 法典化背景下的经济法体系构造——兼论经济法的法典化[J]. 北方法学, 2016, 40(5): 107.
[10] 王钢. 德国近五十年刑事立法述评[J]. 政治与法律, 2020(3): 95.
[11] 陈家林. 英国刑事立法的新动向[J]. 国外社会科学, 2019(4): 22.
[12] 张明楷. 日本刑法的修改及其重要问题[J]. 国外社会科学, 2019(4): 4.
[13] John Pratt. Penal Populism[M]. London & New York: Routledge, 2007: 12.
[14] 邵博文. 晚近我国刑事立法趋向评析——由〈刑法修正案(九)〉展开[J]. 法制与社会发展, 2016, 22(5): 136.
[15] 汪全胜. 行政立法的"部门利益"倾向及制度防范[J]. 中国行政管理, 2002(5): 17.
[16] 王起超. 我国立法学课程的教学困境、成因与缓解——以立法学研究方法为视域[J]. 法学教育研究, 2021, 34(3): 191.
[17] 李文涛. 从倪海清案看我国的生产、销售假药罪[J]. 探求, 2013(4): 56-57.
[18] 王起超. 我国立法学课程的教学困境、成因与缓解——以立法学研究方法为视域[J]. 法学教育研究, 2021, 34(3): 191.
[19] [美]约翰·罗尔斯. 正义论[M]. 何怀宏、何包钢、廖申白译. 北京：中国社会科学出版社, 1997: 136.
[20] [美]詹姆斯·S.费什金. 倾听民意：协商民主与公众咨询[M]. 孙涛、何建宇译. 北京：中国社会科学出版社, 2015: 14.
[21] 林立. 哈伯玛斯的法律哲学[M]. 台北：新学林出版股份有限公司, 2016: 30.

打造《生物化学实验》"金课"的探索研究

张　蕾　赵晓璐　史熊杰　张兴华　樊玉杰　杨明园　谢会平　芦小艺

（武汉大学　生命科学学院，湖北　武汉　430072）

【摘　要】《生物化学实验》是武汉大学《生物化学》国家精品课程的配套课程，是生命科学学院学生的必修课。近年来，团队教师按照"两性一度"标准，在实验课教学过程中，从教学内容、教学方法以及考核方式等方面进行改革，效果显著。本文从生物化学实验课的发展历程以及改革中的重点问题等方面进行阐述，供相关学科专业的实验课教师参考。

【关键词】 生物化学实验；"两性一度"；金课

【作者简介】 张蕾（1975—　），女，满族，辽宁人。博士研究生毕业，武汉大学生命科学学院，副教授。研究方向：植物发育生物学。电子邮件：arabilab@whu.edu.cn。

2018年6月，教育部部长在中国高等学校本科教育工作会议上首次提出了大学要打造有教学挑战度的"金课"[1]。同年，教育部高等教育司司长吴岩指出，"两性一度"即高阶性、创新性和挑战度是"金课"的标准，其中高阶性就是要培养学生解决复杂问题的综合能力和高级思维；创新性则是对课程内容、教学形式以及学习结果提出更高要求；"挑战度"是指课程要有一定难度和深度，对教师备课和学生课下均有较高要求[2]。"金课"的建设过程是持续的改革之路，教学整体设计和思路均不同于以往的传统教学。近年来，生物化学实验课按照"两性一度"的标准不断改革发展，取得了一定的成效。

一、生物化学实验课的发展历程

武汉大学《生物化学》课程是国家精品课程，《生物化学实验》作为配套课程，是生命科学相关专业学生后续顺利完成综合实验课、科训课、毕业论文以及参加大学生创新创业大赛、实验技能大赛等竞赛的基础。2013年，生物化学理论课和实验课共同建设完成国家级精品课程共享课的升级。近年来，生命科学领域取得了飞速进展。生物化学实验课在引导学生掌握基础实验技能基础上，不断将国内外最新研究进展引入课堂，在教学内容和教学方法上不断改革，在2019年顺利完成湖北省教改项目并获得优秀。近两年，团队教师利用"学习通"对于实验课线上教学进行了尝试并取得了一定的成效。目前，在课程团队教师的共同努力下，已建成包含创新性教学内容和智慧化教学手段在内的多维度教学体系，同时将实事求是、严谨求实、追求卓越、使命担当等思想融入课堂，以"盐溶于水、润物无声"的方式实施课程思政。

二、教学改革中的重点问题

1. 打造"金课"标准的生物化学实验课课程目标

武汉大学是国家第一批"双一流"大学，生命科学学院拥有生物学一流学科，建设有全国本科实验教学基地。生物化学实验课是本科生必修的专业基础课。生物化学实验课在教学实践过程中，秉承研究型教学理念，以"强化基本技能训练，重视能力培养，激发创新意识"为指导思想，以培养创新型人才为目标。学生在学习本课程后达到以下要求。

（1）知识：生物化学基础实验操作和仪器设备使用，结合前沿理论学习，拓展学生视野和宽广的跨学科知识。

（2）能力：引导学生对实验结果进行分析讨论，培养学生批判性思维、分析问题解决问题、实践与创新能力、深度学习与自主学习的能力。

（3）素养：通过实验数据分析培养学生诚信、严谨的科学素养，从实验失败中总结经验，培养学生追求卓越、刻苦务实的精神。培养学生成为具有国际视野、家国情怀、使命担当的时代青年。

2. 按照"两性一度"标准凝练教学内容

生命科学飞速发展，生物化学实验课作为生命科学中的基础课程肩负着培养高水平人才、满足科研和社会发展需求的重要任务。生物化学实验教学一直秉承建立并发展教学科研紧密结合的研究型生化实验课程体系，教学内容紧跟学科发展和科研进展，强调实验教学与科学研究紧密结合，真正体现学科之间理论及实验技术的交叉融合，促进学生创新思维和能力的培养。[3]

生物化学实验现有实验内容广泛，涉及脂类、糖、蛋白质、酶和核酸的定量和定性分析。多年的教学经验表明，学生可以熟练掌握一项实验技能的操作，但是距离灵活运用并解决实际问题尚有一定距离。因此我们在教学过程中坚持以问题为导向，将实验技术融入解决问题过程，使得学生在掌握技能的同时，更多的是对该项技能的应用领域有更深刻的认识。在挑选科研项目转化为实验教学时，依托科研实验室提供实验材料，减少了材料准备的时间；同时选择科研项目中的一个小环节，实验技术简单、可操作性强，不需要复杂仪器设备，基本在3~4小时单位时间可以完成；学生可通过查找资料，分析数据并进行讨论。

同时，对于学有余力的同学，引导阅读文献拓宽知识面，鼓励在完成规定动作之外利用多余的课堂时间做探索性实验；对于生物知识薄弱的学生，提前预习至关重要，课前检查预习情况；对于理论知识充足，但是实验技能缺乏的同学，着重培养操作技能，操作错误及时纠正。团队教师录制复杂实验操作视频，学生对照视频进行预习和操作，解决了学生对操作细节难掌握的问题。

3. "线上线下"相结合的教与学闭环的教学模式

一节完整的实验课不仅仅是课上的 2~3 个小时，而是包括了对于教师的课前准备和学生的课前预习、课堂教学、课后学生的实验报告总结以及教师的教学反思等环节，从而形成一个完整的不断提升的教与学的闭环(见图 1)。

教师：课前在"学习通"编辑并发布预习资料和用于检测学生预习情况的习题；课前修改学生的作业并进行线上反馈；课堂讲解、答疑和实验操作指导；课后批改实验报告并及时反馈结果给学生；课后团队教师对授课过程进行复盘，反馈问题并提出修改方案。

学生：课前在"学习通"预习并完成习题测试，针对测试题中的薄弱环节进一步夯实基础知识；课堂听讲和实验操作并对疑难问题与教师进行沟通；课后完成实验报告并提交到学习通；查看学习通上教师批改报告的评语，修改并进一步完善自己的实验报告。

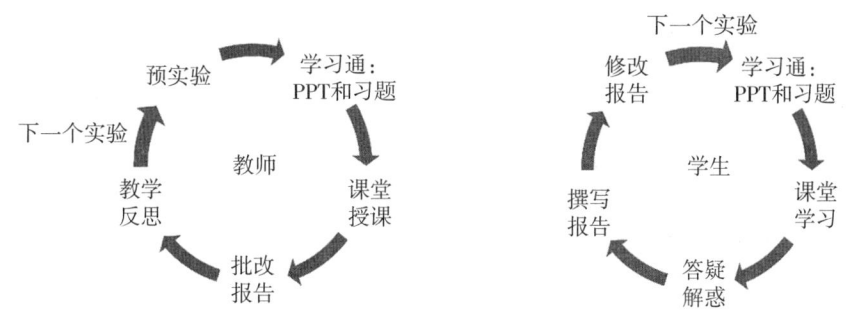

图 1 生物化学实验课教师和学生的闭环学习模式

4. 多维度过程化管理的考核方式

生物化学实验课采用合理的考核方案，注重实验课过程管理，期末总评成绩包括预习 10%、报告 40%、平时操作分 20%、操作考试 10%、理论考试 10%以及实验素质分 10%。同时在学期末增加对学生的"一对一"综合点评。通过综合评价，使学生发现自身的不足，在今后的学习过程中不断的改进和克服！

以往，检查学生实验课预习的方法大多采用预习报告的形式。在实际执行过程中，我们发现简单的抄写并不能如实反映学生预习的情况。我们利用"学习通"平台，将实验预习部分上传到平台，并在每次课前学生在线完成习题。一方面，教师通过学生习题完成情况及时了解每一位学生的预习情况；另外一方面，学生也可以通过完成习题对于实验的重难点有较好的了解，并能够对自己是否达到预习效果进行初步判断。

实验报告和操作打分均有详细的评分细则，做到有理有据、公平公正。评分细则在学期初在学习通公示，学生对于打分细节的了解有助于他们对于实验操作细节的掌握，同时对于结果分析也有一定的帮助。

5. 教学团队是保证课程建设不断提升的关键

我们的目标是建设成一支教学与实践经验丰富、学科综合能力过硬的教师队伍，促进实验教学创新,保证实验教学改革向纵深发展。教师团队线上线下及时沟通信息,从PPT精修到实验操作细节,再到结果分析的多样性和报告批改中的小问题,既保证了不同班级的同步教学,同时高效完成教学任务。新教师的加入为团队输入新鲜血液,带来新的教学经验和灵感。为保证教学质量,新教师均担任一学期实验课的助教,参与预实验、实验操作指导和报告批改等工作,为独立承担教学任务打下良好的基础。教学团队中除任课教师外,实验技术系列的两位教师为每一次实验课提供实验试剂和仪器保障,并带领研究生助教完成预实验。他们经验丰富,为实验教学的改革贡献力量。教学团队中资深教师、充满激情的新教师、任劳任怨的实验技术人员和认真耐心的研究生助教相互配合,极大程度上保证了教学质量和教学改革的顺利进行。[4]

三、结果与展望

经过一系列的教学改革,生物化学实验课教学团队得到了学生们的认可。学生普遍反映,团队老师很耐心,讲解细致,实验设计全面完善。学生在全国大学生生命科学竞赛和湖北省大学生生物实验技能竞赛中分别获得特等奖和一等奖的好成绩。同时,教师团队成员在武汉大学各项教学竞赛中获得诸多奖励,并总结改革经验,发表教改论文。未来,武汉大学生物化学实验教学团队将继续坚持以学生为中心,在教学内容、教学方法、考核方式和团队建设方面深化改革,将课程建设成为具有高度影响力的一流课程。

◎ 参考文献

[1] 陈宝生. 在新时代全国高等学校本科教育工作会议上的讲话[J]. 中国高等教育,2018,611(Z3):4-10.
[2] 吴岩. 建设中国"金课"[J]. 中国大学教育,2018,340(12):4-9.
[3] 谢会平,杨明元,史熊杰,张蕾. 基于科研思维能力培养的生物化学实验教学改革初探[J]. 高校生物学教学研究(电子版),2021,11(5):29-32.
[4] 张蕾."双一流"建设中生物化学实验教学改革与探索[J]. 实验科学与技术,2019,17(5):38-40.

学习现代教学手段并应用于腐蚀与防护课程群教学

谢学军　廖冬梅

（武汉大学　动力与机械学院，湖北武汉　430072）

【摘　要】本文主要介绍武汉大学腐蚀与防护课程群教师学习如何制作微课和MOOC、如何使用雨课堂并应用于实体课堂教学，学习和合作开发虚拟仿真实验软件用于实验教学，通过雨课堂、武汉大学珞珈在线SPOC+学习通、虚拟仿真实验开展线上线下差异化混合式教学，调动和发挥学生的主观能动性，提高学生的学习积极性，提高腐蚀与防护课程群的教学效果。

【关键词】腐蚀与防护课程群；教学效果；MOOC；雨课堂；虚拟仿真实验；线上线下；混合式

【作者简介】谢学军(1968—)，男，汉族，湖南益阳人，武汉大学动力与机械学院教授、博导，研究方向是腐蚀与防护、水质调节和火电厂、核电站水化学。

廖冬梅(1975—)，女，汉族，湖北仙桃人，武汉大学动力与机械学院教授级高级实验师，研究方向是电厂化学、实验室安全与管理。

武汉大学腐蚀与防护课程群的课程，包括《热力设备的腐蚀与防护》《材料防护与资源效益》《腐蚀与防护综合实验》和《除盐水中碳钢的腐蚀与防护虚拟仿真实验》。本文总结武汉大学腐蚀与防护课程群教师是如何学习现代教学手段、不断提升教学能力，提高腐蚀与防护课程群的教学效果的。

一、先学习如何制作微课，然后精心制作MOOC，进行线上线下差异化教学

随着2012年美国一些顶尖大学陆续设立网络学习平台、在网上提供免费MOOC（Massive Open Online Courses，其实是系列化微课）课程，2013年MOOC大规模进入亚洲，香港科技大学、北京大学、清华大学、香港中文大学等相继提供网络课程。[1]我们积极响应，除了自学如何通过PPT录屏录音和手机自拍加录音制作微课外，还先后参加了教育部中国高校科技杂志社主办的"在线课程建设与应用暨移动交互微课与翻转课堂应用培训班"和师培联盟（北京）教育科技研究院主办的"互联网+时代线上、线下教学设计与课程实施培训班"学习。武汉大学于2015年开始以教改项目方式正式启动MOOC，我们申报的通

识课《材料防护与资源效益》的同名 MOOC 于 2016 年在武汉大学立项,并于 2017 年 9 月起在中国大学 MOOC 爱课程网上开课,开始在全国大学生甚至全体民众中传播防腐蚀意识和腐蚀与防护知识、技术,至今已开至第十期。

在全国大学生甚至全体民众中传播防腐蚀意识和腐蚀与防护知识、技术,既是我们的 MOOC 开课理念,也解决了教授通识课时不同专业学生学习基础不一致带来的困扰。因为我们制作 MOOC 时,知识点的提炼注重贴近生活、深入浅出、循序渐进、理论密切联系实际。如把抽象的腐蚀概念从日常生活中常见的钢铁生锈、木头腐烂引入,把深奥难懂的电化学从初三学过的氧化还原反应引入,电化学腐蚀则从干电池是利用电化学腐蚀供电引入;腐蚀危害和防腐蚀效益分析注重介绍令人震撼的数据和实例;防腐蚀方法既强调和实际相结合,又强调防腐蚀的同时还能带来效益,如在大气和淡水中不锈钢比黄铜耐腐蚀,而且现在焊接不锈钢管价格低于黄铜,所以火电厂凝汽器管用不锈钢代替黄铜,不但不易腐蚀,而且成本还低不少。

同时,我们通过线上线下差异化教学来弥补、满足理工科学生想进一步学习、了解腐蚀与防护知识、技术的需求。所谓差异化教学,就是 MOOC 内容是所有学生必须掌握的基本内容,MOOC 的学习要求和方法是所有学生必须满足和领会的,在此基础上再通过下面所说的雨课堂、珞珈在线 SPOC 及混合式和翻转课堂教学来提升。

这样文科学生和理工科学生开始学习时都有兴趣,也都觉得不难,学习深入后都觉得有收获。

二、先学习如何把雨课堂引入课堂教学,然后通过雨课堂实时了解学生学习情况和实时进行教学调整

雨课堂(Rain Classroom)是学堂在线与清华大学在线教育办公室共同研发的智慧教学工具,覆盖课前—课上—课后各个教学环节,教师可以将视频、PowerPoint、语音等课前预习课件推送到学生手机,在课外预习与课堂教学间建立沟通桥梁,全面提升课堂教学体验,如师生沟通反馈及时、课堂答题实时、师生可弹幕互动,可实现课堂互动永不下线,并为师生提供完整立体的数据支持,如个性化报表、自动任务提醒,让教与学更明了。[2~5]

学堂在线于 2013 年 10 月成立,雨课堂于 2016 年 2 月开始在国内 8 所高校的 15 个班级进行公测、4 月 1 日对外免费开放。[6] 我们于 2017 年 3 月开始学习和接受雨课堂教学培训,2018 年 9 月学习了清华大学于歆杰教授主讲的"信息技术与教育教学的深度融合——用雨课堂实现大班翻转课堂案例。

2017 年 9 月起开始在专业课《热力设备的腐蚀与防护》和通识课《材料防护与资源效益》教学中应用雨课堂,主要是通过雨课堂签名、实时推送授课 PPT、实时推送问题给学生作答、投票和进行弹幕互动,教师根据学生回答问题和弹幕互动情况,实时了解学生学习、理解和掌握课程内容的实际情况,如教学内容的深浅、进度、方式合不合适,从而决定要不要改进和调整。

三、先学习什么是虚拟仿真实验，然后设计《除盐水中碳钢的腐蚀与防护虚拟仿真实验》并合作开发其软件，通过线上虚拟仿真实验和线下实际实验开展《腐蚀与防护综合实验》

虚拟实验(Virtual Experiment)是指借助于多媒体、仿真和虚拟现实(又称 VR)等技术，在计算机上营造可辅助、部分替代甚至全部替代传统实验各操作环节的相关软硬件操作环境，实验者可以像在真实的环境中一样完成各种实验项目，所取得的实验效果等价于甚至优于在真实环境中所取得的效果。[7~11]

《腐蚀与防护综合实验》以前都是在线下开展，单纯的线下实验存在的问题有(如图1)：用高压釜进行高温高压实验有风险(温度高于100℃、压力超过1MPa，容易发生烫伤等安全事故；在实验室对除盐水除氧需要用高压氮气，也有一定安全隐患)；高压釜一方面单台较贵，需台套数较多，实验设备投入较大，另一方面高压釜釜盖较重，既难以搬动，也容易发生搬不稳而砸伤人等安全事故；实验周期长、教学计划安排的时间不够；实验设备台套数不够，不得不分组进行，分组实验的弊端凸显；除盐水的水质易受空气影响，实验结果的平行性差；金属的腐蚀与防护过程不易观察，学生往往只看到了腐蚀与防护的最终结果，难以通过实验感知金属腐蚀影响因素的影响程度和防腐蚀方法的防腐效果；学生操作不规范等。因而实际实验的教学效果不理想，而虚拟仿真实验正好可以解决这些问题。[5,11~14]

为此通过自学和参加"2019年春季高等学校虚拟现实技术教育应用研讨会"等学习什么是虚拟仿真实验，然后设计《除盐水中碳钢的腐蚀与防护虚拟仿真实验》和请虚拟仿真软件专业开发公司开发了"除盐水中碳钢的腐蚀与防护3D仿真软件"，供学生在线上(电脑和手机)学习和除盐水中碳钢的腐蚀与防护相关的、规范的虚拟仿真实验基本操作，防腐蚀方法及防腐蚀效果验证实验方案，进行虚拟仿真实验练习，为设计和开展虚拟仿真实验做好必要的准备；同时供学生在线上设计除盐水中碳钢的空白腐蚀实验方案、防腐蚀方案和防腐蚀效果验证实验方案，并根据自己设计的方案进行虚拟仿真实验。这样，一方面学生自己设计了碳钢在除盐水中腐蚀的实验方案和防止碳钢在除盐水中腐蚀的方法及其防腐蚀效果验证实验方案，另一方面学生按自己设计的实验方案开展了虚拟仿真实验，然后开展线下实验。通过虚拟仿真实验和线下实际实验相结合的方法开展本课程实验教学，可有效弥补实验教学物理空间和时间不足的缺陷，取得良好教学效果，也可培养学生的综合设计能力及运用所学理论知识分析、解决实际问题的能力，科学素养、创新意识、创新能力和探索精神。

四、用珞珈在线 SPOC 和雨课堂开展线上线下混合式、翻转课堂教学

近年来开展混合式、翻转课堂教学已成为热点，如何开展混合式、翻转课堂教学，我们一直在思考和摸索。

2019年起我们通过武汉大学珞珈在线同名 SPOC 课程《材料防护与资源效益》和雨课堂开始本课程混合式教学。一方面通过珞珈在线向学生推送授课日历、教学理念、教材和由课程内容凝练出来的知识点的微课视频、问题，要求学生先按授课日历进入珞珈在线同名 SPOC 观看视频，精读教材内容，初步理解教学内容，思考和通过学习通或微信、QQ 回答问题，并提出自己的问题，与老师互动交流。课堂讲授时教师通过雨课堂推送 PPT 和提问学生（疫情期间通过腾讯会议讲授和雨课堂问答或直接提问），了解学生对课程内容的理解、掌握程度，针对学生没有理解透、全面掌握的课程内容和学生提出的问题，有针对性的讲清楚，同时把重点、难点讲清楚，并要求学生课后查阅相关参考资料以更全面理解、掌握和巩固重点、难点，下节课再提问和讨论，即是复习也是检验上节课的教学效果。另一方面开展讨论课，讨论课开始前两周，教师把讨论题目推送到珞珈在线同名 SPOC，要求学生查阅资料、写成文案，课堂上先分小组讨论，达成共识或整理出小组意见、问题，然后各小组派代表到班上交流，充分展示讨论过程和结果，教师或点评或补充或表达自己观点。

五、结论

学无止境，教无定法。与时俱进，不断学习，不断改进教学方法和手段，努力提高教学效果、培养学生能力，是我们教师应尽的义务和应有的责任担当。

金杯银杯不如学生的口碑，因此本文以学生评价为结语："这种上课的模式十分新颖，激发学习兴趣的同时又能熟练掌握知识，可谓一举多得，建议本科期间的课程多采取这样的方式来调动学生的自主性与积极性，十分感谢老师的点拨。"

◎ 参考文献

[1] 张璇. MOOC 中国化的困境与未来[EB/OL]. （2014-06-18）https：//www. jiemodui. Com/N/21 07.

[2] 黄成龙. 雨课堂让教学更轻松[J]. 科技文汇，2016(371)：27-28.

[3] 臧晶晶，郭丽文. 滴水成雨——走进雨课堂[J]. 信息与电脑，2016(8)：235-236.

[4] 袁驷."雨课堂"要收雨成云[J]. 中国教育网络，2016(6)：67.

[5] 谢学军，廖冬梅.《腐蚀与防护综合实验》的雨课堂混合式教学[J]. 创新教育研究，2017，5(4)：345-348.

[6] 学堂在线. 学堂在线推出智慧教学工具——雨课堂[EB/OL]. （2016-06-17）https：//www. tsinghua. edu. cn/info/1176/27603. htm.

[7] 蒲丹，周舟，任安杰，韩英，赵蓉，马俊荣，万学红. 多层次综合性虚拟仿真实验教学中心建设经验初探[J]. 实验技术与管理，2014，31(3)：5-8，16.

[8] 胡今鸿，李鸿飞，黄涛. 高校虚拟仿真实验教学资源开放共享机制探究[J]. 实验室研究与探索，2011，34(2)：140-144，201.

[9] 王卫国，胡今鸿，刘宏. 国外高校虚拟仿真实验教学现状与发展[J]. 实验室研究与探

索,2015,34(5): 214-219.

[10] 罗晓东,尹立孟,王青峡,许文林. 基于虚拟仿真技术的实验教学平台设计[J]. 实验室研究与探索,2016,35(4): 104-107.

[11] 谢学军,廖冬梅. 腐蚀与防护综合实验的虚拟仿真[J]. 创新教育研究,2017,5(5): 409-412.

[12] 谢学军,付强,廖冬梅,邹品果编著. 金属腐蚀及防护效益分析[M]. 北京:中国电力出版社,2015.

[13] 谢学军等. 电力设备腐蚀与防护[M]. 北京:科学出版社,2019: 7.

[14] 谢学军,龚洵洁,许崇武,彭珂如. 热力设备的腐蚀与防护[M]. 北京:中国电力出版社,2011: 7.

《水资源利用与保护》教学创新及成效

黄理志　陈轶群　邵　青　刘子正　方　正

(武汉大学　土木建筑工程学院，湖北　武汉　430072)

【摘　要】本课程通过实地调研和教学经验总结，全面剖析了《水资源利用与保护》教学过程中存在的"痛点"，紧扣时代需求，融入课程思政，重构课程内容；丰富课堂教学方式，改革教学评价方式，激发学生的内在潜力和学习动力；坚持问题导向、实践育人，通过创造课后实践教学环境等创新举措，取得了一系列创新成效，极大地提高了学生的理论知识水平和实际创新能力，同时提升了教师教学能力，促进了课程教学质量的持续提升。在国家生态文明建设和"新工科"背景下，本创新成果推广后可有效加强工科专业课程思政和实践教学建设，提高人才培养对接国家重大战略需求和新时代行业发展需求的能力。

【关键词】课程教学创新；课程思政；问题导向；实践育人；水资源利用与保护

【作者简介】黄理志，1984年11月生，男，湖南郴州人，武汉大学教授、博导，湖北省高层次人才，中国水协青年委委员，国际水协会员，主持多项国家级科研项目和校级教学改革项目，主要研究方向为水污染控制，Email：lizihuang@whu.edu.cn。

【基金项目】新工科背景下一流土木人才培养体系的构建——武汉大学课程思政建设项目（1403/413200119）；武汉大学研究生导师育人方式创新项目：基于"师生学术共同体"的青年导师研究生培养模式探索与实践；武汉大学学位与研究生教育教学改革研究重点项目：基于产教融合育人共同体的专业学位研究生实践能力培养模式研究（1403/413200101）；新时代给排水专业课程思政体系建设——教育部高等学校给排水科学与工程专业教学指导分委员会教育教学改革研究项目（GPSJZW2022-39）；新工科背景下给排水专业课程思政体系的建设与实施——武汉大学课程思政示范专业建设项目（1403/413200119）。

一、教学"痛点"剖析

《水资源利用与保护》是给排水科学与工程专业的本科生必修课程，该课程的核心是水资源利用与保护，学生在全面了解全球水资源状况、形成与分布特征、水资源开发利用现状、水资源污染特性的基础上，系统学习和掌握水资源概论、水资源利用、水资源保护、水资源再生利用技术、节水技术、水资源管理等方面的知识[1~3]。本课程既涉及有关理论研究，如水资源系统、地表水系统、地下水系统等，又十分强调应用方法的掌握，如区域水资源供需平衡分析、水资源评价等具体的方法等,是一门综合性强、时代性强、应用性强的专业课程。通过与学生和往届任课老师的深入交流,以及兄弟院校的实地调研,总结出本课程存在以下问题和痛点(见图1):

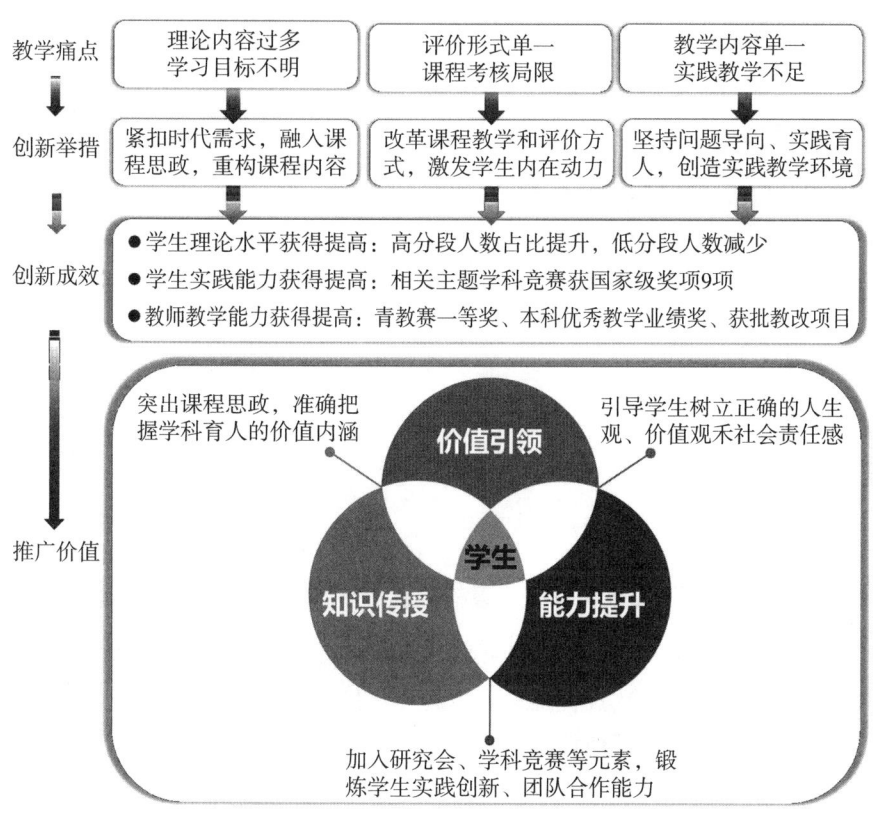

图1 《水资源利用与保护》课程教学创新成果体系图

1. 教材理论内容过多、课程体系繁杂、重点难点较多,学生学习目标不明确

我校目前使用的《水资源利用与保护》教材是由李广贺教授主编、普通高等教育"十二五"国家级规划教材。本教材内容全面,章节编排细致,但如要教授教材中的全部内容,武汉大学现有培养方案下的课程学时完全不够。此外,课程重点难点较多,教师上课很难面面俱到。因此,教材内容的整合和优化十分必要。[4]《水资源利用与保护》课程各个章节间的联系交叉较多,尤其是地表水和地下水取水构筑物的设计与施工;水资源供需平衡分析的原则与方法、水资源系统的动态模拟部分内容,需要学生具备较好的水工程施工和水文学基础。准确把握课程的重点难点,分清课堂教学内容的主次,需要教师与学生共同参与课堂建设来完成。因此,如何对课程体系进行去繁化简,构建"点—线—面—体"的知识点和框架体系,是亟须解决的痛点问题之一。[4]

2. 评价形式单一、课程考核有局限性

传统的期末考试"一考定终身"的考试模式不仅考察不全面，而且会对学生造成一定的思想压力，甚至会挫伤其积极性。因此，通过改革考核和评定方式，督促学生加强平时的学习，使课程成绩尽量覆盖学生学习的整个过程，也是本课程教学亟须解决的痛点问题之一。[5]

3. 教学模式单一、教学内容仅局限于课本、学生实践能力提升不够

在实地调研过程中，我们发现以往授课老师仍采用传统教学模式，以书本和课堂为中心，采用老师单向灌输、学生被动接受的方式。传统教学流程有利于理论知识的传授，但容易让学生被动接受知识，不利于学生积极性和创新性的激发。[6-7] 因此，如何创新教学方式，并有效地改善灌输式的教学模式，增强学生的学习主动性和创新性，[6] 把实践能力培养贯穿在课堂教学中，全面提升学生的实践能力，是水资源利用与保护课程教学亟须解决的另一个痛点问题。

二、教学创新举措

1. 紧扣时代需求，融入课程思政，重构课程内容

紧扣我国水环境保护、生态文明建设、"双碳"目标、"两山"理论和可持续发展等方面相关的方针、政策和法律法规，挑选紧扣时代背景的课程内容进行讲授，在满足教学基本要求的前提下，适当调整其他课程内容。以李广贺教授的《水资源利用与保护》国家级规划教材为例，将教学的主要内容放在对绪论、水的储存、循环与水量平衡、取水工程、水资源保护等内容的传授上，紧扣时代需求和国家战略，激发学生的学习热情。

在授课过程中突出课程思政，把握本课程的价值内涵。以生态文明思想为指导，设计教学内容和教学环节，挖掘《水资源利用与保护》的课程思政元素。[4] 水资源匮乏问题已经成为我国经济社会发展的重要制约因素，因此，保护水资源对构建和谐社会、实现可持续发展具有重大战略意义。本研究旨在教学过程中引导学生树立扎根人民、奉献国家的品质，突出"价值引领，融入思政"，厚植爱国主义情怀，引导学生树立正确的人生观、价值观和社会责任感，从思想根源上解决学生"为什么学"的问题。

2. 丰富课堂教学方式，改革教学评价方式，激发学生的内在潜力和学习动力

（1）以小组形式开展不同主题的研讨会。例如，在"水资源保护"章节开展"水资源利用与保护之间的矛盾冲突与解决途径"的主题研讨，增强学生对辩证唯物主义的认识。

（2）组织与课程内容相关的辩论赛。例如，在"水资源供需平衡分析"章节进行"跨流域调水的利与弊"的辩论，在"取水工程"章节，开展"兴修大坝水库的利与弊"的辩论赛，根植学生的专业素养，培养学生的团队协作精神。

（3）开展个人主题演讲。让学生自由发挥，题目自选，要求演讲内容与国家水污染治理、水资源管理制度、生态文明建设等发展战略相结合，使学生在学习水资源利用与保护专业基础课的同时，掌握新时期社会主义的核心价值观。

（4）改革传统的评定方式。由三部分组成学生最终成绩，一为课堂平时成绩，包括研讨会、辩论赛、主题演讲、随堂问答、课堂小测验、课后作业等方面的内容，共占总成绩的25%；二为实践创新成绩，主要包括企业参观实习表现等方面，占总成绩的25%；三为期末考试成绩，采用闭卷笔试的方式，占总成绩的50%。这种考核形式全方位多角度地考察了学生表现，在一定程度上减少了不公平性和随机性，提高了学生学习的积极性。

3. 坚持问题导向、实践育人，创造课后实践教学环境

在课堂教学过程中完成基础理论知识传授后，组织学生参加与水资源利用与保护相关的国家级学科竞赛，主要包括全国大学生节能减排社会实践与科技竞赛、全国大学生给排水科技创新大赛、"挑战杯"全国大学生系列科技学术竞赛等，创造科研实验室实践教学环境，培养学生发现问题、解决问题的能力。此外，组织学生参观与水资源利用与保护相关的企事业单位，创造工程实践教学环境，培养学生理论联系实际，在工程中运用知识的能力，全面提升学生综合素质和关键能力（见图2）。

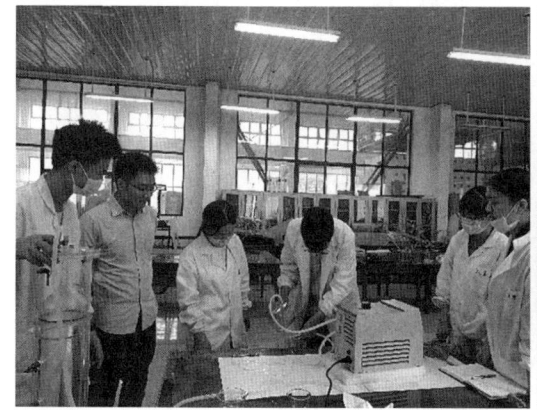

图2　实验室（左图）和工程现场（右图）实践教学环境

三、教学创新成效

1. 学生理论水平获得提高

进行教学改革后，以同样的考核标准难度，将改革前后2018级和2019级学生的成绩进行对比分析，发现高分段（80~90、90~100）的学生人数占比有较大提升，60~70区段成绩的学生人数占比明显减少，这表明创新教学方法对提升学生学习效果具有积极作用（见图3）。

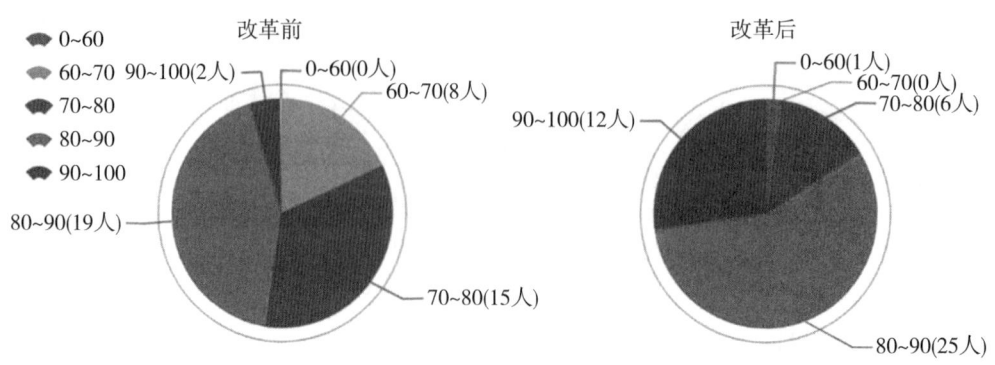

图 3　教学创新改革前后学生学习成绩分布对比

2. 学生实践能力获得提高

教学团队从 2017 年开始实施教学创新改革以来，组织学生积极参与水资源利用与保护相关主题学科竞赛，共获得国家级奖项 9 项（见表 1），提升了学生的实践能力：

表 1　　　　　　　水资源利用与保护主题学科竞赛获奖列表

年度	项目	竞赛	奖项
2021	基于厌氧氨氧化的老龄垃圾渗滤液生化物化协同处理装置	全国大学生节能减排社会实践与科技竞赛	全国二等奖
2021	基于半自驱式交流电絮凝同步去除重金属和卤代有机物的水处理装置	全国大学生节能减排社会实践与科技竞赛	全国三等奖
2020	基于三维 Fe-Mo-S 碳毡电极的光电联用水处理装置	全国大学生节能减排社会实践与科技竞赛	全国一等奖
2020	低氧复合生物系统结合高级氧化技术处理垃圾渗滤液	全国大学生节能减排社会实践与科技竞赛	全国三等奖
2020	基于绿锈悬浮填料的重金属废水处理装置	全国大学生给排水科技创新大赛	全国三等奖
2019	基于超声波耦合 MPAG 吸附技术的剩余污泥减量化及资源化装置	全国大学生节能减排社会实践与科技竞赛	全国一等奖
2019	一种多维纳米电催化有机废水处理装置	全国大学生给排水科技创新大赛	全国二等奖
2019	—	全国大学生给排水科技创新大赛知识竞赛	全国三等奖
2018	基于 BES-BCO 的偶氮类印染废水一体化处理生物反应器	全国大学生节能减排社会实践与科技竞赛	全国二等奖

3. 教师教学能力获得提高，课程质量持续改进

水资源利用与保护课程教学创新的实施，不仅提升了学生的学习效果和能力，还反哺了教学工作，提高了教师的教学能力，促进了教师个人发展，为课程的持续改进提供了动力。以课程负责人为例，2018 年获武汉大学青年教师讲课竞赛一等奖，教学研究论文获武汉大学优秀教学研究论文三等奖；2019 年指导本科生参与专业学科竞赛获全国奖 2 项；2020 年指导本科生参与全国大学生节能减排社会实践与科技竞赛获全国一等奖、全国大学生给排水科技创新大赛全获全国三等奖，所获成果代表土木建筑工程学院入选武汉大学第七届大学生"三创"成果展，指导研究生参加"追梦计划"武汉大学生创业大赛获优秀奖的好成绩，同时还指导学生在投青少年科普实验大赛、中国大学生创意节等科技、文创比赛数项。课程主讲老师被聘为武汉大学节能减排社会实践与科技竞赛校内竞赛优秀指导教师，获 2019—2020 学年本科优秀教学业绩奖。2021 年，获批主持本科教学改革项目 2 项，包括新工科背景下一流土木人才培养体系的构建：课程思政建设项目、武汉大学教育教学改革建设专项（大学生学科竞赛子项目）；"深水杯"全国大学生给排水科技创新大赛。

课程教学团队成立了课程持续改进组，执行并监督持续改进过程。持续改进方法包括：（1）平时成绩考核机制：根据每届学生学习情况，课程组教师及时汇总统计学生平时成绩考核的各项指标，采取座谈会、讨论组、与学生单独交流等措施改进。（2）期末考试考核机制：对期末考试试卷进行分析，统计各部分试题得分情况，将统计结果用于整体分析研究该门课程，用于下一届学生的教学改进。（3）实践竞赛考核机制：统计各年度学科竞赛获奖情况，总结竞赛项目设计、实施、答辩过程中的经验教训，以持续提高学生的竞赛成绩和实践创新能力。

四、教学创新推广价值

本课程教学的创新举措坚持以学生为中心，坚持做到"知识传授、能力提升和价值引领"同步进行，有效解决了本课程教学"痛点"问题，在"新工科"背景下具有重要的推广应用价值，具体包括以下三个方面：

1. 紧扣时代需求，融入课程思政，重构课程内容的推广价值

该创新举措推广后，能将课程目标和育人目标相结合，将思想价值引领贯穿教学全过程，基于社会和时代需求，精简重构课程内容，确保学生在规定时间内掌握核心知识体系[8]，做到"知识传授、能力提升和价值引领"同步，为社会主义培养合格的接班人[9]。

2. 课堂教学方式、教学评价方式的推广价值

在传统课程教学之外加入研讨会、辩论赛、主题演讲、学科竞赛、企业参观实习等元素，能与学生积极互动，锻炼学生实践创新、团队合作、沟通交流等方面的能力，全面提高学生的综合素质，具有推广应用到其他课程的重要价值。

3. 问题导向、实践育人的推广价值

在国家"新工科"建设的大背景下，国家和行业对工程专业学生的实践能力提出了更高要求。本课程"问题导向、实践育人"推广到其他工科专业教学过程后，可有效加强工科专业实践教学课程建设，提高人才培养对接国家重大战略需求和新时代行业发展需求的能力。

◎ 参考文献

[1] 邓玉梅, 张纯, 李好.《水资源利用与保护》课程教学改革探索[J]. 产业与科技论坛, 2019, 18(22): 171-172.

[2] 赵玲萍, 涂保华, 张凤娥等.《水资源利用与保护》课程教学改革探讨[J]. 科技信息, 2010, 354(34): 104.

[3] 钟丹, 冯玉杰, 马文成.《水资源利用与保护》课程建设探讨[J]. 黑龙江教育(理论与实践), 2019(4): 56-57.

[4] 赵宽, 万昕, 李明, 张元广, 周葆华. 环境化学课程教学痛点问题及其对策分析[J]. 科教文汇(中旬刊), 2021(32): 117-119.

[5] 孟晓彩, 朱正, 张广清, 秦身钧, 康莲薇. 化工原理课程教学中的痛点问题和解决方案[J]. 化学工程与装备, 2021(10): 278-279, 270.

[6] 樊秀峰, 吴振祥, 简文彬. 工科专业实践课程思政教育模式构建[J]. 化工高等教育, 2022, 39(1): 81-85.

[7] 郑虹霓. 传统文化课程的翻转课堂教学模式研究[J]. 阜阳师范学院学报(社会科学版), 2017(3): 144-147.

[8] 刘璐璐. 产学研背景下测绘工程专业"地图学基础"课程思政的探索与实践[J]. 电脑与信息技术, 2021, 29(6): 83-86.

[9] 周清波, 王长平, 王建波, 姜成. 结合"课程思政"建设地方高校公选课课程评价体系探索[J]. 经济师, 2021(4): 203, 205.

建筑学中外合作办学项目的教学模式探索

李 鸥　廖子翔　刘 炜　程世丹　李 婧

（武汉大学城市设计学院，湖北　武汉　430072）

【摘　要】武汉大学城市设计学院围绕国家一流专业建设，建立了"中外合作办学项目"成熟教学体系和管理机制，深化了思政教育引导下具有国际视野特点的建筑学教学体系，形成了具有特色的建筑类国际化人才培养方案。本文以项目背景、办学特色、管理体系、思政引导、教学体系、未来展望6个部分对该国际合作办学项目进行了介绍。

【关键词】中外合作办学；国际化；思政；建筑学

【作者简介】

李　鸥　武汉大学城市设计学院 副教授 博士

廖子翔　武汉大学城市设计学院 硕士

刘　炜　武汉大学城市设计学院 教授 博士

程世丹　武汉大学城市设计学院 教授 博士

李　婧　武汉大学城市设计学院 中英班秘书

一、项目背景

武汉大学建筑学专业于2013年3月获批教育部"中外合作办学项目"（简称"中英班"，下同），批准编号：MOE42UK2A20131391N，合作方为英国邓迪大学，同年纳入武汉大学本科生正式招生计划。[1] 目前该项目通过了国家教育部在2016年、2021年两次组织的教学评估，延长办学期限至2031年。该项目是全国建筑学专业首个计划内本科中外合作办学项目，也是武汉大学目前唯一的此类本科项目。包括中英班在内的武汉大学建筑学专业也是国家一流本科专业，并在2021年以优秀等级通过建筑学专业评估（本科和硕士同时通过）。目前该项目每年招生人数为40人。

该项目学制五年（与建筑学专业普通学制相同），采取"4+1"的模式，即前四年在武汉大学学习，最后一年在英国邓迪大学学习。毕业生可同时获得武汉大学建筑学学士学位和英国邓迪大学的建筑学荣誉学位（注：该学位不同于我国对于"荣誉学位"的理解，是英国学位体系的正式类型，对应相应培养阶段，也受教育部的国外学位认证认可）。

本项目80%的毕业生被海外高水平大学录取，继续深造攻读研究生及以上学历，包括美国耶鲁大学、哥伦比亚大学等排在世界前200位的大学。此外，还有部分学生进入同济大学、武汉大学、东南大学、天津大学等国内建筑"老八校"高校及排名前列的大学进行深造。

二、办学特色

1. 国际化与专业要求相结合

在新时代"城镇建设高质量发展"与"建设人民满意的高质量高等教育"的国家战略要求下，建筑学专业教育也需要探索新的路径。同时世界百年未有大变局的时代带来新的历史机遇与挑战，根据我国"一带一路"的重要国策和后疫情时代全球化发展的需要，要求建筑人才具备更高的综合素质。目前国内已有很多国际合作办学项目[2~3]，但本项目是全国建筑学专业的首个，目前也是唯一的中外合作办学项目。通过与发达国家先进的建筑院校合作办学，促进武汉大学建筑学专业在教学管理、课程体系、教学方式等方面的一系列改革，扩大了武汉大学建筑学专业在全国乃至世界范围内的影响，并为探索中国建筑学专业人才培养的新理念、新方法做出了积极贡献。

2. 严格的质量标准

中英双方大学都有着严格的培养标准。英方评估工作是通过英国高等教育质量保障局（QAA，Quality Assurance Agency for Higher Education）进行。中方则由武汉大学及城市设计学院二级质量管理系统共同监督，严格执行《普通高等学校本科专业类教学质量国家标准（建筑类）》（2018版）、《全国高等学校建筑学专业本科（五年制）教育评估标准》（2018版），保证教师聘用、课程管理、教学大纲、学生考核等配套体系按照高标准管理运行，以体现学校中外合作办学理念和办学特色。国家对包括中外合作办学班在内的建筑学专业定期评估，在2021年5月的最新一次评估中，也获得优秀的成绩。中英双方严格把控师资质量。除了基本的专业背景外，中方教师须具有一年以上的海外留学经历和博士学位，外教来自于英国、意大利、美国等地。具有海内外结合教育背景的师资为培养专业人才提供了良好的条件。

3. 人才培养的宽视野

本项目致力于引进英国合作大学成熟的建筑学专业培养体系，为国家建设培养国际视野与创新能力兼备的综合性人才。核心课程教学均安排有境外高水平大学学者与专家承担，先后有英国、美国、法国、意大利以及我国台湾、香港地区的专家参与教学。同时，武汉大学城市设计学院定期邀请来自国内外知名高校和设计机构的专家为学生举办讲座和设计工作坊，搭建学生和业界之间，与海外建筑院校师生的沟通平台，让学生理解不同的文化，培养学生在跨文化环境下的专业思考和专业实践能力。项目希望培养具有国际化能力的高端设计人才，按照国际标准，面向国家要求，同时满足建筑业堪培拉协议（国际建筑师执业认证标准）和英国皇家建筑师协会的执业要求。

4. 全英文特色课程的建设

在本项目中，大力完善全英文特色课程的建设。全英文课程采用我校教师与邓迪大学教师联合开设的方式来完成。目前建成并在教学中全面展开的全英文课程 22 门，主要包括以下四类课程：(1) 基于中英执业要求的建筑设计特色课程。比如从本科 1~4 年级，每年级逐步开设的 Preliminary architectural design、Architecture Design Studio（1)-(6）、Architecture Design Studio：Integrated 等；(2)"国际视野"和"中国情怀"并重的建筑历史特色课程。比如 World Architecture History（本科 2 年级开设）、Architecture Heritage Topics（本科 3 年级开设）等；(3) 基于数字表现和建构理论相结合的建筑技术特色课程。比如本科 2~3 年级逐步开设的 Architecture Presentation and Communication（1)-(3）、Tectonics（1)-(3) 等；(4) 基于数据分析与建成环境改善相结合的城市设计特色课程。比如 Urban Design Studio（本科 4 年级开设）、Urban Theory Analysis And Strategy（本科 5 年级开设）等。

三、管理体系

建筑学中外合作办学已经历了多年的发展，目前已经有成熟和完善的教学体系和事务管理机制。在武汉大学评教系统反馈的情况看，学生整体对教学环节表示满意。在实际教学评估过程中，建筑学中外合作办学班级学生普遍表现良好，体现出合作办学的积极成果。

项目采取学校、学院和建筑系三级管理模式对项目进行管理，并通过年度管理会议对项目进行评估和检查。学校、学院层面设立相应管理小组，学校给与学院在人员管理、教学组织、外请教师数量和质量控制等方面较大自主权，学院有专设的工作空间，用于日常中英班的管理、讨论和教学成果展示。由于中英两国的高等教育体制不同，使得两校在学籍管理、成绩记载、考核方式等方面存在一定差异。中英双方在实际工作中认真研究，探索出能够融合两校培养要求，符合两校教学管理规定的工作方法和操作细则。城市设计学院制定了针对建筑学中外合作办学的学籍、成绩、考核的相关政策，并对建筑学中英班制定独立的培养计划。

四、中外合作办学项目的思政引导

武汉大学建筑学中外合作办学项目是在中共武汉大学城市设计学院党委的正确领导下，坚持以习近平新时代中国特色社会主义思想为指导，努力引导学生党员进行理论学习和开展社会实践活动，为创新教学模式、提高合作办学质量，不断创造条件，提供有力保障和优质服务。

1. 国际化教学体系与思政教学相结合

本项目一直注重深化思政教育与建筑学专业教育的整合。首先在专业教学中，积极帮助学生建立正确的世界观和人生观，引导学生努力学习，争取成为优秀的国际化专业人才,更好地为国家和社会服务。比如武汉大学城市设计学院与英国邓迪大学建筑学专业每年暑期固定有设计工作坊活动,轮流在两校举办。今年我们在征得英方同意后,将设计主题定为"乡村振兴与建筑风貌调查",我校学生通过在线方式与邓迪大学的老师同学们一起进行设计思考,然后实地走访湖北崇阳县白霓镇,探索中国农村的建设方式和风貌设计思路,为乡村振兴做出贡献。这次工作坊,既是两校重要的国际交流活动,同时还是武汉大学暑期社会实践项目。在五天的实践中,同学们访问了王世杰故居、古堰湾、谭家村、大市村、洪泉村等地点,与当地的政府官员、普通村民进行了深入交流,加深了对湖北地区农村的了解,向英国邓迪大学的师生展示了中国农村的美丽和传统特色,也激发了同学们参与乡村振兴的热情。

2. 规范开展学生党员党内组织生活。

坚持"三会一课"制度,即使学生在海外学习,学生党支部也可以通过线上方式,联线国内和英国开展党员大会、党小组会,学习党课材料,共同讨论,并做相关记录。做好党员发展和日常管理工作。

3. 结合学生的专业特点,组织学生开展实践活动

抓住时间点结合时事开展各类主题活动。如2020年疫情刚发生期间,组织学生开展了"社会主义优越性""社会治理体系和治理能力"的讨论和主题党日活动;复课后,组织学生参观"武汉大学抗疫成就展"等社会实践活动。在弘扬伟大抗疫精神活动中,海内外的中英班学生党支部党员都参与到抗疫物资的邮递、发放,以及抗疫精神的宣传中去。

五、教学体系

教学体系的建设是实现教学目标的重要保障,也是建筑学专业教学的基础。建筑学专业课程包含设计、理论、表达、实践四类课程系列,其中设计类课程最能体现学生的创造能力,并融合了相关课程知识,是建筑学专业的主干课程。整体化的课程结构以设计类课程作为核心,以理论、技术、表达、实践类课程为支撑,并与通识类课程相关联,形成一种联系紧密的、网络状的课程格局(见图1)。

建筑学中外合作办学根据武汉大学、英国邓迪大学双方教师的多年讨论和整合,形成了一套覆盖1~5年级所有阶段、所有课程的教学体系。以专业设计课为核心、理论课为补充,由浅入深地引导学生完成五年制的教学流程。本科阶段从低年级到高年级,设计类课程确立不同阶段的研究性教学主题,包括"建筑与空间""建筑与社区""建筑与社会""建筑与传统""建筑与技术""建筑与城市"等主题并设置相应的设计任务。其他课程的安排与教学主题密切配合,例如,一年级开设的建筑设计初步课程以"建筑与空间"为主题,同年级开设的"设计的人文维度""建筑简史""城市阅读"等相关课程,加强学生对建筑的初步认识,强化与主干设计课程的联系;二年级开设"经典建筑评析""外国建筑史"等课程配合以"建筑与社区"为主题的设计课程教学,强调建筑人文观的培养;三年级以"建筑与传统""建筑与社会"为主题的建筑设计课程与同年级开设的"建筑遗产专题""西方当代建筑思潮"等课程内容紧密结合；四年级开设"绿色建筑技术""建筑施工""建筑师业务实践"等课程，为"建筑与技术"课程主题教学提供支撑。而第五年学生在邓迪大学的国际环境下研究城市与建筑环境中存在的问题，在"建筑与城市"这个主题下完成自己的毕业设计。

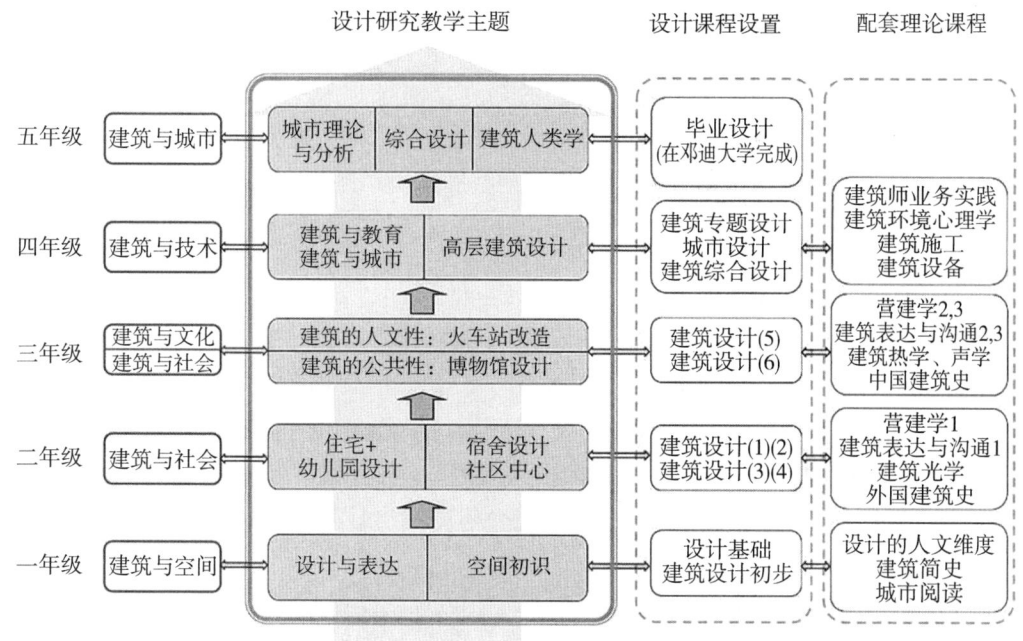

图 1　建筑设计教学主题

项目教材的选择依据科学性、时效性和国际化原则。目前在国内进行教学所使用的教材，专业基础和专业课采用高等学校建筑学专业指导委员会推荐教材为主，英文教材为辅。其中引进的外方课程的教材全部采用英文教材，共同开发的专业核心课程教材基本采用英文教材。第五年赴英国留学的课程 100% 为英文教材。

六、未来展望

武汉大学建筑学中外合作办学项目在全国建筑学本科教育中是创新开拓者。该项目凸显"人文""科学""技术"的学科特色，积极探索适应社会发展的建筑学人才培养模式，在多元文化背景下，培养学生扎根本土，独立思考，勇于创新的能力。几年来，在开拓国际视野、推动国际合作教学、扩大国际影响以及培养国际化人才方面，建筑学中外合作办学项目已取得了良好的社会效益。同时建筑学的学科教育有很强的特色(如本科学位是五年制，包含大量的实践与设计课程等)，在国际办学过程中有尚待完善的方面，尤其是在2020年全球疫情的情况下也面临了很多挑战。

(1) 进一步优化课程体系。在教学上继续提高中英班项目的全英文授课比例，优化英文教材选择，突出启发式教学的创新模式。

（2）进一步加强师资建设。在现有基础上提高教师的国际化水平，加快海外人才引进力度，通过灵活方式优化多层次海外教师队伍建设，建立推动学科建设和教学发展的长效机制。

（3）进一步引进教学管理经验。通过中外合作办学项目，引进国外先进教育模式与管理体系，与国际顶尖大学密切合作，更好地实现优秀教育及管理资源的吸收和利用；结合我国具体国情，培养高质量的教育管理队伍，建立更为高效的协调沟通机制。

（4）进一步发挥示范效应。目前，中外合作办学项目对建筑学专业其他班级，以及城乡规划专业都产生了积极的引领和示范作用，推动了学科的发展，成为武汉大学探索国际合作办学新模式的重要组成部分，今后将继续努力扩大影响范围，为武汉大学的建设做出贡献。

◎ 参考文献

[1] 武汉大学城市设计学院官网. 武汉大学建筑学专业简介[EB/OL]. (2020-07-25)[2022-11-08]. http://sud.whu.edu.cn/cmfx2020/article/index/id/1186/cid/16.

[2] 陈晓竹，Petteri Kaskenpalo，Leo Hitchcock. 中外本科教育中"毕业设计"评价指标的比较——以中国计量大学与奥克兰理工大学合作办学项目为例[J]. 高等工程教育研究，2019(1)：152-157.

[3] 赵曙东，吴文英，阮平南. 组织视域下的中外合作办学构建——以北京工业大学北京——都柏林国际学院为例[J]. 教育理论与实践，2018，38(36)：12-14.

浅谈第三届"教与学的革命"活动的具体实践
——以武汉大学国家网络安全学院为例

丰存霞　程　媛

（武汉大学　国家网络安全学院，湖北　武汉　430072）

【摘　要】 第三届"教与学的革命"珞珈论坛是武汉大学适应新形势，在2022年全校范围内组织的提升教育教学质量的系列活动。国家网络安全学院通过组织丰富多样的具体实践形式，保障并体现了本届论坛"提升教师教学能力"的活动主题与内容，提升教师教学能力，提高本科教育和人才培养质量。

【关键词】 教与学的革命；具体实践；教师教学能力提升

【作者简介】 丰存霞，女，硕士研究生，武汉大学国家网络安全学院教学秘书；程媛，女，硕士研究生，武汉大学国家网络安全学院教学办主任。

2020年，一场世界范围内的新冠疫情快速改变了人们的生活方式，如何在突发形势下，快速转变传统教育方式，探索新的教学手段，保证教育教学质量，成为摆在教育管理部门、学校和学生面前的新课题。2018年6月22日，教育部在四川成都举行新闻发布会，介绍加快建设高水平本科教育有关情况，高等教育司司长吴岩表示，本科教育在人才培养体系中占据基础地位，高等学校要坚持以本为本，强调"人才培养为本、本科教育是根"。

"教与学的革命"珞珈论坛是武汉大学适应新形势，由本科生院组织、在全校范围内开展、提升本科教育教学质量的系列活动。武汉大学副校长周叶中在《人才培养为本　本科教育是根——关于研究型大学本科教育改革的思考》中指出，本科教育始终是研究型大学生存和发展的根基。武汉大学将以"人才培养为本、本科教育是根"作为基本的办学理念，努力打造世界一流本科教育，深入推动教学内涵建设和本科教育教学改革，以期为经济社会发展培养出更多更好的拔尖创新人才。[1]以"人才培养为本、本科教育是根"作为基本办学理念，全面深化本科教育教学改革，积极营造全校师生重视本科教学工作的浓厚氛围，真正建成具有武大特色的本科教育教学文化，是"教与学的革命"珞珈论坛活动的总目标。

为体现第三届"教与学的革命""教师教学能力提升"的活动主题，武汉大学网安学院开展制度建设、青年教师竞赛、座谈会、教育教学工作大会、培训学习等系列活动，通过丰富的活动和教师教学能力的提升，进一步提高本科教育和人才培养质量，落实本科教学立德树人的根本任务。

一、制度与组织变革

(一)加强教学制度建设

制定和出台教育教学相关制度文件,建立奖罚结合的机制,规范课堂教学、教材建设等,促进教学组织及教师各项教学活动的积极性。出台四个与教学相关的成文文件:《国家网络安全学院教师教育教学工作绩效考核办法(试行)》《国家网络安全学院课堂教学质量管理规定》《国家网络安全学院实验技术人员主讲实验课程的管理办法》《国家网络安全学院教材建设与管理实施细则》。规范毕业论文指导、考试阅卷、教辅管理的通知三个:《关于国家网络安全学院本科毕业论文(设计)质量管理的通知》《关于国家网络安全学院本科课程考试命题及试卷评阅、归档相关工作规定的通知》和《关于国家网络安全学院本科生课程教辅岗位管理通知》。《国家网络安全学院基层本科教学组织建设与管理办法》经反复征求意见及讨论,即将提交学院审议通过,新的办法将发挥系作为基层教学组织的作用,开展教学研究与指导,推进教学改革与创新。

(二)利用虚拟教研室凝聚教学力量

学院成功举办教育部软件安全课程群虚拟教研室建设启动会暨交流研讨会。该教育部虚拟教研室由我校牵头申报和建设,是我国信息安全专业及网络空间安全专业获批的唯一建设试点。虚拟教研室是信息化时代新型基层教学组织建设的重要探索。学院将配合学校全力推进虚拟教研室的试点建设任务,创新教研形态、加强教学研究、共建优质资源、开展教师培训,积极开展跨学校、跨地域的教育教学研究交流活动,促进教学发展。

(三)成立督导中心全方位推进本科教学督导工作

4位督导教师日常听课追踪教师上课状态并及时反馈需要调整的教师;认真进行期末考试期间的考场巡查;学期末对本学期发现的问题进行总结反馈,学期初制定工作计划指导新学期教学质量监督;为迎接2022年教育部本科论文抽检,提前进行院级论文抽检;根据平时听课情况,推荐学院教学效果好的课程参加校督导团听课;为2023版本科人才培养方案制定提供专业意见等,全方位参与并监督教学全过程,确保教育教学质量。

二、持续提升教师教学能力

(一)组织青年教师教学竞赛

学院举办青教赛学院初赛,本次竞赛历时近6个小时,学院10位青年教师参赛。最终推荐一等奖获得者参加6月份举行的学部复赛。在学部复赛中,经过激烈角逐,我院参赛教师获评作为代表信息学部五位参赛教师之一,参加11月份举行的校赛决赛。本次竞赛通过组织青年教师开展竞赛前期准备工作,学习以往获奖教师参赛经验,为学院青年教师搭建了一个自我展示与学习交流的平台，对提升我院青年教师的教学能力，不断提高学院整体教学质量具有重要促进作用。

(二) 新进教师、实验技术人员教学技能培训与首开课试讲

三名新入职教师报名参加并通过学校的新教工岗前培训及本科教学岗前培训。根据《国家网络安全学院教师首开课程授课资格准入制度实施办法》规定，学院组织专家组对新入职教师、实验技术人员首开课进行课前试讲考查，教师结合首开课程准备20~30分钟的讲课内容及所讲内容的教案、PPT。通过试讲，由经验丰富的老教师提出中肯建议，为新进教师进一步提升教学能力打下基础。

(三) 推进课程思政建设专题集体备课与教学

学院参与学校"习近平新时代中国特色社会主义思想概论"（以下简称"习概"）课程网络强国专题教学，向全校五个学部近60个班级的学生讲授《习近平网络强国重要论述》章节。18位教师组建《习概》课程组多次进行集体备课，邀请马克思主义学院两位专家座谈交流，专家对所展示的集体备课成果进行了中肯的点评，并提出了很多很专业的意见和建议。经过精彩授课，专题教学团队获评《习概》课程教学最佳实践性专项奖；马超老师获评课程优秀教师。进一步将思想政治教育与我院网络安全专业教育有机融合，创新教学模式、教学方法研究，总结经验，提升专业课教师课程思政教学能力。

(四) 组织学院教师参加各种形式的培训学习

组织学院教师线上收看"第二届全国高校教师教学创新大赛全国赛闭幕式暨总结会"；组织学院教师参加"2022年暑期教师研修"，此次研修依托国家智慧教育公共服务平台，包括八个单元的内容，我院共有8位老师取得研修结业证书；另有4位教师参加了新研究生导师培训（线上）。通过多种形式的学习，教师们进一步树立正确的教书育人观，学习不同教学理念、技能、方法的特色优势与经验做法；积极探索新时代教育教学方法，不断提升教书育人本领。

三、及时沟通反馈

(一) 召开学院领导与学生座谈会

学院相关领导、教学办、学工办负责人与学生面对面座谈，听取学生对学院教学及其他工作的反馈并作现场解答。对学生反映的与教学相关的问题，会后进行了梳理，主要包括：第三学期课程必修与选修的设置；建议适当增加某些必修课课时；某些课程教学设计与教学效果不佳；某些理论课与实践课时间安排上脱节；有的实验课比理论课进度要快，学生跟不上；提高竞赛培训力度；某些课程时间安排不太合理等。对于学生提出的与课程相关的问题，在上半年2023版本科人才培养方案修订过程中，调整新版方案的课程设置，进行了解决。与某些课程授课教师进行具体沟通，转达学生建议，促使教师进一步调整教

学方法，提高课程教学质量。

(二) 成功举办本科教育教学工作大会

学院成功举办第三届"教与学的革命"分论坛暨本科教育教学工作大会，全院教职工参加了本次会议，彭国军副院长对学院近期本科教学进行了部署，会议聚焦网安学院本科教学质量的全面提升，为今后一段时间学院的人才培养指明了方向。会议发布了与教学相关的两个通知，对本学期期末考试、第三学期实习实训和大学生创新创业训练计划项目等工作做出了具体安排，尤其就期末试卷命题、阅卷规范等提出了明确要求。会议再次重申，将继续坚定不移落实"人才培养为本、本科教育是根"的教育理念，高度重视人才培养，本科教育教学要始终放在学院工作首位。

四、利用现代化设施推动教育技术变革

为充分挖掘智慧教室和录播教室教学功能，提升教师信息技术应用水平，激励教师不断创新教学方法，拓展课堂教学的有效途径，学院分批次为教师们开展智慧课堂教学应用培训。教学副院长身体力行，专门使用智慧教室录制操作演示视频和教学视频，细致讲解具体使用方法，供全院教师学习借鉴。本学期的《算法设计与分析》等课程利用智慧教室的分组讨论功能，随堂测试，快速掌握每位学生学习情况，并进行针对性指导。《软件安全》《密码学》等课程组充分挖掘教室的录播功能，将课堂教学与MOOC建设、示范课堂建设等有机结合推进。学院将于10月份举办录播示范课程及智慧教室教学竞赛，充分运用现代化技术覆盖整个教学过程，让课堂变得简单、高效、智能，促进教师教学能力有效提升。

第三届"教与学的革命"活动的多种具体实践形式，多方面体现了"提升教师教学能力"的活动主题与内容，也体现了网安学院独树一帜的办学理念上：发挥综合性大学多学科交叉融合背景优势，一、二年级本科生在校本部就读，实行大类招生和通识培养，打好专业基础，体验武大文化，涵养珞珈情结，通过平台型通识类课程，培养网络安全意识和技术能力；三、四年级本科生在新校区就读，通过进阶型专业类课程以及实习实训等活动，接受专业教育和科研训练，提升网络对抗能力和安全创新能力，培养国家栋梁和城市精英，形成立足网安基地的内生需求的产教融合人才培养机制。提升教师教学能力，提高培养人才质量，落实本科教学立德树人的根本任务，进一步将网安学院独树一帜的办学理念落到实处。

◎ 参考文献

[1]周叶中．人才培养为本 本科教育是根——关于研究型大学本科教育改革的思考[J]．中国大学教学，2015(7)：4-8.

《计算机视觉与模式识别》课程教学创新成果

高 智 刘欣怡

(武汉大学 遥感信息工程学院)

【摘 要】《计算机视觉与模式识别》是武汉大学遥感信息工程学院对本科生开设的一门专业课程，旨在让学生在大学本科较早阶段能够接触和学习这一前沿领域的专业知识，培养学生发现问题解决问题的能力，可以尽早地了解专业前沿方向，为后续科研学习提供专业理论基础。面对课程教学中面临的教学难点多、系统新的教材良莠不齐、教学信息更新速度快的"痛难点"现象，本文借鉴国外优秀的教学方法，坚持以学生为核心、坚持过程引导、不断提高的教育教学思想，运用多种教学方法和创新评价形式，培育学生知识、能力与素养，塑造正确的科研观。其中，我们鼓励创新的考核形式能使学生充分发挥遥感专业特长和特色，培养了学生的创新思维和能力。通过教学和实验相结合的教学模式使信息技术深度应用于课堂教学，提升了学生对于计算机视觉和模式识别的认识。

一、课程基本情况

智能无人系统的视觉功能设计研究和人工智能发展，是全球的前沿课题之一，也是当今时代的科技发展热点趋势。在此背景下，《计算机视觉与模式识别》是面向遥感信息学院本科生二年级开设的工学类专业课程，旨在让学生可以在大学本科较早阶段能够接触和学习这一前沿领域的专业知识，培养学生发现问题解决问题的能力，可以尽早的了解专业前沿方向，为后续科研学习提供专业理论基础。本课程自2020年开设以来，目前已完成3轮教学实践。本课程在遥感院收获了一致好评，引导很多本科学生对计算机视觉和模式识别产生浓厚兴趣。

二、学情痛点与难点

因为机器视觉和模式识别方面的专业内容繁杂，因此必须具备扎实的计算机基础知识和图像处理方面的知识，因此对于年级较低的本科生存在着专业性过强、教学方法传统、国内缺乏高质量教材等痛点和难点问题。

(1)课程知识难度大：计算机视觉与模式识别需要大量的数学理论基础，这是一门基于计算机图形学、数学、编程等一系列基础科学的交叉应用专业课。因此对于低年级学生的定位应该是科普,培养兴趣为主。在开设此课程时,需要在专业与通识之间掌握一个平衡点,而这一点是非常难的,讲得太晦涩,学生不容易产生兴趣,产生知难而退的心理。讲的太浅则流于表面,对学生的实质性提高不大。

(2)教学方法传统:通识授课老师倾向于传统讲授理论知识的教学模式,授课形式及考核方式单一,难以起到深深吸引学生注意力、启迪学生、创新发展的教育作用。造成课堂上老师对着PPT侃侃而谈,堂下学生轻松自在,或随意听听,或边听边做其它的功课。课后提交一篇课程报告或进行考试记为成绩。这样的教学模式僵化并不能实现教学的初衷。

(3)国内缺乏高质量的教材:由于计算机视觉与模式识别领域的发展日新月异,每天每时每刻都会有先进的方法和观点涌现出来,如何筛选和更新教学内容就显得至关重要。传统教学容易停留在教授知识层面而对于学生思路的扩展以及促进学习的意义不大。与此同时,国内的教材良莠不齐,缺乏高质量系统性的材料,因此需要在这一点进行改进与探索。

三、解决思路与方法

本课程使用"追本溯源—提出疑问—耐心讲解—心系前沿—热衷实践"五步走策略来吸引学生学习专业知识。我们基于以学生为中心、以学习成果为导向的原则,以通识教育为主,以计算机视觉与模式识别的最新进展知识为载体,通过多种教学模式相结合、多学科交叉融合、小组合作实践、多媒体课堂教学、多元考核形式等创新手段,使得参课同学能够了解计算机视觉与模式识别的国际发展研究现状及发展态势,体会计算机视觉与遥感摄影测量之间的密切联系,进一步提高学生的学习素养和科研热情。

1. 积极的科研学习意识引导

针对教学中长期存在的痛点问题,课程采用"整合教学内容、融合教学模式、结合教学育人、混合教学形态"的举措,积极引导学生积极性,在课程教学中鼓励培养学生的以下4点科研意识。

第一,要树立前沿的意识,即通过课程介绍让学生计算机视觉和摄影测量与遥感领域的知识最前沿是什么,同学们要学最前沿、最新的知识。大家要在世界上最好的大学、最好的科研机构等地方找到这样的知识。同时,也要了解国家、社会最需要的前沿技术有哪些。

第二,要保持开放的态度,在教学中鼓励学生不要给自己设限,以开放的心态来接纳并学习可能并不属于自己专业领域的新内容。广泛了解,有益无害。

第三,要铸造踏实的作风,"魔鬼在细节里",很多知识,学生很多时候以为自己会了,其实不然。只有进入到细节层面,例如通过教学实验了解如何让程序的效率再提高一两个百分点,如何让图像视频的压缩率能够再增加一两个百分点,这才是最能体现大家对知识精髓的掌握程度的地方。

第四,要养成做精品的习惯。通过打磨精品,写一篇文章、做一个项目,学生得到的训练和提高会比做多项普通工作更为显著,价值也更大。因此本课程的教学任务中要求同学们合作完成一项实习,提前体会整个科学研究过程。

2. 教学内容深入浅出注重交叉融合

针对计算机视觉与模式识别课程难度大,所需专业知识复杂的问题,怎样提高学生学下去的兴趣就显得尤为重要。本课程教学方式没有使用传统的灌输式教学方法,而是通过一个个生动鲜活的案例来讲解其中涉及的知识,并结合多媒体教学的使用,使得枯燥乏味的知识能被低年级本科生接受(如图1所示)。本课程通过"追本溯源—提出疑问—耐心讲解—心系前沿—热衷实践"五步走策略来吸引学生学习专业知识。其中"追本溯源"是指了解事物的要全面,要从历史唯物主义的角度出发来了解所学知识,不能囫囵吞枣,要知其然还要知其所以然;"提出疑问"是指提出有创造性的问题,培养学生的发散思维,更好地理解一种技术或方法,使人耳目一新,此外还包括对于前人的研究,要多思考,勇于提出质疑;"耐心讲解"顾名思义,在讲解知识点时,要给学生一个直观的认识(生活中的实例或几何动画演示),引导其领会知识点的思想,让学生也能很通俗易懂地讲给外行人听;"心系前沿"是指教授课堂知识的同时,把握行业脉搏,紧跟最新动态,随时补充新内容,介绍所学知识在国家重大项目中的应用。理论与实际相结合,激发学生的学习热情,树立科学正确的学习目标。老师瞄准破解国家"卡脖子"工程的关键技术,培育学生精益求精的中国工匠精神,激励大家为祖国做科研的家国情怀与责任担当。此外,还要教育学生探求未知、探索真相、勇攀科技最高峰的责任感与目标感;"热衷实践"要求在教师向学生传授科学理论知识的时候必须重视对学生动手与实践能力的训练,多进行上机实验,并引导学生大胆尝试,勇于试错。

再者,借助武汉大学遥感信息工程学院平台,本课程积极倡导学科间的交叉融合。由于任课教师长期从事摄影测量、计算机视觉领域与智能无人系统密切相关的课题研发,他在新加坡国立大学时的研究团队,深层次地把这两个方面结合起来,着力解决智能无人测绘系统的"眼睛"问题,不仅能为无人平台做精密而精准的视觉服务,更可以利用无人平台做视觉信息的处理,实现视觉运动伺服和感知、测绘的一体化。因此本课程有助于给学生提供丰富的研究思路。

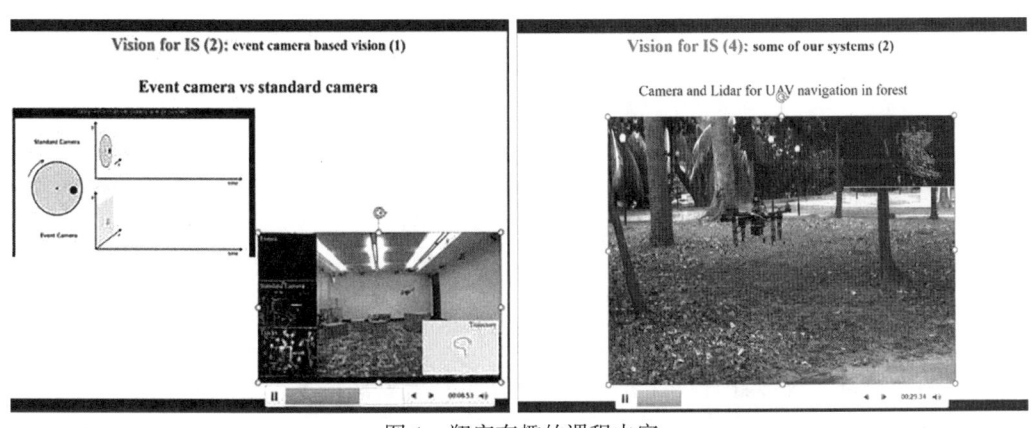

图1 翔实有趣的课程内容

3. 理论实践结合

知识性和探索性的平衡实践教育，是夯实基础知识，提高对理论认识的最有效途径。除了课堂上对计算机视觉方面的科普，本课程注重将理论与实践相结合，探索新型教学模式。本课程以实际案例问题为导向，组织学生分组完成课程实践任务，加深学生对计算机视觉领域的认知和思考。课程实践依托武汉大学遥感信息工程学院实验室机房，要求学生能够搭建和运行简单的深度神经网络解决一个简单的计算机视觉任务，让学生在合作、coding 的过程中运用所学知识，对计算机视觉、模式识别有更加直观和清晰的了解。

4. 考核形式多元化

实践能力与创新能力的提升创新课程的考核方式，将过程评价与结果评价有机结合。每次的随堂测试成绩和实践活动表现作为平时成绩的主要参考，占总成绩的 50%，期末考试占总成绩 50%。这一形式激励了学生积极参与课堂活动，温故知新，巩固所学。期末考核方式为考试，考试内容皆为课堂上所讲，不会给学生划重点从而以临时抱佛脚的方式复习考试，只需学生认真上课、听讲、思考。其中课程大作业为小组合作进行，鼓励学生充分发挥特长和专业特色，提交内容有思考、有深度的实习作业。这样的考核方式规避了传统应试教育的弊端，不再以理论成绩作为唯一考核指标，鼓励学生学以致用，激发了学生的学习积极性，在思考创作的过程中将知识内化吸收，培养了学生的探究性学习能力和创新思维能力（如图 2 所示）。同时本课程设置了一名助教以及两名博士研究生会为本科生讲解他们的研究内容和答疑。

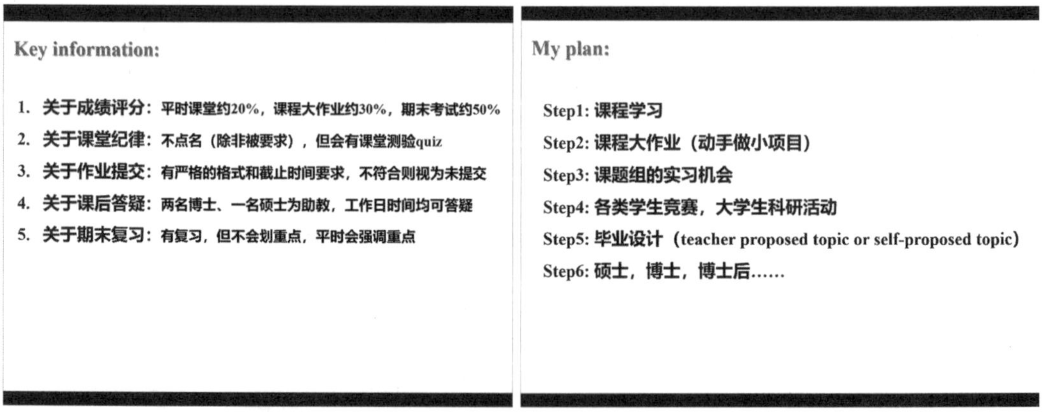

```
Key information:
1. 关于成绩评分：平时课堂约20%，课程大作业约30%，期末考试约50%
2. 关于课堂纪律：不点名（除非被要求），但会有课堂测验quiz
3. 关于作业提交：有严格的格式和截止时间要求，不符合视为未提交
4. 关于课后答疑：两名博士、一名硕士为助教，工作日时间均可答疑
5. 关于期末复习：有复习，但不会划重点，平时会强调重点
```

```
My plan:
Step1: 课程学习
Step2: 课程大作业（动手做小项目）
Step3: 课题组的实习机会
Step4: 各类学生竞赛，大学生科研活动
Step5: 毕业设计（teacher proposed topic or self-proposed topic）
Step6: 硕士，博士，博士后……
```

图 2　课程考核方式安排

5. 积极分享高质量的教材笔记

针对国内缺乏系统性计算机视觉与模式识别课程教材的情况，本课程参考了世界上其他著名大学如卡内基梅隆大学、新加坡国立大学等课程教材和资料，形成本课程的讲解 PPT。并向学生推荐该领域的专业书籍，指导学生由易到难进行阅读和学习。并在课程群

中不定期推送计算机视觉领域最前沿的研究方向论文，让本科生可以很早的养成阅读外文文献和啃读外文专业书籍的习惯。本课程的PPT以及课程笔记会分享给学生，以便对教师课堂中的讲解进行复习、巩固，提升学习效果(如图3所示)。

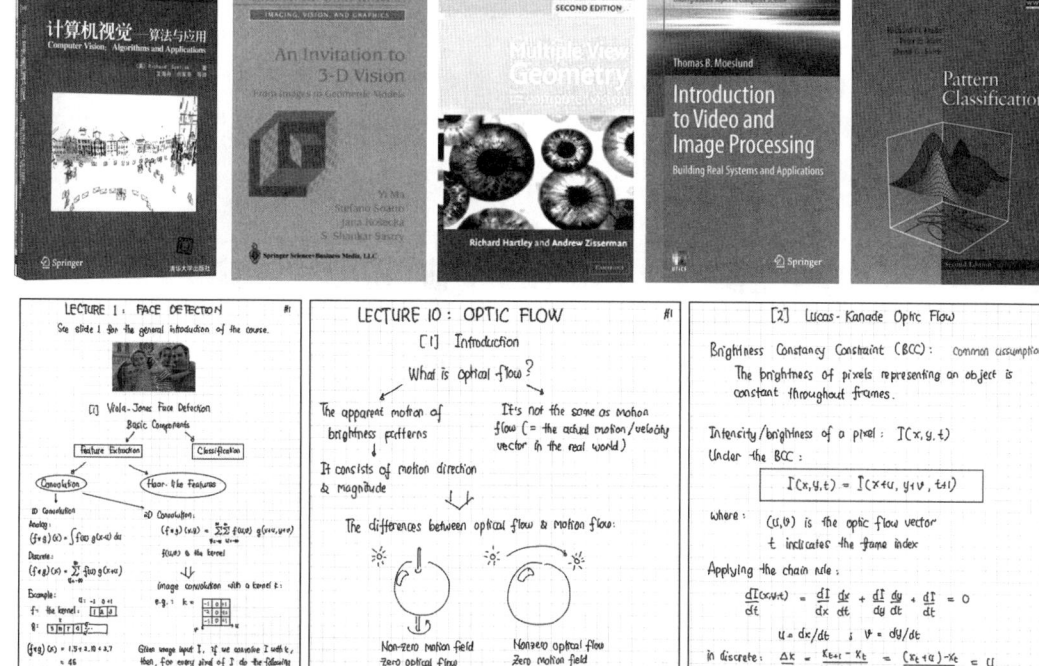

图3　本课程推荐教材及学习笔记

四、课程教学创新成果

1. 课程反响积极，学生学习积极性高

本课程学生出勤率高，学生获益良多。课堂上座无虚席，还吸引到许多其他年级的学生甚至研究生前来旁听。在小组讨论实验中学生们热情参与，热烈讨论，课堂氛围融洽。学生们的随堂测试成绩平均分达到90分(百分制)。每次下课后的提问环节是学生们最活跃的时间，老师也会一一为学生答疑解惑。选修了本课程的学生，在课程结束后主动推荐给同学，让周围的学生对计算机视觉与模式识别产生了浓厚的兴趣。本课程在武汉大学青年教师教学竞赛中获得一等奖。

2. 学生的肯定，是老师最大的收获和荣耀

教学和科研是根本不矛盾的，二者相辅相成，互相促进，甚至相得益彰。一方面，教学可以让学生能够系统地梳理自己的知识，能够对某些知识认识得更加深刻。事实上之后在与学生的讨论和碰撞中，老师也会发现一些学生的想法和主意也是非常好的，这也给老师自己做科研带来了新的启发。另一方面，在教学的同时也发现了很多优秀的学生。上课让高智老师知道了他们的特长和兴趣点，有利于老师更好地给他们安排对应的研究课题，发挥他们的特长和兴趣，从而培养出更多优秀的学生。新颖的教学创新模式下，课程改革取得了良好的成绩。课程的教学效果获得学生高度肯定（如图4所示）。

图 4　学生课后的积极反馈

3. 鼓励学生参加各种比赛，取得优异成绩

在上述教育理念的指导下，在近几年的实践中，我们积极鼓励和指导学生多次参与大学生数学建模大赛，"互联网+"创新创业大赛，"中国软件杯"大学生软件设计大赛等一系列与本课程内容相关的创新创业比赛，并取得了多项优异的成绩。培养了一大批科研素养优秀的学生（如图5所示）。

图 5　指导学生参加多项比赛

五、总结与思考

本课程经过 3 年创新的探索和实践，对当前国内计算机视觉与模式识别教育存在的教学模式单一、专业性过强等共性问题进行了针对性改进。实现了由常规课堂向智慧课堂、知识课堂向能力课堂、灌输课堂向实践课堂、封闭课堂向开放课堂的过渡和转变。在今后的教育实践中，要充分运用信息化手段，辅导积极性不高、参与感不高的学生，激发其自主学习的主动性。目前，这种教学模式已经取得初步成效。教学改革创新仍需要进一步提炼、深挖、扩展，借助遥感信息工程学院的平台优势，以"唤醒—赋能—成长—成才"的理念促进学生的全面发展，培养新时代测绘遥感行业与计算机视觉领域的交叉研究人才。我们希望通过教学创新，努力提高习近平新时代中国特色社会主义思想"三进"的实效，从而达到培养时代新人之目的。

代表性教学获奖成果信息

序号	获奖年月	成果名称(内容)	奖项类别与等级	颁奖单位	参赛教师排名
1	2020 年 7 月	计算机视觉与模式识别	青年教师教学竞赛一等奖	武汉大学遥感信息工程学院	第一
2	2021 年 8 月	基于国产操作系统的人工智能应用	第十届"中国软件杯"大学生软件设计大赛一等奖	工业部和信息化部，教育部，江苏省人民政府	指导教师
3	2021 年 8 月	疫情信息查询及趋势预测系统	第十届"中国软件杯"大学生软件设计大赛三等奖	工业部和信息化部，教育部，江苏省人民政府	指导教师

一、教 师 编

续表

序号	获奖年月	成果名称(内容)	奖项类别与等级	颁奖单位	参赛教师排名
4	2021年3月		2020年"互联网+"大学生创新创业大赛优秀指导教师	武汉大学	指导教师
5	2022年		美国数学建模竞赛(Interdisciplinary Contest In Modeling)	美国数学及其应用联合会	指导教师
6	2022年		美国数学建模竞赛(Mathematical Contest In Modeling)	美国数学及其应用联合会	指导教师
7	2022年8月		"华数杯"全国大学生数学建模竞赛 一等奖	中国未来研究会大数据与数学模型专业委员会	指导教师
8	2022年6月		2022年第十二届MathorCup高校数学建模挑战赛 本科生组 三等奖	中国优选法统筹法与经济数学研究会	指导教师
9	2022年8月	基于百度飞桨的遥感图像智能解译平台	第十一届"中国软件杯"大学生软件设计大赛 总决赛二等奖	工业部和信息化部,教育部,江苏省人民政府	指导教师
10	2022年3月	计算机视觉与模式识别	武汉大学第二届教师教学创新大赛正高组 三等奖	武汉大学	第一

《大地测量学基础》培养新型测绘人才教学创新设计

郭际明　史俊波　温扬茂　章　迪

(武汉大学测绘学院，湖北　武汉　430079)

【摘　要】大地测量学基础是测绘类的专业平台课，是测绘工程专业的必修课，是地球物理学、遥感类专业的选修课。课程团队结合当今测绘地理信息行业转型升级对"创造、创新、创业"人才的需求，坚持以学生为本，面向新型测绘人才培养需求进行教学改革，创新设计形成了大地测量学基础新的课程教学体系。

【关键词】大地测量；新型测绘；教学改革；课程体系；创新设计

【作者简介】郭际明，教授，主要从事大地测量学基础课程教学和测绘科学与技术的科研工作。

一、引言

《全国基础测绘中长期规划纲要(2015—2030年)》提出了"新型测绘"发展目标，2030年基本形成以新型基础测绘、地理国情监测、应急测绘为核心的完整测绘地理信息服务链条，具备为经济社会发展提供多层次、全方位服务的能力。基于数字化、信息化、智能化的"新型测绘"对大地测量学基础的课程教学提出了新要求。实现测绘行业向"新型测绘"转型升级，人才培养是核心。大地测量学基础是测绘工程专业的核心课程，课程团队面向国家测绘人才培养需求进行课程改革，课程理念是立德树人、思政引领，以学生为中心，教学科研、院校企业、线上线下、国内国际"四维协同"，内容、过程、手段资源、评价反馈"多措并举"，培养引领"新型测绘"发展的"高品质、国际化、创新型"人才。课程理念逻辑结构如图1所示，课程目标如表1所示。

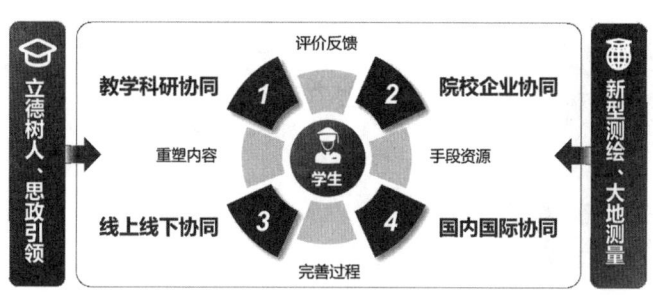

图1　课程理念

表1　课程目标

知识目标	1. 掌握大地测量学宽厚的基础理论 2. 基本观测技术与数据处理方法 3. 卫星对地观测高新技术 4. 智能数据处理方法
能力目标	1. 具备运用所学理论和测技术，建立高精度大地控制网 2. 利用北斗/GNSS和地球重力场模型建立国家坐标基准和数字高程基准 3. 推动新型测绘大背景下大地测量持续发展 4. 解决国家战略需求禾重大工程中的大地测量难题
素质目标	1. 勇于探索、敢为人先的测绘拼搏精神 2. 具有国际视野和创新思维 3. 崇尚科学、求真务实、爱国敬业的工作作风 4. 高水平大地测量科技自立自强的使命感

课程目标分为知识、能力和素质三方面，知识目标中1、2为已有的大地测量基础理论、基本技术与方法，3、4为拓展的卫星对地观测和智能数据处理两方面新知识；能力目标中1为基本能力，进一步强化了2、3、4对应的"高阶性、创新性、挑战度"要求；素质目标以立德树人为根本，强化国际视野、使命担当品质。

二、教学改革总体思路

该课程教学改革的总体思路是以课程团队为"大地"根基，主讲教师为"空天"屋顶，学生为"中心"，形成主轴线；"立德树人""课程思政"为魂，"新型测绘""大地测量"为能，为学生"铸魂赋能"；基于"学情痛点"，创新教学设计，包含构建教学模式、重塑教学内容、完善教学过程、革新教学手段、建设教学资源、优化评价反馈；最终实现课程理念目标。教学改革总体思路逻辑结构图如图2所示。

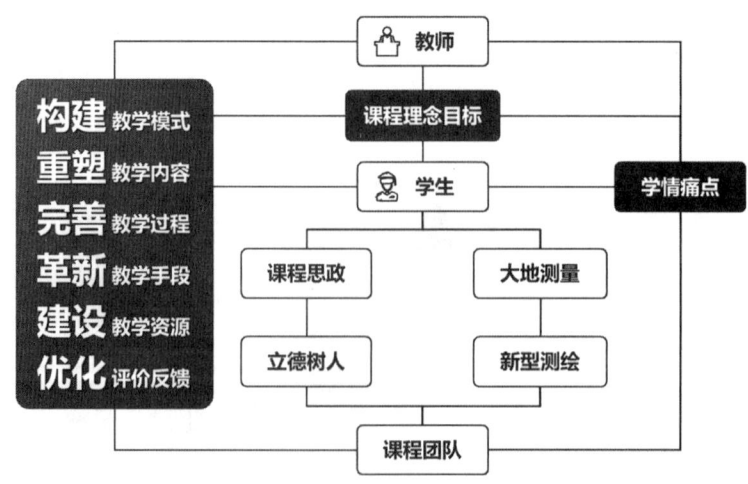

图2　教学改革总体思路

三、学情与痛点

经过调查反馈和总结,学情特点主要有:(1)学生思维活跃,对"高大上"现代信息技术更感兴趣,希望把课程学习内容与大学生科研相结合,但找不准切入点;(2)学生感觉课程基础理论与工程实际结合不足,学习兴趣不浓,对抽象的理论知识的理解不够深入;(3)学生认为课程中抽象概念较多,大地测量公式复杂众多,学习碎片化,学习效果不佳;(4)学生具有了国际交流的语言能力,希望有更多的国际交流,但对中国在国际大地测量领域的贡献认知不足。与这4个学情特点对应的教学痛点问题是:(1)学生思维活跃,但高阶思维不足,如何找准课程学习与学科竞赛及创新创业结合点?(2)学生如何理论联系实际案例,增强学习兴趣,切实体会测绘行业变化,获得更好的成就感?(3)学生如何利用丰富的学习资源,形成个性化学习方式,学习系统化,取得满意效果?(4)学生如何拓展国际视野,增强大地测量科技自立意识?

四、教学设计

1. 构建"四维协同"教学模式

(1)教学科研协同:科研课题进课堂,找准课程学习与"双创"结合点,培养创新能力。

(2)院校企业协同:企业深度参与人才培养全过程,产学结合,增强学习兴趣,获得成就感。

(3)线上线下协同:虚实结合,资源共享,师生互动,个性化学习,提升效果。

(4)国内国际协同:"走出去、请进来"课程思政,增强科技自立意识。

2. 重塑教学内容

课程知识体系划分为6章,以守正创新为导向,融入科研创新成果,设计为7个模块化单元:单元1是课程简介,2是基础,3和5是重点,4是难点,5是应用,6是拓展。设计8方面的课程思政要素,融入相应单元的教学中,比如:中国大地测量快速崛起、IGS国际合作中的中国元素,融入1、3单元,增强学生家国情怀;南极科考、珠峰测高与2、4、6单元结合,增强学生科学探索精神;数字高程基准、高铁测控网与4、5、6单元结合,培养学生社会责任;中国航天和北斗与2、5、7单元结合,培养学生创新思维。教学内容设计如图3所示。

在划分的7个单元中融入学科前沿和最新科研成果,比如:第2单元扩充天球—地球—测站坐标系及其相互转换的实现方法,增加最新应用案例;第3单元中加入国家CGCS2000坐标系和国际地球参考框架的最新发展内容;第4单元增加机器学习作为进阶内容,设计和训练深度神经网络模型实现地球极移预测和高程异常内插计算;后续5、6、7三个单元也都增加了相应的最新科研成果到教学中。

图 3　教学内容设计图

3. 完善教学过程

建立了如下的目标导向的"课前—课堂—课后—实习"全链条教学过程：

（1）课前导学网上教学视频、预习教材内容，自学回顾基础知识点。

（2）课堂智慧教室讨论易混淆概念，精讲重难点核心理论，并结合学科进展讨论引入高阶问题，实现"高阶性、创新性、挑战度"目标。

（3）课后网络学习、企业调研，完成综合作业，学生个性化发展。

（4）实习由实验师指导学生掌握仪器操作和数据处理技能。

4. 革新教学手段

（1）充分利用学习通、微助教信息化教学手段，实现签到、答题、讨论等功能，有效解决签到耗时、教学反馈滞后、课堂缺乏互动等问题。

（2）自主开发外业测量实习管理系统，实现基于位置和互联网的智能化实习管理；并研制高性能系列化测量平差软件用于大地控制网数据处理，增强学生数据处理和解决工程问题的能力。

5. 建设教学资源

自主建设了丰富的教学资源和带有课程思政元素的相关案例资源。主要有中国大学MOOC22讲，爱课程网精品资源课56讲，全英文超星学术视频66讲，上线到学习强国的MOOC22讲，教学软件模块28个，课程思政案例8个。

6. 优化评价反馈

过程评价占40%，由综合作业、课程实验、课堂交流三项构成；期末考试占60%，试题类型为填空题、选择题、计算题、绘图题和综合题5种题型。成绩评价与课程目标相结合,表中给出了期末考试、过程评价与课程目标中的基础知识、创新性、高阶性、挑战度的对应关系。形成的反馈改进机制是:(1)针对平时成绩,采取与学生单独交流、通过网络平台及现场答疑、改革教学方法等实现教学过程的及时改进;(2)针对期末成绩,结合学生考试出现的问题,通过在薄弱环节进行教学方法与手段的改进,实现课程的持续改进。

五、教学成效

通过实施教学改革,学生平均成绩逐年升高、不及格率逐年下降,学生的满意度逐年提升。教学相长,课程团队获批了多项国家和省部级教学项目,被授予了省级高等学校优秀基层教学组织荣誉称号,分别获得了校级一等奖和省级二等奖教师教学创新大赛奖项。教学团队主编出版了大地测量学基础的中文版和英文版教材,均列入国家级规划教材,在全国100多所高校得到推广应用。通过国家精品资源共享课、国家级实验教学示范中心、国家级实践教育工程中心、教育部卓越工程师计划等系列高水平人才培养平台,在全国范围实现共享优质教学资源。为留学生开设全英文大地测量课程,有很好的对外声誉。

经过教学团队的持续改革,取得的主要创新成果是:

(1)教学模式创新:以学生发展为中心,构建"四维协同"教学模式,全方位育人。

(2)教学内容创新:融入思政和新型测绘要素,按知识单元重塑教学内容,培养满足国家新时代需求的"新型测绘"人才。

(3)过程手段创新:建立了目标导向的"课前—课堂—课后—实习"教学过程,研发了教学系统和线上资源,满足学生个性化学习需求。

◎ 参考文献

[1] 国务院关于全国基础测绘中长期规划纲要(2015—2030年)的批复[OL]. 国函[2015]92号,2015-6-1,中国政府网,http://www.gov.cn/gongbao/content/2015/content_2878224.htm.

[2] 自然资源部办公厅关于全面推进实景三维中国建设的通知[OL]. 中华人民共和国自然资源部,2022-2-24,http://gi.mnr.gov.cn/202202/t20220225_2729401.html.

[3] 黄超,丁雅诵. 培养担当民族复兴大任的时代新人[N]. 人民日报,2021-12-10(001).

[4] 测绘类专业教学质量国家标准[S]. 教育部高等学校测绘类专业教学指导委员会,2018-10-23,http://smt.whu.edu.cn/info/1012/1142.htm.

[5] 刘懿,李雨纯. 基于高校教学改革的教育教学协同创新研究[J]. 高教学刊,2018(15):26-29,32.

[6] 蒲菊华,熊璋. 人工智能与教育融合促进高等教育改革[J]. 中国高等教育,2021(20):19-21.

基于"腾讯课堂+腾讯会议"在临床药理学线上教学中的初探

陈光辉 吕 丰 王宗春 李 丹 侯家保

(1 武汉大学 人民医院药学部,2 武汉大学 人民医院麻醉科,湖北 武汉 430060)

【摘 要】 2020年,突如其来"新冠疫情"严重扰乱全国各类学校正常教学秩序。网络教学逐渐走进各类课堂,它是新时代高效教育必经之路。基于此,我们利用"腾讯课堂+腾讯会议"APP开展武汉大学第一临床学院《临床药理学》本科生课程的线上教学。本文主要以"妊娠期和哺乳期妇女用药"章节为例,介绍如何利用"腾讯课堂+腾讯会议"开展《临床药理学》线上教学。鉴于互联网科技和线上教育形式的蓬勃发展,青年教师也应该积极提高自身能力和素质,用互联网方法和理念为新时代生提供更加优质高效课程。

【关键词】 临床药理学;线上教学;腾讯课堂;腾讯会议

【基金项目】 国家自然科学基金项目(82104312);湖北省自然科学基金(2020CFB258);武汉大学医学部教学研究项目(2020029);中央高校基本科研业务费专项基金(2042020kf0044)。

【作者简介】 陈光辉,男,出生于1987年10月,研究生学历,博士学位,武汉大学人民医院药学部消化内科临床药师,职称,副主任药师,研究方向发育和生殖毒理。

2020年,"新型冠状病毒肺炎疫情"不断扰乱全国各地学生的学习和生活节奏,严重干扰了正常的教学秩序。教育部提出了"停课不停教,停课不停学"的口号,各类学校积极响应,线上教学在此背景下在各类课堂中铺开。腾讯课堂等在线学习App被大量用于医学教学[1]。在后疫情时代,网络教学逐渐走进各类课堂,它是新时代的高校教育必经之路。"腾讯课堂"App是一种智慧教学工具,[2]其能将课前、课中和课后很好地衔接起来,教师能够在腾讯课堂发布相关课件,推送相关文章,发布课程相关视频。"腾讯会议"[3]App能够提供实时共享屏幕,使交流更生动、及时,同时支持在线文档协作、文字聊天语音等功能,它可以解决腾讯课堂不能播放动画等问题。

《临床药理学》以临床医学和药理学为基础,是高等医学院校药学和临床医学等专业的必修课程。从教学实践来看,"腾讯课堂+腾讯会议"非常适合临床药理学教学,临床药理学涉及图片较多,课上教师可以用鼠标和激光笔"指点江山"。本文拟探讨"腾讯课堂+

腾讯会议"的线上教学模式应用在临床药理学理论课教学的可行性和实操性。在维持原有实验教学学时数不变的前提下，对传统的内容进行增删重组，充分利用"腾讯课堂+腾讯会议"的优势进行教学。本文主要以"妊娠期和哺乳期妇女用药"为例，介绍如何利用"腾讯课堂+腾讯会议"开展线上教学。

一、教学分析

1. 教学内容分析

本次教学内容是选自人民卫生出版社出版的第 6 版《临床药理学》(主编李俊)"妊娠期和哺乳期妇女用药"章节，主要从"药物对妊娠期妇女的影响""药物对胎儿的影响"和"哺乳期妇女的用药"三个方面进行讲解。

2. 学情分析

教学对象为武汉大学第一临床学院药学和医学等专业本科生和研究生。对于药学专业学生，已经完成了各种化学课程、基础医学课程和药理学的学习。掌握了一些药学基础知识，对药物的药物化学结构与理化性质有一定的了解。但药物的临床应用方面欠缺，同时主动学习的积极性和发散思维不足，故多应用实例激发兴趣，引导思考，参与教学。若授课对象为临床医学方面的学生，应该注重药学基本理论知识的讲解和延伸。

3. 教学目标分析

(1)理解和记忆妊娠期母体和胎儿药动学特点；(2)记忆妊娠期和哺乳期妇女用药注意事项；(3)理解和记忆药物的乳汁转运和药物对胎儿的损害。

4. 教学重点和难点分析

(1)教学重点：妊娠期母体和胎儿药动学特点，根据母体和胎儿药动学特点，理解不同类型药物及其代谢产物在妊娠时期的毒性作用；理解胎盘屏障的作用。

(2)教学难点：不同妊娠时期，孕妇生理特点及合理用药；胎盘屏障对药物代谢和转运作用的影响。

二、教学框架

在"妊娠期和哺乳期妇女用药"这一章节中，我们以"沙利度胺事件"为背景短视频开启课程内容，在该事件中，造成药物毒性的原因是什么？带来了什么样的后果？以此，来引发同学们的思考，激发同学们的学习兴趣。本章的教学框架如表 1 所示。

一、教师编

表1　　　　　　　　　　妊娠期和哺乳期妇女用药教学内容设计

小节	课程内容	教学方法	教学目标
一	妊娠期妇女药动学特点和用药注意。	图文结合，分点分层介绍。如：妊娠早期用药易致流产，1~3个月用药易致畸形。	通俗易懂，容易记忆，培养学习兴趣，激发对学习的热爱。
二	胎盘对药物的转运和代谢，胎儿药动学特点。	图片，启发式提问，如：胎盘在胎儿药物代谢中的作用？妊娠期抗生素分类？	理论联系实际，引导并培养学生分析问题和解决问题的能力。
三	药物的乳汁转运和哺乳期妇女用药注意。	图片，启发式提问，乳汁屏障与胎盘屏障的异同点？	理论联系实际，通过纵向知识点比较，培养学生的概括能力和发散性思维。

三、"腾讯课堂+腾讯会议"教学平台分析

腾讯课堂是一个常用的线上教育App，它具有屏幕分享、视频播放、签到和举手等功能。优点在于平台操作简便，直播课程可以回看；教师发布课前预习资料，布置预习作业，学生完成自主学习后，将预习作业上传至腾讯课堂，教师下载作业，检查并给出批阅意见；上课时学生可以通过举手功能完成课堂问答，老师能够掌握学生的学习动态；一次进去便有永久记忆功能。不足之处在于偶尔会有卡顿现象（特别是播放PPT动画或者短视频时），学生端无法分享屏幕，不能同时让多个学生一起参与讨论。而"腾讯会议"刚好可以弥补"腾讯课堂"的不足，提供高清流畅的视频会议服务，有共享屏幕、管理成员、聊天、文档功能。音质、画质较好，参会人员可以共享屏幕，手机版也支持屏幕分享。不足之处在于每次上课都需要逐个进入会议，没有签到、线上作业、没有群管理和文件分享功能。鉴于"腾讯课堂"和"腾讯会议"的优缺点，《临床药理学》线上教学采用二者结合的方式来进行。

四、基于"腾讯课堂+腾讯会议"的线上教学实践

1. 课前环节

课前预习可以使学生初步了解该章节的内容和思路，做到提前思考，有助于学生对知识的理解。开课前一周教师将预习PPT课件、课前作业、待播放的文本和视频上传到腾讯课堂。本章课前作业如下：(1)妊娠期药物药动学特点？(2)药物对胎儿的影响？(3)药物的乳汁转运有何特点？(4)哺乳期妇女用药需要注意什么？让学生带着上述问题进行预习，将重点知识列举出来，明确学习重点。同时让学生提前下载腾讯课堂和腾讯会议App，完成注册，并熟悉各教学平台的操作，在上课前两天将预习的课前作业拍照发给教师。教师阅览后，对学生的预习情况进行初步剖析，适当调整上课内容的时间，对于学生

自己预习能理解的知识点，适当当压缩授课时间，对于学生普遍存在问题的知识点，教学时间相对延长，合理调整授课时间有利于提高教学效果。

2. 授课环节

教师首先采用腾讯课堂进入直播平台，完成签到。直播上课，主要是教师在讲授，为了激发学生的学习兴趣，我们在上课时，通常设置问题，让学生在讨论区讨论，回答问题，增加上课的趣味性，调动学生上课的积极性。当我们讲到药物的毒性作用时，以沙利度胺事件为例，以时间为主轴，采用动画形式讲述沙利度胺临床应用、毒性发现、再次临床应用及再次毒性发现的整个过程。并提问沙利度胺为什么具有胎儿毒性？两次临床毒性的作用机理有何异同点？在讲胎盘屏障和乳汁屏障时，可以将两者对比讲述，以便学生更加深刻理解二者的异同点。同时，提问之前生理解剖上学习的"血脑屏障"，该结构与上述结构的异同。让同学们在讨论区参与讨论，畅所欲言，激发和引导学生的发散性思维，培养他们对医学知识的兴趣，也便于学生更加深刻理解掌握该知识点。

另外，教师通过腾讯会议监控学生的学习情况，确保学生良好的学习状态，更换主持人或设置联名主持人，邀请学生分享屏幕讲解知识点，使得学生在分享过程中获得成就感，提升学习兴趣。教学内容完成后，教师安排10分钟随堂测试，检查本次上课的效果。利用"腾讯课堂"设计10道选择题，学生随堂作答，然后当场给出分数。

3. 课后

课后教师在腾讯课堂发布课后作业和下次课的预习资料，供学生预习，通过学生的作答情况统计分析，了解学生的知识掌握情况。学生可以回看腾讯课堂的直播，复习教学资料，完成课后作业，巩固所学知识。同时让学生分组录制微课，内容可选择以下三点：（1）妊娠期母体和胎儿药动学特点；（2）妊娠期药物的胎盘转运和乳汁转运；（3）妊娠期妇女用药注意。上述视频录制好后传至腾讯课堂，发起群投票对微课进行评分，作为期末成绩的一部分。同时，老师也对录制的视频，线上进行补充讲解，讨论和交流。除此以外，学生还需要完成课后练习，主要为开放性简答思考题，加深知识点的掌握，主要为开放性简答思考题，完成后拍照上传至腾讯课堂供教师批阅。章节学习结束后，进行一次答疑课，查漏补缺及时巩固所学知识。

五、课程评价

在线上教学中，教师没有直面学生，不能及时动态了解学生上课的状态，因此，为了确保上课质量，我们采取了各种不同教学措施，同时我们也对课程评价体系进行了改革。临床药理学的课程由理论课和实验课组成，总成绩=65%理论课+35%实验课成绩，而线上授课只能完成理论课部分。因此，我们只对理论课的成绩评价体系进行了改革。理论课成绩组成为：15%课前预习+20%课堂表现+10%微课评分+15%课后练习+40%期末总评，该评价体系主要为促进学生自主线上学习。其中，教师对课前预习、课堂互动和课后练习进行评价，学生对微课进行互学互评。综合分析学生在线上课程学习中存在的不足之处，对他们的自学能力、创新能力、实践能力等进行总结分析,并给予及时的指导,帮助同学线上学好《临床药理学》这门课程。对各小组录制的视频,以小组形式在线上展开讨论和交流,并让学生进行投票。线上教学改革评价体系的主要目的是为了帮助学生更加高效的学习,同时为教师了解学生学习情况提供辅助作用。

六、小结与展望

在后疫情时代教学过程中,"腾讯课堂+腾讯会议"是一个操作简单,易于掌握,教学功能全面的在线组合教学平台,为线上授课提供了有力的保障。但是,线上教学如何督促学生课前预习,课堂互动和课后作业的认真完成,怎样高质量地达到教学大纲要求,这个问题仍然是我们后期线上教学过程中认真思考的问题。在线上《临床药理学》教学过程中,药动学很多内容需要举例加强学生的理解,并且需板书讲解,而"腾讯课堂+腾讯会议"很难做到,且线上教学不能像线下教学时刻了解到上课时学生的情况,学生的到课情况只能通过签到或分享屏幕来考察。上述原因可能导致《临床药理学》这门课程的线上教学很难达到线下的教学效果,这也是所有线上教学的共性问题。我们相信随着科技的不断进步和时间推移,线上教学存在的问题将会逐步得到解决。

借助网络化平台进行《临床药理学》课程的教学,对我们青年教师提出了新的要求,要求我们不断创新教学方法来适应这一教学方式,如何完成既定的教学工作,也是线上教学给青年教师带来的挑战。最后,临床药理学是一门不断更新且与时俱进的学科。但是课本内容几年才更新一次,很难保证与时俱进。这也需要教师及时更新自我知识面,向学生讲述我国和世界当前创新药物的最新研究进展,我国在哪些领域处于国际领先,还存在哪些短板有待加强,让学生充分了解我国的临床药理学研究现状。鼓励学生积极思考、主动学习,培养学生的爱国主义情怀,为我国的药物创新和临床药理学学科发展贡献自己的青春力量。

◎ 参考文献

[1]王遥平,胡根法,苑高,嘉夏,王思波.基于多平台融合的海洋有机化学课程线上教学策略探讨[J].教育进展,2020,10(4):6.

[2]阮希圣.互联网背景下腾讯课堂临床医学概论教学创新性思考[J].健康必读,2020(24):193.

[3]顾怡沁,李朝凤,宋艳,鲁桂兰,严静.基于腾讯会议直播的正念减压疗法对新冠肺炎确诊患者焦虑抑郁情绪的影响[J].中国护理管理,2021,21(5):6.

新医科背景下一流本科专业建设的探索与实践

王得志

(武汉大学公共卫生学院,湖北 武汉 430071)

【摘 要】贯彻落实党中央、国务院和教育部关于高等教育教学改革的精神,坚持创新驱动和内涵发展,以新医科建设和一流本科专业建设为抓手,培养国际化、创新性、复合型、"实战"型公共卫生人才,服务健康中国战略。本文以武汉大学公共卫生学院为例,总结了一流本科专业建设的举措和成效,并就下一阶段工作思路进行了梳理。

【关键词】新医科;一流本科;专业建设;教学改革;公共卫生

【作者简介】王得志(1974.2—),男,博士,武汉大学公共卫生学院教学与科研管理办公室主任,研究方向:教育教学研究管理,E-mail:wangdezhi@whu.edu.cn。

【基金项目】武汉大学医学部教学研究项目(2021080),武汉大学公共卫生学院本科教育质量综合改革项目(2021013)。

专业是人才培养的基本单元,是建设高水平本科教育、培养一流人才的"四梁八柱"[1]。2019年4月,教育部召开大会,要求全面深化高等教育教学改革,引领推动新工科、新医科、新农科、新文科建设。[2]2020年9月,国务院办公厅出台文件,要求以新医科建设为抓手,着力创新体制机制,分类培养研究型、复合型和应用型人才。[3]

我院以习近平新时代中国特色社会主义思想为指导,全面贯彻党的教育方针,落实立德树人根本任务。坚持"人才培养为本、本科教育是根"的办学理念,坚持内涵发展和创新驱动,持续提高本科教育教学水平,服务健康中国战略。不断探索一流本科专业建设的实施路径,培养国际化、复合型、创新型、"实战"型公共卫生人才。

一、一流本科专业建设的举措

1. 营造良好文化氛围,培育学院质量文化

利用好学院网站、QQ群和微信群、微信公众号等网络平台,结合全院教职工大会和师生座谈会等,宣传学院教学质量精神、质量目标和质量形象,营造质量文化氛围。将教学质量目标渗透到学院的规章制度、管理规范和成员的思想意识中。培养学院教师的质量价值观和自觉、自省、自律、自查、自纠的质量文化。

2. 坚持一流质量标准，确定人才培养目标

以建设一流专业、培养一流人才为目标，不断完善公共卫生人才质量标准体系。根据国家教学质量标准和学校双一流建设要求，对标哈佛大学、约翰霍普金斯大学、北京大学、华中科技大学等公共卫生领域头部高校，做好顶层设计，坚持一流质量标准，不断完善教育教学质量标准体系，培养担当民族复兴大任的时代新人、德智体美劳全面发展的社会主义建设者和接班人。

3. 不断强化课程思政，立德树人以德为先

加强课程思政建设工作的统筹领导，将课程思政工作要求融入到学院教学管理规范、新教师岗前培训、本科学风建设、研究生导师上岗管理、研究生招生指标分配等制度建设之中。把教师课程思政教学改革和建设成效作为考核评价、职称评审、评优评先等重要依据，建立完备的课程思政评价体系。

发挥教师队伍"主力军"、课程建设"主战场"、课堂教学"主渠道"作用，强化医学人文、通识教育，厚植医者仁心。围绕"伟大的抗疫精神"，推进课程思政案例库和案例教材建设，推进公共卫生核心课程思政全覆盖，激发公卫学子的爱国主义精神和社会责任担当。把课程思政作为解决好"培养什么人、怎样培养人、为谁培养人"这个根本问题，落实立德树人根本任务的重要举措。

4. 加强课程体系改革，深化质量保障机制

遵循医学教育规律，健全教育教学质量保障组织体系和管理制度。遵循课程"高阶性、创新性、挑战度"标准，积极打造"金课"、淘汰"水课"，让学生"坐到前面来，把头抬起来、问题提出来、课后忙起来"。以人才培养成效和社会服务能力为导向，围绕培养过程、产出成效和目标达成建立符合公共卫生学科特点和发展规律的评价机制。充分发挥校、院两级教学督导的监督指导功能。通过领导干部随堂听课和学院教师互听课，督促做好学生评教工作，结合师生座谈会和学生信息员反馈等形式，及时发现问题并督促改进。

5. 加强实习基地建设，推进实践育人改革

与各级疾病预防控制中心、三甲医院、社区卫生服务中心、基层妇幼保健院等单位共建实习实践平台；与国际高水平大学和"一带一路"国家等开展国际社区实践、研究项目合作。在已经建成的以疾控中心和三甲医院为主体，国内社区和国际社区为两翼的"一体双翼"型实习实践基地的基础上，逐步推进基地的横向拓展和纵深发展，实现基地建设的网络化。

依托实验教学中心、科研实验室和实习基地平台，加强配套教材、案例资源库建设；增加现场流行病学、新发传染病控制、突发公共卫生事件应急管理等课程内容；推动行业专家进课堂工作；严格实习出科考试，加强实习的同质化管理。提升学生现场流行病学调查、突发公共卫生事件处置能力，强化实践育人功能。

6. 实施人才强院战略，加强师资队伍建设

习总书记在党的二十大报告中指出，科技是第一生产力、人才是第一资源、创新是第一动力。学院鼓励教职工深怀爱国之心、砥砺报国之志，为服务国家富强、民族复兴、人民幸福贡献力量，确保人才培养的正确方向。不断完善人才培育机制，加强人才引进工作。尊重和善待人才，鼓励青年人才挑大梁、当主角，实行人才强院战略。充分发挥高端人才的引领作用和虹吸效应。

聘任实习实践基地指导老师，培养"双师型"教师队伍。推动广大教师进一步强化育人意识，提升育人本领。把师德师风作为教师素质评价的第一标准，通过严格教师教学准入、健全师德考核制度等措施，推动师德建设常态化、长效化。将师德表现作为教师绩效考核、职务晋升、岗位聘任和各类奖励的首要条件。

7. 深化三全育人改革，激发"教""学"双重动力

以成人教育统领成才教育，围绕专业教育课程、实践类课程和第二课堂，贯穿教学过程各环节，实现全员育人、全程育人和全方位育人。围绕"学生忙起来、教师强起来、管理严起来、效果实起来"，培养德智体美劳全面发展的社会主义建设者和接班人。

落实落细班级导师和学业导师制度；坚持学院"领导与学生面对面"和"教师接待日"制度，常态化开展"学习指导日""学风建设月"活动，评选"榜样珞珈年度人物""学风建设先进集体"等，营造"比、学、赶、超"的学习氛围，形成优良学风建设的长效机制。强调"教"与"学"的紧密结合，激发教师"教"与学生"学"的双重积极性。

二、一流本科专业建设成效

1. 制度机制建设和人才培养理念

修订和完善《教学管理规范》《新任教师试讲制度》《本科生实习管理制度》《课程思政建设工作方案》等教学管理制度 20 余条，形成了"尊教、重学、乐研"的学院质量文化，本科教学质量保障的制度和机制日益完善。坚持"教育为本、立德树人、服务健康、面向世界"的人才培养理念，一流本科专业建设和质量价值观深入人心。

2. "一化三型"人才培养模式

学院已形成了较成熟的"一化三型"（国际化、复合型、创新型、"实战"型）人才培养模式。

（1）国际化人才培养。学院与世界一流大学，如哈佛大学、昆山杜克大学等国外大学的公共卫生学院有实质性合作，在非洲赞比亚和亚洲尼泊尔建立了国外教学科研基地。依托与国外大学的全面战略伙伴关系，加强人才培养、科学研究和社会服务各方面合作。2017—2019 年，学院共有 184 人次学生赴境外交流学习，17 人赴美国哈佛大学、耶鲁大学等国外知名高校继续深造。2020 届本科毕业生中，有 4 人被哈佛大学录取，1 人被耶鲁大学录取；2021届本科毕业生中，3人分别被哈佛大学、纽约大学和伦敦大学录取。

（2）复合型人才培养。学院基于"大学科、大专业"视角，利用武汉大学多学科优势，构建以岗位胜任力为核心的课程体系。在原有的基础医学、临床医学和预防医学知识基础上，强化国际化课程、大类平台课程、跨学科通识课程建设。目前公卫学科共开设全校通识课程9门，其中《营养学》为国家级一流本科线上课程，《性与健康》为湖北省一流本科线上课程。鼓励学生辅修和攻读第二学位，学生辅修、攻读第二专业学士学位占比40%左右。

（3）创新型人才培养。学院积极建设创新创业课程，鼓励教师将科研成果转化为教学案例。将学业导师制度落实到每一个本科生，引导学生进入学业导师的课题组，参加导师课题组的组会，将学院优质科研资源和学科资源用于学生培养。学院本科毕业生中，90%以上学生主持或者参与完成大学生创新创业实训项目，鼓励优秀学生参加创新设计论坛和竞赛，培养学生创新思维和研究能力。

（4）"实战"型人才培养。学院围绕岗位胜任力开设《新再发传染病》《循证公共卫生案例分析》《流行病学现场实践》《GIS在环境与健康中的应用》等综合实验实践课程，建设实践教学案例资源库和配套教材。增加现场流行病学、新发传染病控制、突发公共卫生事件应急管理等课程内容，融入桌面推演、角色扮演、虚拟仿真等创新教学方式，加强行业专家进课堂。聘任实习实践基地指导老师136人，培育"双师型"教师，师资队伍得到极大加强。加强实习基地建设，加强实习实践的同质化管理，强化实践育人功能，提升学生现场流行病学调查、突发公共卫生事件处置等"实战"能力。

3. 课程思政和课程体系建设

在深入挖掘专业课程的思政元素的基础上，建设课程思政案例资源库，打造全面覆盖、类型丰富、层次递进、相互支撑、特色鲜明的课程思政体系。《预防医学课程思政案例集》已列入学院"十四五"教材建设规划。

以2023版本科人才培养方案修订为契机，优化课程体系，完善课程建设激励机制。构建了具有跨学科知识和创新实践融合特色，以岗位胜任力和"实战"能力为核心的课程体系。

4. "一体双翼"实习实践基地

本着"协同创新、优势互补、资源共享、合作共赢、共同发展"的原则，学院与近20家实习单位共建实习实践平台，在人才培养、科学研究、人才队伍建设等方面全面合作。已建成以疾控中心和三甲医院为主体，国内社区和国际社区为两翼的"一体双翼"型实习实践基地。进一步完善了实习管理制度，与实习单位协同育人成效显著。由于学生在新冠疫情防控期间的积极表现，国家卫生健康委、武汉市疾控中心、宜昌市疾控中心、新洲区卫生健康局等实习单位通过致函和送锦旗等方式，表彰我院实习生。

5. 课程建设、教材建设和教学成果奖

(1)课程建设：《营养学》课程获评国家级(线上)一流本科课程。《性与健康》获评湖北省(线上)一流本科课程。学院立项资助的"红色之旅"社会实践课程、虚拟仿真实验课程、MOOC 课程,均按照国家级课程标准建设。

(2) 教材建设:近五年(2017—2021),学院共主编出版教材 10 余部,其中国家级教材 7 部(人民出版社和科学出版社各 3 部、人民卫生出版社 1 部),《公共卫生学概论(案例版,第 2 版)》和《医学现场调查技术(案例版)》为全国高等医药院校规划教材,《老龄化与全球健康》是国家卫健委"十三五"规划教材。

(3) 教学成果奖:2018 年和 2022 年,学院分别以第一完成人和第二完成人单位,各获湖北省教学成果一等奖 1 项。

6. 做强主流,彰显特色

预防医学是学院的主流专业,获批 2020 年国家级一流本科专业建设点。学院实施"人才强院"战略以来,近两年新增本专业国家级人才 3 人(国家杰青 1 人,国家优青 2 人);新增"湖北省公共卫生领军人才"等省级人才 5 人,新增"武汉英才"2 人,办学实力显著加强。在新发传染病流行病学研究、慢性病防控及机制研究、大数据疾病负担研究、大气污染与气候变化的健康效应研究等专业研究领域具有显著特色。

全球健康学是学院特色专业,获批 2021 年湖北省一流本科专业建设点。作为全国首批设立全球健康学本科专业高校之一,我校主持出版了国内首套(9 部)全球健康学专业的国家"十三五"规划教材、首套(9 部)全球健康学教程译丛教材、首批"世界人口与健康经典译丛"译著、多学科综合教学案例《全球健康案例分析》等。全球健康研究中心是湖北省人文社科重点研究基地、中国老龄协会老龄科研基地,在"中国智库索引(CTTI)"排名第 4;创办了我国首个全球健康领域英文期刊 Global Health Research and Policy,2020 年该期刊正式纳入 Web of Science (ESCI) 检索。

三、下一步工作思考

1. 继续深化"一化三型"人才培养模式改革

新医科对医学教育提出了新要求,即医学教育的"三化"(精英化、终身化、规范化)[4]。面对中美关系不确定性和新冠疫情等不利影响,要继续拓展国际化交流平台,发挥线上国际交流平台作用,坚持国际化办学方向不动摇。积极探索与疾控中心等机构联合培养人才的新路径,积极探索本硕博贯通式人才培养模式,深化"一化三型"(国际化、复合型、创新型、"实战"型)人才培养模式改革。培养具有家国情怀、国际视野、强烈社会责任感的高素质公共卫生人才,服务健康中国战略和人类卫生健康共同体建设。

2. 虚拟与现实相结合,加强学生"实战"能力培养

在成熟"一体双翼"实习实践基地的基础上,横向拓宽实习单位渠道,纵向延伸至基层,形成横向覆盖国际国内,纵向覆盖国家、省、市和基层实习单位,打造实习实践基地网络。分别在武汉市和鄂西山区打造具有城市和乡村特色的集教学、科研和社会服务于一体的实习实践示范基地。

进一步加强信息化实验教学资源建设,应用虚拟技术开设设计性、探索性和综合性实验,完善公共卫生虚拟仿真实验教学平台。虚拟与现实相结合,着力培养能解决病原学鉴定、疫情形势研判和传播规律研究、现场流行病学调查、实验室检测等实际问题的"实战"型公共卫生人才。

◎ 参考文献

[1] 教育部. 教育部关于加快建设高水平本科教育全面提高人才培养能力的意见[EB/OL]. (2018-10-08) [2022-08-23]. http://www.moe.gov.cn/srcsite/A08/s7056/201810/20181017_351887.html?from=timeline&isappinstalled=0.

[2] 教育部. 教育部启动"六卓越一拔尖"计划2.0[EB/OL]. (2019-04-30) [2022-08-23]. http://www.moe.gov.cn/jyb_xwfb/xw_zt/moe_357/jyzt_2019n/2019_zt4/tjx/mtjj/201906/t20190619_386519.html.

[3] 国务院办公厅. 国务院办公厅关于加快医学教育创新发展的指导意见[EB/OL]. (2020-09-17) [2022-08-23]. http://www.moe.gov.cn/jyb_xxgk/moe_1777/moe_1778/202009/t20200923_490164.html.

[4] 李振良,孙洪生,董明纲,郭春燕. 新医科内涵探析[J]. 河北北方学院学报(自然科学版),2022,38(8):54-58.

心理情景剧在《儿童少年卫生学》实习教学中的应用

燕 虹 俞 斌 邹宇量 刘 晴 左 丹 王得志

(武汉大学公共卫生学院,湖北 武汉 430071)

【摘 要】 目的:探讨心理情景剧教学模式对预防医学学生学习《儿童少年卫生学》课程的作用,为提升学生的学习兴趣及教学效果提供依据。方法:以预防医学专业本科生为研究对象,采取理论授课和心理情景剧表演相结合的方式进行"儿童少年心理行为问题"专题教学。采用自行设计的调查问卷对学生知识、能力水平提升的主观感受以及对心理情景剧教学法的满意程度进行评估。结果:89.7%的学生认为心理情景剧教学方式安排合理。94.9%的学生认为通过心理情景剧教学所学知识非常实用;61.5%的学生认为在很大程度上提高了自己对儿童少年卫生学课程的学习兴趣,51.3%的学生认为该教学方式促进了自身对相关理论知识的掌握。94.9%的学生对心理情景剧教学模式表示满意与支持,认为这种教学方式促进了与同学和教师之间的交流互动,学习兴趣增加,团队协作能力、沟通交流能力、分析解决问题的能力、创新思维等得到全面锻炼。结论:心理情景剧的应用有助于提升教学质量,增强学生学习兴趣,促进学生综合素质的提高。

【关键词】 心理情景剧;儿童少年卫生学;教学方法。

【作者简介】 燕虹(1971.4—),女,湖北天门人,研究生学历,武汉大学公共卫生学院,副院长,教授。研究方向:行为流行病学,儿童青少年心理行为与健康。邮箱:yanhmjxr@whu.edu.cn。

【项目资助】 武汉大学医学部教学改革研究项目(2021077);武汉大学公共卫生学院本科教育质量综合改革项目(2021013)。

心理剧是由维也纳精神病学家Moreno于1921年创立并逐渐发展起来的一种心理学研究方法,广泛应用于心理咨询与治疗领域。[1]它强调个体的自发性和创造性,个体以表演的形式重新体验自己的心理活动与冲突,使当事人和参与者意识到其中的主要问题从而采取措施加以解决,进而促进个体心理健康的发展。[2]心理情景剧以心理剧相关理论和技术为基础,通过情景对话、角色扮演、内心独白等方式将学习、生活中的典型心理及行为问题自主编写成剧本进行表演[1],呈现参与者的情绪表达、认知能力及行为方式[3]目前主要用于团体心理辅导及心理健康教育,[4-7]较少应用于教学中。

《儿童少年卫生学》是预防医学本科生的一门专业课程,具有很强的理论性和实践性。[8]以往的儿童少年卫生学课程以教师为主体进行讲授,内容繁多容易显得枯燥无味,学生在教学活动中参与度较低,学习兴趣不足,教学效果不佳。心理情景剧兼具知识性和趣味性，集主动性、体验性、创造性、教育性、情境性和高效性于一体，[9][10]若将其运用于课程教学中，通过剧本创作、情景表演可更为生动、直观、形象地展现儿童青少年常见心理行为问题，不仅使学生充分参与到教学中来，同时加深其对理论知识的理解和运用，达到更好的教学效果和反馈。

基于此，本研究以预防医学专业本科生为研究对象，将心理情景剧教学法应用于《儿童少年卫生学》实习教学中，以调动学生学习的积极性与主动性，提升教学效果和教学质量。

一、对象与方法

（一）研究对象

武汉大学某年级预防医学专业本科生，共44人。

（二）方法

采用理论授课和心理情景剧表演相结合的方式进行"儿童少年心理行为问题"专题教学，共9学时，其中理论授课6学时，心理情景剧表演3学时，理论授课结束后进行心理情景剧表演。教材采用陶芳标主编、人民卫生出版社出版的《儿童少年卫生学》（第八版）。

1. 心理情景剧教学法的实施过程

（1）前期准备。心理情景剧表演前任课教师制定教学计划和评价方法，教师在理论课结束后详细介绍心理情景剧表演的目的、原理、要素、过程和注意事项等。

（2）确定表演主题。学生自行组队，每组6~8人，并选派1人为小组负责人，组织学生以小组为单位收集相关资料和典型案例。每组先拟定1~2个可行性高的表演主题，再由教师确定合适的主题，比如校园霸凌、校园贷、手机依赖、网络成瘾、忽视、攻击犯罪行为等主要心理行为问题。

（3）剧本创作、分配角色和组织排练。各组确定表演主题后，利用课外时间进行剧本创作和组织排练。剧本是心理情景剧的核心部分，剧本内容应涵盖教学的知识要点，[11][12]紧扣教学内容，同时兼具个性与共性，由个性化的演出引发共性化的问题。剧本创作要求重点突出、切合实际、语言流畅，能够恰当地揭示儿童青少年的具体问题，给观众以启发，着力描写主角的内心体验。小组成员分工合作完成资料收集、剧本设计、对白设计、背景音乐、场景选择和道具准备等，根据成员的不同特质，自由选择人物角色。各组需利用课余时间自行进行排练，排练时间不计入学时。

（4）现场展示。心理情景剧表演地点为多媒体大教室。以小组为单位进行展示，表演顺序由组长当场抽签随机决定。表演前简要介绍心理情景剧的主题、时间、地点、人物等，每组展示时间约20分钟。在尊重剧本的前提下，演员可根据场景或剧情进行即兴发挥。一组学生展示时其他各组选派一名成员组成评审小组，根据百分制进行评分，再综合两名任课教师的意见，作为各组展示的综合评价结果，在展示全部结束时公布。表演过程中全程录像记录,方便表演结束后各组进行讨论回顾及分享。

(5)分享与讨论。表演结束后学生分组讨论本小组的展示以及其他小组的表演,分享参与后的感受和内心体验。

(6)评选与总结。根据评分结果评选出最佳剧本和最佳小组,教师针对主题选择、剧本内容、表演效果及讨论深度进行点评,对剧本涉及的理论知识进行总结。

2. 教学效果评价

心理情景剧展示后,采用自行设计的调查问卷了解学生知识、能力水平提升的主观感受以及对心理情景剧教学法的满意程度。

3. 质量控制

问卷填写前由教师简要讲解调查目的,统一填写标准;在问卷回收过程中,由助教现场检查问卷填写的完整性以及是否存在逻辑错误等,不合格的问卷要求学生现场补充和修改。

4. 统计分析方法

采用 EpiData 3.1 软件进行数据录入,经核对和清理后,应用 SPSS 25.0 软件进行数据分析。统计方法采用描述性分析。

二、结果

共发放问卷44份,收回问卷44份,其中有效问卷39份,有效问卷回收率为89%。在教学方式上,有41.0%的学生选择将心理情景剧教学法作为自己最喜欢的教学方式之一;在课时安排上,89.7%的学生认为心理情景剧教学方式安排合理,其中认为非常合理的学生占61.5%,部分学生表示希望能增加心理情景剧教学学时;在教学效果评价上,94.9%的学生认为心理情景剧教学(包括理论学习与表演)所学知识非常实用;61.5%的学生认为通过心理情景剧表演在很大程度上提高了自己对儿童少年卫生学课程的学习兴趣,积极性和主动性有所提升,51.3%的学生认为心理情景剧教学法对促进自身对相关理论知识的掌握有很大帮助,41.0%的学生非常希望在其他课程中也能加入心理情景剧表演的方式进行学习。在总体满意度上,近95%的学生对心理情景剧的教学模式表示满意与支持,认为这种教学方式促进了与同学和教师之间的交流互动,学习兴趣增加,团队协作能力、分析解决问题的能力、创新思维等得到全面锻炼(见表1)。

表1　　　　　　　学生对心理情景剧教学法教学效果的评价($n=39$)

条　　目	学生人数(%)
最喜欢的教学方式	
心理情景剧	16(41.0%)

一、教师编

续表

条　　目	学生人数(%)
教师面授	15(38.5%)
实习课	4(10.3%)
视频教学	2(5.1%)
其他(如自学)	2(5.1%)
心理情景剧教学满意度	
非常满意	26(66.7%)
满意	11(28.2%)
说不清/不满意	2(5.1%)
心理情景剧教学课时安排	
非常合理	24(61.5%)
比较合理	11(28.2%)
不太合理	4(10.3%)
心理情景剧教学效果	
知识非常实用	37(94.9%)
提高了学习兴趣	24(61.5%)
促进理论掌握	20(51.3%)
希望推广到其他课程	16(41.0%)

三、讨论

儿童少年卫生学实习实践课程的开展可促进学生掌握相关理论知识和技能，但在各种条件的限制下，深入到人群或现场进行实习实践教学有一定的难度。心理情景剧这一教学方式既可以在教室内完成，也能发挥学生的主观能动性，自主运用理论知识，通过小组合作解决实际问题。心理情景剧教学法与其他教学方法相结合，不仅丰富了课堂教学形式，还为提升学生学习兴趣、促进学生综合素质提高提供了良好的契机。

(一)体现了"以学生为中心"的教学理念

在心理情景剧教学法中，以学生为教学主体，学生是知识的主动构建者，必须在充分熟悉理论知识并知晓如何应用知识解决实际问题的前提下，才能使表演内容准确且具有深度，在自主学习过程中，实现了认知、情感和智慧的统一。[13]在心理情景剧创作及表演过程中，剧本所表达的思想和价值观也对表演者产生了潜移默化的影响，使其在演绎的过程中受到启发，同时加深了对理论知识的理解。[14]大部分主题切合大学生生活实际，在观看其他小组表演时,也可通过自我暗示、自我对比,学会如何处理类似问题。

(二)激发了学习的主动性和创造性

从教学评价结果可以看出,学生对心理情景剧教学法大多持积极、肯定的态度。此种新方法在儿童少年卫生学教学中的引入极大地激发了学生的学习热情,不少学生称"让人眼前一亮"。心理情景剧的教学模式依赖于学生的主动学习和团队合作,其本身作为一种基于日常生活、极具创造性的艺术形式,学生在全程参与剧本编写、台词设计、场景设定与布置等环节的过程中,能更好地发挥学生的主动性和创造性,激发学生的心理潜能,促进学生思维能力的发展。[3]

(三)提高了学生的综合素质

心理情景剧要求小组合作与团队分工,不同分工下学生的不同能力得到激活。[15]如编剧和导演需要具备全局意识和现场调控能力;参演者需要有表现力、感染力;场控需要注意现场的细节问题,并能随时解决。小组成员在合作中不断沟通、交流意见,其团队协作能力、分析解决问题的能力及沟通表达能力也得到进一步提升。学生在心理情景剧表演和观看的过程中,可以切身体会到当事人的心理历程和感受,增强他们对角色的同理心,同时个人心理也获得成长,学会正确处理心理行为问题,[16]这也是预防医学专业学生需要具备的素质与能力,有助于达到课程思政的目标。

(四)促进了师生交流和互动

心理情景剧教学模式提供了更多师生互动的契机。学生在心理情景剧的准备过程中可以积极与教师沟通交流,分享自己关于剧本内容的想法与见解,同时向教师询问相关专业知识与方法,以更好地呈现表演主题。此外,在表演结束后,教师引导学生一起回顾和总结心理情景剧的表演过程,学生可以平等地交流自己的参演体会及收获,具有切实的课程参与感。

(五)促进教师综合能力的提高

心理情景剧教学法可促进教师不断提高教学质量与教学效果。教师在心理情景剧教学中起引导作用,这要求教师具备足够的理论知识、强大的临场应变能力和娴熟的教学组织能力。[17]在表演前,教师要把握好主题与教学要求,把控剧本内容与时长,加深剧本内涵,与课程内容紧密结合,形成明确的主题与目标,[18]提升剧本的专业性。[19]在表演中,教师要帮助学生控制表演的时间和节奏。表演结束后教师需要引导学生进行分享和讨论,分享是演员和观众进行自我投射的关键阶段,通过分享学生可以探索出自己在表演中所反映的主题对自我心理发展历程的影响,是实施教学的重要环节。[11]最后教师还需要进行总结和点评,同时引导学生从心理情景剧表演这种教学形式中抽离出来,理性分析其中蕴含的儿童少年卫生学知识,深入探讨情境中的理论内涵,避免流于形式,具有教学深度。

此次心理情景剧教学的探索准备充分,得到了学生和教师的一致好评,但限于专业人数较少,未得到广泛运用与实践,在今后的教学中还需要不断总结经验教训,进行反思与改进。心理情景剧是一种方便而高效的教育方式,不受资源和财力的限制,各级、各类院校都可以利用本校现有的资源开展教学,因此具有较大的推广价值。目前我国心理情景剧教学尚无统一课程安排标准与评价标准,各校开展情况也不尽相同,如何利用这一学生接受度高、参与性强的授课方式,达到更好的教学效果而不流于形式还需进一步研究与学习。

◎ 参考文献

[1] 顾垚,纪忠红,朱桐梅,等. 浅析心理情景剧结合 PBL 教学模式在助产心理学教学中的应用[J]. 卫生职业教育,2020,38(1):40-41.

[2] 林丽芬. 基于翻转课堂理念的心理情景剧教学法应用研究——以《人类行为与社会环境》课堂教学为例[J]. 福建教育学院学报,2021,22(1):93-95.

[3] 黄捷畅. 心理情景剧在大学生心理健康教育应用中的作用与实践[J]. 现代职业教育,2020(22):12-13.

[4] 郑雅铭. 校园心理情景剧在高校大学生人际交往团体心理辅导中的应用研究[J]. 教育教学论坛,2020(37):314-316.

[5] 赵英. 浅谈心理情景剧对医学生职业素养的提升作用[J]. 现代交际,2020(4):14-15.

[6] 赵英. 心理情景剧对医学生职业素养的提升作用初探[J]. 山西青年,2020(10):8-9.

[7] 韦莺. 心理情景剧在大学生手机依赖中的调节与干预[J]. 卫生职业教育,2020,38(22):149-150.

[8] 陶芳标. 儿童少年卫生学(第八版)[M]. 北京:人民卫生出版社,2017.

[9] 刘春慧,王华栋,罗劲梅,等. 心理情景剧在《精神障碍护理》教学中的应用[J]. 护理实践与研究,2020,17(9):135-137.

[10] 徐红燕. 心理情景剧的探究及应用研究[D]. 哈尔滨:哈尔滨工程大学,2017.

[11] 曲佳. 心理情景剧在大学生心理社会化教学中的实践与探索[J]. 北京教育(德育),2015(2):66-68.

[12] 张昕妍. 心理情景剧在护理心理学教学中的教学效果分析[J]. 中国继续医学教育,2015,7(2):9-10.

[13] 沈玮. 心理情景剧教学法在《精神科护理学》教学中的应用[J]. 护理研究,2014,28(11):1308-1310.

[14] 许雷. 心理情景剧在高校心理健康教育中的应用探索[J]. 河南农业,2019(36):46-47.

[15] 周洁. 心理情景剧在护理心理学教学中的教学效果分析[J]. 心理月刊,2019,14(4):40.

[16] 沈玮,陈霞. 心理情景剧教学法在培养护理本科生中医情志护理中的应用[J]. 护士进修杂志,2016,31(22):2083-2086.

[17] 王文波. 大学生心理健康教育课程心理情景剧考核方式探析[J]. 广西教育,2019

（43）：138-140.

[18] 邱烨，肖璐. 心理情景剧在大学生心理健康教育课堂教学中的应用初探[J]. 戏剧之家，2020(10)：150-151.

[19] 王熙慧，王帆，张一斐，等. 心理情景剧对高中生寻求专业心理帮助态度影响的效果[J]. 中国健康教育，2019，35(6)：530-533.

对外汉语在线课堂中的中国古代文学教学探析
——以武汉大学国际教育学院为例

洪豆豆

(武汉大学 国际教育学院,湖北 武汉 430072)

【摘 要】 中国古代文学是对外汉语教学中的一个重要组成部分,但并未受到留学生应有的重视,难以取得好的教学效果。对此,本文探讨古代文学课对促进留学生汉语能力提高的实用意义,建议考虑留学生这一教育对象的特殊性,设立恰当的教学目标,选择合适的教学内容,采用相应的教学策略和方法,在线上教学中促进古代文学更好地融入对外汉语教学。

【关键词】 对外汉语;中国古代文学;在线教学

【作者简介】 洪豆豆(1980—),女,湖北武汉人,文学博士,武汉大学国际教育学院讲师,研究方向为国际中文教育及中国古代文学,E-mail:771025823@qq.com。

"对外汉语教学兼具语言传播和文化传播的双重任务,我们不但要培养留学生的听、说、读、写能力,而且还要培养他们对中国文化的适应能力,甚至浓厚的兴趣。"[1]对外汉语教学中的中国文学课就肩负着这项任务,无论是中国现当代文学还是古代文学,都是外国留学生了解中国必不可少的窗口。深入探讨对外汉语教学中中国古代文学课的教学策略和方法,对提高留学生汉语能力,传播中国传统文化和充实留学生的中国文学知识具有积极意义。

一、古代文学课的教学现状和问题

国家对外汉语教学领导小组办公室在2002年推出了两个教学大纲,都提到了中国文学教学。《高等学校外国留学生汉语教学大纲(长期进修)》把对外汉语长期进修教学的课程分为语言技能训练课和语言文化知识课,中国文学课属于文化知识课,其作为选修课,目的在于让学习者提高语言运用的层次。《高等学校外国留学生汉语言专业教学大纲》进一步指出应为中国古代文学课安排60到80个学时,学生通过此课程的学习应做到:了解和熟悉一定数量的中国古代文学作品,并对古代文学作品的艺术表现特点有一定的认识。在课程设置上,大纲指出在三年级开设古代汉语,四年级开设中国古代文学和汉语古籍选读。

国际教育学院(以下简称"国教院")按大纲指导,在三年级下学期开设古代汉语,四年级上学期开设古代文学。古代汉语作为古代文学的先导课程，可以为古代文学课的教学扫清一定障碍。从实际教学来看，留学生对古代文学课的态度可以归结为以下三个字：(1)好。学生普遍认为通过这门课可以提高自己的阅读能力，加深对中国传统文化的了解；(2)美。虽然说不清哪里美？为什么美？但学生大都觉得中国古文，特别是古诗词很美。(3)难。虽好却难，虽美却难。教材很难，诗人太多，作品多而难懂，无一不是学生抱怨的点。

古代文学课一直存在两个问题：课程学时不足和教学资源不足，现在由于疫情更是只能在线上教学，教师不得不面临新的挑战。怎样在线上教学中激发留学生的学习兴趣，提高学习效率，落实"好"与"美"，克服"难"，考虑从调整教学内容和改进教学方法入手。

二、古代文学课的现实意义和价值

在和留学生的交流中，发现不少人都对这门课存有疑虑，"上了这门课我的汉语能变好吗？""对我以后工作有什么用？""HSK 考不考？"等。提出这些问题归根结底是在质疑古代文学的实用性，不消除疑虑的话，会影响学习积极性。尤其现在是线上教学，那些在课堂上沉默的学生，到底是积极思考的沉思者还是人在心不在的游离者[2]，隔着屏幕教师无从得知。因此，有必要让留学生了解古代文学课的实用性，即学习古代文学能在哪些方面促进汉语能力提升。

其一，读古代文学作品有助于留学生练习发音。国教院四年级留学生一般已经通过HSK 四级或五级，但仍难免洋腔洋调。此时很少出现对声母或韵母的错读，导致洋腔洋调的主要原因是声调。即使在读词语时能保证声调，可一旦读起句子，受到前后音节的影响，就很难规范声调了。[3]"中国古文最讲究声调音韵，并多为单音词，也是留学生练习发音、朗读的最好机会。"[4]至于诗词，押韵与平仄赋诗音乐美，词和乐而歌，都是练习发音的好材料。比如孟浩然《春晓》第一二句的"觉晓""啼鸟"，第三四句的"雨声""多少"能让留学生感知第二声和第三声、第一声和第三声的差别。

其二，学习古代文学可增加留学生的成语储备。成语"一鼓作气"来自《左传》，"青梅竹马"来自李白《长干行》。把"一鼓作气"附着在曹刿论战这个历史故事上，学生觉得新鲜、有趣，记住故事就不会忘了成语，而且清楚在哪种语境下使用一鼓作气。即使没有可供附着的历史故事，对应的有中国文化特色的事物同样有助于理解和强化记忆。为什么用青梅子和竹竿形容男女小的时候天真无邪，在一起玩耍呢？要是不读《长干行》，留学生绝对无法想象和理解。

其三，古代汉语作为古代文学的先导课程，国教院用的是徐宗才《古代汉语》第一册。该教材制定的教学目标是在学习完教材后，留学生能够在借助工具书的情况下流畅的阅读和翻译简单的古文，从而为进一步学习古代汉语打下坚实的基础。这本教材有课文 35 篇（20 篇主课文、15 篇阅读课文），其中 33 篇课文是古文，仅 2 篇课文是诗歌。古代文学选用欧阳祯人等编写的《中国古代文学史教程》，40 课中有 23 课提供的精读和泛读材料是诗歌，数量显著增加。留学生除了可以在学古文时复习已经掌握的古代汉语知识，还可以在学诗词时接触到诗句倒装、省略现象等新语法。此外，古文和诗词的语法固然有特殊之处，很多却包含与现代汉语类似的语法特征，上古代文学课也是对现代汉语语法的巩固和深化。

想要在日常交际中达到更好的效果，可以通过使用修辞来提高语言运用与表达能力。"语言通过修辞才具有强有力的文化传播力量，作为中国语言艺术顶峰的标志，字斟句酌的古诗无疑成为修辞教学的直观工具。"[5]古诗词中无处不在的修辞富于文化特色和民族特色，体现了中国人的独特审美。《中国古代文学史教程》中的诗词使用了14种修辞格：比喻、拟人、夸张、设问、反问、对比、互文、对偶、借代、列锦、顶真、用典、复沓、反复。国教院留学生在高级汉语写作课上学过比喻、拟人、夸张、设问、反问五种常见的修辞格，古诗词的特殊修辞格既能让留学生感受汉语修辞的多姿多彩，也能展现古诗词的语言魅力。

三、古代文学课的教学目标和内容

为了取得好的教学效果，须设立合理的教学目标，设立合理的教学目标，需从教学对象的特点出发。中国大学生也有古代文学课，留学生的古代文学课和中国学生的古代文学课当然不能混为一谈。最明显的区别是：留学生比中国大学生多了一道语言关，却比中国大学生少了中国文化背景和古代文学知识积淀。这导致对留学生古代汉语教学提出特殊要求，留学生古代文学课的教学目标是从未知到已知，重在认识和了解。因此，教学中应突出以下四点。

(一)厘清古代文学史脉络

汉语言专业留学生的古代文学课不能停留在几篇古文、几首诗词上，那样的话，只是在中国文学的沙滩上捡拾几颗珍珠，不足以窥见古代文学辉煌的全貌。中国文学的历史源远流长，历代涌现的作品层出不穷，从诗经、楚辞、诸子散文直到明清小说。教师要引导学生厘清古代文学史脉络，用一根线把珍珠串起来。

一代有一代之文学，这一代最有名的作者是谁？他最著名的作品有哪些？例如谈到唐朝，知道当时诗这种文学体裁最出名、成就最大；说起唐诗，知道唐朝最著名的诗人是李白和杜甫；说起李白，知道他的名作有《静夜思》《早发白帝城》《行路难》……这是对完成这门课程的留学生的最基本的要求，至于赏析名家名作，理解作品的思想文化内涵属于更高层次的要求。

(二)选取合适的名家名作

虽然要厘清古代文学史脉络，可巨细无遗不可取，仅从课时来看就不允许。国教院一学期有18个教学周(第17、18周为考试周)，古代文学课每周4课时，而实际授课学时仅60个左右，教师必须对教材上的作品进行二次筛选。根据教学实践，留学生对古诗最感兴趣，古诗中唐诗最受青睐。在上古代文学课前的摸底调查中发现大部分留学生都知道的中国古代诗人是李白，小部分留学生还能说出杜甫、白居易的名字，无一不是唐朝著名诗人。

名家名作中，那些字数不多、难度不高的作品更受留学生欢迎。李白的《静夜思》《早发白帝城》和《行路难》都学过，受欢迎程度依次是《静夜思》《早发白帝城》《行路难》。从长度来看，《静夜思》最短，《行路难》最长。学完以后，《静夜思》学生立刻朗朗上口，其他两首只能记住个别句子。从难度上看，《静夜思》最简单，《行路难》最难。在不看注释的情况下，学生很快说出《静夜思》写的是"作者在想家"，《行路难》讲的时间最长，学生仍似懂非懂。从思想感情上看，《静夜思》抒发了思家、思亲之情，《行路难》说的是理想受阻、壮志难酬。前者的情感贴近学生的现实生活，他们很容易共情。后者抒发的情感离这群还没进入社会，遭遇挫折的年轻人比较远。

（三）教学重点在于字义、词义

古文阅读课最重要的是让学生掌握字义、词义。[4]对中国学生是这样，对留学生更是这样，而且最好适当降低要求。古今字义不同，有些字义在现代汉语中很难遇到。以"安"为例，如果问留学生，也许会流利地说出安全、平安、安装这些词。在《现代汉语词典》中"安"还是疑问代词，问处所或反问，常见于古代文学作品："行路难！行路难！多歧路，今安在？"（问处所）"安能辨我是雄雌？"（反问）不上古代文学课，留学生哪里会知道？学过的古代文学作品，在不看注释的情况下能复述大意。未学的古代文学作品，对照注释能大致翻译出来，可以说达到了留学生古代文学课的教学目标。

（四）教学难点在于意象、意境和典故

意象、意境和典故是诗词教学的难点，也是诗词魅力所在。客观的物象进入诗人的构思就带上了诗人主观的色彩，融入主观情意的客观物象或借助客观物象表现出来的主观情意被称为意象。意境和意象的区别在于意境的范围比较大，意象只是构成意境的细小的单位。[6]读者领略诗词的过程是把心灵沉浸到诗人创造出来的世界中去获得美的享受，和诗人取得情感共鸣。留学生学习诗词可由追求情感共鸣入手，从情感反推承载情感的意象。从"窗前明月光"到"千里共婵娟"，月通常是和思家、思亲，盼望团圆的情感联系在一起的。与柳对应的情感是离别，"忽见陌头杨柳色"，要不是看见杨柳，女主人公怎会发出"悔教夫婿觅封侯"的叹息？菊花不只是清明节纪念去世亲人的花，陶渊明的菊花是隐逸、高洁的象征，李清照的菊花是她飘零人生的具象。把情感与意象挂钩，下次在别的诗词中看到相同的意象，就能根据经验判断作者抒发的情感，进而加深对作品的理解。

典故在《现代汉语词典》中被解释为诗文等所引用的古书中的故事或词句。诗词的字数有限制，运用典故才能在有限的字数中表达丰富的含义，读懂诗词先要了解典故。"闲来垂钓碧溪上，忽复乘舟梦日边"，李白用垂钓碧溪和乘舟梦日的典故表现他渴望像姜尚和伊尹那样建功立业的雄心壮志。不懂典故会影响留学生对诗意和诗人创作态度的解读。

四、古代文学课的教学策略和方法

国教院古代文学课选用《中国古代文学史教程》，这本教材的精读和泛读材料中诗词最多，其次是古文和小说。学生最喜欢诗词，所以诗词是教学重点。学好诗词，古代文学

课就成功了一大半。

(一)诗词教学：朗读、任务、讲好故事和科技赋能

朗读诗词锻炼留学生的语音只是其一，更重要的是，能体现留学生对诗词的理解程度。"读者可以根据个人对作品的理解，遵循作品的平仄韵律，将作品中所传达的多维复杂的情感通过声音的抑扬顿挫、轻重缓急等表现出来。"[7]朗读诗词把文字转化为声音输出给听众，这个过程中存在朗读者对诗词作品的再创造。朗读者对诗词作品有所触动，才能在朗读时通过抑扬顿挫和轻重缓急表达个人理解。不同的朗读者因个人阅历、声音条件、理解感受不同，对同一首诗词的读法有可能不同，即使同一位朗读者因心情甚至时间、地点不同，对同一首诗词的演绎也不会一成不变。有研究者提出要求学生背诵诗词，用这种方式强化语言输入，积累名句，培养和增强汉语语感。[8]然而从教学实践来看，要求留学生背诵诗词不容易做到，尤其在线上教学期间更难以落实。

学习诗词最基本的就是梳理诗句、词句，把它们转换成现代汉语是教学必不可少的环节。到底由谁翻译会带来更好的效果？有必要借助任务进行教学。教材已经提供了丰富详实的注释，在此基础上由学生翻译诗句、词句是可行的。不过，不能一开始就把这项任务交给他们，建议逐渐从以教师为中心过渡到以学生为中心。开始的时候，教师是主角，向学生示范怎么借助注释组织语言翻译诗词。然后慢慢把一些步骤交给学生，让四个学生以每人一句的方式合作翻译一首绝句，最后由教师点评。更进一步的任务是独立完成课堂报告，报告主题由教师指定，报告者必须准备PPT，一边展示一边汇报。想激发学生的参与热情和达到良好效果，报告主题需精心设计，既要与教学内容相关，也不能忽视趣味性，难度还得适中。报告主题可以是上一课的延续，李白这一讲的报告主题是"请你向大家介绍一首李白的绝句"。也可以把新课中要讲的一首作品交给学生，让报告者成为所有人的小老师，充分调动其积极性。学完《木兰诗》，让报告者准备自己国家古代女英雄的故事讲给大家听，趣味横生的同时促进了跨文化交流。所有人在课堂报告结束以后进行简短讨论，通过师生互动及生生互动带动课堂气氛，完成热身。国教院已经实践了两个学期的课堂报告，因为在期末时会投票选出最佳课堂报告PPT和报告者，学生反响热烈。

现在提倡讲好中国故事，讲故事的确是古代文学课的重要教学方法之一。诗人故事或诗词故事总是为线上课堂平添趣味，学生开始走神的时候，教师用一个故事能把他们的注意力拉回来。讲到李白因醉酒跳江捉月而离世，这个传说让人充分感受到李白浪漫的天性。"李白是浪漫的人，所以他的诗是浪漫的诗"，一个韩国留学生听完故事以后做出以上评价。讲《行路难》时介绍李白当时所处的人生困境，有助于学生理解诗人为何感叹"欲渡黄河冰塞川，将登太行雪满山"。讲故事当然可以用嘴巴，但图片和视频的效果更好，所以最后来谈谈科技赋能。

既然读者领略诗词的过程是把心灵沉浸到诗人创造出来的世界中去获得美的享受，和诗人取得情感共鸣，教师要做的是引导学生走进这个世界。在线教学中，比起把诗词像故事一样讲给学生听，启发他们在头脑中想象、构建，更直观的方法是用图片或视频把诗词中描写的事物、情景展示给学生。《木兰诗》有一句"对镜贴花黄"，教材上对花黄的注释诚然详尽，可与其照本宣科，不如直接看一幅面部装饰了花黄的仕女图片。另外，现在网

络上有不少诗词被做成了动画片，很受留学生欢迎。翻译诗词之后，再看一遍动画片，一位留学生的原话是"原来不懂的地方一下就清楚了"。如果觉得利用图片和视频老套，科技发展还为我们带来了手机、平板应用软件。号称"古文爱好者的小岛"的古文岛 App，尽管名字里只提及"古文"，实际上从诗经、唐诗三百首到宋词三百首都囊括其中，每首诗词下有作者介绍、译文及注释、创作背景和鉴赏四个板块。在准备课堂报告时，古文岛 App 可以为学生提供支架。这是科技赋予古代文学教学的新能量。

（二）小说教学：文本解读为主，影视资源为辅

因为跌宕起伏的故事情节和栩栩如生的各色人物，各文学体裁中留学生第二感兴趣的是小说。古文和诗词的学习已经占用了大半个学期，留给小说的课时十分有限。想把小说教好，先要明确教学目标是扫盲而不是研究。对留学生来说，小说的写作技巧、篇章结构、思想感情等太深、太难，他们希望了解的是谁写了这部小说，小说中有哪些人物，讲了什么故事。

与诗词相比，小说的阅读障碍小却篇幅长，像诗词那样逐字逐句梳理，有限的课时不允许，学生也容易丧失学习兴趣。幸好作为经典，根据小说改编的影视剧十分丰富，不失为一条快速了解小说情节的捷径。留学生都喜欢孙悟空这只神通广大的猴子，便以《西游记》的教学为例。教材提供的精读材料节选自《西游记》第二十七回"孙悟空三打白骨精"，字数超过 2500。上课时采用文本讲解加播放电视剧片段结合的方法，在相对轻松的课堂氛围下，降低文本阅读难度，引起学习兴趣。通过合理的问题设计引导学生积极思考，在互动中熟悉情节，分析人物。教师还要注意挑选符合原著的影视作品，远离戏说之类过度改编的版本，过于依赖影视资源，把古代文学课上成影视欣赏课更不行。

（三）课程考核：重视能力，开放灵活

怎样考核也是值得思考的问题之一。留学生抱怨古代文学课难，还有一个重要原因是害怕考试。有鉴于此，教师应该从教学目标出发对练习、作业和考试设计加以改进。

在对练习、作业和考试设计的改进上，可把以下两点纳入考虑。第一，练习、作业和考试难度与教学目标相符。认识和了解是对留学生的要求，在此原则下，用选择、判断、填空之类的客观题考察基础知识记忆，考察理解能力的主观题注重开放性。对留学生来说，"你最喜欢李白的哪首诗，为什么"和"结合李白的诗歌作品，分析李白诗歌的特点"相比，前者更容易回答，更促进思考。教师在评价时，以跨文化的包容心态看待学生的回答，不拘泥于标准答案，鼓励各抒己见。

第二，国教院用的教材《中国古代文学史教程》的"练习"部分有背诵、填空、翻译和思考题四种题型，答案都可以在教材上找到。这些题有考察知识点记忆的，也有考察理解能力的，然而总体上和为中国大学生设计的题目差不多。既然是留学生的古代文学课，应当在练习、作业和考试中凸显留学生这一教育对象的特殊性，才有针对性和趣味性。

五、结语

汉语言专业留学生本科阶段的中国古代文学课是跟团游,教师作为导游带着留学生在古代文学的殿堂上走马观花。完成这门课程的学习之后,留学生对古代文学从不知道、不清楚到有点儿了解,甚至产生兴趣想要进行个人深度游,就不虚此行。

◎ 参考文献

[1] 王学松. 对外汉语教学中文化教学的层次[J]. 北京师范大学学报,1993(6):81-84.

[2] 崔思佳,朱泓. 大学生在线课堂沉默:追问与反思[J]. 黑龙江高教研究,2022,40(5):10-15.

[3] 蒋以亮. 音乐与对外汉语的语音教学[J]. 汉语学习,1999(3):38-41.

[4] 王锡三. 对外古文教学初探[J]. 天津师范大学学报(社会科学版),1994(4):71-73,76.

[5] 孙荔. 基于对外汉语视角的古诗研究[J]. 辽宁工程技术大学学报(社会科学版),2009,11(5):530-532.

[6] 袁行霈. 袁行霈文集第一卷[M]. 济南:山东人民出版社,2020:57-59.

[7] 陆有富. 传统吟诵在中国古典诗歌教学中的应用[J]. 内蒙古师范大学学报(教育科学版),2013,26(8):128-130.

[8] 张笑难. 面向留学生的中国古代诗词课教学探析[J]. 内蒙古师范大学学报(教育科学版),2012,25(1):101-105.

二、学生编

"三全育人"视角下提升公共管理教学实践向度的改革图样
——基于体系、工具与内容维度的探析

张捷乐　常荔

（武汉大学　政治与公共管理学院，湖北　武汉　430072）

【摘　要】 在公共管理学科内外情境发生巨大转换的情形下，"三全育人"这一当代教育理念的学科外延与公共管理现行教学需要存在整合性优势，因此具备以此为指导实现公共管理学科实践教学突围的实际可行性。"三全育人"理念中包含的三种不同导向，对当前公共管理学科在体系、内容与工具维度面临的现实困境针对性地提供了可能对策：以"全过程育人"理念指导知识生产框架搭建弥补教学实践体系合力松散；以"全方位育人"理念实现学科融合弥补教学内容诠释性不足；以"全员育人"理念弥补实践教学工具知识来源及转化路径单一。在着重于以技术方式应用三全育人理念提高教学效能时，也应注意贯彻"三全育人"这一思政理念"以人为本"的精神内核，推动公共管理学科在教学实践过程中更好地表现出本质的公共精神与社会责任意旨。

【关键词】 公共管理；教学改革；三全育人；实践导向

【作者简介】 张捷乐（2001— ），男，浙江台州人，武汉大学政治与公共管理学院2019级行政管理专业本科生；常荔（1976— ），女，湖北十堰人，武汉大学政治与公共管理学院行政管理系副教授、硕士生导师，2019级行政管理专业班级导师，主要研究方向为公共组织行为与人力资源管理、公共部门知识管理、人才战略与政策，E-mail：lisa_chang@126.com。

一、引言——"三全育人"在公共管理教学改革中的指导意蕴

随着我国高等教育进入内涵式发展阶段，学科发展转入提质增价方向的需求日益强烈，教学改革已经成为当前国内大学教学研究的主要热点领域之一。[1]然而，伴随着全面建成小康社会进程的统筹推动与基本实现、中国特色社会主义改革实践驶入深水区、国际形势窗口期机遇期交错并叠等诸多复杂性形势的具体涌现，大学本科教育作为"务虚"的基础性研探与"务实"的应用性践履相作用的具体场域表现出更具共驱性的特征。

公共管理的现行教学改革方向较之其他学科具备相应的独特性，这一特殊性源于公共管理学科意在回应当代中国治理实践与政治发展议题的应用导向与实证特质。公共管理学

科教学的培养目标并不仅限于学生在基础理论方面的融会贯通,而应该更侧重于学生应用型复合能力的培养。[2]具体来说,在当前的教学改革实践中,公共管理学科课程的建构方向隐含着将理论视角投射于城市、社会的实际发展与管理问题的潜在问题导向,要求学生既具有较强的发现、分析和解决问题的能力以及宏观政策的研究素养等多视角、多维度与多方向的配套素质,[3]对当前本科教学中将理论性与实践性相结合的教学趋向具备一定呼应性。因而,如何探索更契合当前中国治理转轨阶段各类新形势新进程的公共管理学科发展路径,如何在更迭转轨的关键时期摆正教学改革的应然导向,是有待于深入学科教学工具、内容、方向等不同层面精确回应的必要课题。

在上文中描述的渗透至公共管理教学全方位的复杂性、融合性与现实直观性特征,是公共管理教学实践与国家提出的"三全育人"教育改革综合要求相契合的嵌入锚点。自2018年5月教育部办公厅发布《关于开展"三全育人"综合改革试点工作的通知》以来,植根于"全员、全过程、全方位(三全)育人"转向要求的工作机制建设成为各级各类高校思想政治教育改革的常态化探索与实践。"三全育人"在教学改革的实践中,具备相对丰富的指导内涵:从宏观上看,"三全育人"是党和国家推进新时代高校思想政治与教育教学工作的战略性方针,从目标方向、政策导向和价值取向界定了现行教学改革的发展导向;从中观层面上,"三全育人"同样可被视作高校在思想政治与教学层面着力建构的工作机制的指导理念与具体方向;微观层面而言,"三全育人"则构成教师应当贯彻的方法论要领与责任依循。从三个层面的不同表征中,笔者认为"三全育人"的改革要求与公共管理教学亦存在目标、价值与方法层面的合流节点,因而可以为公共管理的教学改革提供内涵广延。[4]

在目标方面,将"三全育人"理念作为"双一流"建设成效评价、学位授权点合格评估的重要内容的教育成果评估实践,为"三全育人"的价值观点嵌入公共管理学科教学目标设计中提供了相应的经验依据;除此以外,"三全育人"在理念上具备实践性、发展性与创新性特征,[4]彰显了"三全育人"理念在"德才兼备的高层次、应用型、复合型公共管理专门人才"这一统摄性人才培养目标中的目标指引与实务信条。

在价值方面,公共管理的精神导向部分落脚于追求整体进步的公共精神之培育,与"三全育人"要求形塑的"全员参与、全过程覆盖、全方位培养"的长效教育机制在逻辑上具备互补性。这一特征既有助于在公共管理学科建设过程中打破认知与利益隔阂,拓展教学的总体视野,又能促进公共精神引导下人才立足与反哺社会的良性循环。

在方法方面,公共管理学科通过模拟法庭、实践基地、"双师型"师资队伍等形式搭建的"理论—实践"并进的教学框架,经由互动式的新教学方式唤起学生联结理论—实践的观念自主性,实现校内外、课内外、线上线下场域间不同主体的联动,[5]使"三全育人"教育理念与改革要求得到更好践行。

换而言之,在公共管理学科建设视域内,"三全育人"与现行学科建设需要存在目标耦合、逻辑互补与结构呼应等整合性优势,因而,笔者认为令"三全育人"教育理念在公共管理教学过程中落地生根以达致更高的教学目标,在逻辑与操作层面均存在一定的可行性。

结合部分学者基于社会网络分析法等实证性工具的分析结论,[6]公共管理体系以"实践教学"改革为方向,以"课程教学"改革为支撑的改革思路在长期发展过程中已经初证其可行性。尽管其前景构成中尚且存在诸多不确定性,但进一步明确实践能力提升在教学改革中的重要位置,以寻求公共管理学科回应国家"三全育人"教育发展要求的新向度不失为一种可行之措。据此,本文力图以公共管理教学的实践方向改革为切入点,从体系、内容与工具三个层级与"三全育人"各维度之间的对应关系入手,探讨现行教学改革中可能面临的障碍并据此探索可能的针对性策略,为教学改革提供可供参照的助推方案。

二、体系维度——以差异化课堂场景协作更新知识生产框架,形塑"全程育人"的过程合力

扁平化和富有弹性的新生产形势要求劳动者具备多学科的知识背景,并以实践问题为导向开展学习活动。[7]由于人才培养与课程教学过程中的复合性要求,在现行学科的改革方向中,由传统的讲授式课堂转向差异化的课堂场景建构的教学形式迁移成为教学改革的重要目标信号与有效手段。

然而,教学场景由以学校为主体的单核模式向外部弥散形成多中心多功能的一体化集成场域同样可能对改革过程产生反预期效应。学术边界外传统教学主体面临的发言权式微、不同主体之间沟通桥接不畅乃至于知识生产、形构与应用模式之间的非兼容特征等传统教学模式下影响甚微的误差在教学体系的扩张与分化过程中被放大。这一结果可能导致协同性增强的教学体系缺乏有效的资源保障与信息交换等基底性支持,引发产出的效能衰减以至于与培养需求目标背道而驰。这意味着在当前教学实践中,以学校为主轴的实践教学流程尽管取得了一定成效,但整体上仍面临着沟通不畅、联系不紧、标准不齐、行动割裂等体系性合力缺失的困境,限制了教学过程中不同情境协同功能的发挥。

"全过程育人"强调是"三全育人"要求中对过程要素的强调,这一改革方向强调将具备一致性的立德树人思想政治观念与教育理念贯穿教育教学全过程和学生成长成才全过程,实现以高校的教育理念为轴心的全面保障与价值观照。这一理念的实现侧重于解决不同主体的运作逻辑差异、不同阶段的教学内容断层等因素造成的互斥问题,旨在实现不同过程阶段之间的有效衔接。从"全过程育人"这一改革导向表现出的价值取向与方法特征来看,本文认为"全过程育人"理念的的有效落实与具体化是着眼于现行多课堂与多阶段的教学体系中存在的协同、衔接与合力不足的解决方法的重要立足点之一。

因此,笔者尝试探讨在当前教学改革过程的不同场景与不同路径间引入"全过程育人"的教学改革要求指引作用的可能方式。具体而言,为了实现对学生在不同情境教学中的全过程覆盖,高校如何发挥自身重心作用实现不同主体间的串接与纽结,将教学体系下松散的相关主体整合进一个向心的行动结构,进而增强高校内部教学与外部实践的联动效能,是公共管理教学体系改革务须着重探讨的焦点之一。

1. 总体建构:正确厘清知识生产协同机制全过程阶段及主体定位

对当前多场景的协作课堂之间应对不同主体间在价值与工具之间的结构性差异问题,多数学者——诸如胡博闻和李守明等提供的"校社合作"方案[8]——均强调通过将一贯性

的课程理念导引加之于合作中主体的重要性。然而,往期研究由于发表时间等限制因素对大学教学活动与教育体系的认识仍然稍显琐碎化,且在机制建构过程中对整体性张角的审视较易受制于个别主体之间的特征性关系而失之狭隘。将"全过程育人"的改革要求落实于具体的教学实践中,应当从更为全局性的角度把握高校与其他教学过程的相关主体的作用关系。

据此,笔者基于吉本斯(Gibbons)等人关于"知识生产模式转型"的理论阐释提出分析推论,在当前教学目标与主体多元化的基本背景下,学校在多核教学场景与体系中并非唯一主导中心与干预者。因而,实现差别化的课堂场景的实践导向设置,落实"全过程育人"的内在要求,其核心在于教学主体在高校给定的育成目标与内容框架下统整性地引导学生学习活动,增强教学内容一致性与发展广延性。最终,通过相互衔接的主体合作搭建的知识生产过程,学生得以在系统化的"理论—实践"有机组合过程中把握传统学术研究素养以外的实践才干与知识能力。

这一理想结果的达成仰赖于在差别化的多环节课堂场景中建立具备统筹力的协同机制,在建设过程中应当以更丰富的内涵填充实践教学过程中涉及主体定义,从总体上把握不同主体合作下的实践性教学场景营造与构成,并在此基础上因需致用地配置不同主体在知识生产流程中的具体职能定位与阶段归属。由于公共管理学科的社会关涉性与场景特定性,当前的教学改革可以将以高校为中心,向外与企业、研发中心、社会团体以及政府及其新型智库等非大学机构相联结的互动体系建设视作一种有效的设计模式。[9]在合作体系的建构环节,高校作为教学行动的发起者与指导者,需要厘清各主体在知识生产流程的基本定位,进而对不同主体在必要环节进行目的与行动协同提供可见的责任,这一清晰完整的主体行动结构无疑为协同机制的正常运作提供了强有力的内生支撑。

在角色边界与任务得以明确的基础上,需要有效搭建促成教学活动目标有序完成的知识生产框架。高校应当基于教学过程设计,明确区分教学的可能阶段,促进主体间基于阶段性目标与任务导向要求的职能与责任明确化,实现各主体在知识生产体系流程中的有序分工与平滑衔接,最终形成符合"全过程育人"特征要求的体系推力。

以往期第二课堂等相关教学实践为参照,大体上可以将教学活动划分为决策—设计—对接—执行—评估的链式过程,本文将五环节初步整合为前端设计、中期执行与末期反馈三个活动阶段,探讨了"全程育人"理念指导下的不同阶段的活动重心与主要措施,以此标识了逐步建构以高校为主导的并彰显教学主体自主性优势的教学体系的可能路径。

2. 前端设计:凸显高校中心定位,实现课堂有序过渡。

在决策与设计构成的前期环节,尽管其他主体可以诉诸需求、价值等意见进而影响高校的抉择侧重,但此环节仍然是高校统整全过程合作过程中主体间合作方针的基础性环节。

如上所述,为建立覆盖与保障教学育人全过程的基底性机制推力,高校在这一过程中应当充分明晰自身在相关主体关系网络中的作用及其定位,打破校内校外不同职能模块之间的协作壁垒。其一,在学校统一领导下成立由学工系统、教务部门及外部主体组成的分级分院的"教学指导委员会",发挥学校在外部联系的代表性与指导性作用,了解各主体对教学过程的具体要求，实现教学改革的行动目标设计的连贯与协同。其二，在形成一贯性目标的基础上，基于战略管理等本专业管理思想，根据公共管理专业人才培养目标、专业定位、专业建设资源和就业现状，确定具体的执行方式与合作对象。[10]高校要充分活化教务、学工、科教、社团等组织在教学改革中的共同效能，在学院牵头下对培养方案进行共同编制，将教学对象在参与教学全过程中的能力发展需求纳入视野，着重考虑实践场景筛选、主体岗位需要之间的契合水平，在整个教学过程中有的放矢地引导教学过程中学生对自身实践能力培育的自觉。

在由计划向执行过渡的对接环节，主体与高校间通过资源交换与信息交互等形式实现不同课堂场景之间的有序过渡。在这一环节，高校在教学改革中的挈领角色要求其进一步细化与配置教学的任务清单，凸显本校公共管理专业的发展方向与独特优势，为主体开展后续课堂实践教学，促进高校教学理论内容与应用情境的对应性耦合提供直观的参照依据与行动指南。而科研机构、党政机关、企业社团等游离于传统课堂外的相关主体，在高校设置的教学改革方向的整合与分派下方能有目的性地优化内容供给源，自主性地完善沟通机制与技术工具，在持续的反馈与交互过程中培育实现多种性质实践基地与课堂教学的长效化与制度化协作。

在对接环节中，高校在教学改革中的中心作用有助于自身整体目标与外部主体的经验优势两大积极性相互促进并转变为实践课堂建构过程中的具体动力，促进不同教学主体之间相互协调，实现对学生由校内课堂向校外实践的过渡环节的全过程覆盖。

3. 中期执行：引导主体共建参与，促进知行深度融合

在实践课堂场景的具体建构与操作环节，高校需要充分尊重主体在其自主性范畴内的经验能动性，但同样需要更加主动地以协同姿态参与其中以确保实践教学环节不同阶段的衔接合乎预期的培养要求，使过程内各环节的育人成果在共同理念指导下形塑理念向实践的转变的内容合力。

高校牵头下开展的校府合作—校企协同—校院联培共建共享的配套方案可以被视作一条可行路径：通过资源共享、产品发布、研究协同、项目同建等多元形式建构实践场域与理论课堂之间的关联桥梁，[11]以社会调查、基层经验、项目参与、案例采编等模式改变往期课堂场景相互孤立、课程实践浮于技术性重复的建设不足。

高校在实践过程的设计上应当深入洞悉学生在实践参与中的特殊性，有意识地培育学生的联系能力与应用兴趣。通过合作性模式对实践课堂内容生产形式的引导与参与，高校赋予课堂内的学生与不同主体间深化沟通与补充观点的自主机会。不同课堂之间在理论—实践层面的多方面锻炼与综合协调将学生的个人发展意愿、专业学术性研究的能力优势与植根具体实践活动的独特经验相黏合，从而为学生在实践过程中的知识再生提供反哺于实践的实现机制。

4. 后期反馈：综合多方评估发声，打造实践评估参照体系。

在周期性的课堂场景终结环节，高校动员在不同课堂主体间架桥，为评估提供必要信息，将专业内与行业内两个角度的评估意见有机融合，建构反哺实践体系的科学参照系，

是流程末期推动后续实践过程再启动、提高课堂设计实践回应性进而修正与补齐全教学过程中的疏漏与不足的重要环节。

在跟进性的评估环节中，高校应当发挥自身在各主体与各阶段之间的有效衔接作用。一方面，公共管理专业的学术研究者在实践课堂场景建构中的意见表达是左右制度执行情况反馈、过程内生知识性更新与协同方式修正的重要依据，高校内的教育从业者可聚焦于自身的独有视角，从理论性与过程性维度提供除操作性的结果评价机制以外的多维性考察。另一方面，高校的公共管理专业通过与其他协同主体合作开展全方位评估，深入了解实践课堂的预设目标实现情况，发挥科研机构、党政机关、企事业单位等产出主体在成绩构成与能力测评过程中的指针性作用。

以评估结果为参照，高校则可针对性地对当前教学各阶段与各过程间的薄弱环节做好修正与衔接工作，打造适应国家一流学科建设与经验性实践场景双重能力需要、凸显专业实践特色与问题回应性的精品课程体系，进而形成"理论—实践"持续交换适配的课堂协同与联结体系。

如上文所述，在整个体系的形塑过程中，高校专业作为知识生产的主要发起者与参与者，在教学场景有机建构的全部流程中都应当"执缰在手"：促进对人才培育的全过程参与与全阶段调节，确保教学过程中不同的课堂场域在建设过程中对学生培育切实有益、对环节衔接过渡无碍、对目标实现统筹集中，以"全过程育人"的主动理念克服知识生产过程中的褊狭性与割裂性问题。

三、内容维度——以学科交融发展增扩知识来源，厚植"全方位育人"的内容禀赋

2018年10月教育部等六部门在《关于实施基础学科拔尖学生培养计划2.0的意见》中把"促进学科交叉、科教融合"作为改革任务，强调"把促进交叉作为拔尖创新人才培养的重要途径，建设跨学科课程体系、组建跨学科教学团队、设立交叉学科研究课题，为拔尖学生参与跨学科学习和研究创造条件。"[12]2020年11月3日，教育部发布了《新文科建设宣言》，对高等院校的新文科建设做出了全面部署，强调"新文科建设不仅影响文科本身，影响工农医教育，更影响高等教育全局"[13]。

由此可见，学科交叉融合理念在新文科建设中不断深化。而在"全方位育人"的改革导向中，教学不仅面临着线上—线下、课内—课外等多个情境背景的相互掣肘，如何整合具体教学过程中不同领域与不同范式面临的层次、形式与逻辑层面的不同侧重，现"互补互动、综合融通"的整合性目标同样是亟待破解的问题之一。因而，高校将着眼点置于教学设计层面的学科交融与内容整合，也可视作践行"全方位育人"理念的重要切入点之一。

鼓励跨学科、跨专业的交叉发展并将其成果运用于传统人文社会科学的教学与研究中，对于推动当前时代变局下亟待响应"全方位育人"转型中一系列变轨阵痛的公共管理学科，是审视新发展理念、新社会现象与新治理热点的重要透镜，是公共管理学科在当下实现内容提升的重要路径之一。

1. 理念层面：以学科能力建设目标与现实情境引导课程内容整合

新文科视域中从内容维度实现教学改革的质量突围与理论增效，在某种程度上意味着将学科融合的观点渐进性地整合进教学内容的整体架构中，[14]以国家学科发展与能力培育要求为依据调整教学内容结构，导入内生逻辑中存在相关性的近缘学科理念作为阐释新现象的分析观察维度。

在这一过程中，为了实现教学内容的全方位联动，要从公共管理自身的发展路径与专业目标入手，以高质量的公共管理课程建设内容建构为基础，[15]在教学内容上进一步彰显对不同学科视野与不同运用导向的整合性。按照教育部高等教育教学指导委员会编撰的《普通高等学校本科专业类教学质量国家标准》[16]声明，公共管理学科是以公共利益、公共价值为导向，研究如何运用公共政策为公众提供公共产品和服务，提升国家治理水平、促进国家治理体系和治理能力现代化的学科。落脚于相对功利的教育培养目标而言，公共管理旨在培养能够在在党政机关、事业单位、社会团体从事管理与研究工作的，具备应用与实践导向的专业人才。而伴随着融媒体传播风险与治理技术赋能的勃兴、基层事务伴随事权的逐步下沉等行政管理中存在的新兴形式，可被纳入公共管理阐释范式却又应接不暇的新情形呈现出碎片化的涌现态势，对公共管理学科的教学要求提出了更具复合性与整合性的目标要求。无论是为了满足事务性的实践需要抑或研究式的学术区分，在教学改革过程中将大量涌入的公共管理复杂案例进行导入其他学科概念视野进行二次细分与再编写，对厘清学科管辖边界、实现学科深度融合有所帮助。

因而，在当前教学中践行"全方位育人"的改革理念，从部分意义上就要做好"理论—实践"的二元场域中育人理念的同步联动，推动传统公共管理学科方法与理论为主体的教学内容与现实管理实践深化结合，并达成与其他能力素养的有序共融。在教学安排中应当体现凸显公共管理研究者对其他学科概念与复杂案例的甄别、拆解、抽象与整合等多范畴实践能力，在学科与教学内容的整合过程中全面深化学生各方面能力培养。

2. 操作层面：回应复杂需要落实课程特色与内容载体创新

基于"全方位育人"的协调要求，公共管理专业在开展教学活动过程中可以聚焦于学生理论积累与解决实践情境问题两个层面内的同步发展。因而，在前文提及的实践性课程场景建构体系下，依据学生理论发展与实践能力培育需要，高校可以对大学阶段的公共管理课程进行创新，设置如融合传播学、[17]社会学等外缘学科视野的公共管理课程或研讨论坛等创新性的教学形式载体。高校藉由交叉性自选课时的内容填充，推动学生基于自身发展旨趣选修相关内容，以学科交叉唤起课程内容创新与交流自觉，进而带动读书会、学术工作坊等规范化与灵活性的教学模式与趋于复杂化的教学内容相互适应。

在学科交融的基础上，高校依托于"全方位育人"的改革思路，解决不同学科、不同领域与不同逻辑之间协调与共通问题，在课程的形式及内容创新过程中促进学生不同视野间的互融互补，最终形成适配学生应对社会治理具体情境压力下协调矛盾、通约学科知识、组合模块概念等全方位能力的深度教学内容禀赋。最终，高校在教学改革中将国家对公共管理学科人才培育的高规格、宽口径与强能力等方向要求与本校学科综合性特色以更可感的结合形式呈现,使学生在理论与实践两项学科教育的活动方位中实现全面且同步的发展。

总的来说,在内容禀赋上厚植学科交叉发展带来的全方位发展红利,不仅要求在教学过程中适时结合他学科有效内容,在更深入的层面上意味着在实践导向的更新知识生产框架内提供一套成形且更契合复合性深度知识与实践能力的内容再造体系。[18]因而,唯有高校在教学改革过程中激励、设计、资源储备及评估反馈等不同模块与制度建设中均表现出出相应的适配性特征,这套基于"全方位育人"理念的有机运作体系方可最终在真正意义上达成各领域与各学科在教学环节中的有机耦合,创制教学改革促成学生在各领域全方位成长的推动力与增长项。

四、工具维度——以教学工具改良吸纳互补经验,深化"全员育人"的参与导向

在教学改革中,微观领域的技术性调整同样构成见微知著地提高教学系统的输出效能、提高被教学者接受程度的重要途径。按照国家教育部相关标准,高校除了贯彻执行严格的教学质量外,更应该将创新课程教学方法纳入可持续发展体系。

"全员育人"是要强化高校全体教职工的育人意识,彰显高校各领域与各主体的育人功能,落实于教学改革的微观课程视域下,其核心之一在于通过技术性调整与工具性更新在传统教学的课程场景下激活可能教学主体的育人功能。因而,高校可以运用案例教学法等新兴研究方法,进一步探索这类参与式的教学方法如何将课堂内部与外部的不同主体导入授课过程中,对学生实践运用能力与认识自主性的唤起发挥更良好的激励与引导作用。

1. 形式方面:加强教学方法互动性,激励课程参与者联动

为了具体落实"全员育人"增强教学环节中全体参与者育人意识的改革取向,专业可在教学过程中引入 PBL、TBL 等强化多元主体参与性与思考自主性的教学方法及其配套技术工具,[19]以此改组与优化教学方法以在更大限度下使课堂内外的不同主体参与教学环节。在"全员育人"的改革导向下,教学激发课堂主体的互动性倾向,调动学生最大限度涉身性地投入课堂的互动情境中。在社会科学调查方法、社会统计学、公共政策导论等实证性较强与经验思维显著的课程设计中安置研讨会、专题讲座、小组交流等教学形式,带动学生由被动接受灌输转向参与多向度的课堂主体互动,有助于在多主体共同推进课程教学过程中唤起学生实现与理论框架之间的通约与联结的自主性与交互性思维。

2. 理念方面:丰富教学主体内涵范畴,塑造学生个体化经验视域

为了切实发挥参与性的教学方法效能的关键,以"全员育人"的教学改革理念拓展经验材料这一重要知识来源的主体发端与获取形式,除了创新具体的教学方式,高校还应当在教学的方法论理念上做出转变,从行为方式与授课逻辑等内生方面真正意义上将教学主动权"让渡至讲台外"。

一方面,教师仅通过少数前沿知识与核心议题成为触发经验联想的"扳机",在整体

教学中扮演经验诠释的划界者和纠偏者角色，使整体的参与性教学行为不至于失于偏颇或空泛；另一方面，扩展课堂教学中的叙述者主体与叙述话语，通过讲座、讨论、汇报、辩论、案例与引证等多种互动形式，在全员参与和部门负责、一体化运作等外部机制支持下，将包括班级导师、社会科学学科教师、人文学科教师及实践经验分享者等不同类别的教学主体纳入教学的运营场域内。高校通过扩展学生与不同教学主体的涉身性互动，在全员共同参与教学育人的过程中促使学生生成对于经验知识的个体性视阈，拓展学生理论与实践教学知识的来源主体与获取途径。

换而言之，教学方法在实践向度上的改革实践主要体现于教学方法的参与式改进与互动式再组方面，并藉此重构课堂结构与教学主体定位等教学方法理念。通过课堂内外与讲台上下不同育人主体协同参与与联动合力的"全员育人"模式，学生能在互动过程中对经验材料产生个体化的体认，从而帮助学生在接受不同主体熏陶的教学过程中拓展自身经验视野与理论应用深度。

五、小结

基于上述分析流程，本文从全貌的体系层面至细节的工具层面探讨了当前公共管理教学改革过程中遵循"三全育人"教学改革导向要求下，基于专业应用性目标提升教学中实践向度深度与广度的可能进路。在体系建构方面，深化主体合作在目标与行动层面的连续一贯，形塑体系内部实践教学与素养培育的整体合力；在内容生产方面，尝试学科交融提升教学内容禀赋，厚植学科教学过程中在理论与实践两个教学方位的全面发展导向；在工具运用层面，导入参与性的泛主体模式重构教学方法，通过丰富教学主体内涵培育学生实践研究的个体视角与经验视野。从整体上来看，实践向度的教学改革可以统摄于"三全育人"的新教育理念与改革导向之中，对不同维度的实践教学模式探索在不同程度上构成了"三全育人"这一中共中央倡导的科学教育意见的有效实践与合理试错。

因而，尽管在技术性层面对行政管理乃至公共管理专业的实践教学体系改组的选择可以是多样的，但教学改革过程中提高产出效能务须重视的一点在于，必须把稳改革"三全育人"的基本舵向，将从"教"走向"育"。为此，高校在教学的实践向度改革中应当着力于构建育人新模式，营造育人新生态，全面提升人才培养水平，将以人为本之精神贯彻始终，从而在实践维度之中表征公共管理专业教学改革的核心应用落点、责任导向与价值践履。

◎ 参考文献

[1] 张新培. 近十五年我国大学教学研究的热点与趋势——知识图谱的视角[J]. 高教探索，2017(4)：81-86.

[2] 孙婷. 基于能力培养视角下的高校应用型专业课程本科教学实践改革探析[J]. 民族高等教育研究，2016(4)：74-77.

[3] 夏葵媛. 体验式教学法在《城市管理学》课程教学中的运用探析[J]. 高教论坛，2013

（11）：76-78.

[4] 杨晓慧. 高等教育"三全育人"：理论意蕴、现实难题与实践路径[J]. 中国高等教育，2018（1）：4-8.

[5] 许燕，范炜烽. "三全育人"视域下公共服务精神融入思政教育研究[J]. 学位与研究生教育，2021（4）：45-51.

[6] 文华. 国内行政管理专业教学改革研究述评——基于社会网络分析技术[J]. 2017（4）：36-38.

[7] 王务均. 高校研究性教学改革的逻辑源起与深化路径——基于知识生产模式转型的推进框架[J]. 教育发展研究，2018（1）：61-68.

[8] 胡博闻，李守明. 高校第二课堂建设存在的问题与对策[J]. 沈阳大学学报（社会科学版），2018（6）：90-93.

[9] 王务均，陈炎晗. 高校第二课堂教学的现实困境与改革路径——基于知识生产模式转型的分析框架[J]. 应用型高等教育研究，2021（6）：55-60.

[10] 董蕊. 新文科视阈下地方高校行政管理专业实践教学模式探究[J]. 应用型高等教育研究，2021（6）：61-66.

[11] 谢卓华，何婧. 多元智能理论视域下财经新闻人才培养模式与教学设计改革探析[J]. 高教论坛，2021（3）：40-44.

[12] 教育部. 关于实施基础学科拔尖学生培养计划2.0的意见[EB/OL]. https：//www.csdp.edu.cn/article/4284.html，2018（10）.

[13] 中国教育在线. 新文科建设宣言[EB/OL]. https：//www.eol.cn/news/yaowen/202011/t20201103_2029763.shtml，2020（11）.

[14] 段禹，崔延强. 新文科建设的理论内涵与实践路向[J]. 云南师范大学学报（哲学社会科学版），2020（2）：151.

[15] 周光礼. "双一流"建设的三重突破：体制、管理与技术[J]. 大学教育科学，2016（4）：4-14，122.

[16] 教育部高等学校教学指导委员会. 普通高等学校本科专业类教学质量国家标准[S]. 北京：高等教育出版社，2018：861.

[17] 颜冰，史春媛，孙晨光. 新文科视野中"行政管理+传播学"推进传播学课程建设的探索[J]. 牡丹江大学学报，2021（11）：89-93，104.

[18] 高凌飚. 关于过程性评价的思考[J]. 课程·教材·教法，2004（10）：15-19.

[19] 彭珊，韩淑苇. 基于教学范式改革背景下"PBL+TBL"双轨教学法在公共管理本科教学中的应用研究——以贵州财经大学为例[J]. 产业与科技论坛，2019，18（23）：150-152.

"教学—研究"双循环视角下教师教学发展路径探究
——基于科学知识图谱领域顶尖学者 Katy Börner 教授的案例分析

张娅宸

(武汉大学　信息管理学院，湖北　武汉　430072)

【摘　要】面对新时代的人才培养标准，高校要肩负起科技创新和培养人才的双重责任，实现对高校两大基本职能——教学与科研的"双肩挑"。如何实现教学与科研工作内在的协调与互动，是推动高质量人才培养和高等教育进一步发展的重要问题。本研究以科学知识图谱领域顶尖学者凯蒂·伯尔纳(Katy Börner)教授为典型对象开展案例分析，总结出她在教学与科研融合实践中的机制与特点，进而提出促进教师实现教学与科研融合的相关建议，包括正视失衡关系、坚持科教融合、促进教学能力发展、开展研究型教学、开展延伸服务等。

【关键词】课程教学；科学研究；高校教师；教学能力发展；案例分析

【作者简介】张娅宸(2002—　)，女，汉族，福建周宁人，本科生，武汉大学信息管理学院在读，Email：xiu_ZZD@outlook.com。

【指导老师】黄颖(1990—　)，男，福建宁德人，博士，副教授，博士生导师，研究方向为科技情报与科技管理，Email：ying.huang@whu.edu.cn。

【基金项目】本文系2021年武汉大学本科教育质量建设综合改革项目""教学—研究"双循环视角下教师教学发展路径探究——以图书情报学科为例"研究成果之一。

一、引言

长期以来，高校教师们都普遍相信着教学与科研之间生来和谐互利的"神话"，① 然而在实践中，教学与科研活动却往往是脱节的：一方面，在社会与高校整体"重科研轻教学"的导向下，教师们将自己有限的时间更多投入到科研任务中去②，无暇改善教学效果、

---

① RAMSDEN P, MOSES I. Associations Between Research and Teaching in Australian Higher-Education [J]. Higher Education, 1992, 23(3)：273-295.
② 王晶. 高校青年教师教学与科研协同发展面临的困境及消解[J]. 河南工程学院学报(社会科学版)，2018，33(3)：88-92.

提升教学质量。① 这造成很多一流高校的科研成绩远远高于他们的教学成效，教学质量持续下滑；另一方面，教学与科研的统一并不是自发的，它需要教师结合自己教与研两方面的丰富经验和成果来搭建双方互构的桥梁。而大部分教师有限的个人能力和时间精力，让他们很少研究如何将科研资源转化为教学资源，实现教学与科研之间的统一。②③ 在当前教研关系脱节与失衡的困境下，如何实现教学与科研工作内在的协调与互动，是推动高质量人才培养和高等教育进一步发展的紧要问题。

教师结合自身学科领域特点，开展教学学术研究，是破解教学与科研之间矛盾的重要途径。④ 当前国内相关研究中，大多以培养学生科研创新思维为目的，基于优质科研平台和成果，针对现有课程教学效果不佳、学生实践能力锻炼不足等具体问题，探索前沿科研成果向实践教学内容转化的理论和模式，⑤⑥⑦ 开发对应实验教学系统⑧，分析总结已成功开发的教学项目。⑨⑩⑪ 这些研究为各自学科领域内连结教学实践与科研项目提供了良好的借鉴，然而也存在一些局限：例如，大部分教研结合案例研究都集中在理工生化与医学学科领域，针对人文社科学科特点与专业课程开展的教学研究较少；同时，也缺乏对在教学与科研的融合方面做出比较优秀成绩的教师或教师团队开展的调查研究和案例分析。

综合以上情况，本研究以科学知识图谱领域顶尖学者凯蒂·伯尔纳（Katy Börner）教授为研究对象，基于伯尔纳教授的个人主页和 Web of science 数据库，获取并整理了她的科研经历与教学经历，通过分析她在教学与科研方面的成就与工作案例，研究其教学与科研工作间的共通点和互构点，最终得出教师协调教学与科研工作，实现教研融合、形成良性互动的可行建议。

---

① 吴洪富. 大学场域变迁中的教学与科研关系[D]. 武汉：华中科技大学，2011.

② 郭卉，姚源. 研究型大学教师教学和科研工作关系十年变迁——基于 CAP 和 APIKS 调查[J]. 中国高教研究，2020(2)：77-84.

③ 刘霄."谁"左右了高校教师的教学、科研选择——基于"能力"的认知而非"功利"的取向[J]. 中国高教研究，2020(3)：57-64.

④ 谢阳斌. 教学学术的历史、现状与趋势研究[D]. 南京：南京大学，2014.

⑤ 刘金库，盛潇潇，张敏，等. 科研成果向实验教学一线转化可借鉴实施模式探索[J]. 实验室研究与探索，2021，40(11)：160-3.

⑥ 徐峰，孙勇，张宏喜，等. 符合应用型人才培养需求的实验教学模式的探索与实践[J]. 实验技术与管理，2019，36(6)：214-215，24.

⑦ 刘金库，卢怡，张敏，等. 科研成果向虚拟仿真实验教学一线转化的模式——以首批国家级虚拟仿真实验教学一流课程建设为例[J]. 化学教育（中英文），2022，43(10)：58-61.

⑧ 郭宁，王乐，曹善成，等. 基于固有频率向量的结构健康监测实验教学设计[J]. 实验技术与管理，2022，39(5)：134-137.

⑨ 丁本杰，张明华，陈剑斌，等. 磁电耦合振动科研应用于综合实验教学的探索[J]. 实验室研究与探索，2021，40(5)：232-236.

⑩ 刘莎莎，唐钢锋，李会香，等. 科研成果转化的教学实验：气相色谱法测定野菊花中樟脑和龙脑的含量[J]. 化学教育（中英文），2021，42(22)：58-62.

⑪ 沈利荣，沈蓉，李小平，等. 科研成果向创新实验教学的转换探索——以 XPNAV 技术为例[J]. 实验技术与管理，2022，39(2)：205-209.

二、教学与科研工作情况

(一)个人概况

凯蒂·伯尔纳是美国印第安纳大学伯明顿分校(Indiana University Bloomington)计算和工程学院智能系统工程系和信息与图书馆科学系的杰出工程与信息科学教授,网络科学中心信息基础设施中心总负责人,Places & Spaces 地图科学展览策展人。著有 Atlas 系列三部地图集《科学图集:绘制我们所知》(Atlas of Science:Visualizing What We Know)(2010)、《知识图集:人人皆可绘图》(Atlas of Knowledge:Anyone Can Map)(2015)、《预测图集:理想未来的建模和映射》(Atlas of Forecasts:Modeling and Mapping Desirable Futures)(2021)和专著《视觉洞察:理解数据的实用指南》(Visual Insights:A Practical Guide to Making Sense of Data)(2014)。其中,《科学图集:绘制我们所知》获得 2011 年 ASS&T 最佳信息科学图书奖。凭借卓越的成就和活跃的表现,她在 2018 年被选为美国计算机协会会士(ACM fellow);2019 年荣获印第安纳州布卢明顿市颁发的首届 Ada Lovelace 奖,以表彰她在科学、技术、工程、艺术和数学(STEM)领域的杰出贡献(如图 1 所示)。

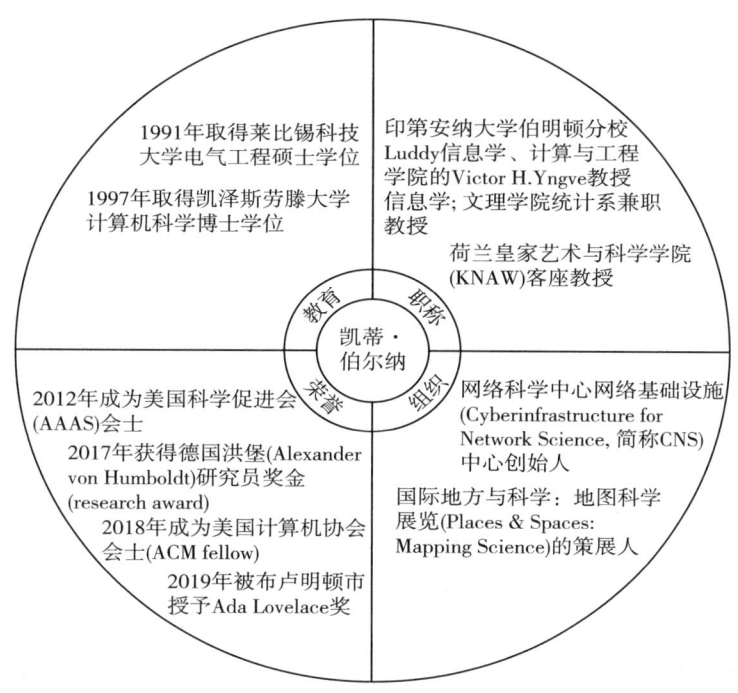

图 1　凯蒂·伯尔纳个人经历示意图

(二)科研情况与合作网络

本文在 Web of Science 核心合集中以 Katy Börner 为检索词在 Web of Science 数据库核

二、学生编

心合集中进行作者字段检索，文献类型为 Article，共检索到学术期刊论文 67 篇，进而获取到题名、作者、单位、关键词、摘要等著录项。利用 VOSviewer 工具对其共现关键词与合作网络进行解析，笔者分别绘制出至少出现 2 次的关键词共现网络以及和她合作过至少 2 次的作者的合作网络，如图 2 和图 3 所示。

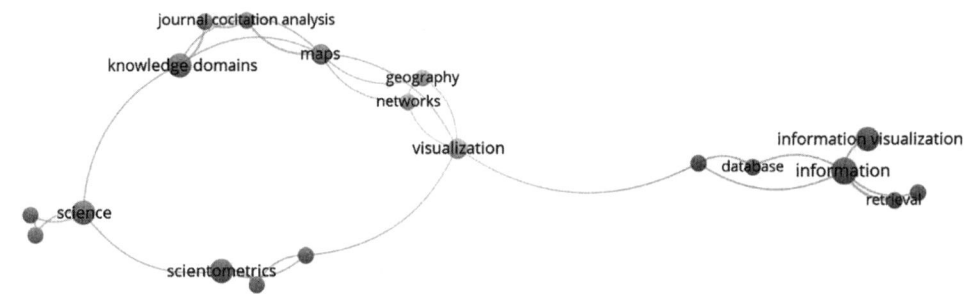

图 2　伯尔纳英文学术论文关键词共现网络

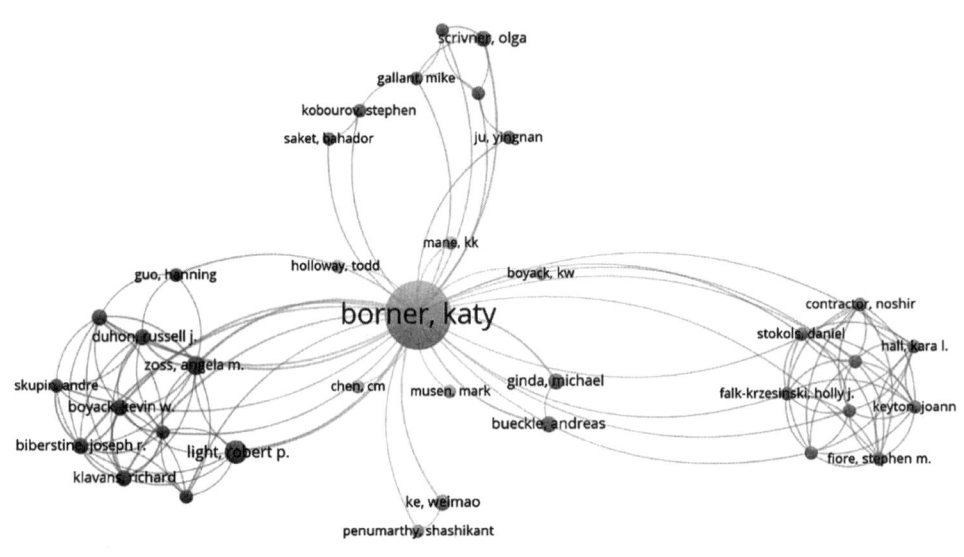

图 3　伯尔纳科研合作网络

从关键词共现网络中可以看出，伯尔纳的研究重点在知识领域、图谱、科学计量、信息可视化等相关领域。她在 2003 年 Arthur M. Sackler 学术研讨会上，提出了建立科学知识图谱的技巧和工具，[①②] 并在之后的学术研究中推进科学知识图谱的绘制和技术发展，成为该领域的权威专家。为了更好地开展研究，她在信息可视化实验室（Information

---

①　SHIFFRIN R M, BORNER K. Mapping knowledge domains[J]. Proceedings of the National Academy of Sciences of the United States of America, 2004, 101(suppl_1): 5183-5185.

②　RASMUSSEN E, ATKINS H B, BORNER K, 等. Visualizing knowledge domains[M]//TOMS E G. Asist 2002: Proceedings of the 65th Asist Annual Meeting, Vol. 39, 2002: 476-477.

Visualization Lab)的基础上创建了网络科学中心信息基础设施中心(下文简称 CNS 中心),以更好地研究、开发、推广用于服务于生物医学、社会行为科学、物理等领域研究的大型分析和可视化的数据集与工具。① 目前中心已经研究开发包括 CIShell、Sci2、NWB、EpiC 等多种工具,并广泛开展相关宣传和工具应用教学。

通过对合作网络中的学者的调查发现,右侧的簇团为伯尔纳于 2020 年参与的团队科学项目的合作者网络,合作作者为其他各个机构院校的相关领域学者;而其他的簇团中的作者几乎都与 CNS 中心有关。调查这部分作者的个人简历发现,其中部分是隶属于其他院校系统或机构,曾受邀参与 CNS 中心开展的各类研讨会或讲座的信息科学和可视化领域的相关学者;另一部分是拥有在印第安纳大学攻读研究生、博士生的经历的学生,其中有很多人在学生时期加入 CNS 中心,并毕业后选择继续在中心从事相关工作。

(三)教学经历与授课方式

伯尔纳于 1999 年 12 月担任印第安纳大学高级可视化实验室的教师,2003 年获得了印第安纳大学卢明顿分校优秀教师奖,此后在大学任教长达二十余年。除了在本校开设课程以外,她也常年在全国乃至世界各地受邀开展可视化等领域的培训和讲习班。本文依据伯尔纳的个人主页与印第安纳大学计算与工程学院官方完整公开的资料,获取了包括大学授课经历、国际讲习班、开发工具教程三方面的教学信息,②③ 其简单情况如表 1 中所示。

表 1 　　　　　　　　　　　大学课程授课情况

比勒菲尔德大学技术学院			
院系	课程	授课年份(年)	说明
	基于知识的系统工作组(人工智能)	1997—1998	课程由研讨会和教程组成。研讨会围绕选定主题进行详尽的讲座展示和讨论;教程通过对相关技术方法的练习掌握相关技能。
印第安纳大学 Luddy 信息学、计算与工程学院			
院系	课程	授课年份(年)	说明
信息与图书馆科学系(ILS)(前身为图书馆与信息科学系 SLIS)	信息系统的用户界面设计	2000—2002	本课程概述了基于文本、二维和三维(协作)界面设计的技术状态。它将涵盖任务和用户分析、界面目标和界面设计方法、经验评估,最后讨论该领域剩余的基本问题。
	人机交互介绍	2000—2003	本课程将考察人类性能、技术、方法、技术和界面设计的评估以及社会影响。

---

① CENTER C F N S. Our History[EB/OL]. (2022). https://cns.iu.edu/history.html.
② Katy Börner[EB/OL]. (2013). [https://info.sice.indiana.edu/~katy/.
③ BöRNER K. Teaching [EB/OL]. (2004). [https://info.sice.indiana.edu/~katy/teaching/index.html#Courses.

二、学生编

续表

比勒菲尔德大学技术学院			
信息与图书馆科学系（ILS）（前身为图书馆与信息科学系 SLIS）	数据结构挖掘和建模	2003—2006，2009	介绍结构数据挖掘和建模的主要方法、理论和应用。它涵盖了基本图形理论和矩阵代数、数据收集、结构数据挖掘、数据建模和应用。
	信息可视化	2001—2006，2006—2011，2017	旨在提高数据可视化素养，提高阅读和制作数据可视化所需的专业知识和技能。
智能系统工程系（ENGR）	信息可视化 MOOC	2018—2021	同上

表2　　国际讲习班授课情况

课程班名称	课程名称	授课时间（年）	授课地点	说明
关于"复杂网络的结构和功能"的学校和讲习班	知识图谱	2005	意大利 Abdus Salam 国际理论物理中心（ICTP）	展示和讲解了知识图谱的重要作用以及她和她的团队近几年在知识领域制图上取得的研究成果。
匹兹堡大学 iSchool 教师讲座	挖掘、可视化制图、加速发展科学技术	2011	美国匹兹堡大学	介绍数据挖掘和可视化研究及其相关的新研究和工具。
欧洲科学计量学暑期学校（ESSS）	分析和可视化科学	2012	比利时鲁汶	介绍可视化技术及其对科学技术发展的应用。
网络科学与心灵认知科学暑期学校	人性化：设想沟通和合作	2014	加拿大魁北克大学蒙特利尔分校	
欧洲数字人文暑期学校	可操作的数据可视化	2018	德国莱比锡	

　　伯尔纳主要教授研究生课程，其教学内容与她的学术研究兴趣十分一致，即主要集中在数据分析、可视化和知识图谱等领域。她以自己的研究经验和成果为基础来设计课程内容，并娴熟引用其他学者的前沿研究来完善她的课程大纲和框架。同时，她的教学方式高度注重实践性和创新性：在鼓励学生独立学习的同时，强调让学生通过实践和团队合作的方式来学习。在她的课程大纲与教学建议中也都普遍提供了丰富的讲座、会议等拓展资源和校内外各种相关领域课程链接，引导学生进行自主学习和独立探索。

　　以信息可视化课程为例：在设计这门课时，她先以讲座形式教授学生理论方法和各种现有技术的知识，邀请专家学者一同讨论相关学术问题；接着，在实验课中进一步介绍和提供相关领域的研究成果和学术专著，锻炼学生们不同的实践经验；在项目工作中，她要求学生建设性地将自己的知识运用于设计新的算法的实践中去，以锻炼他们批判思考与评估可视化技术的能力。

除了一般的教学和讲习班活动,她还带领 CNS 中心团队去世界各地介绍和演示中心所开发的各种可视化工具的使用方法(如表3所示)。

表3 工具讲习授课情况

教程/工具名称	内容	授课时间	地址/网址
CIShell	介绍 CIShell	2008.7	https://cishell.github.io/
	介绍 Sci² 工具及其在网络和复杂系统谈话系列研究的效用	2009.12	
	即插即用宏镜教程	2010.3	
Sci2:科学研究与实践工具	Sci2 工具是为科研而设计的模块化工具,支持从微观到宏观级别的学术数据集的时间、地理、主题和网络分析与可视化。教程介绍了这一工具及其应用实例并进行演示	2011.10.17	美国弗吉尼亚州阿灵顿
		2012.4.13	法国巴黎
		2012.6.28	德国柏林
		2012.7.24	美国马里兰州贝塞斯达
		2012.12.14	日本东京
使用网络工具台(NWB)工具和 Sci2 工具进行网络分析	NWB 是用于生物医学、社会科学、物理研究的大规模网络分析、建模和可视化工具。该教程对 NWB 和 Sci2 工具进行介绍	2012.9.17	印第安纳大学布卢明顿分校
使用 Gephi 进行网络可视化	Gephi 是对各种图表和网络进行可视化和探索的工具。教程介绍了 Gephi 的使用方法	2012.10.1	印第安纳大学布卢明顿分校
使用 Sci2 进行时空分析	对使用 Sci2 进行时空分析的方法进行介绍	2012.10.15	印第安纳大学布卢明顿分校
"Sci2:科学研究与实践科学工具"研讨会	研讨会通过时序、地理、主题、网络分析等实际案例进行 Sci2 工具的实践	2013.6.27	美国伊利诺伊州埃文斯顿
		2013.7.15	奥地利维也纳
用于 S&T 数据分析和可视化的开源工具	介绍开放数据集和介绍、共享、教授开放数据集及工具;通过实例进行 Sci2 工具实践	2014.6.25	法国巴黎
		2015.6.2	土耳其伊斯坦布尔
研讨会:数据分析和可视化的开源工具	研讨会通过对"即插即用宏镜"(Plug-and-Play Macroscope)与"可视化框架"进行介绍,引出 Sci2 工具并对其功能与相关课程进行介绍	2014.12.4	韩国首尔
		2016.2.5	佐治亚州亚特兰大

二、学生编

续表

教程/工具名称	内容	授课时间	地址/网址
研讨会：信息可视化	演示 Sci2 及其安装与运行方法，并介绍信息可视化 MOOC 课程	2016.2.26	印第安纳大学布卢明顿分校
OurCS：物联网的增强现实可视化	Amatria 是一个载有人工智能的雕塑，能通过使用光与运动传感器收集环境信息，用大气声音、动作、变色来响应。教程介绍了 Amatria 并进行制作和展示	2018.10.27 2018.10.28	印第安纳大学布卢明顿分校
有知觉的翅膀：如何建造 Amatria Moth	介绍此设计的原因、技术和思考。演示如何制作安装 Amatria Moth 模型	2018.10.27	印第安纳大学布卢明顿分校

三、教学和科研的融合

伯尔纳在科学计量与信息可视化领域的丰富学识是她卓越教学与科研工作的基础，而在长期工作实践中积累的经验与能力，则汇成融合教学与科研的桥梁。综合伯尔纳在教学与科研方面的实践与成就，可以构建出她教学与科研工作的融合机制，如图 4 所示。

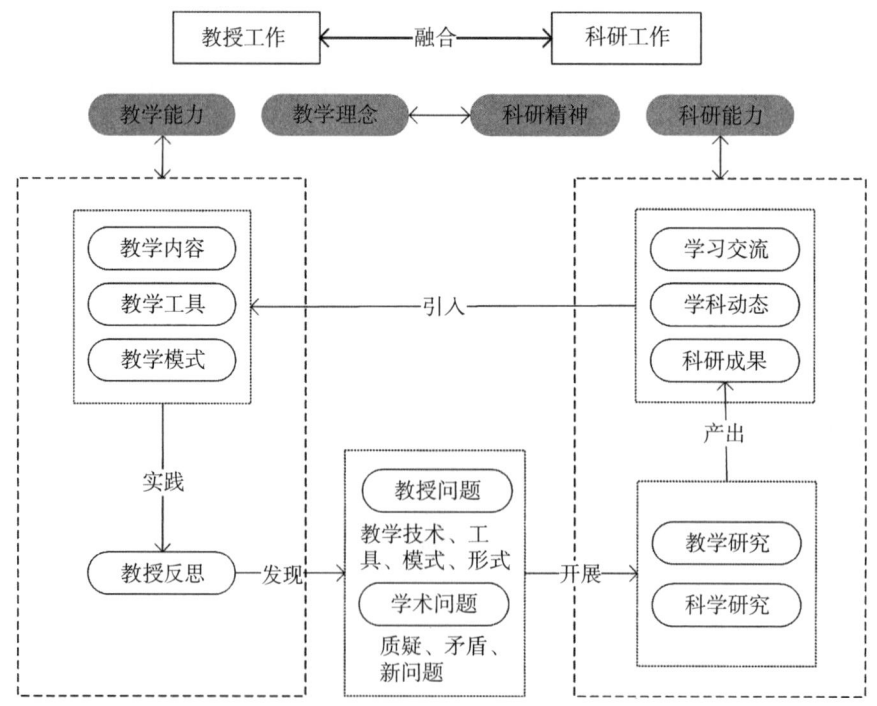

图 4 教学与科研工作融合机制示意图

(一)在教学理念中发扬科研精神

伯尔纳的教学理念中贯彻了她的科研精神和学术思维。一方面,她的教学讲座在通讲学术渊源与发展的同时,注重展示领域较为重要与最新的理论实践成果工具,使教学内容紧随领域前沿;另一方面,她高度重视在课程项目中锻炼学生科研能力和批判思维,培养学生的独立思考与创新、分析与解决实际问题的能力。在她的课程页面上写着本杰明·富兰克林的名言:"TELL me, I forget, SHOW me, I remember, INVOLVE me, I understand."①这正显示了她对自己教学理念的阐释与坚持。除了日常教学外,伯尔纳也吸收了相当数量的研究生加入 CNS 中心团队中学习与工作,这是人才培养与锻炼学生科研能力的重要途径。

(二)用学术思维进行教学反思

伯尔纳在早期的教师经历中积累了大量教学经验,这使她能够在教学与科研能力不断提高的过程中,以学者眼光对教学效果与方式进行反思与创新。伯尔纳在开展信息可视化课程时发现:当时已有的教科书虽然很优秀,但却无法呈现真实的视觉效果和交互性能;书上附带的网站虽然包含一些用户界面的快照、动画和电影,却没有一个有助于算法的探索、应用、评估和比较的工具。基于教学实践的需要,她开始了对教学工具与软件系统的研究,成功开发了"面向支持信息可视化教育的软件存储库的 XML 工具包",并通过实际教学反馈和学生的意见持续对它进行完善和创新。在这个教学工具的开发基础上,伯尔纳与其他学者合作开发出了辅助信息可视化教学的一系列工具和平台。② 2004 年,她在 SBC 研究院夏季领导力论坛上(SBC Fellows Summer Leadership Forum)展示了《信息可视化学习模块》(Information Visualization Learning Modules)。该网站通过提供用于信息可视化的教学与研究的不同的软件包,使用户(学生和外部人员)能轻松探索、修改、比较和扩展数据挖掘和信息可视化算法。2019 年她在"数据可视化素养:定义、概念框架、练习和评估"演讲中,介绍了专门为定义、教导和评估数据可视化识字 DVL 而开发的数据可视化素养框架(DVL-FW)。这一框架将理论和程序知识相互联系,并展示了如何将两者结合起来为 DVL 设计课程和评估措施,其早期版本已用于向 8500 多名寄宿和在线学生,并在实际教学的过程不断进行修订和验证。③

---

① BIKOFF K. A Practical Guide to Making Sense of Big Data [EB/OL]. (2014). [https://luddy.indiana.edu/news/story.html?story=Practical-Guide-Making-Sense-Big-Data.

② BAUMGARTNER J, BöRNER K. Interactive poster: Towards an xml toolkit for a software repository supporting information visualization education and research; proceedings of the Interactive Poster, IEEE Symposium on Information Visualization (InfoVis 2002), Boston, Massachusetts, USA, F, 2002[C].

③ BORNER K, BUECKLE A, GINDA M. Data visualization literacy: Definitions, conceptual frameworks, exercises, and assessments[J]. Proceedings of the National Academy of Sciences of the United States of America, 2019, 116(6): 1857-1864.

(三) 在科研工作中融入育人思考

伯尔纳的科研工作中也闪烁着对教育教学的诸多思考。随着信息社会的不断发展,伯尔纳意识到引导大众认识和构建信息可视化的重要性。如何将晦涩难懂的专业图示和语言转化成大众能够接受、理解、应用于决策的形式,一直是她反复在各种演讲中所提到的问题。Places & Spaces 地图科学展览与 Altas 系列书籍,正是伯尔纳解决这一问题的成功尝试。Places & Spaces 地图科学展览是 CNS 中心的延伸服务之一,它展示了图谱如何解决有关人类知识的轮廓和内容的重要问题,其学术性与科普教学性并重的特点,让普通大众也能从中了解科学家的研究内容与意义,提高信息素养。[①] 伯尔纳在国际范围内广泛开办此展览,展示、介绍和宣传科学图谱的内涵,并面向普通民众和儿童开展科学教育实践,也持续举办有关信息素养、可视化素养的谈话与沙龙。在 2021 年 12 月 11 日展览举办的"全球 24 小时科学活动"(24 Hour Science Map Event)中,伯尔纳专门介绍了可以激发孩子们科学兴趣的儿童科学地图。

基于 Places & Spaces 地图科学展览与十几年的可视化教学与工具开发经验,伯尔纳著成了 Altas 系列书籍,在书中,她引用大量精美的知识图谱向任何对科学可视化感兴趣的人展示了可视化的力量。其中第一部《科学地图集:绘制我们所知》以其海量图谱所展现的非凡的学术成就与视觉效果,不仅为学术界所重视和需要,更被广泛在专业领域外传播和普及,从而获得了 2011 年 ASS&T 最佳信息科学图书奖。[②]

二者取得的成就反映出教学和科研的融合不仅可以使两者本身得到发展,更可以以其成果去实现更广泛的社会效益,推进社会教育与科学进步。

四、总结与建议

伯尔纳的案例让我们看到高校教师在教学与科研工作中寻求其联系和发展的成功道路。笔者通过对伯尔纳的案例进行总结分析,提出高校教师如何处理好教学与科研关系的几点建议。

(一) 重视教学,摆正失衡关系

伯尔纳对教学的高度重视与深入钻研,是她能够实现教学与科研工作的融合的重要原因之一。在教学与科研关系失衡的当下,教师应该意识到:教书育人是高校办学的宗旨,是每一名高校教师的天职。[③] 扎实的教学工作是科研水平提升的前提和基础,而卓越的科

[①] SCIENCE P S M. Places & Spaces:Mapping Science[EB/OL]. https://scimaps.org.
[②] PORTER M A, BORNER K. Atlas of Science Visualizing What We Know[J]. Science, 2011, 331(6018):676-677.
[③] 孙琼,李桂村,隋丽娜,等. 高校教师"教"与"研"的博弈与共赢[J]. 高教学刊, 2021(1):145-148.

研能力和丰富的科研经验则是教学质量提高的推进器。①② 讨论处理两者的具体做法前，教师首先要从态度上正视和重视起自己的教学任务，重视自己的学生，认识到教学才是教师的核心工作；③ 教学工作也有它的专业性、独立性、实践性和创造性，④ 教学能力和科研能力一样需要培养和锻炼。⑤ 只有深刻认识教学和科研的辩证关系，树立正确的教学科研观，而后才能有积极性和动力去在教学中投入时间、精力和热情，提高教学质量，改善教学效果，寻求教学和科研的平衡和共同发展。

(二) 融合理念，构建思维桥梁

从伯尔纳实现教学与科研融合的机制中可以看出，教学与科研的融合首先是理念层面的融合，这种理念上的贯通能够进一步指导教学与科研融合的实践。科研工作是知识创造与总结的过程，而教学工作是知识传播与印证的过程，创造是为了传播和验证，而在传播中又会激发新的创造思考。教学与科研两者本身就处在知识生产的链条上，有着天然的联系。高校教师要坚持科教融合的理念，一方面发掘科研工作与成果的育人作用，以一流科研成果支持一流教学，使科研不与教学实践相脱节；⑥ 另一方面将科学的方法、思维贯彻到教学实践的方方面面，提升教学的质量与效果，同时积极开展教学反思，以教学反哺科研工作。

(三) 提升能力，促进教师发展

伯尔纳卓越的科研实力与教学能力是她能处理好教学与科研之间关系，推动两者相互促进的前提。实现教学与科研的融合需要教师同时拥有较强的教学与科研能力，而当前国内教师在研究生阶段受到科研训练普遍好于教学训练[5]，在成为教师后又迫于职称评定与学术工作的压力，较少提升自己的教学能力，反思教学效果和方式。

推动教师教学发展机构建设，是促进教师教学能力发展、改善教学与科研关系的一个有力措施。⑦ 2021年，国务院关于教师队伍建设和教师法实施情况的报告提出，要推进高等学校建设教师发展机构建设，打造集教师研修、教学研究、个体咨询、教育技术创新于

---

① 侯清麟，刘文良. 高校教学、科研和谐发展的困惑与超越[J]. 高等工程教育研究，2012(6): 91-95, 180.

② 鲍威，杜嫱. 冲突·独立·互补：研究型大学教师教学行为与科研表现间关系的实证研究[J]. 北京大学教育评论，2017, 15(4): 107-125, 87-88.

③ 郝玉柱. 高校教师如何认识和处理教学与科研的关系[J]. 山西财经大学学报(高等教育版), 2010, 13(2): 63-65.

④ 陈金香. 浅谈高校青年教师如何协调教学和科研的关系[J]. 高教论坛, 2009(1): 111-112, 23.

⑤ 闵磊. 基于高校青年教师平衡教学和科研关系的思考[J]. 产业与科技论坛，2020, 19(16): 262-263.

⑥ 周光礼，周详，秦惠民，等. 科教融合 学术育人——以高水平科研支撑高质量本科教学的行动框架[J]. 中国高教研究，2018(8): 11-16.

⑦ 吴洪富. 透视美国研究型大学本科教学与科研关系的迷局[J]. 高等教育研究，2016, 37(12): 94-102.

一体的综合平台。依托各高校相关机构的建立,教师应主动参与教学沙龙与相关培训,加强交流探索,学习国内外先进教学模式和方法;同时结合自身学科特点和专业兴趣,积极开展教学研究,用学术思维解决教学难题。①

(四)探索实践,开展研究型教学

研究型教学是伯尔纳常用的教学模式,也是当前实现教学和科研融合的重要途径之一。研究型教学是学生在教师指导下,以类似科学研究的方式去获取信息或应用知识、解决问题。这种教学方式不仅有效促进教学,锻炼了学生科研能力和研究意识,同时有利于教师在与学生的交流和互动中获得研究灵感和思考,② 特别是有高水准学术研究的教师所开展的创新型教学,将显著促进教师的科研产出。

教师在进行研究型教学的尝试中,有以下几个要点和途径:(1)发展以学生为中心的教学。教师开展教学时要认识到学生的主体地位,以学生为中心,发挥教师的主导作用,③ 通过课程设计调动学生的自主性和创造性;通过课程讨论激发学生主动研究的兴趣;通过学生合作项目使其在实践中理解如何运用各种专业知识和资源去解决实际现实问题。④ (2)将科研成果转化为教学内容。领域内专业学者的最新科研能够更新教学内容,使教学紧跟最新理论技术,完善教学知识体系,保持知识的活力;⑤ 相关的学术论文、研究报告和科研实例可以补充教学内容,作为教学的补充参考资料;合适的科研实践项目科可以转化成实验课内容,引导学生用科研探索的思路考虑问题,培养学生的科研分析能力。⑥ 教师可以运用各种技巧和方法将这些内容带入课堂,并在这之中引入研究方法和思维的训练,将研究方法和研究思路教授给学生,锻炼学生发现问题、思考问题的能力。⑦ (3)推动本科生科研。教师应重视本科生教学,引导本科生参入科研,教授一些科研方法和思路,激发学生参与科研的兴趣。⑧ (4)形成多元课堂组织形式。教师可以根据课程和专业教学特点,学生学习差异和需求展开不同形式的授课方式,如小班研讨课、新生研讨课、深入某一专题的研讨课、假期课题研讨课、专题讲座等,在这些课程中可以针对某些领域方向感兴趣的学生需求,讨论更加前沿的专题。⑨

---

① 沈晓雨. 美国一流大学教师教学发展研究[D]. 武汉:华中师范大学,2020.
② 汪铭,陈聚涛,杨昱鹏,等. 研究型教学在研究生课程教学中的应用[J]. 研究生教育研究,2018(1):33-37.
③ 张安富. 改革教学方法 探索研究型教学[J]. 中国大学教学,2012(1):65-67.
④ 席酉民. 研究型教学:并非在传统教学中加点研究佐料[J]. 中国高等教育,2016,(21):42-44.
⑤ 郭栋,郑春燕,孙宇航,等. 高校教学与科研关系理性认识与良性互动分析[J]. 实验技术与管理,2016,33(5):178-180,84.
⑥ 袁建琴,高斌战,李丽,等. 教学促进科研,科研反哺教学,提高本科教学质量[J]. 轻工科技,2019,35(10):159-160,62.
⑦ 余秀兰. 研究型教学:教学与科研的双赢[J]. 江苏高教,2008(5):60-63.
⑧ 郭栋,郑春燕,孙宇航,等. 高校教学与科研关系理性认识与良性互动分析[J]. 实验技术与管理,2016,33(5):178-180,84.
⑨ 余秀兰. 研究型教学:教学与科研的双赢[J]. 江苏高教,2008(5):60-63.

(五)主动反思,开展教学研究

伯尔纳能够发现可视化教学中的缺憾与问题,进而创新性地开发出相应的教学工具与软件系统,是因为她能用学术的眼光和态度来对待教学,在教学实践中不断学习与反思。目前我国的高校教学改革仍处在探索阶段,很多高校虽强调以学生为中心,但在实际行动中并没有做出有效改善;相应的,大多数教师仍只是照本宣科地向学生灌输理论知识和课本内容,对学生能力培养与学习效果关注很少,也很难真正注意到当前教学活动中存在的问题。教学与科研的融合强调开展"学术性教学"与教学研究,高校教师应该从课程实际教学效果与学生学习效果中主动展开教学反思,探寻当前教学中教材内容、授课模式、教学大纲、课件工具、实验项目等等方面的不足,积极寻找学术知识与教学知识中的连接点,开展符合专业学科特点、学生学习需求、具有实际意义的教学研究。

(六)延伸服务,寻求社会效益

社会服务与高校教学、科研等各项工作具有强关联性[①],知识经济时代下,教师的科研工作在追求学术价值之外,也应该重视科研成果对外部社会经济、教育与服务所做的贡献[②]。科研工作者在外展服务中向社会各界公众分享学术活动与专业知识,可以使学术研究更加接近社会各界大众,在交流中产生更具影响力与创新性新想法,促进科研发展进步[③]。高校教师应结合学科特点,加强与企业或社会服务机构的联系,通过开展适应社区社会需求的研究、对外开展讲习班等教学活动、参与和支持政府政策制定与决策等方式,促进教学与科研的融合。

五、结语

从凯蒂·伯尔纳的案例分析中可以得出,教学与科研这对看似难以调和的矛盾中,存在着得以寻求其联系和发展的成功道路。高校教师应把握自身能力和实际情况,规划自己的教学和科研任务,[④] 在实际的教学与科研的工作实践中积累经验、锻炼能力,从而探索具有学科特点与个人特色的融合方法,实现教学和科研的双赢。同时,高校与院系也要引导和支持教师平衡发展好教学与科研之间的关系,一方面坚持科教融合理念,落实教学改革,依托重大科研项目将优质科研资源向教学资源转化,推动教学对学生科研精神与能力的培养,另一方面完善教师考评机制,坚持质量导向,避免重科研轻教学倾向,加强教学

---

① 胡昌翠,石晓男. 研究型大学何以高质量服务社会——对一流研究型大学社会服务关键要素的考察[J]. 中国高教研究,2021,(11):75-82.

② 王楠,张莎. 构建以跨学科和社会影响为导向的科研评估框架——基于英国"科研卓越框架"的分析[J]. 中国高教研究,2021,(08):71-77.

③ SANMARTI-VILA L, GARCIA-MATOS M, BEDUINI F, et al. Collaborative Outreach; proceedings of the 4th Conference on Optics Education and Outreach, San Diego, CA, F Aug 31-Sep 01, 2016[C]. 2016.

④ 王欢芳. 双向视角下高校青年教师教学与科研冲突隐忧探究[J]. 当代教育论坛,2016(2):92-99.

保障与激励机制，激发教师的工作积极性。

◎ 参考文献

[1] RAMSDEN P, MOSES I. ASSOCIATIONS BETWEEN RESEARCH AND TEACHING IN AUSTRALIAN HIGHER-EDUCATION[J]. Higher Education, 1992, 23(3): 273-295.

[2] 王晶. 高校青年教师教学与科研协同发展面临的困境及消解[J]. 河南工程学院学报（社会科学版），2018，33(03)：88-92.

[3] 吴洪富. 大学场域变迁中的教学与科研关系[D]. 武汉：华中科技大学，2011.

[4] 郭卉，姚源. 研究型大学教师教学和科研工作关系十年变迁——基于 CAP 和 APIKS 调查[J]. 中国高教研究，2020(2)：77-84.

[5] 刘霄."谁"左右了高校教师的教学、科研选择——基于"能力"的认知而非"功利"的取向[J]. 中国高教研究，2020(3)：57-64.

[6] 谢阳斌. 教学学术的历史、现状与趋势研究[D]. 南京：南京大学，2014.

[7] 刘金库，盛潇潇，张敏，等. 科研成果向实验教学一线转化可借鉴实施模式探索[J]. 实验室研究与探索，2021，40(11)：160-163.

[8] 徐峰，孙勇，张宏喜，等. 符合应用型人才培养需求的实验教学模式的探索与实践[J]. 实验技术与管理，2019，36(6)：214-215，24.

[9] 刘金库，卢怡，张敏，等. 科研成果向虚拟仿真实验教学一线转化的模式——以首批国家级虚拟仿真实验教学一流课程建设为例[J]. 化学教育（中英文），2022，43(10)：58-61.

[10] 郭宁，王乐，曹善成，等. 基于固有频率向量的结构健康监测实验教学设计[J]. 实验技术与管理，2022，39(5)：134-137.

[11] 丁本杰，张明华，陈剑斌，等. 磁电耦合振动科研应用于综合实验教学的探索[J]. 实验室研究与探索，2021，40(5)：232-236.

[12] 刘莎莎，唐钢锋，李会香，等. 科研成果转化的教学实验：气相色谱法测定野菊花中樟脑和龙脑的含量[J]. 化学教育（中英文），2021，42(22)：58-62.

[13] 沈利荣，沈蓉，李小平，等. 科研成果向创新实验教学的转换探索——以 XPNAV 技术为例[J]. 实验技术与管理，2022，39(2)：205-209.

[14] SHIFFRIN R M, BORNER K. Mapping knowledge domains[J]. Proceedings of the National Academy of Sciences of the United States of America, 2004, 101: 5183-5185.

[15] RASMUSSEN E, ATKINS H B, BORNER K, et al. Visualizing knowledge domains[M]//TOMS E G. Asist 2002: Proceedings of the 65th Asist Annual Meeting, Vol 39, 2002. 2002: 476-477.

[16] CENTER C F N S. Our History[EB/OL]. (2022). https://cns.iu.edu/history.html.

[17] Katy Börner[EB/OL]. (2013). [https://info.sice.indiana.edu/~katy/.

[18] BöRNER K. Teaching[EB/OL]. (2004). https://info.sice.indiana.edu/~katy/teaching/index.html#Courses.

[19] BIKOFF K. A Practical Guide to Making Sense of Big Data[EB/OL］.（2014）．https：// luddy. indiana. edu/news/story. html? story=Practical-Guide-Making-Sense-Big-Data.

[20] BAUMGARTNER J, BöRNER K. Interactive poster：Towards an xml toolkit for a software repository supporting information visualization education and research；proceedings of the Interactive Poster, IEEE Symposium on Information Visualization (InfoVis 2002), Boston, Massachusetts, USA, F, 2002［C］.

[21] BORNER K, BUECKLE A, GINDA M. Data visualization literacy：Definitions, conceptual frameworks, exercises, and assessments［J］. Proceedings of the National Academy of Sciences of the United States of America, 2019, 116(6)：1857-1864.

[22] SCIENCE P S M. Places & Spaces：Mapping Science［EB/OL］. https：//scimaps. org.

[23] PORTER M A, BORNER K. Atlas of Science Visualizing What We Know［J］. Science, 2011, 331(6018)：676-677.

[24] 孙琼,李桂村,隋丽娜,等. 高校教师"教"与"研"的博弈与共赢[J]. 高教学刊, 2021(1)：145-148.

[25] 侯清麟,刘文良. 高校教学、科研和谐发展的困惑与超越[J]. 高等工程教育研究, 2012(6)：91-95, 180.

[26] 鲍威,杜嫱. 冲突·独立·互补：研究型大学教师教学行为与科研表现间关系的实证研究[J]. 北京大学教育评论, 2017, 15(4)：107-125, 87-88.

[27] 郝玉柱. 高校教师如何认识和处理教学与科研的关系[J]. 山西财经大学学报(高等教育版), 2010, 13(2)：63-65.

[28] 陈金香. 浅谈高校青年教师如何协调教学和科研的关系[J]. 高教论坛, 2009(1)：111-112, 23.

[29] 闵磊. 基于高校青年教师平衡教学和科研关系的思考[J]. 产业与科技论坛, 2020, 19(16)：262-263.

[30] 周光礼,周详,秦惠民,等. 科教融合 学术育人——以高水平科研支撑高质量本科教学的行动框架[J]. 中国高教研究, 2018(8)：11-16.

[31] 吴洪富. 透视美国研究型大学本科教学与科研关系的迷局[J]. 高等教育研究, 2016, 37(12)：94-102.

[32] 沈晓雨. 美国一流大学教师教学发展研究[D]. 武汉：华中师范大学, 2020.

[33] 汪铭,陈聚涛,杨昱鹏,等. 研究型教学在研究生课程教学中的应用[J]. 研究生教育研究, 2018(1)：33-37.

[34] 张安富. 改革教学方法 探索研究型教学[J]. 中国大学教学, 2012(1)：65-67.

[35] 席酉民. 研究型教学：并非在传统教学中加点研究佐料[J]. 中国高等教育, 2016 (21)：42-44.

[36] 郭栋,郑春燕,孙宇航,等. 高校教学与科研关系理性认识与良性互动分析[J]. 实验技术与管理, 2016, 33(5)：178-180, 84.

[37] 袁建琴,高斌战,李丽,等. 教学促进科研,科研反哺教学,提高本科教学质量[J]. 轻工科技, 2019, 35(10)：159-160, 62.

[38] 余秀兰. 研究型教学：教学与科研的双赢[J]. 江苏高教, 2008(5): 60-63.

[39] 胡昌翠, 石晓男. 研究型大学何以高质量服务社会——对一流研究型大学社会服务关键要素的考察[J]. 中国高教研究, 2021(11): 75-82.

[40] 王楠, 张莎. 构建以跨学科和社会影响为导向的科研评估框架——基于英国"科研卓越框架"的分析[J]. 中国高教研究, 2021(8): 71-77.

[41] SANMARTI-VILA L, GARCIA-MATOS M, BEDUINI F, 等. Collaborative Outreach; proceedings of the 4th Conference on Optics Education and Outreach, San Diego, CA, F Aug 31-Sep 01, 2016[C]. 2016.

[42] 王欢芳. 双向视角下高校青年教师教学与科研冲突隐忧探究[J]. 当代教育论坛, 2016(2): 92-99.

新时代高校教师教学能力多维结构发展研究

胡嘉宇[①]

(武汉大学 测绘学院,湖北 武汉 430079)

【摘 要】本文通过对高校教师职能结构的专业知识及能力发展进行综合性对比分析,将主要研究重心放在我国现代化高校教育工作者的多维教学能力上,从而挖掘出教师数字化教学能力同专业知识及能力发展的紧密联系;借助对高校教师教育技术能力标准的解读和教育技术能力培养方案的分析,探讨教师教育技术能力与数字化教学能力彼此的相互递进关系;而后从社会心理学、辩证学、高等教育学等多个角度对高校教师现代化及信息化教学能力进行诠释,同时对其进行重构得到完善的多维结构发展模型,深入剖析了上述研究对象的本质属性及其在教育应用发展中所能发挥的作用;此外,借助对多个地区不同属性高校教师的多维教学能力进行对比分析,纵向透析出对多维教学能力发展的主要程度性影响因子,同时结合多种专业教师能力发展的图谱结构及功能维度,横向展示出对于多维教学能力发展的主要结构性影响因子;之后在此基础上对限制高校教育工作者多维教学能力发展的影响因子进行分析,同时将纵向程度性影响因子与横向结构性影像因子纳入考虑范围内,从而构建出对于各种层面都适用的高校教师多维教学能力发展多维结构模型;最后,对上述构建的多维结构模型进行分析与验证,从而对其稳定性、准确性、构成要素分布及核心要素组成进行分析与阐述。

【关键词】现代化教学能力;教学影响因子;多维结构模型;图谱结构

引言

能力在社会心理学中被定义为"个体或集体能够独立完成某种行为活动的社会心理属性"[1]。从这种角度出发,高校教育工作者所谓多维教学能力即可理解为教师在多种教学行为活动中独立完成其所属教学任务同时对教学效率与成果产生积极或消极影响的社会行为特征,即隶属于社会心理学范畴。[2]由于高校教学活动的基础是所有受教育个体的智力水平与特殊能力,且高校教师的教学能力是通过其个人的天赋才智以及从事高等教育工作所使用的技能、知识联合构建而成的复杂职业素养,故对于高校教师而言,其教学能力由

---

① 作者简介:胡嘉宇(2001—),男,山西长治人,就读于武汉大学测绘学院,研究方向为高精度 GNSS 数据处理与分析。

多种单项能力复合而成，因此具有发展性、整体性、独立性等看似矛盾的特征属性。[3]基于上述理论，本文从社会心理学、辩证学、高等教育学等多个角度出发，系统地阐释了我国高校教师所属教学活动的行为特征与性质，从而在建立高校教师教学能力多维结构模型的同时对其横向构成与纵向过程进行解释与说明，最终完成对目标模型的构造与验证。

随着时代的进步与科学技术的发展，世界各国对于高等人才的需求逐年增长，其所属教育系统与教育工作者正对国家基础教育不断进行改革与完善，逐渐凸显出高校教师教学能力发展与专业知识储备的重要性与不可替代性。而在高校教师的职业性质与工作活动中，对人才的教育教学行为作为高校教师最重要的核心能力之一，其无疑处于整个高等教育中最为关键的位置，这种能力在贯穿于教育工作者多种教育活动的同时，也会对所有接收教育的人才产生举足轻重的启发作用与积极影响。而在传统的教学理论模式中，上述高校教师的职业活动应主要包含教学准备、教学统筹、课堂讲授、教学考核、教学评价等多个基本教学形式。该种模式是基于高校教师的角度来考虑教学能力发展与专业知识传授，对于纵向教学过程而言具备整体性、逻辑性与完备性，然而却将教学主体的主观影响忽略不计，即无视了所有受教育个体对于教师教学活动的影响，因此这种传统教学理念存在一定的局限性与不足。近年来随着教学学发展与社会进步，一种新的教学模式应运而生，这种理论倡导现代高等教育应将高校教师的教学活动中融入学习周期较长、研究水平较高的科研性学习，从而使学生主动参与到教学中。在这种模式下，教师的教学能力内涵会得到丰富与补充，其能力构成可重新理解为创新科研能力、信息检索能力、分析组织能力、总结归纳能力、合作教学能力等，而在这样的教学环境中，学生与教师彼此之间的身份界限不同于往日一般明显，进一步凸显出学生在高等教育中所起的关键作用，而高校教师在教学活动中的作用逐渐变为跟踪指导、提升认知与教学调控。[4]这种全新的教学模式是基于现代高等教育蓬勃发展与高校学生能力逐渐丰富而形成的，这是对传统教学活动中教师与学生思维模式无法统合的一种扬弃，进一步突出了学生的主体作用，弱化了高校教师的权威性与不可置疑性，从而为高校教师教学能力多维结构模型增添新的影响因子，同时为现代高等教育发展与新时代人才培养注入新的活力。

一、教学能力研究现状

从本质属性的角度出发，教学能力代表了能力的一个下属概念，故对其性质、构成进行定义时应当考虑以下两方面因素，一方面是能力的具体组成与结构，另一方面要兼顾高校教师职业生涯及教学活动的内涵与属性。[5]因此，目前关于能力的概念和构成的研究一类沿用心理学中的能力是由相关的知识、技能及态度构成；一类是通过分析教学活动过程或目标来界定教学能力概念。同时，也应看到，由于教学思想、教学理念、教育理论、学习理论研究的影响，在教学能力的概念和构成分析上，也存在颇多争议。本研究对国内外教学能力概念和构成研究进行梳理和分析如下。

1. 教学能力概念研究现状

世界主流教育学将教师的教学能力定义为三种内涵的有机统一，其分别为本质属性、工作属性与结构属性。从高校教师教学能力的本质属性角度出发，Collier(2004)认为教学能力不仅与教师的工作有关，还与其本身性格特征、心理状态、情绪本能等特质息息相关，即教学能力是个人所具备特质的复杂统合，更是帮助教师在多种复杂教学背景下完成其教学活动任务所必需的技能、知识与品质。从工作属性角度出发，Porter(1986)认为教学能力是教师在课堂讲授前对课程内容与焦点进行辨析，同时通过个人的判断对受教育者的学习过程进行长时间跟踪指导；能够提前规划所有受教育者的学习进度，通过对学习目标诊断、学习课程前提、特性学习进程等内容进行分析，从而提高学生的主观能动性；能够与受教育者提前沟通，共同完成学习目标的设定与安排；能为教师教学与学生学习两个方面同时进行而逐步形成的有效教学工作活动。从结构属性的角度出发，Faez(2017)认为教学能力由人格维度与技能维度共同构成，人格维度包含了高校教师的品质、性格与动机；技能维度包含了高校教师的智力水平、专业知识掌握程度与人脉网络。Jordan(2010)认为教学能力是复杂且多维的，其中最核心的内容应包含责任态度、专业知识、能力发展、统筹规划、评估技能。而Alsawaie(2010)认为教学能力是由教学认知能力、了解教学对象能力、分析权威能力、教学设计能力、教学调控能力五个部分共同组成。

国内的教育工作者与教育学家在结合我国实际教育形势与国外已有的教育学研究后，也逐渐发展出属于本土的高校教师教学能力研究领域。[10]首先从社会心理学角度出发，通过对多种特定教育背景下的教学活动进行对比分析从而确定高校教师教学能力的内涵与本质属性。张大良(2009)认为教学能力是教师在进行教学统筹规划后，为完成既定目标，从而不断进行教学工作所体现的一种社会心理品质。而且教师教学能力水平的高低会对学生的学习效果产生最为直观的影响，故高水平的教学能力是高校教师必需的技能之一。从职业素质与职业内涵的角度出发，余承海(2005)认为高校教师能够成功进行教学活动的核心基础就是高水平的教学能力，且教学能力的参差也会对所有受教育个体的心理品质产生不同程度的影响；而所谓职业素质则是指基于教师的教学能力、认知能力、专业知识掌握程度等多种个人特质，借助教师的教学活动协助所有受教育者将其个人的专业知识与智力水平转化为未来的生活技能，即为在特定教学背景中体现出的个人专业能力。还有一些研究则将教学能力的重心放在了其在教师进行具体教学进程中所起到的关键性作用，从多种教学活动中包含的教学行为与任务的角度出发，童婧(2007)认为教学能力是由多种影响因子共同复合而成，是教师为完成某种教学任务，取得教学成果所形成的一种特有的先验概率，同时体现出教师本身对实现教学目标最直观的内涵特征。

2. 高校教师教学能力结构研究

相较于国内而言，国外的教育学家与教育工作者对教学能力体系与结构研究已经有了比较完善的理论体系与实践验证，其中比较典型和应用较为广泛的教学能力结构和模型有：R. Lotan(2006)认为高校教师的教学能力的结构复杂且多变，是由多个环节共同组成，其分别为：专业知识与规则维护(传授专业学科知识、阐述学校、社会与法律的规则)、统筹规划(对教学活动进行提前安排)、职责态度(与学生父母及社会保持适当沟通、教授专业行为)、教学活动(坚持师生互动、保证学习环境、维护公平秩序)与评估教学成果(使用有效且不失公正的评估方法)。Helenrose Fives & Michelle M. Buehl(2008)在上述研究的基础上进行了总结与简化，最终将高校教师的教学能力归为六大模块：人际交往能力、科研学术能力、评估反馈能力、统筹计划能力、管理能力与表达交流能力。而六个维度之间的关系如图 1 所示。

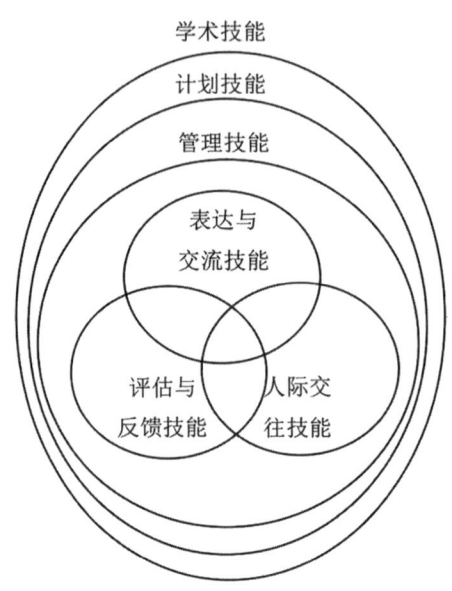

图 1　Helenrose Fives & Michelle M. Buehl(2008)教学能力体系

Helenrose Fives & Michelle M. Buehl(2014)在上述研究的基础上，又对上述结论进行了补充，认为教学能力还包括：容易被学生亲近、能保持温暖和幽默感的对待学生、通过课程设计使富有挑战的学生追求高端学习、将教学研究应用到教学的某一个领域、交流学科或专业中的重要价值本质、及时管理计划、教学和评估的进程、取得学生信任，帮助学生成功的达成学习目标、根据不同学习风格的学生采取不同的学习方法。

由于我国对于高校教师的教学能力相关研究起步较晚，故目前为止将研究重心放在教学能力上的参考文献相较于国外而言并不丰富，本文进行了总结与归纳，主要的观点有：吕纪增和张予英(2002)认为高校教师的教学能力应当由以下环节组成：信息收集与沟通能力、构造底层代码能力、培养学生能力、教学科研能力、专业知识学习能力、统筹规划能力。朱欣欣(2004)则认为高校教师的教学能力应包括教学实践能力、组织管理能力、终身学习能力、运用现代化数字教育的能力、教会学生自主学习的能力。余承海和姚本先(2005)认为教学能力是教学研究能力、教学设计能力与教学组织能力的有机结合。章坤(2006)则认为高校教师教学能力的基础是教师的智力水平，由哲学思辨能力、阅读理解能力、驾驭学科内容的能力复合而成。陆俞静(2008)认为高校教师的教学能力主要体现在两个维度，其一是高校教师应当在科研与教学的同时研究治学规律，从而提升自己的教学能力水平并提高教学效率；其次是高校教师应与时俱进，随着时代与科学技术的发展应不断更新自我的专业知识储备并学习新的知识体系结构。

3. 教学能力研究分析

根据上述研究文献的描述上看，关于教学能力的研究可以概括为以下几个方面：

其一，从研究高校教师教学能力组成与定义的角度出发，首先在不同教学活动背景下考虑了所有教师与受教育个体本身所具备的职业态度、学习能力与专业知识，从而辨析出对教学能力定义与构成进行研究的基础是个体的行为特征及能力探究。其次，如果将研究重心放在高校教师教学能力结构上，教学行为与活动则成为最为关键的研究环节与根本依据。依据上文叙述，从宏观角度出发，根据高校教师进行教学行为活动的目标与内涵来分析，可以将教学能力解构为：教学创新能力、教学组织能力、教学实践能力与教学调控能力四个部分；从中观角度出发，可以将教学能力在纵向教学进程中分为四大部分：教学统筹规划、课堂授课与答疑、教学结束后的评价、教学归纳与反思；最后则从微观角度出发，针对高校教学系统的组成要素而言，可以将教学能力细化为：教学准备、学生态度、教学考核、教学认知以及教师对存在于教学活动中诸如授课内容、授课技术与方法、学习环境等诸多因素的协调能力。

其二，从国内外相关教育工作者与教育学家对高校教师教学能力研究的对比结果角度出发，不难发现国外的学者对于高校教师教学能力组成要素的构成及彼此间相互关系的研究更加深入。其认为要想成功完成某种教学活动或实现某种教学目标，脱离于体系之外的单一能力是无法满足需求的，应当通过多种教学能力的相互作用来共同完成，即所有构成教学能力的要素是相互影响且彼此制约的。而国内的学者在思考这一问题时，通常会将教师的教学能力组成要素独立化，偏向于将所有要素分割开来独立考虑，即认为完成某一教学任务仅需要某一项或几项特殊能力，彼此之间不会相互作用，能力要素间是并列与独立关系。除此之外，国内外学者对于高校教师的教学能力还持有截然不同的教学思想与教学主张，主要差异体现在教育体系中各种影响因子对教学能力发展所起到的作用。国内的教育体系将教师的教学能力与教学方法放在首位，更加重视教师对于专业知识的掌握程度与其教学能力水平的高低，而国外的教育体系则在教学系统构成要素中强调了学生本身的能力水平、发展情况、参与积极度等方面的重要性，反映出国外教育更加重视所有受教育者自身的特征行为与心理状态。

其三，从国内学者对高校教师与其他教师在教学能力领域进行的对比结果角度出发，首先，在纵向教学活动进程中，所有教师需要进行的教学环节是相同的，都包含了教学准备、课堂授课与答疑、教学评价、教学总结等内容。其次，高校教师与其他教师在基础教学能力上也有共同之处，类似于教学调控能力、教学规划能力、教学评估能力、教学认知能力、教学内容表达能力、数字化教学能力等。然而，由于教育受众群体不同以及教学目标的差异性，高校教师相较于其他教师的教学能力应当具备更多组成因子，譬如对前沿专业知识有更高的掌握程度、更加卓越的学术科研能力、底层代码编写能力与数据结构理解能力、教学开发创新能力等，高校教师应当更加重视自身在创新开发与科研学术等领域的能力发展，而其他教师作为教育的启蒙者与守护者，应当更加重视在教学活动中的规范性与基础性。

此外，随着时代的进步与科学技术的发展，教师的教学能力发展也应当与时俱进。高校教师的教学能力构成因素应当加入数字化与信息化因子,提高对信息检索能力、编程开发能力、数字化教学能力以及终身学习能力的重视。要想适应日新月异的科技时代,高校教师必须时刻更新自身的教育模式与教学方法,同时学习如何使用数字化设备进行教学等。[20]

二、高校教师教学能力多维结构模型理论基础

随着时代的发展,高等教育已经逐步成为衡量一个国家教育发展程度以及科研实力的关键性因素,同时作社会、科技、文化等多个维度的交汇点,高等教育在具备其内涵属性的同时,又表现出独有的发展规律。其个性特征主要表现在两个方面,首先高等教育所针对的培养受众群体是有着独立人格与成熟心智的成年人才,其次高等教育的目标在于为多种科研领域与社会领域产出高度专业化的新时代人才。这就决定了,高等教育不仅在培养目标、专业设置、教育内容上与基础教育和中等职业技术教育不同,并且教学过程也不同。[21]因此在建立高校教师教学能力多维结构模型时,应当将国内外已有的优秀教学能力结构模型、大学职能论、高等教育发展论、教育体系改革论等多种论断同时纳入考虑范围,从而使模型结构更加稳定、内容更加丰富。在本节中,从国内外学者已建立的高校教师教学能力结构模型的对比分析角度出发,通过大学的职能、大学生发展目标、高校教学系统构成的探究,搭建初步的教学能力多维结构模型,作为本研究整体的理论假设,以备实证研究验证。

1. 高校教师教学能力概念与特征分析

高等教育的人才培养目标、培养对象、培养途径与中小学教育均存在较大差异,故其教学能力与学科发展规律、专业课程体系、专业发展需求的联系更加紧密,主要表现出如下特征:

(1)教师应熟悉专业发展需求,具备整合多学科知识进行创新的能力。[22]高等教育是一种专业教育,是为培养社会中某类专门人才服务的。国家高等教育体系会根据社会需求设置各个专业与专业培养目标,各专业办学单位则依据专业培养目标设置专业课程体系。由于专业课程体系的知识内容来源于学科发展,也就形成了专业和学科之间特定的辩证关系:专业发展依据的是社会需求;学科发展依据学科自身发展规律;专业课程体系是学科发展与专业发展交叉作用的结果。某一学科的发展可能贡献于几个专业的发展,某一个专业的发展需要几个学科的发展提供支持。学科、专业与课程之间的关系如图2所示。

作为高校教师,同样是将知识传递给学生,但是,知识的来源与中小学却有很大差异。传递的知识有些是来自某学科的已有的知识;有些则需要教师通过多学科知识交叉整合而形成;甚至有些知识需要教师通过科学研究创新而得来。因此,对于高校教师而言,对已有知识的传递与表达仅是基本要求,还需要教师具备知识的交叉整合与创新能力,根据专业人才培养的需要完成知识的整合与创新,并以课程的形式表达和呈现出来,不断将新知识转化成为教学内容的重要组成部分。

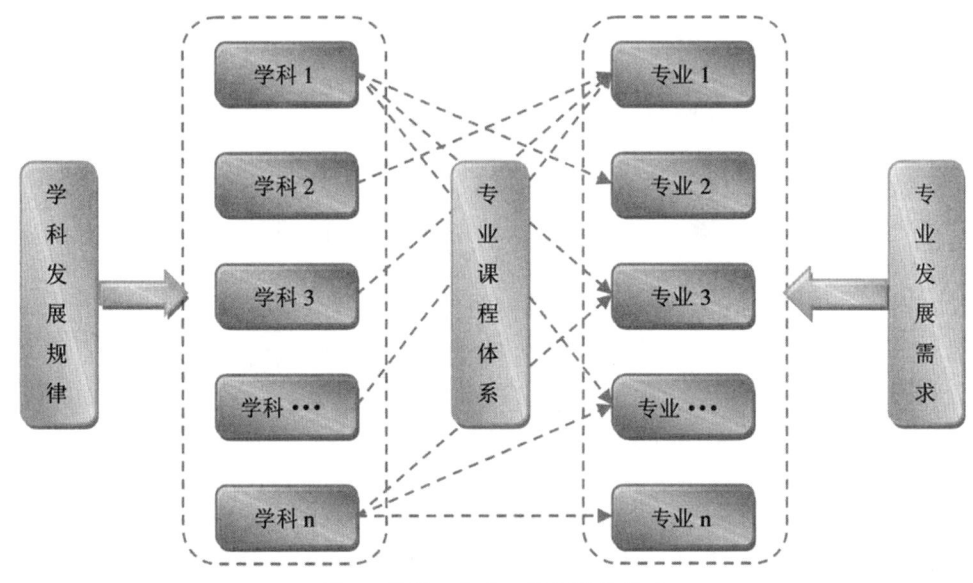

图 2　学科—专业—课程结构联系

(2) 教师应了解人才培养需求,具备创新教学模式的能力。[23]高等教育的教育目标在于多层次专业化人才培养,而实现这一目标最主要的途径就在于高校教师的教学活动,但却不是唯一途径,学术科研与社会服务活动,同样促进专业化人才培养。为了满足社会对人才的多元化需求的变化趋势,在高等教育大众化和普及化的发展过程中,各高校也迅速分化,形成研究型大学、"研究—教学"型大学、"教学—研究"型大学和教学型大学,以培养满足社会不同需求的人才。高校与研究所不同,不管何种类型的大学,人才培养都是其首要职责,而研究所则以创新为首要追求。不同类型的高校在人才培养目标与培养模式上存在较大差异。教学型大学是以传授基本知识和技能为主的大学,特别是面向职业教育的基本知识与技能。目前,此类高校中的教师主要采用课堂讲授或"示范—模仿"的教学模式,因此,教师基本的知识传授技能和示范技能很重要。研究型大学的特长在于知识创新、技术研发与应用,教学模式就不能局限于基本知识与技能的传授,而应当突出提倡研究性学习,从而形成教师带领学生一起进行知识创新、技术研发与应用的局面。教师如何将自身具备的隐性知识与能力在研究和实践中显性的表达出来,传授给学生,开创实践中和研究中的新型教学模式,对于研究型大学的人才培养是至关重要的。教学研究型大学和研究教学型大学介于以上两者之间,以基本知识与技能传授为基础,同时努力追随学科发展前沿,能进行一定的探索和实践。因此,教学模式以课堂讲授模式为主,兼顾研究中和实践中的学习。因此,对教师研究能力要求不是很强,但是,教师能及时将新的科研成果有效转化成教学内容的能力显得尤为重要。高等教育在大众化发展过程中的分化,看似分解了压力,实现了不同层次的人才分类培养。但是,现实中教学、科研与社会服务职能在各类高校是并存的,且不论何种类型的高校都重视对高校教师的科研能力进行量化评比与考核,弱化了对教师教学能力的要求,影响了人才培养质量。目前,国家为了保障人才培养质量,强调人才培养在高校工作中的核心地位,但并不要求所有的教师都将工作重心转移到课堂教学中,而是要将培养人才的主阵地从教室向实验室和实践场所转移;教学模式从单一的课堂讲授,向实验室中的模仿、创新和实践场所的现场指导,以及学生的合作学习、自主探究性学习转变。因此,高校教师应能够在不同环境与条件下探索创新合理有效的教学方案。

(3)教师应正确认知学生多元化特征,具备促进学生多元化发展的能力。[24]高等教育大众化与教育信息化的进程中,学生向多元化发展,这不仅体现在学生知识水平、认知方式、生活地区、民族文化等多方面的多元化特征,更体现在学生发展目标、学生发展需求和学生获取信息方式多元化。高校教师应该有能力适应与分析学生的多元化特征,并能采取相应策略促进学生的多元化发展需求,培养各层次及类型的学生。

高等教育是成人教育,大学生有一定的自主学习与发展能力,高校教师应充分认识学生的这一特征,并采取有效方式分析学生的学习、认知和文化特征。在教学中,适应学生多元化特征与发展需求,采取有效方式促进学生的多元化发展,如给予学生足够鼓励、调动学生的主观能动性、与学生共同参与学术活动的能力,变被动的发展为学生主动的发展。教师在教学中尽可能地发挥导向、辅助和支持的作用。

2. 教学能力结构模型理论

教学能力结构模型是既包括要素又包括要素结构的一种模式,但是现有的关于教师能力结构模型的研究多数是关于能力构成要素的研究,对要素结构进行系统分析的文献较少。本研究首先介绍国内和国外两个比较完善的教师能力结构模型,奠定本研究高校教师教学能力结构模型构建的基础。

(1)国内典型的教学能力结构模型。国内关于教学能力结构模型的研究多是构成要素的分析,比较系统的分析教师教学能力构成要素与其结构分析是邱炳武(1995)针对中学教师提出的教学能力结构模型,如图3所示。在邱炳武看来,认知能力才是一切与智慧活动的基础,教学能力也是一种特殊的认知能力,根据其在多种特定教学背景下表现出的不同以及特殊性的差异,可以将其归纳为不同维度,特殊性从低到高分别为:智力基础、一般教学能力、具体学科教学能力。

图3中的智力基础由实践性思维、分析性思维与创新性思维三个模块组成。实践性思维是指人在真实的脑力活动或体力活动中表现出的思维方式,将实践的理念始终贯穿于所有行为活动的始终,将实践主题价值作为起点,以实践客体合理变革为目的,以实践路径不断开拓为过程,最终实现对个人及群体行为方式内涵的理解。创新性思维最显著的特征是打破常规,通过个人或集体的智慧来得到不同于往日解决方法的新思路,以多种不同视角来考虑问题,最终形成新颖且富有创造力的思维方式。分析性思维则是指通过演绎推理、逐步分析行为活动背后隐含的逻辑性与科学性,最终获取分析所需成果的思维方式。

(2)国外典型的教学能力结构模型。[25]国外关于教师教学能力理论模型的早期研究也多是一维结构,多是针对多种具体教学活动背景下适合高校教师运用的教学能力组成成分的分析,W. M. Molenaar(2009)根据前人已有的成果总结归纳出针对教学能力进行解构的三维结构模型,如图4所示。

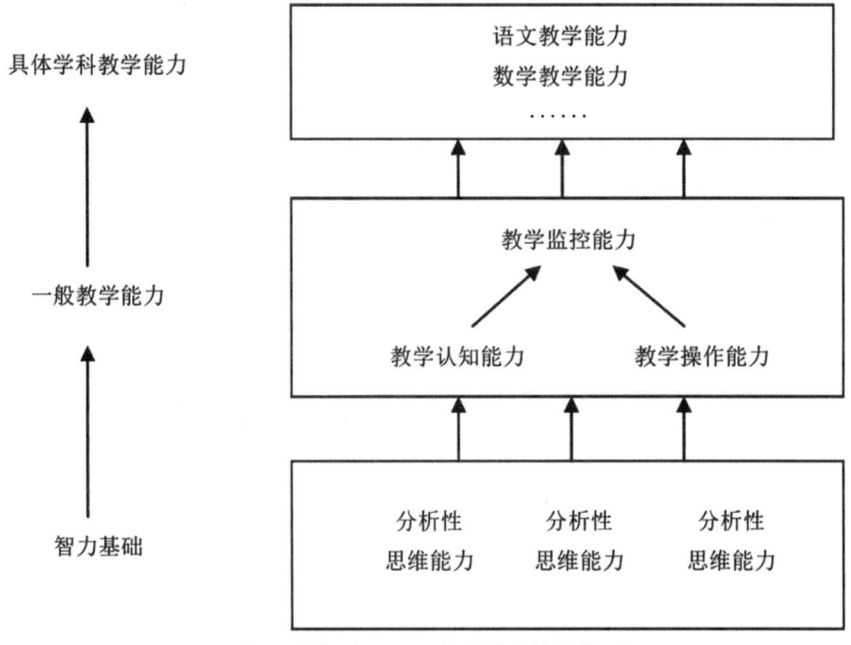

图 3 邱炳武(1995)教学能力结构模型

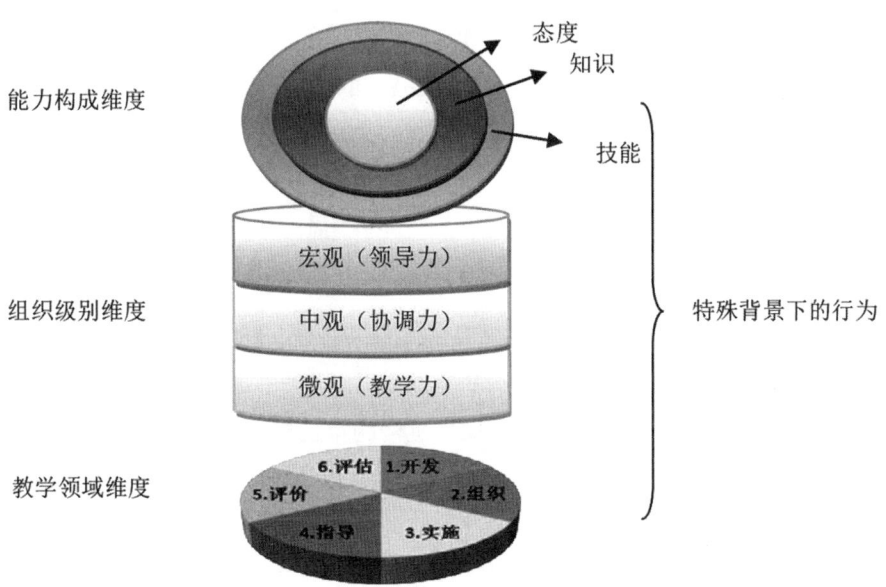

图 4 W. M. Molenaar(2009)教学能力三维结构图

在 W. M. Molenaar 的多维结构模型中,将高校教师的教学能力解构为能力构成、教学领域、组织级别三大环节。首先能力构成的角度出发,教学能力被分解为职业态度、专业知识、行为技能三个模块,职业态度解释了教师为何要成为教师以及教师在进行教学活动的心理状态,专业知识代表了教师所掌握其学科前沿科学知识的程度与其本身的学术科研水平，行为技能表现了教师在具体教学活动或学术科研活动中具备的能力；而后从组织级别的角度出发，教学能力被分解为宏观上的领导力、中观上的协调力与微观上的教学力。教学层面教师的执行力主要在某一单元课堂教学和学习的指导；协调力主要指课程和项目开发过程中关系的协调和处理能力，领导力指能完成课程和项目开发的主要工作；最后从教学领域的角度出发，教学能力可以理解为评估领域、开发领域、评价领域、组织领域、指导领域和实施领域的有机统一，而各领域能在特殊的背景下外显为某些行为。开发领域是指高校教师为适应时代发展所进行的教学改革与创新；组织领域代表高校教师对整个教学活动及所有受教育个体所做的统筹规划安排；实施领域则代表了高校教师具体的教学准备活动、课堂授课与答疑行为、对学生的教学考核等等具体的教学行为；指导领域包括多个层面的教学指导，首先宏观上是指教育学家对整个教育系统及全体教学活动所进行的纲领性指导，微观上则是高校教师对学生具体专业知识上的帮助；评价领域则代表了高校教师对所有受教育个体以及其自身的教学活动审查与辨析；评估领域应分为两个角度来分析，横向上是对教育领域所有环节所进行的整体性评估，纵向上是对具体教学活动进程的细节性分析。

W. M. Molenaar(2009)的模型理论将教学能力划分成三个相互独立的维度，每个维度的构成要素是相互独立的。将教学能力按照能力构成分解成各个组成部分，是将一个复杂的不可直接测量的整体，分解成可观测各个组成部分，降低了教学能力的测量和分析难度。将教学能力按照工作难度分成不同的组织级别，能辨别能力发展的不同阶段和水平。将教学能力按照工作领域分解成各个组成部分，每一个组成部分，目标明确、容易实现，可以有针对了解其发展现状。因此，W. M. Molenaar 的模型理论为教学能力结构模型构建提供了很好的分类依据，但是其关于教学领域的分类，分类依据还不是很明确，且其工作内容适合以学生为中心的教学活动模式，教师的角色主要是资源的开发者和学习的辅导者，这对于目前我国还是以教师为中心的教学模式情况下，实践操作难度较大，需要在工作领域的分类上进行本土化的研究与分析。

3. 大学的基本职能研究

大学的职能是指大学"在社会分工中特有的专门职责"。潘懋元(1997)认为教育无论在哪个历史时期或国家，必然是得到当世权力机构的重视与垄断，而高等教育的产生则是时代潮流的必然，教师进行高等教育最主要的场所即为大学，而大学则是为了满足社会与人的发展需要而产生的组织机构。因此，大学在发展过程中，必然要不断满足社会和时代对其提出的要求和期望。西方是现代大学的发源地，真正意义上的大学起源于欧洲文艺复兴之前，位于法国与意大利，代表有巴黎大学、萨拉尔诺大学、波隆那大学等，其主要职能是培养官吏、牧师、法官和医生等专业人才。1810 年，德国洪堡认为大学的职能是培养学者和发展学术，高等教育的目标在于培养一代又一代的专业人才，从而推动时代科学的发展与进步，而教师与学生的界限也逐渐模糊，由师生关系逐步变为合作关系，共同在大学中实现自我的人生价值。1930 年，美国学者弗莱克斯纳在《大学》一书中既肯定了"研究"对大学的重要作用，也强调教学的重要地位。1963 年，美国教育改革学者克拉克·克尔在"The Uses of the University"一书中界定了其所认为的理想大学，在他看来，现代化大学必须有足够的培养人才方向，在培养科创型人才推动科学技术发展进步的同时，也要培养为社会与经济服务的社科类人才。20 世纪 60 年代以后大学的理念和职能向多元化方向发展，科学研究型大学、教学研究型大学、服务型大学理念、综合型大学理念等，强调了大学应为地方经济发展服务。约翰·波登等人提出的学习型的大学理念，认为大学的目的就是学习，教学是个体的学习、科研是人类的学习、服务是社区特定目的的学习。

从西方大学理念的发展过程中，我们可以看到大学的职能正在从单一的教学职能、科研职能，向多元化的方向发展。截至目前，国内外学者公认的大学基本功能趋向于三个方面，首先是教学与培养人才、而后是科研与创新、最后是为社会与国家服务。也有学者将其表述为：创造知识、知识传授和服务社会。张俊宗（2004）将三者关系表述为（如图5所示）：知识传授的主要途径是通过教学实践；知识创造的主要途径是科学研究；服务社会的主要途径是与社会组织、机构和团体进行合作。因此，教学和知识传授、科学研究和知识创造、服务社会与各项合作，都是过程和结果的关系，目标上不存在争议。有的学者将三项基本职能表述为人才培养、科学研究和服务社会，这样的理解有些狭隘，容易误认为仅有教学才是实现人才培养的唯一途径。

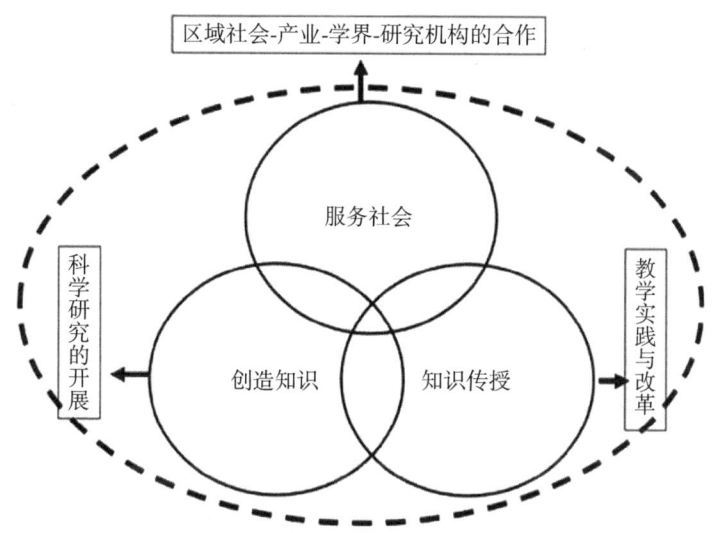

图 5　张俊宗（2004）大学的基本职能

本研究认为，大学与其他组织的合作仅是服务社会的小部分内容，大学或高等教育为社会与国家服务的最主要途径就在于培养人才，而人才培养不仅仅通过教学来实现，科学研究的一部分功能也是为人才培养服务，且科学研究水平是决定人才培养层次的重要因素。大学的三项职能从本质上讲是统一的，共同服务于人才培养，进而促进人、知识、与社会的发展，仅是方式和方法的差异。因此，理想状态是任何一所大学都应具有上述三项基本职能，且均衡、协调发展。但是，现实情况并非如此，从目前的发展趋势上看，国内高校对于社会服务与政治管理相关研究较为重视,国外高校对于学术科研与教学指导较为重视。即使这样,在我国不同类型和层次的高校,科研学术与教学活动之间的发展程度也是不平衡的,而是有所偏重。

三、高校教师教学能力多维结构模型的构建

(一)高校教师教学能力多维结构模型研究技术路线

本研究对教学能力结构模型构建主要分四个步骤完成:理论构想、实践验证、修改完善、模型诠释,其过程如图6所示。

第一步,理论构想。主要是通过依据上述相关理论分析,构建高校教师教学能力结构模型。

第二步,初步实践验证。主要通过文献分析、问卷调查和访谈的方法,了解学生、研究者或专家、教师对教师教学能力构成的认知,从而对本文建立的高校教师教学能力多维结构模型进行分析与验证,同时完善补充模型中所欠缺的部分。

第三步,实际应用。实际应用是对教学能力结构模型的第二次验证。主要是通过能力结构模型,开发高校教师教学能力评价工具,并应用工具对某一地区的高校教师教学能力发展现状进行调查分析。通过调查的结果的分析,进一步验证教师教学能力结构模型有效性。

第四步,模型诠释。经过两轮验证与修改完善,形成比较完善的教师教学能力结构模型,对模型的特征、特色及适用范围进行阐述分析。

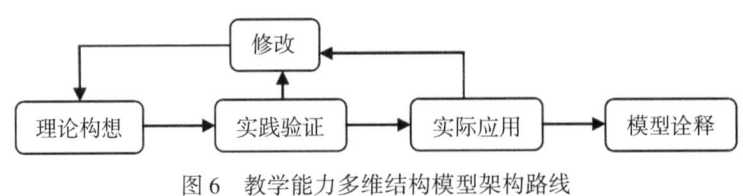

图6 教学能力多维结构模型架构路线

(二)高校教师教学能力多维结构模型的提出

心理学领域对一般性的能力结构的探索则聚焦于主体,无论是从能力分类的角度,还是更加明确的描述能力的结构,都形成了非常丰富的研究成果,有的概括性较高,如斯皮尔曼的一般能力和特殊能力理论,显现出能力的层次性结构;[27]有的则面向相对具体的人类活动,如吉尔福特的智力三维结构理论和加德纳的多元智能理论。面对这些理论,试图做非此即彼的评判并无很大的必要,因为在这种追求一般性结构的努力方向上,将概括性水平确定在不同的位置,就自然会获得不同的结论。这就如同去统计一棵树有多少枝杈(如图7所示),在不同高度上,这棵树的枝杈数量就会不同:在

地平线的高度即图中①层次上,一株乔木就只有一条主干;而②层次上,在 3 米高的断面上看,可能就会多了几条比较粗大的枝;而③层次上,在 10 米高的断面上看,又会多了很多细小的枝杈。而且不难看出,智力三维结构理论和多元智能结构理论更像是对特殊能力的种类进行的具体描述,也就是说,是在②或③层次上对个体在日常生活中表现出来的具体能力所做的归类。如果期望从整体上描述能力的结构,恐怕不应仅仅看到某个特定的横断面,而应当将不同的层次包容在内,这样来看,斯皮尔曼的能力结构理论应更具一般性的指导意义。

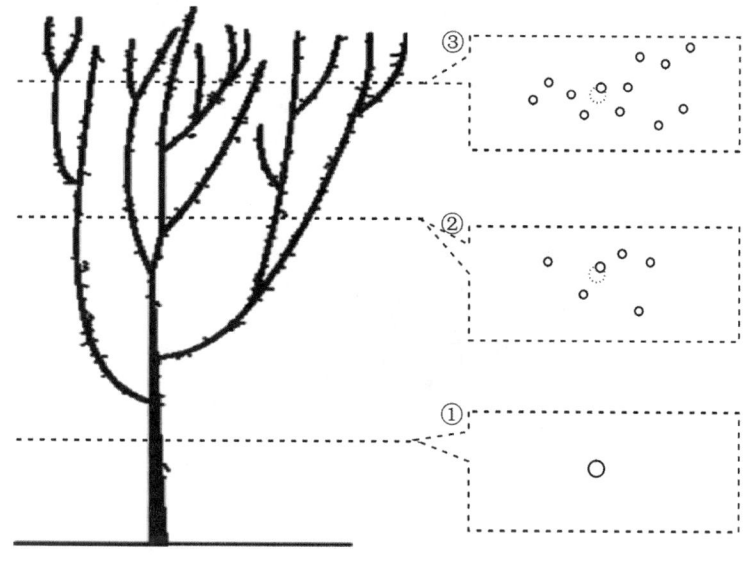

图 7 能力分析的层次结构

基于上述结论可以形成一个基本的认知,即:教学能力应当被解构为三个环节进行分析,分别为教学活动、教育主体、教育客体。笔者也在相关研究综述中看到,上述三个环节与前文中 W. M. Molenaa(2009)的三维高校教师教学能力结构模型相对应,首先教学活动环节与教学领域维度有着相通之处,都代表了高校教师在具体教学活动中所表现出的技能;而教育主体环节与能力构成维度相类似,二者都描述了教师的职业态度、专业知识与行为技能;最后则是教育客体环节与组织级别维度相对应,都对教学能力的层次与程度进行了解构及归纳,包括宏观、中观和微观三个层面。然而,W. M. Molenaa 所提出的高校教师教学能力解构模型并不是无懈可击,在主体层面,该模型将与教学相关的教师个性特征概括为知识、技能和态度三个方面,明显不够完整,且对三者位置关系的考虑也不够妥当。

笔者由此对 Molenaar 的教学能力结构模型进行了调整,形成如图 8 所示的模型,用以概括描述高校教师教学能力结构。该模型将教师教学能力重新解构为教学活动、工作领域、能力构成三个维度进行描述。

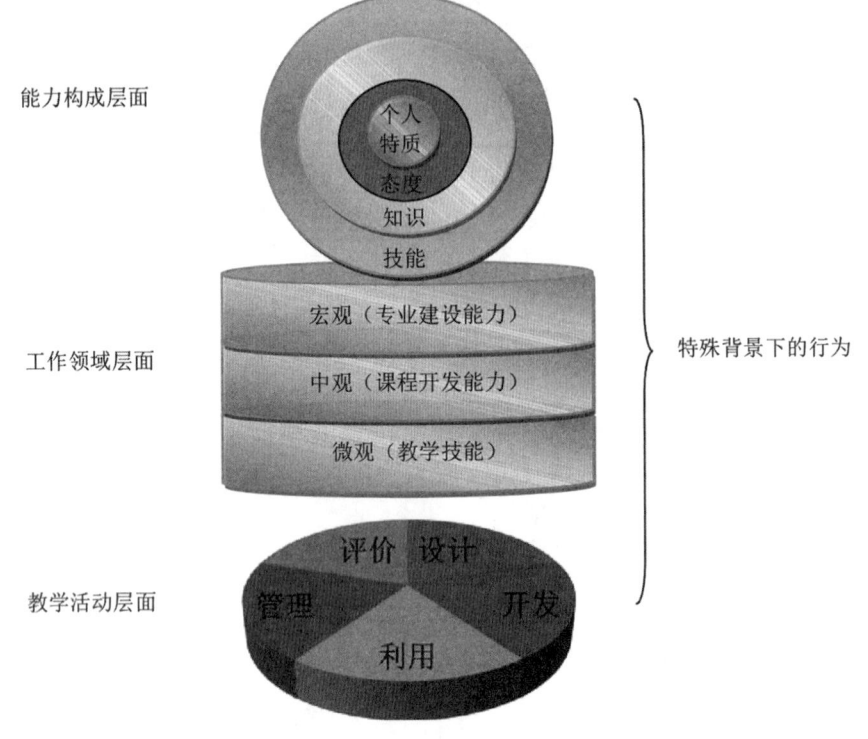

图 8 高校教师教学能力结构模型

(三)高校教师教学能力多维结构模型分析说明

1. 能力构成维度

Grzega(2008)认为所有高校教师的教学能力产生都是基于其对专业知识的掌握长度以及自身对于前沿科学技术的学习,而教师在进行教学行为活动时,最大的依赖也正是其在多年职业生涯中逐步形成独属于自我的教学能力,故高校教师教学能力应当包含其掌握的专业知识与锻炼出的教学技能方法两个模块。除此之外,根据冰山模型中对于显性因素与隐性因素的设想,[14]教师的心理属性还会受到其职业态度、个人性格、行为动机、思维习惯、价值观念等因子的影响,虽然同教学活动没有非常直接的关系,甚至在短时间内可能不会显现出对教学活动的影响,但仍然无法忽视其作为隐性因素对教师本身行为活动所产生的深远影响。然而冰山模型明确列出价值观等几种特征,也仍然有以偏概全的风险。因而笔者参考冰山模型的思路,对高校教师的教学能力从浅入深进行分析,从而其解构为职业态度、专业知识、行为技能、个人特质四个维度的统合。

本研究中"个人特质"一词指称个体身上那些并不直接影响或并不专门指向教学活动的个性特征,如亲和力、爱心、耐心等,甚至包括个体的形貌和健康状况等。"个人特质"对个体活动影响具有泛化的特点,也就是说,它们对高校教师的影响不仅体现在教学活动中,而且在个体其他各种活动中都会显现出来。之所以会有这种泛化的特点,是因为个人特质是决定个体全部行为的内部基础,因而对个体的影响也是根本性的。个人特质直接影响到高校教师个体在教学情境中表现出来的态度,如教师是否倾向于愉快地与学生进行课内外交流沟通等,态度的作用也具有泛化的特点。但无论个人特质还是态度,都并不能够为具体的教学活动提供直接的支持。而行为技能作为高校教师进行教学活动时最直接的支撑属性,其形成一般依赖于教师对关于教学的知识的掌握情况,而知识掌握情况则根本上决定于个人特质和态度的作用。

2. 工作领域层面

工作领域层面主要根据工作对象的范围和难度的不同分为三个层次:宏观、中观和微观。

(1)宏观层次,主要是指某一专业的发展与规划能力,指的是在了解国家发展规划、社会人才发展需求和学生发展特征的基础上,参与某专业特色、专业培养目标和专业培养方案的制定,能系统把握专业培养目标、专业核心能力、课程体系、教学环节,同时在纵向教学进程中辨析出教师存在的不足与缺陷。在此过程中,期望教师能将学科发展研究融入专业培养的课程中,保证学术性教学的特点。

(2)中观层次,主要指向某一门具体的课程开发能力,指的是了解课程的地位和作用,对课程目标、课程内容、课程资源和课程评价方法进行设计、开发、利用、管理和评价。

(3)微观层次,主要指向微教学单元的设计、开发、利用、管理和评价,如,某一项知识内容或者是一节课的设计、开发、利用、管理和评价。上述三个层次,微观层次的能力是中观和宏观能力的基础,中观是宏观能力的基础,宏观能力所完成的工作为中观和微观工作提供支持和指导,中观能力所完成的工作为微观工作提供支持和指导。

3. 教学活动层面

对教学活动进行相对较为完整而又不至太过抽象的分类具有一定的难度。仅限于一节课的教学流程而将教学活动分为导入、讲授等类型显得太过微观,不能涵盖课堂教学之外的活动;申继亮将教学活动分为教学认知、教学操作和教学监控三个类型则偏于抽象,实际上,这三种教学活动可能会以不同的形式结合而显现为不同的教学活动形态。[28]"教育(学)技术"概念的 AECT'94 定义提出,"教学技术是对学习过程和学习资源的设计、开发、利用、管理和评价的理论和实践。"这一陈述虽然并非对教学活动进行分类,但由于教学技术渗透于全部教学活动当中,对教学技术的对象和范畴的描述就可以移植到对教学活动的描述当中来,从这个意义上说,全部教学活动无非是对学习过程和资源的设计、开发、利用、管理和评价。因而,本文在教学活动维度上,按照教学活动过程的常见顺序,将教学活动分为设计、开发、利用、管理和评价五个环节。"教育(学)技术"概念 AECT'94 定义还进一步明确了这五个环节的具体工作内容。如果不把教学设计和准备、教学评价和教学管理置于教学活动之外,并将教学实施理解为多种师生互动的总称,这五个环节与教学活动的对应关系也就不难理解。

(四)高校教师教学能力多维结构模型构成要素分析

根据上文分析,将研究重心放在高校教师的教学活动与工作领域两个环节中,可以将教学能力解构为以下15个构成要素,如表1所示:

表1　　　　　　　　　　　　高校教师教学能力构成要素

工作领域＼活动过程	设计	开发	利用	管理	评价
宏观(专业)	专业设计	专业开发	专业利用	专业管理	专业评价
中观(课程)	课程设计	课程开发	课程利用	课程管理	课程评价
微观(教学)	教学设计	教学开发	教学利用	教学管理	教学评价

如表1所示,宏观层面包括:专业设计能力、专业开发能力、专业利用能力、专业管理能力、专业评价能力;中观层面包括:课程设计能力、课程开发能力、课程管理能力、课程评价能力;微观层面包括:教学设计能力、教学开发能力、教学应用能力、教学管理能力、教学评价能力。

1. 宏观维度的五个要素

(1)专业设计能力,结合时代发展与社会进步,将高等教育融入社会需求中,从而针对全方位、多层次、专业化的各类人才进行教学统筹规划,使所有受教育个体都得到适合自我的专业培养,主要包括以下几个方面:专业课程体系开发、教学活动安排设计、专业化培养方案规划等。

(2)专业开发能力,主要是根据专业设计,形成专业培养方案的过程,重点在专业培养方案中的课程体系设计。

(3)专业应用能力,主要是专业培养方案的实施过程和专业培养方案评价的实施过程。

(4)专业管理能力,主要是指协调关系的能力,包括:协调专业发展与社会、学生及学院、学校发展的关系;协调专业内部人力、物力、财力的关系;协调专业培养方案中各教学环节、课程之间的关系等。

(5)专业评价能力,主要包括对专业设计、专业开发结果的评价,对高校教师的教学能力进行客观评价,同时完成对所有受教育个体的学术考核,将教学中存在的不足与缺陷进行归纳总结,从而最终提升教学质量并推动现代化人才培养。

2. 中观维度的五个要素

(1)课程设计能力,主要是根据某专业的人才培养方案中对课程作用、地位的要求,对课程进行整体规划的能力。

(2)课程开发能力,主要是根据课程设计,形成课程培养方案的过程,重点在课程培养方案中的课程体系设计。

（3）课程应用能力，主要是课程方案的实施过程和课程方案评价的实施过程。

（4）课程管理能力，主要是为实现课程目标、协调各课程要素之间关系的能力。

（5）课程评价能力，主要包括对课程设计、课程开发结果的评价，对课程方案实施过程的评价及评价结果的反馈、研究与报告。

3. 微观维度的五个要素

（1）教学设计能力，主要是根据课程方案中各单元或知识点的目标要求，对某一单元的或一节课的教学进行设计的能力。

（2）教学开发能力，主要是根据教学设计，对教学资源和评价工具的开发。

（3）教学应用能力，主要是教学方案的实施过程和教学方案评价的实施过程。

（4）教学管理能力，主要是为实现教学目标、协调各教学要素之间关系的能力，如学生管理，进程控制、师生关系的协调等。

（5）教学评价能力，主要包括对教学设计、教学开发结果的评价，对教学实施过程的评价和学生学习过程和学习结果的评价及评价结果的反馈、研究与报告。

综上，教师教学能力结构模型的结构分三个领域：能力构成、工作领域和活动过程领域；能力领域包括三个组成部分：知识、技能、内在特质；工作领域分为：专业、课程和教学三个层次；活动过程分为设计、开发、利用、管理和评价五个环节。共分解成15个教学能力构成要素。构成教学能力的三个领域之间是相互独立的；工作领域各层次之间不是并列与独立的关系，是递进的关系，能力层次从微观到宏观是依次提高的。教学活动的各个环节不是简单的线性循环关系，常规上是设计、开发、利用、管理和评价过程，现实中根据具体情况可以跳过某一些环节，进入到下一环节。教学能力各构成要素和组成部分是相互支撑与促进的，教师在某具体环境中综合应用各能力，外显为某些教学行为，通过这些教学行为或产生的教学成果可以评价教师教学能力的发展的水平。

四、高校教师教学能力多维结构模型的实践验证

高校教师教学能力结构模型的研究是为了更好地开展高校教师教学能力发展实践。理论模型建构的是否合理，需要通过实践来检验。本研究主要采用三角互证的方法初步检验高校教师教学能力结构模型的合理性问题。具体的方法为：通过文献分析的方法，分析以往的研究者在构建教师教学能力结构时的关注焦点。

研究者的研究一般具有一定的前瞻性，能在一定高度上反映学生、社会和文化发展的需要。因此，作者在对教师教学能力构成及结构文献进行综述的基础上，通过构成成分词频编码、统计分析，概括出专家或研究者关注的教学能力的构成要素的分布及核心要素。

1. 文献来源及分类

截至2022年9月，本文通过对中国知网系列数据库与英文数据库进行检索，共收集到关于高校教师教学能力研究的相关文献154篇，其中英文的51篇，中文的103篇，通

二、学 生 编

过对文献的进一步分析,筛检出包括高校教师教学能力构成或结构的文献共 28 篇,英文的 13 篇,中文的 15 篇。英文的文献分布在 1985 年之后,我国的文献多数分布在 2004 年以后。

2. 构成要素频率统计分析结果

据高校教学能力发展文献中关于教学能力构成要素的词频编码与分析,其中关于高校教师教学能力构成要素的词汇共出现 138 次,根据上述编码体系,具体分析结果如表 2。

从表 2 可知,从分类上看,属于教学领域的词汇共出现 115 次;职业领域的词汇共出现 11 次;自我发展领域的词汇共出现 9 次;专业领域的词汇共出现 6 次;课程领域的词汇共出现 6 次;科学研究领域的词汇共出现 4 次;学科领域的词汇共出现 3 次。其中教学领域的词汇中,关于教学整体的词汇 51 次;关于教学对象的词汇 19 次;关于教学内容的词汇 14 次;关于师生关系的词汇的频次为 9;媒体与技术的词汇频次为 8。课程领域中,课程体系占 4 次;课程目标 2 次;课程意识占 1 次;职业领域中,职业态度占 4 次,职业素质和个人特质各占 3 次。

另外关于教学系统的整体进行操作的频次最高,达到了 1/3。这说明研究者期望能从宏观或整体的角度分析高校教师教学能力,为了进一步分析其关注的高校教师教学能力对教学系统的操作维度,笔者对研究者关注的关于教学系统整体的层面进行统计分析,结果如表 3 所示。研究者认为对教学系统整体的操作层面主要包括认知、设计、实施、操作、实践、调控、组织、管理、创新、反思、研究等不同层面。且研究者认为关于教学研究的能力最重要,其次是组织管理能力,再次是教学设计能力。

表 2　　　　　　　　　高校教师教学能力构成要素的分析

分类		代码	频次	比例
科学研究		SR	4	≈2.90%
自我发展		SD	9	≈6.52%
学科	学科知识	SK	3	≈2.17%
	专业知识	PK	4	≈2.90%
专业	专业技能	PS	2	≈1.45%
	课程体系	CS	3	≈2.17%
课程	课程意识	CA	1	≈0.73%
	课程目标	CO	2	≈1.45%
教学	教学目标	TO	2	≈1.45%
	教学内容	TC	14	≈10.14%
	教学方法	TM	5	≈3.62%
	媒体与技术	TT	8	≈5.80%

续表

分类		代码	频次	比例
教学	教学对象	TS	19	≈13.77%
	教学环境	TE	5	≈3.62%
	师生关系	ST	9	≈6.52%
	学生评价	SE	2	≈1.45%
	教学整体	TW	51	≈36.96%
职业	职业素质	OK	3	≈2.17%
	职业态度	OA	4	≈2.90%
	个人特质	PT	3	≈2.17%
	处理其他事务	EL	1	≈0.73%
合计			138	100%

表3　　　　　　　　　指向教学系统整体的构成要素分析

序号	教学能力构成要素描述	频次	比例
1	教学研究能力	12	23.53%
2	教学的组织管理能力	9	17.65%
3	教学设计能力	6	11.76%
4	教学实施与调控能力	5	9.80%
5	教学操作能力	5	9.80%
6	教学创新能力	3	5.88%
7	教学反思能力	3	5.88%
8	教学认知能力	3	5.88%
9	教学监控能力	3	5.88%
10	教学实践能力	2	3.92%
合计		51	100.00%

五、结论

1. 构成要素的分布：以教学领域为主的不均衡分布

从统计分析的结果可知，研究者对高校教师教学能力构成要素的关注点分布上看，主要分布在教学领域，其他领域从高到低：职业、自我发展、课程、专业、科学研究、学科领域。说明研究者最关注的是教师在课堂教学领域的教学技能。在关于教学系统的整体认知与操作上，研究者占有的比重较大，在教学系统构成要素上看，更关注学生、内容和师生关系，技术作为新兴元素，也受到重视。

从统计分析的结果可知，教师对高校教师教学能力构成要素的关注点分布上看，主要分布在教学领域，其他领域分布从高到低依次为：职业、科学研究、课程、学科、自我发展、专业领域。说明教师最关注教学能力构成要素也是在课堂教学领域的教学技能。在课堂教学系统中教师最关注的是教学内容的表达与呈现；其次是关于教学对象的操作能力；关于教师的教学能力从整体的设计与认知、开发、利用、实施与实践、组织管理、评价、反思与研究等方面的频次也较高，对于媒体与技术教师也给予了较高的重视；但是对师生关系的关注程度较低。

另外，从文献上看，关于课程体系、课程目标和课程意识等要素的关注，大多来自外文文献，说明我国关于高校教师在课程方面的能力还未受到足够重视。

2. 核心构成要素分析：学生、教师、内容和师生关系是依旧是教学能力指向的核心要素

由表3可知，教学对象、教学内容、师生关系、自我发展能力是高校教师教学能力的核心要素。教学对象、教学内容和师生关系对于中小学教师而言，也是关键要素，并不能突出高校教师教学能力的特征。能突出高校教师教学能力特征的专业能力、学科能力、课程能力在研究者的课程要素分析中，并为充分的体现。教学内容、个人特质、科学研究能力和教学对象是教师比较关注的教师教学能力构成要素。首先，教学中驾驭教学内容和学生的能力是教师完成教学的基本素质要求。其次，教师认为：教学是个性化的，个人的修为，如，人格魅力、知识结构、责任心是影响教学效果的重要因素，上述因素也应是教学能力构成要素。再次，教师对科学研究能力给予了较高的重视。除此之外，教师认为除了课堂教学能力之外，教师把握学科知识结构和学科前沿的能力及系统把握专业中课程体系和课程内容也是构成教学能力重要组成要素。

◎ 参考文献

[1] 吴亚丽. 高等教育教学与学习的国际交流平台——国际教育发展联盟[J]. 大学(研究与评价)，2009(9)：92-95.

[2] NitinVazirani. Review Paper Competencies and Competency Model-A Brief overview of its Development and Application[J].SIES Journal of Management, April-August 2010.

[3] Franziska Vogt*, Marion Rogalla. Developing Adaptive Teaching Competency through coaching[J].Teaching and Teacher Education 25,2009.

[4] 罗雄荣，张锦高. 美国高等教育质量的困境及其启示[J]. 理论月刊，2007(5)：148-150.

[5] Collier, Sunya, Molly H. Weinburgh, and Mark Rivera. "Infusing technology skills into a teacher education program：Change in students' knowledge about and use of technology."[J]

[6] Porter, Andrew C., and Donald J. Freeman. "Professional orientations: An essential domain for teacher testing."[J] The Journal of Negro Education 55. 3 (1986): 284-292.

[7] Faez, Farahnaz, and Michael Karas. "Connecting language proficiency to (self-reported) teaching ability: A review and analysis of research."[J]. RELC journal 48. 1 (2017): 135-151.

[8] Jordan, Anne, Christine Glenn, and Donna McGhie-Richmond. "The Supporting Effective Teaching (SET) project: The relationship of inclusive teaching practices to teachers' beliefs about disability and ability, and about their roles as teachers."[J]. Teaching and teacher education 26. 2 (2010): 259-266.

[9] Alsawaie, Othman N., and Iman M. Alghazo. "The effect of video-based approach on prospective teachers' ability to analyze mathematics teaching."[J]. Journal of Mathematics Teacher Education 13. 3 (2010): 223-241.

[10] 徐继红. 高校教师教学能力结构模型研究[D]. 长春：东北师范大学, 2013.

[11] 张大良, 纪志成, 周萍. 高校青年教师教学能力的评价体系与影响因素研究[J]. 贵州社会科学, 2009(9): 91-96.

[12] 余承海, 姚本先. 论高校教师的教学能力结构及其优化[J]. 高等农业教育, 2005(12): 53-56.

[13] 童婧. 高校青年教师教学能力培养研究[D]. 长沙：中南大学, 2007.

[14] Grzega, Joachim, and Marion Schöner. "The didactic model LdL (Lernen durch Lehren) as a way of preparing students for communication in a knowledge society."[J]. Journal of Education for Teaching 34. 3 (2008): 167-175.

[15] Lotan R. Teaching teachers to build equitable classrooms[J]. Theory Into Practice, 2006, 45(1): 32-39.

[16] Fives H, Buehl M M. What do teachers believe? Developing a framework for examining beliefs about teachers' knowledge and ability[J]. Contemporary Educational Psychology, 2008, 33(2): 134-176.

[17] Fives H, Buehl M M. Exploring differences in practicing teachers' valuing of pedagogical knowledge based on teaching ability beliefs[J]. Journal of Teacher Education, 2014, 65(5): 435-448.

[18] 吕纪增, 张予英. 高校教师教学能力分析[J]. 河南教育学院学报(哲学社会科学版), 2002(3): 100-103.

[19] 朱欣欣. 教师教育教学能力构成的研究[J]. 教育评论, 2004(5): 61-62.

[20] 章坤. 大学教师教育素养及其养成研究[D]. 长沙：湖南师范大学, 2006.

[21] 陆俞静. 法国高等教育质量保障机制及对我国的启示[J]. 内蒙古师范大学学报(教育科学版), 2008(7): 99-101.

[22] 黎军, 闫迎春, 薛庆节. 荷兰高等教育的质量保证制度及对我国的启示[J]. 中国电力教育, 2008(1): 175-176. DOI: 10.19429/j.cnki.cn11-3776/g4.2008.01.086.

[23] 林杰,李玲. 美国大学教师发展的三种理论模型[J]. 现代大学教育,2007(1):62-66,111-112.

[24] 邱炳武,申继亮. 中学教师对教育教学的条件性知识的掌握状况调查[J]. 教育理论与实践,1995(6):48-50.

[25] W. M. molenaar, A. Zanting, P. Vanbeukelen, W. Degrave, J. A. Baane, J. A. Uetraan, R. Engbers, Th. E. Fick, J. C. G. Jacobs & J. M. Vervoorn. A framework of teaching competencies across the medical education continuum[J]. Medical Teacher, 2009.

[26] 潘懋元. 可持续发展的高等教育改革[J]. 辽宁高等教育研究,1997(4):10-13,16.

[27] 张俊宗. 学术与大学的逻辑构成[J]. 高等教育研究,2004(1):6-11.

[28] Draycott, Matthew, and David Rae. "Enterprise education in schools and the role of competency frameworks."[J]. International Journal of Entrepreneurial Behavior & Research (2011).

WPBL 在临床医学教学中优于 PBL：
一项系统性综述和荟萃分析

孙楚凡　陈元乐　郑琳琳

（武汉大学　第一临床学院，湖北　武汉　430072）

【摘　要】背景：本文通过荟萃分析，系统性地比较国内外临床医学教育中应用 WPBL 或 PBL 两种教学法的教学效果。

方法：全面地检索中英文数据库，严格纳入 RCT 进行荟萃分析，使用 MD 及 95%CI 来量化 WPBL 和 PBL 两种教学法下临床医学学生在理论知识、临床实践、分析能力等方面的表现，并尝试通过亚组分析阐明两种教学法产生效果差异的可能原因。

结果：最终纳入 12 项研究，总人数 1727 人。与 PBL 组相比，WPBL 组在理论知识成绩（MD=7.79，95%CI：5.56，10.03）、临床实践（MD=1.59，95%CI：0.62，2.56）和分析能力（MD=0.46，95%CI：0.17，0.75）三方面有所提高。

结论：WPBL 在临床医学教学中优于 PBL。

缩略词：WPBL = web problem-based learning，网络环境下基于问题的学习；PBL = problem-based learning，基于问题的学习模式；RCT = Randomized controlled trials，随机对照实验；MD = mean difference，均数差；CI = confidence interval，置信区间

【关键词】WPBL；PBL；临床医学；教学法

【作者简介】孙楚凡（2001— ），女，汉族，江苏省南京市，大学本科，武汉大学，2019 级临 5 临 53 团支部书记，主要从事血液肿瘤的细胞疗法研究，电子邮箱 1627221331@qq.com。陈元乐（2002— ），女，汉族，湖北省黄冈市，大学本科，武汉大学，2019 级临 5 临 53 团支部团员，主要从事 PCOS 的相关研究，电子邮箱 648188773@qq.com。郑琳琳（2001— ），女，汉族，湖北省咸宁市，大学本科，武汉大学，2019 级临 5 临 53 团支部团员，主要从事遗传性共济失调的相关研究，电子邮箱 2392416715@qq.com。

一、研究的背景与意义

一直以来，临床医学都是理论和操作并重的学科，具有涵盖内容丰富、知识结构复杂、注重临床实际操作等特征。2012 年 5 月，根据中华人民共和国教育部和卫生部发布的《关于实施临床医学教育综合改革的若干意见》，临床医学教育改革的主要任务之一是创新教育教学方法，改革考核评价方法。得益于多媒体技术在信息化时代的广泛应用与日渐成熟，临床医学的传统教育的课程设计与教学模式已无法满足学生的需要，课程考核体系更是无法全面评估学生的实际能力。因此，适应现代医学发展的临床医学教育教学体系

改革势在必行。

1. 研究背景

20世纪50年代，基于问题的学习(Problem-based learning，PBL)首次由麦克马斯特大学引入医学教育领域。[1]PBL教学法创新性地以学生为主要群体，围绕相关问题进行自主研究学习，极大地提高了学习的趣味性，培养了学生提出问题的思维能力和解决问题的行动能力。黄山等[2]学者通过研究，综合描述了PBL教学法在内科、外科、妇产科、儿科以及临床护理等多个学科领域取得的显著效果。但是相较于传统教学，PBL教学法师生比例过小，讨论班的学生人数较多，学生问题相对分散，不仅占用时间较长，而且对于各学科知识的认识不系统、不全面，总体学习效率未能达到预期效果。[3]

2018年4月，《教育信息化2.0行动计划》[4]由中华人民共和国教育部发布，基本目标是搭建"互联网+教育"一体化大平台，探索构建和推进完善信息时代下的教育教学模式，从而全面地提高师生信息素养。秉承该文件的精神，网络环境下基于问题的学习(Web problem-based learning，WPBL)逐渐从试点学校推广到各大医学院校，取得了普遍良好的效果。WPBL教学法吸纳新技术，构建了一个资源可得性强、讨论自由度高、实时协作互动、效果反馈及时的网络教学平台，在充分扩大学生学习视野的同时，显著提升信息的筛选与应用能力[5]。丰富的信息资源是WPBL教学法能够取得预期效果的基本保证[6]，这要求医学院校配备数量充足的多媒体教室，建设并更新现代化图书馆；同时，WPBL教学法也要求教师学习并熟练使用现代化设备，熟知现代医学的最新发展动态，积累引导学生思考提问、解决问题的方法经验，[7]并且能够在课后与同学们充分进行互动。

2. 研究意义

尽管WPBL教学法依托于PBL教学法，且已被多个学科领域证实了相对于传统教学法的优势，[8~12]且对护理、口腔等不同专业的学生学习有着积极作用[13][14]。但尚无系统性的研究证实WPBL教学法在实践中优于PBL教学法。此外，因为关于WPBL和PBL教学法的随机对照实验样本量都比较小，结合现有实验数据进行整体性的荟萃分析是很有必要的。本研究旨在系统性地比较WPBL和PBL教学法在临床医学教学中的效果，并尝试通过亚组分析阐明产生教学效果差异的可能原因，从而为以后临床医学的教学改革提供方向与抓手。荟萃分析结果显示，在临床医学教学中WPBL在巩固理论知识、强化临床技能、提升综合分析能力等方面优于PBL。

二、研究方法

该荟萃分析研究严格遵循PRISMA检查表的指导原则。由于仅对先前发表的文章进行汇总比较，不需要进行伦理批准。本研究未在PROSPERO上进行注册登记。

1. 数据来源

截至2022年8月11日，本研究同时检索了中文数据库(中国知网、万方、超星、维普)和英文数据库(PubMed，WOS核心合集，Embase，Cochrane Library)。检索词包括：WPBL、web problem-based learning、PBL、problem-based learning、临床医学、医学教育、

教学模式、教学改革。检索结果中排除非中英文语言的文献,并对可能纳入文献的参考文献进行搜索审查,以降低遗漏文献的可能性。

2. 纳入标准和排除标准

纳入标准包括:
实验对象为临床医学生
实验设计为随机对照实验
WPBL教学法为实验组,PBL教学法为对照组
实验结果评价指标为临床医学理论与操作能力,以及学生满意度等
排除标准包括:
重复的文献
实验课程为非临床课程(包括医学英语、口腔、护理、检验、法医、中医等)
非随机或非对照实验研究(包括单臂研究、回顾性研究、综述、荟萃分析、会议摘要、社论、信件等)
对照组同时采用WPBL教学法
实验对象人数过少(<10人)
实验数据不全或不可获得
质量评估为高风险(使用Cochrane风险评估工具)

3. 数据汇总和质量评估

两位研究者(陈元乐和郑琳琳)根据以上在筛选前确认的纳入和排除标准,分别独立在上述数据库中检索相关文献,通过阅读检索结果中的文献标题和摘要初步筛除不符合的文献,针对可能可用的文献进行全文阅读,评估文献质量并提取可用数据——主要包括题目、第一作者、发表年份、研究对象、教学课程、实验组和对照组人数、考核评价的方式和结果等。两种教学法的评价主要指标包括理论知识成绩、临床实践操作成绩,以及以问卷调查形式调查分析能力。

通过使用Cochrane风险评价工具,本研究评估了纳入文献的方法学质量,包括:随机序列生成、分配隐藏、受试者盲法、实验人员盲法、考核成绩盲法评价、结果数据完整性、选择性报告以及其他风险。所有项目均为"低风险"的研究总评为"低偏倚风险";少于等于2项评估为"高风险"或"不清楚"的研究总评为"中偏倚风险";大于2项评估为"高风险"或"不清楚"的研究总评为"高偏倚风险"。本研究仅纳入质量评估为中、低偏倚风险的研究,并使用Excel、R2.4.1和Rstudio进行图表的制作,其中应用到的程序包为"robvis"。

4. 数据分析和亚组分析

本研究使用随机效应模型或固定效应模型以综合评价各实验研究之间的均数差(mean difference, MD)和95%的置信区间(confidence interval, CI)。使用卡方检验以检验数据的异质性。异质性较小($p>0.05$,$I^2<50\%$)时,用固定效应模型(Mantel-Haenszel方法);异质性较大($p<0.05$,$I^2>50\%$)时,用随机效应模型。采用漏斗图和Egger检验进行发表偏倚的评估,使用剪补法矫正发表偏倚。

亚组分析包括不同的研究对象身份、教学类型、教学科目、国家发展水平以及纳入研究的偏倚风险，以阐明两种教学法在理论知识、临床实践操作和分析能力产生有统计学意义的异质性的原因。通过应用Excel和Revman5.4，本研究整理了相关结论并绘制森林图；使用R2.4.1和Rstudio制作漏斗图，从而评估总体研究的发表偏倚，程序包为"metafor"。

三、结果

1. 检索结果

从数据库中选择了总共956项文献进行进一步研究。我们排除了318篇重复文献和417篇其他文献，原因是与主题关联度低(n=189)、无摘要(n=32)、综述(n=69)、荟萃分析(n=41)、单臂研究(n=54)、回顾性研究(n=73)、会议摘要与新闻(n=9)以及指南、社论、信件(n=4)。通过阅读全文评估和合格性后，排除了155篇文献，原因是没有完整数据或数据不可获得(n=12)、非临床医学课程(n=143)。最终，总共纳入12项对照研究，其中包括WPBL组的887名参与者和PBL组的795名参与者[15~26]（如图1所示）。

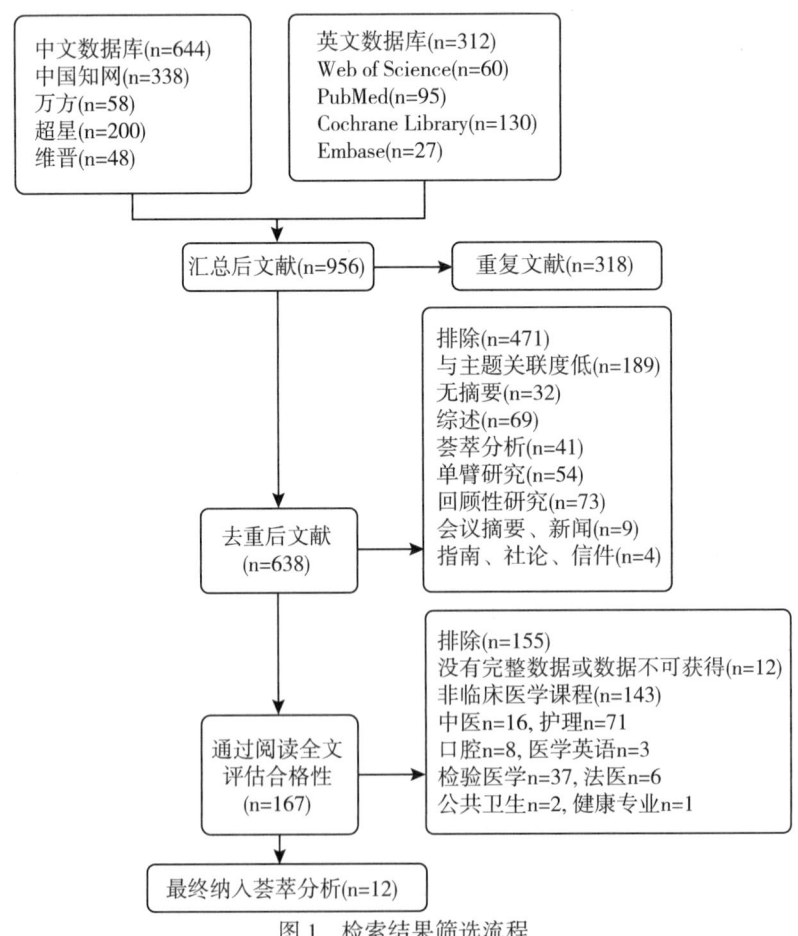

图1 检索结果筛选流程

2. 研究特征

纳入的12项研究的特点如表1所示。所有这些研究[15~26]都在2009至2021年间发表,并对临床医学专业教学中WPBL与PBL的教学效果进行了评估。样本量在15到477之间,中位数为35。大部分研究集中在本科生(n=10),1项研究针对家庭医生,1项研究针对规培生。4项研究缺少持续时间数据。最常见的结果是理论知识分数,用来评估学生掌握相关理论知识的程度。其他结果包括临床实践成绩和以问卷调查形式评估学生分析能力。

表1　　　　　　　　　　　纳入研究的12篇文献的详细基本信息

作者	年份	研究对象			研究时长	课程		考察方式	实验组(WPBL)			考核			对照组(PBL)			考核		
		身份	总人数	国籍		科目	类型		实验组人数	男性人数		理论知识	临床实践操作	分析能力	实验组人数	男性人数		理论知识	临床实践操作	分析能力
Raupach, T.	2009	本科生	143	德国	6周	内科学	理论课+实践课	考试+问卷	72	41		63.8±14.4	4.17±1.83	——	71	41		63.4±15.0	3.33±2	——
Raupach, T.	2010	本科生	74	德国	6周	内科学	理论课+实践课	考试+问卷	40	——		84.8±1.3	——	——	34	——		79.5±1.4	——	——
Tomaz, J. B.	2015	家庭医生	50	巴西	3个月	老年病学	理论课	考试	25	13		77.5±9.5	8.70±0.92	——	25	16		71.5±7.7	5.66±2.59	——
李艳春	2016	本科生	45	中国	4个月	内科学	实践课	考试+问卷	15	2		79.8±6.7	——	4.2±0.4	15	1		74.6±6.5	——	3.5±0.8
Eli Tshibwabwa	2017	本科生	874	美国	7个月	放射学	理论课+实践课	考试+问卷	477	——		72.6±8.1	——	——	397	——		61.3±12.9	——	——
张海燕	2018	本科生	96	中国	3周	内科学	理论课	考试+实验+问卷	48	——		76.77±12.31	8.21±0.44	——	48	——		66.16±16.22	5.43±1.31	——
李晓丽	2018	本科生	42	中国	——	内科学	实践课	考试+问卷	21	4		——	——	4.1±0.4	21	5		——	——	3.7±0.9
韩菡	2019	本科生	80	中国	6个月	内科学	理论课	考试+问卷	40	——		65.42±4.70	——	4.01±0.35	40	——		56.24±8	——	3.38±0.42
陈继舜	2020	本科生	90	中国	——	内科学	理论课	考试+问卷	30	13		84.63±7.17	8.89±0.60	——	30	15		77.87±9.68	7.95±0.87	——
陈轴	2020	本科生	143	中国	1学期	内科学	理论课	考试+问卷	74	——		85.3±9.6	8.33±0.88	4.36±0.8	69	——		74.6±7.2	8.24±0.80	4.18±0.52
王海鹏	2020	规培生	50	中国	——	内科学	实践课	考试	25	15		90.25±3.98	——	——	25	18		79.26±5	——	——
王茜	2021	本科生	40	中国	——	内科学	实践课	考试+问卷	20	12		86.7±5.7	——	——	20	13		79.2±6.1	——	——

*临床实践操作和分析能力的得分为十分制,非十分制的原数据结果按照比例进行换算。

3. 研究质量评估

纳入的12项研究的偏倚风险评估汇总如图2所示。我们以百分比的形式表示了研究中每个项目的结果,尽管所有研究都声称为随机对照试验(RCT),仍有1项研究没有使用随机序列生成,所有研究都使用了分配隐藏、受试者盲法、研究者盲法与使用研究结果盲法评价。4项研究的结局数据并不完整,2项研究对于是否存在选择性报告研究结果并不清楚。

发表偏倚的风险评估如图3所示,各项研究基本平均分布在合并效应值的左右两侧,说明理论知识成绩、临床实践成绩、分析能力的荟萃分析中可能存在的发表偏倚均较小。

4. 荟萃分析结果

(1)理论知识。理论知识成绩荟萃分析共纳入11项研究[15~21,23~26]。WPBL组866人,PBL组744人。荟萃分析结果显示,与PBL组相比,WPBL组理论知识成绩显著提高($MD=7.79$,95%CI:5.56,10.03,见图4)。然而,异质性检验结果显示各研究间异质性显著（P<0.00001，I2=88%），进一步行亚组分析显示，异质性的来源包括教学类型、教学科目、国家发展水平以及纳入研究的偏倚风险（见图5至图9）。各亚组之间的组间差异不具有统计学意义（P>0.5，见表2）。值得一提的是，单纯理论课教学类型下，WPBL组的理论成绩相较于PBL组显著提高（MD=8.83，95%CI：7.06，10.61），且无异质性（异质性检验P=0.45>0.1，I2=0%），发展中国家这一亚组的分析结果相同且同样异质性较小（P=0.25>0.1，I2=22%）。

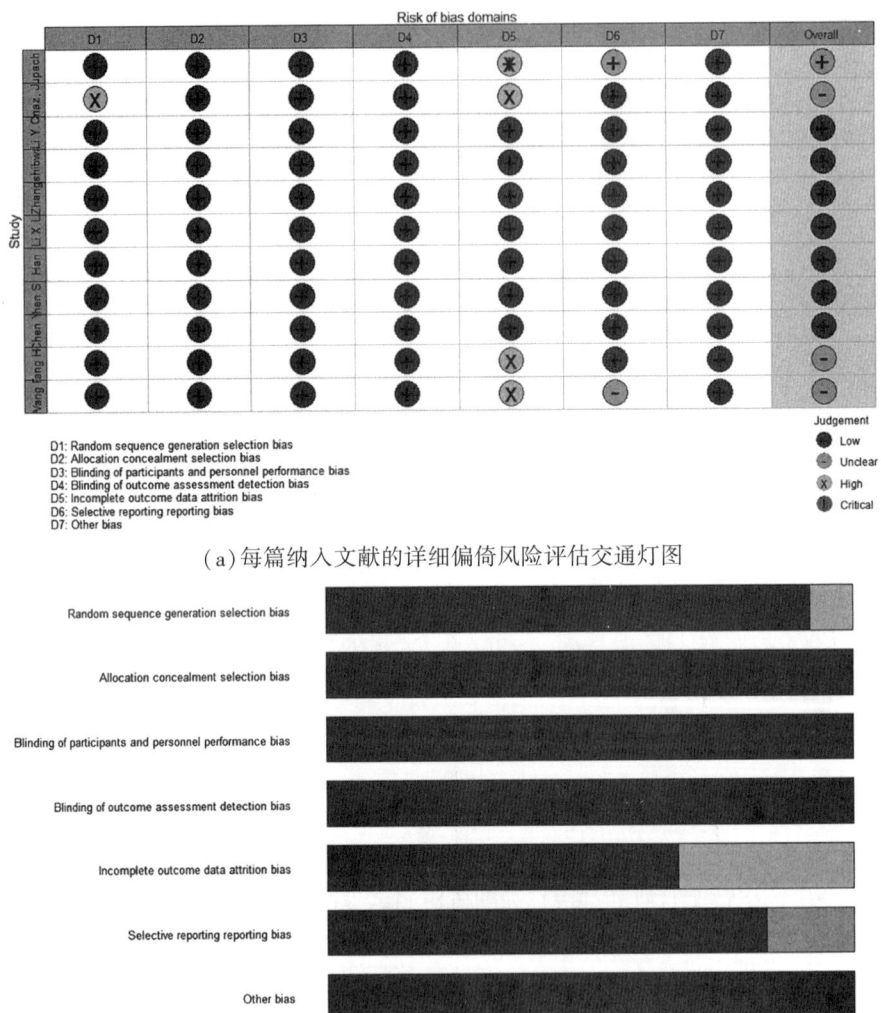

(a) 每篇纳入文献的详细偏倚风险评估交通灯图

(b) 纳入文献的综合偏倚风险条形图

图2 纳入的随机对照试验的偏倚风险评估

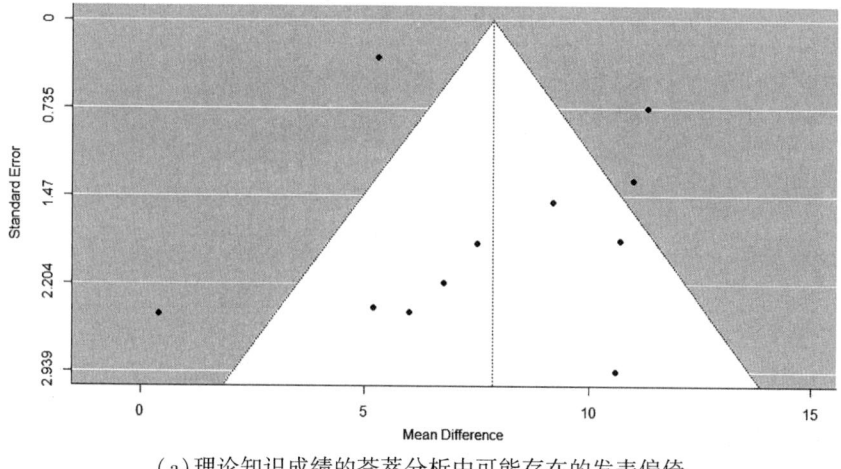

(a) 理论知识成绩的荟萃分析中可能存在的发表偏倚

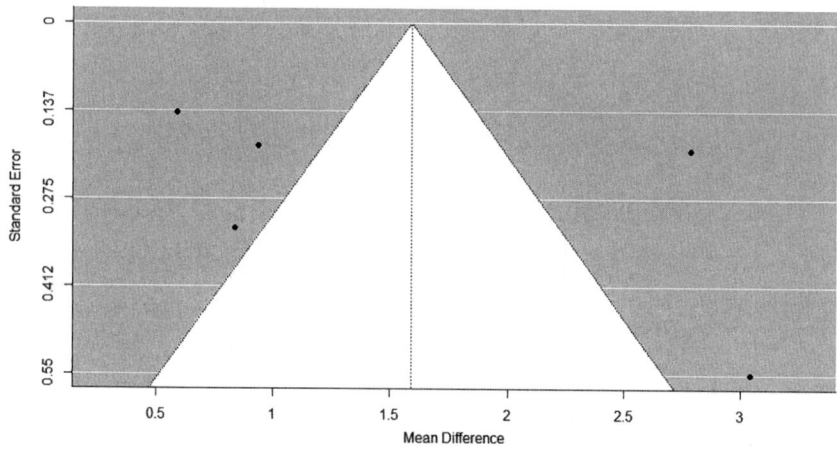

(b) 临床实践成绩的荟萃分析中可能存在的发表偏倚

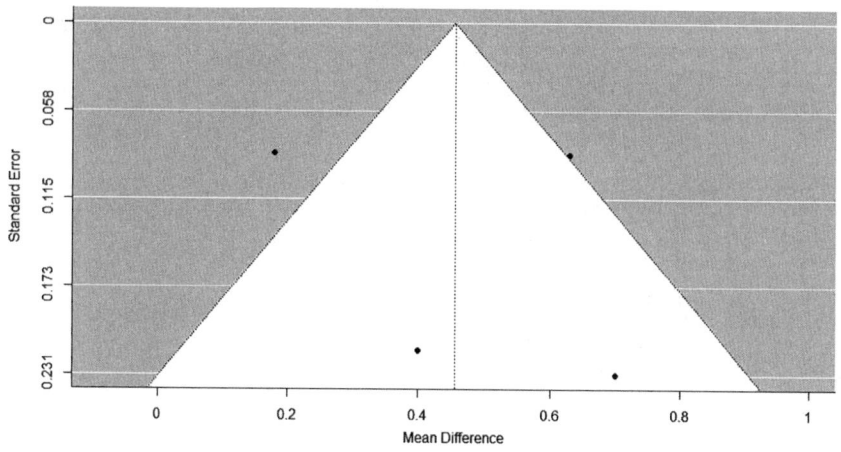

(c) 分析能力的荟萃分析中可能存在的发表偏倚

各个点代表纳入的各项研究。横轴为效应值,对应各个研究的 MD 值,纵轴为标准误,样本量越大,标准误越小。

图 3 发表偏倚的漏斗图

二、学 生 编

表2　　　　　　　　　　　　　　　亚组分析结果汇总

亚组分析		MD(95%CI)		
		理论知识	临床实践操作	分析能力
有可用数据的总人数（WPBL/PBL）		866/774	249/243	150/145
研究对象身份				
	本科生	7.56(5.05-10.07)	1.29(0.26-2.32)	0.46(0.17-0.75)
	家庭医生	6.00(1.21-10.79)	3.04(1.96-4.12)	NE
	规培生	10.99(8.35-13.63)	NE	NE
	p值	0.09	0.02	NE
国家地区				
	发展中国家	8.76(7.23-10.29)	1.78(0.62-2.95)	0.46(0.17-0.75)
	发达国家	6.10(1.12-11.09)	0.84(0.21-1.47)	NE
	p值	0.32	0.16	NE
课程科目				
	内科学	7.48(5.31-9.65)	1.29(0.26-2.32)	0.46(0.17-0.75)
	非内科学	9.16(4.07-14.26)	3.04(1.96-4.12)	NE
	p值	0.55	0.02	NE
课程类型				
	理论课	8.83(7.06-10.61)	1.78(0.62-2.95)	0.40(-0.04-0.85)
	实践课	8.31(4.93-11.70)	NE	0.54(0.23-0.85)
	理论课+实践课	6.10(1.12-11.09)	0.84(0.21-1.47)	NE
	p值	0.60	0.16	0.62
偏倚风险				
	低风险	8.06(5.37-10.75)	1.29(0.26-2.32)	0.46(0.17-0.75)
	中风险	7.44(4.28-10.60)	3.04(1.96-4.12)	NE
	p值	0.77	0.02	NE
总计		7.79(5.56-10.03)	1.59(0.62-2.56)	0.46(0.17-0.75)
	p值	<0.00001	<0.00001	0.002

MD=Mean Difference；NE=not estimable

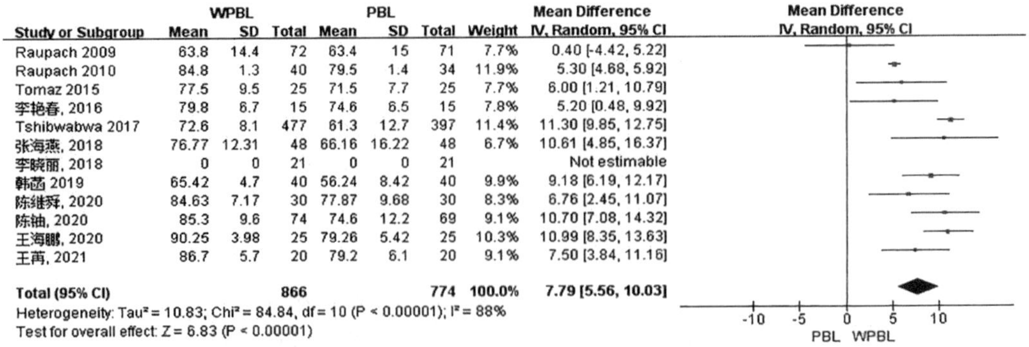

CI=可信区间，SD=标准差，Mean Difference(MD)=实验组均值与对照组均值之差。

图4　理论知识成绩的森林图

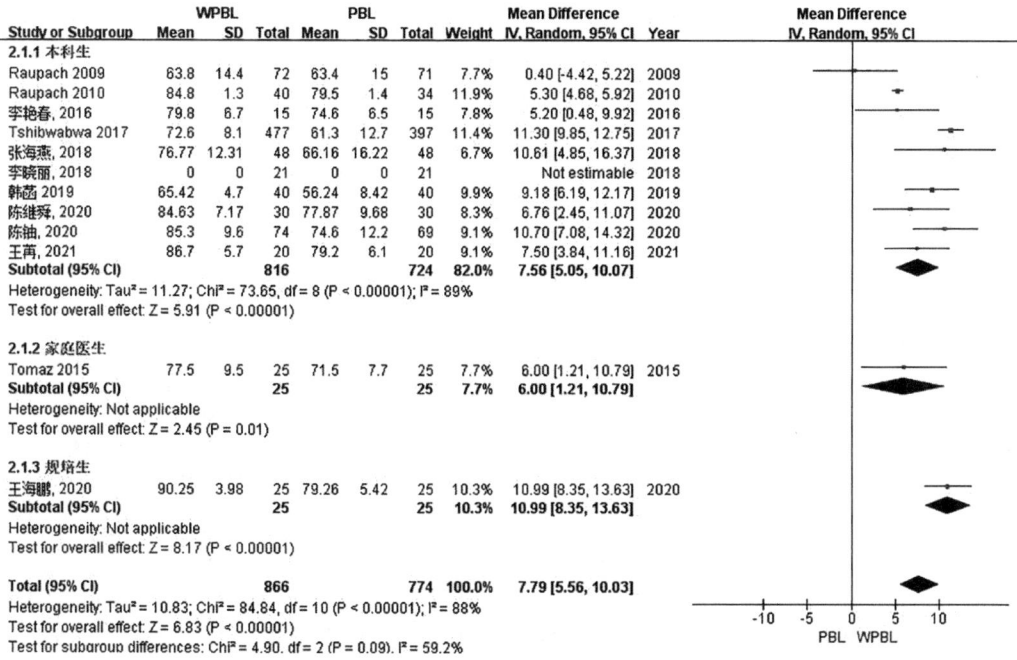

CI=可信区间，SD=标准差，Mean Difference(MD)=实验组均值与对照组均值之差。

图5 不同身份理论知识成绩的亚组分析

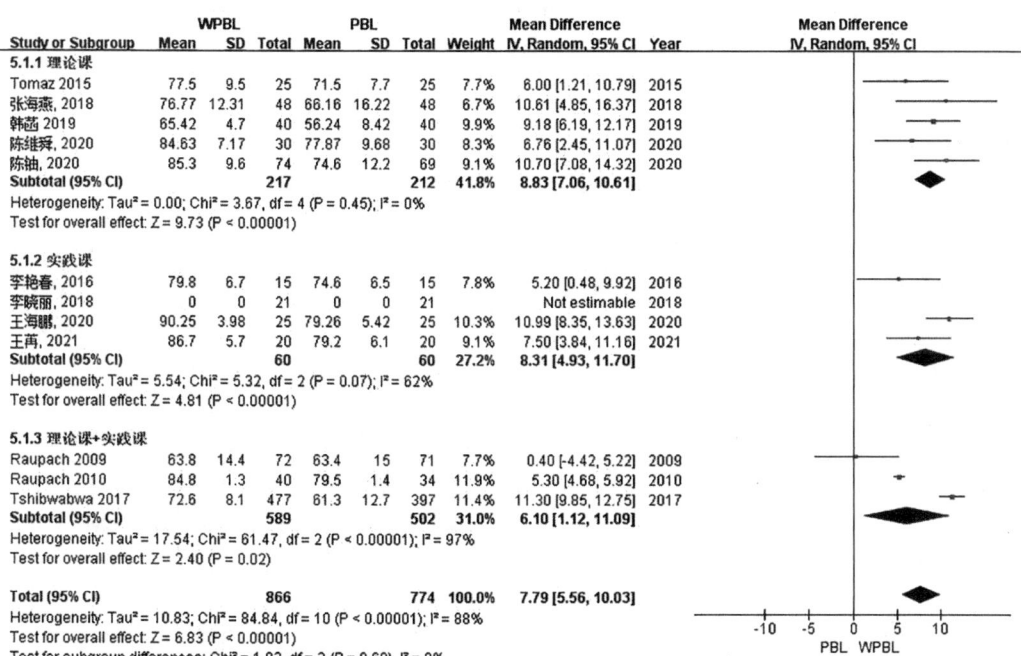

CI=可信区间，SD=标准差，Mean Difference(MD)=实验组均值与对照组均值之差。

图6 不同教学类型理论知识成绩的亚组分析

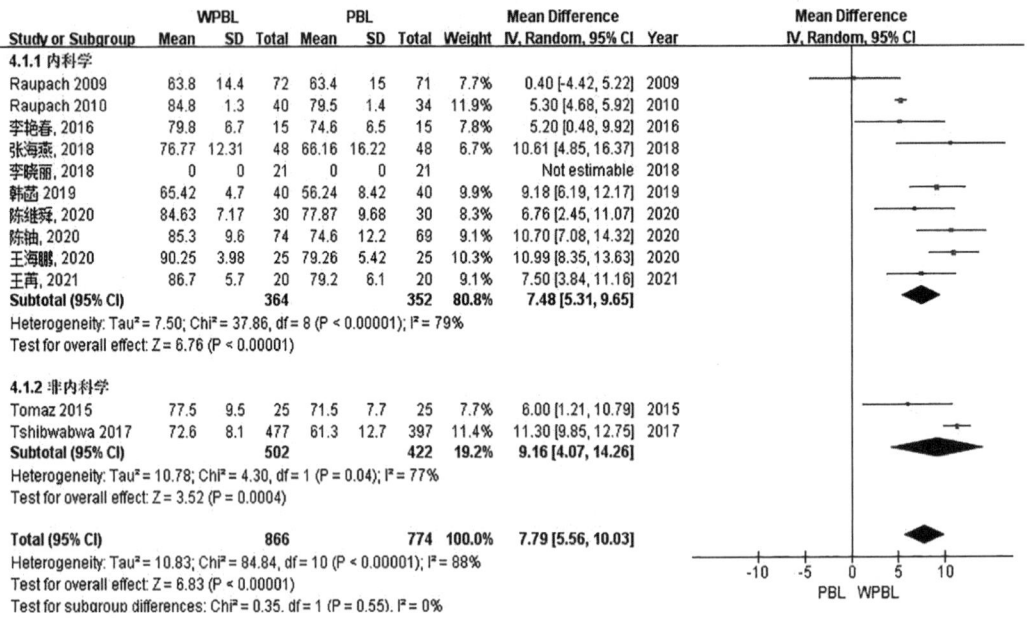

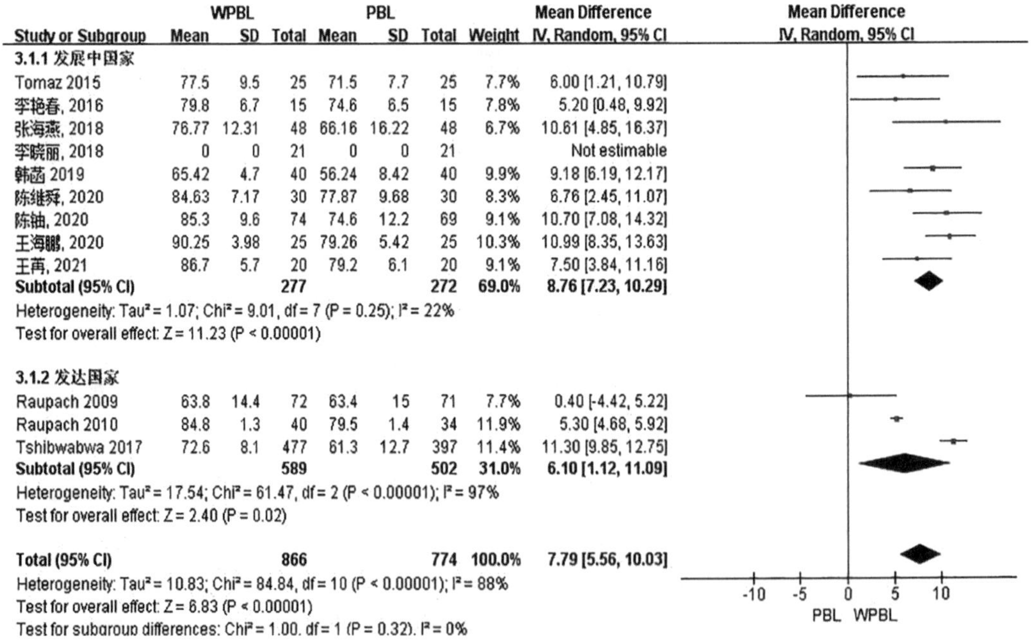

CI＝可信区间，SD＝标准差，Mean Difference(MD)＝实验组均值与对照组均值之差。

图 7　不同科目理论知识成绩的亚组分析

CI＝可信区间，SD＝标准差，Mean Difference(MD)＝实验组均值与对照组均值之差。

图 8　不同发展水平国家理论知识成绩的亚组分析

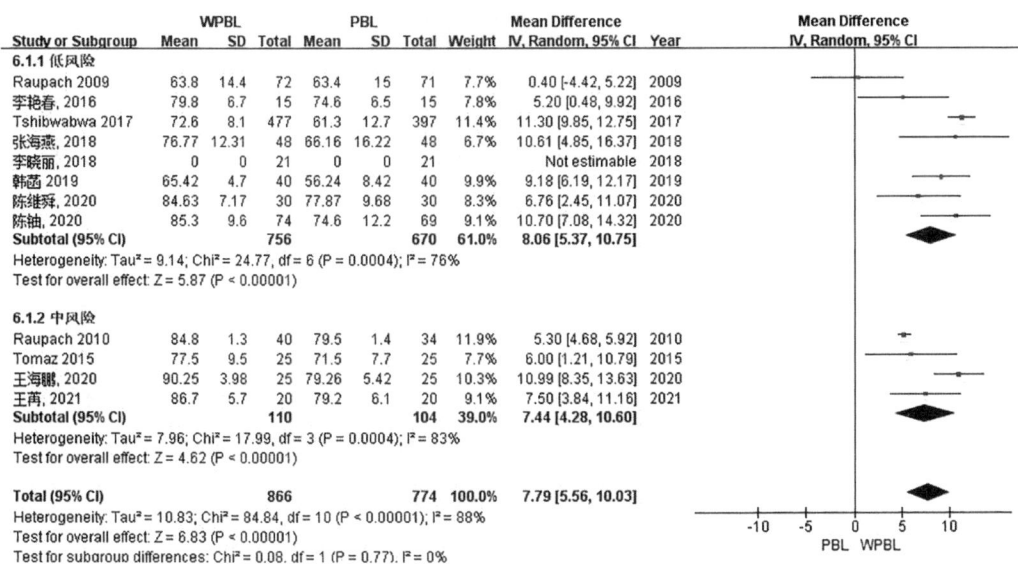

Study or Subgroup	WPBL Mean	WPBL SD	WPBL Total	PBL Mean	PBL SD	PBL Total	Weight	Mean Difference IV, Random, 95% CI	Year
6.1.1 低风险									
Raupach 2009	63.8	14.4	72	63.4	15	71	7.7%	0.40 [-4.42, 5.22]	2009
李艳春, 2016	79.8	6.7	15	74.6	6.5	15	7.8%	5.20 [0.48, 9.92]	2016
Tshibwabwa 2017	72.6	8.1	477	61.3	12.7	397	11.4%	11.30 [9.85, 12.75]	2017
张海燕, 2018	76.77	12.31	48	66.16	16.22	48	6.7%	10.61 [4.85, 16.37]	2018
李晓丽, 2018	0	0	21	0	0	21		Not estimable	2018
韩茵 2019	65.42	4.7	40	56.24	8.42	40	9.9%	9.18 [6.19, 12.17]	2019
陈继舜, 2020	84.63	7.17	30	77.87	9.68	30	8.3%	6.76 [2.45, 11.07]	2020
陈轴, 2020	85.3	9.6	74	74.6	12.2	69	9.1%	10.70 [7.08, 14.32]	2020
Subtotal (95% CI)			**756**			**670**	**61.0%**	**8.06 [5.37, 10.75]**	
Heterogeneity: Tau² = 9.14; Chi² = 24.77, df = 6 (P = 0.0004); I² = 76%									
Test for overall effect: Z = 5.87 (P < 0.00001)									
6.1.2 中风险									
Raupach 2010	84.8	1.3	40	79.5	1.4	34	11.9%	5.30 [4.68, 5.92]	2010
Tomaz 2015	77.5	9.5	25	71.5	7.7	25	7.7%	6.00 [1.21, 10.79]	2015
王海鹏, 2020	90.25	3.98	25	79.26	5.42	25	10.3%	10.99 [8.35, 13.63]	2020
王苒, 2021	86.7	5.7	20	79.2	6.1	20	9.1%	7.50 [3.84, 11.16]	2021
Subtotal (95% CI)			**110**			**104**	**39.0%**	**7.44 [4.28, 10.60]**	
Heterogeneity: Tau² = 7.96; Chi² = 17.99, df = 3 (P = 0.0004); I² = 83%									
Test for overall effect: Z = 4.62 (P < 0.00001)									
Total (95% CI)			**866**			**774**	**100.0%**	**7.79 [5.56, 10.03]**	
Heterogeneity: Tau² = 10.83; Chi² = 84.84, df = 10 (P < 0.00001); I² = 88%									
Test for overall effect: Z = 6.83 (P < 0.00001)									
Test for subgroup differences: Chi² = 0.08, df = 1 (P = 0.77), I² = 0%									

CI=可信区间，SD=标准差，Mean Difference(MD)=实验组均值与对照组均值之差。

图 9　不同风险的纳入研究理论知识成绩的亚组分析

(2)临床实践。临床实践成绩的荟萃分析共纳入 5 项研究[17,18,21,24,26]。WPBL 组 249 人，PBL 组 243 人。荟萃分析结果显示，与 PBL 组相比，WPBL 组临床实践成绩提高 1.59 分(95%CI：0.62，2.56，见图 10)。然而，异质性检验结果显示各研究间异质性显著(P<0.00001，I2=96%)，进一步行亚组分析显示，异质性可能来源于教学类型与(或)国家发展水平(见图 11 至图 15)，实际上，由于纳入研究相当有限，不同教学类型与不同国家发展水平这两项亚组分析的纳入研究与研究分组完全相同。表 2 显示，家庭医生的临床实践成绩高于本科生，非内科学的临床实践成绩高于内科学，中偏倚风险纳入研究的临床实践成绩高于低风险纳入研究，各项差异均具有统计学意义(P=0.02<0.05)。

Study or Subgroup	WPBL Mean	WPBL SD	WPBL Total	PBL Mean	PBL SD	PBL Total	Weight	Mean Difference IV, Random, 95% CI
Raupach 2009	4.17	1.83	72	3.33	2	71	19.8%	0.84 [0.21, 1.47]
Raupach 2010	0	0	40	0	0	34		Not estimable
Tomaz 2015	8.7	0.92	25	5.66	2.59	25	17.1%	3.04 [1.96, 4.12]
李艳春, 2016	0	0	15	0	0	15		Not estimable
Tshibwabwa 2017	0	0	477	0	0	397		Not estimable
张海燕, 2018	8.21	0.44	48	5.43	1.31	48	20.9%	2.78 [2.39, 3.17]
李晓丽, 2018	0	0	21	0	0	21		Not estimable
韩茵 2019	0	0	40	0	0	40		Not estimable
陈继舜, 2020	8.89	0.6	30	7.95	0.87	30	20.9%	0.94 [0.56, 1.32]
陈轴, 2020	8.83	0.88	74	8.24	0.8	69	21.3%	0.59 [0.31, 0.87]
王海鹏, 2020	0	0	25	0	0	25		Not estimable
王苒, 2021	0	0	20	0	0	20		Not estimable
Total (95% CI)			**249**			**243**	**100.0%**	**1.59 [0.62, 2.56]**
Heterogeneity: Tau² = 1.13; Chi² = 95.71, df = 4 (P < 0.00001); I² = 96%								
Test for overall effect: Z = 3.21 (P = 0.001)								

CI=可信区间，SD=标准差，Mean Difference(MD)=实验组均值与对照组均值之差。

图 10　临床实践成绩的森林图

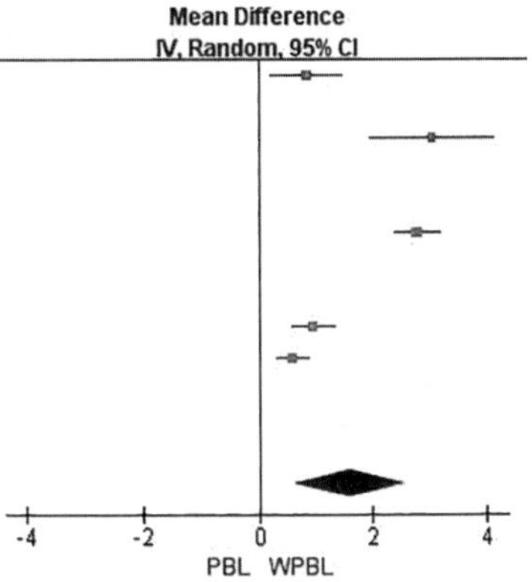

Study or Subgroup	WPBL Mean	WPBL SD	WPBL Total	PBL Mean	PBL SD	PBL Total	Weight	Mean Difference IV, Random, 95% CI	Year
2.1.1 本科生									
Raupach 2009	4.17	1.83	72	3.33	2	71	19.8%	0.84 [0.21, 1.47]	2009
Raupach 2010	0	0	40	0	0	34		Not estimable	2010
李艳春, 2016	0	0	15	0	0	15		Not estimable	2016
Tshibwabwa 2017	0	0	477	0	0	397		Not estimable	2017
张海燕, 2018	8.21	0.44	48	5.43	1.31	48	20.9%	2.78 [2.39, 3.17]	2018
李晓丽, 2018	0	0	21	0	0	21		Not estimable	2018
韩菡 2019	0	0	40	0	0	40		Not estimable	2019
陈继舜, 2020	8.89	0.6	30	7.95	0.87	30	20.9%	0.94 [0.56, 1.32]	2020
陈铀, 2020	8.83	0.88	74	8.24	0.8	69	21.3%	0.59 [0.31, 0.87]	2020
王苒, 2021	0	0	20	0	0	20		Not estimable	2021
Subtotal (95% CI)			**224**			**218**	**82.9%**	**1.29 [0.26, 2.32]**	
Heterogeneity: $Tau^2 = 1.07$; $Chi^2 = 84.65$, df = 3 (P < 0.00001); $I^2 = 96\%$									
Test for overall effect: Z = 2.44 (P = 0.01)									
2.1.2 家庭医生									
Tomaz 2015	8.7	0.92	25	5.66	2.59	25	17.1%	3.04 [1.96, 4.12]	2015
Subtotal (95% CI)			**25**			**25**	**17.1%**	**3.04 [1.96, 4.12]**	
Heterogeneity: Not applicable									
Test for overall effect: Z = 5.53 (P < 0.00001)									
2.1.3 规培生									
王海鹏, 2020	0	0	25	0	0	25		Not estimable	2020
Subtotal (95% CI)			**0**			**0**		**Not estimable**	
Heterogeneity: Not applicable									
Test for overall effect: Not applicable									
Total (95% CI)			**249**			**243**	**100.0%**	**1.59 [0.62, 2.56]**	
Heterogeneity: $Tau^2 = 1.13$; $Chi^2 = 95.71$, df = 4 (P < 0.00001); $I^2 = 96\%$									
Test for overall effect: Z = 3.21 (P = 0.001)									
Test for subgroup differences: $Chi^2 = 5.27$, df = 1 (P = 0.02), $I^2 = 81.0\%$									

CI＝可信区间，SD＝标准差，Mean Difference（MD）＝实验组均值与对照组均值之差。

图 11　不同身份临床实践成绩的亚组分析

Study or Subgroup	WPBL Mean	WPBL SD	WPBL Total	PBL Mean	PBL SD	PBL Total	Weight	Mean Difference IV, Random, 95% CI	Year
5.1.1 理论课									
Tomaz 2015	8.7	0.92	25	5.66	2.59	25	17.1%	3.04 [1.96, 4.12]	2015
张海燕, 2018	8.21	0.44	48	5.43	1.31	48	20.9%	2.78 [2.39, 3.17]	2018
韩菡 2019	0	0	40	0	0	40		Not estimable	2019
陈继舜, 2020	8.89	0.6	30	7.95	0.87	30	20.9%	0.94 [0.56, 1.32]	2020
陈铀, 2020	8.83	0.88	74	8.24	0.8	69	21.3%	0.59 [0.31, 0.87]	2020
Subtotal (95% CI)			**177**			**172**	**80.2%**	**1.78 [0.62, 2.95]**	
Heterogeneity: $Tau^2 = 1.32$; $Chi^2 = 94.02$, df = 3 (P < 0.00001); $I^2 = 97\%$									
Test for overall effect: Z = 3.00 (P = 0.003)									
5.1.2 实践课									
李艳春, 2016	0	0	15	0	0	15		Not estimable	2016
李晓丽, 2018	0	0	21	0	0	21		Not estimable	2018
王海鹏, 2020	0	0	25	0	0	25		Not estimable	2020
王苒, 2021	0	0	20	0	0	20		Not estimable	2021
Subtotal (95% CI)			**0**			**0**		**Not estimable**	
Heterogeneity: Not applicable									
Test for overall effect: Not applicable									
5.1.3 理论课+实践课									
Raupach 2009	4.17	1.83	72	3.33	2	71	19.8%	0.84 [0.21, 1.47]	2009
Raupach 2010	0	0	40	0	0	34		Not estimable	2010
Tshibwabwa 2017	0	0	477	0	0	397		Not estimable	2017
Subtotal (95% CI)			**72**			**71**	**19.8%**	**0.84 [0.21, 1.47]**	
Heterogeneity: Not applicable									
Test for overall effect: Z = 2.62 (P = 0.009)									
Total (95% CI)			**249**			**243**	**100.0%**	**1.59 [0.62, 2.56]**	
Heterogeneity: $Tau^2 = 1.13$; $Chi^2 = 95.71$, df = 4 (P < 0.00001); $I^2 = 96\%$									
Test for overall effect: Z = 3.21 (P = 0.001)									
Test for subgroup differences: $Chi^2 = 1.95$, df = 1 (P = 0.16), $I^2 = 48.6\%$									

CI＝可信区间，SD＝标准差，Mean Difference（MD）＝实验组均值与对照组均值之差。

图 12　不同教学类型临床实践成绩的亚组分析

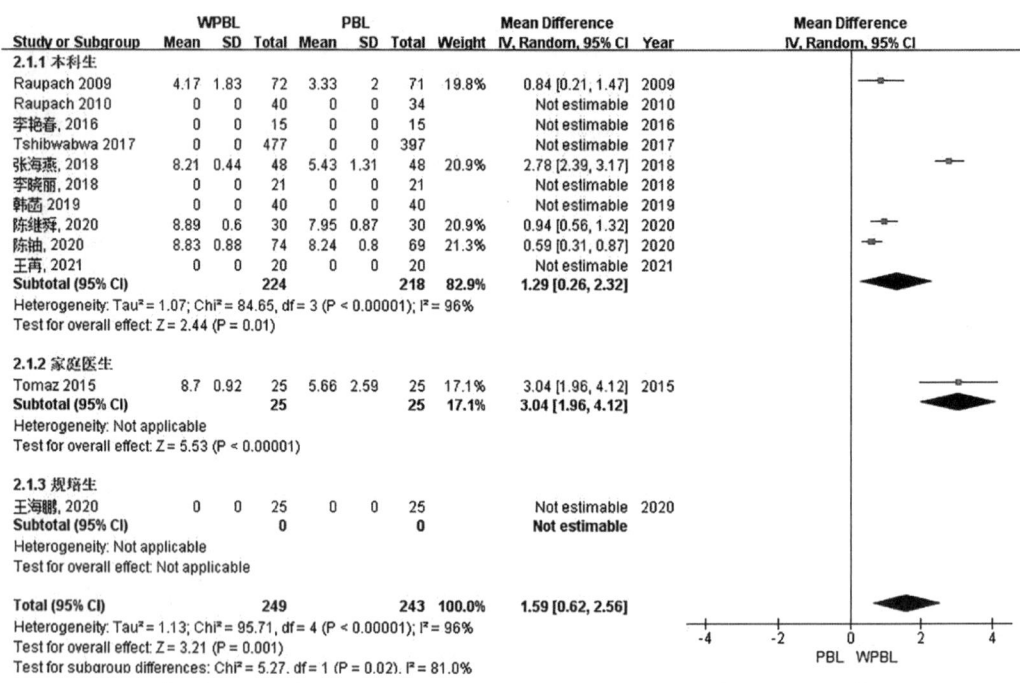

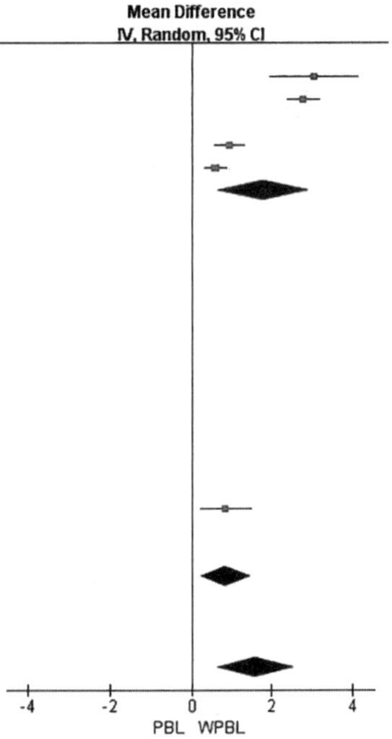

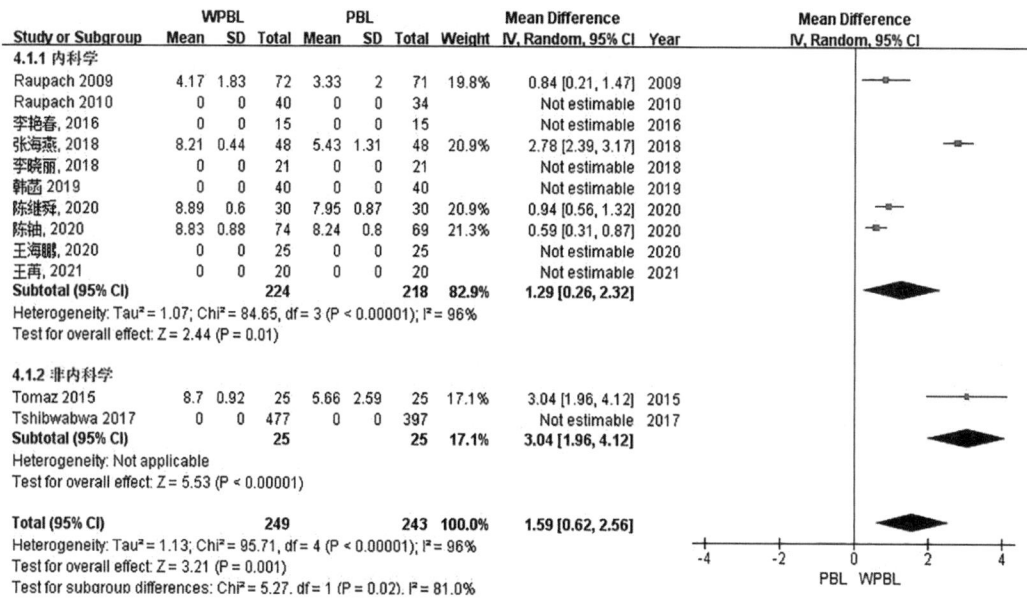

Study or Subgroup	WPBL Mean	WPBL SD	WPBL Total	PBL Mean	PBL SD	PBL Total	Weight	Mean Difference IV, Random, 95% CI	Year
4.1.1 内科学									
Raupach 2009	4.17	1.83	72	3.33	2	71	19.8%	0.84 [0.21, 1.47]	2009
Raupach 2010	0	0	40	0	0	34		Not estimable	2010
李艳春, 2016	0	0	15	0	0	15		Not estimable	2016
张海燕, 2018	8.21	0.44	48	5.43	1.31	48	20.9%	2.78 [2.39, 3.17]	2018
李晓丽, 2018	0	0	21	0	0	21		Not estimable	2018
韩菡 2019	0	0	40	0	0	40		Not estimable	2019
陈维舜, 2020	8.89	0.6	30	7.95	0.87	30	20.9%	0.94 [0.56, 1.32]	2020
陈柚, 2020	8.83	0.88	74	8.24	0.8	69	21.3%	0.59 [0.31, 0.87]	2020
王海鹏, 2020	0	0	25	0	0	25		Not estimable	2020
王苒, 2021	0	0	20	0	0	20		Not estimable	2021
Subtotal (95% CI)			**224**			**218**	**82.9%**	**1.29 [0.26, 2.32]**	
Heterogeneity: $Tau^2 = 1.07$; $Chi^2 = 84.65$, df = 3 ($P < 0.00001$); $I^2 = 96\%$									
Test for overall effect: Z = 2.44 (P = 0.01)									
4.1.2 非内科学									
Tomaz 2015	8.7	0.92	25	5.66	2.59	25	17.1%	3.04 [1.96, 4.12]	2015
Tshibwabwa 2017	0	0	477	0	0	397		Not estimable	2017
Subtotal (95% CI)			**25**			**25**	**17.1%**	**3.04 [1.96, 4.12]**	
Heterogeneity: Not applicable									
Test for overall effect: Z = 5.53 ($P < 0.00001$)									
Total (95% CI)			**249**			**243**	**100.0%**	**1.59 [0.62, 2.56]**	
Heterogeneity: $Tau^2 = 1.13$; $Chi^2 = 95.71$, df = 4 ($P < 0.00001$); $I^2 = 96\%$									
Test for overall effect: Z = 3.21 (P = 0.001)									
Test for subgroup differences: $Chi^2 = 5.27$, df = 1 (P = 0.02), $I^2 = 81.0\%$									

CI＝可信区间，SD＝标准差，Mean Difference(MD)＝实验组均值与对照组均值之差。

图 13　不同科目临床实践成绩的亚组分析

Study or Subgroup	WPBL Mean	WPBL SD	WPBL Total	PBL Mean	PBL SD	PBL Total	Weight	Mean Difference IV, Random, 95% CI
3.1.1 发展中国家								
Tomaz 2015	8.7	0.92	25	5.66	2.59	25	17.1%	3.04 [1.96, 4.12]
李艳春, 2016	0	0	15	0	0	15		Not estimable
张海燕, 2018	8.21	0.44	48	5.43	1.31	48	20.9%	2.78 [2.39, 3.17]
李晓丽, 2018	0	0	21	0	0	21		Not estimable
韩菡 2019	0	0	40	0	0	40		Not estimable
陈维舜, 2020	8.89	0.6	30	7.95	0.87	30	20.9%	0.94 [0.56, 1.32]
陈柚, 2020	8.83	0.88	74	8.24	0.8	69	21.3%	0.59 [0.31, 0.87]
王海鹏, 2020	0	0	25	0	0	25		Not estimable
王苒, 2021	0	0	20	0	0	20		Not estimable
Subtotal (95% CI)			**177**			**172**	**80.2%**	**1.78 [0.62, 2.95]**
Heterogeneity: $Tau^2 = 1.32$; $Chi^2 = 94.02$, df = 3 ($P < 0.00001$); $I^2 = 97\%$								
Test for overall effect: Z = 3.00 (P = 0.003)								
3.1.2 发达国家								
Raupach 2009	4.17	1.83	72	3.33	2	71	19.8%	0.84 [0.21, 1.47]
Raupach 2010	0	0	40	0	0	34		Not estimable
Tshibwabwa 2017	0	0	477	0	0	397		Not estimable
Subtotal (95% CI)			**72**			**71**	**19.8%**	**0.84 [0.21, 1.47]**
Heterogeneity: Not applicable								
Test for overall effect: Z = 2.62 (P = 0.009)								
Total (95% CI)			**249**			**243**	**100.0%**	**1.59 [0.62, 2.56]**
Heterogeneity: $Tau^2 = 1.13$; $Chi^2 = 95.71$, df = 4 ($P < 0.00001$); $I^2 = 96\%$								
Test for overall effect: Z = 3.21 (P = 0.001)								
Test for subgroup differences: $Chi^2 = 1.95$, df = 1 (P = 0.16), $I^2 = 48.6\%$								

CI＝可信区间，SD＝标准差，Mean Difference(MD)＝实验组均值与对照组均值之差。

图 14　不同发展水平国家临床实践成绩的亚组分析

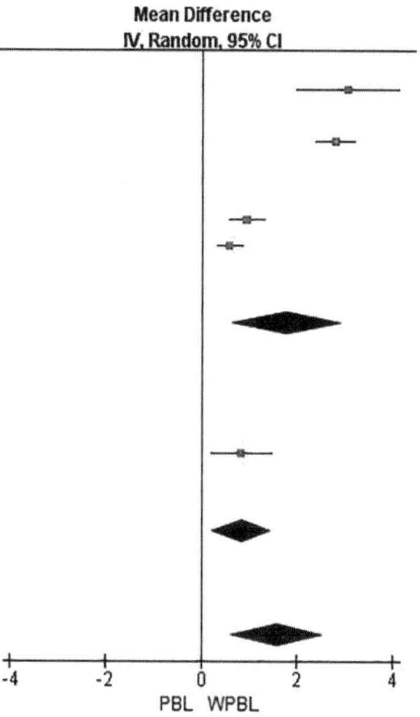

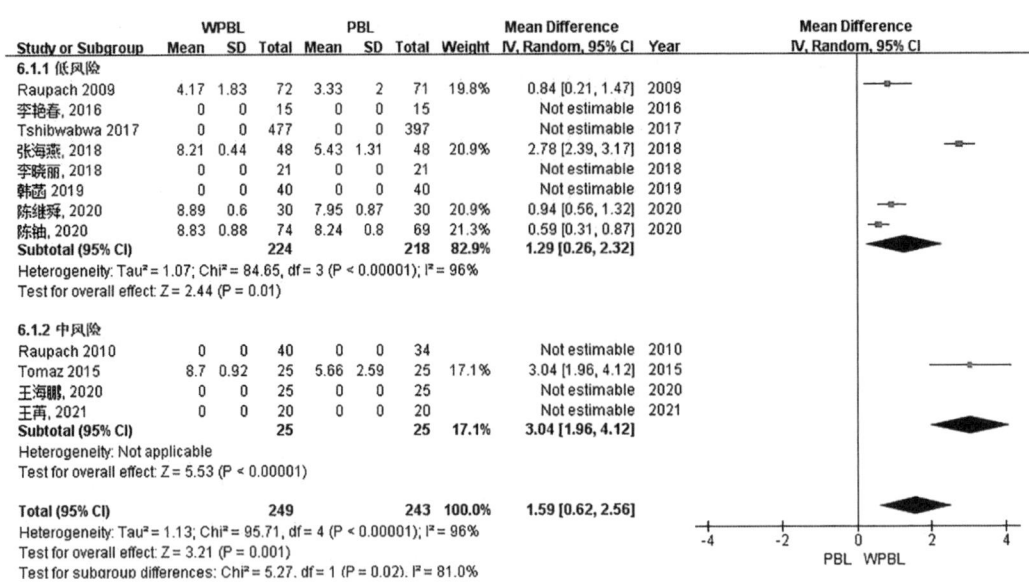

图 15　不同偏倚风险的纳入研究的亚组分析

CI＝可信区间，SD＝标准差，Mean Difference(MD)＝实验组均值与对照组均值之差。

(3)分析能力。分析能力的荟萃分析共纳入 4 项研究[17,20,22,23]，偏倚风险评估均为低风险，研究对象全部为来自发展中国家的本科生，教学科目均为内科学。WPBL 组 150 人，PBL 组 145 人。荟萃分析结果显示，与 PBL 组相比，WPBL 组分析能力提高 0.46 分 (95%CI：0.17，0.75，见图 16)。然而，异质性检验结果显示各研究间异质性显著(P = 0.002<0.1，I2 = 80%)，进一步行亚组分析显示，异质性来源于教学类型(见图 17)。其中，实践课教学类型下，WPBL 组的分析能力相较于 PBL 组提高了 0.54 分(95%CI：0.23，0.85)，无异质性(P = 0.34>0.1，I2 = 0%)。而理论课教学类型下的分析结果无统计学意义(合并效应值检验 P = 0.07>0.05)。

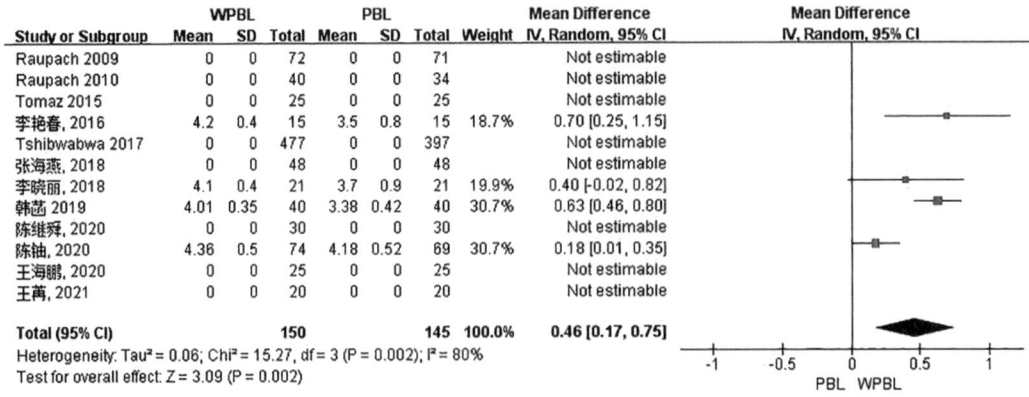

CI＝可信区间，SD＝标准差，Mean Difference(MD)＝实验组均值与对照组均值之差。

图 16　分析能力的森林图

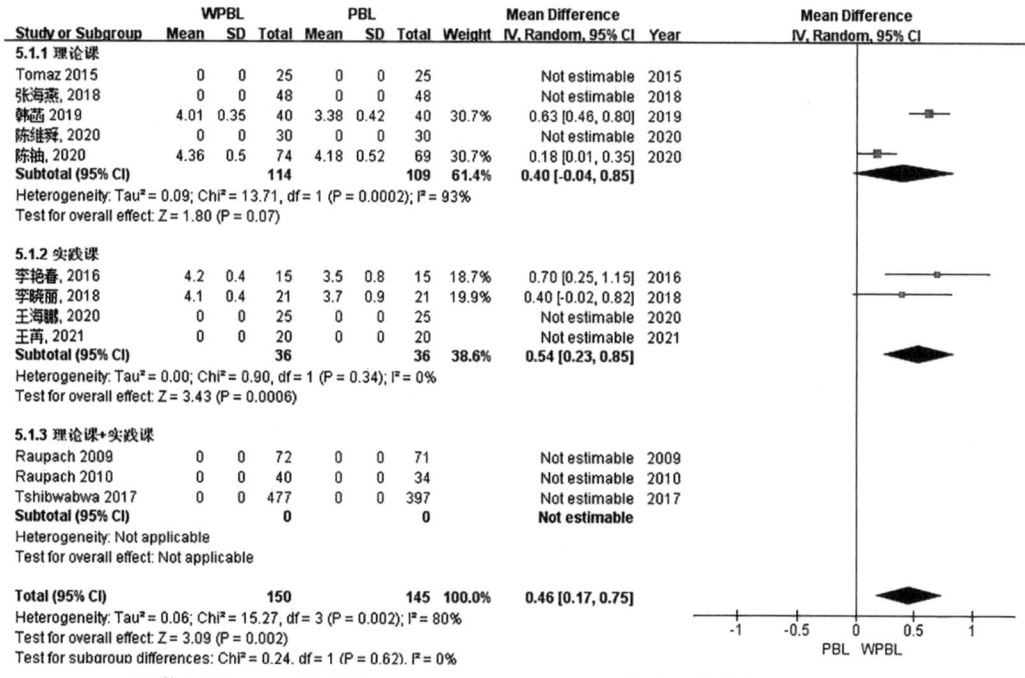

CI＝可信区间，SD＝标准差，Mean Difference(MD)＝实验组均值与对照组均值之差。

图 17　不同教学类型临床实践成绩的亚组分析

四、讨论

通过观察检索结果，可以发现在应用 WPBL 教学法的临床医学教育教学中，采用完全随机对照双盲的实验研究数量较少，且仍有一部分研究仅仅提及随机分组，并未说明实施分组的具体方法，因此得到的结果指标易受到干扰因素的影响，会产生一定的误差。本研究对纳入的 12 项进行发表行偏倚评估，发现各项研究可能存在的发表偏倚均较小，因此最终纳入 12 篇相关文献进行荟萃分析，从而获得了较为稳定的荟萃分析结果，对将来制定适合学生的 WPBL 教学法有参考价值，也对促进我国临床医学教育具有一定的现实意义。

本研究纳入的 12 篇文献中，各研究之间的得分存在一定的异质性，可能由以下因素引起：首先，纳入研究的学习者主要是本科生、研究生和家庭医生，他们对考核内容的相关基础知识水平可能存在差异。其次，纳入研究的学习者来自不同国家、不同大学，教育水平不同，实施 WPBL 和 PBL 教学法的课时与频率也不统一。然后，各研究之间的考核方式也存在差异，包括不同的试卷题型和问卷内容。最后，除了教师的教学行为，学生的学习习惯也很难保持一致。

除了显著的异质性之外，本研究存在以下不足和限制条件：一是近五年，实施并汇报 WPBL 和 PBL 教学法在临床医学专业中的研究数量较少，且基本集中于中国，并且在省市分布上不均匀。二是考虑到本研究无法包括全部临床课程，而且临床医学专业各阶段学习特点不尽相同，高年级承担的临床工作量也大于低年级学生，无法评估 WPBL 教学法是否在整个教学过程中都优于 PBL 教学法。三是本研究纳入文献的发表年份跨度达 12 年（最早发表于 2009 年，最新发表于 2021 年），由于现代医学的飞速发展和多媒体技术的成熟化应用，不同时空下 WPBL 教学法中网络的参与度与师生使用的熟练度可能会对最终教学成果产生影响。

五、结论

本研究荟萃分析结果表明：与 PBL 教学法相比，WPBL 教学法能够提高学习者对临床医学专业相关课程知识的掌握程度和临床实际操作水平，同时增加学习者的自主分析能力。这不仅证实了 WPBL 教学法是培养高素质医学人才的有效途径，更为探索嵌合教学法的临床医学教学改革提供了抓手。

总之，未来需要进一步规范各大医学院高校间 WPBL 教学法的具体实施路径和精细化设计，完善新兴教学设备，建设配备多样化教学资源的网络大平台，促进高校间的资源互通与教学经验交流，进一步培训与提高教师网络的参与度与使用熟练度，从而发挥 WPBL 教学法的最大优势，为现代医学源源不断地输送高素质人才。

作者贡献：概念化：孙楚凡；数据整理：陈元乐，郑琳琳；形式分析：陈元乐，郑琳琳，孙楚凡；方法学：孙楚凡，陈元乐，郑琳琳；资源：郑琳琳，陈元乐，孙楚凡；软件：孙楚凡，陈元乐，郑琳琳；监督：陈元乐，郑琳琳，孙楚凡；验证：孙楚凡，陈元乐，郑琳琳；可视化：孙楚凡，陈元乐，郑琳琳；写作：孙楚凡，陈元乐，郑琳琳

◎ 参考文献

[1] Neville A, Norman G, White R. McMaster at 50: lessons learned from five decades of PBL [J]. Adv Health Sci Educ Theory Pract, 2019, 24(5): 853-863.

[2] 黄山，聂磊，李晓非. PBL 教学法在国内医学临床教学中的应用进展[J]. 检验医学与临床, 2020, 17(16): 2413-2415.

[3] Ginzburg S B, Deutsch S, Bellissimo J, et al. Integration of leadership training into a problem/case-based learning program for first- and second-year medical students[J]. Adv Med Educ Pract, 2018(9): 221-226.

[4] 中华人民共和国教育部. 教育信息化 2.0 行动计划[J]. 西部素质教育, 2018, 4(10): 123.

[5] 魏东海，吴他凡，马宁芳，等. 网络式 PBL 教学模式(W-PBL)在医学教育中的应用[J]. 高教探索, 2014(4): 75-78.

[6] 潘爱华，陈璐，蒋莹，等. 以问题为基础学习教学方法在八年制临床医学专业人体解剖学教学中的实践与思考[J]. 中华医学教育杂志, 2007(3): 57-59.

[7] 王伟群,齐亚灵,杨利敏,等.网络环境下基于问题学习教学模式在生理学教学中的应用[J].中国高等医学教育,2010(8):13-14.

[8] 齐亚灵,陈立强,杨利敏,等.WPBL教学法在神经内科教学实践中的应用[J].中国高等医学教育,2015(11):95-96.

[9] 金麟毅,骆晓峰,高俊涛,等.在生理学教学中应用WPBL教学法的效果分析[J].当代医药论丛,2015,13(20):177-178.

[10] 齐亚灵,王淑秋,李娟,等.WPBL教学法在循环内科教学中的应用研究[J].中国高等医学教育,2015(3):95-96.

[11] 刘燕,孙涛,杨小军,等.WPBL教学模式在医学生理学教学中的应用[J].黔南民族医专学报,2021,34(3):222-224.

[12] 李杰辉,葛斌,唐乾利,等.WPBL教学法在外科学教学中的应用[J].右江民族医学院学报,2018,40(2):195-198.

[13] 张华,张燕,曹永军,等.基于网络的PBL在"基础护理学"课程中的应用效果[J].中华医学教育探索杂志,2017,16(5):516-521.

[14] 何锦泉,欧阳可雄,朴正国,等.网络PBL教学模式在口腔颌面外科教学中的应用探讨[J].课程教育研究,2013(21):7-8.

[15] Tshibwabwa E, Mallin R, Fraser M, et al. An Integrated Interactive-Spaced Education Radiology Curriculum for Preclinical Students[J]. J Clin Imaging Sci, 2017, 7: 22.

[16] 王苒,王红,徐爱晖.WPBL教学模式在呼吸内科临床教学中的应用[J].承德医学院学报,2021,38(1):73-75.

[17] 陈铀,马依彤,王艳,等.依托胸痛中心的胸痛整合型WPBL课程教学效果初探[J].中国高等医学教育,2020(11):108-109.

[18] 陈继舜,邬闻文,方翔,等.基于网络的PBL嵌合LBL在心血管内科临床教学中的应用[J].湖北医药学院学报,2020,39(2):199-204.

[19] 王海鹏,戴允浪,祁加俊.探讨WPBL教学模式在心内科临床教学中的应用效果[J].中国继续医学教育,2020,12(17):43-45.

[20] 韩菡.PBL教学模式和WPBL教学模式在心内科临床教学中的实施效果对比[J].中国卫生产业,2019,16(14):142-143.

[21] 张海燕,林岩,姚立杰,等.WPBL教学在呼吸系统整合课中的应用效果[J].中华医学教育探索杂志,2018,17(5):497-500.

[22] 李晓丽,王洪江,杨新春.WPBL教学模式在心内科临床教学中的应用[J].中国病案,2018,19(1):75-77.

[23] 李艳春,张新,黄静,等.WPBL教学模式在肾内科临床见习中的应用[J].中国病案,2016,17(11):77-80.

[24] Tomaz J B, Mamede S, Filho J M, et al. Effectiveness of an online Problem-Based learning curriculum for training family medical doctors in Brazil[J]. Educ Health (Abingdon), 2015, 28(3): 187-193.

[25] Raupach T, Münscher C, Pukrop T, et al. Significant increase in factual knowledge with

web-assisted problem-based learning as part of an undergraduate cardio-respiratory curriculum[J]. Adv Health Sci Educ Theory Pract, 2010, 15(3): 349-356.

[26] Raupach T, Muenscher C, Anders S, et al. Web-based collaborative training of clinical reasoning: a randomized trial[J]. Med Teach, 2009, 31(9): e431-e437.

小班课堂的认知环境、认知目标与认知规范初探

朱昭彰

(武汉大学 哲学学院,湖北 武汉 430072)

【摘 要】从大班教学为主到大班与小班教学相结合的方式是目前高等教育改革的焦点之一,但小班课堂作为一个特殊的认知共同体仍然存在一些待厘清的问题。本文旨在结合当代社会知识论的视角,对小班课堂教学中所处认知环境与独特的认知目标进行哲学分析。其中,小班课堂的认知环境是一种局域性的非理想认知环境,且对认知主体的要求更加宽松;而其认知目标应主要关于个体的实践知识而非命题知识的增加,更具体而言,是对发言行动的积极意向性以及对平等认知共同体规则的熟悉。最后,本文在确立认知环境与目标的基础上,以小班课堂"沉默"现象中的认知不公为例,对小班环境中的认知规范进行讨论,同时也希望藉此为小班课堂的教学实践提供新的思考方向。

【关键词】小班课堂;认知环境;认知目标;认知不公;认知规范

【作者简介】朱昭彰(2003—),男,武汉大学哲学学院本科生,目前主要研究兴趣为分析进路的知识论,心灵哲学与元伦理学。

一、背景与分析方法

近年来,随着国内高校的教学方式和人才培养模式的优化和改革,传统的大班教学即讲授型教学的弊端开始显现,优秀人才的培养呼唤更加深刻的师生交流、更加灵活的课堂设计和更加启发式的课堂思考,而一些过往的研究指出,① 大班教学的模式难以回应这样的呼唤。因此,缩小师生规模的小班教学即参与型教学开始在高校的教育实践中不断铺开。以武汉大学为例,不仅是大二开始的进阶专业课程如此,许多大一上的入门专业课程乃至公共课程都已经开始实施小班教学模式或大班讲学与小班研讨混合的教学模式。

然而,小班教学改革也带来了小班课堂(或称研讨课,Seminar)这一个特殊的环境。在这样的环境中,学生参与程度的提高以及教师主导程度的降低等等教学实践的改革会带来一些新的问题。在陆一等人在做的一次关于小班课堂研讨的调查中亦显示:② 有约43%

---

① 蒋士会. 试论高校大班课堂教学的优化[J]. 大学教育科学,2004(01):27-30.
② 陆一,刘敏,冷帝豪. 通识教育核心课程"大班授课、小班研讨"的效果评析[J]. 高等教育研究,2017,38(08):69-78.

的学生认为少数同学过于积极，发言机会不均；也有约35%的学生认为无法理解同学的观点。所以，作为教学改革的先锋，小班课堂仍然具有认知实践上的弊病需要解决。

在过往对该问题的研究中，由于研究方法和研究学科的因素，研究者们通常都是在量化研究或者质性研究的社会科学范式下、通过统计或者访谈的方法对实际情况进行研究，而缺乏一些规范性层面的理论思考。所以，本文的目的并非是在一个事实证据的空间对"是什么样"与"为什么现实是这样"的描述性问题开展讨论，而是在一个理由的空间①中对"为什么不应该是这样"的规范性问题开展讨论。正如戈德堡（Sanford C. Goldberg）提出的：虽然社会知识论的任务之一是列举和描述这些社会中的认识实践（Socio-Epistemic Practice），以及在这些实践之中一个认知主体对其它的认知主体设置的期望和规范。但仅停留在描述层面是不够的，社会知识论的核心任务在于以"是否在形成真信念和知识起到积极作用"为标准，对这些被描述的规范予以评估。② 而这一核心任务也是本文主要的研究目的和分析方法，即：通过概念分析的方法，对小班课堂这一非理想且局限的环境中的认知目标予以识别和评估。同时也希望通过本文引起各个领域的研究者们对这一问题做出更进一步的细致的研究，为一些具体的描述性问题提供更加经验解决进路。

二、小班课堂的非理想认知环境

上一部分已经提到了一些小班课堂的特殊性质，譬如人数较少、以学生发言作为课堂主体等。接下来，将从知识论的角度对小班课堂的特殊性质做出进一步的分析，以此说明：对小班课堂的认知义务的讨论首先需要在一种非理想的认知环境中展开，同时它也是不同于其它严格的认知环境的一种局域性的（localized）、宽松的认知环境。在这样的局域环境中，作为认知主体的学生所持有的信念是否为真这一问题的容忍度较高，且持有错误的信念的主体应当负有的道德责任较低，且非信念的实践知识在其中有更加重要的地位。

对于小班课堂的特殊认知环境，需要先讨论一种更加普遍的、非理想的认知环境，以及它为何需要被纳入讨论之中，接下来才能在此基础上提出小班课堂是非理想环境中的一种特殊的局限情形。

弗里克在《认知不公：权力与知之伦理》（下文简称《认知不公》）中对非理想的认知环境做出了开创性的描述，她认为：我们的认知环境首先不是传统分析进路知识论学者设想的那样，是一个理想化的、纯净的认识环境，③ 在其中，认知主体被认为是足够理性的，对世界的把握是命题式的，知识论理论所做的规范性评价也主要着眼于对"单个信念"的评价。而弗里克想要做的，是打破这样的理想环境进入非理想的状况下，引入主体、主体

---

① 对于 Space of Reason 这个概念，麦克道威尔做出了很多论述，这里仅仅是做一个概念的挪用，更多可以参见：McDowell, John. *Mind and World* [M]. Cambridge: Harvard University Press, 1994.

② Goldberg, Sanford C., 'Social Epistemology, Descriptive and Normative', *Foundations and Applications of Social Epistemology: Collected Essays* [C] (Oxford, 2021; online edn, Oxford Academic, 21 Oct. 2021), pp.23-24.

③ 潘磊. 论分配正义的局限性——基于弗里克"证言不正义"的思考[J]. 伦理学研究, 2021(2): 112-120, 114.

间与群体的视角,将认知主体、信念与知识放置于现实的、非理想的、充满谬误与偏见的认知环境中予以规范性评估。

以关于社会身份的概念(种族、性别、阶级等)为例,弗里克认为①,非理想环境与传统知识论讨论中的理想环境的重要区别在于,这些概念不需要在主客体的信念(belief)层面上持有,因为关于身份的权力(identity power)的运作主要是通过一种基于集体的社会想象(collective social imagination)的社会协作(social alignment)实现的。它的一种形式,弗里克举例就是基于身份的偏见,比如对女性"过于直观、不够理性"的集体概念,而权力的运作则需要权力的两端都共享一种社会想象,从而达成一种协调。但这种想象本身不同于信念,由于可想象性并不被要求与现实世界相符合,所以它是没有被要求为"真(truth)",而是能够在无关主体命题式的信念的条件下,直接影响主体的行动。因此,我们无法将"真"本身的规范性运用于这种想象或者期望(expectation)②上,这使得交往行为中的认知义务问题变得有趣但复杂,一个理想知识理论也需要理解非理想化的、现实的认知环境并对其作出规范。

本文会以她提出的一种非理想的认识环境作为基础,即信念并非我们讨论认知的唯一对象,认知主体、群体、想象、以及其依靠的生理事实与社会事实,都是需要在对认知过程的讨论中需要注意的对象。对于小班课堂乃至其他具体社会的认知环境中,以这种非理想认知环境作为基础都是有必要的。因为社会中的证言知识的交换和个体知识的获取不同,后者主要涉及的是单个认知主体和世界的交互,而前者则涉及多个平等的认知主体,而主体的变化并不仅是事实的变化,它涉及主体的动机、言语实践、社会结构等更为复杂的因素

对于单个信念或者一组融贯的信念来说,用"真"和"假"进行评估是非常清晰的方法。但不同于命题式的信念,想象是很难用真与假去评估的。假使以真理的符合论为基础,我们似乎无法评估也无需评估一个想象是否是"与事实相符合"的,而只可能在是否"合乎某种规范"或者"后果是否有害"这样的维度上去进行评估。

而对于认知者的某能力或品质,我们可以评价其具有"导真性(truth-conductive)"这一认知德性。狭义的导真性意味着该认知能力或品质总是能够追踪真理的,又根据真理的符合论,即通过该能力或品质形成的该信念总能够真实地反映了对应的事实。但倘若对导真性作广义理解,那么它仅仅意味着认知者的能力或品质将"有助于"取得认知成就,诸如整体知识的增加。根据上文对不被要求追踪真理的非命题知识的考虑,我们在这里采用对导真性广义的理解。然而,在非理想的认知环境中,导真性的品质和对于真的要求之间仍然具有概念上和实践上的鸿沟,也就是说,这种"导真性"对认知实践助力可能失效,如欲最终成功,或许需要其它的认知规范,比如认知者可能需要对自己的信心或者开放的心态、健全的认知官能、出于适当的认知环境等。

---

① Fricker, Miranda (2007). *Epistemic Injustice: Power and the Ethics of Knowing* [M]. Oxford University Press., p. 15.

② Spewak Jr, David C.. Conversational Epistemic Injustice: Extending the Insight from Testimonial Injustice to Speech Acts beyond Assertion. Social Epistemology, 2021, 35 (6): 593-607, 597.

然而，弗里克以及之后的社会知识论学者如大卫·斯皮瓦克(David Spewak)指出正是这些个体信念之外的他心或环境因素对认知实践提出了挑战，比如弗里克提出的集体社会想象①可能会带来偏见的行为后果，或者斯皮瓦克引申的人际间交往中站在第二人称视角(Second-Personal Standpoint)上对对方的不合理期望。② 这些因素损害了知识的获得乃至认知者的能力，从而扭曲了我们的认知实践，对主体造成了认知伤害(epistemic harms)。我们会在讨论小班课堂认知规范的部分回到这一点。

正如社会知识论所提出的传统知识论的认知规范的局限一样，对认知者或者信念的规范性目标不应当是齐一的，而应当是灵活的且与社会现状相关的，这样的想法不应当仅仅用于社会知识论对传统知识论的突破，也应当用于社会知识论对自身适用范围的突破，在不同的社会场景中，相应的认知规范也是不同的。对于这一点，其实弗里克已经在《认知不公》中区分了"局域性的(localized)"和"系统性的(systematic)"认知不公，③ 她希望通过这个区分说明，关于某一特定行业中与行业内容相关的偏见(比如科学领域中对某种方法论的偏见)与整个社会存在的系统性偏见(比如对黑人的身份偏见)相比，后者才是认知不公的核心案例，因为虽然两者都有可能对某一个体造成严重的后果，但是后者与社会正义的广泛利益关系更加紧密。

然而，在此笔者虽然会继续延续局域性这一概念，但将不完全采取弗里克的区分方式和论证目标。对于局域性和系统性，弗里克是在身份权力运作的性质(在她所提供的例子中，就是偏见的性质)意义上做出区分的，但这里很可能会面临一个滑坡谬误，即究竟能否可以真正的区分开两种偏见的性质，是否存在能够将一些弗里克认为是局域性的偏见还原到某种系统性的偏见。比如，对某种方法论的偏见是否能够还原到整个社会对某类具有相似思维方式的人的偏见？如若假设现实世界的复杂性，似乎很难在这种问题上做出划界。

所以，在本文中，局域性的认知不公环境，仅仅只是一种对整个社会所具有认知不公环境描述所选出的一个特殊子集，即它不与认知不公的基本特征相冲突，但相较于其它的认知不公环境相比仍然具有其特殊性。而小班课堂就是这样的一个局域性的认知环境，它的局域性或者特殊性在于它存在自己独特的认知目标、亦存在自己独特的对认知者的要求，同样地，也存在某种独特认知实践与认知义务。笔者会在下面对小班课堂具有的特殊目标中将其结合起来展开，从而解释小班课堂的认知环境为何具有某种特殊性。

三、小班课堂的实践认知目标

本节作为本文的讨论重点，将说明小班课堂具有不同于整个认知共同体的特殊认知目

---

① Fricker, Miranda. *Epistemic Injustice: Power and the Ethics of Knowing*[M]. Oxford University Press., 2007: 14.

② Spewak Jr, David C.. Conversational Epistemic Injustice: Extending the Insight from Testimonial Injustice to Speech Acts beyond Assertion. Social Epistemology, 2021, 35 (6): 593-607, 597-600.

③ Fricker, Miranda. *Epistemic Injustice: Power and the Ethics of Knowing*[M]. Oxford University Press., 2007: 26-27.

标，它要求促进个体的非命题的实践知识的提高，同时相对于认知者的导真品质具有相较于其它更严苛的环境而言更加宽松的要求。而这样特殊的目标形成了区别于整体认知共同体对认知规范的评估方式尤其是对实践知识增加的目标以及个体的认知地位上升。

首先，需要对目标中的"个体的知识提高"为何重要做出说明。在这里"个体的知识提高"是与"整体的知识提高"相对的。后者的"整体"是一种朴素而自然的认知目标，即对认知过程和对知识的辩护(justification)作出规范，目的是能够稳定地通过知识的增加来拓展人类的认知边界，同时为人类过往通过各种方式取得的认知成就寻找合理性的依据。在这个认知目标下，作为整体的人类作为认知的主体，成为认知规范的直接目标。同时，这个概念也可以得到适当的拓展，即从人类可以缩小到某个认知共同体，比如学术圈、法律界等。但是，小班课堂乃至广义的课堂的规范都不在此，而是着眼于"个体"这个目标。即，在课堂这个局限的认知环境中，是"个体的知识增加"而非"整体人类知识的增加"作为认知目标。但也并非不取消掉后者，而是将"个人整体的目标"与"整体人类的目标"区分开来。个人整体的目标是认知主体(即学生)在课堂之外(比如工作中、论文投稿中)可能的认知目标，但并不是课堂之内的认知目标。当下的、个体性的认知目标以及认知后果可以为课堂外的整体性认知目标和后果作准备，但就其在那一个特定的小班环境之中的目标而言，个人的知识增加(不论命题知识或实践知识)才是最重要的认知目标。因为我们并不会对仍在学习的学生具有某种"推动人类认知边界"的期望，而是希望它作为个人在当下获得知识的增加。这个规范的约束是重要的，因为这与后文讨论认知不公导致的认知伤害有关。在人际间交流的认知不公中所涉及的认知伤害是个体的，它与一种系统性的认知伤害导致对整体知识的直接影响相区分开来，我们会在对认知不公的分析中作出进一步的解释。

接着对"知识"这个概念进行进一步的区分。本文将知识分为命题知识(propositional knowledge)与非命题的实践知识(practical knowledge)。对于实践知识的描述有几种，在这里将采用赖尔(gilbert ryle)对"知道如何(knowing-how)"和"知道如此(knowing-that)"的区分，① 但并不完全接受他对"知道如何"的细节定义，只取他对二者区分的根本立场，即："知道如何"是一种"做某事"的"能力"，当我们说一个人知道如何做某事的时候，不是在说她知道与之相关的系列命题的真值，而是在说她能够"调控自己的行动"从而"达到某些标准"。② 赖尔的区分旨在说明，人类的认知活动并非都能还原为某些命题知识，如他所描述的"理智主义的神话(the intellectualist legend)"一般，总是先有某些理智思考，再有行动的表现，是理智引发了某些行动；而是认为存在蕴含于行动本身且不可还原为命题知识的"知道如何"。一个有理智的行动就是一种行动，而不是理智知识与行动两种东西并行存在，而如果要获取一项实践知识，其必要条件是通过自我调控(而非运气)取得一次行动的成功。在这里，可以通过两个例子展示对实践知识的两个必要组成部分：

例1：有一位杰出的钢琴家，在后天因为意外失去双手后，即使她熟谙演奏钢琴的各

---

① Ryle, Gilbert. "Knowing How and Knowing That", *The Concept of Mind*: 60th Anniversary Edition [M]. Hutchinson & Co, 1949.

② 唐热风. 知识行动论[J]. 哲学动态, 2022(7)：85-96, 129, 86.

二、学生编

种技巧并能够清晰详述地表达出来,这仍然是在命题的层面上把握,但是她却不再具有演奏钢琴的实践知识,因为她无法成功的进行演奏钢琴的行动。①

例2:一位生活在女性没有参政权的时代的近代女性,即使她热衷于通过报纸与政治学著作去了解政治学理论和政治运作步骤,我们可以认为她具有参与政治的命题知识。但是由于她无法真正的参与进政治生活中,那么她就无法具有成功的政治参与行动,亦即无法拥有参与政治的实践知识,因为她并不处在一个支持其行动获得成功的良好的认知环境中。

通过这两个例子可以发现,构成实践知识的条件包括但不限于以下两点,后文中会主要地使用这两个条件作为讨论实践知识是否得到满足的标准,即:

(C1)稳定地获得行动上而非思辨上的成功的能力;(由例1得)

(C2)相关的行动需要拥有良好的认知环境的支持。(由例2得)

对于实践知识还可以作出更进一步的区分,但是在此不再赘述,因为这并非是本文的主要内容,在这里只需对命题知识和非命题的实践知识作出区分即可。

以上对个体知识的目标以及知识的概念区分作出限定,是为了提出小班教学除了命题知识的增加(即我们日常用法中的"学识增加"),更重要的是小班教学中关于非命题的实践知识的独特认知目标,包括但不限于以下两点:

(G1)增加对问题作出回应的积极意向性,从而取消主体产生的不必要的认知负担。

(G2)熟悉一个平等的认知共同体内的行动准则,从而增加陈述、反驳与回应的能力。

描述这两个目标的句子中,前半句是一个原始目标,后半句则是一个推论,这个推论并不是原始目标在因果意义上的后果,而是作为原始目标的构成性要素中的重要环节。接下来,我们可以论证G1与G2何以是实践知识的认知目标,接着说明相对于命题知识的增长来说,为何这两点是小班课堂中重要的认知目标。

首先,G1不是关于命题知识的目标,因为在"对问题作出回应"的情形中,例如课堂上主动发言或者被指定发言,通过主体的躯体行动来做"回应的动作"是其必要条件。即使主体S很清楚地知道这个问题的答案,但是却没有任何能力能够通过行动②与外界交互,那么S也并不具备"对问题做出回应"的实践知识,而仅只有"该问题的答案"的命题知识。随之而来的,一个问题是"对问题作出回应的积极意向性"是不是实践知识呢?似乎这看起来仅仅只是一种"倾向"而并不需要付诸行动。对于这个问题,可以对"回应的积极意向性"作出分析,"回应"就是主体对于外部世界的情况作出的反应,假设两个主体A和B具有完全相同的命题知识(比如"对该问题的作答"),同时面临着相同的外部世界情况(比如"这道问题本身并不容易"),假使A具有比B更强的积极意向性,那么A将更倾向于作出回应的躯体行动,比如开口回答问题或者举手。这样的"倾向"并不意味着A需要在所有的临近可能世界中都比B先回应;它的相反情况是:如果在多个临近的可能世

---

① 例1来自:唐热风.知识行动论[J].哲学动态,2022(7):85-96,129,87.

② 对躯体行动的理解参见:唐热风.知识行动论[J].哲学动态,2022(7):85-96,129。需要注意的是,本文只是在躯体行动这个概念上引用了唐热风老师的区分,并不承接她接下来对于思辨知识、实践知识与技能知识的区分。

界中，A 与 B 都同时作出回应或不作出回应，那么 A 就并不具有比 B 更强的积极意向性。可见，行动的意向性是一种特殊的实践知识，对于其本身的概念而言，它是一种在临近可能世界中行动的成功次数；对于认知主体而言，它是一种无法还原为命题知识的倾向性，会促使你在当前的世界中对外部世界作出回应。

倘若理解了这种行动的积极意向性，那么在认知相关的行动中，它的另一种表现形式即为降低行动的认知负担，亦即：G1 的推论"取消主体产生的不必要的认知负担"是 G1 的一个特殊场景。在这里我们可以将克拉奇菲尔德（Parker Crutchfield）和谢尔（Scott Scheall）的定义视为一种狭义的定义，即认知负担（epistemic burden）是相对于认知行动的选项而言的，是指认知主体在行动之前，对行动方案的选项进行优先级排序的依据之一（不排除有其它的依据），如果一个选项的认知负担越大，那么它将越可能降低该选项付诸行动的排位。① 广义的认知负担不仅涉及对行为选择讨论，也涉及对规范本身的讨论。在知识论对于认知规范的讨论中，会出现的一种对某种情境下（比如法庭等需要做出重要判断的场合）对认知主体的要求是"审慎"（prudent），即要求主体需要尽力地考虑各种情况、收集各种信息，从而达到某种认知目标（比如"真"）。在这种要求下，主体的认知行动就需要承担很大的认知负担，一个审慎的认知行动比一个相对随意的认知行动更加难以实现。也即，如若排除其它对选择排序产生印象的因素的话，主体对审慎的行动的意向性较低。说一个认知规范"要求过高（over-demanding）"也就是指它给主体带来了太多的认知负担。

但是，这种要求或者负担本身并不是消极的，对其"是否应该"的价值评判应当与环境相关。在法庭或者是谈判桌这种认知环境中，对主体要求审慎似乎不仅不过分，甚至可能是必须的。而且，若是在法庭上，对"真"的要求也是很高的，比如，法官更希望看到这个案件的真相，从而依据事实给出更加公正的评判，这就要求法官需要审慎的思考她所拥有的法条与法理知识、以及双方给出的证言和证据，这是一个严格的认知环境，也应当如此。而小班课堂恰好需要一个宽松的认知环境，在这个认知环境中，不应该对学生对话题或者问题作出回应这一认知行为作出过高的认知规范，课堂中的学生本身是一个"未完成的认知者"的状态，对于实践知识的纰漏或命题缺失而言，课堂恰恰是对其进行修正的环境，它并不要求每个学生都是公正的法官和心思缜密的律师，相反地，它却更希望学生在这里可以发现自己的不足。而课堂中高要求的认知规范会给学生带来过高的认知负担，降低了回应的积极意向性，从而损害了认知目标的实现。

其次，G2 的达成条件也有很大部分需要实践知识，只有小部分需要命题知识。命题知识的部分容易理解，主体需要对认知共同体内的准则和技法有一些命题性的信念储备，比如某项行为是否应该达成、某项认知义务是否应当履行。然而，就跟上面提到的那个具有命题知识但无法做出躯体动作的 S 一样，即便她知道关于某行动的所有知识，在没有通过躯体动作践行成功的行动之前，她都不存在具有对其的实践知识，即她并不真正地知道"如何做某事"，而是知道"关于某事的东西"。所以，如果要熟悉一个平等的认知共同体

---

① Crutchfield, Parker & Scheall, Scott. Epistemic Burdens, Moral Intimacy, and Surrogate Decision Making[J]. American Journal of Bioethics, 2020, 20 (2): 59-61.

内的行动准则,一个必要条件是在这样的共同体中尝试践行这样的准则,从而对应了前文讨论的实践知识的条件C1。同时,相对于不平等的认知共同体而言,平等的认知共同体也是支持其中每个认知主体获得实践知识的更好的认知环境,对应了条件C2。

那么,这两个目标为何如此重要?或者说,为何对于小班课堂而言,命题知识的增加反倒不是最重要的认知目标呢?在上文中,对于大班和小班两种非理想认知环境之间并没有作出明确的区分,然而它们在认知目标上显然是有区别的。

对于大班教学,通过教师传授型的方法,更重要的是知识的传授和知识框架的建立,以及澄清一些基本的概念的定义及其使用方式。同时,相对而言,大班课堂并不是一个平等的认知共同体,教师在这个认知共同体中具有较高的知识权威,大多数的时间也主要是由教师把握。然而,这种不平等是有价值的,学生作为在个体层面上知识较少的个体,需要通过大班课堂在有限的时间内高效率地收集相关的命题知识,并通过课上和课后的理解促进个体知识的增加。这种高效率的需要就目前的教学实践来看,大班教学仍然是难以替代的方式。而这些收获知识主要是命题知识,而非实践知识,因为在大班课堂中,学生的发言行动在大多时候并非课堂的主体,即使发言行动产生,其对象也常是教师对学生提出的问题,而并不像小班课堂中期望的学生之间相互问答。在大多数情况下,大班课堂提问的目的在于检验学生对知识的掌握程度,以及启发学生对问题的思考,从而开启课程设计的下一步,而并不期望学生之间过多的对话来挤占课堂的时间,对特定话题的细节辩论也并不利于知识的系统传授(当然,有些大班课堂是苏格拉底式的,通过对话和辩论获得知识,这样的课堂与教师的个人风格和能力关系较大,在这里并不纳入考虑中)。再者,大班课堂的人数较多、发言的机会较少,很有可能出现一个学生一学期不发言一次的情况。所以,在大班课堂中,要么是发言行动本身是为了命题知识的传授服务的,要么甚至没有发言行动,再者学生的发言行动也并不是大班课堂的主要组成因素。综合上面两点以及前文对实践知识的特征描述来看,大班课堂缺乏有效表达观点的成功行动,同时也不具有支持这种实践知识的良好环境,进而实践知识的增加都不是大班课堂最重要的认知目标。

与之相对的,小班课堂则是在大班课堂对概念和思维框架的传授的基础上,通过批判性思维对概念及其使用进行辨析、探究、质疑与辩护。[①] 同时,并不期望教师掌控大部分的课堂时间,而是期望学生们之间通过有准备的对话来填充课堂的安排。也就是说,我们期望在小班课堂是一个平等的认知共同体,在这个共同体中,对话的双方享有平等的认知地位,没有任何一方具有知识的权威,也没有任何一方有权利去占有比另一方多得多的课堂时间。也就是说,小班课堂在认知资源的分配上应当是趋向于平等的,或者是某种罗尔斯意义上的"作为公平的正义(justice as fairness)"[②],而大班课堂则没有这一层规范性的内涵。

在这里需要注意一个规范性的框架迁移问题。首先,这里讨论的平等与不公仍是一种

[①] 朱红,马莉萍,熊煜."大班授课、小班研讨"教学模式效果研究[J]. 中国高教研究,2016(1):42-47.

[②] Rawls, John. A theory of justice[M]. Belknap Press, 2005. 在这里并非使用罗尔斯的框架,而是仅摘取他的想法,即一种趋向公平的正义观。

认知意义上的概念，而非政治领域分配正义意义上的，因为认知资源并非一种通常的"有限资源"，对于置信度的分配并不存在对财富的分配那样的紧张困境，听者的义务——即将说者的置信度与其提供证据的充分程度相匹配——也是相对明了的。这个区分对接下来的讨论比较重要，它提醒我们不要将两种不同的讨论语境相混淆，虽然我们在与现实社会相关的非理想的认知环境中讨论公正，但并不等于我们就在讨论现实社会中的公正，它们是相关的，但不能完全等同。其次，认知义务与伦理学上的一般义务也不同，斯皮瓦克有这样一个区分：[①]"我先前承诺了给邻居割草，那么我有给邻居割草的义务"与"我割草的时候有义务不要割到邻居的脚"这两种义务显然不同的。前者的规范性来源于在对话行动中对对方的预设，是特殊地关于双方的，对其并不负有某个更大的道德共同体所规定的一般义务；而后者的规范性则依托于某个一般的道德共同体的构建。比如每个人不大可能都有义务给邻居割草，除非谈话双方之间有某些特殊的链接，但是即使双方之间没有特殊的链接，我们在通常情况下或许也有义务不要割到邻居的脚。

总而言之，在小班课堂里，学生是在已经了解了诸多命题知识的基础上，在一个平等的认知共同体中，通过对话来寻求学识的增加。而小班课堂的特殊之处也就在于这个"对话"的实践中，对话作为小班课堂的主体，是小班课堂中个人的命题知识和实践知识增长的必要条件。

一方面，如果没有良好的对话实践，命题知识的传递就会被抑制，个人命题知识的增长也会受到消极的影响，一次良好的、成功的对话可以发现更多的其它观点；如果对话本身被破坏，那么其它观点出现的可能性亦会被大大削弱了。另一方面，对话本身也是一种独特的实践知识。如果只是需要命题知识的传递，一个良好运转的大班课堂或许是更加有效的方式。而小班课堂产生重要价值就是在命题知识之外，让学生在进入其它的认知共同体之前学习基本的认知实践知识，比如积极的发言意向、平等的对话预期、合理的反驳与有效的回应、语言的技巧、恰如其分地使用自己的发言时间等。结合上文对获取实践知识条件的定义，只有通过自我的调控达成了行动的成功，才有可能获得实践知识，而上一段提到，在大班课堂中，这样的行动的成功并不在大班课堂中被需要，但是在小班课堂中却被依赖。因此，实践知识的增加即使不是小班课堂第一重要的认知目标，也是极其重要的认知目标之一。进而可以推得，即使小班课堂中的学生没有为共同体提供为真的命题知识，只要学生进行了良好的对话实践从而有利于实践知识的增加，同样能够实现小班课堂的认知目标。

四、小班认知环境与目标的规范性应用：以沉默为例

综合上面两段的讨论，本文说明了小班课堂具有局域性的、非理想环境下的认知环境，以及以个体实践知识的增加为主要构成的认知目标。对于认知环境与认知目标的分析，共同构成了一个讨论认知实践中的具体规范的基础，对此，本节可以延续第一部分对

[①] Spewak Jr, David C. Conversational Epistemic Injustice: Extending the Insight from Testimonial Injustice to Speech Acts beyond Assertion[J]. Social Epistemology, 2021, 35 (6): 593-607, 595.

认知环境的讨论，以认知不公为例，尝试一下如何在这样的基础上进行认知规范的讨论。

认知不公是一种现象，即一个人作为认知主体所受到的不公正地错误对待，从而损害了她的主体性，造成了某种认知伤害的。比如弗里克提出的证言不公（testimonial injustice）是指，由于某种系统性的身份偏见，说话者的置信度（credibility）被不公正的贬损了，从而使得她的证言的传递被破坏。

霍克韦（Christopher Hookway）跟随弗里克的进路延伸了这一概念，他认为，证言交流并非唯一能够产生认知不公的实践，在此之外他又提出了参与不公（participatory injustice）和信息不公（informational injustice）。① 前者是指认知主体的不公正的置信度贬损在说者给出证言之前就已经产生，使得她们在一开始就无法参与进认知共同体；后者是指说者给出的信息被不公正地认为与对话的主题没有相关性，或者其重要性没有被引起重视。霍克韦认为，信息不公也可以视为一种广义上的参与不公，因为被认为"所提供的信息并不相关"似乎可以被视为一种"被排除在认知共同体之外"。引入了霍克韦的区分，接下来我们可以说明，在小班课堂的认知环境中，参与不公在小班课堂中同样存在，且这种不公是"不应该的"，因为它违反了小班课堂的认知目标。

首先，参与不公如何在小班课堂中发生？可以通过这样的一个例子来讨论一种有趣的现象：在一个跨年级的小班讨论会中，C是一个不自信但很聪明的学生，在讨论中，即使她对话题有一些想说的，她却总是因为一些原因保持沉默。令C沉默的外部原因可能有：

（R1）由于学生跨年级，即使回答内容与C相同，高年级学生的回答行动总是更自信；

（R2）这个小班除了C以外其它人都是男性（或C的第一学历低于班级其它人）；

（R3）该班级的讨论比较热烈，所以对于一次陈述，总是需要面临来自同学和老师的追问，陈述的发出者需要承担较大的举证责任。

沉默与轻视不同，在这三种原因中，没有任何一种原因直接地导致了C的沉默，譬如因为其低年级或者女性的身份对C的发言予以直接的贬低和轻视，但是都间接的指向了C的沉默行为。也就是说，C在证言交换之前，就被排除在了对话与证言交换之外，可见这种类型的沉默是"与参与相关的"。

然而，虽然它与参与相关，但并不意味着这就是某种认知不公，因此需要对此作出证明。对于认知不公产生的原因，弗里克、斯皮瓦克和霍克韦等人的想法大同小异，是来源于对话行动中所蕴含的某种不合理想象或者期望，这种想象和期望是具有结构性的系统因素。弗里克认为对认知不公的核心讨论需要关系到比较广泛的社会利益，因此需要一个系统性的认知环境。然而，在一个局域性的认知环境中，局域性的想象可能会带来更直接的认知后果，同时，局域性的想象从属于某种更加广泛的想象结构。譬如在课堂情景中，如果对高年级学生产生了期望，使得它们在与低年级学生给出相同的信息的时候，仅仅由于其年级更高而非发言更好而被给予了过高的置信度。课堂中高低年级的压制、或者第一学历歧视等等结构是仅在学校环境中拥有的结构，从这个结构中产生的是一个局域性的认知不公概念。但是这种不公仍然会在上文的情境中，对C的造成认知伤害；同时，第一

---

① Hookway, Christopher. Some Varieties of Epistemic Injustice: Reflections on Fricker[J]. Episteme, 2010, 7 (2): 151-163.

学历歧视或者高低年级压制从属于一种更大的社会结构，比如全社会层面的的年龄压制或者学历压制等。

同时，弗里克和斯皮瓦克认为，这种想象一般是听者对被抑制的说者的想象，但在这个沉默的 C 的例子中则不然，这种想象的发出者是被抑制说者自己，是一种"说者自己对自己的想象"同时也有"说者对听者的想象"。也就是说，外在的、局域性的结构（比如年级高的学生在学校更具有发言权，比如女性在社会范围内的话语权较低），通过（R1）-（R3）间接的原因，造成了 C 对自己在这种环境下的不当想象。这种想象可能是关于他人的，比如"高年级的同学应该会说出我想说的""一个除我之外都是男性的发言场景或许并不欢迎我发言"；也有可能是关于自身的，比如"我的第一学历不如他们，我就先不发言了""我的讨论可能无法推进主题，算了"。这种想象不依赖直接的原因，甚至可能这个课堂中实际上不存在高低年级压制、第一学历歧视或者性别歧视，但是由于一个背后的结构存在，使得 C 越过了直接的原因，而仅仅将其视作一种触发的环境，C 持有的是在整个社会结构下她对自己和他人的不合理想象：对自己给予了过低的置信度，对他人给予了过高的置信度；随后，在这个局域性的认知环境中通过沉默这一言语行动表达了出来。在这个意义上，不同于传统的证言交换行为，沉默是一种特殊的言语行为，它是一种"缘于想象的言语空白"且使得置信度过低和置信度过高同时被例示，共同组成了一种存在认知不公的情形。

进一步的，这种沉默并不符合小班课堂的认知目标，这种与目标的背离进一步的说明这样的不公是"不应该的"。首先，C 的沉默体现了一种对回应的意向性减弱和认知负担的增强，这会使得一种平等的认知共同体被破坏，因为虽然弗里克指出置信度并非传统意义上的有限资源，但是，课堂时间却是一种传统意义上的有限资源。一方的沉默会使得另一方占有更多的认知资源，而直接的体现就是课堂时间的占用。因为根据对小班课堂认知目标的设置，我们期望的是每一个人都能从小班课堂中不仅对命题知识予以巩固，也需要一种实践知识的践行，而课堂中认知实践的践行必要地依赖对课堂时间的占有，而沉默是一种对课堂时间的让渡，不利于认知目标的实现。其次，因为言语行为的缺失，它并不利于主体对一个平等认知共同体内规则的实践知识把握；同时，这种小班课堂甚至是一种不平等的认知共同体，或者说一个不适当的认知环境，主体在其中的实践本身就获取了一种关于不平等认知规则的实践知识，因此对主体的实践知识把握产生了消极的影响，即造成了实践意义上的认知伤害。

需要澄清的是，这里对 C 的分析并不意味着 C 需要为这种认知不公的现象负责，相反，C 或许是最不需要为此负责的。一种可能的解决进路就是教师通过情感上的鼓励和讨论规则的妥当设计，支持和 C 一样的沉默群体发声，同时对过于活跃而占据了过多课堂时间的学生作出限制。当然，对于塑造 C 的不合理想象的背后更广泛的结构性因素，仍需要更加系统且深刻的实践。

五、总结

在上文的讨论中，我们对小班课堂所处的认知环境及其具有的认知目标作出了规定与辩护。通过这两者构成的框架,可以尝试对该环境中的认知义务进行规范性层面的讨论,本文选取了对课堂中的沉默行为进行分析,得到沉默是一种有悖于小班课堂认知目标的特殊言语行为,也是认知不公的一种体现。当然,对认知规范的讨论远不止认知不公,在基础上完全可以讨论其它的认知规范。在这一点上,伦理学与社会政治哲学等实践哲学领域的概念资源亦可以与知识论的概念资源相结合,从而展现出更加广阔的理论空间。

◎ 参考文献

[1] Fricker, Miranda. *Epistemic Injustice*: *Power and the Ethics of Knowing*[M]. Oxford University Press, 2007.

[2] Spewak Jr, David C.. Conversational Epistemic Injustice: Extending the Insight from Testimonial Injustice to Speech Acts beyond Assertion[J]. Social Epistemology, 2021, 35(6): 593-607.

[3] Hookway, Christopher. Some Varieties of Epistemic Injustice: Reflections on Fricker[J]. Episteme, 2010, 7(2): 151-163.

[4] 唐热风. 知识行动论[J]. 哲学动态, 2022(7): 85-96+129.

[5] 潘磊. 论分配正义的局限性——基于弗里克"证言不正义"的思考[J]. 伦理学研究, 2021(2): 112-120.

[6] 朱红, 马莉萍, 熊煜. "大班授课、小班研讨"教学模式效果研究[J]. 中国高教研究, 2016(1): 42-47..

[7] 陆一, 刘敏, 冷帝豪. 通识教育核心课程"大班授课、小班研讨"的效果评析[J]. 高等教育研究, 2017, 38(8): 69-78.

[8] Goldberg, Sanford C., 'Social Epistemology, Descriptive and Normative', *Foundations and Applications of Social Epistemology*: *Collected Essays*[C](Oxford, 2021; online edn, Oxford Academic, 21 Oct. 2021).

[9] Ryle, Gilbert. "Knowing How and Knowing That", *The Concept of Mind*: 60th *Anniversary Edition*[M]. Hutchinson & Co., 1949.

[10] Crutchfield, Parker &Scheall, Scott. Epistemic Burdens, Moral Intimacy, and Surrogate Decision Making[J]. American Journal of Bioethics, 2020, 20(2): 59-61.

[11] 蒋士会. 试论高校大班课堂教学的优化[J]. 大学教育科学, 2004(1): 27-30.

[12] 郁振华, 人类知识的默会维度[M]. 北京: 北京大学出版社, 2012.

[13] Rawls, John. *A theory of justice*[M]. Belknap Press, 2005.

[14] McDowell, John. *Mind and World*[M]. Cambridge: Harvard University Press, 1994.

新闻传播学本科人才培养方案优化问题与对策
——以武汉大学新闻与传播学院2018版培养方案为例

谢雨村　常笑雨霏　崔　畅　陈嘉淇

（武汉大学　新闻与传播学院，湖北　武汉　430072）

【摘　要】人才培养方案对于人才在高校就读期间的个人发展十分重要，具有极高的指导性意义。同时，"双一流"战略和"新文科"建设给新闻与传播人才培养方案的设计撰写与修改提出了更多要求，信息技术的发展也给人才培养带来了新挑战，对于人才培养方案的优化和调整已然成为一项常态化工作。研究基于经典的CIPP教育评价模式，采用访谈和调查问卷的方式，分析武汉大学新闻与传播学院2018版培养方案的培养目标与使用满足、学分学时与课程设计、排版设计与信息传达四个方面，进而对培养方案的实施效果进行科学评估，建议新闻与传播人才培养需以学生为本的同时，在保证"新闻传播"传统特色的基础上，适应社会需求的变化，真正实现"全媒化复合型专家型新闻传播人才"培养。

【关键词】培养方案；本科生教育；新闻传播人才

【作者简介】谢雨村（2000— ），女，土家族，湖北恩施人，硕士研究生，武汉大学新闻与传播学院在读；常笑雨霏（2000— ），女，汉族，河南郑州人，硕士研究生，武汉大学新闻与传播学院在读；崔畅（1999— ），女，汉族，安徽蚌埠人，硕士研究生，武汉大学新闻与传播学院在读；陈嘉淇（2000— ），女，汉族，广东德庆人，硕士研究生，武汉大学新闻与传播学院在读。

一、引言

习近平总书记指出："媒体竞争关键是人才竞争，媒体优势核心是人才优势。要加快培养造就一支政治坚定、业务精湛、作风优良、党和人民放心的新闻舆论工作队伍。"[①]人才培养不仅关乎高校的发展，更关乎家庭、社会和国家的发展。Martin A. Trow（2012）指出，学生培养的质量和教师水平的高低影响高校的社会地位和排名。[②] Edward Holdaway

---

① 习近平. 坚持正确方向创新方法手段　提高新闻舆论传播力引导力[EB/OL].（2016-02-19）. http://www.xinhuanet.com/Politics/2016-02/19/c_1118102868.htm.

② Marsh. H. W, Rowe. K. J, Martin A. PhD students' evaluations of research supervision: issues, complexities, and challenges in a nationwide Australian experiment in Benchmarking Universities[J]. The journal of High Education, 2002(3): 313.

（1997）认为，人才培养质量与国家、社会和家庭的发展息息相关，本科人才培养的质量与地区经济增长呈正相关。①

在中国的国家战略层面，张大良（2016）提出，如何将本科人才培养质量提升至世界一流水平，是我国高等院校当前的首要任务。②吴岩（2017）从高等教育的全面发展角度指出，高等教育发展离不开人才培养，本科人才培养质量的逐步提高，意味着我国高等教育的内涵式发展进程逐步加快，是高等教育质量不断提升的重要体现。③

2018年9月，教育部、中共中央宣传部发布的《关于提高高校新闻传播人才培养能力实施卓越新闻传播人才教育培养计划2.0的意见》提出建设中国特色、世界水平的一流新闻传播专业，培养造就一大批具有家国情怀、国际视野的高素质全媒化复合型专家型新闻传播后备人才的总体思路。"双一流"战略和"新文科"建设的提出，为新闻传播的人才培养提供理论基础和政策支持，要求新闻传播淡化学科间的框架壁垒，进一步加强对跨学科、跨技术的宽口径人才的培养，主动在时代发展的宏观战略中承担应该有的学术自觉和时代担当。④

培养方案是高等学校组织教学工作、落实教育理念的纲领性文件，是指导人才培养、专业建设的指导性文件。只有形成"遵循人才成长规律和新闻传播规律的全媒化复合型专家型新闻传播人才培养体系"，才能使专业发展与时代同频共振，适应媒体融合和科技变革的行业趋势，培养出拥有专业技能、人文与社会科学素养、新闻传播后备人才。而武汉大学新闻与传播学院积极主动适应业界变化和社会需求，2018年，完成本科生培养方案的大幅度修订。

武汉大学新闻与传播学院旨在培养"有思想的传播人、负责任的传媒人"，按照新闻传播学大类招生，设置了广播电视学、新闻学、广告学、传播学共4个本科专业，在厚基础、宽口径、重融合的同时，各有侧重。优秀的新闻传播工作者不仅拥有信息传播的专业能力，还需要对科学知识的广泛涉猎、对社会问题的深刻认识和时代发展的准确把握，所以培养方案更加注重整体素质的提升，更偏重通识教育，符合当下社会和大学的整体教育理念。

如今实行2018版培养方案的本科生已经毕业，走出校门，走入社会，每个个体都象征着大学专业建设目标与社会实际需求的碰撞。特别是在传播技术日新月异的当下，人才培养如何适应时代发展成为需要不断探讨的问题。以武汉大学新闻与传播学院2018级本科毕业生为样本，通过对培养方案的调研与分析，我们可以窥见武汉大学新闻与传播学院的教学定位、培养目标和专业特色，了解修订后的培养方案的实施效果，总结学院在人才培养过程中存在的问题，并提出相关的改进建议，以培养时代真正需要的人才，应对技术

---

① Edward holdaway. Beyond the first degree, graduate education, lifelong learning and caree［J］. Comparative Education Review, 199.

② 张大良. 创建具有中国特色世界水平的一流本科教育［J］. 中国高教研究, 2016(6)：2.

③ 吴岩. 一流本科一流专业一流人才［J］. 中国大学教学, 2017(11)：8.

④ 教育部. 教育部关于推荐新文科研究与改革实践项目的通知：教育厅函〔2021〕10号（2021-03-05）.

发展带来的挑战，提供更高层次的人才储备。

二、文献综述

人才培养模式是"人才培养"系统中最重要的要素系统，是关于人才培养过程质态的总体性表述(董泽芳，2012)，① 其包括人才培养目标、人才培养体系、人才培养过程与人才培养机制②(刘英、高广君，2011)。H. Buchbinder(2013)的研究从供给侧角度指出，在不同的发展环境和社会背景之下，大学需要培养的人的能力也是不同的，高校需要把握社会需求，明确自身办学定位，保障人才供给质量。③

整体来看，现有研究多从具体某一培养方案出发，调查当前各学科培养方案存在的问题，并就此提出改善建议。

尹昱(2009)对牛津大学《本科生培养方案》进行研究，通过分析基本框架与内容，研究发现牛津大学"以优化课程体系、制定灵活的教学方式、实行独特的导师制、构筑开放的教学环境等培养方式，实现本科生知识能力素质三元的协调发展"。④ 桂林(2013)对我国16所高等院校学前教育专业的本科生培养方案进行文本分析，调查学前教育专业本科培养方案现状，基于此提出应"厘清培养方案制定的依据与原则"，提高培养方案的系统性；"明确本科学前教育专业培养目标，细化培养规格"；"优化课程设置，体现学前教育事业发展新趋势"的完善建议。⑤

王平等(2022)在"双一流"建设背景下从课程定位、结构、内容及安排四个方面分析武汉大学档案学本科的课程设置变化，并从丰富授课方法、引入多元师资、加强学术氛围和创新成果转化等层面对档案学本科课程设置优化提出建议。⑥ 欧阳琳(2022)以我国33所档案学本科专业开设高校作为研究对象，提出"深化档案专业的课程思政、优化信息管理与信息技术类课程、推进模块化专题化课程设计、增加公共安全与信息安全类课程、有效利用新技术教学的优势"等对策。⑦ 梁超等(2022)关注研究生培养方案，从问题、原因与对策三方面分析人工智能专业培养方案，指出现有培养方案存在培养目标不明确、课程同质化现象严重、学生实践能力薄弱等问题，并提出产生这些问题的原因是学科定位不准确、专业课程设置不合理、产学合作交流不密切，并据此提出对策。⑧

---

① 董泽芳. 高校人才培养模式的概念界定与要素解析[J]. 大学教育科学，2012(3)：30-36.
② 刘英，高广君. 高校人才培养模式的改革及其策略[J]. 黑龙江高教研究，2011(1)：127-129.
③ Buchbinder. H. The Market Oriented University and the Changing Role of Knowledge[M]. Higher Education，1993，343.
④ 尹昱. 基于培养方案的牛津大学本科生培养模式研究[D]. 长沙：中南大学，2009.
⑤ 桂林. 我国高等院校学前教育专业本科生培养方案研究[D]. 重庆：西南大学，2013.
⑥ 王平，陈秀秀，李沐妍，杨寒沁. "双一流"建设背景下档案学本科课程设置优化研究[J]. 业务研究，2022(3).
⑦ 欧阳琳. 新文科背景下档案学本科人才培养调研及优化策略[J]. 档案学通讯，2022(1).
⑧ 梁超，李兵，彭敏，汤洁. 人工智能专业研究生培养方案修订：问题、原因与对策[J]. 计算机教育，2022(1).

以上研究及结论都为本文研究武汉大学新闻与传播学院本科生培养方案提供了方向。

(一)新闻与传播专业本科培养方案相关研究

1. 制定路径与培养模式

冯威与杨浠筝(2018)以广播电视学专业为例,从新时代对广播电视学人才的新需求与广播电视学人才职业能力要求两个方面考虑,认为"互联网+"发展潮流新时代下,广播电视学人才培养路径应突出复合型定位,适应社会发展变化;模块式教学涉及,提高产学结合度;以项目带动考核,充分发挥实践教学作用;顶岗实习促实践,带动师资队伍建设。①

田秋生(2010)采用个案研究法,考察复旦大学与清华大学新闻学专业本科人才培养方案,在个案分析的基础上,以通识教育的视角探讨培养方案展现的"三个维度、立体布局"的"复旦模式"与"宽口进入,文理交融"的"清华模式",认为二者在面对新闻教育危机,都采用了"通识教育基础上的宽口径专业教育"的基本理念,② 为其他学校制定新闻学培养方案提供借鉴参考。

2. 存在的问题与建议

在新闻与传播专业整体的培养方案研究中,周茂君和柏茹慧(2022)在新文科背景下对国内59家新闻传播院校的最新本科培养方案进行内容分析,系统归纳出人才培养现状及问题,研究发现国内新闻传播院校培养方案呈现出各专业区分度不显著,业务课以传统课程为主、实践不足,课程设置不合理、知识杂糅重复的三大问题。针对问题,该研究对学界、业界专家展开访谈,提出应"更新专业划分标准、重构知识框架、优化课程体系,对跨学科知识进行新闻传播化改造,并且注重能力型人才的培养"③的建议。

许多学者关注并研究新闻与传播大类系统下各细分专业的培养方案,包括新闻学、传播学等。在新闻学专业,周茂君与郭斌(2021)基于55所院校的本科培养方案进行内容分析,考察新闻学专业核心课程设置现状,发现新闻专业课程体系与现实存在脱节,与社会人才需求脱节。其中,部分非新闻专业核心课程与老旧重复课程过多占用学分空间,不利于新闻学更新教学内容,与社会前沿接轨。基于内容分析的结果,研究认为新闻学本科培养方案应发挥新闻学的融合优势,打破学科壁垒,引入交叉学科,打造复合型人才;理论结合实践,适应全新媒介环境,与行业前沿与时俱进。在传播学专业的研究中,余红

---

① 冯威,杨浠筝.新时代下民办高校广播电视学应用型人才培养方案制定路径探索[J].新闻研究导刊,2018(5).
② 田秋生.通识教育打造媒体精英——复旦、清华新闻学专业本科人才培养方案考察[J].西南民族大学学报(人文社科版),2010,31(1):134-137.
③ 周茂君,柏茹慧.新文科背景下新闻传播学本科专业人才培养研究[J].国际新闻界,2022(2).

(2014)对我国985、211工程中在本科阶段和硕士阶段均设立传播学专业的高校培养方案进行对比和分析,发现高校传播学本科培养方案在专业课程设置上存在课程体系混乱、课程设置雷同、核心特色课程少的问题,并指出应立足于社会的需求和高校定位确定清晰明确的培养目标和专业方向,并以此为出发点安排课程。[①]

通过对以往文献的梳理可以发现,过去培养方案的研究多从研究方案本身出发,自上而下探讨培养方案存在的问题,并寻找原因和解决方法,少有从学生视角出发,自下而上归纳高校人才培养效果的研究。因此本研究基于已经完整经历培养方案的学生体验,来反馈培养方案的设计与实施效果,并基于此提出未来培养方案改革的建议。

三、研究问题和研究设计

(一)研究问题

当前学科建设面临的主要问题之一就是高层次创新人才供给能力不足,而高校培养方案所承载的教育理念、培养目标、教学手段、育人模式都直接影响高校向行业市场输送人才的质量与竞争力。而供求问题的出现关键原因就在于人才培养无法主动适应新时代发展要求而出现的内部变革,随着行业生态、舆论环境、传播格局与信息生产的深刻变革,不断倒逼高校调整人才培养的思路。所以在学科边界淡化、媒体交叉融合的当下,武汉大学新闻与传播学院如何把握理论知识与实践技能教学的比例?如何使培养目标与社会需求相适应?如何调整必修与选修的课程分类,在提升学生专业能力的同时实现差异化、个性化培养?如何实现学科交叉融合,将其他相关学科的教学资源整合入新闻传播专业范畴,培育学生跨学科研究思维与交叉学科思考能力?这些都是笔者试图在本次研究中探讨的问题。

(二)研究设计

本次研究以武汉大学新闻与传播学院2018级本科毕业生为样本,采用访谈和调查问卷的方式完成调研数据的收集。共邀请13位武汉大学新闻与传播学院2018级应届毕业生进行半结构式访谈,访谈对象涵盖广播电视学、新闻学、广告学、传播学共四个专业,每个专业都至少保证一位已就业、一位已升学,满足样本多样性、典型性的需求。并考虑到港澳台学生部分课程设置的特殊性,其中还有一位来自澳门的广播电视学专业学生。此外,共收集到92份有效问卷,样本数占2018级新闻传播学类人数(164人)的56.10%,样本结果具有一定普遍性。

访谈主要基于经典的CIPP教育评价模式,从课程设置与培养目标、人才培养与市场需求、课程设置与学分学时、培养方案的设计与落地几个方面,针对研究者所选的在各自专业具有典型性的毕业生进行。CIPP评价模式由斯塔弗宾于1966年提出,适应不同地区

---

① 余红. 我国985、211高校传播学专业培养方案分析[J]. 东南传播,2014(1).

二、学生编

不同的教学环境、学生程度和学习需求,对不同学区的教育方案提供合理的评价体系。[①] CIPP 模式包含四个评估层面,分别是背景(context)、输入(input)、过程(process)和结果(product),简称 CIPP。基于背景角度,访谈针对特定社会环境进行培养目标和市场需求层面的问题设计:武汉大学新闻与传播学院的培养目标是否满足社会需要、人才培养符合市场要求;基于输入角度,研究针对培养方案的课程设置、学时学分安排方面进行提问;从过程入手,访谈还包含培养方案的设计是否清晰易懂,是否针对培养方案进行专门讲解;最后从结果入手,从学生个人感受出发,直接获取学生的感受、评价以及预期完成度,判断培养方案对于目标的实现程度。问卷基于访谈进行提炼,除了延续访谈的框架,设计培养目标与使用满足、学分学时与课程设置、排版设计与信息传递四个方面,并进行增补。在"培养目标与使用满足"部分分别从培养方案设计和具体实施情况获取数据,通过预期与完成情况的对比了解培养方案的完成度。以此全面感知学院对学生理论和实践培养是否均衡,是否符合未来行业市场或深造高校的人才需求,课程设置在促进学生共性发展的基础上是否遵循个性化原则。

四、数据分析

基于访谈内容设计调查问卷,问卷主要分为三部分:第一部分培养目标与使用满足,通过获取学生对培养方案的内容设计和实际实施情况的看法,了解培养方案理论与实践培养比例是否均衡、是否符合社会需求;第二部分学时学分与课程设置,问题聚焦于不同类型的具体课程,进而判断课程的内容、顺序、分类、学分设置等是否合理;第三部分排版设计与信息传递,从培养方案的形式角度分析培养方案可以改进的空间。

(一)培养目标与使用满足

这一部分调查同学们是否了解培养方案的培养目标以及认为培养方案的设计与实施情况是否满足了使用需求(见图1、图2、图3)。

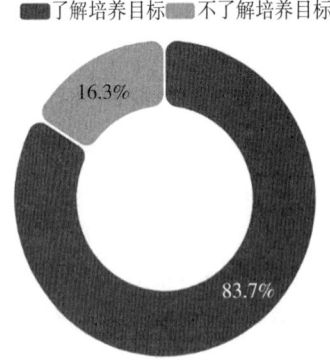

图1 "你了解培养方案中的专业培养目标吗?"

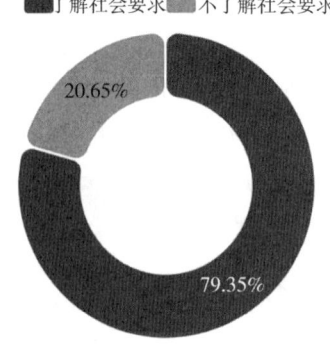

图2 "你是否了解社会对专业毕业学生的要求?"

---

① 肖远军.CIPP 教育评价模式探析[J].教育科学,2003,19(3):42-45.

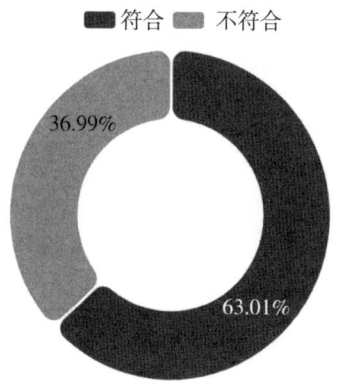

图 3 "你认为培养目标是否符合社会需求?"

1. 培养目标与社会现实相符合

在收集到的 92 份样本中,83.7% 的同学表示了解培养方案中的专业培养目标,79.35% 的同学表示了解社会对本专业毕业学生的要求,其中 63.01% 的同学认为培养方案的培养目标符合社会需求。可以发现并不是全部同学都了解培养方案的培养目标,在培养方案的使用中关键的引领和指导性内容被部分同学忽视了,强化培养目标的重要性也是培养方案在使用中应当注意的问题。

本次调研时间正好为 2022 年 8 月,2018 级的本科毕业生在经历了升学、求职、就业等一系列个人发展的重要环节后,基于自己的实际感受,大多数认为培养方案对于培养目标的设定是符合社会需求的,即该目标设置如果达成,能够帮助学生在升学、就业等各方面实现发展。

2. 培养方案的设计与期待满足

针对培养方案的本身设计,向同学们调查能否满足对于理论知识、实践技能、人才培养以及对大学学习生活的期待(见表 1)。以量表的形式,要求受调查者仅关注培养方案的设计,大多数选择"同意满足"或"一般",得出平均分 3.64/5,即受调查的 92 位同学认为培养方案能够帮助培养"复合型专业人才"或"高级专业人才",满足了他们对大学学习生活的期待以及对理论知识和实践技能的需求。

表 1　　　　　　　　"请根据培养方案的设计回答以下问题"

题目\选项	非常不同意	不同意	一般	同意	非常同意	平均分
能够帮助培养"复合型专业人才"	0 (0%)	7 (7.61%)	22 (23.91%)	44 (47.83%)	19 (20.65%)	3.82
能够帮助培养"高级专业人才"	4 (4.35%)	17 (18.48%)	33 (35.87%)	28 (30.43%)	10 (10.87%)	3.25

续表

题目\选项	非常不同意	不同意	一般	同意	非常同意	平均分
能够满足你对大学学习生活的期待或预期	2 (2.17%)	8 (8.70%)	30 (32.61%)	43 (46.74%)	11 (11.96%)	3.64
能够满足你对理论知识的需求	2 (2.17%)	4 (4.35%)	21 (22.83%)	50 (54.35%)	15 (16.30%)	3.78
能够满足你对实践技能的需求	1 (1.09%)	8 (8.70%)	25 (27.17%)	49 (53.26%)	9 (9.78%)	3.62
理论知识和实践技能的课程设计比例均衡(不包含专业大实习)	0 (0%)	10 (10.87%)	16 (17.39%)	56 (60.87%)	10 (10.87%)	3.72

其中,认为"能够帮助培养'复合型专业人才'"的平均分为3.82/5,有19位同学非常同意;认为"能够帮助培养'高级专业人才'"的平均分为3.25/5,低于前者。同学们认为培养方案提供专业融通学习的平台选修及专业选修能够帮助了解学习不同专业的知识和技能,进而培养成为复合型的专业人才。

针对理论知识和实践技能,在不考虑专业大实习的基础上,89.13%的同学认为理论和实践课程的设计比例均衡,其中理论知识学习的设计更能满足同学们的需求,即需要增加或者强化已有的针对实践技能的课程。

3. 培养方案的实施与使用满足

基于培养方案的实际实施情况,受调查者们填写了针对人才培养、学习生活期待、理论和实践需求、职业规划、实习实践以及有关专业大实习的相关问题(见表2)。根据问卷结果,在人才培养方面,认为复合型专业人才培养实现效果比高级专业人才培养更为突出,有85.87%的同学认为培养了复合型专业人才,只有63.04%的同学认为培养了高级专业人才,这也凸显出一个人才培养的关键性问题——在实现综合培养的同时,如何同步实现"高、精、专"人才的培养。

表2　"请根据培养方案的实际实施回答以下问题"

题目\选项	非常不同意	不同意	一般	同意	非常同意	平均分
能够培养"复合型专业人才"	3 (3.26%)	10 (10.87%)	38 (41.30%)	36 (39.13%)	5 (5.43%)	3.33
能够培养"高级专业人才"	5 (5.43%)	29 (31.52%)	41 (44.57%)	12 (13.04%)	5 (5.43%)	2.82
满足了你对大学学习生活的期待	5 (5.43%)	15 (16.30%)	34 (36.96%)	31 (33.70%)	7 (7.61%)	3.2

续表

题目 \ 选项	非常不同意	不同意	一般	同意	非常同意	平均分
满足了你学习理论知识的需求	3（3.26%）	12（13.04%）	36（39.13%）	32（34.78%）	9（9.78%）	3.34
满足了你学习实践技能的需求	3（3.26%）	21（22.83%）	27（29.35%）	36（39.13%）	5（5.43%）	3.2
理论知识和实践技能的课程设置比例均衡（不包含专业大实习）	3（3.26%）	15（16.30%）	43（46.74%）	27（29.35%）	4（4.35%）	3.15
为你的职业规划提供了帮助（如课程、学期安排等）	3（3.26%）	15（16.30%）	25（27.17%）	39（42.39%）	10（10.87%）	3.41
培养方案的学期安排满足了你对实习实践的需求	2（2.17%）	15（16.30%）	24（26.093%）	39（42.39%）	12（13.04%）	3.48
学院课程学习到的知识和技能为你的实习、就业提供了帮助	5（5.43%）	15（16.30%）	17（18.48%）	43（46.74%）	12（13.04%）	3.46
专业大实习有助于你提升实践技能	2（2.17%）	7（7.61%）	10（10.87%）	58（62.96%）	15（16.30%）	3.84
专业大实习有助于你了解行业、选择就业	0（0%）	3（3.26%）	14（15.22%）	49（53.26%）	26（28.26%）	4.07
专业大实习的时间安排合理	2（2.17%）	7（7.61%）	27（29.35%）	39（42.39%）	17（18.48%）	3.67

在理论学习和实践技能学习方面，同学们对于培养方案的实际实施的满意度略低于对于其设计本身的期待程度，其中实践技能的学习需求满足程度又略低于理论学习，但多数同学认为培养方案满足了相关学习需求。在此基础上，还需综合学生的意见，进一步完善课程设置及课程内容，更好的满足学生学习、就业的需要。针对实践环节中的专业大实习，同学们普遍认为专业大实习有助于提升实践技能和了解行业、选择就业，且时间安排、环节设置合理，平均认可度达到4/5。在新闻传播专业的学习中，专业大实习这一环节填补了课堂教学的空缺，是培养方案中的一大亮点。

此外，80.43%的同学认为培养方案中的课程和学期安排为自己的职业规划提供了帮助，81.52%的同学认为满足了实习实践的需求，但针对职业规划的课程安排不够到位，满意程度仅3.41/5，如何在培养方案上设计体现和落实生涯规划相关内容需要我们进一步思考。比如在专业大实习环节中加入导师指导生涯规划和就业答疑环节，灵活线上开课，班内交流，也可以在大四学年开设相关课程，行业教师指导的同时，鼓励同学们在经历了实习实践后针对性的交流职业选择和行业感受。

4. 知识学习与能力培养：综合提升

在"经过四年学习你获得了哪些知识与技能"这一题当中，问卷设置了六个综合素养选项，并列出培养方案中明确指出的各专业的对应知识与能力，受调查者可以不受专业限制，跨专业选择获得的知识与技能。

在综合素养中，良好的适应能力和专业精神与职业道德这两项，是多数学生收获的知识和能力，其中78.26%的学生选择了适应能力，71.73%选择了专业精神与职业道德，此外还有广阔的科学文化知识、社会责任与国际视野、创新精神等。可以看出培养方案及课程教学在培养学生的综合素养上起到了潜移默化的作用。

在各专业的知识与技能学习中，首先，同一专业不同人的知识与技能的掌握情况不同，个人在专业学习中也各有侧重；其次，跨专业的选修课程为学生提供了更多学习机会和探索方向，58.7%的同学选择了不同于本专业的知识与技能，其中跨专业选择最多的为传播学理论知识。同时，也能发现部分专业的部分知识与技能的学习掌握存在欠缺，比如新闻学和广播电视学专业中对于我国新闻、宣传政策法规的了解不足等，应当在现有的课程基础上，充实相关讲解内容，基于现实情况，在学习相关内容时与政策法规内容相结合。此外，受调查的同学们也表示，希望培养方案补充动手实践能力、综合知识涉猎等方面的学习安排。

在问卷中，我们邀请受调查者给培养方案的设计及实际使用情况分别进行打分（百分制），针对设计的打分平均分为90.02，针对实施效果的打分平均分为82.41。综合来看，2018版培养方案在培养目标层面与社会需求相结合，贴合社会实际，培养方案的设计较为完整，但实施效果不能完全与设计相吻合。培养方案的设计与实施基本能够满足同学们的学习和实践需求，但仍需强化、优化已有课程，了解毕业生升学、求职、就业的实际体验，在此基础上增加与实践、职业规划等相关的内容，更好的服务学生。

（二）学时学分与课程设置

这一部分调查同学们针对课程内容设置、学时学分设置及其学习质量的问题。

1. 学分学时与学习质量的矛盾

问卷调查结果显示，86.96%的同学认为培养方案的学分设置带来了学习压力，主要原因有总体学分多但课程学分少（63人选择）、平台选修课程压力大（51人选择）等。在此情况下，仅25%的同学以中等质量以上的水平完成学习任务，大部分同学为中等质量完成，少数同学在多数课程学习中敷衍糊弄。如何更好的抓住现有课程内容和优质师资力量，有更充足的时间精力去高质量完成课业，需要学分学时与课程设置精准匹配，实现最优化（见表3、表4）。

表3　　　　　　　　　　"你认为培养方案的学分设置带来压力的原因"

选项	小计	比例
总体学分多但课程学分少	63	78.75%
平台选修课程压力大	51	63.75%
专业选修课程压力大	12	15%

续表

选项	小计	比例
其他	9	11.25%
本题有效填写人次	80	

表4　"在培养方案的学分设置下，你认为你的学习质量如何"

选项	小计	比例
中等质量以上	23	25%
中等质量完成	56	60.87%
大部分划水	13	14.13%
本题有效填写人次	92	

2. 多维课程设置

40.22%的同学认为部分课程存在开设顺序不合理或缺乏前置课程的情况，主要列举的课程有：传播学研究方法、传播统计学等。目前与研究相关的基础类课程对于同学们来说门槛较高，需要逐步引入和探索才能透彻掌握相关知识，进而运用这些方法去研究社会现象与学术问题。

在专业必修课方面，新闻学同学认为印象最深刻的专业必修课是新闻写作、中国新闻传播史；广播电视学同学选择了演播厅实验、电视摄像与编辑实验；广告学同学选择了广告调查与数据分析和广告创意与表现；传播学同学印象最深的是网络传播概论、交互设计和数字媒介产品策划与运营。综合发现，在专业必修课中，给大家留下更深印象的往往是与实践相关的课程，而作为实践基础的理论课程需要在课程设置、话题选择、内容安排等方面更加丰富、吸引人，才能为实践与应用打下坚实的基础，促进可持续性发展。

在选修课方面，61.96%的同学认为当前培养方案中的专业选修课与平台选修课除学分要求不同以外不存在其他区别，且有72.83%的同学认为这两类课程没有区分的必要。那么培养方案设计当时对于专业选修课和平台选修课的定位是什么，区分依据是什么，类别下的课程安排是否体现了该类课程的定位。当前培养方案在使用中，学生并没有从课堂体验上感知到分类的必要性，但从研究人员的角度来看，该两类课程存在区分的必要，但在课程教学中存在实现实际区分的难度。一方面平台选修课相对于专业选修课应当专业融合性更强、综合运用涉及更广，而专业选修课应针对某一专业的某一个方面适当深入，二者应当相互配合，互为基础，合理安排或建议学生相关课程的选修先后顺序；另一方面，上述区分状态需要各专业教师共同调整课程内容，形成更为完善的教学体系，然而很难实现统一筹划且在实际课堂上贯彻实施，需要学院及教师进一步研究探讨。同时，52.17%的同学认为专业选修课和平台选修课中的各专业比例能满足他们的需求，但47.83%的同学认为应该更加均衡的安排各专业课程的比例。除此以外，71.74%的同学认为选修课程中存在内容相似的课程，出现重复选修的情况，规避这一问题，一方面需要授课教师们沟通协调，另一方面，也需要培养方案在选课指导中提供更清晰的介绍以供参考。

此外，调查显示，48.91%同学表示培养方案在实施过程中存在因主客观因素而导致的未按照原定方案实施的情况，如培养方案中原本有的课程实际没有开设，其中80%的同学认为这种情况切实影响了他们的课程学习安排。

综合来看，86.96%的同学认为培养方案中的总体课程设置是合理的，但在学分学时分配、课程协调和培养方案的"信用"问题等方面存在改进空间。

(三) 排版设计与信息传递

这一部分针对培养方案文件的排版阅读、文字表达和信息完整程度等方面开展了调查。

1. 阅读与理解

如表5所示问卷结果显示，59.78%的同学认为培养方案的排版设计方便阅读，36.96%的同学认为一般；48.91%的同学认为培养方案的文字表达方便理解，45.65%的同学认为一般。总体来看，绝大多数同学在阅读培养方案时较为顺畅，排版设计和语言表达较为合理。

表5　　　　　　　　　　"对培养方案的设计与文案的相关看法"

题目\选项	非常不同意	不同意	一般	同意	非常同意	平均分
培养方案的排版设计方便阅读	0(0%)	3(3.26%)	34(36.96%)	41(44.57%)	14(15.22%)	3.72
培养方案的文字表达方便理解	0(0%)	5(5.43%)	42(45.65%)	35(38.04%)	10(10.87%)	3.54
培养方案的信息传递完整清晰	0(0%)	3(3.26%)	43(46.74%)	37(40.22%)	9(9.78%)	3.57
小计	0(0%)	7(4.32%)	70(43.21%)	66(40.74%)	19(11.73%)	3.6

绝大多数同学在大二上学期读懂了培养方案，但少数同学到大三上学期才厘清培养方案的各项要求。学生读懂培养方案的方式绝大多数为"选课时反复阅读"和"同学讨论"，仅极少数同学询问教师或通过其他途径了解。基于此，我们认为应当增加培养方案的学习环节，如教师讲解等，帮助学生更早、更快、更清晰的掌握培养方案，为大学四年学习生活提供明确的指导。

2. 信息完整度待提高

84.78%的同学认为培养方案需要补充更多信息，其中88.46%的同学认为应当增加课程的详细介绍，如课程教师、教学目标、考核标准、课程要求等，帮助在选课时提高效率，减少试错。虽然学校学院提供了试听一个星期后可以撤课的便利，但仅一堂课不能全面了解课程的各方面信息。此外，71.74%的同学表示需要增加培养方案的相关答疑，充分解释培养方案中的关键信息，避免误读和误会。

综上所述，2018版培养方案在排版设计上具有很高的完成度，为学生提供了方便，但也需要适当补充一些信息，基于同学们日常对于培养方案的疑惑整理官方回复，帮助学生理解的同时，减轻因培养方案阅读使用带来的沟通负担。

五、深度访谈与分析

为进一步调研，我们共联系了13位2018级新闻院本科毕业生作为访谈对象，以腾讯会议线上采访的形式，与他们沟通了对18级新闻院培养方案的看法。访谈对象涵盖学院新闻与传播学类下设的四个小专业，去向包括国内升学、国内就业、境外升学等多种类型，具有一定的代表性。访谈对象的基本资料表见附录A1，访谈大纲见附录A2。

通过对访谈内容进行记录与整理，本组成员概括出2018级新闻院本科毕业生对培养方案提出的多条改进意见。为进一步梳理归纳，小组成员对访谈资料以"F+数字"的形式进行编号，每一份访谈资料对应一个数字，编号范围为F01~F13。对涉及培养方案负面观点及修改建议的原始资料进行整理后，共得出共性建议12条。在通过对比其中的逻辑关系后，小组成员将共性建议归入为学分设置、课程设置与方案阐述三个核心范畴。

（一）学分设置

1. 总学分要求过高，学年分配不均

满足学分修读要求是顺利毕业的关键，与上一版培养方案相比，2018级培养方案总学分要求增加了10分，同时部分课程学分由3学分降为2学分。小组成员在访谈中发现，大部分受访者表示这一修改增加了课程数目，加重了课业负担。同时由于网课期间（即19~20学年第二学期）无法进行线下教学，为了保证教学质量部分课程出现了作业量过大、课外阅读要求过高的现象，导致不少同学疲于应对作业考核。

有几位受访者直接表述了对总学分设置的不解：

"同样的课赋分下降，总分要求又增加了，选课密度很不合理。"（F02）
"（学分要求高导致）学的太杂、太乱、不精，感觉疲于考试。"（F10）

部分受访者则提到了总学分要求增加的同时更应该考虑每学期开设的必修课、选修课的数量，目前每学期开设的课程数量较为不平均。尽管考虑到大三的实践环节和大四的论文写作，但将课程密集地安排在大一、大二两年无疑大大增加了学生的学习压力，也不可避免地导致了低质量学习。

"大一大二必修课很多，负荷比较大，又碰上疫情网课，压力非常大。"（F04）
"大一下学期和大二课太满了，大四基本上又没课了。"（F03）

2. 创新学分、实践课学分意义未体现

新闻院 2018 级本科培养方案明确指出，为培养适应信息传播变革和社会发展需求的创新型新闻传播人才，每个学生必须修读不低于 3 个学分（或不低于 48 学时）的创新创业课程。此外，各专业须在第五学期开展专业综合实践，并于本科期间在平台课程或专业课程板块中至少修读 10 学分包含实验或实践内容的课程。

但在访谈过程中，部分受访者表现出对设置创新学分和实践科学分的原因表示了困惑。

"不太理解创新学分的设计，比如互联网创新创业这门课属于带有创新学分的课程，但课程内容和授课形式和创新没什么关系，体现不出创新性。"（F05）

"除了专业综合实践和大三下学期的大实践之外，我感受不到实践课学分的作用，好像没什么意义。"（F07）

3. 增加跨学院学分修读

2018 级培养方案要求所有学生在通识课程选修中至少跨三个模块完成 8 个学分的修读，并必须修读《人文社科经典导引》《自然科学经典导引》，共修满 12 个通识课程学分。在谈及对大学的期待时，不少受访者都提及了希望修读本院系以外的自己感兴趣的课程，但由于学分要求重，学课必须以完成毕业任务为先，极少机会能参与到自己喜爱的跨院系的课程当中，因此不少受访者希望学院的培养方案能增加通识课程的学分认定。

"希望可以多上不同院的课，而不是像培养方案一样修满八个公选学分就算了，应该鼓励我们多跨专业修学分。"（F06）

"计算机基础到底属于学分呢，作为必修课程但又没列入跨专业必修课，直到毕业我也没懂这门课到底算了几个学分。"（F08）

此外，2018 级培养方案中设置了 8 个学分的跨学院必修课，分别是中国文学（上下）、社会学导论和心理学基础三门课程，但除了心理学基础课程外聘其他院教师授课外，其余两门课程均由本院教师进行授课。受访者表示这无法体现出跨学科培养的特点，对培养方案的宏观设计没有如实落实。

（二）课程设置

1. 课程同质化程度高，选修课区别不明显

2018 级培养方案共设置了 28 门平台选修课，40 门专业选修课程，各专业选修课打通选课。对此，不少受访者表示打通选课壁垒有助于同学们体验更多种类的选修课程，符合培养方案中对复合型专门人才的培养目标，应该在日后的培养方案中继续实施。但同时，部分受访者也表示，在拓宽选修课范围的基础上，要加强对课程质量的把控。

"我感觉很多选修课都很像，课程内容换汤不换药，同样的理论重复地讲，只是换了叙述方法，只保留一门课就好了。"(F10)

"传播学必选的选修课新闻业务基础和融合新闻报道两门课的授课教师一样，授课内容也一模一样。"(F11)

其余受访者提出的相似的课程包括"媒介运营与策划"与"新媒体内容生产"、"融媒体技术实践"与"数字图文处理"、"融合新闻报道"和"新闻业务基础"、"口语传播"与"即兴表达艺术"、"数字内容生产运营"与"数字营销传播"等。

很多受访者也提出，无法辨别专业选修课和平台选修课的区别，也不理解这两种选修课为何配置不同的学分要求，也有受访者提议将两种选修课合并为统一的选修课程，减低学生的课程压力。

2. 研究方法相关课程不足

在探讨培养方案需增加哪些课程时，大部分受访者都提出了希望增设研究方法相关的课程，在大四完成毕业论文之前系统性地教授同学们如何完成论文写作。目前培养方案中在第3学期开设了专业必修课传播学研究方法，由两位教师分别授课。但不少同学认为课程设置得不够完善，难度较大，课堂吸收率低。

"传播学研究方法很重要，但当时完全没听懂，最好可以把一个整体的大任务拆分成小步骤教学，比如从找选题、看文献开始，不要一上来就讲定性定量方法，太难理解了。"(F12)

"研究方法的学习还不够深入，应该每个方法都结合论文去操作实践。"(F13)

"如果有可能的话，在说民族志的时候，就带着班里人到乡村，就是观察一天也好，再不济看个纪录片，让我们知道这个是民族志，这个是田野调查，而不是在课堂上对着ppt光讲。"(F08)

3. 基于小专业提出的建议

对于课程设置，来自不同小专业的同学也提出了自己的看法。

新闻和传播学专业的受访者认为，必修课程的设置没有体系，非常杂乱，并且多门课程重复讲述相同的理论。

"从大二开始很多课就翻来覆去地讲以前的理论，课程名不同但内容大差不差，不如邀请一些业内合作人士，带着大家做新闻。"(F10)

广告专业的受访者表示，课程设置得较为滞后，缺少对业界前沿的把握。在专业大实习中能明显感觉出对业界前沿要求的缺乏。

"很多课程很陈旧,比如广告策划、营销传播文案写作、数字营销传播这些课程明明可以跟今天的广告界接轨,但实际上内容还是老一套的理论,广告界前沿的平台玩法、营销策略之类的东西可能连教师都不清楚吧。"(F06)

广电专业的受访者表示,希望可以增加专业课中实践的比例,以及增加每个同学使用器材设备的时长,让大家真正接触器械,体验拍摄剪辑。

"广电的实践课程很少,每个人的体验感也很低,希望我们可以有类似广告班模拟竞标的是件幸事,让每个人参与进来。"(F05)

(三)方案阐述

1. 缺少课程大纲、教学计划与解读

在回忆起初次阅读培养方案的场景时,很多受访者都使用了"疑惑"这个词,对于大一新生而言,完整详细的课程说明能极大程度上帮助大家完成选课。

目前的培养方案主要以表格的形式呈现,对每门拟开设课程标注了课程类别、课程代码、课程名称、学分数、修读学期等信息,但并未对课程进行进一步的解释。很多受访者表示仅仅通过课程名称选课非常困难,没有办法完全理解课程主要的教授内容。此外,由于每学期课程开设得比较紧张,试课后如果发现课程与自己预期有误差也出于修完学分的考虑无法退课。

对此,部分受访者希望日后的培养方案可以增设附录环节,附上每门课程的课程大纲、教学目标、建议阅读书目、考核方式等内容,高效便利地指导学生选课。

"试着加强培养方案的设计清晰度,包括每门课的开课时间、授课教师、课程规划、学习收获等等,让大家有目的地选课,而不是盲目上课。"(F04)

此外,部分受访者也建议可以在新生研讨课上邀请教师或学长学姐为大家进一步解读培养方案。

"解读培养方案可以让大家在大一就了解怎么分布每个学期的课程,怎样选课才是合理的。"(F13)

2. 缺少港澳台学生的培养方案版本

访谈过程中,来自港澳台地区的三位受访者都提出了培养方案完善港澳台学生版本的

希望。对于港澳台同学而言,毕业总学分要求为 120 分,但其中包含了大陆学生不需要修读的"国情分"。

"上了很多国情课之后才发现,原来我们院的中国文学课和马克思主义新闻观都设置了国情分。这些内容都没有在培养方案中标明,是我们向老师咨询才知道的,我觉得很不合理。"(F06)

六、总结

经过对问卷数据和访谈文稿的分析,研究从学生体验的视角多维度地发现了武汉大学新闻与传播学院新闻传播学类培养方案在设计与实施中的优势与不足,通过整理汇总,希望从"课程设置""行业需求""实践教学""专业特色"四个方面提出利于培养方案修改的方向性建议。

(一)明确课程设置目的,以学生为本,走出"任务型"学分陷阱

研究发现,学生普遍认为学院 2018 级培养方案课程内容、任务量与学分相匹配。但是总学分增加、各学年分配不均共同导致学生选课难,直接的表现是学习压力增加、考试增多、自主学习时间减少、低质量学习,进而导致学生为"凑学分"选"水课"。问卷调查结果显示,有 4/5 的同学认为培养方案的学分设置带来了学习压力。

除了根据学生意见反馈,修改整体学分总额外,还应保证具体专业课程的落实,提升教学质量,减少课程间的相似度,增加学生选课空间。此外,学院要从根本上明确不同学分之间的差异,比如为什么区别平台选修与专业选修?设置创新学分和实践课学分的意义在哪里?单纯 8 个跨模块公选学分真的能满足通识教育的需求吗?

只有真正落实培养方案的具体实施,结合实际情况,将文字的、理论的培养方案转变为真正可实施、可操作的方法论,同学们对于培养方案的满意度才会提高,同学们的学习需求才能得到更深入、更全面的满足。

(二)适应行业需求的变化,注重"复合型人才"的培养

据研究中所收集到的调查问卷,大部分同学认为培养方案的培养目标符合社会需求,特别是"复合型专业人才"的培养。学院内部,专业之间通过平台选修、专业选修类的课程,实现新闻学、广播电视学、广告学、传播学各专业之间的打通培养,满足学生学习全面专业技能的需求。借助新闻业务基础、融媒体实践等课程实现学院内部技能培养的统合。

而在中国本科教育"双一流"战略和"新文科"建设的背景下,新闻传播专业更加注重通识教育,而优秀媒体行业工作者重要的素质之一,即拥有广博的文化和社会科学知识、复合型的知识结构、深厚的人文修养、全面的专业技能,富有发展潜质的新闻传播人才。武汉大学新闻与传播学院,通过设置"心理学基础""社会学概论""计算机基础"等课程

(除学校统一安排的"人文科学导引""自然科学导引"外),要求跨模块通识课程修读,提升学生整体素质。基于调研结果,大多同学认为培养目标的设定一定程度上适应了市场对行业的要求。

但我们也应该看到仍有一部分同学并不了解培养方案的培养目标,甚至行业对个人能力的要求,而这些需要学院在未来实现进一步的关照。

(三)注重提升实践技能,循序渐进

学院在"复合型专业人才"培养卓有成效的同时,还应关注"新闻传播"自身的专业性。为了均衡"综合素质"培养与"专业能力"培养在方案设计中所占的比例,学院有意识设置专业大实践、专业大实习两个具体环节,分别安排在大三上学期、大三下学期,以方便学生在以往课程学习的基础上进行查漏补缺。

学生普遍认为专业大实践、专业大实习都切实有利于深入了解专业所需的必要技能、行业的工作氛围、自身的兴趣爱好,进而帮助判断职业的匹配度,甚至直接决定未来的发展方向。但是专业大实践和专业大实习,相比于传统的课程学习,既没有理论课里条理清晰的概念框架,也缺少实践课中教师有准对性的手把手调教,学生通过自学、互学所达到的学习效果难以保证,更多依赖于其自身的自觉性和团队的合作态度。同时考虑到课程设置中较明显的理论偏向,学院在专业大实践和专业大实习环节,更应强调教师的专业化、系统性指引。比如加入导师指导生涯规划和就业答疑环节,灵活线上开课,班内交流,鼓励同学们交流分享实习实践后对行业的新看法和对未来的新规划。

除了专业大实习,学院关于实践技能的课程仍旧需要继续补充或强化。大二分专业后,各专业具体实践技能的培养应该贯穿在日常的学习之中。学生具体操作、动手、审美能力的提升需要一定的时间和长期的训练,过度依赖专业大实践和专业大实习的集中查缺补漏,不利于夯实专业基础。固然专业大实习能够从行业内部观察体感行业、选择就业,填补课堂实践教学的空缺,但真正从课程设计层面增加实践技能的培训时长,更加符合同学明确未来就业、制定职业规划的需要。

(四)保证"新闻传播"特色,夯实学生专业基础

同时,传播学研究方法、传播统计学等专业基础性课程应受到重视,除了转化为必修课程以保证共同学习并强调重要性外,学院应基于新闻传播专业学习规律,结合广泛的长期的教学实践,考虑课程内容难易程度,循序渐进、由浅及深,慎重安排课程顺序,统一规划课程内容,设计教学方案。

在培养方案的理论设计中,平台选修和专业选修的区分在于课程目的的不同。平台选修更加强调各专业之间的打通培养,关注综合性、融合性,而专业选修则更加注重某专业特定技能的深入培养,强调专业性。但是在具体落地时,选修课各自的特色被弱化,换言之,学生难以感知选修课之间的区别,甚至有72.83%的同学认为这两类课程没有区分的必要。未来,不仅需要在方案设计中更加注重课程的区分,还要将区分落到实地。通过学院内部各专业教师的沟通交流,完善教学体系,尽量避免相同内容在不同教师不同课程中的重复性讲解,保证课程中新知识的传输,提高学生知识获取的效率。

此外,我们也要意识到选修课程相对于必修课程的局限性。虽然选修课能够保证学生学习的自主性和独立性,但是不利于学生专业基础的夯实,特别是传播统计学、融媒体技术实践等专业性很强的基础性课程,应该保证全学院学生的覆盖,也方便后续课程教师的深入讲解,减少学生在基础问题上的参差。并且,武汉大学新闻与传播学院也可以将自身特色研究方向融入本科教学,使同学真正感受到专业的魅力和学术的乐趣,增强对学院的自豪感。

◎ 参考文献

[1] Marsh. H. W, Rowe. K. J, Martin A. PhD students' evaluations of research supervision: issues, complexities, and challenges in a nationwide Australian experiment in Benchmarking Universities[J]. The journal of High Education, 2002(3): 313.

[2] Edward holdaway. Beyond the first degree, graduate education, lifelong learning and caree [J]. Comparative Education Review, 199.

[3] 张大良. 创建具有中国特色世界水平的一流本科教育[J]. 中国高教研究, 2016 (6): 2.

[4] 吴岩. 一流本科一流专业一流人才[J]. 中国大学教学, 2017(11): 8.

[5] 教育部. 教育部关于推荐新文科研究与改革实践项目的通知: 教育厅函[2021]10号 (2021-03-05).

[6] 董泽芳. 高校人才培养模式的概念界定与要素解析[J]. 大学教育科学, 2012(3): 30-36.

[7] 刘英, 高广君. 高校人才培养模式的改革及其策略[J]. 黑龙江高教研究, 2011(1): 127-129.

[8] Buchbinder. H. The Market Oriented University and the Changing Role of Knowledge[M]. Higher Education, 1993, 343.

[9] 尹昱. 基于培养方案的牛津大学本科生培养模式研究[D]. 长沙: 中南大学, 2009.

[10] 桂林. 我国高等院校学前教育专业本科生培养方案研究[D]. 重庆: 西南大学, 2013.

[11] 王平, 陈秀秀, 李沐妍, 杨寒沁. "双一流"建设背景下档案学本科课程设置优化研究[J]. 档案管理, 2022(03): 83-85. DOI: 10.15950/j.cnki.1005-9458.2022.03.040.

[12] 欧阳琳. 新文科背景下档案学本科人才培养调研及优化策略[J]. 档案学通讯, 2022 (01): 92-101. DOI: 10.16113/j.cnki.daxtx.2022.01.010.

[13] 梁超, 李兵, 彭敏, 汤洁. 人工智能专业研究生培养方案修订: 问题、原因与对策 [J]. 计算机教育, 2022(1): 17-20+25. DOI: 10.16512/j.cnki.jsjjy.2022.01.005.

[14] 冯威, 杨浠筝. 新时代下民办高校广播电视学应用型人才培养方案制订路径探索[J]. 新闻研究导刊, 2018, 9(5): 21-22.

[15] 田秋生. 通识教育打造媒体精英——复旦、清华新闻学专业本科人才培养方案考察

[J].西南民族大学学报(人文社科版),2010,31(1):134-137.

[16]周茂君,柏茹慧.新文科背景下新闻传播学本科专业人才培养研究[J].国际新闻界,2022,44(2):133-156.DOI:10.13495/j.cnki.cjjc.2022.02.006.

[17]余红.我国985、211高校传播学专业培养方案分析[J].东南传播,2014(1):12-16.DOI:10.13556/j.cnki.dncb.cn35-1274/j.2014.01.005.

[18]肖远军.CIPP教育评价模式探析[J].教育科学,2003,19(3):42-45.

附录 A1：访谈对象的基本资料表

访谈对象编号	所读专业	毕业去向	访谈内容编号
A01	传播学	出国留学	F01
A02	新闻学	国内升学	F02
A03	新闻学	待就业	F03
A04	传播学	香港升学	F04
A05	广播电视学	出国留学	F05
A06	广告学	待就业	F06
A07	广告学	国内升学	F07
A08	广播电视学	国内升学	F08
A09	广告学	国内升学	F09
A10	广播电视学	就业	F10
A11	传播学	就业	F11
A12	新闻学	就业	F12
A13	新闻学	国内升学	F13

附录 A2：访谈大纲

一、课程设置与培养目标

1. 新闻与传播学院 2018 级培养方案的培养目标部分表明希望培养出"复合型专门人才"与"高级专业人才"，在你四年的学习体验中，你觉得课程设置上哪些方面有助于你成为这样的人才？

2. 在本科四年的学习后，你认为学院的培养是侧重于理论知识的培养还是实践技能的培养？你在这两方面掌握如何？你希望学院如何分配理论和实践的培养比例？

3. 我们的课程分为公共基础课、通识教育课程、专业教育课程三个部分，其中专业教育课程又分为大类平台课程和专业课程，在你的学习体验中，大类平台课程和专业课程有怎样的区别？在专业课的学习中是否让你可以感受到明确的专业区分？

4. 在进入大学前，你对大学教育的想象是什么样的？培养方案满足了你对大学教育的期待吗？

二、人才培养与市场需求

1. 培养方案对你的职业规划提供了帮助吗？你实习与最终就业的岗位和你所学习的专业相匹配吗？为什么？（匹配：是否有助于你适应这份工作？/不匹配：为什么选择和专业不同的岗位？适应起来如何？专业是否有帮助？）

2. 你在学校学到的哪些知识与技能在大三的专业大实习中能够得到运用或发挥作用？这里所指的知识与技能在课程中学到的有哪些？课程之外的有哪些？

3. 在实习与工作中，你认为工作岗位所需要的技能有哪些在课堂中没有得到学习与锻炼？是因为没有开设对应的课程还是课程所教授的内容存在错位与缺漏？

4. 结合你的就业情况，你认为培养方案应该增加什么课程或补充怎样的实践环节？

5. （针对升学）请问在你保研/考研/申请国外学校的过程中，你认为培养方案是否有助于你申请深造？你认为对于下一届的培养方案，有哪些方面需要进行调整？

三、课程设置与学分学时

6. 2018 级培养方案要求学生毕业需修满 150 学分，开设的课程中大部分课程为 2 学分与 3 学分，你如何看待课程内容、质量与学分的匹配度？能否举例谈谈。

7. 上一版培养方案相比，总学分要求增加了 10 分，部分课程学分由 3 学分变为 2 学分，这一修改是否让你感觉导致需要选修课程变多？你认为为你带来了哪些影响？（课程数目增多？课业压力增加？……）

8. 你可以谈谈有没有你认为对专业来说必修的课程但是属于选修？为什么？那你认为有没有必修课程的质量没有办法达到必修水平？

9. 学院开设了大量的选修课程，种类丰富的同时也不乏内容相似课程，在你的四年学习中，哪些课程让你感觉似曾相识？

10. 培养方案是指导我们选课的主要参考，在选课的过程中培养方案给你提供了选课的方向吗？你是否受培养方案影响在选课方面遇到问题？遇到了哪些问题？

11. 在培养方案的具体实施上，你是否因为未按照原定方案实施的课程安排而受到影响？（比如部分平台课程或专业课程选修在某一学期开设的数量影响选修学分安排）这一影响最终通过怎样的方法解决的？对于这一问题你有什么完善的建议吗？

12. 新闻与传播学院的分专业安排在大一学年末，因此在大二学年开始分专业的专业培养，对于这一时间节点的安排你有什么看法吗？

13. 对于大三下学期开设的专业实习，对于时间节点和实习安排你有什么看法吗？

14. 你认为培养方案是否清晰易懂？你是在什么时候对培养方案有一个大致的掌握的？

15. 你认为2018版培养方案还存在哪些问题？

从"内卷"向"自卷"的转变
——用有效努力赋能自我提升

陈　馨　张逸茗　刘芷欣　龙昱敏　张舒艳

(武汉大学　泰康医学院(基础医学院)，湖北　武汉　430072)

【摘　要】"内卷"作为资源稀缺导致的无效努力对大学生的自我提升具有较大负面影响。将无效努力转变为有效努力，关键在于创新思路解决资源的获取与再分配问题。"强基计划"培养模式、通识教育和翻转课堂都是近年来高校采取的有效措施，对"内卷"向"自卷"的转变起到了积极意义，而其中仍然存在的一些问题成为今后需要思考创新改善的契机。

【关键词】内卷；有效努力；自我提升

【作者简介】陈馨(2003—)，女，汉族，浙江瑞安，武汉大学基础医学专业本科在读，E-mail：2021303011014@whu.edu.cn。张逸茗(2003—)，女，汉族，河南卧龙，武汉大学基础医学专业本科在读，E-mail：3123481182@qq.com。刘芷欣(2002—)，女，汉族，重庆北碚，武汉大学基础医学专业本科在读，E-mail：1539306222@qq.com。龙昱敏(2003—)，男，汉族，江西吉水，武汉大学基础医学专业本科在读，E-mail：3416836165@qq.com。张舒艳(2002—)，女，汉族，山东岱岳，武汉大学基础医学专业本科在读，E-mail：2546484289@qq.com。

2021年网络十大热词中，"内卷"高居排行榜第五，颇为引人注目。"内卷"的定义已然被社会生态重构，其真正意义往往体现在一幕幕生活场景中，故而定标当代年轻人眼中的"内卷"尤为重要。在我们所做的"本科生'内卷'现状调查"结果中，受调查的本科生们对"内卷"的理解得到清晰反映。基于此份问卷，我们也了解到了受调查者们对"强基计划"的了解程度和对通识教育、翻转课堂的态度，提示了这些创新思路的合理性与值得改进之处。

一、"内卷"现状调查分析

(一)被调查者基本情况

本文从学院视角出发，故被调查者中，有近半数是医学专业的学生，但同时也大致涵盖了各种不同专业方向(见图1)。被调查者多数为大二学生，正处于基本完成从高中到大学的转变的时期,对大学生活也有了一定的了解;大一学生占比同样不低,有助于了解刚刚结束高中生活的大学新生关于"内卷"这一现象的看法(见图2)。男女比例较为平均,调查结果较为可信。

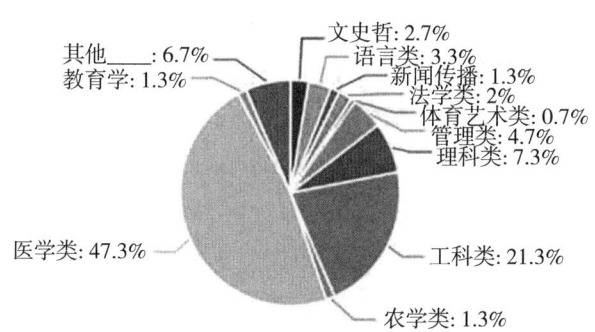

图1 被调查者大学所学专业类别

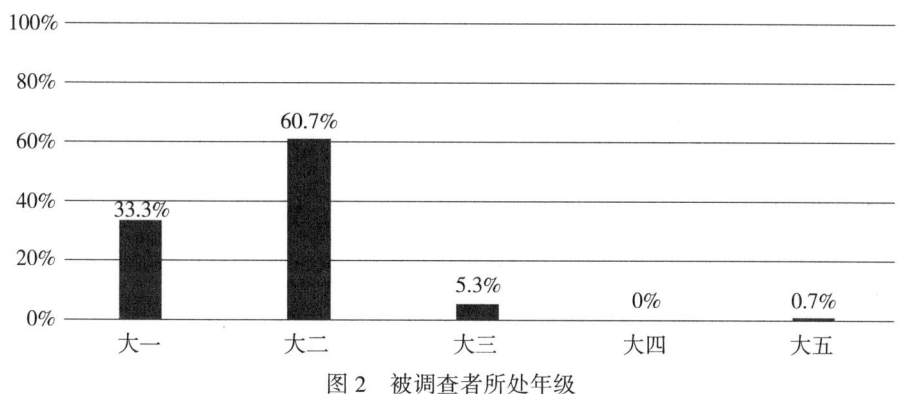

图2 被调查者所处年级

(二)对"内卷"的基本态度

从调查结果中可以看出,被调查者基本都认为自己并不"内卷"(见图3);与此同时,绝大多数被调查者都期待自己的学习状态是"该努力时努力,该放松时放松"(见图4)。大部分被调查者认为自己所在班级"内卷"氛围一般般,只有少部分人认为自己所在班级气氛卷到"令人窒息",这种情况在各专业都较为相似。这一结果引人深思,既然大家都不是"卷王",那么所谓"内卷"的气氛又是由谁带动起来的呢? 为何网络上大把大把的人频频抱怨这个时代太"卷"了? 可能的原因是在提及"内卷"时,多数人都会想起他人努力而自己没有在努力的状态;此外,在自己因不够努力而感到有些郁闷时,和一批并不相识的人一同宣泄情绪,是一种很好的缓解压力的方法;实际情况可能并非如大家所听到看到的压抑。

二、学生编

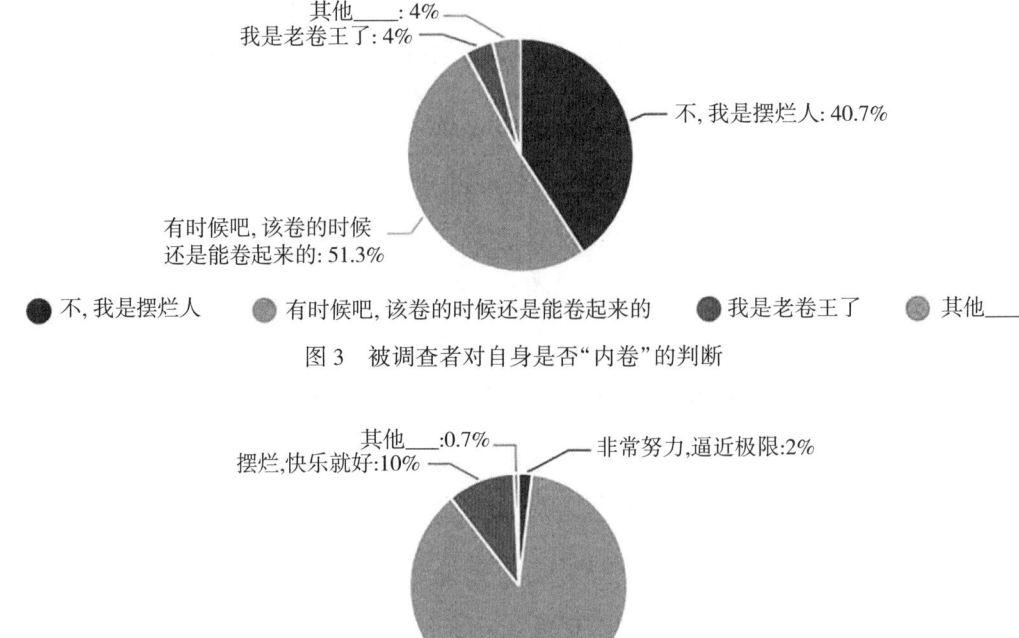

图 3 被调查者对自身是否"内卷"的判断

图 4 被调查者期望的自己的学习状态

绝大多数被调查者对于"内卷"的态度为"无所谓,都是各自的选择"或"不喜欢自己的努力被人说成是'内卷'",可知不管是看待他人还是代入自己,绝大多数大学生并不想用"内卷"去给别人"盖章"。本科生所定义的"内卷"更偏向于"别人面前摆烂,背地里偷偷学习",期待的班级氛围是"大家一起学习,共同进步,互相帮忙,关系融洽",可见大家更希望共赢与互助,而非精致利己式的恶性竞争。

"自卷"便是于"内卷"中取其"自我努力"而去其"恶性竞争"之意而诞生的词汇,其努力的本质是为了自我提升,而非为了超过他人。普遍提升与共同进步才是学校、社会真正需要的人才培养模式。

总结可知,奖学金、绩点、保研等资源的稀缺而非大学生本身的性格特点是导致"内卷"的真实原因,积极向上、渴望提升自己以实现人生价值的美好诉求应当得到广泛的尊重,而这需要的便是从资源的获取与再分配入手解决。

二、从"强基计划"培养模式探讨转变途径

"强基计划"即基础学科招生改革试点,是 2020 年为全面贯彻全国教育大会精神,深入落实《国务院关于深化考试招生制度改革的实施意见》,根据《关于在部分高校开展基础学科招生改革试点工作的意见》等文件刚刚出台的招生方式,立足于服务国家重大战略需

求,加强基础学科拔尖创新人才选拔培养,探索多维度考核评价模式,选拔一批有志向、有兴趣、有天赋的青年学生进行专门培养,为国家重大战略领域输送后备人才。

"强基计划"之所以可以成为"内卷"向"自卷"转变的途径之一,就在于其人才培养模式思路的正确性,即着眼于群体中每一个体个人能力的培养,鼓励创新与试错,推进学科的交叉融合。其本博连读的长学制避免了考保研的压力,小班制与丰富的导师资源也避免了导师选择的竞争,让每一名强基学子都能在自己感兴趣的领域深耕发展。

众所周知,我国大学专业学制以四年制或五年制为主,而一些比较特殊的专业则可能开设七年甚至八年的长学制,最常见的就是医学类专业。通常来讲,长学制的设置是由相关专业的特点所决定,医学类专业由于知识内容多,技术要求高等原因而对学生的素质提出更高的要求,在这种背景下,长学制便应运而生。

对于大部分专业的同学来说,在接受四年本科教育之后就面临着考研抑或就业的选择。不同道路的选择取决于学习意愿、就业前景、家庭条件等因素,同时不同的选择也会造就完全不同的人生轨迹。

而长学制存在许多优点,这使得它为很多学生所青睐。首先,不可否认的是,长学制学生由于没有考研的压力,可以更好地享受大学时光,拥有更丰富的经历,也有更多与同学和老师互相陪伴的时间,这些对于大学生价值观的形成和培养、人格的塑造和完善都是大有裨益的。其次,由于没有考研的中断,学生在较完整的长期学习生涯中能更有计划地思考和体会专业特点,学习和掌握专业知识技能,安排和实践社会生活。最后,在减少因为"内卷"而消耗的时间和精力的同时,省下来的时间可以让学生更早接触科研领域,为日后硕博的攻读奠定良好的基础。

小班化的教学模式使得班级氛围融洽,亲如一家。老师面对的学生少,学生课堂接收信息的效率高;对于不明白的问题,大家可以一同探讨,在思维的碰撞中收获有效努力;从学习到生活的广泛交流赋能情绪价值,从而对努力有了更深刻的自主性。

但大部分对"强基计划"有一定了解的被调查者都认为其"思路是对的,但还有很多需要改进的地方"(见图5)。其在避免"内卷"的同时真正达到"自卷"效果的能力尚待商榷。

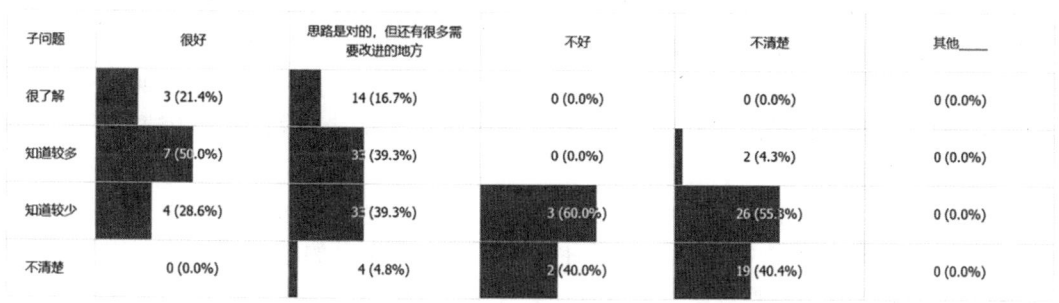

图5 对"强基计划"有一定了解的被调查者对该计划的态度

八年制等长学制确实避免了考研的激烈竞争,但是压力的弱化并不是完全对学生有利。由于在校时间较长且没有考研的压力,很容易在紧张的高考之后进入持续而长久的

"放松"状态,在这个过程中逐渐安于现状,不思进取,丧失斗志。这种心理上的懈怠可能导致学生职业规划较晚,与最佳的就业机会失之交臂。据有关导师反馈,很多长学制学生的毕业论文质量不如短学制的硕博生,这也是长学制弊端的一种体现。除此之外,政策的变化也给长学制的学生带来了一定的不确定性。长学制一般为七八年,在如今高速发展的社会,七八年足以发生翻天覆地的变化,而此时的优势也有可能随着时间的推移、社会的进步、政策的变化而变成劣势,因此其具有较大的不确定性。

但是,这些优缺点也会因专业的不同而呈现出一些差异。从本专业——"强基计划"基础医学来看,基础医学的定位方向即为科研,其目标就是培养一批具有科研创新能力、理论基础扎实的医学科研工作者,因此,一切模式和方法都为科研而服务,长学制就是一个很好的选择。基础科研是一个需要时间、精力、热情去沉淀的领域,而长学制的设定和考研的去除为学生提供了足够的时间接触科研、了解科研。学生们可以从大二就进入实验室进行相关理论和实践的学习。不仅如此,导师制也为学生们提供了更多的科研机会和实践锻炼,这种方式会倒逼学生加强对文献尤其是英文文献的阅读和理解。这些都会提高学生的科研能力,对日后的科研生涯有很大的促进作用。并且,相比于一些教学模式的"淘汰制",强基计划实行的是"达标制",学生不会因为争抢成绩的排名而"内卷",转而投向"自卷"的有效努力,并更好地投入科研。

其实没有哪一种模式百分百完美,符合所有人的期望,"强基计划"也尚在试错与探索之中,其优势的大范围铺展仍存在资源不足的问题。但我们需要在不断实践、不断探索中寻求一种合理的平衡,不同模式的实践也为高等教育模式的发展提供了可贵的经验,高校可以根据不同的专业和特点进行模式上的创新,助力学生缓解"内卷"困境,促进自我提升。

三、大学:通识教育和翻转课堂

(一)通识教育与成人成才

"内卷"部分原因在于从众心理和价值观的单一化,人们对金钱、社会地位的追求,对优越感的追求,对个别职业的盲目吹捧,对自身不清晰的认知都在一定程度上造成了"内卷"。打破"内卷"僵局,寻求有效努力,需要培养良好的人生观、世界观、价值观;要让学生充分认识到自己的兴趣、人生目标和专长所在。而通识教育不失为帮助学生认清前路,发现自我的一大助力。

通识教育相比于专业课程最大的优势,就是其对价值观的传递和对学生兴趣的培养。专业课绝大部分时间都集中于专业知识的传授,只有极少部分的零碎时间用于塑造价值观和兴趣培养。而通识教育则在这方面有着得天独厚的优势。

在价值观的传递上,通识课程是一个很好的途径。在通识课程中,视频、文学作品或是演讲都是价值观的良好载体;对各个学科的重要成就和进展的介绍,既是学生了解这个学科的方式,也是培养兴趣的方法,更是对学科精神、学科价值的引导。以基础医学专业为例,在对医学史的学习过程中,我们可以知道过去的医学巨人是如何从混沌之初一步一步建立起医学的高楼大厦；我们了解到在科学研究中的困难与乐趣并存，辛苦与荣誉同在；我们看到了悬壶济世的仁医大道，也有醉心求知的真理之途。

通识教育涉及的方面广而杂，形式也不如专业课固定（演讲、辩论、文学艺术作品赏析等），对于学生广泛了解社会的各个方面有所裨益。而在对各个学科的广泛接触中，学生发现自己兴趣所在的可能性会有所增加。当学生真正发现自己的兴趣方向，找到能够为之努力的事物，那么"内卷"将化为"自卷"，所追求的也将是自我提升和对真理的探索。

通识教育的思路确实能提供学生成人成才的契机，但问卷结果也能揭示它的一些问题。

要想帮助学生发现自己的兴趣所在，找到自己的更多可能，通识教育涉及的范围就要尽可能广，但是范围扩大就会出现学生可能会面对众多自己不感兴趣的课程的情况。这也是我们在调查中所发现的——许多学生认为通识教育是一些"水课"，可有可无、浪费时间、作用不大的原因之一（见图6）。毕竟"书富如入海，百货皆有。人之精力，不能兼收尽取。但得春所欲求者尔。"因而学校对于通识课程的设置可按照学科来划分。学生对通识教育不重视的一大原因是通识课程在短期内的重要性不如专业课程，如若课程内容趣味性不强，就无法获得学生的注意，这样一来通识教育的作用就无法很好地发挥。因而通识教育应该设计更多与学生的互动环节增强趣味性，或提高学分和考核标准让学生重视。

（二）翻转课堂与自主合作

翻转课堂是当下一种被广泛应用的教学方法。这种方法不同于以往教师讲授、学生听课的模式，而是具有研讨性、互动性、自主性的。国外有学者认为翻转课堂是"把知识传递内容移到课堂之外，用课上时间进行课堂活动和合作学习，并要求学生完成课前和/或课后活动，以充分受益于课堂"的教育手段。

无论是教师还是学生，都需要提前深度准备。学生在知道他们需要掌握并展示的内容后，会开始思考从什么入手、需要查找哪些资料、重点讲解展示哪些内容等问题，这无疑能够帮助学生认真学习知识并投入课堂，把握知识的结构，进而学生会通过阅读课本、观看慕课视频等方式提前学习。另外，翻转课堂还要求学生上台展示汇报、回答问题等，可见翻转课堂极大程度上促进了学生进行自主学习，能够锻炼学生的批判性思维。[1] 翻转课堂还可以提高学生的合作能力。小组成员需要开展细致的讨论，进行大纲的制定并分配任务，所以学生之间会深入交流，配合完成任务，其中包括小组成员之间的互相请教学习，可以达到取长补短的效果。

翻转课堂的思路确实启发了自主合作，但问卷结果显示在实际操作过程中仍存在一定问题（见图7）。

翻转课堂的目的是提升学生能力，可是有些时候能力未得到提升反而负担加重，尽管这并不是实施翻转课堂的初衷。翻转课堂的重点在于教学活动的精心设计，通过课下学生的自主学习和课上的交流讨论等形式，实现有效学习的教学目的。但有时任务量较大，内容难以理解，同时留给学生做准备的时间不足，在这样不合理的规划安排下，学生就会花费大量时间查找资料进行学习，但效率并不高，可想而知，课堂上的展示报告将是混乱无序的；有时学生只是简单地把视频或文字在课堂上呈现出来，并没有经过充分思考，仅仅把翻转课堂当成"走个过场",通过这样的方式,学生非但不能学习知识和展示学习成果,还浪费了时间。经过反思,我们认为,教师应当精心考虑翻转内容、翻转时间的选取,学生应当积极自主学习打好课堂基础。只有老师和学生都经过充分准备,实施上做到组织有序,才能达到推动学生有效努力的目的。

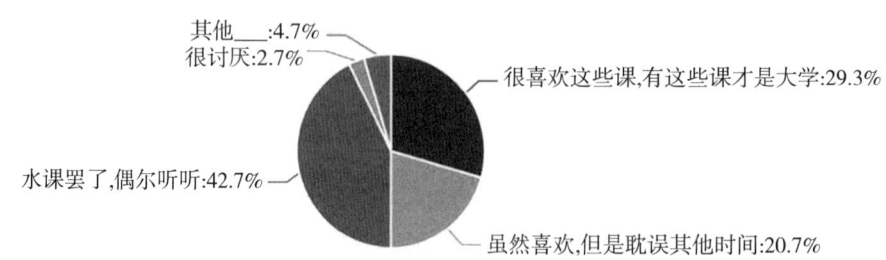

图 6　被调查者对通识教育(公共必修、思政、公共选修等课程)的态度

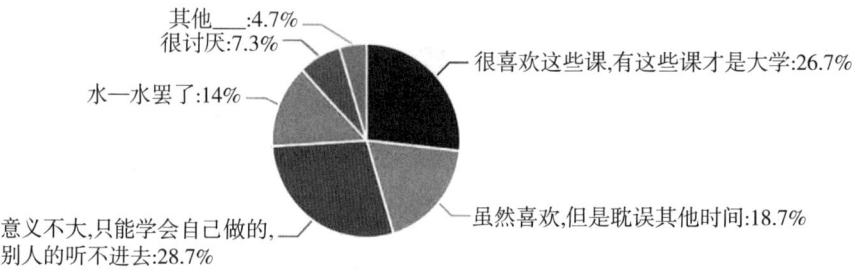

图 7　被调查者对翻转课堂(小组合作、课堂展示)的态度

翻转课堂不可避免的就是小组合作与分配任务的问题。每个人都有自己负责的一部分内容,包括查找资料、制作PPT以及上台展示等。然而,经常会出现学生只知道自己负责的一部分内容,并不能充分学习到小组全部学习内容的情况。对于这种情况,老师可以在课堂上多与学生互动,让学生做一些课堂习题或适当提问,并做好记录,由此更全面地把握学生的学习状态,同时也可以督促学生进行全面而不是片面的学习。

翻转课堂作为信息时代新的教学模式,丰富了教育理论,创新了人才培养的方法,其重点在于教师课堂设计、学生自主学习与小组合作。虽然翻转课堂的实施仍存在一些问题,但它依然是提升学习主动性和小组合作能力的重要方式。

四、结语

在"内卷"效应显露弊端的现实语境下,对其向"自卷"转变的探索是极有意义的。无论是"强基计划"的长学制、小班化、导师制,还是通识教育对价值观的传递和兴趣的培养,抑或是翻转课堂对创新教学方法、提升自主合作的追求,都展现出此番探索的价值。

大学生积极向上、渴望提升自己以实现人生价值的美好诉求应当得到广泛的理解与尊重，我们呼唤新的教育思路能更好地解决资源的获取与再分配问题，对学生的有效努力起到长效的推动作用。

五、附录

（一）调查原因

大学生是社会中的重要的群体，是未来社会的中坚力量。当前，以教育为代表的各个领域都面临着一个共同的问题，那就是"内卷化"。这一现象在大学生中尤为突出，已经引起了广泛的关注和深刻的思考。因此，我们面向大学生做调查，旨在了解大学生们对"内卷化"的认知和理解，以及对于如何化解"内卷化"所持有的看法和想法。

大学生是国家的未来，大学生的学习和生活状态直接关系到国家的未来发展。调查大学生对"内卷化"的认知和理解，可以更好地了解大学生们的内心世界，更好地解决大学生们在学习、生活中面临的问题，更好地推进国家的发展。

当前社会"内卷化"现象普遍存在，已经成为大家关注的焦点。而大学生是这种现象的主要承受者，调查大学生们的看法和想法，不仅能够更加深入地了解这一现象，也能够提供有效的解决方案。

调查大学生关于"内卷化"的看法和想法，可以让大家更好地了解"内卷化"的本质和特点，更好地引导大学生正确面对这种现象，避免因为盲目追求而导致的各种问题。

因此，我们的调查意义重大。通过这个调查，我们可以更好地了解大学生的需求和想法，为大学生提供更好的帮助和服务；同时也可以更好地推进社会的发展，为国家的未来发展打下坚实的基础。

（二）调查方法与数据处理方式

我们采用"腾讯问卷"软件编制《大学对于"内卷"的看法》调查问卷，通过大学生QQ及微信群、朋友圈、QQ空间、一对一发送等方式，在告知被调者调查者身份，调查目的，数据用途以及隐私保密等信息后，发送调查问卷二维码，并采用匿名方式让被调者进行填写，以消除调查对象心思想顾虑的影响，保证数据的真实性。最终收到调查问卷150份，年级涉及各个年级，但以大二学生为主；大学所在地涉及华中、西南、沿海、北京等地，尤以华中地区为主；且学生籍贯亦是来自全国各地，这让该调查更具有可信度。

数据处理方式为"腾讯问卷"自带的数据统计及处理机制，能直接导出统计图表；且我们进行了部分交叉分析，能够对一些问题回复的底层逻辑进行判断。

（三）调查可信度证明

本次调查我们采用的是"腾讯问卷"进行线上调查，主要的调查对象为大学生群体，其中多为团队成员身边的同学朋友等，这种方式增加了问卷的真实性，根据问卷结果的交叉分析，我们发现专业选填医学的大部分都很了解长学制（88.9%）而选填其他专业了解较少，很了解"强基计划"的被调查者大部分(77.8%)很了解长学制，而不了解长学制的也几乎(80.0%)不了解强基计划，这些数据都较符合大家对医学以及长学制的了解状况，能够说明问卷具有较强的有效性和真实性。

◎ 参考文献

[1] 易晓东，任艳萍，陈伟. 翻转课堂在组织学综合性实验教学的应用[J]. 基础医学教育，2018，20(11)：976-978. DOI：10.13754/j.issn2095-1450.2018.11.15.

武汉大学第一临床学院第三学期学习情况及满意度调查

孙辰雨 尹 彤

(武汉大学 第一临床学院,湖北 武汉 430072)

【摘 要】 第三学期活动在武汉大学已开设数年,而第一临床学院的活动以临床和科研实践为主,学生参与度高。为了解学生对第三学期各项学习内容的期望、参与度和满意度,并进一步提出建议,我们进行了问卷调查。结果表明我院学生积极参与临床见习或实习,且高年级学生临床参与度更高,半数学生参与了形式各样的科研训练。学生在第三学期中的实际参与和预期较为相符,总体满意度较高,但在学习内容、时长、后勤保障等方面仍需要进一步改善。此外我们调查了学生对学习导师的需求,多数同学希望导师从科研、职业规划和临床技术等方面提供更多的指导。

【关键词】 第三学期;学习导师;本科教育;临床医学

【作者简介】

孙辰雨(2000—),女,新疆乌鲁木齐人,武汉大学第一临床学院2019级本科生,电子邮箱:1486233934@qq.com。

尹彤(1999—),女,河南郑州人,武汉大学第一临床学院2019级本科生,电子邮箱:1660172659@qq.com。

一、背景

第三学期是传统的两个长学期适当缩短后,在暑期增设的第三个短学期。[1]第三学期的开展有利于高校学制与国际接轨,便于各类实习实践活动的开展,也能够促进学生开展自主学习。基于临床专业的特殊性,第一临床学院在第三学期开展内容以临床实习为主,另外也包含特色专业课程和科研训练,在本科学生中有较高的参与度。

本科生学习导师制度近年来在高校之间被不断推广。学习导师可以针对学业、思想、专业技能、科研等方面对本科生进行指导,便于增进师生交流,也有利于加强学生对专业的认识。[2]我院的第三学期活动与学习导师指导密切相关。因此我们希望通过满意度调查为第三学期的开展与学习导师制度的完善提供帮助。

二、目的

从学生的视角了解第三学期的需求、学习情况和满意度；
了解学习导师在第三学期中的作用及学生满意度；
为完善第三学期建设提出建议。

三、方法

采用"问卷星"（https：//www.wjx.cn/）制作线上问卷并进行调查，调查人群为第一临床学院本科生。问卷的发放范围限于存在身份认证的学校内部群聊，以保证调查结果的可信度。问卷内容主要包括：基本信息、第三学期参与情况、满意度调查和建议收集。收集问卷后对结果进行频数分析。

四、结果及分析

我们通过发放问卷的方式，调查了第一临床学院来自不同年级的总计25名同学对第三学期的看法。填写问卷的同学主要来自2019级和2018级，也有来自2017级、2020级的同学参与了我们的问卷调查，各个学制（5年制、8年制、5+3）的学生均有所含括，其分布如表1所示。其中除一名来自2017级的同学未参与过第三学期外，其余24名同学（96%）均曾参加过第三学期的学习。

表1　　　　　　　　　　　　　样本年级及专业组成

项目	分布			
学院	第一临床学院(25,100%)			
年级	2020(1,4%)	2019(13,52%)	2018(9,36%)	2017(2,8%)
专业	临五(10,40%)	临八(4,16%)	临5+3(10,40%)	未知(1,4%)

1. 第三学期参与及满意度

与长学期不同，同学们对第三学期的需求也具有自主性和多样性，然而实际实施过程中可能有收获也可能有遗憾。于是我们首先调查了大家对第三学期活动的预期，及实际参与后的满意度，并尝试分析了满意度的影响因素。

同学们对第三学期的需求集中在各种实践活动。大家对临床见习或实习以及科研训练有较高的需求，并且希望借此完善职业生涯规划，促进与学习导师的交流（见图1）。相比之下，同学们在第三学期期间对于专业课等理论学习的需求较低（见图1），这也与学校设立第三学期的初衷相符。

因学院的统一安排,除一名2020级的同学外,几乎所有同学参与了临床实习或见习(23/24,95.8%),多数同学也参与了学院开设的课程(18/24,75.0%)及科研训练(16/24,66.7%),明显高于参与其他课程或社会实践的比例(见图2)。通过与同学们预期中的第三学期活动相对比,可以看出临床实习或见习及职业生涯规划两项活动是大家相对更加期待的,且学院主要安排的临床实习工作与大家的期待较为吻合。

总体上看,同学们对第三学期的满意度较高。大多数参与的同学持满意(15/24,62.5%)或很满意(2/24,8.3%)的态度,且无人选择不满意的选项。这说明我们学院第三学期活动较为成功,但值得注意的是对其"很满意"的同学比较少,说明仍有值得改进的空间(见图3)。

在对第三学期各项内容的分项评价中,同学们的整体评价依然较为良好。其中对临床实习和见习评价同样高于其他项目,而大家对科研训练的满意度相对逊色于其他活动,说明后者更需要改善(图4)。

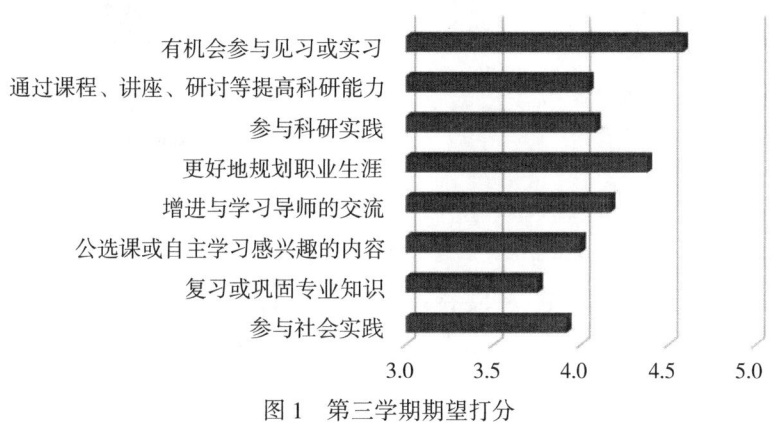

图1 第三学期期望打分

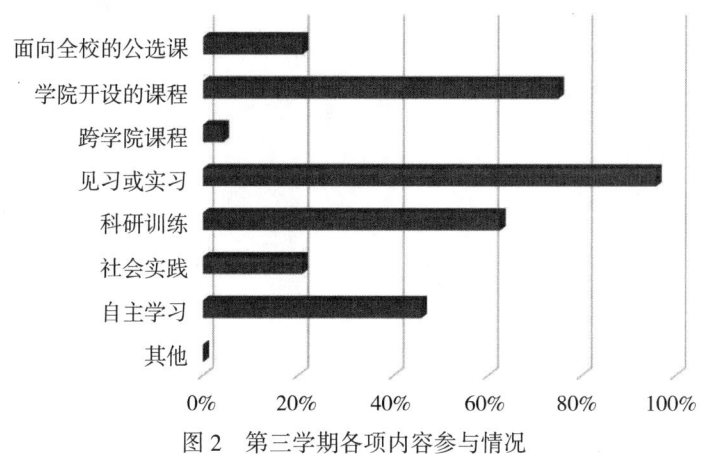

图2 第三学期各项内容参与情况

二、学 生 编

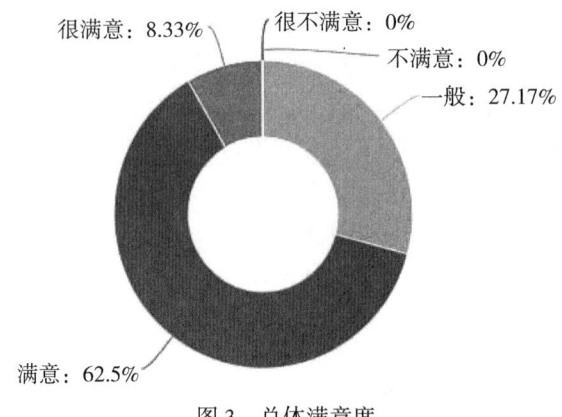

图 3　总体满意度

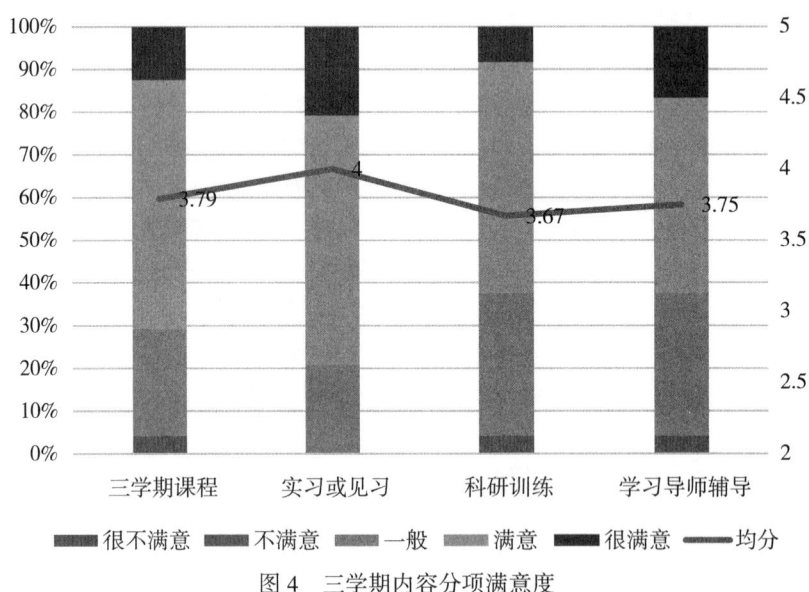

图 4　三学期内容分项满意度

2. 满意度原因分析

为了进一步从学生的角度分析影响第三学期满意度原因,我们在问卷中分别调查了选择较高或较低满意度的原因。结果表明选择不满意的原因包括"占用假期""缺乏有意义的学习内容""后勤保障不足"等(见图 5),而选择满意的原因明显集中在"临床见习时间充裕""便于科研实践"和"学业导师指导充分"(见图 6)。可见临床和科研是最主要的影响因素,而导师的指导作用也十分重要。

3. 临床实习见习情况

参与临床实践的共有 23 人,包括参与调查的全部 2019 级和 2018 级同学及一名 2017 级的同学。我们统计了同学们临床实习的时长和具体学习内容。作为大家期待、满意以及参与程度均较高的部分,同学们参与临床实习与见习的时间也相对充裕。其中较高年级同学参与临床的时长也相对更长。结果表明大多数同学每周用于临床的时间超过了15小时,且选择大于25小时的人数占比最多(见图7),这个结果超出我们的预期,可能是由于问卷覆盖了较多高年级的同学。而与2019级同学相比,2018或以上的同学用于临床实习的时间明显较长(见图7)。

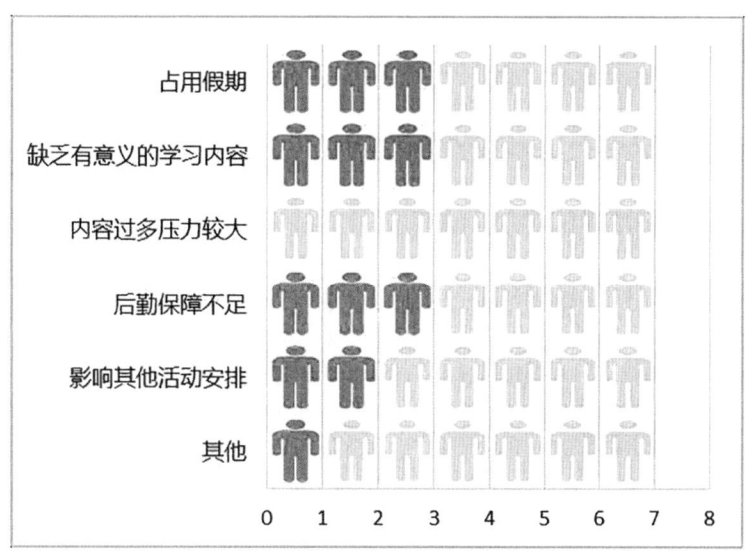

图5 不满意原因

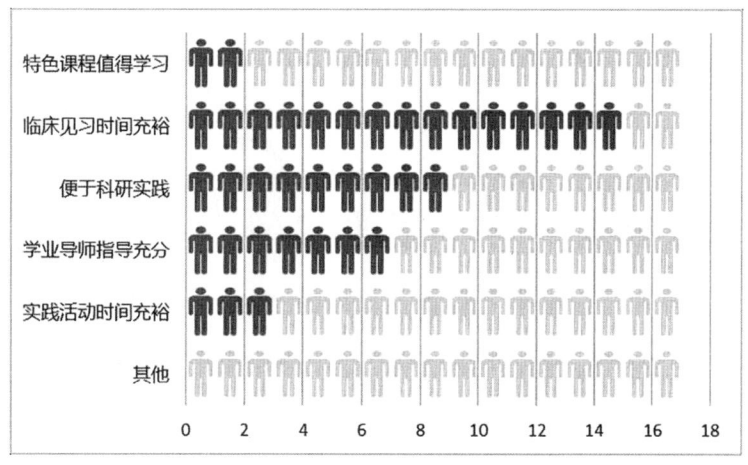

图6 满意原因

具体学习内容上,87.0%(20/23)的同学是根据导师的安排进行,而自主安排实习或见习内容的占比较少;87.0%(20/24)的同学参与了到病房或门诊观摩,而参与病历书写、临床操作的比例相对较少。与高年级同学相比,2019级同学参与病房或门诊观摩的比例较高,而参与临床操作或病例书写的比例较低(见图8)。

二、学 生 编

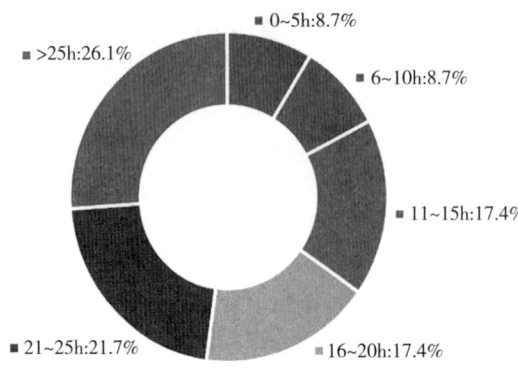

临床时长/h	2017级	2018级	2019级
0~5	0	0	0.15(2)
6~10	0	0.11(1)	0.08(1)
11~15	0	0.22(2)	0.15(2)
16~20	0	0	0.31(4)
21~25	1(1)	0.22(2)	0.15(2)
>25	0	0.44(4)	0.15(2)
总计	1	9	13

图7 平均每周临床见习实习时长及各年级对比

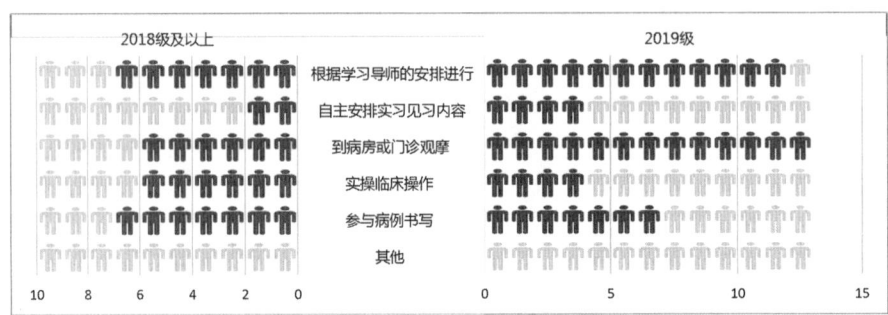

图8 临床学习具体内容及年级对比

4. 科研实训情况

参与科研的同学共有15人，分别来自2018级及2019级。我们发现同学们参与科研活动的时长相比临床较短，且根据个人情况，同学们的科研时长差距较大。半数以上的同学平均每周参与科研的时间不超过10小时，参与时间在15~20小时和25小时以上的各占13.3%(2/15)(见图9)。而具体内容上，不同年级的分布基本相同，参与"自主查资料或阅读文献"的同学比例最多，而参与小组讨论、进入实验室学习、参与相关课程及开展研究项目的相对较少(见图10)。

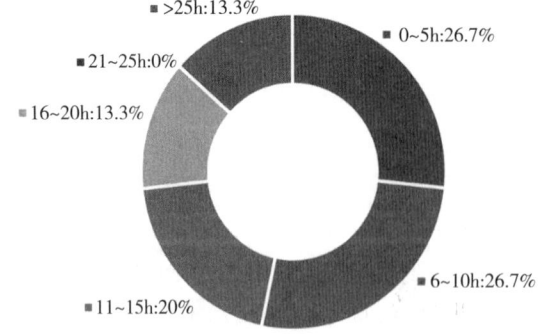

科研时长/h	2018级	2019级
0~5	0.20(1)	0.30(3)
6~10	0.20(1)	0.30(3)
11~15	0.20(1)	0.20(2)
16~20	0.20(1)	0.10(1)
21~25	0	0
>25	0.20(1)	0.10(1)
总计	5	10

图9 平均每周科训练参与时长及各年级对比

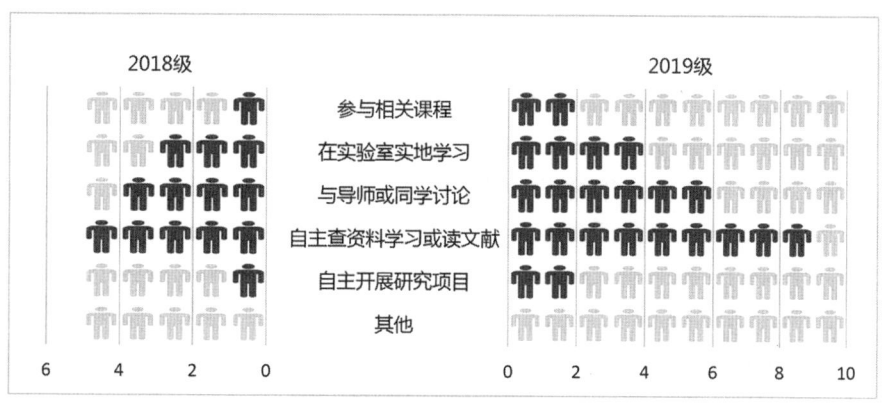

图 10　科研训练具体内容及年级对比

5. 学习导师指导与需求

最后我们统计了同学们对学习导师的需求情况，发现对"专业知识答疑的需求较少"，而更多集中在指导科研任务、职业道路和临床技能上（见图 11）。

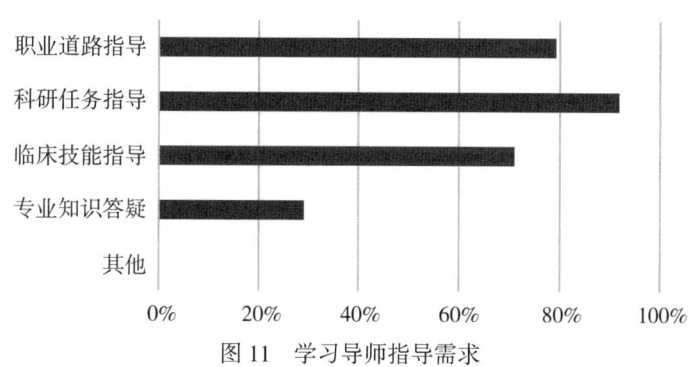

图 11　学习导师指导需求

部分同学提出了对学习导师制度的具体建议，陈列如表 2 所示：

表 2	学习导师制度具体建议
人数不够	
希望学习导师多指导科研	
希望学习导师可以把内容具体化	
据说导师马上出国，不知道是不是真的，不知道要怎么安排，我们也没开始大创项目，说是下次，但是我觉得可能时间不够	

五、讨论及建议

通过以上的调查，我们发现多数同学积极参与第三学期，并对开展情况比较满意。这一方面受益于学校提供的支持，另一方面也与学生自身的参与程度相关。具体学习内容多集中在临床和科研实践，而高年级同学在临床实习中花的时间更长。临床实践对于临床医学专业各年级学生都具有举足轻重的地位，[3]同学们的高期待和热情参与也反映了对专业的认同感。同学们对第三学期各项活动的期待普遍较高，然而实施后仍有不太满意的地方。

我们的调查也存在很多不足之处。我们的样本比较少，且制作时没有考虑到不同年级同学在第三学期的学习重点的差异，需要在以后调查中改进。

结合收集到的建议和满意度分析，我们认为第三学期活动做出以下改进：（1）鼓励同学们增强与学习导师的交流，鼓励导师提出更加具体化的指导内容，强调科研和职业道路规划方面的引导；（2）保持当前临床活动的质量及参与度，增强临床见习的自主性，促进低年级同学积极参与；（3）提供更多的科研实践机会，鼓励通过同学间交流的方式促进学习；（4）丰富三学期的活动或缩短活动时长应有利于满足同学们的期待，同时宜保证后勤解决后顾之忧。

◎ 参考文献

[1] 何建伟，李世涛，章牧. 本科三学期制的调查分析与实践教学创新[J]. 高教探索，2011(2)：94-100.
[2] 沈诚，车国卫. 临床医学本科生一对一导师制的进展与实践[J]. 中国继续医学教育，2020，34(11)：39-41.
[3] 丁波泥，赵于军，吴润柳，杜娟，李卫，黄珊，黄蜜蜜. 临床医学生早接触临床见习模式的探讨[J]. 中国继续医学教育，2021，13(31)：64-69.

我国高校劳动与社会保障专业本科培养方案比较与优化分析

薛惠元　周一帆　刘彦云

（武汉大学　政治与公共管理学院，湖北　武汉　430072）

【摘　要】 党的十九大以来，中国特色社会主义进入新时代，对劳动与社会保障专业人才培养提出了更高的要求，而培养方案作为专业教育的纲领深刻影响着人才培养的效果。因此，本文对劳动与社会保障专业布局特点及11所高校专业培养方案进行对比分析，发现存在主干学科定位模糊、重社会保障轻劳动、课程设置不合理、实践学分"名不副实"等问题。结合教学实际及各高校优秀经验，提出精准学科定位、优化课程结构、课堂教学与实践并重等优化建议。

【关键词】 劳动与社会保障专业；本科培养方案；比较；优化

【作者简介】 作者简介：薛惠元(1982—)，男，山东沂南人，博士，武汉大学政治与公共管理学院副教授、副系主任，研究方向：养老保障、社会救助，E-mail：xuehuiyuan198204@163.com。周一帆(2000—)，女，湖北襄阳人，武汉大学政治与公共管理学院社会保障专业2022级硕士研究生，劳动与社会保障专业2018级本科生，研究方向：社会保障理论与政策，E-mail：yifanzhou626@163.com。刘彦云(2001—)，女，湖南浏阳人，武汉大学政治与公共管理学院劳动与社会保障专业2019级本科生，研究方向：社会保障理论与政策，E-mail：2019301151085@whu.edu.cn。

【基金项目】 武汉大学劳动与社会保障国家级一流本科专业建设项目。

一、问题的提出

20世纪90年代，随着我国经济体制成功转轨，经济高速发展，我国对能处理好劳动关系、服务社会保障事业的人才缺口显现。为建立更为完备的社会保障学科体系及人才培养和输送体系，教育部于1998年在颁布的《普通高等学校本科专业目录》中，增设了劳动与社会保障专业。次年中国人民大学、武汉大学等8所高校开始招收劳动与社会保障专业本科生，到如今我国劳动与社会保障专业已走过20余年的历程，招生院校也从1999年的8所，增长到了2022年的169所。[1]

党的十九大以来，我国社会经济发展步入新阶段，中国特色社会主义进入新时代，社会保障制度作为"安全网""减震器"的重要作用日益凸显。新时代环境对劳动与社会保障专业培养的高素质专业人才提出了更高的要求,如何做好社会转型过程中的劳动与社会保障专业高素质人才培养工作、优化劳动与社会保障专业教学的课程设计,是当前开设劳动与社会保障专业高校所面临的共同挑战。

作为专业教育的纲领性文件,培养方案往往反映出专业人才培养的方向、目标与路径。本文通过对劳动与社会保障专业布局特点及11所高校劳动与社会保障专业人才培养方案的对比分析,以武汉大学为例梳理劳动与社会保障专业人才培养中存在的问题,并结合国家政策导向提出优化建议,以期为劳动与社会保障专业人才培养提供参考。

二、劳动与社会保障专业培养方案分析

(一)我国劳动与社会保障专业布局特点

本文选取软科中国大学专业排名中开办劳动与社会保障专业的82所高校①进行网络调研,共收集到30份本科专业培养方案。

开设高校层面。首先,从高校类型来看,82所设立劳动与社会保障专业的高校中综合类高校占比30.5%,财经类高校占比25.6%,师范类高校占比13.4%,此外还有部分理工类、医药类、农林类、政法类高校。可见当前劳动与社会保障专业在全国范围内建设较为广泛,各类高校均有设置。其次,从学校层次来看,属于原"985工程"建设的高校有10所,占比12.2%;属于原"211工程"建设的高校有29所,占比35.4%;属于"双一流"建设高校的有34所,占比41.5%。

开设学院层面。劳动与社会保障专业属于公共管理大类二级学科,近七成高校将劳动与社会保障专业设置于公共管理学院。此外,其余三成高校将劳动与社会保障专业设置于保险学院、哲学院、经济管理学院、社会与人口学院等,依托于本校强势学科开设。

(二)11所高校劳动与社会保障专业本科培养方案比较分析

本文从2022软科中国大学专业评级为A+、A、B+、B的高校中分层抽样,受制于培养方案的可得性,本文选取评级为A+的高校2所,其余评级各抽取3所高校,共11所高校,详情见表1。

表1　　　　　　　　　　抽样对比高校名单

高校名称	软科2022专业评级	劳动与社会保障专业开设学院
浙江大学	A+	公共管理学院
武汉大学	A+	政治与公共管理学院
中南财经政法大学	A	公共管理学院

---

① 2022"软科中国大学专业排名"发布的是每个专业位列前50%的高校,此处82所高校为上榜高校并非开设劳动与社会保障专业的所有高校。

续表

高校名称	软科 2022 专业评级	劳动与社会保障专业开设学院
吉林大学	A	哲学社会学院
河海大学	A	公共管理学院
首都经济贸易大学	B+	劳动经济学院
华东政法大学	B+	政治学与公共管理学院
山东财经大学	B+	公共管理学院
华南农业大学	B	公共管理学院
广东财经大学	B	公共管理学院
山西财经大学	B	公共管理学院

1. 培养方案构成要素情况

纵观 11 所高等院校劳动与社会保障专业人才培养方案，其构成要素主要涉及培养目标、核心课程、支撑学科、课程设置、学分学制要求、实践性教学要求等。不同高校的培养方案在结构上略有差异，但均包含培养目标、学分学制、学位授予、核心课程等核心要素。各高校培养方案构成要素见图 1。武汉大学劳动与社会保障专业的培养方案则由大类培养目标、大类平台课程、学制和学分要求、学位授予、主要实验和实践性教学要求、毕业条件及其他必要的说明、必修课程及具体课程分布构成，总体而言结构明晰，要素构成完整。

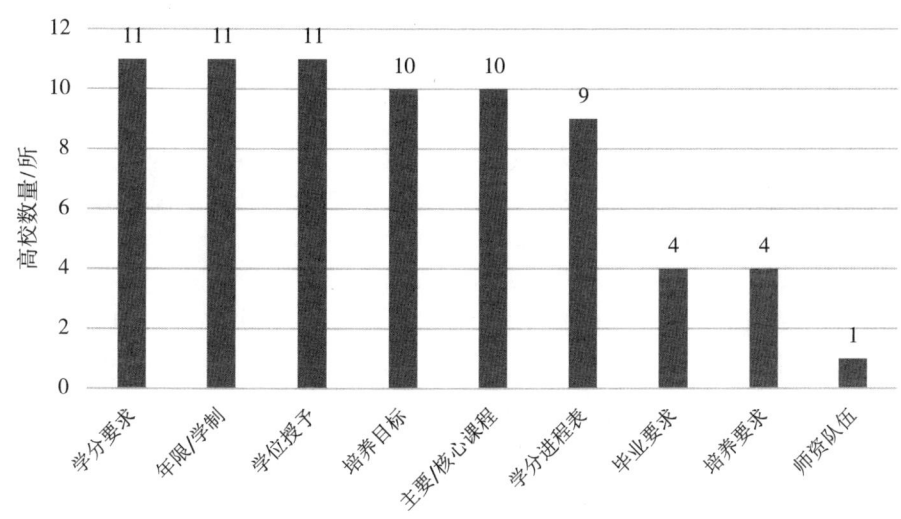

图 1　11 所高校劳动与社会保障专业培养方案要素构成

2. 培养目标对比

11 所高校对劳动与社会保障人才的培养目标中包含的关键词有"复合型""应用型"

"创新""高级专门人才"等。其中复合型人才出现频次最高,有 7 所高校提及(63.6%);应用型人才次之,有 5 所高校提及(45.5%)。值得注意的是,高校人才培养定位往往不是单关键词目标,还有多关键词组合式的人才定位,有 5 所高校(45.5%)的人才培养目标均是多关键词组合式的,即高校劳动与社会保障专业的人才培养目标往往是复合的,与国家"宽口径、厚基础、高素质"的要求契合。各高校人才培养目标关键词出现频次见图 2。武汉大学劳动与社会保障专业的人才培养目标依托公共管理学科大类,其公共管理大类的培养目标是"培养德、智、体、美全面发展,掌握现代公共管理理论、方法和技术,能运用本学科的基础理论、专门知识和专业技能,具备公共意识、公共责任,能适应社会发展要求,在党政机关、事业单位等公共部门从事管理或服务工作的应用型、复合型人才",但没有针对劳动与社会保障专业提出更具体化、有专业针对性的人才培养目标要求。

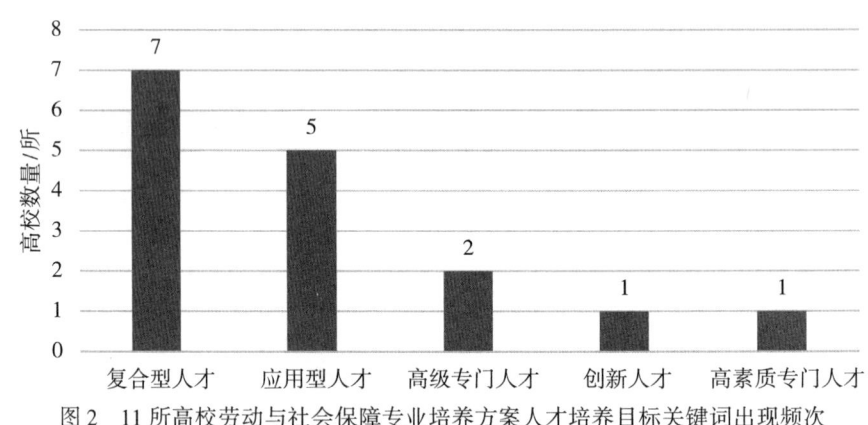

图 2　11 所高校劳动与社会保障专业培养方案人才培养目标关键词出现频次

3. 主干学科对比

11 所高校劳动与社会保障培养方案中主干学科的数量为 0~4 个不等,主要包括管理学、公共管理、经济学、社会学、法学。8 所高校(72.7%)将经济学作为主干学科,同时 7 所高校(63.6%)均以管理学为主干学科,7 所高校(63.6%)将社会学作为主干学科,3 所高校(27.3%)纳入法学作为该校劳动与社会保障人才培养的主干学科,另有 2 所高校(18.2%)将管理学门类下的公共管理为主干学科。11 所高校中有 6 所均明确列出其专业的主干学科,此外首都经济贸易大学将主干学科在培养要求的知识结构中进行说明,华南农业大学是在培养规格的知识目标中说明其专业的学科基础,广东财经大学同样也是在培养目标中说明,吉林大学将主干学科与核心课程同时说明,并未单独指明其专业的主干学科。而武汉大学并未在培养方案中就主干学科做出明确说明,仅在课程中体现(如图 3 所示)。

4. 课程设置情况对比

专业培养的目标、学科导向等主要通过课程教学来实现,课程设置是培养方案的核心环节,也是本文对比分析的重点。为更加清晰直观地分析 11 所高校的课程设置情况,本文首先宏观分析高校培养方案学分在各类课程中的占比情况,再进一步对比分析11所高校劳动与社会保障专业核心课程设置情况。

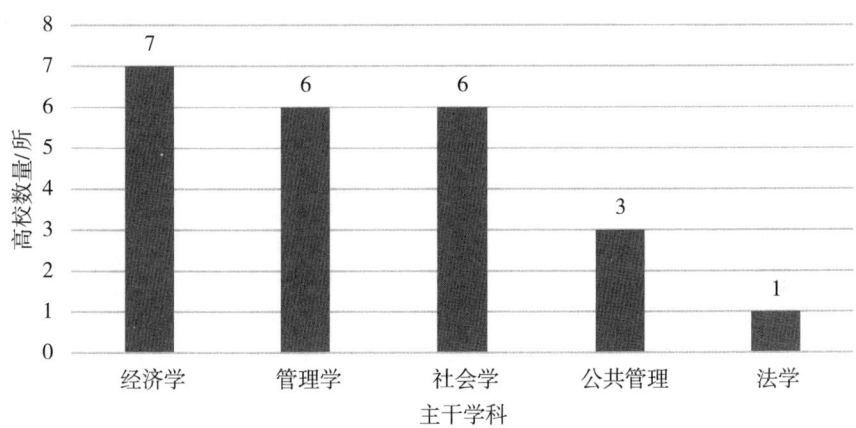

图3 11所高校劳动与社会保障专业培养方案中主干学科设置情况

(1)学分分配情况。高校课程有必修选修、通识教育课程、专业教育课程、思政课程等划分方式,本文结合11所高校培养方案课程划分情况,选取公共教育课、学科基础课、专业必修课、专业选修课、实践创新五类课程进行学分分配情况分析。各类课程学分占总学分(最低毕业学分)的百分比情况见表2。

表2　11所高校学分分配情况

高校名称	公共教育课	学科基础课	专业必修课[①]	专业选修课	实践创新	最低毕业学分
浙江大学	39.2%	16.4%	17.3%	5.8%	4.6%	173.5
武汉大学	34.3%	19.3%	22.9%	12.1%	15.0%	140
中南财经政法大学[②]	—	—	—	—	—	—
吉林大学	33.7%	26.0%	16.0%	8.3%	17.4%	181
河海大学	20.6%	22.9%	18.9%	10.9%	18.9%	175
首都经济贸易大学	38.5%	14.8%	12.4%	12.4%	18.3%	169
华东政法大学	31.9%	23.8%	15.0%	15.6%	10.0%	160
山东财经大学	41.3%	18.7%	9.7%	14.2%	16.1%	155
华南农业大学[③]	29.1%	共27.9%		—	24.5%	161.5
广东财经大学	36.5%	22.3%	20.3%	7.4%	6.8%	148
山西财经大学	42.7%	22.7%	17.3%	10.7%	0.0%	150

注:①不含毕业实习、毕业论文等;
②中南财经政法大学培养方案中未介绍学分分布情况;
③华南农业大学培养方案中并未给出必修、选修细分学分情况。

公共教育课程是指思政课程、通识教育课程等全校不分学院、专业均开设的公共课程，如"马克思主义基本原理概论"等。公共教育课程代表着高校对于学生基础素质的关注。从培养方案调查结果来看，各校公共教育课程学分占比主要集中在30%~40%。其中最低的为河海大学，占比20.6%；最高的为山西财经大学，占比42.7%。公共教育课程占比过低易导致学生发展不全面，而过高则会挤占专业教育课程份额，消解了专业分类培养的意义。武汉大学公共教育课程学分占比34.3%，较为适中。

学科基础课是指与专业一级学科相关的基础性、综合性大类平台课程。对于劳动与社会保障专业而言，学科基础课主要指"管理学""公共管理学"等与公共管理大类相关的课程。学科基础课体现高校对于学生专业基础素质的关注，良好的学科基础为学生进一步在劳动与社会保障专业学习，乃至未来继续深造奠基。从统计结果来看，各高校学科基础课学分所占比重集中于15%~25%，其中武汉大学学科基础课占比19.3%较为适中。

专业必修课程是高校专业教育的主要阵地，应当对本专业知识进行较为系统和全面的教学。具体到劳动与社会保障专业，专业必修课程应当做到劳动部分与社会保障部分并重。由表2可见，大部分高校将专业必修课程学分设置在总学分的15%~20%。专业选修课程与专业必修课程相辅相成，让学生在本专业领域内更加自由地学习探索自己感兴趣的方向，学分设置一般在5%~15%。

实践创新学分是高校教学理论结合实践的突出体现。实践主要有课程内实践学分，例如小组调研、进社区等实践教学环节；还有不少高校设置实验课程，例如吉林大学"劳动与社会保障读书报告"、山东财经大学"社会保险基金投资运营实验"。此外，创新实践也是实践的重要形式，例如山东财经大学"大学生创新创业模拟实训"。武汉大学实践创新学分占比15.0%，涵盖"社会保障专题""社会科学研究方法""系统方法与应用"等课程。

(2)专业核心课程设置情况。专业核心课程是专业教学的重中之重，是培养学生专业素养最重要的工具，核心课程的设置很大程度上反映了高校对于劳动与社会保障专业的认识与定位，很大程度上决定着学生专业知识的深度与广度。

11所高校中有8所在培养方案中列出专业核心课程(部分学校称为"主要课程")，其余没有列出核心课程的高校选取专业必修课程与部分学科基础必修课进行汇总分析。11所高校部分核心课程的开设情况见表3。

表3　　　　　11所高校劳动与社会保障专业部分核心课程开设情况

课程名称	开课高校数量	课程名称	开课高校数量
社会保障概论	10	政治学	5
社会保障基金治理	10	统计学	5
社会保险	10	会计学	4
社会救助与社会福利	9	社会调查理论与方法	4
劳动经济学	8	财政学	4
管理学原理	8	保险学	4

续表

课程名称	开课高校数量	课程名称	开课高校数量
人力资源管理	7	社会保障制度国际比较	3
社会政策	6	人口学	3
经济学	6	劳动关系学	2
保险精算	6	薪酬管理	2
劳动法与社会保障法	6	风险管理	2
公共管理学	6	法学	2
社会学	5		

由表 3 可见社会保障领域课程数量大、开设高校多，如"社会保障概论""社会保障基金管理""社会保险""社会救助与社会福利"等课程；劳动领域课程数量相对较小，且开设高校少，仅"劳动经济学"与"人力资源管理"课程开设高校超过 7 个，"劳动关系学"则仅有两所高校开设。此外，高校专业核心课程中，主干课程较为杂乱且分布零散，涉及经济学、社会学、政治学、保险学、人口学、法学等。

除表 3 显示的信息外，笔者在梳理各高校核心课程的过程中发现仅有吉林大学将"专业英语"列入专业核心课程，河海大学及首都经济贸易大学核心课程中有英文授课课程，此外高校对专业英语的重视程度相对较低，在培养方案中并没有直观体现。

三、高校劳动与社会保障专业本科培养方案存在的不足

通过对 82 所高校劳动与社会保障专业布局特点的分析，及 11 所高校本科培养方案的对比梳理，本文认为当前劳动与社会保障专业本科培养方案有以下不足。

1. 主干学科定位模糊

经过 20 多年的发展，目前开设劳动与社会保障专业的院校各自结合院校自身的专业优势，形成了各有偏重的劳动与社会保障专业培养特色：部分高校依托自身的经济学背景开展专业建设，如中国人民大学、中南财经政法大学；部分高校的劳动与社会保障专业以社会学为建立基础，如苏州大学；还有部分高校的劳动与社会保障专业设在与公共卫生相关的院系，偏向医疗保险，具有鲜明的医疗特色，如东南大学。[2]

11 个高校中有 9 所高校或是在各自的专业培养方案中单独列出或是在培养目标中对劳动与社会保障专业的主干学科进行说明。大部分的高校都是将劳动与社会保障专业设置在公共管理学院，但其主干学科有管理学，或管理学大类学科下的一级学科公共管理，或社会学、经济学。从各高校的课程设置来看，劳动与社会保障专业的公共管理学科属性淡化，经济学、社会学、管理学、法学课程兼有，很难看出劳动与社会保障专业学科归属，进而出现学生毕业时还弄不清自己到底学的是经济学、社会学、管理学还是法学的现

象[3]。武汉大学的劳动与社会保障专业甚至没有明确指出其专业的主干学科。

回顾武汉大学劳动与社会保障专业的建设过程，其劳动与社会保障专业建立于1999年，是全国最早设立劳动与社会保障专业的8所院校之一，其依托于本校雄厚的经济学基础和保险学科优势，偏重于社会保障理论，从经济学的层面分析社会保障问题，因而在课程设置方面，经济学的课程较多。但是二十多年过去了，武汉大学劳动与社会保障专业仍未研究明确本专业的主干学科及核心课程偏向，课程设置中的主干、核心课程依旧与专业设立之初的主干课程类似，存在陈旧、不符现实需要等问题，导致专业人才培养和供给与社会实际需求不符，供非所需。

2. 重社会保障，轻劳动

由上文高校劳动与社会保障专业核心课程设置分析可见，社会保障领域课程占比大，且开设高校多，而劳动领域的课程则占比小且开设少。基于此，本文认为当前劳动与社会保障专业培养方案重社会保障，轻劳动。以武汉大学为例，当前武汉大学劳动与社会保障专业开设的劳动领域课程仅有"劳动经济学""劳动法与社会保障法""公共部门人力资源管理""薪酬管理"三门半课程，其他专业课程均为社会保障相关课程，"劳动关系学"等劳动领域基础课程尚未开设。劳动与社会保障专业涵盖劳动、社会保障两部分内容，应当并重，[4]过分侧重社会保障领域不利于专业平衡、全面、长远发展。

3. 课程设置不合理

从高校培养方案来看，一方面，核心课程之间存在交叉重复的情况。例如，"社会保险"与"社会保障基金管理"，社会保障基金管理作为社会保险得以运转的重要保障，在"社会保险"课程中花费了大量课时进行讲授，在此基础上再单独开设"社会保障基金管理"，如果不注重课程内容的衔接与区分，极易给学生带来"同一门课上了两遍"的体验。此外"西方经济学"与"宏观经济学""微观经济学"之间也存在较大重合。

另一方面，高校对"专业英语"重视度不高。11所高校中，仅1所将"专业英语"定位为专业核心课程，仅有2所高校有英文授课的专业核心课程。以武汉大学为例，"专业英语"为专业选修课程且设置在大三下学期，不能很好引起学生重视，经常由于学生选修分数已满，选课人数不足而无法开课，不论是对于学生阅读英文文献、著作，还是学院培养具有国际化视野的专业人才都十分不利。

4. 实践学分"名不副实"

尽管大部分高校在培养方案中都设置了实践学分、创新创业学分等内容，但是课程实际设置和落实情况仍存在较大问题。例如，武汉大学劳动与社会保障专业培养方案中标明"实验(实践)教学学分"21分，占总学分15%。但是在培养方案具体课程设置上并未明显看到实验(实践)类课程，仅标注了创新创业类课程。然而，标注为创新创业类课程的"社会保障专题""社会科学研究方法"等课程在教学实践中与其他专业教育课程并无区别，依旧是以教师课堂讲授学生听讲为主要形式，内容也多以传统议题和教材为主，没有很好地体现出创新特点。

四、高校劳动与社会保障专业培养方案优化建议

1. 精准学科定位

应充分研究确定本专业人才培养时的主干和核心课程，借鉴过去及兄弟院校劳动与社会保障专业建设成功经验，明确学科属性，以本院本校强势专业为依托，找准定位，强化专业特色。同时要与时俱进，在内容、框架上对主干、核心课程进行更新，以适应当今社会对劳动与社会保障人才的实际需要。

2. 优化课程结构

针对当前培养方案课程设置上的不足，可以考虑从以下三个方面进行优化：首先，应当努力改变当前劳动与社会保障专业"重社会保障轻劳动"的格局，适度增加"劳动关系学""劳动争议处理"等劳动相关课程，均衡劳动与社会保障两方面内容。

其次，要处理好课程之间的衔接，避免断层和重复。例如"社会保险"课程作为"社会保险基金管理"的前置课程，可以适当减少基金管理的相关内容，为后续课程做好铺垫；教师之间也应加强沟通，"社会保险"中已经讲过的内容"社会保险基金管理"可以简要带过或者略过，若重合内容过多则可以考虑调整课时、学分。同时，也要警惕课程之间内容断层，知识遗漏等问题。

最后，高等英语教育关系到我国参与全球治理体系的改革建设，[5]各高校应加强对"专业英语"的重视。提高"专业英语"课程地位，纳入专业必修，甚至专业核心课程中来。除"专业英语"外，应当选取部分课程进行双语、英语教学，在课程作业中引导学生读英文文献，形成良好的双语学习氛围。

3. 课堂教学与实践并重

当前大部分高校专业培养方案中虽设置实践学分，具体落实效果却不尽如人意。可以参考山东财经大学的做法，将实践学分细化为实践课程教学计划表。除在普通课程中设置实践学分外，可以考虑设置一些实践类课程，增强学生学习自主性，例如"社会保险基金投资运营实验""劳动与社会保障读书报告""大学生创新创业模拟实训""公共部门面试模拟与仿真"等课程。帮助学生在实践中深化理论认知，同时也可以在实践中培养职业能力与学术兴趣，找准人生定位。

◎ 参考文献

[1] 数据来源为：阳光高考，https：//gaokao.chsi.com.cn/.
[2] 刘玉娟.劳动与社会保障本科专业定位思考[J].广西财经学院学报，2008(2)：113-116.
[3] 杨立雄.是"社会保障"，还是"社会保险"——"劳动与社会保障"专业课程设置中的

社会保险偏向[J].湖南师范大学社会科学学报,2003(1):54-58.
[4]薛在兴.大学本科劳动与社会保障专业的发展[J].中国青年政治学院学报,2013(4):138-141.
[5]吴岩.新使命 大格局 新文科 大外语[J].外语教育研究前沿,2019(2):3-7,90.

基于 ADDIE 模型的混合式教学方案设计
——以《信息描述》为例

肖宇凡　罗楚南　杜俊明　段佳涵

(武汉大学　信息管理学院,湖北　武汉　430072)

【摘　要】 目前,我国教学模式正发生根本性的突破与变革,逐渐形成线上线下混合式教学常态化趋势。本文在充分调研国内外混合式教学的研究与实践以及武汉大学混合式教学开展现状的基础上,以 ADDIE(Analysis-Design-Develop-Implement-Evaluate)模型为理论依据,构建出基于 ADDIE 模型的混合式教学方案设计,从分析、设计、开发、实施以及评价五个阶段详细阐述了建设过程,并以武汉大学图书馆学本科生专业必修课《信息描述》课程为例,对方案可行性进行验证,旨在充分探索并融合线上线下教学优势的混合式教学模式,为应对新时期的教学改革提供参考借鉴。

【关键词】 混合式教学;ADDIE 模型;教学改革;方案设计;信息描述

【作者简介】 肖宇凡(2000—),女,土家族,贵州铜仁人,本科生,武汉大学信息管理学院在读,E-mail:1837245579@qq.com;罗楚南(2000—),女,汉族,湖北武汉人,本科生,武汉大学信息管理学院在读,E-mail:1018568827@qq.com;杜俊明(2001—),男,汉族,宁夏固原人,本科生,武汉大学信息管理学院在读,E-mail:2993084221@qq.com;段佳涵(2001—),女,汉族,江西都昌人,本科生,武汉大学信息管理学院在读,E-mail:1345139976@qq.com。

【指导老师】 黄颖(1990—),男,福建宁德人,博士,副教授,博士生导师,研究方向为科技情报与科技管理,Email:ying.huang@whu.edu.cn。

【基金项目】 本文系 2021 年武汉大学本科教育质量建设综合改革项目"'教学—研究'双循环视角下教师教学发展路径探究——以图书情报学科为例"研究成果之一。

一、引言

自 2016 年教育部印发《关于中央部门所属高校深化教育改革的指导意见》中提出"推动校际校内线上线下混合式教学改革"已经过去 6 年。[①] 但在新冠疫情爆发之前,在线教

---

① 教育部. 教育部关于中央部门所属高校深化教育教学改革的指导意见[EB/OL],2016-06-13. http://www.moe.gov.cn/srcsite/A08/s7056/201607/t20160718_272133.html

二、学 生 编

育的研究大多停留在理论层面，缺乏实践层面的经验总结。疫情爆发之后，为保证教学工作顺利进行，教育部提出要充分发挥在线教育平台和网络媒体的作用，实现"停课不停学"。① 特殊时期的特殊学习方式必然带来教育新成就，新冠疫情给人们的生活带来了诸多不便，但却成为推进教育变革的重要契机。线上线下相结合的混合式教学模式成为疫情常态化背景下高校教学改革的重要方向，得到了广泛的关注。2021年10月14日，教育部关于政协第十三届全国委员会第四次会议第4271号(教育类437号)提案答复的函中再次强调，要构建线上线下混合式教学的有效模式，探索虚实空间融合、线上线下教学融合的教育教学新业态。②

继教育部发布相关文件后，全国各所高校积极响应教育部的号召，利用各种信息化手段，积极探索在线教育模式，全国高校混合式教学改革的实践发展到了前所未有的水平。早在2013年，清华大学就发起建立我国第一个慕课平台——学堂在线；2016年6月，学堂在线与清华大学在线教育办公室推出智慧教学工具——雨课堂，实现了大数据时代的智慧教学，最大限度地释放教与学的能量，推动教学改革。疫情爆发以来，清华大学全面推进在线教育和融合式教育，以雨课堂软件平台为主，与慕课等方式相结合，保证教学工作有序开展。北京大学也充分发挥线上教学优势，采用直播、录播、慕课、视频会议、SPOC等多种教学形式，将信息技术与教育教学进行深度融合，实现了教与学的改革创新，推进了学习方式的变革。除此之外，其他高校根据各自课程特色开展了丰富的混合式教学改革实践。

武汉大学根据教育部和湖北省教育厅对疫情防控期间高校教学工作的统一部署，及时发布疫情防控通告和线上教学指导意见，快速建立了网络虚拟教室以维护教学秩序正常运行，做到"教师不停教、学生不停学"。线上教学在疫情期间发挥了重要的作用，大规模的线上教学实践为武汉大学教学改革提供了契机，但其弊端也十分明显，实施效果受到很多因素的制约，例如由于缺乏线下监督，部分同学无法高效参与教学活动，难以进行实时交流、现场互动等。混合式教学模式是未来教学改革的必然趋势。线上教学对提高教师的信息化能力水平、推动教学方式和教学模式转变具有重大意义，而如何促进在线教育与传统教学的优势更好融合是当前我国高等院校教学改革中亟需探讨的问题。

本文以教学改革为出发点，立足于武汉大学混合式教学实际情况，在对国内外混合式教学研究现状进行充分调研的基础上，以ADDIE（Analysis-Design-Develop-Implement-Evaluate）模型为理论依据，设计出基于ADDIE模型的混合式教学方案设计，并以《信息描述》课程为例，详细介绍了教学分析、教学设计、教学开发、教学实施以及教学评价等阶段的建设过程，最后对武汉大学的混合式教学改革提出建设性建议。

---

① 教育部应对新型冠状病毒感染肺炎疫情工作领导小组办公室. 关于在疫情防控期间做好普通高等学校在线教学组织与管理工作的指导意见[EB/OL]，2020-02-04. http：//www.gov.cn/zhengce/zhengceku/2020-02/05/content_5474733.htm

② 关于政协第十三届全国委员会第四次会议第4271号(教育类437号)提案答复的函[EB/OL]，2021-10-14. http：//www.moe.gov.cn/jyb_xxgk/xxgk_jyta/jyta_kjs/202111/t20211104_577687.html

二、混合式教学的研究与实践

(一)国外混合式教学的研究与实践

早在 2000 年,国外就开始研究混合式教学。早期国外学者将混合式教学理解为一种新型的学习方式,强调技术在教学过程中的应用,而对于具体教学过程的开展并不着重强调。其中,美国斯隆联盟的界定是:混合式教学是在教学内容上结合了一定比例的在线教学及面对面教学。[①] 以此为代表的观点带来的主要是理论层面上的突破与成果,为相关学者研究课堂教学模式提供了一种新的思路,但是缺少实践经验作为支撑。

2010 年后,随着 MOOC 在国外的兴起与普及,混合式教学在实践层面的研究有了较大的进展;在 2012 年,即学术界广泛认同的"MOOC 元年",加州大学伯克利分校于 Coursera 平台开设了第一门慕课,又在 2013 年提出 SPOC 概念,诠释了如何将 MOOC 与校园内的教学相结合。[②] 之后,以哈佛大学、斯坦福大学为代表的一流高校开设了不同的慕课课程;Coursera、edX 等国际化平台的建设使混合式教学在全球得到推广(见表 1)。自新冠肺炎在全球蔓延以来,慕课已经涉及全球 900 余所大学的 13500 门课程,覆盖了超过 1.1 亿学生。[③] 如今,MOOC 和 SPOC 在全世界范围内的高校教学中发挥了至关重要的作用。

表 1　　　　　　　　　**edX 平台上部分高校慕课开设情况**

高校名称	开课数	代 表 课 程
麻省理工学院	149	《供应链分析学》《可循环能源》《世界音乐:全球韵律》
哈佛大学	79	《哈姆雷特》《数据科学:数据整理》《中国人文:中国文学中的人物》
剑桥大学	13	《经济学的建立》《成功的剧本创作》
京都大学	16	《动物伦理介绍》《服务文化:顾客关系悖论》

(二)国内混合式教学的研究与实践

国内混合式教学的研究成果主要集中在理论层面,在高校教学等方面的实践也有较多

[①] Allen I E, Seaman J. Sizing the opportunity: The quality and extent of online education in the United States, 2002 and 2003[J]. Sloan Consortium, 2003(23): 659-673.

[②] 徐葳,贾永政,阿曼多·福克斯,戴维·帕特森. 从 MOOC 到 SPOC——基于加州大学伯克利分校和清华大学 MOOC 实践的学术对话[J]. 现代远程教育研究,2014(04):13-22.

[③] Impey C, Formanek M. MOOCS and 100 Days of COVID: Enrollment surges in massive open online astronomy classes during the coronavirus pandemic[J]. Social Sciences & Humanities Open, 2021, 4(1): 100177.

讨论，但在评价体系等方面的研究尚不完善。

混合式教学在国内的研究始于 21 世纪初。2004 年，何克抗教授首次提出混合式教学的概念：所谓 Blending Learning 就是要把传统学习方式的优势和 e-Learning(即数字化或网络化学习)的优势结合起来，既要发挥教师引导、启发、监控教学过程的主导作用，又要充分体现学生作为学习过程主体的主动性、积极性与创造性。① 2010 年后互联网更加普及、MOOC 兴起，混合式教学在实践层面有了较大的研究进展。2013 年，我国各高校共同推行 MOOC 平台建设(见表 2)。此后，混合式教学在 MOOC 平台的基础支持上得到了全面的推广与应用。

表 2　　　　　　　中国大学 MOOC 平台上部分高校慕课开设情况

高校名称	开课数	代表课程
北京大学	122	《算法初步》《口腔正畸学》《西班牙语语音》
浙江大学	272	《知识图谱导论》《自然辩证法概论》《品牌设计》
南京大学	159	《大学德语Ⅰ》《视觉人文》《做新闻》
武汉大学	16	《信息计量学》《西方美术鉴赏》《商务沟通与谈判》

混合式教学在理论与实践方向的研究都较为广泛，但国内尚没有认可度较高的评价方法，对于其评价体系的研究也相对起步较晚。在目前的评价方法中，参考意义较大的是韩晓玲、李逢庆等人的研究，在确立评价指标体系的理论基础和评价原则的基础上，结合混合式教学设计和实施的过程，构建混合式教学质量评价体系并进行初步的实践应用，将课前、课中、课后的各个教学环节分为过程性评价与终结性评价，并提出一系列评价指标。②

三、基于 ADDIE 模型的混合式教学方案设计

基于前述分析，本文以 ADDIE 模型为理论依据，设计出基于 ADDIE 模型的混合式教学方案。

(一) 概述

ADDIE 是由美国佛罗里达州立大学的教育技术研究中心在 1975 年为美国陆军设计和

---

① 何克抗. 从 Blending Learning 看教育技术理论的新发展[J]. 国家教育行政学院学报，2005(09)：37-48+79.
② 李逢庆，韩晓玲. 混合式教学质量评价体系的构建与实践[J]. 中国电化教育，2017(11)：108-113.

开发的培训模型,① 在国外的多媒体远程教育课程设计中使用广泛,在国内的翻转课堂、微课设计等教学中也有所应用,现在更是被广泛应用于教学设计中。ADDIE 模型涵盖了教学设计过程的一系列核心步骤,它将系统化的教学设计分为 Analysis(分析)、Design(设计)、Develop(开发)、Implement(实施)与 Evaluate(评价)五个阶段。② 其中,分析和设计是前提,开发和实施是核心,评估则是保证。③

(二)基于 ADDIE 模型的混合式教学方案设计

混合式教学作为一种结合线上和线下的新型教学模式已成为当下的趋势所在,它不受教学时间和空间的限制,可以使学生在互联网背景下多渠道收获大量教学资源,拥有全新的教学体验,并能充分利用碎片化时间,开展个性化学习。于教师而言,混合式教学可以使教师利用在线课程等音视频资源创设新颖的教学环境,激发学习兴趣,提供针对性辅导,从而大大提高教学效率,提升教学效果。ADDIE 模型强调各阶段的整体性和承接关系以及局部设计的制约关系,向广大教师提供了详细的教学实操步骤。教师可根据教学目标对课程内容进行科学化、系统化的教学设计,同时可有选择性地运用各种先进教学理论和方法、教学模式及手段,从而实现最佳教学效果。

可见,混合式教学为教师教学提供了新的方向,ADDIE 模型作为进行教学设计的理论指导又具有很强的执行操作性和独特的教学价值,ADDIE 模型与混合式教学能有效融合,实现高效高质教学(见图 1)。

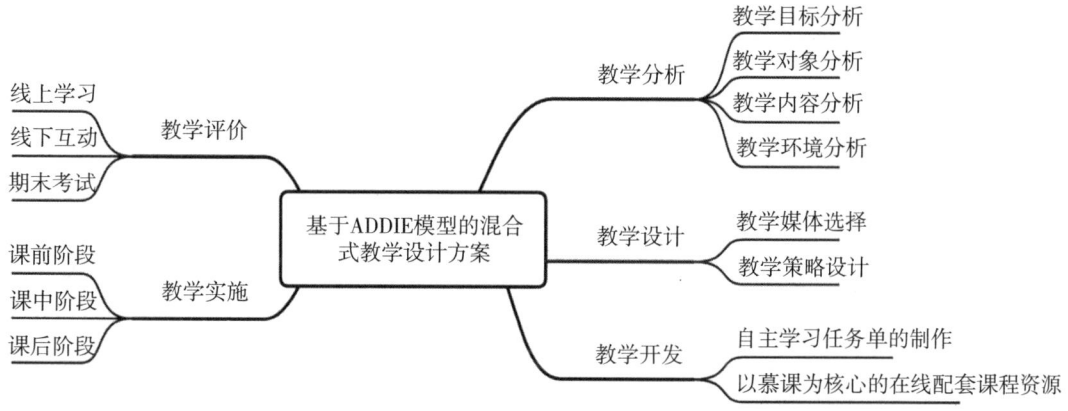

图 1 基于 ADDIE 模型的混合式教学方案设计框架

---

① 孙淑红. ADDIE 模型在初中英语语法混合式教学设计中的应用探索[J]. 英语教师,2022,22(2):77-80.

② 刘婷. 基于 ADDIE 设计模型的大学英语混合式教学应用及效果评估研究[J]. 科教导刊-电子版(中旬),2021(8):247-248.

③ 莫健樱,杨满福. 基于 ADDIE 模型的微课设计与开发[J]. 中国教育信息化·基础教育,2020(7):81-84.

二、学生编

1. 分析阶段

分析阶段是是整个教学活动的基础，也是教学设计的前期准备环节，对教学目标、教学对象、教学内容以及教学环境四个层面进行分析。教学目标是指学习者通过课程学习所需达到的知识、能力、素质方面的要求。针对不同的教学对象，以解决学生学习问题和满足学生学习与需求为抓手、实施精准教学引导是高质量教学发展的前提。[①]

教学内容是教与学相互作用过程中有意传递的主要信息，联系着教学目标与教学活动设计。教学环境是一个由多种不同要素构成的复杂系统，为教学活动提供了主要的媒介与载体，促进教学目标的实现。混合式教学环境主要包括线上数字化学习环境与线下教学活动环境。线上数字化学习环境包括硬件环境的配置、线上平台及其可用资源的建设与学生可用线上学习设备的环境配置；线下教学活动环境包括实验活动室、支持合作探究的研讨活动室、便于开展讨论的活动室与展示交流的多功能教室。

2. 设计阶段

基于前期分析结果，设计阶段主要从教学媒体选择与教学策略设计两方面入手。教学媒体选择和教学策略设计是为了实现教学目标，而选择并确定信息传递的通道以及师生开展教与学活动的组织方式。[②] 在混合式教学中，教学媒体的选择偏向于哪些媒体形式能够更好地支持教师教学与学生学习，促进深度学习。混合式教学策略设计需要考虑教学组织形式，如小组合作学习、自主探究学习、讨论辩论式学习以及课后真实任务驱动的研究性学习等，并在具体的教学策略设计过程中贯彻"以学生为中心"的思想。

3. 开发阶段

混合式教学课程的开发需要以学生的体验度为基本原则。[③] 立足于教学分析与教学设计，开发阶段的重点是选择合适的教材资源与制作开发各种辅助教学资源，生成具体的教学单元内容。课前，教师需要完成学生自主学习相关配套资源的开发，主要包括自主学习任务单的制作和以慕课为核心的在线配套课程资源的建设。自主学习任务单是指导学生利用配套学习资源开展学习活动、完成学习任务以及实现教学目标的学习框架。

4. 实施阶段

实施阶段是教师采用不同的策略和方法向学生传达教学内容的阶段。[④] 经过前面铺设的一系列准备工作后，教师对教学内容、教学形式以及教学过程的把控更加熟悉，教学实

---

① 高江勇. 高质量本科教学的发生——为何需要及何以实现互动式教学[J]. 高等教育研究，2020，41(1)：84-90.
② 李逢庆. 混合式教学的理论基础与教学设计[J]. 现代教育技术，2016，26(9)：18-24.
③ 徐莹. 基于ADDIE模型的大学英语混合式教学模式设计[J]. 科教导刊，2021(20)：138-140.
④ 段海娟，王英. 基于ADDIE模式的土木工程材料实验课混合式教学探索[J]. 实验室研究与探索，2021，40(8)：159-162.

施旨在通过借助合适的教学媒体,将虚拟环境的优势与现实环境的优势相结合,以"课前—课中—课后"为主线,开展教学研讨活动,实施人才培养目标。

5. 评价阶段

在评价阶段,通过制定科学合理的课程考核评价体系,可以更好地激发与维持学生的学习积极性,从而在最大程度上保证混合式教学的质量。传统课程考核主要由平时成绩(包括出勤率、课堂表现以及平时作业等)与期末考试成绩按照一定比例折算成总评成绩;在本方案的课程考核评价体系中,教学评价与教学管理采用更加详细的权重进行计算,充分考量各种评价指标,包括线上学习、线下互动以及期末考试,综合考虑学生线上线下混合式的学习效果,有助于学生之间协作互助式氛围的培养,在一定程度上对学生的自主学习起到了监督作用。

四、《信息描述》课程混合式教学实践

《信息描述》是图书情报学专业的基础课之一,它在图书情报学的专业教育中占有很重要的地位。近年来,信息描述领域的研究与实践发展迅速,新理念、新框架、新工具层出不穷,包括都柏林核心元素集的广泛应用、书目记录的功能需求的发布、资源描述与检索的发布与应用以及 BIBFRAME 项目的启动等。目前,专业课教学沿用传统课堂教学模式,强调教师的"教",教师是知识的主动传递者,学生是知识的被动接受者。虽然也引入了提问、讨论等互动环节激发学生思考,但囿于时间与空间的限制,特别是在专业课课时缩减的现状下,师生之间缺乏深度互动与交流,不利于学生探究能力与创新能力的培养与形成,卓越教学的价值追求难以实现。

《信息描述》是一门内容丰富、实践性较强的课程,教材内容与现有教学资源的更新速度难以满足迅速迭代的知识体系,学生难以接触到最新、最前沿的新理念、新框架与新工具。在教育信息化2.0背景下,图书馆学本科生专业必修课程《信息描述》需要跟上时代的步伐,理论课程与实验操作课程相配合,线上教学与线下教学相配合,以有效激发学生自主学习动力,提升学生的信息描述基本技能,并通过实践使学生深化对信息描述新理念、发展趋势的理解,促进其相关领域的研究,进而实现教学质量与人才培养的双赢。本文以《信息描述》课程为例,从教学分析、教学设计、教学开发、教学实施以及教学评价五个阶段一一展开,以"课前—课中—课后"为主线,从"知识传授—知识内化—技能外化"的教学重心逐层深入。

(一)教学分析

《信息描述》是一门包含理论与实践的专业基础课程,该课程在图书馆学专业的教学体系起着承上启下的作用,是由基础课向专业课过渡的桥梁。其教学对象是武汉大学信息管理学院图书馆学本科二年级学生,其特点为信息素养较高,信息接收能力较强,能较快接受新兴事物。在经过一年多的培养之后,学生逐渐养成自己的学习习惯,经历过线上线下的教学形式,适合开展混合式教学。课程没有特定的教材,授课教师

二、学生编

提供的教材与参考书较多,集中于信息描述、文献信息编目、元数据、著录规则以及机读目录等5个主题。课程的教学目标为:(1)全面介绍信息描述的基本理论、基本方法和实践发展;(2)熟悉机读目录MARC格式,重点掌握利用CNMARC对图书的描述;(3)了解网络信息描述的标记语言基础知识以及语义技术的基础;(4)熟悉元数据的基本概念,掌握应用元数据进行信息资源描述的分析设计方法,重点掌握利用DC元数据进行网络信息资源的描述。

(二)教学设计

在课前阶段,教师有针对性地发布典型项目的数据集、实验课工具等资料,有意识地引导学生认识信息描述,提高学生对后续课程章节的学习兴趣,同时辅以线上讨论、线上测试以及课后作业,加深对相关知识点的理解。

在课中阶段,引入"慕课堂"小程序(慕课堂是中国大学MOOC在慕课平台的基础上研发的线上线下混合式智慧教学工具),通过定期测试与问卷调查等方式,检验学生自学效果和课堂教学效果,采取问题驱动、知识趣味化的原则,设计多层次、多元化、具有交互性的教学环节。一方面,采用翻转课堂,引入经典项目案例,通过知识问答、主题展示和小组协作等方式调动学生的主观能动性,引导学生以小组为单位进行合作,通过学生的自我展示,激发其内在的学习动机,进而促进学生内化知识(如图2所示);另一方面,围绕学生在学习过程中暴露出的问题,了解其仍未掌握的课程重难点,教师有针对性地组织专题讲座,如CNMARC在图书描述中的实践、DC元数据如何进行网络信息资源的描述、中西文单行本图书原始编目、XML文档中的DTD、Schema以及RDF等,加深学生对重点知识的理解,培养创新能力。

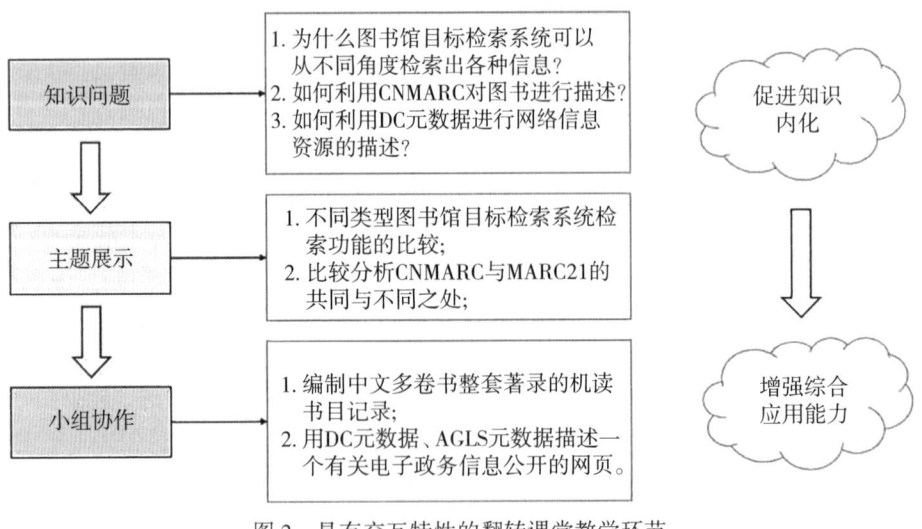

图2 具有交互特性的翻转课堂教学环节

在课后阶段,教师根据珞珈在线与慕课堂提供的实时教学数据,随时掌握学生的学习情况,调整与完善教学活动设计;同时推送与章节知识点相对应的信息描述案例,并适当引入近年来在信息描述领域相关的信息组织与检索、用户信息行为、人机交互等前沿热点、研究方向与就业情况，延展课堂的宽度与广度，培养学生举一反三的能力，达到对知识的灵活应用。

（三）教学开发

在网络数字化学习环境中，教师通过制作慕课，采集新媒体素材，利用云教学平台，弥补线下教学的不足；在信息描述的实验教学中，学院应配备完善的实验室环境，支持学生的上机实操。自主学习任务单需要配合慕课的开发活动，引导学生利用配套学习资源开展学习活动（如表3所示）。

表3　　　　　　　　　　　　　　**自主学习任务单示例**

自主学习任务单	
图书的描述	完成时间：
《信息描述》课程是图书情报、信息管理学科的一门核心课程，课程内容的设计注重新颖性和实践性。本章为《信息描述》第三章——图书的描述，介绍了图书及其结构、中文图书著录规则、图书描述常用字段和其他字段。	
关键词：信息描述；图书；中文图书著录规则；图书描述	
主讲人：教授、博士生导师 吴丹　　　　机构：武汉大学	
时长：0:23:11　时间：2022年9月28日	
学习收获：	

慕课堂智慧小程序是大学慕课提供的教学辅助工具，教师可以在后台进行备课，线上发起教学活动例如课堂签到、随堂练习、讨论、问卷调查、作业发布等教学活动，还可以帮助教师汇总学生线下课堂与线上课程详细的学习数据，[①] 实现精准教学。珞珈在线是武汉大学网络教学平台，教师们可以将视频、课件等教学资料上传学习平台。考虑到珞珈在线只有PC端，教师可采用慕课堂小程序对学生开展精准的教学管理，而珞珈在线存放教学资料，学生们需完成视频的观看任务，后台可实时刷新数据。

（四）教学实施

在《信息描述》混合式课程的教学实施阶段，需要确保教学内容有效激发学生的求知欲，通过在线教学资源为学生营造多元化的学习场景，充分调动学生的参与积极性与学习兴趣，确保教学任务的实现。以《信息描述》的实验课程为例，制定混合式教学模式下《使用Z39.50客户端及认识MARC结构》实验的完整课堂活动流程（如表4所示）。

---

① 赵志军．巧用慕课堂智慧教学小程序助力教师线上教学实时掌握学情——以中国大学慕课平台为例［C］//．广东教育学会2019—2020年度学术成果集（二）．[出版者不详]，2020：715-728．

二、学生编

表4　《使用 Z39.50 客户端及认识 MARC 结构》课堂活动流程

课堂活动流程设计			
一、课前任务设计			
教师活动			学生活动
1. 教师利用慕课堂发布本次课的课前导学视频			2. 学生通过平台学习本次教学内容
二、课中任务设计(2个课时/90min)			
活动环节	具体步骤	组织形式	时间分配
导入	通过视频让学生了解学习本节课的教学效果,激发学生的学习兴趣	全班	3min
知识点检验	1. 呈现学习任务单 2. 利用抢答方式完成知识点小测	全班	2min
任务实战	1. 教师用视频展示本次实验要求和成果验收标准; 2. 按难易程度将任务分为初级、中级、高级,学生根据自身步调领取教学任务并完成; 　初级:分析 MARC 记录的结构,包括头标区、目次区以及数据区,同时指出头标区每一位分别代表的含义、目次区字段以及数据区字段的含义; 　中级:根据操作步骤使用 Z39.50 客户端软件,编制相应的中文图书机读目录记录; 　高级:根据图书示例使用 Z39.50 客户端软件,编制相应的中文图书机读目录记录; 3. 组内成员相互合作完成任务; 4. 教师个性化指导,收集共性问题,统一讲解	小组	35min
任务展示	随机抽取不同小组不同等级的任务,展示实验成效	小组	15min
组内组间交流	教师组织学生组间交流经验	小组	10min
教师点评	教师选择某实验作业点评	全班	10min
作品提交	分组将实验作业上传至平台,学生根据评价量规,组间互评	小组	3min
课堂小结	1. 再现课前小测,让学生回顾课前问题,完成知识内化; 2. 利用知识图谱梳理重难点	全班	10min
布置作业	选择感兴趣的2本中文图书完成综合著录与分析著录	全班	2min
三、课后任务设计			
教师活动			学生活动
教师利用慕课堂发布下一课的导学视频以及课前测试、教学资料,批改本次课后作业			学生做习题,上传作业
课后自我反思			
1. 采用翻转课堂教学模式,让学生课前学习,节省课堂中讲授知识点的时间; 2. 课中任务设计采取由浅入深的进阶方式,根据自身程度做相应任务;			

(五)教学评价

混合式教学让学生从"为应付考试"转变为"主动探究问题",从"考试终结性评价"转变为"形成性过程评价"。原先理论课程的考核方式为"45%平时考核(课堂互动、考勤、实验报告)+55%期末考试",现引入线上学习平台记录了学生学习的全过程,以多元一体的考核方式,综合考虑学生线上学习、线上测试、线上讨论等多方面的表现,相关成绩记录有据可查,评价客观合理。实验课的考核方式主要为实验报告,在这里不再重新设计。

如表5所示,第一部分为线上学习,包括章节测试、章节作业以及在线讨论:教师在课前发布讨论题与章节测试,学生通过课件与微课自主学习并完成任务,单次课程结束之后,教师发布作业,学生需在规定的时间内上传文件;第二部分为线下互动,包括线下签到、小组研讨以及成果汇报:教师可在慕课堂上发布GPS签到,抑或是课堂随机点名,记录学生考勤,在课上安排互动环节,鼓励学生讨论,并在学期中段安排一次汇报展示,鼓励小组合作;第三部分的期末考试占比最大,教师在慕课堂上布置期末测验或者机考,同时自主安排线下笔试。

表5 《信息描述》混合式教学模式考核评价体系

维度	总权重	评价指标	权重
线上学习	0.20	章节测试	0.10
		章节作业	0.05
		在线讨论	0.05
线下互动	0.25	线下签到	0.05
		小组研讨	0.10
		成果汇报	0.10
期末考试	0.55	线下笔试	0.40
		线上测验/机考	0.15

五、建议与启示

本文以ADDIE模型为理论依据,考察了国内外混合式教学相关研究与实践,设计出一套基于ADDIE模型的混合式教学设计方案,并将方案应用于图书馆学《信息描述》课程进行混合式教学实践。在此基础上为更好地实施此方案设计并提供支持提出以下五个建议。

(一)以专业建设为切入点,解构与重构课程体系

专业课程体系的改革不能简单地复制其他专业或是其他高校相同专业的课程体系,而

应该以实现本专业培养目标和培养标准为根本，进行课程体系的设计和建设。① 课程的架构与建设既要符合实际情况、满足当前社会需求，又要能反映学科前沿与科技进步，建成一流专业和培养面向未来、面向世界的一流专业人才。遵循"循序渐进"的原则进行课程调整，不断探索、反馈与重构课程体系，形成以学生为中心、以结果为导向、以专业建设为抓手的发展道路。

(二)定期更新课程资源，迭代完善教学平台

学校应强化对课程资源和教学平台的支撑，保证线上教学和学生课外自主学习质量，为混合式教学的开展实施提供基础支持。首先，整合校内教学与网络优质课程资源，鼓励和支持教师使用丰富的学习资料和信息化设备；其次，进一步集中和统一教学平台，完善功能，提升平台的稳定性和易操作性，使得学生所有线上学习相关行为都能在校内教学平台上实现，以便有效收集和监督学生的学习行为数据，作为指标纳入考核评价体系。

(三)加强教师信息技术培训，提升教学能力

在混合式教学模式中，教师的信息化教学能力是影响教学效果的关键因素。教师的角色在这种教学模式下，将更多地转变为设计者、组织者、引导者和帮助者。② 为了更好地实施混合式教学模式，教师应灵活采用ADDIE混合式教学模式进行设计教学，把握学生的学习需求，利用教学设备完善教学资源，合理制定教学策略，及时反馈评价，注重对教学实施中的课前、课中、课后全过程进行指导。仅凭教师个人去掌握教学工具的日新月异和教学形式的更新换代，是存在一定难度的。③ 各高校要加强对高校教师信息化技术的培训，积极开展多种形态的信息化教学活动，引导教师运用信息技术创新教学模式，为混合式教学模式的实施提供必要的辅助。

(四)建立教学监督评价体系，保障教学质量持续提升

做好教学全过程质量监督评价工作是保障教学质量持续提升的有效手段。④ 高校在实施混合式教学模式时，应建立包含质量监控体系、质量评价体系、反馈与持续改进体系在内的体系。在质量监控方面，将大数据与云计算技术融合起来运用到高等院校教育教学中，⑤ 对教学全过程进行监控，通过教学督导对教学资源和教学方式等方面进行监控；在质量评价方面，要明确评价内容，以课前准备、互动学习和学习效果检测三个阶段为主要评价节点，分别选择评价指标，经历学生评教、教师互评、督导评价三层评价；在反馈与

---

① 林健. 新工科专业课程体系改革和课程建设[J]. 高等工程教育研究，2020(1)：1-13+24.
② 钟晓燕，张靖雯. 疫情防控常态化背景下的教学模式新探——基于微信公众平台的翻转课堂研究[J]. 教师教育学报，2021，8(1)：84-91.
③ 赵海鹏，仇妙芹. 高校混合式教学教师胜任力现状、影响因素与提升策略[J]. 黑龙江教育(理论与实践)，2022(9)：40-42.
④ 吕淑云，马新群. "互联网+"时代在线教学对混合式教学模式启示的创新研究[J]. 公关世界，2022(9)：114-115.
⑤ 吕志峰. 智慧校园中大数据及云计算技术的应用[J]. 电脑知识与技术，2021，17(35)：25-26.

持续改进方面，要强化督导评价结果的应用，注重教学质量监测评价信息的及时反馈与及时总结，为混合式教学模式的开展提供有力保障。

（五）鼓励教学模式创新，培育推广典型案例

当前，混合式教学模式广泛应用于高校教学过程中，有了一定的发展，但目前仍缺乏具有普遍指导意义的实施方案和评价体系。高校应鼓励教师积极探索创新混合式教学新模式，完善实施方案和评价体系，让师生在小范围尝试实践各种新的教学模式，并不断总结经验教训，逐渐培育出可推广、可复制的"教科书式混合式教学模式"。

本文基于ADDIE模型设计的混合式教学方案覆盖从教学分析到教学评价的整个教学过程，结合线上线下各自教学优势，通过激发学生自主学习动机、培养学习积极性与协作互助氛围，将学生从以往传统教学中按既定流程完成学习的过程，转变为学生出于内在动因主动探究问题的学习过程。顺应线上线下混合式教学常态化趋势，基于ADDIE模型的混合式教学方案对各类高校均有借鉴意义，在高等教育中有广泛的适用性和应用前景。

◎ 参考文献

[1] 教育部. 教育部关于中央部门所属高校深化教育教学改革的指导意见[EB/OL]，2016-06-13. http：//www.moe.gov.cn/srcsite/A08/s7056/201607/t20160718_272133.html.

[2] 教育部应对新型冠状病毒感染肺炎疫情工作领导小组办公室. 关于在疫情防控期间做好普通高等学校在线教学组织与管理工作的指导意见[EB/OL]，2020-02-04. http：//www.gov.cn/zhengce/zhengceku/2020-02/05/content_5474733.htm.

[3] 关于政协第十三届全国委员会第四次会议第4271号（教育类437号）提案答复的函[EB/OL]，2021-10-14. http：//www.moe.gov.cn/jyb_xxgk/xxgk_jyta/jyta_kjs/202111/t20211104_577687.html.

[4] Allen I E, Seaman J. Sizing the opportunity：The quality and extent of online education in the United States，2002 and 2003[J]. Sloan Consortium，2003(23)：659-673.

[5] 徐葳，贾永政，阿曼多·福克斯，戴维·帕特森. 从MOOC到SPOC——基于加州大学伯克利分校和清华大学MOOC实践的学术对话[J]. 现代远程教育研究，2014(4)：13-22.

[6] Impey C, Formanek M. MOOCS and 100 Days of COVID：Enrollment surges in massive open online astronomy classes during the coronavirus pandemic[J]. Social Sciences & Humanities Open，2021，4(1)：100177.

[7] 何克抗. 从Blending Learning看教育技术理论的新发展[J]. 国家教育行政学院学报，2005(9)：37-48，79.

[8] 李逢庆，韩晓玲. 混合式教学质量评价体系的构建与实践[J]. 中国电化教育，2017(11)：108-113.

[9] 孙淑红. ADDIE模型在初中英语语法混合式教学设计中的应用探索[J]. 英语教师，2022，22(2)：77-80.

二、学生编

[10] 刘婷. 基于 ADDIE 设计模型的大学英语混合式教学应用及效果评估研究[J]. 科教导刊-电子版(中旬)，2021(8)：247-248.

[11] 莫健樱，杨满福. 基于 ADDIE 模型的微课设计与开发[J]. 中国教育信息化·基础教育，2020(7)：81-84.

[12] 高江勇. 高质量本科教学的发生——为何需要及何以实现互动式教学[J]. 高等教育研究，2020，41(1)：84-90.

[13] 李逢庆. 混合式教学的理论基础与教学设计[J]. 现代教育技术，2016，26(9)：18-24.

[14] 徐莹. 基于 ADDIE 模型的大学英语混合式教学模式设计[J]. 科教导刊，2021(20)：138-140.

[15] 段海娟，王英. 基于 ADDIE 模式的土木工程材料实验课混合式教学探索[J]. 实验室研究与探索，2021，40(8)：159-162.

[16] 赵志军. 巧用慕课堂智慧教学小程序助力教师线上教学实时掌握学情——以中国大学慕课平台为例[C]//广东教育学会 2019—2020 年度学术成果集(二). [出版者不详]，2020：715-728.

[17] 林健. 新工科专业课程体系改革和课程建设[J]. 高等工程教育研究，2020(1)：1-13+24.

[18] 钟晓燕，张靖雯. 疫情防控常态化背景下的教学模式新探——基于微信公众平台的翻转课堂研究[J]. 教师教育学报，2021，8(1)：84-91.

[19] 赵海鹏，仇妙芹. 高校混合式教学教师胜任力现状、影响因素与提升策略[J]. 黑龙江教育(理论与实践)，2022(9)：40-42.

[20] 吕淑云，马新群. "互联网+"时代在线教学对混合式教学模式启示的创新研究[J]. 公关世界，2022(9)：114-115.

[21] 吕志峰. 智慧校园中大数据及云计算技术的应用[J]. 电脑知识与技术，2021，17(35)：25-26.

教学与学的革命
——以数学与统计学院教育工作为例

杨浩伦

(武汉大学 数学与统计学院,湖北 武汉 430072)

【摘 要】 为响应武汉大学"教学与学的革命"珞珈论坛的号召,本文将对数学与统计学院的教育工作进行分析。第一,结合一流本科专业建设相关要求,深入分析和探讨如何建设一流本科专业,如何充分发挥专业的特色与优势,如何实现面向未来、适应需求、引领发展、理念先进、保障有力的专业建设目标,不断提升建设质量;第二,消除各个学科之间的隔阂,主动寻求数学与工科、医学,以及文科的相通之处;第三,明确人才培养目标定位,根据社会对人才的需求进一步探究如何优化数学院培养方案。

【关键词】 数学教学;数学思维;多学科交叉;培养方案;模块化

【作者简介】 杨浩伦(2002—),男,湖北省黄冈市,武汉大学数学与统计学院2020级本科生,E-mail:y18327241112@163.com。

一、建设一流本科专业

随着科学技术的革新,人工智能够越来越多地代替人类进行工作,对于未来的儿童,要培养他们什么样的能力才能应对这个日新月异发展的社会。美国21世纪学习框架指出,新时代的教育应该基于对学科观念和思维方式的着重培养,从而培养学生像学科专家那样去思考学科问题。一个学科的独特思维方式是分析一个学科特有的问题理解和问题解答的思维方式,是要培养学生们像这个课程的课程专家一样思索问题的能力。培养学生的关键数学能力,是实现数学核心素养的落脚点,而培养数学能力的核心又在于思维能力。近年来,培养和加强学生的思维能力已成为国际教育的重要目标,郑毓信也提出[1]:现代数学研究作为一种高层次的数学思维,对解决数学教育中许多重大理论问题做出了说明。朱立明[2]在高中生数学学科核心素养测评框架构建具体分析了数学核心素养的测评维度和观测指标中也可以看出数学思维所占的权重是最高的,从这个权重中我们也可以明确看出数学思维的重要性,数学思维得到提高的话,数学能力也能得到大幅度发展。

(一)武汉大学数学与应用数学专业的培养目标

武汉大学的数学与应用数学专业作为国家双一流学科,应该以培养学生的以下能力为目标。

1. 数学抽象能力

数学抽象是指在数学活动中对一般基本概念、基本特征、运算规则等数学特征的实现进行思考，并从环境中获得有用信息的过程。从纷繁复杂的环境中提取出有效的数学信息，如数量、大小、位置、等式关系，然后对这些信息进行抽象理解，将实践中的问题转换为数学问题，然后对数学问题进行分析、解决。对于数学的学习，一般顺序是先了解概念，然后理解概念以及应用条件，最后将数学内容应用于现实社会的问题解决中。

数学抽象能力的培养从概念的理解到具体实践：首先，在学习过程中要关注学生对于数学概念的理解与掌握。数学概念往往是对相关定理、规则最精准的概括，因此往往也具有抽象性，教师在教学过程中要利用现实情况和新旧知识间的联系使学生能够理解和掌握抽象的概念。其次，教给学生获取数学信息的能力。要帮助学生学会从现实社会中感知数学、数量关系，将实际中复杂的信息内容可以抽取出数学符号、语言、算式等。再次，在实际应用中发展抽象概括能力。在实际运用中，学生实现了对数学名词、符号的抽象和建立模型，将实际问题转换为数学问题，再进行解决。

2. 数学语言表达能力

数学语言表达能力就是指：能够用恰当而准确的数学用语、数学符号来表明意思和传达信息。表明、传达数学信息与学习数学语言是分不开的。数学语言的教学在数学思维培养中具有显著的意义。同时，数学思维和数学语言有很大的相关性，数学思维就是无声的数学语言，可以通过熟悉、表征、翻译等方式发展学生的数学语言。

数学语言表达能力的培养要从数学语言的识记学习到具体情境中的实践：首先，在课堂教学中要让学生理解数学概念中的数学符号标示和数学语言的表达并进行符号、语言的记忆。其次，在课堂教授中，带领学生把生活实际中听到、观察到的内容转化为数学符号和数学常用语言。再次，要指导学生用数学符号或言语表明意思、传达信息的能力。通过现实中转化来的数学语言进行交流实践，才能真正学好，掌握数学语言，培养用数学语言交流的能力，在交流的过程中也是锻炼数学思维的过程。

3. 数学推理能力

数学推理能力是指根据一定的事实和建议，按照一定的规则提出不同的建议的能力。运用数学思维解决问题时，常常需要归纳总结、从已知推未知，这就需要充分运用推理的思维方式，每一步推理做到有理有据。在课堂教学中就要教会学生用归纳和类比的方法，从旧知中延伸、类比出新知，使学生懂得理论与算法之间的联系，寻找合理简洁运算方法的依据。

数学推理能力的提升，需要在学习数学定义，到实际运用的过程中培养。首先，在学习新概念时，要给学生讲明概念的推理过程，如用学过的旧知识推导出新的概念，在新旧概念间建立起联系。其次，在课堂中训练学生的思维广度与活跃度，给学生创造一个自由发言的课堂氛围，让他们可以大胆地进行猜测，并且多给学生留下一些开放性问题去交流讨论，与传统的有唯一答案的题目相比，有开放性特征的题目，更能够让学生体验观测、推测、推断、得出结论并验证的经历。再次，让学生在实践中运用推理能力。让学生在实际问题中，根据获得的有限信息，仔细观察发现其中的线索和规律，进行假设和推理，并进行大胆的猜测和实际验证，在积累解决实际问题的经验中培养学习者的推理能力。

（二）实施一流数学本科专业的策略

在明确了教学目的之后，我们可以采取以下的教育实施策略。

我们可以将高层次思维能力的教学模式归纳为3类：首先，独立课程模式，该模式强调职业教育和直接思维的独立课程，独立于相关课程。其次，内容模式，在某些特定的知识背景中进行授课，如数学或科学，在这样的课程中培养数学思维。最后，注入模式，将思维能力与课程和教学相结合，这不仅限于特定的学科和内容，是指除了数学和科学的其他课程中也能够培养数学思维。现阶段，就我国的课程设置及培养模式来说，数学思维的培养与教授具有一定的依赖性，就现阶段的课堂教学实际情况来说，数学思维的训练多是在数学课堂教学中进行的。因此，数学课堂上培养数学思维的措施可以参考以下几个教育策略。

1. 以"闻见"为基础

促进学生的思维发展。要想数学思维得到有效发展，我们常常需要依托于课堂中的"闻见"。在课程教授时，教育者应该明确不同领域的概念、思维和信息，同时引导学习者思考，帮助他们组织知识结构，阐明数学知识之间的逻辑关系，显示不同的空间位置，并形象化。我们应该引导从形象思维转向抽象思维。传统课堂中所用的板书，以及最近几年经常被提及的思维导图都是很好的思维再现的方式，这些方式能够清晰地展现知识结构、逻辑关系，各个概念间的逻辑联系，并将数学知识的探索与研究过程适时浓缩，不断激发学生进行思考，用适合他们的方式来探索知识的本质，并发展他们的思维能力。

2. 注重数学课程中的数学用语的学习，为数学表述和交流打基础

数学思维常常需要借助于数学用语、符号的表述和交流，数学用语和符号的表述和交流中往往就渗透着数学思维，反之，我们可以通过学习数学用语来锻炼学生的数学思维。在课堂教学中，教师要多给学生进行表达的机会，这能够激励学生进行严谨的数学表达，同时也能够通过口头表达展现思维的发展，学习者的数学思维得到训练。在现在的小学教学中所倡导探究、合作教学就是为了提高学生思考、锻炼思维的能力。因此，教会学生用数学用语、符号进行表达，是要通过教师的主导，进行师生间的交流、同学间的交流，让学生学会表达数学，让学生经历深度思考后表达自己的想法，在表述中倾听，在倾听中通过表达交流，在交流中进行再考虑和改善，如此反复促进了多角度，多层次的思索，从而促使知识的理解掌握和数学思维的有效发展。

3. 构建知识的联系通道，为思维的转换做准备

数学思维的锻炼，常常需要人们用旧的知识解决新的问题，对前后知识建立联系，进行思维的转化。在现在小学课堂中，我们常常看到老师要求学生用曾经学习过的知识来解决新的问题，这就是通过对新旧知识的联系来促进思维的转化实践。在教学中就要求教育者为学习者搭建整体的知识网络。这就要求教师自己要理解整个知识的逻辑体系及推导过程，然后根据学生已有的认知经验，让学生尝试用旧的知识解决新出现的问题，让学生在实际的运用中理解新旧知识之间的联系。在学习完新知识后，一定要帮助学习者再次梳理知识脉络，加强知识的同化和理解，促进知识的联系和转化。通过这样的反复操作，学习者会逐步掌握思维转换能力，进而促进数学思维的发展。

二、多学科交叉融合

(一) 数理逻辑：数学与逻辑学的交叉

在解决第三次数学危机的过程中，由于对逻辑与数学关系的不同理解，数学家和逻辑学家被分为逻辑主义、直觉主义和形式主义三大阵营：逻辑主义不同意数学来源于经验，而认为数学的基础是逻辑，他们试图从逻辑推导出全部数学，并通过逻辑方法来消除悖论。逻辑主义以罗素和怀特海(A. N. Whitehead)为代表。直觉主义者认为数学是建立在直观和经验的基础上的，不需要逻辑的解释，逻辑不过是数学推理原则的表述。他们认为数学是心智的构造，并要求数学的对象都是可构造的，拒绝接受非构造性的对象和证明。此外，他们还反对排中律在无穷推理中的应用。这一派的代表人物是荷兰数学家布劳维尔(L. E. J. Brouwer)，海廷(Heyting)则建立了一个直觉主义逻辑系统。在逻辑主义和直觉主义的争论中，希尔伯特(D. Hilbert)既不同意逻辑主义的观点，也不同意直觉主义的观点。他认为逻辑不是数学的基础，应该同时建立逻辑系统和算术系统。但他也不同意韦尔(H. Weyl)和布劳维尔基于可构造性的思想而驱除无理数、函数，甚至日常推理中涉及无穷对象的排中律的做法，他认为那样会肢解数学，甚至葬送科学。1922年，他提出一个后来被称为形式主义的解决方案，其主要内容是：(1)形式化。建立适用于数学理论如初等数论、集合论和数学分析的形式语言。(2)元数学。在无内容的形式语言之上，建立一个包括初等数论的形式系统，这样的形式系统由公理和推理规则构成。(3)证明论。用有穷主义方法证明该逻辑系统的协调性。如果证明了这个形式系统是协调的，也就证明了被形式化的数学理论是协调的。在处理逻辑与数学的关系上，如果说逻辑主义是正题，则批评逻辑主义的直觉主义是反题，而要在直觉主义的指责下挽救整个数学的形式主义则是合题。我们从这里看到逻辑与数学的交叉如何推动了逻辑和数学的发展。

(二) 人工智能的逻辑：计算机科学和逻辑学的交叉

人工智能的逻辑最初是指基于人工智能语言 Prolog 的逻辑，其核心是回溯推理。Prolog 是一种基于演绎推理的描述性语言，与 BASIC、PASCAL 等基于计算的过程性语言截然不同。使用过程性语言，程序员必须写出每一步指令，告诉计算机怎样对问题求解；使用 Prolog 语言却只需提供对问题的描述和解决问题所需的基本规则，而由 Prolog 自己去寻找问题的解。Prolog 的这些特征，使它特别适合作为人工智能的语言。Prolog 被广泛应用于编制各式各样的专家系统。

现在，人工智能已经是一个十分宽泛的概念，它广泛应用于自然语言的处理、机器学习、神经网络、遥控机器人、生物模型处理、商业和市场分析、医学应用等众多的研究领域。这些领域的研究工作需要非常丰富的计算机科学（特别是计算机语言学）的知识和技能，也需要各种不同的现代逻辑的知识和理论，还需要将人工智能应用于其中的专业知识。可见，人工智能是学科交叉的产物，学科交叉又推动了人工智能的发展。

（三）数学与统计学的交叉

概率统计的随机性要求学生的学习方式不能沿用传统数学学习的方法，而必须采用具体问题具体分析的方法，在解决一些具体的实际问题过程中加深对概率统计的定义、公式、法则、原理的理解。一方面学生在学习过程中要不断地总结用概率解决问题的数学模式，另一方面，学生需要不断地提高判断、创建数学模型的能力，在对各种实际情况的分析、判断、探索的过程中强化自身的数学随机意识。对学生数学随机意识的培养，是一项长期而艰巨的任务，观念的转变也不是一朝一夕的事，这就要求我们通过改变教学方法激发学生的学习兴趣，让学生自觉地投入到概率统计的学习中去，引导学生积极主动地学习。教师应创设吸引学生的教学手段，引导学生积极主动参与到教学情景中来，挖掘学生的内在学习潜质，培养学生掌握和运用知识的能力。只有让学生认识随机思想，才能真正明白现实世界广泛存在的随机性，并主动地应用到生活中去。抽样的方法很多，但无论用什么方法抽样，都要坚持随机抽取的原则，这是随机思想的精髓。

所谓模型化的思想，就是把所考察的具体的实际问题转化为数学问题，建立相应的数学模型，通过对具体模型的分析研究，解决实际问题的一种数学思想方法。概率中存在很多的数学模型，如古典概型、几何概型等。

在概率论课程中设置数理统计的基本内容，是为了给学生展示如何针对具体的实际问题构造数学模型，运用所学的概率知识进行科学合理的判断与估计。这种处理既提供了理论应用于实际的演示、操作和实训平台，又是理论知识本身的延展和巩固，避免了工科学生学习数学"只见树木不见林"的短期效应以及"学数学没有用途"的偏见。概率论与数理统计中很大一部分可以用概率模型进行描述，如有限等可能概型（古典概型）、伯努利概型、正态分布等。应用概率模型方法就是根据随机问题的具体特点，模拟构建一个随机问题的现实原型或抽象模型，从而反映问题的内在规律，然后选择相应的数学方法对求得的数学模型进行解答，表现出从实践到理论再到实践的过程。概率统计教学应重视对概率模型的理解和应用而淡化繁杂的计算，使学生经历从多个实例中概括具体概率模型的过程，体会这些实例的共同点，培养学生识别和建立模型的能力。使用概率模型解决问题是归纳思维的一种典型应用，它离不开人们的观察、试验与合理的推理，是数学化意识和思想方法的具体体现，有助于培养学生将数学理论应用于解决实际问题的能力和创新意识。

三、人才培养道路的探寻

（一）发现问题

在高校的数学教育中，总会出现一些难以避免的弊病，比如以下提到的几个问题。

二、学 生 编

1. 学生缺乏探索精神

学生自我约束力不强，缺乏自主探索精神，很多学生感觉在大学学习高深的数学知识没有用处，而且数学课程知识点比较难，所以直接放弃高数的学习。传统课堂中教师更为注重向学生传授数学知识，学生的学习也仅仅只是为了应付考试，导致学生学习兴趣不高。另外，很多数学教材编排不合理，没有考虑学生的知识掌握情况以及认知范畴，和学生所学专业缺乏紧密联系，学生对于课程没有明确的学习目标，同时缺乏学习热情，因此学习效率比较低下。

2. 少数教师讲授水平亟待提高

许多学校的数学老师，都需要同时负担科研和教学两个方面的任务。有的教师学术能力非常强，知识面十分广泛，思维能力十分活跃，但是却缺乏将其准确表述出来的能力，这一点在数学课程这样较为晦涩的课程中格外明显，使得学生出现"听不懂课"的情况。

（二）解决方案

1. 高校数学模块化教学的概述

模块化教学提倡现场教学，其目的在于培养学生的技能，由于其教学方式的新颖性，所以在刚一问世就受到了诸多师生的青睐和关注，目前已经在多个国家被推广应用。在数学课程中应用模块化教学指的是结合每个专业学生对数学的需求，对教学内容进行筛选以及重组，从而提高学生学习效率。数学模块化教学通常设计纵向与横向两部分，纵向是指每个单元模块的知识能够划分成导入、讲授以及运用三个模块。横向是指将数学教材知识分解成独立的单元模块，每个单元模块都有自己的教学重难点、教学方法和教学目标，每个单元模块互相独立，但是不同单元模块之间又有自己的内在逻辑联系。

2. 运用模块化教学的方式

（1）优化教材内容。为了让数学课程和专业课程更好地接轨，教师要对教材内容进行优化编排，在优化教材的过程中要考虑学生的知识掌握情况，要根据学生的专业调整教材内容，保证优化后的教材内容通俗易懂。在优化教材时候要注意以下几点：一是所选教材内容要和专业联系紧密。高等数学涉及内容非常广泛，教师优化选择教材内容时候要考虑到专业的实际需求，不同模块单元，可以在导入以及运用两个模块中选择符合专业发展的实例，所以教师应该具备相应的专业知识。二是妥善处理一些内容，能够让教材内容变得层次感更强，能够增加内容的趣味性。三是选择设置的习题要符合专业需求，难度要适宜，习题主要在于巩固学生所学内容，所以不能过难，会打击学生学习信心，也不能过于简单，会让学生感觉没有难度。

（2）建立健全考核评价体系。传统教学中教师主要以卷面成绩来评价学生的学习情况，这种评级体系以偏概全，不能综合评价学生，所以高校应该建立健全考核评价体系。首先，考核评价体系应该公平公正，应该对学生肯定和鼓励。教师要通过正向的评价激励学生持续学习,帮助学生树立学习的信心。其次,要注重形成性评价,不仅要评价学生的卷面成绩和作业完成情况,而且要评价学生的日常课堂表现,保证评价的全面性。

(3)开设数学实验课。很多数学问题仅凭演算以及想象是不能解决的,需要借助实验课的操作让学生去解决这些问题。所以教师要在数学课程中适当增加实验课,可以在实验课中运用 Matlab 等数学软件,让学生能够形成运用数学软件的意识。比如定积分数学问题,运用数学软件将算式输入就能够得到结论,能够简单化问题。学生能够通过实验课模拟、仿真数学问题,能够寻找适合自己的解题方法。

(4)改革教学手段和教学方法。在传统教学中教师的教学通常会借助黑板和粉笔展开,可是很多抽象数学问题,教师仅凭黑板演示和讲说是很难让学生理解的,所以教师可以运用多媒体现代教学工具,能够利用动图形式将一些数学知识呈现出来,让抽象知识简单化,降低学生学习难度。教师还可以建立微信群、QQ 群等,和学生一起讨论数学问题。高校当前在不断扩招,生源类型更为丰富多样,很多学生的知识掌握水平并不一样,所以教师应该考虑学生的差异性,为了尽可能地照顾到每一个学生,教师可以运用"分层教学方法",可以在课程开始前对学生进行摸底,结合学生的摸底情况选择教材内容,制定课程方案,期末考试时利用不一样的试题对学生进行考核,分层教学符合学生的个体差异,有利于学生的个性化发展。

◎ 参考文献

[1]数学深度教学的理论与实践[J].上海中学数学,2021,330(3):49.

[2]朱立明.高中生数学学科核心素养:内涵、价值与特质[J].教育科学研究,2020(7):79.

[3]王玉,刘敏娜.国内数学思维的教育研究探索[J].内江科技,2021,42(7):103-104,134.

[4]蔡曙山.学科交叉与现代逻辑的发展[A].北京师范大学、北京市社会科学界联合会.小康社会:文化生态与全面发展——2003 学术前沿论坛论文集[C].北京师范大学、北京市社会科学界联合会,2004:14.

[5]李丹.谈数学的思想方法在概率教学中的应用[J].科技视界,2012(13):41-42.

[6]俞健.课程思政视域下教育数学优化路径的探寻[J].教育导刊,2021(7):71-76.

[7]关明.应用型高校数学课程模块化教学改革与研究[J].科技创新导报,2019,16(14):205-206.

论新时代背景下高等学校培养优质师资的现状
——关于对珞珈论坛的深度思考

文 峥

(武汉大学 数学与统计学院，湖北 武汉 430072)

【摘 要】 随着高等院校办学规模的扩大，国内教育水平的提升，师资数量的增加，师资队伍建设已经成为影响高等院校进一步深化教育改革发展的重要因素。在加快教育现代化、建设教育强国的关键时期，高等院校要全面深化教育评价改革，充分发挥评价的指挥棒作用，以推动师资队伍全面高质量可持续的发展。本文从论文背景、论题现状、发展趋势、优质师资对新时代教育理论的作用、优质师资对人才培养的作用、高质量教师的模式与评定等方面，探讨优化高等院校师资队伍的策略。

【关键词】 优质师资；人才培养；新时代教育；优质教学质量

【作者简介】 文峥(2004.10—)，男，汉族，海南省东方市人，武汉大学数学与统计学院2022级本科生在读。

一、绪论

1. 研究背景及意义

教育是百年大计，教育是根本。新时期中国教育在中国实现现代化进程中起到了无可取代的重要作用。国家的发展与时局的动荡，党与国家对优秀人才的需要比过往百年更为迫切。新中国社会主义教育旨在培养越来越多的优质人才，而我国的高等教育须立足中华民族伟大复兴战略全局和世界百年未有之大变局，直面教育方面的窘境，助力中国在复兴之路上行稳且坚。

优秀人才的培养离不开高质量教师的教学。中国新时期具有鲜明的特点的社会主义教育，是以培养德、智、体、美、劳全面发展为社会主义的建设者，是以培育胸怀"国之大者"的人为方向标。新时代青年不仅能把握形势、敢于担当、善于作为的先驱，还应为国家富强、民族复兴、人民幸福做出贡献。而高质量的教学团队应能顺应新时代的教育潮流，贯彻新时代教育教学理念，提高培育质量，落实立德树人的任务，完成培养优秀人才的各项任务。这就是新时代的教育教学中不断追求优质师资的使命。

而优质师资自古以来是极为重要的。优质师资是培养人才的必要保障，教育教学质量的提高，对于人才的培养具有很大的促进作用，从而达到向国家输入高质量人才的目的，为国家的建设发展战略添砖加瓦。

综上，本篇论文将围绕培养优质师资主题展开论述，从背景、目的、标准、途径等方面讨论优质师资在新时代教育教学中起到的关键作用，并将结合作者的专业知识来阐述建设高素质、专业化创新型教师队伍的必要性和重要性。

2. 武汉大学第三届"教与学的革命"珞珈论坛的内容简介

为深入贯彻习近平总书记的重要讲话和落实《教育部等六部门关于加强新时代高校教师队伍建设改革的指导意见》等文件精神，将高素质、专业化、创新型的优点融入教师队伍中，武汉大学特此召开了第三届"教与学的革命"珞珈论坛，以学习、探讨并达到以下目标：教师树立正确的教育理念、提升教师的教学能力、拓展学生的动手能力、激发学生的学习积极性，探索正确的新时代教育教学方法，提升教师的教书育人本领。

3. 中国教育的师资过去、现状及发展趋势

在古代，老师是指教学生正确知识的人。出现"老师"的概念可追溯至西周时期，《学记》中记载道："教师者所以学为君也。"正所谓"师者，授人也"，故人们将"教"和"师"联系起来。随着文化教育事业的发展、社会的进步和社会阶层的演变，教师这一行业愈发重要，春秋时代出卖脑力劳动的"士"被视为中国第一代教师群，而在这社会大变革的时代中，诸侯纷争，豪杰四起，士人们或著书立说，或奔走游说，助力国家的发展，为社会的进步作出了重要贡献。

而现在，教师这一职业的重要性愈发凸显，这一现象在新时代的中国教育下尤为明显。人们不再满足于只会传授知识的教师，而是授人以鱼且授人以渔更授人以道的教师，这不仅有利于学生成为五德兼有全面发展的人，还有助于培养学生成为智慧型人才，更重要的是，能够引导人们在世界中坚守做人之道，实现自我的人生价值。正如上海市黄浦区卢湾一中心小学的校长吴蓉瑾，将红色的基因注入教育，在学生们的心灵里播种了理想和信仰的种子，让他们对党更加忠诚。扎根基础教育、不忘初心，是探寻教育与教学的主要"旋律"，创新教育手段，促进学生们德智体美劳全面发展是教育教学的"重要引擎"。就是这样一位老师，是新时代中国教育中好教师、高质量教师的典范，是教师们应当学习的楷模。

而作为教师，要以学生为本，将对学生的培养更加个性化，将自身教育的立足点在于培养出优秀人才，培育具有正确的人生观和价值观，具有优良的品德和正确的政治理念的社会主义建设者。这就要求教师本身的教学模式应不断创新，承担起学生的学习规划者和人生引导者的职责，使个性化的教育方法更具合理性、科学性、创新性，形成独特、专业的教育方法论。

建设教育强国既是中国未来教育发展的总目标，也是实现中华民族伟大复兴的基本方略。要搞好基础教育，就在教育行业这条大路上坚定不移、笃定信念地往前走，那么，培养优质师资是或不可缺的一件大事。

4. 新时代的先进教育教学理念对优质师资的要求

社会的发展和人们受教育普及度的提高，教师的角色和作用发生着重大变化，提升教育教学理念则为重中之重。新时代中国特色教育中，对学生的教育培养目标应从以知识能力为主转变为知识与道德并蓄，从以注重培养学生学科知识为主转变为因材施教、德智体美劳全面发展，从而使学生成为一个既富有非凡的创造能力、创新精神和创业精神又不失礼节的优质人才。

新时期的先进教育思想，就是以人为本、人学定教，形成全面、协调发展的思想，而在此背景下，优质教师的课程最重要、最核心的思想就是振兴民族、促进每个人的发展。故一流大学的教师在教学过程中，要摒弃传统的教学模式，并且要转变课程的职能，完善课程的均衡、综合性和选择性，把课程的内容与时代紧密结合，以自主、合作和探究的形式改善学生的学习习惯，建立与素质教育思想相一致的评价和考核体系，实行国家、地方、学校三级课程管理制度。因此，在课程的目的上，"为每个人的发展"是指把学生培养成"完整的人"，这种思想既是发展的课程价值，体现了现代教育的根本变革[1]。

进而，新时代的先进教育理念对优质师资的要求富含多个方面，例如教学模式、创新实践能力、教学热情、教书育人观、教学质量等，这要求新时代中国特色社会主义教育体系中的教师在这些方面需具有高素质和高标准。比如说，有着新颖但顺应时代潮流的教学模式，有着先进的教育教学理念，有着独树一帜却有利于培养技术型人才的教学方法，有着高水平的创新实践能力，在教学生活中有着极高的教学质量且为学生服务的教学热情，树立正确的教书育人观。这就是新时代先进教育教学理念对优质师资的基本要求。

二、高校培养优质师资的必要性

教师是高校教学与研究的重要推动力，是高校发展的重要组成部分。其中，优质教师对人才培养、新中国教育方面有着重要的作用，本章将对此进行阐述，并基于此提出培养优质教师的途径。

1. 优质师资对人才培养的作用

首先，我国教育的目的是教师必须掌握的内容，其依据了我国特定背景，受教育者的身心发展精神，人们的教育思想，确立教育目的是根据马克思主义关于人的全面发展而定论的。所以，教师力量能够结合新时期教育思想和学科建设的总体目标，制订高水平的人才培养方案，制订科学的人才培养目标，强化政治素质和学术道德教育，优化理论课程体系，加强实验教学环节，加强对学生的身心健康教育。

那么，与教师力量相对标的则是提升队伍的水平与培养优质师资队伍。新时代的教育水平下，教师不仅担负着教书育人的使命、品质与人格的培养，同时教师的行为举止也会潜移默化的影响到受教的学生。倘若因部分教师的自律性、思想意识的薄弱性，导致师资队伍水平减弱，所面向的人才培养也将遭受打击。因此，加强师资队伍的建设与评价过程中，首当其冲的则是将师德师风作为优化队伍的第一标准，加强思想政治引领，将立德树人作为贯穿人才培养的关键思想。[1]

其次，高等学校肩负着为国家输送杰出人才的重任，教师作为知识的传播者和创造者，其职业的特殊性决定了教师师德师风具有独特的特点。要想实现高质量的人才培养的发展，必须有规模相当的师资队伍相匹配。只有向人民群众广泛传播先进的科学文化和思想观念，教育人们克服和抵制社会上的腐朽思想、陈旧观念，积极投身于社会物质文明的建设和精神文明的建设，才能培养出高级专门人才、促进精神财富方面的生产，对过去的继承和未来的发展起到桥梁和纽带的作用

因此，教师管理、教师素质建设，对实现优质师资的目标和开放包容与以人为本理念、充分遵循教师成长发展与教育客观规律起到重要作用。

2. 优质师资在新时代中国教育中的关键作用

回顾与总结新中国成立以来我国教育的历史与成果，我们可以看到优质师资在扩大与整合教育人类学的研究队伍与研究力量，提升教育人类学在教育学学科建设中的地位与作用。[2]教育是国之大计、党之大计，国家强劲发展势必依赖于教育，高水平师资力量便是铸造坚固教育基石的"催化剂"，只有不断挖掘和发挥自身独有特色，以更优质、更强大、更丰富的师资力量全面提高我国教育事业的整体水平。

知识在社会和经济发展过程中的作用不断增强，对资本的积累和社会的发展起到了积极的推动作用。在这个知识经济环环相扣时代，社会需要国民接受更高的知识、更高的文化素质，这也意味着我们的教育将朝着大众化方向发展，并要求社会可为国民改善受教条件与环境。高校只有通过对师资队伍的科学管理和人才的培养，才能真正推动我国的教育事业的长远发展。高校的管理与建设关系到大学生的创造性思维、知识结构的形成，优质的高效管理能够有效的促进学生的培养，进而教师的管理工作关系到学校和学生的未来。

因此，教育是立国之本、强国之根，持续加强高水平师资力量建设，必能强力促进全国教育事业发展。

三、当下我国高校培养优质师资的问题及改进方法

目前，我国大学逐步建立起相对稳定、符合我国教育体系所需的教师队伍。但在教师教学理念、教学质量保证、教学能力评定等方面仍有待改进。下面将从教学理念与模式和教学能力评定两方面去分析新时代背景下我国高校在培养优质师资中存在的问题。

（一）教学理念与模式

1. 明确开放包容与以人为本理念

加强以人为本的思想，是构建适应时代要求的大学教师队伍的先决条件。这一思想要求高校要积极地优化和持续发展教师的个人素质，使其充分认识到个人在学校发展中的重要作用，培养有责任心、有理想的合格教师。同时，在同一目标的指导下，应注重培养人

才的个性，增强教师的创造性和主动性，使师资队伍真正焕发生机。此外，要实现长期的发展，就必须建立一个开放性的学校观念，体现在开放的环境、开放的课程等。[3]

2. 强化教师管理，创新评价模式

首先，构建灵活高效的激励制度。可以从德行、精力、积极性、实践四个方面对教师进行评估。要根据教学的进程和科研的规律，建立合理的教师评估体系。教师的个人发展需要从基础科研、技术研发和应用等方面加以重视。在编制评估指标时，应将量化和质的评估相结合，积极开展教师互评、学生评价、校级评价等活动，以推动教师管理和教师队伍的可持续发展。[3]

3. 促进校企合作，引进多方面人才

要明确方针，全方位地吸引各类高层次的人才。高等人才是实施"人才强校"的重要保障，各地都出台了许多优惠政策以吸引更多的优秀人才，只有保障了人才的福利待遇，才能加大引进各方面的人士。高校作为全国高校的主要人才培养基地，要与时俱进，主动学习有关部门引进高端人才的政策，把政策落实到位。

近年来，我国正加大推进高校应届生就业政策，从高校应届生群体中聘用教师，这部分教师的知识内容更新相对缓慢，缺少实践经验，脱离了职业需求。因此，政府可以在学校和企业之间建立合作办学平台，制定相关政策为校企合作指明发展方向，为校企合作提供便利、降低成本，从而有效推进产教结合。[3]

(二) 教学能力评定

科学合理的教师评价制度可让教师对自己的教育和科研能力有一个清晰的认识，从而推动自己的成长和发展。目前，一些高校教师评估缺乏顶层设计，评估的结果无法真实地反映出教师的教学研究能力，与教师的合作次数与满意程度也不高。

对于高质量教师的教学能力评定存在以下问题：

(1) 定性评价。所谓定性评价是是指运用全部知识、经验和判断，以投票方式进行评审和比较的一种方法。定量评价在教师方面，多为主观判断，其中定性分析所占比重较大。评价大多是形式，评价结果主观性较大，基本上是合格以上，没有看到真实的评价结果，导致信度和效度较低，不知如何调整教师队伍，同时也缺乏较为客观的比对。

(2) 评价主体较为单一。目前我国高校教师的评估多以学生评估和导师评估为主，而第三方评估缺乏，评估对象也不够多元化，由于管理等原因，无法客观公正地评估教师的能力，造成许多评估结果在中等偏上。

(3) 评价手段单一。评价标准一概而论，目前我国高校教师评价多采取"效度评价"，评价的内容多是常规性的，特别是注重结果评价，忽视过程评价，注重数量评价，忽视质量评价，注重片面的评价，忽视整体的评价。其中最为主要的忽视教师与学科之间的评价，正是因为缺乏教师与专业学科的评价与反思，导致结果缺乏客观、系统性的内容。

四、培养优质师资的途径

(一) 一流大学优质教师队伍的建设及评定标准

要使教师队伍的可持续发展,不仅要确保教师的数量和结构符合教育的要求,还要确保现有教师队伍的整体素质。

首先,提高教师师德师风水平。充分发挥师德的引导功能,不断提高师德标准,强化师德考评,把师德师风和师德评价贯穿于整个工作进程。要持续规范师德教育和训练体系,把师德考核作为教师年度考核、专业技术职务评聘、教师聘用、教师资格等工作的重要依据,以引导教师树立职业理想,提高教师的职业责任、纪律、作风和专业技术能力为首要。

其次,加大师资队伍引进和培养力度。教师应当明确专业素养内容:(1)在道德素养方面。对待事业要忠诚于人民的教育事业;对待学生,要热爱学生;对待集体,要具有团结协作的精神。(2)在知识素养方面。高校教师要接受前沿理念,包括政治协作、精神的学科专业知识、广博的科学文化知识、必备的教育科学知识。拓宽教学与学术视野,切实提高教师育人水平和科研能力。(3)在心理素养方面。其高尚的师德、愉悦的情感、良好的人际关系、健康的人格是必不可少的。

再次,改善分类评价机制,增添教师活力。针对不同学科领域、不同研究类型、不同专业类别的不同工作类型,实行分级评定,充分考虑到人才的个性化、多元化特征,避免"一把尺子量到底"。健全同行评议制度,鼓励采用多种灵活的评估方法,如:个人述职、面试答辩、同行评议、实践操作、业绩展示等。其中,评价项目可以从课堂教学语言、知识与技能的掌握、过程与方法的结合、情感与态度的表达、效果与价值的体现来划分。不仅明确了教师教学目标是否从学情出发,是否符合大纲要求,是否联系生活实践,还明确了立足于学生的学习,关注到学生对课堂的感受,有效地达成教学目标。

最后,加强对师资的激励,激发教师的积极性。教师的工资和福利水平是决定大学能否吸引人才、留住人才的重要因素。因此,要制定更加灵活的薪酬体系,以持续改善其工资和保障。

新时期的大学教师队伍建设与评价是一项具有战略性意义的工作,必须根据学校的发展规划,构建一套完善的岗位聘用制度、考核体系、激励机制,以促进教师队伍的全面发展。

(二) 政府与师范学校对优质师资的管理

培养高水平师资离不开国家政策的支持力度。政府要更加关注和支持师资培养,可积极推进有关师范生离校的政策,完善师资队伍保障和激励机制,让师范校方和广大师范学子更有动力、更有冲劲干好教师教育工作。

培养高水平师资离不开师范院校的优秀管理。学校作为学生锻造打磨教学本领的"大熔炉",应格外注重学生能力的培养,因材施教,补齐师资结构短板,有效结合学生理论和实践能力，不断提升办学层次，提高培养质量，为社会持续输送优秀的师资队伍。

要全面贯彻教师职业标准的基本思想，培养高素质的教师。教师首先要热爱教育，要有职业理想，要坚持社会主义核心价值观，遵守教师职业道德，依法执教；尊重学生的个性，富有爱心和责任心；把为人师表、教书育人铭记在心。注重以能力为主，将学科知识与教育理论与实际相结合。尊重学生成长规律，提高教育教学的专业化程度，坚持实践、反思、再实践、再反思的机制。

五、总结

新时代高校师资队伍建设和评价是一项重要任务，需要从高校事业发展规划出发。为此，教师必须树立"以人为本"的开放、包容的思想，加强对教师的管理、改革评估制度、引进高层次的人才、健全的双师队伍等，为学校的全面发展打下坚实基础。在构建高层次师资队伍的过程中，要明确优秀师资的作用，认清自己的定位，把师德师风建设贯穿于教师发展的全过程，把握个体身心发展的规律，将教书育人的使命铭记于心。有关部门应根据学校发展需要不断扩大师资队伍规模、优化师资队伍结构，为提升教师的学术水平，搭建教师交流学习平台，建立系统化、个性化的职业培训。因此，教师队伍的建设是一个长期的、不断反思的、不断前进的过程。

◎ 参考文献

[1] 王忠堂，李永华，马明，李增荣，梁海成. 基于新时代教育理念的专业培养计划制定［J］. 广州化工，2021，49(13)：213-215.

[2] 齐学红，胡勇，程晓莉. 新时代中国教育人类学的文化使命——中国教育人类学第七届学术年会综述［J］. 教育发展研究，2021，41（24）：82-84. DOI：10.14121/j.cnki.1008-3855.2021.24.013.

[3] 杨春林. 高校教师管理和师资队伍建设现状及发展对策［J］. 湖北开放职业学院学报，2022，35(2)：19-20.

[4] 任峰，孙宁云. 高校师资队伍建设及评价策略研究［J］. 内蒙古科技与经济，2022（9）：42-43，46.

基于哈贝马斯交往行为理论分析大学生思政课堂教学改革

杨钧雅

(武汉大学资源与环境科学学院,湖北 武汉 430071)

【摘 要】互联网技术的不断发展,将"学习通"和"雨课堂"等在线教学软件、日益成熟的多媒体教学设备和3D、VR等新兴技术带进了课堂教学实践,大学思政教育课堂实效性、学生积极性较之前有较大提高。文章首先厘清交往理论和大学生思政课堂教学之间的契合点,其次以哈贝马斯的交往理论为依据,从教与学两个层面剖析教学实效性增强的缘由,最后作出反思总结。

【关键词】哈贝马斯;交往行为理论;思政课堂;教学改革

【作者简介】杨钧雅(2002—),四川广元人,资源与环境科学学院2019级土地资源管理专业本科生在读,武汉大学青年马克思主义培养工程六期学员。

一、哈贝马斯"交往行为理论"

哈贝马斯认为交往行为是一种"主体—主体"按照有效性规范,通过语言符号这一中介进行的交互性活动,旨在实现主体之间的认知与共识,从而维护社会的一体化、有序化与合作化。这一交往行为打破了主客体关系的传统模式,更强调了在主体间通过理解而形成交流互动。在哈贝马斯看来,交往行为的特点可以归纳为如下四点:(1)至少两个及以上具有行为能力和语言能力的人是交往行为的主体;(2)语言是交往行为的媒介;(3)主体间平等的对话是交往的形式;(4)在交流、理解的基础上达成共识与认同是交往行为的目的。

二、交往行为理论与大学生思政课堂的契合

实践交往、生活交往、社会交往等沟通行为能力教育中,传统教育模式和时代诉求之间呈现出诸多矛盾:首先表现在自主意识不断增长下沟通主体间地位的悬殊化。无论面对全球化竞争,还是互联网信息的平等获取与发布,都使大学生的自主意识、个体意识空前高涨,而总抱着教与学活动中,教是主要矛盾、学是次要矛盾的传统教育观暗喻了教与学主体的不平等性。站在不平等的视角下展开思想教育,教学双方心理不和的境况无疑会大

大降低思想教育的针对性和实效性。

高校思想政治教育在交往教育中体现着国家培养的意志、传统文化的传承、主体政治思想境界及道德修养的提升，在交往中培养大学生成为国家和社会发展需要的人。这样一个宏大的育人目标，在全球化和互联网时代下，显然单单依靠高校教师的理论传授是远远不够的，还需要师生之间实现精神理性的交流和心灵的沟通，更要学生通过大量实景式、全真式的社会交往，在平等主体、双向互动、实践补缺的语境下，形成符合社会要求的交往理性。这恰恰是哈贝马斯的交往行动理论核心所在，因而将交往行动理论运用于思政课堂教学全过程，有利于完善大学思想政治教育的动力机制，找寻到具有针对性、操作性的崭新教育路径和方式。这正是两者时代契合的必然。[1]

三、教师教学能力提升

1. 注重受教育者的主体性、个体差异性

教师的个人生活经历和学识积淀相对于受教育者而言更为丰富，这些丰富或者说优先性决定了他们在学校思政课教育中起到的主导作用。就是因为它角色定位的主导性，导致教育工作者们多少产生了心理优势，而当这些心理优势在被不断扩大后，教育者和受教育者之间本应保持均衡的心理天平也便失衡了。而通过教学改革，教育者和受教育者之间渐渐形成了一种合作式的教学实践方式，扭转了地位不平等的局面。

以笔者所在的大学为例，近年新开设了习近平新时代中国特色社会主义思想概论思政课，除核心要义等基础内容相同外，思政课的其余内容从学部特色出发，教师选取与学部专业相符合的内容进行授课。例如：信息学部课堂安排网络安全观的学习、医学部课堂健康中国重要论述的学习等。通过与学生专业知识领域结合，教师更加注重个体差异性，改变了以往学生对思政课虚无缥缈的印象，持续发挥学生主体性，将思政课落到实处。

借助智慧课堂的数据分析模式，教师也更容易掌握学生的学习动态、学习兴趣和接受能力，更易于为学生提供个性化的学习方案，并随时调适自己的教学方式。[2]

2. 思政课堂内容贴合社会实际

教育组织在学校的教育中一向秉承着积极的、理性的教育立场，组织合理地选择教育内容，引导教育情境，阻抗不良的影响，使学生获得更多的正义感、道德感、建立起正确的世界观、价值观。然而，大学校园的开放性使其在拓展社会生活多样性的同时，也不可避免地带来了大量的负面信息。因此，学生所接受的思想教育与所感受到的社会信息的对比会让其对学校所接受的教育产生质疑，从而导致"思想与现实不符"的经验判断，对现实的价值冲突产生困惑和迷惘。

思政课教师坚持理论联系实际，通过选择社会热点事例、与政策法规案例结合知识点，以教师分类讲授、召开同学小组讨论或进行社会调查、采访等多种形式进行教学，从而将思想政治教学理论和实际情况有效融合，使思想政治教学理论的课堂更具有说服力与感染力，让学生对思想政治真的更感兴趣，从而使思想政治教学的内容内化成学生的思维

方式或道德信念，进而提高思政课堂的有效性。

3. 构建完善的课程评价反馈体系

在教学改革中，教育者将学生在学习过程中展现的交流互动能力、学习积极性、观察分析能力、思辨能力、创新品质、实事求是的精神、敢于发表不同观点的勇气、善于思考质疑的能力、理论联系实际的能力、解决问题的能力分阶段地纳入考核过程，构建全方面多角度的课程评价体系，而不仅仅是简单的笔试书面成绩。同样以笔者所在的学校思政课为例，思政课教师实行"三次平时成绩+期末考试成绩"的评价考核方式，其中平时成绩又分为课堂教学参与度、课堂积极性、小组讨论展示、课后学习等多部分，实现了全方位、多元化的课程考核。

除此之外，在每一次课堂教学后，教师都会发放针对本次课的课堂评价问卷，收集学生反馈的问题和建议。通过便捷的课堂工具对数据结果进行统计分析，可以更好地把握学生的学习动态、学习效率和接受程度，更好地为他们制定个性化的学习计划，并适时调整。

四、学生学习主动性、积极性提高

1. 快速适应新兴技术，把握课堂话语主动权

生长于网络环境中的学生群体，对互联网有天然的亲近感，而与教师相比，他们更容易在互联网中表达自己。[3]教学改革让更多的互联网元素参与到课堂中，学生可以利用他们熟悉的"弹幕""留言"等方式进行言语表达，师生之间的语言冲突在一定程度上得到了缓解。教学改革实现了网络与线下的多元交流，既缓和了课堂中的师生"沉默对峙"，又让学生在课堂中的权利地位发生了微妙的变化——学生变成了课堂气氛的活跃者、课堂话语的建构者。教学改革用对话、沟通逐渐取代"控制"的交流方式，化解了教师话语的"霸权"，从而保障学生的话语权得到体现和尊重。

同样以笔者所在的学校为例，在某节课的教学准备环节，学生既可使用相关软件提前进行课堂预习，实现自主学习；在课间和课后学生也能通过弹幕或提问等实时互动交流方式，主动进行思考、质疑，极大地发挥了学生的主体性和自觉性。

2. 突破时空限制，学生学习空间最大化

教学改革通过互联网实现了一种更多元的交流形式，它不仅保持了传统的"教师讲，学生听"的基本特点，同时也实现了智能课堂和互动的功能，利用在线软件建立了完善的网上互动环境，最终实现课前、课中、课后的全过程课堂管理，打破了以往中国高校思政教学交往的时间时限与空间局限，进一步拓展了教学空间的领域，学生甚至可以通过互联网资源，搜寻、旁听自己感兴趣的其他院校的优秀教师的网络视频课。在这个语境下，教育工作者与被教育者之间都可以最大化实现他们的主体性，从而达到彼此之间相互理解进而形成共同认同，最后达到与教师之间的共生共荣。

同时，在疫情防控常态化社会里，教学改革的突破时空限制这一点成为高校教学秩序顺利维持、我国高等教育事业顺利发展的关键保证。

五、总结

教学改革是一个长期的、循序渐进的过程，混合式教学不应是传统教学和线上教学的简单相加，[4]从教学内容的挖掘、教学技术的运用、到考核评价方式的设计，都需要教育者投入时间和精力。只有不断进行教学实践和反思，进一步优化改进教学设计，不断思考怎样才能更好地发挥出学生的自主性，才能培养出真正对社会有贡献的人才。

◎ 参考文献

[1]俞锋.交往行动理论视域下大学生思想政治教育的范式构建[J].江苏高教，2016（5）：159.

[2]张耀天，刘倩.大数据时代大学思政智慧课堂的交往实践与批判——基于哈贝马斯的交往理论分析[J].湖北理工学院学报(人文社会科学版)，2022，39(2)：68-73.

[3]周娟娟.论哈贝马斯交往行为理论对高校思想政治教育的启示[J].福建论坛(社科教育版)，2008，6(12)：157-159.

[4]田园，塞小平."互联网+"背景下的大学数学课程教学改革研究[J].科教文汇，2022(19)：40-42.DOI：10.16871/j.cnki.kjwh.2022.19.010.

"清华钱班"模式下的武大特色力学培养模式

刘建鑫

(武汉大学　土木建筑工程学院，湖北　武汉　430072)

【摘　要】"清华学堂人才培养计划"钱学森力学班(简称"钱学森班"或"清华钱班")创立十余年以来，开展高度个性化的精深学习，发展出一套面向创新人才培养的特色模式，取得了一系列卓著成果。武汉大学土木建筑工程学院2020级工程力学班，在钱学森班特色模式的基础上结合自身特点，发挥精英小班优势，探索适合本专业的培养模式，目前已经取得了一系列成果。

【关键词】工程力学；培养模式；创新人才

【作者简介】刘建鑫，武汉大学土木建筑工程学院2020级工程力班学习委员

清华钱班的核心理念是帮助每一位学生找到独特、特别感兴趣且天赋擅长的发展方向；引导学生的激情方向指向历史性机遇下的全球性的重大挑战问题；鼓励学生在全球范围内寻找到乐意深入指导该学生挑战重大问题的杰出、有经验的导师。[1]武汉大学学科门类齐全、综合性强、特色明显，力学是基础学科，又是工科的基础，在各个工科行业与领域中起着核心的作用。在新工科建设过程中，工程力学将与越来越多的学科交叉融合。本文基于武汉大学土木建筑工程学院2020级工程力学班(简称"工程力学班")的实际背景，对班级的小班培养模式进行介绍。这一培养模式旨在加强学生对专业基础知识的掌握，加深学生对于课程内容的理解，引导学生精深学习、自主学习，结合武汉大学学科门类齐全的特点积极促进学科交叉融合，引导学生根据自身兴趣特点选择未来发展方向。

1. 工程力学班的实际背景

2020级工科试验班(一流学科群)是我校第一次实行新工科大类招生，是我校新工科教育改革的一步重要探索，共包含工学部四个学院，15个专业，实行"1+3"分段式培养模式，即"1年通识教育+3年专业教育"，提高新工科复合型、创新型人才的培养。根据武汉大学本科生院的数据[2]，在2020级工科试验班的专业分流工作共有1003人参加，其中进入土木建筑工程学院90人，学院工程力学专业10人。与往年相比，20级工程力学专业的人数骤降。如何发挥小班教学优势，学院领导、任课教师和同学们进行了一系列有益的探索，从教学内容、师生交流等方面对现有的教学模式进行改革，探索出真正适合本年级的培养模式，包含一对一导师制、以研促学的学习导向、研讨问答的课程形式，使得学生个性得以彰显、潜力得以发挥。

2. "一对一导师制"下的学生发展

"一对一导师制"是基于小班现状的特色培养模式,班级成员与导师双向选择,导师应当不仅仅成为学生的"良师",还应当成为"益友",导师会关注学生生活情况、为学生提供学业指导、为有科研意向的同学提供科研机会等。这一培养模式下,导师因材施教,学生按照自己兴趣和特长选择自身发展方向,这也使得学生对于未来的职业生涯规划有更加清楚明确的认识。学生定期与导师谈话,可以有效地解决学生在学习生活中遇到的困难,同时对学生的学习起到监督作用,防止学生在长期学习过程中出现懈怠、迷茫的情况。

力学本科培养大工科的"通才",学生应当在了解本专业学术前沿的基础上实现不同学科交叉融合。武汉大学学科门类齐全,这为不同学科之间交叉融合提供了有利条件,导师恰好能够起到引导者和桥梁的作用。

目前班级的同学对于未来的规划清晰,并且已经付诸实际,大部分学生积极参与科研工作,学习论文撰写等科研必备技能,积极参加高等研究院、物理学院、生命科学学院等学院的课题组联合组会,体会新工科背景下的学科交叉。同时,班级同学也已经取得了一些成果,发表SCI论文两篇,一篇待投,完成国家级大学生创新训练项目两项。

3. "以研促学"的学习导向

基于"一对一导师制",学生积极参与科研活动,班级学习兴趣和科研氛围浓厚。清华钱班为大一至大四的学生设置了循序渐进的创新研究实践环节,其能够帮助学生对目前的重要领域提供前瞻性的认识。[3]大部分同学在学习大学课程的过程中会面临"考完就忘"的问题,即在相应课程考试结束后,大部分的学生会很快的忘记之前所学到的知识,等到真正需要使用这些知识的时候,需要花费大量的时间复习,学习效率不高。另外,学生在学习过程中还会遇到"学而不深"的问题,即在学习新知识后,并没有更加深入地去探寻知识背后的本质,"知其然"但是并不"知其所以然"。目前工程力学班采取"以研促学"的培养模式,鼓励学生带着问题去学习,从而加深对课程内容的理解与掌握,提高学生对于知识的熟练程度,脱离"考完就忘"和"学而不深"的窘境。

学生应当从"传授式学习"向"朋辈学习"直至"自主学习"转变,[4]"以研促学"的培养模式极大地提高了学生自主学习能力,学生自主构建知识体系,从而实现知识的融会贯通,为之后的学习打下坚实的基础。工程力学班自专业分流后课程学习成绩优异,同时在各项学科竞赛中成绩突出,获得省级以上学科竞赛奖项十余人次。

4. "研讨问答"式的课程形式

基于小班教学的特点,课程形式可以更加灵活多样,"研讨问答"式的课堂更能提高学生的学习兴趣。工程力学班在专业分流之初开设了专业研讨课,是为了鼓励学生了解学术前沿,激发学习兴趣,而在和"一对一导师制"有机融合后,这一课程的形式也变得更加丰富多样。学生在专业分流之后就深入导师课题组,了解导师研究方向和学术前沿,形成报告,最后回到课堂上进行展示,供全班同学学习交流,这对于学生根据个人兴趣确定研究方向、获得科研灵感具有重要意义。

5. 结语

土木建筑工程学院2020级工程力学班在借助专业分流之后班级人数较少的特点,采取小班精英教学的培养模式,在教育教学方面都有所调整。结合专业本身特点,强调个性化学习、自主学习、精深学习,积极引导学生做好人生规划,尽早付诸实践,锻炼自身能力,争取成为具有创新能力、能够解决关键问题的有用之才。

◎ 参考文献

[1] 钱学森力学班. 钱学森力学班简介[Z]. 清华大学本科招生网, 2015, https://www.join-tsinghua.edu.cn/info/1037/1300.htm.

[2] 肖安东, 高晶. 2020级工科试验班(一流学科群)大类培养初显成效[Z]. 武汉大学本科生院, 2021, https://uc.whu.edu.cn/info/1121/11902.htm.

[3] 尹颖尧, 李鸿琳. 本科生也能搞出大科研——清华大学钱学森力学班创新方式培养[J]. 大学生, 2012(22): 24-25.

[4] 郑泉水, 白峰杉, 苏芃等, 清华大学钱学森力学班本科荣誉学位项目的探索[J]. 中国大学教学, 2016(8): 50-54.

新时代背景下教师教学能力提升的路径研究
——基于城乡规划专业

高 北

(武汉大学城市设计学院,湖北 武汉 430072)

【摘 要】 在新时代背景下,教育教学理念、教师能力要求、思想政治教育与专业教育的关系、教学策略等都产生了变化,教师也因此在教学中面临新的挑战和机遇。在这种情况下,如何开展教学改革研究与实践、如何转变教学观念、如何创新教学模式从而提升教学质量,成为了亟待解决的问题。本文将基于城乡规划专业,从学生的角度探讨教师教学能力提升的路径。

【关键词】 教育理念;信息化教学;教学能力;城乡规划

【作者简介】 高北,女,2003年3月生,武汉大学城市设计学院城乡规划专业2021级本科生(在读)。

随着我国社会主义建设进入新时代,教育在社会发展中的作用日益突出。党的十九大报告明确指出:"必须把教育事业放在优先位置,深化教育改革,加快教育现代化,办好人民满意的教育。"除此之外,中共中央、国务院印发的《中国教育现代化2035》关注于当前我国教育发展的重点问题和问题环节,着眼于当前,并面向未来,重点部署了加快推动我国教育现代化的十大战略任务,其中包括"学习习近平新时代中国特色社会主义思想""发展中国特色世界先进水平的优质教育""提升一流人才培养与创新能力""建设高素质专业化创新型教师队伍""加快信息化时代教育变革"。完成这些任务需要教师从践行新时代先进教育理念、在课堂中灵活运用现代信息化教学手段、有机融合思想政治教育与专业教育等方面入手,开展教学改革研究与实践。在这样的大背景下,作为一门与国家政策密切相关的学科,城乡规划学科的教学改革更应得到重视,也更应被深入研究与探讨。

一、深入贯彻新时代先进教育理念

(一)新时代教育理念的内涵

我国教育的指导性文件《中国教育现代化2035》定义了教育现代化的八大理念,其中包括"更加注重以德为先""更加注重全面发展""更加注重知行合一""更加注重因材施教""更加注重融合发展"等各方面。这一文件阐明了我国新时代的先进教育教学理念,为新时代教育教学工作的改进指明了方向。下面，我们将重点从"以德为先""全面发展""知行合一"等三个方面作具体阐述。

(二) 贯彻新时代教育理念的意义

随着经济社会的迅速发展，我国正逐步成为经济强国、创新型国家，日益接近于实现中华民族伟大复兴的中国梦。在这一关键时刻，我国亟需增强创新能力及竞争力，这就需要我们重视实现教育的现代化，为社会发展提供丰富的人才储备。而教育的现代化首先是教育理念的现代化。在《中国教育现代化 2035》中主要有两处内容可以说明这一点：第一处是在论及我国新时代教育不均衡不充分发展的问题时，提出的首要问题是"科学的教育理念尚未牢固确立"；第二处是在谈及关于我国教育现代化的具体方面时，位于首位的是理念现代化。除此之外，在之前的全国基础教育工作会议上，前国务院副总理孙春兰在谈到我们要做的重点工作时，强调首先要树立科学的教育理念。以上几个方面，充分地体现了贯彻新时代教育理念在新时代中国教育改革发展中的重要地位。因此，在推进我国教育现代化工作时，首先应当贯彻新时代教育理念。

(三) 如何贯彻新时代教育理念

1. 注重以德为先，培养学生的社会责任感

"以德为先"指出了德育工作在人才培养工作中的关键性作用，也体现了教育的本质要求。培养人才，首先要培养人格健全、品德高尚的人。而在这样一个新时代，青年还应具有强烈的社会责任感与时代使命感，将自己的个人发展与国家需要相结合，厚植爱国主义情怀，肩负起实现中华民族伟大复兴的时代重任，努力成为建设中国特色社会主义的主要力量。而这与教师的教育密切相关，因此需要教师在日常的教学工作中重视学生的德育。具体到城乡规划专业来说，本专业与国家的政策、土地管理等联系紧密，宏观层面上涉及到国土空间的规划问题，是国家治理工作中极为重要的一环。这对本专业德育工作的开展提出了更高的要求。教师应在理论类课程中强化学生对规划工作重要性、影响力的认识，并向社会责任等方向引导学生。在实践类课程中，教师应引导学生多考虑人的行为和体验，并确保数据的准确性和合理性，做出负责任的设计和调研报告，为相关领域的学术发展做出相应的贡献。

2. 注重全面发展，培养学生的综合素质

全面发展理论是马克思主义的基本观点，是教育的最终追求。在新时代也有着更为深刻的内涵，主要体现在以下两个方面：学生的德智体美劳的全面发展，以及在意志品质、思维能力、创新精神等方面的综合素质的全面发展。具体到城乡规划专业来说，教师在课程教学中应重视培养学生的审美能力、空间感知能力以及设计能力等，可以采取增设空间形态方面的课程、增加设计课的学时等具体措施；此外，关于学生的综合素质的培养，可以考虑在低年级适当增设一些调研类、研究类的课程，让学生更早接触科研工作，以更好地培养学生的思维能力和创新精神；关于学生的意志品质的培养，可以多开设一些实践类

课程，让学生在实地考察、调研走访的过程中培养吃苦耐劳、不畏艰辛的优秀品质，也能增强学生的意志力。

3. 注重知行合一，培养学生的实践能力

知行合一的理念，既是对学生素质提出的要求，也是培养学生素质的行动指南。习近平总书记指出："'知'是基础、是前提，'行'是重点、是关键，必须以知促行，以行促知，做到知行合一。"除了教授理论知识以外，教师还应当重视培养学生的实践能力，引导学生将所学知识与规划实际结合起来，增强创新创业能力。具体而言，可以推行产教融合、校企合作的人才培养模式，通过直接接触一线工作，让学生在步入社会前就对未来从事的工作有初步的认识，促进学生毕业后快速融入社会，也对学生自身发展大有裨益。关于课程设置方面，可适当增加实习课程的学时（尤其在第三学期），也可以有选择性地将一些设计竞赛或投标项目的"真题"直接拿到设计课的课堂上，让学生直面"真题"，提前接触未来的工作内容，增强学生的实践能力。

二、灵活运用信息化教学手段

(一) 信息化教学手段的内涵

信息化教学手段依托于现代信息技术，将抽象的文字丰富为具象的声音、动画等形式，借助各种信息化手段，展示给学生生动、直观、有趣的多媒体内容。这一教学方式借助于计算机辅助工具和互联网平台，利用多种信息技术建立以学生为主体的新型教学模式。信息化教学手段有以下几个方面的基本特征：教学材料数字化、教学管理自主化、教学环境虚拟化、教学系统开放化。

(二) 运用信息化教学手段的意义

信息化教学手段打破了以"教师—语言—学生"的基本内容传授过程，把内容传授方式的人性化置于重要地位；消除了传统教学模式的弊端，在教学内容、教学效果等方面相较于传统教学方式都更加优化完善。

信息化教学手段能够扩展教学内容，促进教学过程持续性。比如"慕课"平台就有效地补充了线下教学由于课时不足而略讲甚至未讲的部分，也让学生能够随时随地进行课程学习，保障了教学内容的全面性。

信息化教学手段还能增加师生之间互动交流的机会，调动学生学习的积极性。教师的教案、教学视频等资源可通过信息技术开放给学生，让学生自主学习，并可在网络平台及时与教师沟通交流，打破了传统教学的时空壁垒，便于学生更好地消化所学内容。同时，这一手段利用现代信息技术，可以满足学生的多感官需求，能够极大地提高学生的学习热情和主动性，同时也能活跃课堂的教学氛围，有助于提高课堂传授的效率和学生的学习效率。

(三)如何灵活运用信息化教学手段

1. 建立并完善教育资源库

信息化教学实践首先需要更新教学内容和教材形式。一方面，要求教师根据信息化时代的需求与时俱进地更新教学的内容；另一方面，要求教师借助多媒体工具、信息化教学软件等载体适时地改变教材的形式，让教材不局限于纸质课本，而在课堂上"活"起来。具体而言，教师可以采用PPT、小视频、设计软件等多种形式进行备课。比如设计课或者理论课在介绍具体的案例时，教师可借助SketchUp、Rhino、Revit等设计软件向学生展示案例的模型，让学生直观地认识和理解案例；也可以通过渲染软件和视频软件制作出相应的动画视频，让学生对课程案例具有更加全面、立体的认识。而要做到这一点，就需要全体教师参与进来，共同建立全面、完善的教学资源库，为信息化教学的实施提供丰富的资源储备。

2. 优化学生评价体系

除了教学内容和教材形式的信息化，新时代的学生评价体系也应做出顺应时代要求的优化。信息化学生评价体系应在传统评价体系的基础之上增加新的评价维度，比如网课内容的完成情况、电子档作业的完成情况、平时上课的签到情况等。评价的标准和内容也应做出相应的调整。具体而言，在信息化时代，学生的综合能力还应包括运用软件的能力，而相应的，学生的手绘能力在综合能力中所占比重应当适当下降。这也要求教师在考虑设计课的评分标准时参考信息时代的实际需求。在课程设置方面，应当增加一些教授相关软件的课程，以顺应时代的变化。拿目前的课程安排来说，大一的专业课程并没有涉及到软件的范畴，基本上都是手工出图；而大二一开始的设计课即要求学生用电脑出图。这对于之前从未接触过相关软件的学生来说，是一个非常痛苦的过程。因为学生在正常上设计课的同时，还要在课下零基础地自学从建模软件到渲染软件到修图软件再到排版软件等各类软件。这对于学生而言，确实较为难以接受。因此，笔者认为，应当在低年级开设课程教授相关的软件，让学生有一个接收知识的"缓冲期"。

三、有机融合思政教育与专业教育

(一)思政教育与专业教育相融合的必要性

思想政治教育是我国新时代教育事业中的一个重要课题，肩负着培养政治认同和价值观自信的重要任务。而大学生的思想政治教育更是重中之重，既是每个学生个人发展的指路明灯，又能为中国特色社会主义事业的建设添砖加瓦。因此，高等学校的思政教育应当引起教师的高度重视。思政教育的深入推进离不开其与专业教育的结合，应当将思政教育融入各门专业课程教学的每一个环节，并结合各思想政治理论课，共同构建全课程育人格局，从而更好地落实思政教育工作。此外，就像一个人离不开信仰一样，专业教育也离不

二、学生编

开思政教育。如果脱离了思政教育,专业教育就会失去灵魂,空有骨架而无血肉,失去了继续发展的内在驱动力。

(二)如何有机融合思政教育与专业教育

1. 提升专业课教师对课程思政的认知

部分教师可能因为不够重视课程思政,因而对课程思政认识的不够全面、不够深刻,无法避免地会对某些部分的内容产生一定的误解。要想解决这个问题,首先需要教师明确思想政治教育与专业课程之间的关系,认识到思想政治教育不仅不会影响专业课程自身的教学安排和教学效果,反而还会深化专业课程的思想内涵,扩大专业课程的格局。具体而言,学校可以多组织教师进行集体思政学习,彼此之间进行交流研讨,促进教师对课程思政认知的提高。

2. 提升专业课教师的思想政治素养

教师首先要具备思政教育基本的理论知识,可以通过常态化培训、思政教育论坛等多种方式较为全面地认识思政教育体系,理解其实际意义与内在逻辑,提升自身的思想政治素养。之后,再通过学习研讨等方式逐步培养起思政教育的能力与相应的素养。具体而言,"实践是检验真理的唯一标准",学校可以多组织开展教师的志愿活动、义务劳动等活动,让教师深入社会基层,热心于公益活动,从而提升教师的思想政治素养,进而提高教师的思想政治教育的能力和素养。

3. 在学生评价体系中加入思政实施效果等方面

思政教育立足长远,注重对学生心灵和为人处世等方面的培养,是长期的潜移默化的过程。这并不是说没有必要对思政教育的实施效果进行评价。合理地评价思政教学效果是一项必不可少的工作。只有通过评价,教师才可以更好地了解学生的掌握情况,并相应地改进课程思政的设计和实施等。具体而言,可以通过量化的方式对学生进行考核。比如,在设计课对学生作品的评价标准当中,可以加入"该方案是否体现了人文关怀",以及"体现得是否充分"等考核标准,更加全面地对学生的作品进行评价。

四、结语

教师是我国教育体系的重要组成部分,教师的教学能力关系到人才队伍的建设。如何提升教师的教学能力已成为了极为重要的时代课题,需要各相关方通力合作,共同探讨并实施有效的措施。笔者作为一名正在接受高等教育的高校在校学生,从受教育者的角度对此进行阐述,希望能为教师教学能力的提升提供一些参考路径,为我国教育事业的发展做出一些微薄的贡献。

◎ 参考文献

[1] 张旺. 教育现代化：理念、体系、制度、内容、方法和治理——基于《中国教育现代化2035》的目标任务[J]. 吉林师范大学学报（人文社会科学版），2022，50（1）：51-58.

[2] 孙其华. 新时代需要什么样的教育理念——以《中国教育现代化2035》为据[J]. 江苏教育，2020(18)：6-11.

[3] 王宏伟，全吉成，刘宇，赵秀颖. 关于信息化教学手段的几点思考[J]. 教育教学论坛，2012(32)：61-62.

[4] 王海宾. 新时代高校思政教育规律总结[J]. 中国出版，2022(13)：71.

[5] 孙蕊，肖红，刘丹. 立德树人背景下思政教育改革研究[J]. 就业与保障，2022(6)：82-84.

[6] 陆道坤. 课程思政推行中若干核心问题及解决思路——基于专业课程思政的探讨[J]. 思想理论教育，2018(3)：64-69. DOI：10.16075/j.cnki.cn31-1220/g4.2018.03.011.

遥感学子在创新创业路上前进
——以第七届互联网+国赛金奖项目"雷视通"为例

谢烁红　周俊杰

（武汉大学　遥感信息工程学院，湖北　武汉　430074）

【摘　要】本文以第七届互联网+国赛金奖项目"雷视通"为例，介绍了一支遥感学子团队在创新创业路上的前进经历。雷视通是一款结合软硬件的智能交通解决方案，其中硬件包括毫米波雷达、摄像头、边缘计算单元等，软件则利用自研的智慧交通大数据引擎，通过对交通流数据进行分析评价，实现交通信息的采集、挖掘和深度分析。文章从萌芽阶段、备赛阶段、比赛阶段和获奖阶段四个方面介绍了团队的成长历程和取得的成果，强调了团队成员的努力、团队合作的重要性以及导师和学校的支持对项目成功的促进作用。

【关键词】遥感学子；创新创业；雷视通；智能交通；互联网+国赛

【作者简介】谢烁红，武汉大学遥感信息工程学院2018级本科生，第七届互联网+高教主赛道金奖队长，E-mail：shuohongxie@163.com。

周俊杰，武汉大学测绘学院2020级本科生，第八届互联网+产业赛道国赛银奖获得者。

产品"雷视通——新时代智能交通破壁者"为一体两翼、软硬件结合结构，由雷视一体机进行数据采集，雷视感知引擎作为数据分析中台，提供智慧交通解决方案。

硬件方面，雷视一体机整合了毫米波雷达、摄像头、边缘计算单元等，基于FPGA设计了一个高精度的同步时钟发生器，低延时触发相机和雷达同时进行数据采集，边缘计算单元进行数据处理，最高每秒可达32万亿次计算，具备750 Gbps高速I/O性能，传输带宽高达137GB/秒。

软件方面，通过雷视自研智慧交通大数据引擎，利用雷视一体机采集的、经边缘计算单元处理的视频与雷达数据，结合可视化技术对交通流数据分析评价，向外提供交通信息采集挖掘，赋能交通信息深度分析与多维应用。[1]

产品软硬件结合，雷视一体机采集高精度交通信息，雷视通感知引擎作为高可用数据分析中台，构建雷视交通大数据生态架构，赋能交通监测、规划与管理等智能交通应用（如图1所示）。

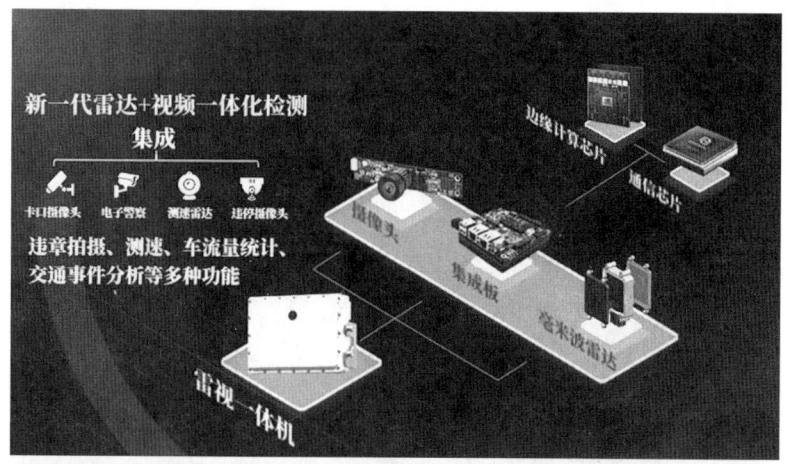

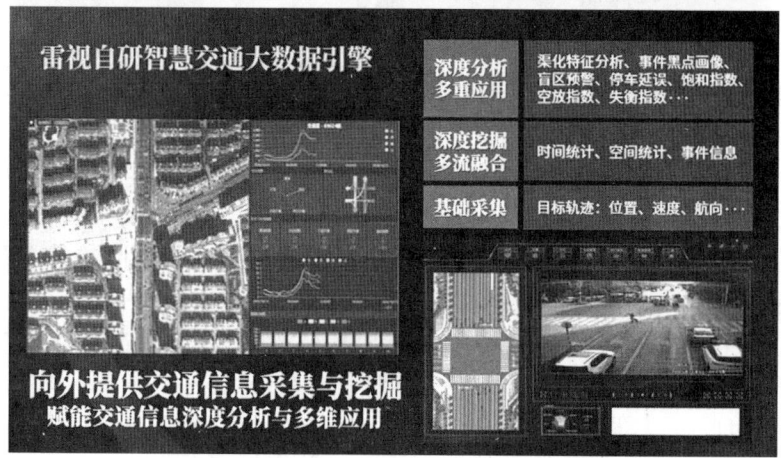

图 1

一、萌芽：破而后立，晓喻新生

在我大一的时候，"空间信息与数字技术"是遥感的新专业，在和师兄师姐了解了这个专业之后，内心交织着对未知的兴奋和焦虑，很快，绿叶计划开始（针对空间信息与数字技术专业的同学的一个加入导师实验室的培养计划），在宣讲中，认识了孟小亮老师，对孟老师对研究方向很感兴趣，也如愿以偿加入实验室。在充实的学习过程中不断探索自己成长的方向，渐渐褪去焦虑，坚定目标。同时，在平时课程中认识宝藏老师——黄玉春老师，并跟随孟老师、黄老师，和雷视通的小伙伴们在实验室踏踏实实进行了一系列的实验，大家的友谊、成果的累积、知识的积淀，都是我们本科时光闪闪发光的记忆点（见图2）。

图 2

二、备赛：各尽其能，有的放矢[2]

把雷视通做大做强，这是我们所有人对自己作品的热爱与期望。刚开始，我们全部都是技术人员，缺少了商业化方面的知识，我想到了一位目前在武大经管院很有想法的高中同学，针对雷视通，我们聊了很久，一拍即合，渐渐地完善我们团队的各方面知识储备，在老师和学校的帮助下，成功地在哈尔滨、珠海做了性能测试和应用示范，真真切切地看到自己花费大量精力的作品实地应用，我们大家都很兴奋与激动，到现在我们还忘不了把雷视通架上交通杆的快乐。后来机缘巧合参加了互联网+大赛，大家一起奋战项目计划书、PPT，不断打磨、不断精进。在此期间，孟老师、黄老师为团队提供了许多建议和支持。

基于我们的技术和团队风貌，在第一次路演答辩中就被评委一眼看中，很荣幸被教练团的张沪寅老师夸赞称这才是真正的国奖项目应该的样子，给了我们很大的信心，激励着我们不断前进。

三、赛中：志之所趋，无远弗至

冲出校赛进入省赛之后，我们总结校赛答辩时出现的问题，完善、改进，力争用最简洁有力的语言，表达出雷视通的优势。在准备过程中寻找了许多同学、老师等，给他们讲述一遍PPT内容，根据反应对展示的内容进行调整。据此，我也整理了一份四万多字的问题合集，不断调整表达方式，并进行练习。团队每次更改完PPT和商业计划书之后，都要对着互联网+比赛的评分标准再看一遍，力求做到最好。

项目的技术在竞赛过程中也不断完善，我们有幸收到了张祖勋院士和龚健雅院士两位权威专家的亲自指导，这使我们信心倍增；龚院士多次找我们到他的办公室与他交流，他总是非常耐心地听完我们的汇报，然后给我们很多中肯的意见，在做科技创新之前，我们从没想过能和崇拜的偶像这么接近。在国赛现场比赛当天凌晨4点，我们团队还收到张祖勋院士微信询问准备的情况，有了院士老师们的期盼，我们在决赛现场非常的有底气。最终我们拿下了国赛金奖，这让我们都觉得为项目付出2年的努力，现在都值得。

四、赛后：尘埃落定，砥砺奋进

生活总是充满惊喜。回想起来，第一个正确的决定是加入了空信专业，加入了孟老师的实验室，才让我们有机会、有能力去做自己喜欢的事情，共同努力去创建、发展雷视通。许多朋友会问我们在这场比赛中收获了什么？除了这个比赛奖项之后，更重要的是我们团队之间的革命友谊，以及雷视通又向前迈进了一步。在国赛备赛期间，每天上完课之后就会跟团队的成员一起打磨项目，有时和团队成员开会讨论到凌晨两三点，这次经历让团队成员收获了一场革命友谊，也让项目更加精进。

更重要的是，团队成员花了许多时间磨合，这给每个不同领域的人一次交流的机会，彼此专业之间互相学习，收获很多，这段经历也是我们每个人成长路上的一笔浓墨重彩。

项目获奖后，很多企业找到我们想寻求合作。2022年，在市政府的见证下，我们和上海一家校友公司在光谷签署了合作协议。尘埃未落，也许从现在起，我们团队的创业道路才刚刚开始，在学校帮助和大赛经历的加持下，只要砥砺奋进，相信我们一定会有更多惊喜。

◎ 参考文献

[1] R. Jiang *et al*., "Evaluating Road Network Capacity in the Semantic Geospatial Sensor Web," 2021 28*th* International Conference on Geoinformatics, Nanchang, China, 2021, pp. 1-6, doi: 10.1109/IEEECONF54055.2021.9687506.

[2] 毛泽东. 整顿党的作风[C]//延安整风与新时期党的建设. 北京：华艺出版社(HUA YI PUBLISHING HOUSE)，2014：14.

创新之光逐梦星辰

林炜华

（武汉大学 遥感信息工程学院，湖北 武汉 430072）

【摘　要】 由在校学生为主体研发的首颗可见光高光谱和夜光多光谱多模式在轨可编程微纳遥感卫星"启明星一号"成功发射，是武汉大学在遥感学科教学从理论走向实践的重要举措，不仅为遥感技术和应用提供了新的平台和数据源，也为遥感教育和人才培养提供了新的模式和机会，将帮助更多有志青年培养综合能力，启明航天梦想。

【关键词】 启明星一号；遥感学科；创新；实践；学科逻辑

【作者简介】 林炜华（2000— ），女，武汉大学遥感信息工程学院遥感科学与技术专业硕士研究生，研究方向为夜间灯光与碳排放。

2022年2月27日上午11点06分，以在校学生为主体研发的"启明星一号"微纳卫星，搭乘长征八号遥二火箭在海南文昌发射并成功进入预定轨道。[1] "启明星一号"是一颗40×30×40厘米的微纳卫星，重量只有19.2千克，是我国首颗可见光高光谱和夜光多光谱多模式在轨可编程微纳遥感卫星。[2] "启明星"项目于2019年下半年正式启动，历时两年多的时间，先后有60余名学生参与设计、研发及测试，让学生当主角，是项目启动之初就做下的决定。武汉大学宇航科学与技术研究院院长龚健雅院士给其命名"启明星"，正是期盼青年一代如"启明星"一样冉冉升起，引领未来科技发展的潮流。[3] "启明星"团队受到了遥感领域三位院士的高度评价和一致认可，并且在全社会范围引起了良好反响，荣获2022年湖北省五四青年奖章集体，在青年群体中树立了良好榜样。

"启明星"项目在武汉大学重点发展遥感卫星平台和遥感传感器的迫切需求中应运而生。早在2012年，武大遥感就建设了自己的遥感卫星地面站；2018年，建设卫星集成测试中心；2019年，成立宇航科学与技术研究院，这些都为启明星项目做好了铺垫。延链补链，补齐短板，引进相关人才、建设实验室，研制武大遥感院自己的遥感卫星平台和遥感传感器，让宇航院成为遥感平台和传感器的重要研究与人才培养基地，协助建设武大遥感强大而完善的遥感学科体系。中国的世界一流学科建设任重道远，要用战略眼光进行布局，而作为国际领先的遥感学科建设更要有更高的站位，不仅要保持自身在遥感学科的国际领先地位，而且要引领遥感技术的发展，以及该学科在未来科技和经济社会发展中的地位与作用。[4]

"启明星"项目对帮助学生建立学科逻辑和知识体系、推动武汉大学等单位的遥感科学与技术学科交叉融合、培养遥感领域复合型人才起到了重要作用，是遥感学院和宇航学院在遥感学科教学从理论走向实践的重要举措，同时人造卫星的成功研制为国内外遥感相关专业教师及学生提供了开放式的太空教学实验平台。[5]

一、帮助学生建立学科逻辑和知识体系

作为遥感专业的学生，我们经常需要与遥感影像打交道，但是却很少了解人造卫星是如何制造的，及其是如何获取影像的。人造卫星硬件理论知识和实践经验的缺失，使我们难以建立卫星从科研到应用的完整的学科逻辑和知识体系。

"启明星"项目立足原有教材，以一颗人造卫星作为切入点，让学生接触科技最前沿，放手让学生承担重大研究任务，将学生核心素养的培养融于其中，让逻辑思维引领学生的综合思维、复杂问题解决等素养的形成，帮助学生打开眼界、建立完整的学科逻辑和知识体系，实现遥感学科核心素养培育真实有效的"落地"过程，也体现了"教材是载体，实践是灵魂"的教学意识。[6]建立学科逻辑和知识体系的过程，其实是系统学习、实践和思考的过程，涉及分类、概念能力和实践机会等各种因素，需要时间的打磨和积累。在这一过程中，我们学生学习到人造卫星的研制是一个复杂而精密的工作，不仅要考虑人造卫星的组装，还要考虑其入轨之后的运控以及后期数据的处理与应用。在不断学习和实践的同时，学生获得了有关人造卫星研制复杂程度的直观认识，熟悉了人造卫星从研制、发射、运控到后期应用的全过程，真正实现了人造卫星从科研到应用的闭环，拉近了学生与人造卫星的距离。但是，这不仅仅是距离上的突破，也是遥感学科在育人落地上的一大创新。由软向硬的突破和提升，让学生有一个系统工程全链条思维的锻炼。

二、培养遥感领域复合型人才

"启明星一号"由教师带领学生团队攻克了一系列技术难关，在这个过程中，学生不仅成长为遥感领域复合型人才，还拥有了对遥感产业的前瞻性思维。研制一颗人造卫星需要光学、机械、电子、软件、控制和通信等多方面的人才，卫星发射后还需要运控、数据处理与应用等多方面的人才，不同的方向给学生设置了不同的研究内容。[8]团队包含了遥感信息方向、摄影测量方向和遥感仪器方向等不同方向的本科生、研究生和博士生。

团队成员在教师的带领下采取了灵活多样的研究形式，打破原有的学科间限制，各专业分工合作、相互交流，不同的层次、不同的视角相互激荡，多学科资源有效整合，相互渗透、相互支撑。这样有效解决了不同学科专业的学生遇到的上课或实验与卫星研发时间、方向上的实际冲突，尽量让每个学生将原有专业和卫星所需要专业有机结合在一起。之前学生多数做的是一些算法实现和软件开发，但其实人造卫星的设计、制造更严谨精密。在"启明星"项目中，一个个单一学科背景的学生通过参与人造卫星的研制、发射、监测以及后期的应用，全面熟悉掌握人造卫星相关技术及应用，将各种知识、能力和素质有机结合、相互渗透并发挥综合作用，提炼出新的观点、新的问题，进而发挥自身的创新精神，自主探索解决问题的途径，最终成长成为遥感领域复合型人才。[9]

"启明星一号"8个夜光谱段成像的设计想法最初来源于学生，也由学生参与实现；测

试星箭分离步骤时卫星太阳帆板不能同时展开的问题也由学生参与解决；卫星后期的应用领域来自于学生的奇思妙想。在这一过程中，多学科的知识相互交叉融合，形成新的思维方法和综合能力，学生不仅扩大了视野、拓宽了知识面，而且发展了个人能力的探索性，培养了科学创新精神，更有利于发现问题和解决问题，使学生能够快速适应未来不同专业或不同学科领域的工作研究。

三、引导学生从理论走向实践

"启明星一号"的研制、控制、运管和应用，从硬件设计制作、组装再到软件控制运管、数据处理与应用的每个环节都有学生作为主体加入进来，让学生在实践中把知识化为自身经验和能力，并将作为一流科研平台助力大学生高水平创新创业实践。"启明星一号"起源于武大学生的想法，研制于武大学生的实践，服务于武大师生的未来，是武汉大学遥感学科教学从理论走向实践的重要举措。[2]

理论支持实践，但实践又不仅仅局限于理论。学生从原来只知道理论公式，到现在实际地参与到人造卫星研制过程中，很多原来一知半解的细节工程性问题，现在有了更深刻的认识。教师鼓励学生大胆尝试、不断试错，于是，各种教材和课程中的知识在参与项目研发中变得立体鲜活起来。对于学生来说，要理论联系实际，把所学的知识综合运用到一颗真正的人造卫星研制实践之中，保证研发的产品能发射成功、正常运转、发回数据并应用，这决不是一次普通实验可比。在这一过程中，学生不仅锻炼了动手能力，还将原来书面的知识和理论转化为自己的实践和经验，收获了宝贵的工程实践经验。创新创造的过程也帮助学生更全面掌握遥感、航天方面的专业技术知识。以学生为主体研发人造卫星，既提升学生的学识、技术，让人造卫星飞上太空，也培养了学生对国家航空航天实力的自信，对武大遥感学科实力的自信，对自己科研创新能力的自信，真正让卫星走下了神坛。[10]

四、新教学理念——"空间实验室"

"启明星"项目放手让学生来做，是个大胆的想法，也是武大遥感学科教师们的共识。以往研究很依赖美国或者欧洲等国外卫星的数据，但是我们需要的数据它不一定发布，它发布的数据又不一定符合我们的要求，我们只能比较被动地接受数据，导致获取的数据可能无法完全满足某些特定区域的监测应用要求。

"启明星一号"是一颗教学平台卫星，谱段在轨可编程，集成了多种功能，可以获取32谱段高光谱影像、8谱段夜光影像和红外遥感影像，具有低成本、快响应和灵活性等特点，能够提供自由灵活的工作模式，在轨运行时可以按照地面不同的应用目的去设计和调整方案。[10]为帮助学生掌握遥感卫星相关技术及应用，"启明星一号"成功升空以后将由武汉大学位于江夏的遥感卫星地面站负责地面测控和数据接收，作为一种新型的教学平台，成为武大师生的"空间实验室"，成为武大在太空中的实验设施。[1]师生们可以与卫星实时互动，进行自主测控和在轨试验。"启明星一号"多模式在轨可编程的特点很大地方便了我们的数据选择，提高了数据的适用性，从而能够进行更多个性化创新的应用尝试，师生有什么奇思妙想，都可以通过它获取数据去验证。

武汉大学前任校长窦贤康说过："武大培养的学生从来不只是为了个人的谋生，而是以实现国家富强、推动社会进步、谋求人类福祉为己任！"启明星项目的初心也是如此：启明遥感梦想，指引研究方向，树立学生服务于国家可持续发展的战略目标，努力探索遥感技术和产业发展新思路，加强遥感前沿问题的科学研究，推动国家遥感应用的市场化进程，走出新的遥感技术创新驱动发展之路。[11]"启明星一号"卫星以学生为研制主体的举措，是武汉大学遥感学科充分发挥科研优势、将科研育人落到实处的具体体现。[12]武汉大学遥感学科将在延续"启明星一号"团队培养模式的同时探索出更多更富有想象力的人才培养模式，让遥感学科尖端技术下沉到学生团队，做到科研骨干从学生中来，科研成果到学生中去，带领学生积极投入实践，使遥感卫星不仅仅是专业科研人员手里的工具，还能够面向广大的学生以及民众，真正地惠及学生、惠及民众。

在浩瀚的星空，深邃的宇宙，那颗夜空中最亮的星熠熠生辉，"启明星一号"载着武大人的探索与创新，浪漫地追求着知识的穷尽。

◎ 参考文献

[1] 中新网．武汉大学首颗学生自研微纳卫星成功发射［EB/OL］．（2022-02-28）［2022-9-16］．https：//edu.cctv.com/2022/02/28/ARTIB4Z9a8pUJ2aY0cwu3uQC220228.shtml.

[2] 中国测绘学会．祝贺 | 中国首个"学生造"遥感卫星发射成功！［EB/OL］．（2022-02-28）［2022-9-16］．https：//mp.weixin.qq.com/s/zkV-uoMklenxE0z8i8pnZA.

[3] 新华网．"启明星一号"背后的武大"造星"人［EB/OL］．（2022-03-21）［2022-9-16］．http：//education.news.cn/20220321/332cffcf087c42e7899e387b73102a6d/c.html.

[4] 武汉大学新闻网．【"双一流"笔谈】龚健雅：新时代世界一流学科建设的站位与战略布局——关于武大遥感一流学科建设的思考［EB/OL］．（2017-12-14）［2022-9-16］．https：//news.whu.edu.cn/info/1002/50218.htm.

[5] 武汉大学新闻网．武大首颗学生自研微纳卫星"启明星一号"成功发射［EB/OL］．（2022-02-27）［2022-9-16］．https：//news.whu.edu.cn/info/1002/66615.htm.

[6] 褚军．构建学科逻辑教学，培育学科核心素养——以人教版"气压带和风带"为例［J］．中学地理教学参考，2020(12)：57-60.

[7] 中华网湖北．"启明星一号"卫星见证中国大学生创新能力［EB/OL］．（2022-02-28）［2022-9-16］．https：//hubei.china.com/keji/2022/0228/299957843.shtml.

[8] 姚骏，崔伟，满孝颖等．新型卫星结构设计技术［J］．中国空间科学技术，2010，30（03）：70-75，83.

[9] 张媛，高鹏．面向应用型本科高素质复合型人才培养的"三位一体"教学模式构建［J］．科学大众(科学教育)，2019，No.1116(05)：133.

[10] 湖北日报网．武大首颗"学生造"卫星成功发射 "启明星一号"卫星见证中国大学生创新能力［EB/OL］．（2022-02-28）［2022-9-16］．http：//news.cnhubei.com/content/

2022-02/28/content_14535085. html.

[11] 徐冠华，柳钦火，陈良富等．遥感与中国可持续发展：机遇和挑战[J]．遥感学报，2016，20(05)：679-688.

[12] 湖北日报网．武汉大学"启明星"研制团队："我在武大造卫星"[EB/OL]．(2022-02-27)[2022-9-16]．http：//news.cnhubei.com/content/2022-02/27/content_14533928.html.

问诊课程线上线下混合式教学应用初探

文建雯　樊永威　阚　云　徐　敏　杨　杪

（武汉大学　第二临床学院，湖北　武汉　430071）

【摘　要】 为响应新医科建设，培养新时代人才，探索问诊课程改革和应用教学新模式势在必行。本文系统概述了我院坚持以问题为导向，开展教学资源建设，创建规范系统教学体系的具体措施及办法。针对目前该课程学生问诊技巧掌握度不足、教学资源和学时不足、教学模式单一等问题，通过培养学生标准化病人，应用现代化技术进行线上线下混合式教学及多元化考核等方式，提高学生学习主动性，训练其病史采集能力和综合应用素质。帮助学生能够通过国家临床医学专业（本科）水平测试，并具备胜任实际问诊工作的能力，也为今后应对未来临床医疗工作中的发展变化奠定坚实基础。

【关键词】 新医科；学生标准化病人体系；病史采集教学；教学改革

【作者简介】 杨杪（1983— ），女，湖北武汉，博士，武汉大学中南医院，第二临床学院教学办公室副主任（兼），副主任医师，主要从事医学教育、内分泌及代谢疾病等相关研究，曾荣获武汉大学首届课程思政说课大赛一等奖。E-mail：ym0128@qq.com，电话：027-67813038。

【基金项目】 武汉大学第二临床学院本科生临床实践教学资源建设项目（2022071814）；武汉大学医学部教学改革研究项目（2021044）

2018年教育部印发《教育部关于加快建设高水平本科教育全面提高人才培养能力的意见》文件，重点强调了高校的"四新"建设，即新工科、新医科、新文科、新农科。在当今的互联网时代，信息技术蓬勃发展，人工智能、5G、高精医疗设备等不断涌现，传统医学教育模式面临着更多的机遇与挑战，医学复合型人才需求迫在眉睫。[1] "卓越医生教育培养计划2.0"提出树立"大健康"理念，深化医教协同，推进以胜任力为导向的教育教学改革，优化服务生命全周期、健康全过程的医学专业结构，促进信息技术与医学教育深度融合，培养一流医学人才，服务健康中国建设。[2] 面对智能产业高速发展，生物技术革命的新时代，改革创新教育教学模式，培养适应新时代医疗形式的医学人才，将更有利于应对医学未来的新挑战。[3]

一、新医科背景下的问诊课程改革新思考

问诊（inquiry），即病史采集（history taking），是医生与患者或相关人员通过系统提问

与回答,了解疾病发生与发展的过程。[4]通过问诊所获取的资料对了解疾病的发生、发展,患者的诊治经过、既往健康状况和曾患疾病的情况,乃至最终做出诊断具有极其重要的意义。"互联网+医疗健康"是国家积极鼓励发展的医疗模式,特别是新冠疫情期间,线下问诊受限,线上问诊和远程医疗的开展数量呈爆发式增长。据统计,2020年国家卫生健康委的委属管医院互联网诊疗比2019年同期增加了17倍,同时,一些第三方互联网服务平台的诊疗咨询量也比同期增长了20多倍,处方量增长了近10倍。[5]由此可见,线上问诊正逐步成为现代医疗卫生系统中重要的一环。

问诊是每个临床医生必须掌握的基本技能,同时也是临床技能考核的重要组成部分。疾病诊断的大多数线索和依据来源于病史采集所获取的资料,同时病史采集对于之后的诊断性检查也至关重要。一个良好的病史采集不仅体现了一位临床医生清晰的诊断思路,与此同时也可以为后续治疗节省不少时间。并且问诊的过程也是与病人建立良好医患关系的关键时期,友好的态度和良好的沟通技巧会增加患者对医护人员的信任感,提高患者的依从性,这对于疾病诊治无疑也是十分重要的。1977年美国精神病学家和内科学教授Engel提出的生物—心理—社会医学模式。[6]该模式不仅要求医生具备过硬的专业知识和专业技能,还应具有较高的人文素养,在诊治过程中从生理、心理、社会等多个层面去思考,这有利于全面掌握患者的情况,并且让患者感受到被尊重感。

但是初学者甚至青年医生在问诊过程中往往存在一些问题。比如,问诊缺乏目的性,并且由于临床经验的缺乏容易被患者主导问诊方向,或是语言技巧方面欠缺出现诱导性问诊等。而要想在未来独立地接诊患者,熟练掌握和运用问诊技巧是基本要求。[7]以上问题在病史采集的教学过程中,通过不断的练习和纠正是可以规避的。但要想达到理想的教学效果,尚有两个主要问题亟待解决:一是时间限制,多次教学练习需要耗费大量的教学时间,传统的线下课堂教学模式是很难满足的;二是人力限制,患者接诊练习,一般都是依靠职业标准化病人来给学生进行问诊实践活动,这一类人群的培训成本较高,一些偏远地区的学校往往难以承受。而线上教学模式的发展,能够恰切地解决以上两类困扰。因此,病史采集的线上线下的混合式教学及应用探索就十分必要了。

二、教学基础资源构建

教学基础资源的构建是解决目前教育教学问题的前提条件,也是问诊课程教学模式创新的基础。在明确教学目标的前提下,主要从网络教学资源和人力资源两个方面去发展。

1. 临床医学专业(本科)水平测试问诊相关内容

以国家临床医学专业(本科)水平测试要求为标准,将问诊流程标准化、专业化,做到系统全面。临床医学专业(本科)水平测试技能考试部分共分病史采集、体格检查、基本操作六站,其中病史采集位于第一、第二站,占总分值40%,在国家水平测试中占据较为重要的位置(见表1)。问诊内容可分为以下几部分:包括主诉、现病史、既往史、系统回顾、个人史、婚姻史、月经生育史、家族史,具体项目细分为20~30项。其中现病史是整个问诊过程的重中之重,包括症状性质、部位、持续时间、起因、缓解因素、诊治经过等多个问诊项目，内容细小繁多，往往难以记忆，要想让学生熟练掌握问诊技巧并于现实情况中灵活运用，需要系统教学，实现知识—思维—能力三个阶段稳步提升。

表1　　　　　　　临床医学专业(本科)水平测试技能考试内容及时间分配

考站	考试内容	考试方式	考试时间	分值
1站	病史采集	SP	10分钟	20分
2站	病史采集	SP	10分钟	20分
3站	体格检查	操作	10分钟	15分
4站	体格检查	操作	10分钟	15分
5站	基本操作	操作	10分钟	15分
6站	基本操作	操作	10分钟	15分
合计			60分钟	100分

备注：共有病史采集，体格检查，基本操作六站式，考试总时长60分钟，满分100分。沟通能力、人文关怀等医学人文素养的考核融合到各考站，总分值约占15。

2. 问诊课程网络平台教学资源库建设

网络教学资源库建设是线上线下混合式教学模式开展的基石，教学纲要、教案、病史采集案例集、问诊考核题卡、评分标准等是资源库建设的基础条件，而学术论文、微课程、科研成果等则是不可或缺的拓展要素。

(1)制定问诊相关课程教学大纲。根据临床医学专业(本科)水平测试要求和执业医师考核内容，制定《诊断学》实践部分教学大纲，包括体格检查、病史采集、基本操作等，确定课程定位及教学目标，明确教学方法，注意学时分配，关注课程反馈，突出课程重点、难点等，确保系统全面，涵盖执业医师资格考试重点内容。

(2)编写与课程相配套的教案。在线下授课、线上问诊训练及多样化考核等多个环节，以教学目标、教学形式、教学方法、课程重难点、临床思维拓展等为主要内容，撰写与教学大纲相匹配的教学方案，合理安排教学时间，为教师授课及学生自主学习练习提供相关指导。

(3)病史采集案例库撰写。参照临床医学专业(本科)水平测试，撰写病史采集案例，包括病史采集题卡、病例摘要、标准病人脚本、问诊评分细则等若干，涵盖发热、心悸、呕血与便血、血尿、意识障碍等多个基本症状，通过网络平台，为学生在线模拟问诊过程提供系统全面的支持。

(4)拓展多样化学习资料。在病史采集资源库的基础上，根据教学大纲和教案，录制教学视频和微课程，丰富视频资源，方便同学们自主学习与自我对照纠正，进行反复学习。此外，在视频教学过程中，可以将病史采集和病例分析相结合，让学生把所学知识融会贯通，培养及训练临床思维。

3. 学生标准化病人的培养

传统标准化病人（Standardized Patient，SP）是由从事非医疗工作的非专业人士所扮演的，这一类 SP 常用于问诊、体格检查等教学和考核。而学生标准化病人（Student Standardized Patients，SSP）则是由有一定医学知识储备的专业医学生来担任标准化病人。与传统标准化病人相比，学生标准化病人更具专业性，能够更为有效的理解模拟重点，准确记录考核时考生的表现，给出专业性反馈意见，更有利于学生的训练更正，且培训周期更短，培训费用更低。学生标准化病人的培养是线上线下混合式教学模式实施的基础工作之一，每一位 SSP 都需要经过专业 SP 培训师的培训，提高标准化程度和扮演一致性，在扮演过程中，需根据实际需要，从语言、动作、神态上给予正确的反应与恰当合理的表示，最大限度的模拟病症。

招募若干名已经完成问诊学习的高年级临床医学本科生，由学院已有的 SP 培训师、问诊授课老师及 SP 团队对本科生开展关于 SP 培养的相关培训。培训总体分三个阶段：第一阶段是入门培训，由 SP 培训师讲授 SP 的来源与应用以及 SP 和 SSP 的区别，和 SSP 扮演的专业性和一致性；第二阶段是训练阶段，从示教、剧本分析、重点强调到学生亲自实践扮演标准化病人，这一阶段需要 SP 培训师、专业 SP 团队和学生共同努力；第三阶段是实践考核，由 SP 培训师和问诊授课教师对学生扮演的标准化病人共同考核评分。三个阶段共为期一个月，完善所需的 SP 团队及师资设置，为问诊课程线上线下混合式教学的开展提供足够的人力支持，打下夯实的基础。

三、问诊课程线上线下混合式教学实施过程

在做好教学资源库的建设及学生标准化病人的培养等前期工作后，进行病史采集课程线上线下混合式教学模式的具体实施，总体分为两大部分：一是线下教学，包括课堂授课和线下问诊模拟；二是线上问诊训练及考核。

1. 线下教学

线下教学，教师与学生面对面交流，以课件的形式将问诊过程和要点展示出来。此外，教师还可以播放示教病史采集视频，通过分析示教视频的重点难点以及不足之处来加深学生的理解与记忆。课堂教学时，教师可以根据学生接受的情况随时调整教学内容和教学方法，并及时解答学生困惑，实时掌握学生的学习状态。在教学过程中，病史采集部分应与体格检查、病例分析综合起来，培养学生临床思维的连续性和整体性，使用人体模型辅助教学，帮助学生深入理解所学知识。另外，课堂教学是师生之间沟通交流的重要机会，教师应注意培养学生的人文素养，引导其正确的价值观。注重实践应用，鼓励学生同伴学习，互相讨论、角色扮演，模拟演绎问诊情景，进行病史采集考核，记录好数据，并做好充分的沟通反馈。

2. 线上问诊

（1）组织方式。将经过线下授课的学生分为 AB 两组，人数 2∶1，A 组使用传统标准化病人进行线上问诊训练及考核，B 组使用学生标准化病人进行线上问诊及考核。线上教学共分为三个阶段，第一阶段为练习阶段，每位学生进行 2~3 次线上问诊练习，时间限制在 8~10 分钟每次，每次练习的病例不同，SP 及 SSP 需在模拟过程中对学生做好打分记录，将练习结果如实反馈给学生；第二阶段为考核阶段，随机抽选病例对学生进行考核，整个过程 SP 及 SSP 需坚持公平公正的原则，保持扮演的一致性，该阶段是 SP 及 SSP 对学生打分；第三阶段为反馈阶段，学生需对练习及考核过程中的 SP 或 SSP 打分，以及对此次线上教学效果进行满意度评价和意见反馈。做好数据记录和统计分析，整理好学生和老师的意见反馈，便于教学模式的进一步改进和调整。

（2）虚拟训练。线上问诊教学平台的应用，以病史采集教学资源库为基础准备软件，学生可在该款线上软件上进行线上问诊模拟，反复练习、自我纠错、突破时间限制。此外，学生还可以在课余时间复习课程，加深对知识的印象及理解，激发学习兴趣，提高自主能动性。

线上线下综合式教学既保证了课堂问诊知识讲解的精准性，又保证了线上线下问诊模拟训练的充分性、深入性和有效性，充分发挥了线上和线下各自的独特优势，通过不同要素的整合和优化，实现不同教学手段的优势互补，提高课程的教学效果，促进教育质量的全面提升[8]。

四、问诊课程线上线下混合式教学考核模式

病史采集课程考评模式由平时成绩、线下实践考核成绩、线上问诊测试成绩三部分组成。平时成绩占 20%，考核包括出勤率、知识点小测、课堂参与度等；线下实践能力成绩占 50%，由 SP、SSP 扮演病人进行现场问诊，参照临床医学专业（本科）水平测试问诊标准评分。现场另一名考官同步记录考生实践表现，在全过程考核中综合检测问诊技巧的掌握程度和人文素养的具体体现，进行考核评分。线上问诊测试成绩占 30%，包括线上问诊日常练习及正式考核成绩，由 SP 及 SSP 模拟线上问诊情景，重点考察学生对于问诊掌握的熟练程度，以及线上线下情景转变的应对能力，SP 及 SSP 根据问诊评分细则进行评分。

建立以线下考核和线上测试相结合、规范考核和实际运用相结合的综合实训考核模式。综合学生在线下和线上问诊过程中的表现，参照临床医学专业（本科）水平测试问诊标准给予相应成绩，以考核的标准化、规范化使学生获得技能和素质的提升，实现医学病史采集教学课程系统化、实战化的教学目的。

五、教学拓展

目前我国越来越多的高校加入了在线或线上线下并行的教学行列，实时在线交互课程

成为本次超大规模在线教学的重要形式。[9]各高校积极建设线上线下混合式"金课",引导学生探究式与个性化学习,从单纯的知识传递向知识、能力、素质的全面培养转变。作为临床医学专业桥梁学科的诊断学课程,其中的病史采集教学是医师向患者进行疾病调查研究的第一步,也是体现医患沟通技巧的重要环节,其重要性及难度在医学生基本功训练中尤为突出。构建病史采集的网络教学平台,整合优质教学资源,拓展网络教学空间去赋能高校教育的积极变革,是新医科建设和新医科人才培养的重要一环。学生标准化病人的扩大化培养,秉承以"学生为中心"的教学理念,争取从师生教学发展为学生—学生互教互学新模式。线上线下混合式教学重点在"学"而不是"教",充分发挥学生的自主学习能力,在广度上培养学生的学习意识和兴趣,深度挖掘学生的潜在力量,建立起专业的临床思维观念和科学探究方法,在知识认识和实际操作能力上得到提高,促进学生均衡而有个性地发展。[10]

问诊课程线上线下混合式教学模式可由点及面铺展开,从本科生初步接受课程教学,到临床医学专业(本科)水平测试准备练习,再到住院医师规范化培训,均可采用线上线下综合式教学培养。此外,可与其他院校开展关于SSP应用病史采集课程线上线下混合式教学经验交流会,分享问诊课程线上线下混合式教学模式开展心得,相互交流,为该教学模式的进一步改善汲取宝贵经验,实现资源共享,努力拓展网络教学空间,充分利用师资团队力量,从而进一步提升教学质量。

六、结语

线上模拟教学进行临床思维培训是有一定可行性和有效性的,线上教学能够打破时间空间的限制,可以作为线下教学的有益补充。线上教学通过模拟病例,可以在较短时间内给学生提供大量教学信息,供学生反复训练、自我纠错、巩固教学成果。且线上时间灵活,学生完全可以利用碎片化时间完成练习,弥补线下课堂教学的不足。不同的病例模拟还可以提供不同的教学背景,有利于培养学生的临床思维,避免教学固化。另外,在教学过程中,我们不仅采用职业标准化病人,还致力于培养和应用学生标准化病人。同时,对于SSP的同学而言,在此过程中也可以换位思考,进一步提升医患沟通技巧,对今后应对其他考核乃至走上工作岗位大有裨益。SSP的培训,不仅在一定程度上降低了教学成本,也使得问诊的日常练习成为可能。除此之外,构建病史采集案例题库,可以丰富我院教学资源。而资料保存及评价反馈,能够进一步改善教学质量。同时,为进一步推广我院病史采集的线上线下混合式课程应用推广提供理论依据。

对于成功的线上线下混合式教学而言,教学资源建设是根本基础,学生标准化病人的培养是方案实施的必要条件,教学内容及问诊实战演练是重要部分,数据成果反馈是整体优化的关键。在后续的课程建设中,需要教学团队不断创新教学模式,拓展课程资源,改进教学方法,完善课程建设,使问诊课程改革实现新突破。

声明

1. 所有作者均声明不存在利益冲突。
2. 作者贡献 文建雯：提出研究思路、实施项目及撰写论文；樊永威：课程项目实施、在线软件优化、收集参考资料；阚云：课程项目实施、收集参考资料；徐敏：论文润色修改；杨杪：审订论文、研究经费支持。

◎ 参考文献

[1] 常学辉，张良芝，申意彩，等．卓越医生教育培养计划2.0背景下中医学类专业预实习实践初探[J]．卫生职业教育，2021，39(20)：1-2.

[2] 陈刚．建设创新型卓越医学人才培养体系——医防融合医学人才培养体系[J]．福建医药杂志，2021，43(1)：1-2.

[3] 张培东，庞丽敏，吴宏超，郭阳．后疫情时代的新医科教育解析——新机遇下的未来医学[J]．医学教育研究与实践，2021，29(4)：493-498.

[4] 黄丽彬，金泓宇，张蔓，等．引入疾病临床表现的症状学及病史采集教学现状及改革探究[J]．中华医学教育探索杂志，2021，20(4)：399-402.

[5] 王晓迪，郭清．疫情防控常态化下推进"健康中国"战略的启示[J]．中国卫生事业管理，2021，38(1)：6-7.

[6] 李巧利，全坤，封迎芳．浅谈医患沟通在临床不同科室中的重要性[J]．健康前沿，2017，26(7)：258.

[7] 朱培一，王帅，汪红兵．中医内科诊断教学问诊要旨[J]．北京中医药，2019，38(12)：1213-1214.

[8] 于宏，张进，李艳君，陈琦，刘学勇．线上模拟教学在医学生临床思维训练中的应用效果评价[J]．中华医学教育杂志，2020，40(11)：909-912.

[9] 李琳，凌智，杜佳，刘旺华，胡志希．中医诊断学"线上+线下"混合式教学模式初探[J]．教育教学论坛，2022(7)：129-132.

[10] 李小波，曾丹．SP结合虚拟问诊系统应用于诊断学教学的体会[J]．继续医学教育，2022，36(9)：17-20.